Lehrbücher und Grundrisse der Rechtswissenschaft

Berlin 1968

WALTER DE GRUYTER & CO.

vormals G. J. Göschen'sche Verlagsbuchhandlung — J. Guttentag, Verlagsbuchhandlung
Georg Reimer — Karl J. Trübner — Veit & Comp.

Das Zivilprozeßrecht

von

Dr. jur. Wolfgang Bernhardt
ord. Professor der Rechte in München

3., völlig neubearbeitete Auflage

Berlin 1968

WALTER DE GRUYTER & CO.

vormals G. J. Göschen'sche Verlagshandlung — J. Guttentag, Verlagsbuchhandlung .
Georg Reimer — Karl J. Trübner — Veit & Comp

Archiv-Nr. 23 05 672
Satz und Druck: Max Schönherr, Berlin

ERNST JAEGER

in memoriam

VORWORT ZUR DRITTEN AUFLAGE

Mein Zivilprozeßrecht erscheint nicht nur in einem neuen Verlag, sondern es ist eine völlige Neubearbeitung. Das Ziel ist das alte geblieben: das Zivilprozeßrecht möglichst wirklichkeitsnahe darzustellen, wobei mir meine frühere langjährige richterliche Tätigkeit zustatten kommt. Ich bin bemüht, die tragenden Grundgedanken des Prozeßrechts herauszuarbeiten sowie den Zweck der einzelnen Rechtsnorm und ihre Funktion im Prozeß als Ganzem klarzulegen. Überall ist auf den Zusammenhang mit dem sachlichen Recht hingewiesen worden. Unter Ablehnung begriffsjuristischer Beweisführung habe ich, wie in meinen sonstigen Arbeiten, die teleologisch-funktionelle Methode angewendet. Rechtsprechung und Schrifttum sind bis in die neueste Zeit beachtet.

Zahlreiche Beispiele dienen dem pädagogischen Zweck des Buches. Schwierige und unausgetragenen Probleme sind besonders ausführlich behandelt.

Das Vollstreckungsrecht ist einem weiteren Band vorbehalten.

Meinen Mitarbeitern, Frl. Rechtsreferendarin Krebs, den Herren Rechtsreferendaren Hahn, Singbartl, Inhofer und Frl. Wührer, die mir bei der Korrektur und der Bearbeitung des Sachregisters wesentliche Hilfe geleistet haben, danke ich herzlich.

Da mich in meinem wissenschaftlichen Werdegang mein Lehrer *Ernst Jaeger* wesentlich beeinflußt hat, möchte ich an dieser Stelle seiner gedenken.

München, Oktober 1967 *Wolfgang Bernhardt*
Kufsteiner Platz 4

INHALT

SCHRIFTTUM

I. Kommentare:

Seuffert, Walsmann,	Kommentar zur ZPO, 12. Aufl., 1932/33 mit Nachtrag von 1934.
Stein-Jonas-Schönke, bzw. *Pohle,*	Kommentar zur ZPO, 19. Aufl. im Erscheinen begriffen.
Bernhard Wieczorek,	Großkommentar zur ZPO, 6 Bände mit Nachtrag 1963.

II. Handkommentare

Baumbach-Lauterbach,	ZPO mit GVG und anderen Nebengesetzen, 29. Aufl. 1966.
Thomas-Putzo,	ZPO mit GVG und den Einführungsgesetzen, 2. Aufl. 1965.
Bernhard Wieczorek,	ZPO und GVG, 2. Aufl. 1966.

III. Lehrbücher

Arwed Blomeyer,	Zivilprozeßrecht, 1963.
Arthur Nikisch,	Zivilprozeßrecht, 2. Aufl. 1952.
Leo Rosenberg,	Lehrbuch des Deutschen Zivilprozeßrechts, 9. Aufl. 1961.
Schönke-Schröder-Niese,	Lehrbuch des Zivilprozeßrechts, 8. Aufl. 1956

IV. Kürzere Darstellungen

de Boor-Erkel,	Zivilprozeßrecht, 2. Aufl. 1961.
Rudolf Bruns,	Zivilprozeßrecht, 1949.
Lent-Jauernig,	Zivilprozeßrecht, 13. Aufl. 1966.

V. Hilfsmittel

Gottfried Baumgärtel,	Der Zivilprozeßrechtsfall, 1965
Georg Furtner,	Das Urteil im Zivilprozeß, 2. Aufl. 1967

Klaus Louven,	Zivilprozeßrecht einschließlich der Zwangsvollstreckung, 1967
Herbert Schneider,	Verfahrensrechtsfälle aus dem Zivilprozeßrecht, 2. Aufl. 1952.

VI. Zeitschriften

Zeitschrift für Zivilprozeß, herausgegeben von *Pohle-Schwab*.

Archiv für die civilistische Praxis, herausgegeben von *Isele*.

VII. Ältere Darstellungen

James Goldschmidt,	Zivilprozeßrecht, 2. Aufl. 1932 mit Nachtrag von 1934.
Konrad Hellwig	Lehrbuch des Deutschen Zivilprozeßrechts, 3 Bände, 1903—1909; ders., System des Deutschen Zivilprozeßrechts, 1. Band 1912, 2. Band 1919 (von *Oertmann* vollendet).
Richard Schmidt,	Lehrbuch des Deutschen Zivilprozeßrechts, 2. Aufl. 1906.
Stein-Junker,	Grundriß des Zivilprozeßrechts und des Konkursrechts, 3. Aufl. 1928.
Adolf Wach,	Handbuch des Deutschen Zivilprozeßrechts, Band 1, 1885.

Die Abkürzungen folgen dem Abkürzungsverzeichnis der Rechtssprache von *Kirchner* (1957).

Paragraphen ohne Zusatz bedeuten solche der ZPO.

Folgende Kommentare und Lehrbücher werden nur mit dem Namen des Verfassers bezeichnet: *Stein-Jonas-Schönke*, bzw. *Pohle*, *Wieczorek*, *Baumbach-Lauterbach*, *Thomas-Putzo*, *Blomeyer*, *Nikisch*, *Rosenberg*, *Schönke-Schröder-Niese* und *Lent-Jauernig*.

Einleitung

§ 1 Aufgabe des Zivilprozesses

Binder, Prozeß und Recht, 1927; *Bley*, Klagrecht und rechtliches Interesse, 1923; *Klein*, Zeit- und Geistesströmungen im Prozesse, 1901; *Hegler*, Zum Aufbau der Systematik des Zivilprozeßrechts, Festgabe für Heck u.a., 1931, S. 216; *Hellwig*, Anspruch und Klagrecht, 1900; ders., Klagrecht und Klagmöglichkeit, 1905; *Kisch*, Die soziale Bedeutung des Zivilprozesses, Iudicium, 1928/1929, S. 1; *Sauer*, Grundlagen des Prozeßrechts, 2. Aufl., 1929; ders., Allgemeine Prozeßrechtslehre, 1951; *Habscheid*, Der Anspruch auf Rechtspflege, ZZP 67, S. 188.

I. Das Rechtsleben vollzieht sich im allgemeinen reibungslos. Käufer und Verkäufer, Mieter und Vermieter, Darlehensschuldner, Unternehmer, Angestellte und Arbeiter, sie alle kommen ihren Verbindlichkeiten nach, sei es aus Pflichtgefühl, sei es weil sie ihre soziale oder wirtschaftliche Stellung nicht gefährden wollen. Die Rechtsordnung beruht daher im wesentlichen auf freiwilligem Gehorsam. Trotzdem entstehen in vielen Fällen Leistungs- oder sonstige Rechtsstörungen. Hierfür gibt es mannigfaltige Gründe: bald sind Inhalt und Umfang eines Rechtsverhältnisses streitig, bald erfüllt der Schuldner aus Lässigkeit oder gar Böswilligkeit seine Pflichten nicht. Das Ausbleiben der Leistung berührt, namentlich als Massenerscheinung genommen, nicht nur den im Einzelfall Berechtigten, sondern durch Hemmung des regelmäßigen Ablaufs der Wirtschaft gleichzeitig die Gesamtheit. Wer hier Gläubiger ist, ist in einem anderen Falle Schuldner und gerät vielleicht dadurch, daß er seine Forderung nicht erhält, mit der Abwicklung seiner eigenen Verpflichtungen in Schwierigkeiten. So kann eine ausgebliebene Leistung infolge der sozialen Verbundenheit der einzelnen eine Kette von Leistungsstörungen nach sich ziehen und damit der Allgemeinheit schweren Schaden zufügen. Könnte sich jeder seinen Verpflichtungen entziehen und die Rechtsordnung brechen, dann liefe die Gemeinschaft Gefahr, in einem rechtlichen, moralischen und wirtschaftlichen Chaos unterzugehen. Deshalb muß hier der Staat zum Schutze der Gesamtheit eingreifen. Diesem Zweck dient, soweit es sich um die Wahrung der Ordnung des Privatrechts handelt, der Zivilprozeß. Der *Zivilprozeß* ist demnach eine *staatliche Einrichtung, deren Aufgabe es ist, die Rechtsordnung zu wahren und damit gleichzeitig den einzelnen in seiner Rechtsstellung zu schützen*[1]. Der Zivilprozeß soll durch Wahrung der Rechtsordnung die Gerechtigkeit im konkreten Fall verwirklichen. Die Bewährung des Rechts ist aber nicht der einzige Zweck des Prozesses. Er hat außerdem die Aufgabe, den gestörten Rechtsfrieden wiederherzustellen und zu erhalten. Die Wahrung des Rechtsfriedens tritt als gleichberechtigtes Ziel neben den Rechtsschutz. Um des Rechtsfriedens willen erwächst auch ein sachlich unrichtiges Urteil, das die Rechtsbewährung verfehlt, in Rechtskraft.

Obgleich der Zivilprozeß dem Schutz privater Interessen dient, ist er als Ganzes eine Einrichtung, die mit Rücksicht auf die Interessen der Gesamtheit geordnet ist. Vom Staat aus gesehen ist der Schutz des gestörten Einzelrechts nur ein Mittel, um die Rechtsordnung und den Rechtsfrieden aufrechtzuerhalten. Das gesamte nach Rechtsgrundsätzen sich abwickelnde private Leben ist das Gut, das der Staat durch den Zivilprozeß schützt. Der Zivilprozeß ist somit eine der Wohlfahrt der Gesellschaft dienende Einrichtung[2]. Als Institution gehört der Zivilprozeß, ebenso wie der Strafprozeß, das Verfahren der freiwilligen Gerichtsbarkeit und das Verwaltungsstreitverfahren zur staatlichen Rechtspflege.

Das Zivilprozeßrecht ist mit den politischen und kulturellen Geistesströmungen der Völker eng verbunden und seine verschiedene Ausgestaltung gehört mit zu den wichtigsten Kulturdokumenten. Es handelt sich keineswegs um „rein technisches Recht, von wechselnden Zweckmäßigkeiten beherrscht, der Ewigkeitswerte bar"[3].

Die soziale Bedeutung des Prozesses ist von der Zeit, aus der die geltende ZPO stammt, nicht im vollen Umfang erkannt worden. In der zweiten Hälfte des vorigen Jahrhunderts sah man im Zivilprozeß eine Privatangelegenheit, welche lediglich die daran beteiligten Parteien etwas anging. Der Staat hatte an den bürgerlichen Streitsachen grundsätzlich kein Interesse. Demzufolge hatte er in die prozessuale Sphäre des einzelnen möglichst wenig einzugreifen, da man darin eine polizeistaatliche Bevormundung erblickte. Die Prozeßordnung galt als bloße Kampfinstruktion für die vor dem Gericht streitenden Parteien. Wie diese ihren Kampf im einzelnen gestalten wollten, blieb ihrer Klugheit, Geschicklichkeit und Findigkeit überlassen. Der Richter hatte nur über die Einhaltung der Kampfregeln zu wachen[4]. Unter der Losung

[1] Vgl. *Bernhardt*, Festgabe für Rosenberg, 1949, S. 1 ff.; *Blomeyer*, Lehrbuch § 1 I; *Lent-Jauernig*, Lehrbuch[13] § 2 IV; *Nikisch*, Lehrbuch[2] § 1; *Rosenberg*, Lehrbuch[9] § 1 III; *Sauer*, Grundlagen des Prozeßrechts[2], S. 45; *Schönke-Schröder-Niese*, Lehrbuch[8], § 1.

[2] Vgl. *Klein-Engel*, Der Zivilprozeß Österreichs (1927) S. 186 ff.

[3] So *Stein*, Vorwort zum Grundriß (1921).

[4] Vgl. Entwurf einer ZPO (1931) S. 256.

„Reinerhaltung des Richteramtes" wurde er von der Prozeßleitung ausgeschlossen und auf die Urteilsfällung beschränkt. So spielte er nur eine passive Rolle. Leitung und Betrieb des Prozesses ruhten in den Händen der Parteien (*Grundsatz der Parteiherrschaft*).

Demzufolge war die ZPO in ihrer ursprünglichen Fassung unter Außerachtlassung der sozialen Verbundenheit der Prozeßparteien mit den übrigen Rechtssuchenden individualistisch geregelt. Die Parteien bestimmten nicht nur das Ziel des Prozesses, sondern sie beherrschten auch den äußeren Gang des Verfahrens. In ihrer Macht lag es, Termine, auf die sich das Gericht in mühevoller Arbeit vorbereitet hatte, durch grundloses Ausbleiben zu vereiteln, Fristen zu verlängern, das Verfahren beliebig lange ruhen zu lassen und den Streitstoff völlig frei zu gestalten.

Die den Parteien gewährte Freiheit bewährte sich nicht. Sie wurde im größten Stil zu Prozeßverzögerungen mißbraucht. Da der Prozeß keine Einzel-, sondern eine Massenerscheinung ist, wirkte sich die schleppende Behandlung eines großen Teiles der Prozesse und die damit verbundene Vergeudung der Richterkraft ungünstig auch auf die Verfahren aus, die von den Parteien ordnungsmäßig geführt wurden. Bereits im Jahre 1885 klagte Otto *Bähr* über eine vollständige Verlotterung des Prozesses[5]. Die Reformwünsche gingen dahin, die Parteiwillkür einzuschränken. Dies ist durch die Novellengesetzgebung geschehen. Sie hat in steigendem Maße die *Parteiherrschaft zugunsten einer richterlichen Lenkung des Verfahrens zurückgedrängt.* Die Novelle von 1909 führte für das amtsgerichtliche Verfahren den Amtsbetrieb ein, der seit der Novelle von 1950 auch für den Anwaltsprozeß gilt. Die Novelle von 1933 führte die Wahrheitspflicht ein. Unter dem Einfluß der österreichischen ZPO von 1895 vollzog sich ein *Wandel der Anschauung vom Wesen des Zivilprozesses.* Er wurde als *Einrichtung zum Schutze der Gemeinschaft* erkannt.

Auch die *Rechtsprechung*, besonders des Reichsgerichts, befreite den Richter allmählich aus seiner passiven Stellung. Sie benutzte dazu das richterliche Fragerecht (§ 139), das im Laufe der Zeit zur Frage- und Aufklärungspflicht erweitert wurde[6].

Durch die weithin von neuen sozialen Gedanken beherrschte Novellengesetzgebung hat die ZPO ihre ursprünglich einheitliche Struktur verloren und ihre jetzige Buntscheckigkeit angenommen. Die neuen Vorschriften ließen sich in das auf wesentlich abweichenden Grundsätzen aufgebaute Gesetz nicht organisch einfügen. Leider wurde dadurch die praktische Auswirkung mancher Neuerungen wesentlich beeinträchtigt. Alte und neue Vorschriften stehen oft widerspruchsvoll nebeneinander, was für die Rechtsanwendung große Schwierigkeiten bereitet.

Die Betrachtung des Zivilprozesses als einer der Wohlfahrt der Gesellschaft dienenden Einrichtung hat dessen Gesicht wesentlich verändert. Die individualistische Rechtsauffassung hatte infolge der Anschauung von der privaten Natur des Zivilprozesses jedes Interesse des Staates an der Richtig-

[5] *Jhering, J.*, 1885, S. 432.

[6] Vgl. RG 68, 186; 84, 204; 130, 265.

keit der Urteile verneint. Dem Zivilprozeß erkannte man lediglich die Aufgabe zu, die Rechtsverhältnisse der Parteien endgültig festzulegen und damit dem Streit und der Rechtsungewißheit zu entziehen. Der Wahrheits- und Gerechtigkeitsgehalt des Urteils trat demgegenüber zurück. *Wach* hat dieser Anschauung den klarsten Ausdruck verliehen: „Die Feststellung der Wahrheit ist nicht das Ziel des Zivilprozesses und kann es nicht sein. Sie ist sein zufälliges Resultat[7]". Solche Gedanken sind für eine soziale Prozeßauffassung, die vom Formellen zum Sachlichen strebt, nicht verständlich. Unser Zivilprozeß soll zwischen den Parteien *nicht nur eine formale, sondern eine gerechte und sozial zweckmäßige Ordnung* herstellen. Ein gerechtes Urteil kann aber nur auf der Wahrheit beruhen. Ein vollständiges und der Wirklichkeit entsprechendes Bild des Sachverhalts, der zum Prozeß geführt hat, ist daher Vorbedingung eines richtigen Spruchs. Denn nur, wenn das Urteil der außerprozessualen Rechtslage entspricht, hat die Partei den Prozeß gewonnen, die im Recht war. Eine Entscheidung, die auf einem unrichtigen Sachverhalt aufgebaut ist, verfehlt ihren Rechtsschutzzweck, mag sie noch so scharfsinnige Rechtsausführungen enthalten. Deshalb sind die Parteien heute zur Wahrheit verpflichtet (§ 138 I). Während der frühere Zivilprozeß die Feststellung der Wahrheit als Prozeßziel ausschied, bildet sie heute den Kern des Verfahrens[8]. Im Zivilprozeß hat das ethische Prinzip der Wahrheit und Gerechtigkeit zu herrschen.

II. Als Ordnung der staatlichen Rechtspflege ist das Zivilprozeßrecht ein *Teil des öffentlichen Rechts.* Die Rechtsschutzakte (z. B. Gerichtsentscheidungen, Vollstreckung) stellen eine Betätigung der staatlichen Hoheitsgewalt dar, der die Parteien unterstehen.

Soweit das Prozeßrecht die Gerichtsverfassung als Teil des Behördenorganismus ordnet, berührt es sich mit dem Staatsrecht. Soweit es die Justizverwaltung regelt, grenzt es an das Verwaltungsrecht. Gleichwohl ist das Zivilprozeßrecht weder Staats- noch Verwaltungsrecht, sondern ein *eigengestaltetes Rechtsgebiet,* das sich von den beiden Disziplinen durch seine *Rechtsschutzfunktion* deutlich unterscheidet.

Da das Zivilprozeßrecht in der Hauptsache der Anwendung und Verwirklichung des bürgerlichen Rechts dient, hat es zu diesem die engste Beziehung. Es regelt aber nicht wie das Privatrecht die Lebensverhältnisse unmittelbar, sondern soll nur die anderweit gegebene Regelung aufrechterhalten (*formelles* im Gegensatz zum *materiellen* oder *sachlichen Recht).* Es ist „das Recht des Schutzes des Rechts". Ob der Rechtsschutz zulässig ist, bestimmt das formelle, ob begründet, das materielle Recht.

Das Zivilprozeßrecht ist als formelles Recht deswegen kein nebensächlicher und für den Rechtsverkehr belangloser Bestandteil der Rechtsordnung. Seine

[7] Vorträge[1] S. 149.

[8] Vgl. *Bernhardt,* Die Aufklärung des Sachverhalts im Zivilprozeß, Festgabe für Rosenberg, 1949, S. 11.

große staatliche, wirtschaftliche und soziale Bedeutung geht schon daraus hervor, daß das sachliche Recht, wenn es irgendwie streitig geworden ist, ganz von diesem Verfahren abhängt. Gegen den Willen des Verpflichteten kann sich nur das Recht durchsetzen, das die Probe des Prozesses bestanden hat. Nur durch den Prozeß kann ein bestrittenes Rechtsverhältnis aus seinem Schattendasein heraustreten und zu einem Lebensverhältnis werden. So bilden *sachliches Recht und Verfahrensrecht eine natürliche Einheit.*

III. Da der Zivilprozeß grundsätzlich nur „bürgerlichen Rechtsstreitigkeiten" offensteht (§ 13 GVG), wird das Zivilprozeßrecht zu einer *Unterscheidung von öffentlichem und privatem Recht* genötigt. Das Privatrecht (Zivilrecht, bürgerliches Recht) regelt die Beziehungen der Menschen zueinander als Einzelpersönlichkeiten auf dem Boden der Gleichordnung. Das *öffentliche Recht* (Hoheitsrecht) hat die Organisation der Gemeinschaft (Staat, Kreise, Gemeinden, Gemeindeverbände usw.) und die Beziehungen des einzelnen als Gemeinschaftsglied zum Gegenstand. Hier gilt nicht der Grundsatz der Gleichordnung, sondern der der Über- und Unterordnung[9].

Hans *Kelsen* und die Wiener Schule haben die Unterscheidung von öffentlichem und privatem Recht unter dem Einfluß englischer Rechtsgedanken für belanglos erklärt[10]. Dabei wird übersehen, daß die Rechtsentwicklung der kontinentalen Rechte, welche diese Unterscheidung vom römischen Recht übernommen und im Anschluß an die Lehre von der Gewaltenteilung weiter ausgebaut haben, anders verlaufen ist als die englische. Englisches Rechtsdenken kann deshalb nicht ohne weiteres auf unser Rechtssystem übertragen werden.

Gegen die Unterscheidung wird eingewendet, daß das Recht eines Staates eine innere Einheit bilde, die nicht aufgespalten werden dürfe[11].

Aus der Einheit der Rechtsordnung folgt aber keineswegs deren Gleichförmigkeit. Das Recht hat verschiedenartige Lebensverhältnisse zu regeln, infolgedessen weist auch die *Rechtsordnung* entsprechende *Verschiedenheiten* und *Gliederungen* auf. Der Mensch ist von Natur aus ein Doppelwesen: er ist Einzelpersönlichkeit und gleichzeitig Gemeinschaftsglied. Dieser Doppelnatur entspricht die Rechtsordnung, wenn sie einerseits das individuelle Eigenleben des Einzelmenschen, andererseits seine sozialen Bindungen im Gemeinschaftsleben regelt. Der Kauf eines Kleidungsstückes, die Miete einer Wohnung, die Gründung einer Gesellschaft gehören zweifellos dem individuellen Lebensbereich an, während die Enteignung, der Steuerbescheid, der richterliche Urteilsspruch oder der Erlaß eines Gesetzes der überindividuellen Ordnung des Gemeinschaftslebens zuzurechnen sind.

9 Vgl. dagegen Boehmer, Grundlagen der bürgerlichen Rechtsordnung (1950) I S. 164 ff.

10 Vgl. *Kelsen,* Reine Rechtslehre (1934) S. 109 ff.

11 So schon Adam *Müller,* Elemente der Staatskunst, Berlin (1809).

Wenn auch öffentliches und privates Recht zu unterscheiden sind, so darf beides nicht voneinander getrennt werden. Es handelt sich hierbei nicht um zwei sich selbständig gegenübertretende, in sich abgeschlossene Gebiete, sondern um *bloße, den verschiedenen Lebensbereichen angepaßte Erscheinungsformen einer einheitlichen Rechtsordnung.* Aus dieser Einheit ergibt sich der innere Zusammenhang, für den gerade das Zivilprozeßrecht ein Beispiel ist. Ebenso erklärt sich daraus die Möglichkeit von Übergängen und Verbindungen (z. B. Arbeits- und Wirtschaftsrecht).

Die Unterscheidung von öffentlichem und privatem Recht liegt unserer gesamten Gesetzgebung und Rechtsprechung zugrunde.

IV. Den Schutz der Privatrechtsordnung übt der Staat nicht so aus, daß er bei jeder Rechtsgefährdung oder -verletzung von Amts wegen einschreitet, sein Tätigwerden hängt vielmehr grundsätzlich von einer *Rechtsschutzbitte* des einzelnen Rechtssuchenden ab. Dies beruht darauf, daß der einzelne seine Privatrechtsverhältnisse selbstverantwortlich zu regeln hat und im allgemeinen eine staatliche Fürsorge nicht stattfindet.

Eine Ausnahme von diesem Grundsatz besteht insoweit, als in den Fällen der Nichtigkeit einer Ehe der Staatsanwalt die Nichtigkeitsklage erheben kann (§ 24 EheG). Ebenso ist der Staatsanwalt befugt, von Amts wegen eine Entmündigung wegen Geisteskrankheit oder Geistesschwäche zu beantragen (§ 646 II). Die Ausnahmen erklären sich daraus, daß hier öffentliche Interessen ein Eingreifen des Staates notwendig machen können.

Der moderne Staat, der die Rechtspflege als Staatsaufgabe übernommen hat, gewährt jedermann ein *Anrecht auf Rechtsschutz*[12]. Dieser Anspruch auf Justizgewährung *(Justizanspruch)* ist ein gegen den Staat als Träger der Justizhoheit gerichtetes subjektives öffentliches Recht. Er wird durch die zur Rechtspflege bestellten staatlichen Organe, insbesondere die Gerichte erfüllt. Diese haben den Parteien gegenüber die Amtspflicht zur Rechtsschutzgewährung (§ 839 BGB). Daß der soziale Rechtsstaat den Rechtsschutz in Ausübung einer sich selbst gesetzten kulturellen Aufgabe ausübt, schließt nicht aus, ein Recht des einzelnen auf Rechtsschutz anzuerkennen. Diese staatliche Pflicht kann bei der Unvollkommenheit menschlichen Erkenntnisvermögens nicht eine richtige Entscheidung verbürgen, sondern bedeutet nur die Verpflichtung des Staates zur Gewährung eines rechtsstaatlichen förmlichen gerichtlichen Verfahrens. Zu diesem Zweck hat er unabhängige und unparteiische Richter zur Verfügung zu stellen, die in einem

[12] So der Vorspruch zur Novelle vom 27. 10. 1933 (RGBl. I, 780) und Art. 6 der Europäischen Konvention zum Schutze der Menschenrechte und Grundfreiheiten vom 4. 11. 1950 (BGBl. 1952 II, 686).

gesetzlich geregelten Verfahren nach sorgfältiger Prüfung zu entscheiden haben, was nach der geltenden Rechtsordnung Rechtens ist[13].

Der Justizanspruch hat im einzelnen zum Inhalt, daß die Rechtspflegeorgane den Parteien rechtliches Gehör gewähren (Art. 103 I GG; §§ 136, 137, 139, 141 ZPO): Die Gerichte haben das Vorbringen der Parteien zur Kenntnis zu nehmen und rechtlich zu würdigen. Weiter bedeutet der Justizanspruch einen Anspruch auf Anberaumung eines Termins, auf Verhandlung, auf eine notwendig gewordene Beweisaufnahme und auf Erlaß einer Entscheidung. Sollte ein Gericht den Rechtsschutz verweigern oder verzögern, so gibt es dagegen die Dienstaufsichtsbeschwerde des § 26 II DRG. Ein Richter, der den Rechtsschutz verweigert, verstößt nicht nur gegen Art. 103 GG, sondern außerdem gegen den Gleichheitsgrundsatz des Art. 3 I GG, da allen Menschen in gleicher Weise Rechtsschutz nach Maßgabe der Gesetze zuteil zu werden hat und derjenige, der vergeblich um Rechtsschutz nachsucht, gegenüber anderen Personen in entsprechender Lage benachteiligt wird. Deswegen hat der Rechtssuchende die Möglichkeit, im Wege der Verfassungsbeschwerde zum Bundesverfassungsgericht (§ 90 BVerfGG) den Rechtsschutz verweigernden Richter zu zwingen, nach Maßgabe der Gesetze zu verfahren[14].

Das für jedes Recht geltende Schikaneverbot hat auch für den Justizanspruch Bedeutung. Deshalb darf ein Gericht sich eines Querulanten, der hartnäckig und unbelehrbar immer wieder sinnlose und unsachgemäße Eingaben macht, dadurch erwehren, daß es nach vorheriger Verwarnung weitere Eingaben, die offensichtlich gleicher Art sind, unberücksichtigt läßt[15].

Unrichtig ist dagegen die *Lehre vom Rechtsschutzanspruch* in dem Sinn, daß dem Kläger und folgerichtig auch dem Beklagten gegen den Staat ein subjektives öffentliches Recht auf eine der Rechtslage entsprechende *günstige* Entscheidung zustehe.

Die Lehre vom Rechtsschutzanspruch hat ein Vertreter des Staatsrechts, *Laband*, aufgestellt[16]. Er ging dabei von dem Gegensatz zwischen Staat und Untertan aus und wollte den Untertan gegen die Willkür der Staatsgewalt, gegen die „Kadijustiz" schützen. *Wach* hat diese Lehre auf den Zivilprozeß übertragen und den Rechtsschutzanspruch als eigentlichen Prozeßgegenstand,

[13] Vgl. BGH 37, 126.

[14] Vgl. *Baur*, ArchcivPrax 153, 399 ff.; *Habscheid*, ZZP 67, 197; BVG 10, 306 ff.

[15] KG JW 1936, 1547.

[16] Vgl. Staatsrecht[1] 3. Bd. (1882) S. 22 f; vgl. auch 4. Aufl. S. 350 und 5. Aufl. S. 372.

als das Kernstück des Prozeßrechtsverhältnisses erklärt[17]. Weitere Vertreter des Rechtsschutzanspruchs sind *Hellwig*[18] und *Stein*[19]. Neuerdings haben sich *A. Blomeyer*[20] und *Pohle*[21] für ihn ausgesprochen.

Gegen den Rechtsschutzanspruch spricht, daß er im Einzelfall nicht beiden Parteien zustehen kann. Es ist unmöglich, daß die Rechtsordnung sowohl dem Kläger wie dem Beklagten das gleiche Recht gewährt, denn dann stünde Recht gegen Recht. Der Versuch, den Widerspruch mit der Erklärung zu beseitigen, die Behauptung und Geltendmachung zweier gegensätzlicher Ansprüche gehörten zum Wesen des Prozesses, scheitert daran, daß nach der Lehre vom Rechtsschutzanspruch die Parteien nicht bloß ein hypothetisches Recht auf günstige Entscheidung für sich geltend machen, was wenig bedeuten würde, sondern ihnen dieses Recht zustehen soll.

Sonderbarerweise wird der Rechtsschutzanspruch des Klägers als vorprozessualer und außerprozessualer gedacht. Die Existenzbedingungen des streitigen Rechts sollen den Rechtsschutzanspruch, unabhängig vom späteren Prozeßverlauf, entstehen lassen. Der vor- und außerprozessual entstandene Rechtsschutzanspruch soll durch den Prozeß nur zur Evidenz gebracht werden. Dabei wird übersehen, daß der Ausgang des Rechtsstreits nicht nur von der materiellen Rechtslage, sondern auch von dem Ergebnis der im Prozeß erzielten Aufklärung des Sachverhalts und dem von vornherein nicht voraussehbaren prozessualen Verhalten der Parteien abhängt. Kann der Kläger den ihm obliegenden Beweis nicht führen und den Richter vom Bestehen seines Rechts nicht überzeugen, so muß seine Klage abgewiesen werden, auch wenn ihm außerprozessual das mit der Klage verfolgte Recht zugestanden haben sollte. Erst am Schluß des Prozesses erfolgt die Klärung, wer die siegreiche Partei ist. Vorher kann man nur ein Wahrscheinlichkeitsurteil fällen, welchen Verlauf der Prozeß nehmen wird. Erst im Stadium der Urteilsreife könnte man allenfalls von einem Recht auf günstige Entscheidung sprechen.

Die Widersprüchlichkeit in der Lehre vom Rechtsschutzanspruch kommt deutlich in den Ausführungen von *Wach* zum Ausdruck. Er schreibt[22]: „Vor der Klage besteht ein Recht des Klägers auf günstiges Urteil dann, wenn ihm dieses gesetzlich verbürgt ist. Solch Urteilsanspruch als Rechtsschutzanspruch

[17] Handbuch des Deutschen Zivilprozeßrechts Bd. I (1885) S. 19 ff., 296 f.; Feststellungsanspruch (1889) S. 15 ff.; ZZP 32, 1 ff.

[18] System des Deutschen Zivilprozeßrechts I (1912) S. 291 ff.

[19] Die Voraussetzung des Rechtsschutzes, HallFestG.f. Fitting (1903); Grundriß[1] S. 11 f.

[20] Lehrbuch § 1 III.

[21] *Stein-Jonas-Pohle*, ZPO[19] Einl. E I 3.

[22] ZZP 32,3 ff.

ist durch außerprozessualen Tatbestand begründet". Wenige Zeilen später liest man: „Klageerhebung gibt Recht auf Urteil, aber nicht auf ein der Partei günstiges Urteil". Nach *Wach* hat also der Kläger *vor* der Klage ein Recht auf günstiges Urteil, während man ihm *nach* der Klageerhebung, also in einem späteren Zeitpunkt, nur ein Recht auf Urteil, nicht mehr auf günstiges Urteil zugesteht. Der Widerspruch erklärt sich daraus, daß die Lehre vom Rechtsschutzanspruch das Recht statisch betrachtet, während die prozessuale Betrachtungsweise evolutionär ist. Denn der Prozeß ist das Verfahren zur Durchsetzung eines Rechts, weshalb die Durchsetzungsmöglichkeit im Vordergrund steht.

Wenn die Vertreter des Rechtsschutzanspruchs ausführen, daß dieser ein Hilfsmittel sei, um die prozessualen Fragen von dem eingeklagten materiellen Recht zu unterscheiden, so trifft gerade dieses nicht zu. Soll doch der Rechtsschutzanspruch nur dann bestehen, wenn dem Kläger nach der prozessualen und materiellrechtlichen (!) Lage ein solcher Anspruch zusteht. Hier kommt deutlich eine Vermischung materiellrechtlicher und prozessualer Fragen zum Ausdruck.

Die Lehre vom Rechtsschutzanspruch geht von der Anschauung aus, daß der Staat am Zivilprozeß nicht interessiert sei, und betrachtet daher den Prozeß einseitig vom Standpunkt der Parteien her. Sie verkennt die soziale Bedeutung des Prozesses, die nicht ausschließlich privaten, sondern auch öffentlichen Interessen dient. Das Gericht ist zur Entscheidung des Rechtsstreits gemäß der Rechtsordnung verpflichtet. Es hat das Parteibegehren einer richterlichen Prüfung und Würdigung zu unterziehen. Mit der objektiven Stellung des Gerichts den Parteien gegenüber verträgt es sich nicht, diesen von vornherein einen Anspruch auf ein günstiges Urteil zu gewähren. Wenn der Richter das Urteil spricht, so erfüllt er damit eine Staatsaufgabe, nicht einen Anspruch der Parteien auf günstige Entscheidung[23]. Die Lehre vom Rechtsschutzanspruch ist Ausdruck des überwundenen aktionenrechtlichen Denkens, das sich Rechtsverhältnisse nur als auf ein bestimmtes Ziel gerichtete Ansprüche vorstellen konnte.

Die Vertreter des Rechtsschutzanspruchs messen diesem freilich nur geringe praktische Bedeutung bei. Diese Ansicht vertritt auch *Pohle*[24]. Damit ist aber nicht zu vereinbaren, wenn er in Anlehnung an *Wach*[25] den Rechtsschutzanspruch als Streitgegenstand bezeichnet[26]. Dann müßte dem Rechtsschutzanspruch mit Rücksicht auf die Fragen der Rechts-

[23] Gegen den Rechtsschutzanspruch u. a. *Nikisch*, a.a.O. § 2 III; *Rosenberg*, a.a.O. § 90.

[24] *Stein-Jonas-Pohle*, Einl. I 3 g.

[25] Handbuch I S. 296 f.

[26] a.a.O. Einl. E III 1 c.

hängigkeit, Rechtskraft, Klageänderung und Klagenhäufung ausschlaggebende Bedeutung beigemessen werden. Die Ansicht, daß der gegen den Staat gerichtete Rechtsschutzanspruch den Streitgegenstand des Zivilprozesses bildet, wird durch das Gesetz eindeutig widerlegt. Nach § 307 ist auf Antrag ein Anerkenntnisurteil zu erlassen, wenn eine Partei den „gegen sie" geltend gemachten Anspruch bei der mündlichen Verhandlung anerkennt. Das Anerkenntnis der Partei kann also nicht den gegen den Staat gerichteten Rechtsschutzanspruch zum Inhalt haben. Insoweit verläßt die Lehre vom Rechtsschutzanspruch als Streitgegenstand den Boden des Gesetzes.

V. Da der Staat im Interesse des inneren Friedens von sich aus Rechtsschutz gewährt, ist die *Selbsthilfe,* historisch das älteste Rechtsschutzmittel, bis auf wenige Ausnahmefälle (z. B. §§ 227—231, 561, 859, 904 BGB) verboten. Trotz des staatlichen Rechtsschutzmonopols ist es jedoch den Parteien gestattet, Streitigkeiten über Gegenstände, die ihrer Verfügung unterliegen, durch nichtstaatliche Richter entscheiden zu lassen (*schiedsrichterliches Verfahren,* §§ 1025 ff.).

So können z. B. Kauf-, dagegen nicht Ehestreitigkeiten (§§ 606 ff.) vor private Schiedsrichter gebracht werden. *Die Schiedsgerichtsbarkeit* spielt heute, namentlich im *Wirtschaftsleben,* eine *große Rolle.* Das schiedsrichterliche Verfahren stellt sich als ein selbständiges Seitenstück zum Zivilprozeß dar. Der dadurch bewirkte Ausschluß der staatlichen Rechtspflege ist nicht unbedenklich. Daß die Schiedsgerichte schneller und billiger sind als die staatlichen Gerichte, kann man keineswegs allgemein sagen. Der angebliche Vorteil aber, daß die von den Parteien erwählten Schiedsrichter (vgl. § 1028) besonderes Vertrauen genössen, erweist sich oft als Hindernis für eine gerechte Entscheidung, da sich die Erwählten häufig genug lediglich als Sachwalter der Interessen ihrer Partei fühlen.

VI. Der einzelne Rechtsstreit setzt sich aus einer Reihe von Gerichts- und Parteihandlungen zusammen, die aufeinanderfolgen und ineinandergreifen (z. B. Klage, Verhandlung, Beweisaufnahme, Urteil). Sie alle haben ein Ziel: Verwirklichung des Rechtsschutzes. Der *Prozeß* ist deshalb, als Lebensvorgang betrachtet, ein *Verfahren.* Daher kommt auch der Name: processus (procedere - vorwärtsschreiten). Im deutschen Recht spricht man vom Rechtsgang. Der Prozeß stellt aber nicht nur einen tatsächlichen Vorgang dar, sondern er erzeugt gleichzeitig ein Rechtsverhältnis. Das *Prozeßrechtsverhältnis* entsteht und endet mit dem Prozeß. Es umfaßt die Gesamtheit der prozessualen Rechtsbeziehungen, die zwischen dem Gericht und den Parteien einerseits und den Parteien untereinander andererseits bestehen. Es ist nicht stabil, wie das materielle Rechtsverhältnis, über das im Prozeß entschieden werden soll, sondern dynamisch, insofern es sich in einer ständigen, dem Prozeßziel zustrebenden Entwicklung befindet. Die einzelnen Entwicklungszustände kann man als *Prozeßlagen* bezeichnen.

Das Prozeßverhältnis begründet für die einzelne Partei gegenüber Gericht und Gegner die Pflicht, durch redliche und sorgfältige Prozeßführung an der Erledigung des Rechtsstreits mitzuwirken. Insoweit besteht zwischen Gericht und Parteien eine Arbeitsgemeinschaft zur Förderung des Rechtsganges[27]. Gleichzeitig löst das Prozeßrechtsverhältnis unter den Parteien einen Zustand der Gebundenheit an die jeweilige Prozeßlage aus.

Zwischen wem das Prozeßrechtsverhältnis besteht, ist freilich streitig. Nach der Auffassung von *Kohler*[28] besteht es nur unter den Parteien, nach der Ansicht *Hellwigs*[29] nur zwischen dem Staat (dem Gericht) und den Parteien, nach der dritten Ansicht, die namentlich *Bülow*[30] und *Wach*[31] vertreten, zwischen Gericht und Parteien sowie zwischen den Parteien untereinander. Allein die Ansicht, daß das Prozeßrechtsverhältnis ein dreiseitiges ist, wird den entstehenden vielfachen Rechtsbeziehungen gerecht.

Das Prozeßrechtsverhältnis ist öffentlich-rechtlicher Natur und von dem Bestand des der Klage zugrunde liegenden materiellen Rechtsverhältnisses unabhängig. Ob letzteres besteht und ob der Kläger seinetwegen den begehrten Rechtsschutz verlangen kann, soll im Prozeß erst geprüft und entschieden werden. Das Prozeßverhältnis entsteht daher auch bei Fehlen des materiellen Rechtsverhältnisses. Dies wird besonders deutlich bei einer begründeten negativen Feststellungsklage (§ 256). Die Einklagung erdichteter Forderungen im Einvernehmen mit dem Beklagten[32] ist zwar ein unerlaubtes Verhalten (§ 138 I), aber ein ernsthafter, gerade nicht ein simulierter Prozeß[33].

Das Prozeßrechtsverhältnis bleibt auch bei einem Wechsel des Gerichts oder der Parteien oder bei Änderung des Streitgegenstandes bestehen. Bei einer Rechtsnachfolge in die Parteistellung findet auch eine Rechtsnachfolge in das Prozeßrechtsverhältnis statt.

Dagegen bewirkt die Rechtsnachfolge in das materielle Rechtsverhältnis nicht ohne weiteres die Rechtsnachfolge in das Prozeßrechtsverhältnis. Veräußert z. B. der Beklagte während des Prozesses die im Streit befangene Sache, dann geht der Prozeß grundsätzlich unter den bisherigen Parteien weiter (§ 265). Obwohl der Dritterwerber in das materielle Rechtsverhältnis eintritt, wird er nicht ohne weiteres Prozeßpartei. Umgekehrt ist eine Nachfolge in das Prozeßrechtsverhältnis möglich, ohne daß eine Rechtsnachfolge in das materielle Rechtsverhältnis stattfindet. Ein Beispiel hierfür bietet § 146 III KO: Hat ein Konkursgläubiger die rechtshängige Forderung eines konkurrierenden Gläubigers bestritten, so muß die Aufnahme des unter-

27 So Entwurf 1931, S. 258.
28 Der Prozeß als Rechtsverhältnis (1888) S. 6, 93; ZZP 33, 211.
29 System des Deutschen Zivilprozeßrechts (1912) I S. 396 f.
30 ZZP 27, 233.
31 Handbuch I § 4 V.
32 Vgl. § 242 I Nr. 2 KO.
33 Unrichtig RG 36, 249.

brochenen Prozesses (§ 240) gegenüber dem widersprechenden Gläubiger erfolgen. Dieser rückt in die Prozeßlage des Schuldners, aber nicht in dessen Schuldverhältnis ein. Eine derartige selbständige Rechtsnachfolge in dem Prozeß ist ohne Annahme eines Prozeßrechtsverhältnisses nicht zu erklären.

Gegen das Bestehen eines Prozeßrechtsverhältnisses wird eingewendet, daß die Parteien im Prozeß keine Pflichten, sondern nur Lasten hätten. Gegen eine solche Last gebe es keinen Verstoß. Allenfalls verstoße man gegen das eigene Interesse und verliere unter Umständen dadurch den Prozeß[34]. Richtig ist, daß keine Prozeßpflicht vorliegt, wenn das Gesetz einer Partei in ihrem eigenen Interesse die Möglichkeit von Prozeßhandlungen eröffnet. Hier begründet das Gesetz keine Handlungspflicht, sondern legt nur die Last auf, rechtzeitig und in gehöriger Weise tätig zu werden, um erforderlichenfalls eigene Interessen wahrzunehmen. Deshalb spricht man besser von der Behauptungs- und Beweislast, statt von der Behauptungs- und Beweispflicht. Im Gegensatz zu diesen Handlungslasten liegt aber eine echte Prozeßpflicht der Parteien vor, wenn das Gesetz ohne Rücksicht auf deren besondere Interessen etwas gebietet oder verbietet. Dies ist z. B. bei der Wahrheitspflicht, dem Lügen- und Lückenverbot (§ 138 I), der Fall. Aus dem Fehlen einer Strafe für Zuwiderhandeln darf nicht geschlossen werden, daß hier keine Rechtspflicht vorliegt, da Strafe oder Zwang keine notwendigen Voraussetzungen der Rechtspflicht sind.

a) Prozeßpflichten

1. Unter den Prozeßpflichten steht an erster Stelle die *Mitwirkungs- und Förderungspflicht* der Parteien, d. h. die Pflicht, durch sachgemäße Prozeßführung dem Richter die Findung des Rechts zu erleichtern. Für den Beklagten besteht jedoch *keine Einlassungs- oder Defensionspflicht.* Er kann völlig untätig bleiben und sich durch Versäumnisurteil (§ 331) verurteilen lassen. Läßt sich aber der Beklagte auf den Prozeß ein, dann hat er ebenso wie der Kläger die Pflicht, nach Kräften zur schleunigen Sammlung des Prozeßstoffes und zur Aufklärung des Sachverhalts beizutragen.

Keinesfalls darf er sich auf bloßes Bestreiten beschränken. Er muß sich ehrlich verteidigen und hat sich jeder Prozeßverschleppung und anderer Schikanen zu enthalten. Lässige und unehrliche Prozeßführung ist Mißbrauch der staatlichen Gerichtseinrichtung.

Die Mitwirkungspflicht kommt weiter dadurch zum Ausdruck, daß das Gericht nach § 141 das persönliche Erscheinen der Parteien zur Aufklärung des Sachverhalts anordnen kann. Vgl. auch §§ 372a, 619, 623.

Aus der Förderungspflicht folgt, daß keine Partei die Beweisführung der anderen Partei erschweren oder vereiteln darf. Bei Erschwerung

[34] Vgl. *Goldschmidt,* Der Prozeß als Rechtslage (1925); *Niese,* Doppelfunktionelle Prozeßhandlungen (1950) S. 62.

oder Vereitelung der Beweisführung kann der Richter den Beweis als erbracht ansehen. § 444 enthält einen allgemeinen, nicht auf den Urkundenbeweis beschränkten Rechtsgedanken[35].

2. Die Parteien stehen im Prozeß unter dem *Gebot von Treu und Glauben*. Dieses Gebot beherrscht die gesamte Rechtsordnung, es gilt daher auch für das Prozeßrechtsverhältnis[36].

Jeder Prozeßmißbrauch ist unzulässig. Prozeßhandlungen, die verfahrensfremden Zwecken dienen sollen, sind unbeachtlich. So Einreden, die nur zur Verzögerung des Verfahrens vorgebracht werden, oder ein in Verschleppungsabsicht gestelltes Ablehnungsgesuch. Läßt ein Wohlhabender, um das Prozeßkostenrisiko zu umgehen, seine Forderung durch einen armen Inkassozessionar einklagen, so ist dessen Armenrechtsgesuch unzulässig, weil eine prozessuale Schiebung vorliegt. Verfahrensmißbrauch ist es, wenn ein Querulant ein wegen Aussichtslosigkeit der Rechtsverfolgung mehrfach abgewiesenes Armenrechtsgesuch unermüdlich wiederholt. Da es vor allem auf die sachliche und gerechte Entscheidung ankommt, darf die Berufung auf nicht strenge Verfahrensvorschriften nicht der Erreichung einer baldigen Verwirklichung des wahren Rechts hemmend im Wege stehen[37]. Selbstverständlich ist auch schikanöses Prozessieren verboten. Ein solcher Fall liegt z. B. vor, wenn jemand eine Forderung von 50 DM gegen einen zahlungsfähigen Schuldner in Pfennigbeträgen einklagt.

Endlich ergibt sich aus dem Grundsatz von Treu und Glauben die Möglichkeit prozessualer Verwirkung[38]. Wenn z. B. für die Einlegung der Beschwerde (§ 567) keine Frist vorgeschrieben ist, so folgt daraus nicht, daß der Beschwerdeführer damit unbeschränkte Zeit warten kann. Wer allzu lange einen rechtswidrigen Zustand hinnimmt, verstößt gegen Treu und Glauben, wenn er erst dann die Änderung dieses Zustandes verlangt, nachdem sich der Gegner hierauf eingerichtet hat.

Im allgemeinen ist es zulässig, daß ein Ehegatte ein Scheidungsurteil, gegen das er ein Rechtsmittel eingelegt hat, durch dessen Rücknahme rechtskräftig werden läßt. Er hat es also in der Hand, durch seine Erklärung die Auflösung der Ehe herbeizuführen. Verzicht auf die Berufung (§ 514) und Rücknahme dieses Rechtsmittels (§ 515) verstoßen aber gegen Treu und Glauben und sind daher unwirksam, wenn das Verfahren infolge der Kriegs- und Nachkriegsereignisse 10 Jahre lang geruht hat und während dieser Zeit zwischen den Ehegatten wieder eine echte Gemeinsamkeit entstanden ist. In einem der-

[35] RG 60, 152; 101, 197; BGH 6, 224.

[36] RG 154, 303; 161, 359; BGH 20, 206; *Bernhardt*, Auswirkungen von Treu und Glauben in Prozeß und Zwangsvollstreckung, ZZP 66, 77 ff.; *Novak*, Treu und Glauben im Zivilprozeß, Österreichische Juristenzeitung (1949) S. 338 ff.; *Guldener*, Treu und Glauben im ZP, Schweizerische Juristenzeitung (1942/43) S. 389 ff.

[37] RG 154, 302.

[38] BGH 20, 206; 21, 80; *Baumgärtel*, ZZP 67, 423 ff.; 75, 385 ff.

artigen Fall kann der Ehegatte nicht auf Grund eines neuerdings gefaßten Willensentschlusses durch Verzicht auf die Berufung und deren Rücknahme die Auflösung der Ehe herbeiführen[39].

Nicht zuzustimmen ist, wenn BAG NJW 1962, 463 die Klagebefugnis der prozessualen Verwirkung unterwirft. Wird eine Klage erhoben, um ein vermeintliches Recht durchzusetzen, so liegt darin allein noch keine unzulässige Rechtsausübung[40]. Das Klagerecht steht an sich immer offen und kann als solches kaum verwirkt werden. Eine Verwirkung der Klagebefugnis wäre nur dann denkbar, wenn die illoyale Verspätung sich allein auf die gerichtliche, nicht aber auf eine außergerichtliche Geltendmachung bezöge, was praktisch nicht vorkommt. Die prozessuale Verwirkung ist von der materiellrechtlichen streng zu scheiden. Die Verwirkung eines materiellen Rechts zieht nicht gleichzeitig die Verwirkung der Klagebefugnis nach sich: Wird mit der Klage ein verwirktes materielles Recht geltend gemacht, so ist die Klage nicht unzulässig, sondern unbegründet, da die Verwirkung die Ausübung des Rechts hindert. Der Beklagte hat in einem solchen Fall ein schutzwürdiges Interesse an einer Sachentscheidung. Ihn auf die Möglichkeit einer negativen Feststellungsklage zu verweisen, würde die Prozesse verdoppeln und daher gegen die Prozeßökonomie verstoßen.

3. Die den Parteien ausdrücklich auferlegte Wahrheitspflicht (§ 138 I) ist nur eine Folge des Grundsatzes von Treu und Glauben. Sie besteht sowohl dem Gericht wie dem Prozeßgegner gegenüber (Näheres unten § 23 III).

b) Bindung der Parteien

Die durch das Prozeßrechtsverhältnis herbeigeführte Bindung der Parteien an die jeweilige Prozeßlage kommt dadurch zum Ausdruck, daß die Streitsache während der Rechtshängigkeit nicht anderweit anhängig gemacht werden darf (§ 263) und daß Klagänderung sowie Klagrücknahme nur beschränkt zulässig sind (§§ 264, 271).

VII. Dem Prozeß liegt in der Regel eine Meinungsverschiedenheit der Parteien zugrunde. Daher nennt das Gesetz häufig den einzelnen Prozeß „Rechtsstreit", „Rechtsstreitigkeit", „Streitsache" (z. B. §§ 88, 91, 263 ZPO, § 13 GVG). Trotzdem gehört zum Wesen des Prozesses kein Streit, vielmehr gibt es Prozesse ohne jeden Streit.

So wenn der Beklagte den auch vor dem Prozeß nie bestrittenen Anspruch des Klägers sofort anerkennt (§§ 93, 307); oder wenn sich der Beklagte untätig verhält und gegen ihn Versäumnisurteil ergeht (§ 331). Andererseits gibt es Rechtsstreitigkeiten, die nicht durch einen Prozeß, sondern durch private Vereinbarung (z. B. Vergleich, § 779 BGB), durch Schiedsspruch oder durch einen Akt der freiwilligen Gerichtsbarkeit (z. B. bei einem Streit um die Schlüsselgewalt § 1357 BGB, §§ 35, 45 FGG) erledigt werden.

[39] BGH 20, 198.

[40] *Erman*, BGB³ § 242 III 3g.

§ 2 Geschichtlicher Überblick

Die Geschichte des deutschen Zivilprozeßrechts ist infolge verschiedenartiger Einflüsse des staatlichen, sozialen, kulturellen und wirtschaftlichen Lebens nicht einheitlich verlaufen. In ihm spiegelt sich die gesamte abendländische Kultur wider. Germanisches und rezipiertes römisches Recht, kirchliches und staatliches Recht haben sein Bild geprägt. Formstrenge wechselt mit Formfreiheit, Schriftlichkeit mit Mündlichkeit, Beschleunigung mit zeitraubender Übergründlichkeit, Parteiherrschaft mit Richtermacht.

I. Wie bei allen Völkern in den Anfängen der Kultur, so macht auch der *germanische Prozeß* keinen Unterschied zwischen Zivil- und Strafsachen. Auch privatrechtliche Ansprüche konnten nur in der Form des Strafprozesses verfolgt werden. Leistete der Schuldner trotz Aufforderung des Gläubigers nicht, so erblickte man darin einen Widerstand gegen die Rechtsordnung.

Das Verfahren war unter Beobachtung eines strengen Formalismus auf dem Verhandlungsgrundsatz aufgebaut. Die Prozeßhandlungen mußten von den Parteien persönlich unter Gebrauch bestimmter Worte vorgenommen werden. Zunächst hatte der Kläger den Beklagten vor die Gerichtsversammlung der Hundertschaft zu laden. Blieb der Beklagte aus, so wurde er als Rechtsverweigerer für friedlos erklärt.

Erschien der Beklagte, dann trug der Kläger seine Klage vor und forderte den Beklagten auf, sich zu wehren und ihm auf seine Fragen mit Ja oder Nein zu antworten. Selbständige Einwendungen waren unzulässig. Das gerichtliche Verfahren bezweckte, den Streit durch Abschluß eines Sühnevertrages aus der Welt zu schaffen. Erkannte der Beklagte den Anspruch an, dann wurde ihm aufgegeben, dem Kläger feierlich Erfüllung zu geloben. Leugnete der Beklagte, dann erging ein „zweizüngiges" Urteil: Ihm wurde aufgegeben, entweder sich durch Beweis zu reinigen, oder, falls der Beweis mißlingen sollte, ein Erfüllungsgelöbnis abzugeben. Das Urteil wurde von der Gerichtsversammlung auf Vorschlag rechtskundiger Volksgenossen, später bestimmter Urteilsfinder (Rachimburgen, Schöffen), gefällt. Die Verkündung des von der Versammlung gefällten Urteils geschah durch den Richter (Gaufürsten, Grafen), der die Verhandlung leitete, auf den Inhalt des Urteils aber regelmäßig keinen Einfluß hatte. Das Beweisverfahren fand nach dem Urteil statt. Dabei erstreckte sich der Beweis nicht auf einzelne Tatsachen, sondern nur auf die Rechtsbehauptungen der Parteien. Als Beweismittel kamen Zeugen und, falls solche nicht vorhanden waren, der Eid in Betracht. In der Regel war der Beklagte dem Eid näher, so daß er sein besseres Recht zu beschwören hatte. Dabei standen ihm Eideshelfer zur Seite, die ihn persönlich kannten. Sie beschworen nicht die Wahrheit der Angaben des Beklagten, sondern ihre Überzeugung, daß dessen Eid „rein und nicht mein" sei. Später kam der Beweis durch Gottesurteil (Feuer- und Wasserprobe, Zweikampf) auf. Man meinte in abergläubischer Mystik, auf diese Weise am zuverlässigsten die Wahrheit erforschen zu können.

II. In der fränkischen Zeit führte der erstarkende Staatsgedanke zu der Ansicht, daß der Staat verpflichtet sei, dem Gläubiger zu seinem Recht zu verhelfen. Demgemäß wurde die Richtermacht verstärkt. Die Ladung des Beklagten geschah nicht mehr durch den Kläger, sondern durch den Richter. Auch die Ladung der Zeugen und der Eideshelfer erfolgte durch ihn. Die Eideshelfer schworen nicht mehr gemeinsam, sondern einzeln. Die wichtigste Neuerung war die Einführung des Urkundenbeweises.

Besondere Bedeutung kam dem *Königsgericht* zu, das nach Billigkeit entschied und dessen Verfahren weniger formalistisch war. Während die Parteien im Volksprozeß persönlich erscheinen mußten, konnten sie sich vor dem Königsgericht durch einen advocatus vertreten lassen.

Das Verfahren des Königsgerichts beeinflußte in der Folgezeit auch den Volksprozeß, der daraufhin freier gestaltet wurde.

Später wurden die alten Schöffengerichte durch die Gerichtsbarkeit der Grund- und Landesherrn verdrängt. Außerdem beanspruchten die geistlichen Gerichte in causae mixtae (Ehe-, Verlöbnis-, Testaments- und Dotalsachen) weltliche Gerichtsbarkeit. Das mittelalterliche Prozeßrecht war daher außerordentlich vielgestaltig.

III. Die deutsche Rechtsentwicklung wurde durch die *Rezeption* des römischen Rechts unterbrochen. Mit dem fremden Recht kam auch ein fremder Prozeß und zwar der *italienisch-kanonische* nach Deutschland. Er ist das Ergebnis des spekulativ-dialektischen Denkens der Scholastik. In ihm sind langobardisch-fränkische, römisch-byzantinische und kirchlich-kanonische Prozeßrechtsgedanken derart miteinander verschmolzen, daß dadurch ein neuer Prozeß entstand. Richter war ein wissenschaftlich ausgebildeter Jurist. Den Parteien standen Anwälte, die ebenfalls Juristen waren, zur Verfügung.

Das Charakteristikum des Verfahrens bestand darin, daß es sich in von vornherein genau bestimmten Terminen abspielte. Für die Reihenfolge der einzelnen Prozeßhandlungen bestanden strenge Gebote.

Im ersten Termin hatte der Kläger dem Beklagten die Klageschrift zu übergeben. Hierauf mußte der Beklagte Einwendungen gegen die Zulässigkeit des Verfahrens vorbringen. Dieses Verfahren endete entweder mit der absolutio ab instantia oder mit einem Zwischenbescheid über die Verwerfung der Einreden. Erst danach kam es zur litis contestatio, zur formellen Erklärung der Streitabsicht. Der Kläger mußte seine Klagebehauptung wiederholen, der Beklagte sie sofort bestreiten. Hierauf hatte der Kläger den Streitstoff zu zerlegen und jede klagebegründende Tatsache in einem besonderen Satz vorzubringen (pono, quod ...). Deshalb spricht man vom *Positionalverfahren.* In einem weiteren Termin hatte sich der Beklagte auf die einzelnen positiones mit Ja oder Nein zu erklären. Für die bestrittenen Positionen hatte der Kläger in einem Sondertermin Beweis anzubieten. An die Beweisaufnahme schloß sich ein Termin zur Verhandlung über das Beweisergebnis an. Hierauf konnte der Beklagte in einem neuen Termin Einreden vorbringen, über die dann Beweis erhoben werden mußte. Nach Schluß der Beweisaufnahmen erklärten die Parteien feierlich, daß sie nichts mehr zur Sache vorzubringen hätten (conclusio in causa), worauf das Urteil erfolgte. Da das Verfahren infolge seiner Schwerfälligkeit geradezu zur Verschleppung reizte, galt als Gegengewicht die *Eventualmaxime:* Die Parteien hatten alle gleichartigen Behauptungen gleichzeitig und auf einmal vorzubringen, wenn auch nur eventuell, um nicht endgültig damit ausgeschlossen zu werden. So konnte es vorkommen, daß z. B. der auf Rückzahlung eines Darlehens Beklagte einwendete, daß er es überhaupt nicht erhalten habe, eventualiter, daß er es zurückgezahlt habe, eventualiter, daß es ihm gestundet sei. Dadurch wurde der Prozeßstoff künstlich vermehrt. Deshalb mußte er durch einen notarius (Gerichtsschreiber) protokolliert werden. Es entstand der Satz: quod non est in actis, non est in mundo. Da die Richter ihre Stellen aus politischen Gründen erhielten oder gar kauften, war das Vertrauen in ihre Unparteilichkeit gering. Deshalb bestanden starre Beweisvorschriften, die den Richter zwangen, die Wahrheit einer Behauptung nicht nach seinem persönlichen Eindruck, sondern nach feststehenden Regeln über die Glaubwürdigkeit zu beurteilen. Es wurde z. B. vorgeschrieben, wieviel Zeugen eine Behauptung bestätigen mußten, welche Eigenschaften und Familienverhältnisse den Zeugen weniger glaubwürdig machten, wie das Geschlecht und der Lebenswandel für die Glaubwürdigkeit einer Aussage zu beurteilen sei. Hieraus entstand die Anschauung, daß im Zivilprozeß nicht die materielle, sondern die formelle Wahrheit gelte.

IV. Für das 1495 als ständiges oberstes Reichsgericht errichtete *Reichskammergericht* führten die verschiedenen Kammergerichtsordnungen mit gewissen Änderungen das italienisch-kanonische Verfahren ein. Im Gegensatz zu diesem wurde aber die mündliche Verhandlung abgeschafft, wodurch dem Richter, zum Nachteil einer lebensnahen Rechtsprechung, ein unmittelbarer Einblick in das dem Prozeß zugrundeliegende Geschehen versagt war. Das Kammergerichtsverfahren wurde in der Folgezeit für die Territorialgesetzgebung vorbildlich, außerdem erlangte es im ganzen Reich subsidiäre Geltung.

V. Nur die Gebiete des sächsischen Prozesses setzten dem fremden Recht stärkeren Widerstand entgegen, da sich dort infolge des großen Ansehens der Rechtsbücher und Stadtrechte die deutschen Einrichtungen besser als in Süddeutschland erhalten hatten. Der *sächsische Prozeß* beruhte auf den Konstitutionen des Kurfürsten August I. von 1572 und auf der Kursächsischen Gerichtsordnung von 1622. Das Positionalverfahren war dem sächsischen Prozeß fremd. Der Kläger mußte in der Klage eine zusammenhängende Geschichtserzählung geben, was der modernen Klageform entspricht. Der Beklagte durfte sich demgegenüber nicht auf die allgemeine Erklärung der Streitabsicht beschränken, sondern mußte sich in zusammenhängender Gegendarstellung zu den einzelnen Klagetatsachen äußern. An der Eventualmaxime wurde festgehalten. Bedeutsam war, daß der Prozeß durch ein Zwischenurteil, das sogenannte *Beweisinterlokut,* in das Stadium der Behauptungen und in das der Beweise geteilt wurde.

VI. Der jüngste Reichsabschied von 1654 reformierte den kammergerichtlichen Prozeß im Sinne des sächsischen Rechts. Namentlich beseitigte er das Positionalverfahren und verlangte, daß der Kläger in der Klage den Sachverhalt zusammenhängend darzustellen habe.

Im Anschluß an den reformierten Kammergerichtsprozeß entstand, unterstützt durch wissenschaftliche, am römischen Recht orientierte Arbeiten, der sogenannte *gemeine Prozeß,* der in verschiedenen Variationen subsidiär galt.

Auch er war schriftlich und nicht öffentlich, er wurde vom *System der Beweistrennung* beherrscht, indem das Beweisinterlokut den Prozeß derart teilte, daß im Beweisstadium neue Behauptungen nicht vorgebracht werden durften. Die Beweiswürdigung war an feste Regeln gebunden (formelle Beweistheorie).

Der gemeine Prozeß war äußerst schwerfällig und konnte sich keiner Beliebtheit erfreuen.

VII. Daraus erklärt sich der Reformversuch, der in Preußen durch die *Allgemeine Gerichtsordnung* von 1793 gemacht wurde. Zunächst wurden Verhandlungs- und Eventualmaxime beseitigt und durch die sog. Instruktionsmaxime ersetzt. Der Richter hatte im unmittelbaren Verkehr mit den Parteien den Sachverhalt von Amts wegen zu klären. Abschließend wurde in einem status causae et controversiae der Streitstand dargestellt. Auf dieser Grundlage fand ohne besonderes Beweisurteil die Beweisaufnahme statt. Nach einer Schlußverhandlung wurde das Urteil verkündet. Die Rechtsanwälte wurden zugunsten von beamteten Justizkommissaren abgeschafft. Da sich das Verfahren, insbesondere auch wegen der beibehaltenen formellen Beweistheorie, die einer wirklichen Sachaufklärung im Wege stand, nicht bewährte, wurden durch Verordnungen von 1833 und 1846 Verhandlungs- und Eventualmaxime wieder eingeführt.

VIII. Hierin machte sich bereits der *Einfluß des französischen Zivilprozesses* geltend. Frankreich hatte ursprünglich die gleiche Rechtsentwicklung wie Deutschland durchgemacht und ebenfalls das italienisch-kanonische Prozeßrecht aufgenommen. Die germanisch-fränkischen Formen des Gerichtsverfahrens waren jedoch dadurch nicht beseitigt worden, blieben vielmehr erhalten und wurden weiter entwickelt. Zwar drang auch hier das rechtsgelehrte Beamtenrichtertum in die Gerichte ein, die Tradition der alten Schöffengerichte brachte es aber mit sich, daß das Gericht seine abwartende, das Material nur entgegennehmende und prüfende Haltung beibehielt. Die Gerichte waren und sind auch heute noch in Frankreich im wesentlichen Spruchgerichte. Mit der Sammlung des Stoffes, mit Zustellungen und Ladungen sind sie nicht befaßt. Um den Richter ganz auf seine Spruchtätigkeit zu konzentrieren, hat man alle mechanischen Verrichtungen und jede Tätigkeit, die nicht unmittelbar mit der Rechtsprechung zusammenhängt, von den Gerichten ferngehalten. Dies ist das sog. *Prinzip der Reinerhaltung des richterlichen Amtes.* Die Rechtsentwicklung war in dem code de procédure civile von 1806 zum Abschluß gekommen. Es galt das Prinzip der Öffentlichkeit, Mündlichkeit, das System der Beweisverbindung und der freien Beweiswürdigung. Die Eventualmaxime war abgeschafft.

IX. Der code de procédure civile hatte auf Deutschland nachhaltige Wirkung. Die Prozeßordnungen von Hannover und Braunschweig (1850), Oldenburg (1857), Lübeck (1862), Baden (1864) und Württemberg (1868) beruhten auf ihm.

Die Zersplitterung des Verfahrensrechts in Gebiete des gemeinen, des preußischen und des französischen Prozesses wurde in Deutschland allgemein als Mißstand empfunden. Infolgedessen setzte 1862 der Bundestag eine Kommission zur Ausarbeitung einer allgemeinen Zivilprozeßordnung für die deutschen Bundesstaaten ein. Diese arbeitete den sog. Hannoverschen Entwurf aus. Da sich Preußen an den Arbeiten infolge seiner Differenz mit Österreich nicht beteiligte, legte es einen Sonderentwurf, den sog. Preußischen Entwurf, vor. Nach der Gründung des Norddeutschen Bundes wurde der Preußische Entwurf zum Norddeutschen Entwurf umgearbeitet, wobei in der Hauptsache der Hannoversche Entwurf als Vorbild diente. Als das Deutsche Reich gegründet war, ließ der Preußische Justizminister *Leonhardt*, welcher der Verfasser der Hannoverschen ZPO und der Referent der Hannoverschen sowie der Vorsitzende der Norddeutschen Bundeskommission war, den Norddeutschen Entwurf umarbeiten. Dieser führte nach mehrfachen Änderungen zur heute noch geltenden ZPO, die am 30. 1. 1877 verkündet wurde und seit dem 1. 10. 1879 in Kraft ist.

Da die ZPO keine Maßnahmen kannte, nachlässigen oder böswilligen Parteien, die den Prozeß verschleppten, entgegenzutreten, entstanden bald Reformwünsche. Durch die späteren Novellen ist die Allmacht der Parteien zugunsten richterlicher Befugnisse eingeschränkt worden. Die Novelle von 1909 regelte das Amtsgerichtsverfahren neu, die Novelle von 1924 bezweckte die Konzentration des Verfahrens und führte die Entscheidung nach Lage der Akten, das Verfahren vor dem Einzelrichter und das Güteverfahren ein.

Durch das Gesetz vom 27. 10. 1933 wurde in Anlehnung an den Entwurf von 1931 die Wahrheitspflicht eingeführt und das formalistische Beweismittel des Parteieides durch die Parteivernehmung ersetzt.

Infolge des Zusammenbruchs des Deutschen Reichs im Jahre 1945 ging auch auf dem Gebiete des Zivilprozeßrechts die Rechtseinheit weithin verloren. Das Gesetz vom 12. 9. 1950 hat wenigstens für das Gebiet der Bundesrepublik die Rechtszersplitterung, die auch in den ehemaligen westlichen Besatzungszonen entstanden war, beseitigt und ein einheitliches Verfahrensrecht wieder hergestellt. Die ZPO wurde am 19. 9. 1950 neu bekanntgemacht[1]. Weitere Änderungen brachte das Gleichberechtigungsgesetz vom 18. 6. 1957 und das Familienrechtsänderungsgesetz vom 11. 8. 1961.

Die Reformbestrebungen der Gegenwart haben eine Vereinfachung und Beschleunigung des Verfahrens zum Ziel. Dabei wird man in vielen Fällen auf den Entwurf von 1931 zurückgreifen können.

§ 3 Arten und Voraussetzungen des Rechtsschutzes

I. Der Staat gewährt *Rechtsschutz* in *drei Formen:* durch autoritative *Entscheidung* (Rechtsfeststellung), durch *Vollstreckung* (Rechtsbefriedigung) und durch vorläufige *Rechtssicherung.*

1. Das Gesetz kann gemäß seinem generalisierenden Charakter nur die Durchschnittsfälle regeln, die gewöhnlich vorkommen. Daher sind die Rechtsnormen notwendig abstrakt. Sie bestimmen nur im allgemei-

[1] BGBl. I, 533 ff.

nen, was unter bestimmten typischen Voraussetzungen Rechtens sein soll. Dagegen beurteilt der Richter den Einzelfall. Er entscheidet, ob dem um Rechtsschutz Nachsuchenden das in Anspruch genommene Recht auch wirklich zusteht, ob der Kläger z. B. gegen den Beklagten die geltend gemachte Kaufpreisforderung hat. Dies geschieht im *Entscheidungsverfahren* (Urteils- oder Erkenntnisverfahren).

Der Richter entwickelt hierbei eine *doppelte Tätigkeit:* Zunächst ermittelt er den Sachverhalt *(tatsächliche Prüfung)*, sodann entscheidet er darüber, ob sich aus dem festgestellten Lebensvorgang nach der Rechtsordnung die vom Kläger behauptete Rechtsfolge ergibt oder nicht (*rechtliche Prüfung*). Die rechtliche Prüfung besteht in der Untersuchung, ob in dem festgestellten konkreten Sachverhalt die abstrakten Merkmale der anzuwendenden Rechtsnorm enthalten sind, ob sich der Lebensvorgang unter die Rechtsnorm „subsumieren" läßt.

Ziel des Erkenntnisverfahrens ist also Feststellung, was im Einzelfall Rechtens ist. *Die Entscheidung ergeht in der Regel als Urteil.* Dabei sind entsprechend der erhobenen Klage *drei Arten* zu unterscheiden:

a) Am häufigsten begehrt der Kläger, daß das Gericht den Beklagten zu einer Leistung verurteile, z. B. zur Zahlung des Kaufpreises (*Leistungs- oder Verurteilungsklage*). Ist die Klage begründet, so stellt der Richter verbindlich fest, daß das geltend gemachte Recht besteht. Gleichzeitig gebietet er dem Beklagten, den Anspruch zu befriedigen (*Leistungsurteil* oder Verurteilungserkenntnis). Das Leistungsurteil bildet einen Vollstreckungstitel (§ 704). Erfüllt der Schuldner nicht freiwillig, so kann der Gläubiger gegen ihn die Zwangsvollstreckung betreiben. Ist dagegen die Klage unbegründet und wird sie deshalb abgewiesen (weil z. B. ein Kauf nicht zustande gekommen war), dann wird damit zugleich das Nichtbestehen des Anspruchs festgestellt.

b) Bisweilen erstrebt der Kläger keine Befriedigung, sondern bloße Klarstellung eines bestehenden Rechtszustandes, z. B. seines Eigentums. Eine solche Klage heißt *Feststellungsklage* (§ 256), das Urteil *Feststellungsurteil.* Aus einem Feststellungsurteil kann (abgesehen von der Entscheidung über die Prozeßkosten) nicht vollstreckt werden, da es nicht auf Befriedigung des Klägers gerichtet ist, die begehrte Rechtsgewißheit aber durch das Urteil selbst herbeigeführt wird. Der Rechtskraft ist das Feststellungsurteil zugänglich.

c) Leistungs- und Feststellungsurteil lassen nicht neue Rechte entstehen, sondern stellen nur eine bereits bestehende Rechtslage fest[1]. Sie wirken daher lediglich rechtsanerkennend (deklarativ). Es gibt

[1] RG 129, 248.

jedoch auch Urteile, die neue Rechtsverhältnisse schaffen, die also einen bestehenden Rechtszustand ändern. Hier spricht man von *Gestaltungsurteilen* und entsprechend von *Gestaltungsklagen.* Das Urteil, welches eine Ehe scheidet (§ 41 EheG), eine OHG auflöst (§ 133 HGB) oder eine Vertragsstrafe herabsetzt (§ 343 BGB), führt unmittelbar eine neue Rechtslage herbei. Es wirkt insoweit konstitutiv. Da es die Rechtsänderung mit Eintritt der Rechtskraft selbst bewirkt, bedarf es keiner Vollstreckung.

2. Neben der Rechtsfeststellung kommt als weitere Rechtsschutzform die *Vollstreckung* in Betracht.

Steht der Anspruch eines Berechtigten fest, dann führt der Staat, falls der Schuldner nicht freiwillig erfüllt, die Befriedigung des Gläubigers auf seinen Antrag zwangsweise herbei. Das Vollstreckungsverfahren ist heute vom Entscheidungsverfahren völlig getrennt, ja es setzt ein solches nicht einmal voraus. So kann die Zwangsvollstreckung auch aus einer vollstreckbaren Urkunde stattfinden (§ 794 I Nr. 5).

3. Das Rechtsfeststellungsverfahren dauert in der Regel längere Zeit, da über die Klage mündlich verhandelt wird und meist auch eine Beweisaufnahme zur Klärung des Sachverhalts notwendig ist. Während dieser Zeit wird oft eine vorläufige Regelung des streitigen Zustandes erforderlich (vgl. z. B. § 627). Außerdem muß verhindert werden, daß böswillige Schuldner das geltend gemachte Recht des Gläubigers etwa durch Beiseiteschaffen von Vollstreckungsgegenständen vereiteln können. Hier gewährt der Staat Rechtsschutz durch Arrest und einstweilige Verfügung, die eine *vorläufige Rechtssicherung* bewirken (§§ 916 ff.).

II. Begehrt jemand Rechtsschutz, so muß er seine Bitte in der Regel in die Form einer Klage kleiden (§§ 253, 495).

Die Klage ist ein Gesuch um Rechtsschutz durch Urteil. Sie richtet sich zunächst an das Gericht, daneben aber auch an den Beklagten, der aus der Klage den Antrag und seine Begründung ersehen kann (§ 253 II Nr. 2). Eine Mitwirkung des Beklagten erfordert die Klagerhebung heute nicht mehr.

Wenn jemand klagt, dann erstrebt er ein Urteil „zur Sache“: Der Kläger will, daß der Richter entscheidet, ob der geltend gemachte Anspruch begründet ist oder nicht. Bevor jedoch der Richter das Begründetsein der Klage prüft, muß er feststellen, ob sie überhaupt zulässig ist. Erst wenn die Zulässigkeit des Verfahrens feststeht, darf das Gericht auf die Sache selbst eingehen. Bei Unzulässigkeit hat das Gericht jede sachliche Prüfung des Anspruchs zu unterlassen. Es darf über das Bestehen des Anspruchs weder Beweis erheben noch entscheiden. Da es für die Rechtskraftwirkung des Urteils erheblich ist, ob die Klage als unzulässig oder als unbegründet abgewiesen wird, muß sich aus den Entscheidungsgründen der Grund der Abweisung klar ergeben. Eine Abweisung aus beiden Gründen ist unstatthaft.

Die *Zulässigkeit des Verfahrens* hängt von verschiedenen Voraussetzungen ab:

1. Ein deutsches Gericht kann nur dann Rechtsschutz gewähren, wenn die Person, gegen die Rechtsschutz begehrt wird, der deutschen *Gerichtsbarkeit* unterliegt. Die Unterworfenheit des Beklagten unter die deutsche Gerichtsbarkeit ist Voraussetzung jeder Rechtsschutztätigkeit überhaupt. Wird z. B. der Botschafter eines fremden Staates, der unserer Gerichtsgewalt nicht untersteht (§ 18 GVG), verklagt, so hat sich der Richter ihm gegenüber jeder Amtshandlung zu enthalten. Daher ist hier nicht nur die Sachverhandlung und Sachentscheidung, sondern schon die Anberaumung eines Termins (§ 216) und die Ladung hierzu (§ 214) unzulässig. Ein Sachurteil wäre ohne Wirksamkeit.

Als Voraussetzung jeder Rechtsschutztätigkeit überhaupt unterscheidet sich die hier besprochene Gerichtsbarkeit von den unter 2 genannten Prozeßvoraussetzungen (vgl. unten § 27 II 1).

Die Unterworfenheit des Beklagten unter die deutsche Gerichtsbarkeit ist Wirksamkeitsvoraussetzung für alle prozessualen Handlungen, die gegen den Gerichtsfreien vom Gericht oder dem Kläger vorgenommen werden. RG 157, 394 spricht im Anschluß an Pagenstecher[2] von einer „selbständigen Prozeßvoraussetzung".

Von dem persönlichen Geltungsbereich der Gerichtsbarkeit zu scheiden ist die Begrenzung der Gerichtsbarkeit in räumlicher Beziehung. Die deutsche Gerichtsbarkeit endet an den Landesgrenzen. Das Urteil eines deutschen Gerichts wirkt grundsätzlich nur innerhalb des deutschen Staatsgebietes. So kann z. B. ein solches Urteil nicht im Ausland vollstreckt werden, falls dies nicht durch internationale Verträge unter Amtshilfe des ausländischen Staates gestattet ist.

2. Außer der Gerichtsunterworfenheit müssen bestimmte, im Prozeß jederzeit von Amts wegen zu prüfende Erfordernisse gegeben sein, die an Gericht, Parteien und Streitgegenstand gestellt werden *(Prozeßvoraussetzungen)*. So muß das Gericht zuständig sein. Die Parteien müssen die Partei- und Prozeßfähigkeit besitzen, bei mangelnder Prozeßfähigkeit aber durch gesetzliche Vertreter vertreten werden. Für den Streitgegenstand muß der Zivilrechtsweg offen stehen. Die Streitsache muß also im Wege des Zivilprozesses verfolgt werden können. Beim Fehlen einer Prozeßvoraussetzung ist das Verfahren im ganzen unzulässig[3].

[2] Zeitschrift f. ausländ. und internat. Privatrecht 1937, 339 ff.
[3] RG 70, 184.

Der Ausdruck Prozeßvoraussetzung ist irreführend. Der Begründer des Begriffes, Oskar *Bülow*[4], glaubte, daß ein Prozeß ohne diese Voraussetzungen nur ein rein tatsächliches Dasein habe. Er definierte sie demzufolge als „Existenzbedingungen für das Prozeßrechtsverhältnis". Dies ist unrichtig. Auch die Klage vor einem unzuständigen Gericht begründet den Prozeß und das Prozeßrechtsverhältnis, denn auch über sie muß verhandelt und entschieden werden. Nur darf der Richter hier auf die Streitsache selbst nicht eingehen, er muß ihre Behandlung ablehnen und die Klage wegen des Fehlens der Zuständigkeit durch Prozeßurteil als unzulässig abweisen.

Die Prozeßvoraussetzungen sind also nicht Voraussetzungen eines Prozesses überhaupt, sondern Vorbedingungen für die Zulässigkeit eines auf Entscheidung über den Streitgegenstand gerichteten Prozesses. Sie sind *Voraussetzungen einer Verhandlung und Entscheidung zur Sache.* Nur wenn sie vorliegen, kann der Prozeß sein Ziel, durch Sachentscheidung die Rechtsordnung zu bewähren und damit den Parteien Rechtsschutz angedeihen zu lassen, erreichen.

Im Gegensatz zu 1. sind diese Prozeßvoraussetzungen in der Regel nicht schon bei der Bestimmung des Termins, sondern erst im Prozeß zu prüfen. Über sie darf das Gericht im allgemeinen nur nach durchgeführter mündlicher Verhandlung entscheiden.

Fehlt zu Prozeßbeginn eine Prozeßvoraussetzung (z. B. Zuständigkeit), tritt diese aber bis zum Schluß der letzten mündlichen Verhandlung ein (z. B. dadurch, daß Beklagter in den Bezirk des Prozeßgerichts zieht, § 13), so wäre die Ablehnung der jetzt zulässigen Sachentscheidung prozeßökonomisch unzweckmäßig. Deshalb genügt es, daß die Prozeßvoraussetzungen in dem für die Entscheidung maßgebenden Zeitpunkt, also regelmäßig bei Schluß der mündlichen Tatsachenverhandlung, vorliegen.

Ein Sachurteil, das trotz des Fehlens einer Prozeßvoraussetzung ergangen ist, ist (ebenfalls im Gegensatz zu 1) keineswegs schlechthin wirkungslos. Es unterliegt aber in der Regel den Rechtsmitteln. Ein Mangel der Zuständigkeit bildet in den Fällen der §§ 10, 512a nicht einmal einen Rechtsmittelgrund. Im Falle des § 579 I Nr. 4 kann es dagegen auch noch nach Eintritt der Rechtskraft durch Nichtigkeitsklage angefochten werden. Unzuständigkeit und Unzulässigkeit des Zivilrechtsweges bilden keine Wiederaufnahmegründe. Sie heilen daher mit Eintritt der Rechtskraft endgültig.

3. Von den Prozeßvoraussetzungen zu trennen sind die *Prozeßhindernisse.* Sie sind nicht von Amts wegen, sondern nur auf Rüge des Beklagten zu berücksichtigen. Die Prozeßhindernisse begründen demnach *echte Prozeßeinreden.* Werden sie geltend gemacht, was im Belieben des Beklagten steht, so wird ebenso wie beim Fehlen einer Prozeßvoraussetzung ein Eingehen auf die Sache verhindert und die Klage muß als

[4] Die Lehre von den Prozeßeinreden und die Prozeßvoraussetzungen (1868) S. 9; ZZP 27, 236.

unzulässig abgewiesen werden. Ein Prozeßhindernis ist z. B. der Schiedsvertrag (vgl. § 274 II Nr. 3).

4. Selbst beim Vorliegen der Prozeßvoraussetzungen und beim Fehlen von Prozeßhindernissen darf der Richter auf das Begründetsein der Klage nur dann eingehen, wenn für den begehrten Rechtsschutz ein Bedürfnis besteht. Da jede Klage Zeit und Kräfte der staatlichen Gerichte in Anspruch nimmt, setzt die Gewährung des Rechtsschutzes voraus, daß dem Kläger ein hinlängliches *Rechtsschutzinteresse* zur Seite steht. Niemand darf die Tätigkeit der Gerichte unnütz oder gar zu unlauteren Zwecken beanspruchen[5]. Die Prüfung des Rechtsschutzbedürfnisses sichert vor einem Mißbrauch der Rechtsschutzeinrichtungen. Ein solcher Mißbrauch liegt z. B. vor, wenn jemand eine Scheidungsklage erhebt ohne die ernstliche Absicht ihrer Durchführung[6] oder wenn jemand aus Schikane eine Schuld von 5000 DM in Teilbeträgen von 1 DM einklagt.

Für die Feststellungsklage (§ 256) und die Klage nach § 259 ist das Erfordernis des Rechtsschutzbedürfnisses im Gesetz besonders ausgesprochen. Das Vorhandensein eines Rechtsschutzbedürfnisses ist aber *Voraussetzung einer jeden Klage*[7]. Bei der Leistungsklage ergibt es sich freilich aus der Nichtbefriedigung eines fälligen Anspruchs im allgemeinen ohne weiteres.

Das Rechtsschutzbedürfnis fehlt dagegen, wenn der Kläger das mit der Klage erstrebte Ziel auch ohne Prozeß erreichen kann. So wenn er sich die verlangte Leistung selbst zu verschaffen vermag, wie im Falle des § 375 HGB[8] oder wenn ihm ein einfacherer und billigerer Weg als die Klage zur Erreichung desselben Erfolges offensteht. Deshalb ist für eine Klage auf Erstattung von Prozeßkosten kein Bedürfnis vorhanden, da hierfür das Verfahren aus § 104 eröffnet ist[9]. Bei der Leistungsklage fehlt ein Rechtsschutzbedürfnis im allgemeinen dann, wenn der Kläger bereits einen verwertbaren Vollstreckungstitel besitzt (vgl. jedoch unten § 28 I).

Dagegen fehlt der Grundbuchberichtigungsklage ein Rechtsschutzinteresse selbst dann nicht, wenn die Berichtigung gemäß § 22 GBO durchgeführt werden kann. Dies erklärt sich daraus, daß derjenige, für den zu unrecht ein Recht im Grundbuch eingetragen ist, nicht bloß die Berichtigung geschehen lassen muß, sondern darüber hinaus gemäß § 894 BGB verpflichtet ist, die der wirklichen Rechtslage entsprechende Eintragung formgerecht zu bewilligen[10].

Ebensowenig ist das Rechtsschutzinteresse schon deshalb zu verneinen, weil der Kläger die Möglichkeit zur Strafanzeige oder Privatklage hat, denn der strafrechtliche Rechtsschutz verfolgt grundsätzlich andere Zwecke als der

[5] RG 155, 75.
[6] RG 161, 94.
[7] RG 160, 208.
[8] OLG Dresden, Rspr.OLG 4, 226.
[9] RG 130, 217.
[10] RG JW 1923, 750; 1925, 1796; a.A. OLG München, Bayer. JMBl. 1952, 216.

bürgerlich-rechtliche[11]. Auch die Möglichkeit des Adhäsionsprozesses beseitigt für die Zivilklage das Rechtsschutzbedürfnis nicht (vgl. § 7 I).

Der Ansicht des BGH in E 25, 395, daß ein Konkursgläubiger die Wahl habe, seine Forderung im Konkursverfahren anzumelden oder nach Verzicht auf Teilnahme am Konkurs im Wege der Klage gegen den Gemeinschuldner persönlich geltend zu machen, kann nicht beigetreten werden. Der BGH legt § 12 KO im Anschluß an RG 29, 73; 86, 397 so aus, daß diese Vorschrift die Verweisung eines Gläubigers auf das Konkursverfahren auf den Fall beschränkt, daß der Konkursgläubiger Sicherung oder Befriedigung *aus der Konkursmasse* begehrt. Würde § 12 KO nur bedeuten, daß Gläubiger, falls sie Befriedigung aus der Konkursmasse anstreben, ihre Forderungen nach Maßgabe der Konkursvorschriften anmelden müssen, so besagte diese Norm etwas Selbstverständliches. Wie anders sollte sonst der Konkursverwalter bei Verteilungen von der Existenz einer solchen Forderung zuverlässige Kenntnis erlangen. Es ist nicht anzunehmen, daß der Gesetzgeber etwas ausspricht, was sich von selbst versteht und daher überflüssig ist. § 12 KO steht in engem Zusammenhang mit § 144 II KO, wonach eine Konkursforderung gegen den Gemeinschuldner selbst nur dann geltend gemacht werden kann, wenn sie angemeldet und vom Gemeinschuldner bestritten worden ist. § 12 KO bedeutet daher, daß die Konkursgläubiger während des Konkursverfahrens ihre Forderungen, die jetzt nur noch auf Sicherung oder Befriedigung aus der Konkursmasse, nicht aus dem sonstigen Schuldnervermögen gehen, lediglich nach Maßgabe der Vorschriften für das Konkursverfahren verfolgen können. Demnach verweist diese Vorschrift *alle* Konkursgläubiger auf die Beteiligung am gemeinschaftlichen Befriedigungsverfahren. Dies hat auch guten Sinn: Einem Konkursgläubiger fehlt solange für eine Klage das Rechtsschutzbedürfnis, als die Möglichkeit gegeben ist, im Wege des einfacheren, billigeren und schnelleren Konkursverfahrens einen der Verurteilung des Schuldners gleichkommenden Rechtsschutz zu erlangen. Da der Tabellenvermerk beim Unterbleiben eines Widerspruchs seitens des Konkursverwalters, eines Konkursgläubigers und des Gemeinschuldners die Wirkung eines rechtskräftigen Leistungsurteils hat (§§ 145 II, 164 II KO), wäre eine persönliche Ausklagung des Schuldners zwecklos. Es ist nicht unbillig, vom Gläubiger zu verlangen, seine Forderung zunächst im Konkursverfahren anzumelden und das Prüfungsergebnis abzuwarten. Solange die Möglichkeit besteht, daß er auf diesem einfachen Wege den gleichen Rechtsschutz wie durch eine Klage erlangt, ist es sinnvoll, ihm die außerkonkursmäßige Rechtsverfolgung zu verschließen. Hier ist der Prozeß kein sachliches Mittel der Rechtsverfolgung, weil er prozeßökonomisch nicht gerechtfertigt ist. Gerade für die Frage, ob ein Gläubiger zwischen Prozeßweg und Konkursverfahren frei wählen darf, ist es von Bedeutung, daß der Konkurs nicht bloß dem Interesse der Konkursgläubiger, sondern auch dem Interesse des Gemeinschuldners dient: dieser soll vor zahllosen Einzelverfolgungen seiner Gläubiger bewahrt bleiben und es soll in einem geordneten, einheitlichen Verfahren seine Vermögenslage geklärt werden, damit er seine wirtschaftliche Existenz wieder aufbauen kann.

[11] RG 116, 151.

Der Schuldnerschutz als soziale Konkursfunktion, auf den bereits die Motive hinweisen (Motiv II S. 19 ff.), hat erhebliche Bedeutung. Der wirtschaftliche Aufbau des Schuldners liegt auch im Interesse der Konkursgläubiger, zumal diese im Konkursverfahren keine völlige Befriedigung erhalten. Das während des Konkurses von einem Konkursgläubiger erzielte Urteil wäre überdies zunächst unerzwingbar, böte also keinerlei Vorteile, da das Vollstreckungsverbot des § 14 KO für alle Konkursgläubiger gilt, mögen sie am Konkurs teilnehmen oder nicht[12]. Der Gemeinschuldner ist durch die ihm im Konkursverfahren auferlegte Auskunftspflicht (§§ 100, 125 KO) erfahrungsgemäß stark in Anspruch genommen. Weitere Behelligungen durch Prozesse, die bei Beteiligung am Konkursverfahren überflüssig wären, sind ihm nicht zuzumuten. Abgesehen von der unnötigen Inanspruchnahme des Prozeßgerichts, führten sie außerdem zu einer nicht zu rechtfertigenden Belastung der Staatskasse, die für die Kosten des Armenanwalts des Schuldners aufzukommen hätte. Schließlich sei noch darauf hingewiesen, daß eine unter Umgehung des Konkursverfahrens erwirkte Verurteilung des Schuldners keine Endgültigkeit für sich in Anspruch nehmen kann. Da der Verzicht auf Konkursteilnahme die Konkursgläubigereigenschaft nicht aufhebt, entgeht ein Gläubiger trotz seines Fernbleibens vom Konkursverfahren einem Zwangsvergleich nicht (§ 193 KO). Selbst wenn das Urteil vor dem bestätigten Zwangsvergleich rechtskräftig geworden sein sollte, wäre es nur in den Grenzen des Zwangsvergleichs gegen den Schuldner vollstreckbar (§ 193 KO), was namentlich bei einem Forderungserlaß bedeutsam ist. Diesen müßte der Schuldner im Wege der Vollstreckungsabwehrklage (§ 767) geltend machen. Auch daraus sieht man, daß der Prozeß eines Konkursgläubigers unter Nichtbeachten des Konkursverfahrens prozeßökonomisch nicht zu rechtfertigen ist. Ein überflüssiger Prozeß würde einen weiteren notwendig machen. Die hier vertretene Ansicht vermeidet die vom BGH hervorgehobene Ungereimtheit, einen Gläubiger, der auf Beteiligung am Konkurs verzichtet hat, auf das Konkursverfahren zu verweisen, wenn bereits bei Konkurseröffnung der Prozeß schwebt (§ 240 ZPO, §§ 12, 144 II, 146 III KO), ihm aber andererseits zu gestatten, während des Konkursverfahrens eine neue Klage gegen den Gemeinschuldner zu erheben. Die hier abgelehnte Ansicht verstößt in grober Weise gegen den Gleichheitsgrundsatz (Art. 3 GG). Hat dagegen der Gemeinschuldner die Forderung im Prüfungstermin bestritten (§ 144 II KO) und damit die urteilsmäßige Feststellung gemäß § 164 II KO vereitelt, entsteht schon während des Konkursverfahrens für den Gläubiger ein Rechtsschutzbedürfnis. Deshalb kann dieser noch während des Konkursverfahrens gegen den Gemeinschuldner Klage erheben[13].

Ob das Rechtschutzbedürfnis vorliegt, hat der Richter in jeder Lage des Verfahrens von Amts wegen zu prüfen. Der Mangel des Rechtsschutzinteresses

[12] RG 86, 397.

[13] *Bernhardt,* Die Verfolgung von Konkursforderungen außerhalb des Konkursverfahrens, NJW 1961, 808 ff.; *Jaeger,* KO[7] § 12 Anm. 6. Abweichend *Lent* in *Jaeger-Lent,* KO[8] § 12 Anm. 5; *Mentzel-Kuhn,* KO[7] § 12 Anm. 4 verkennt, daß das Rechtsschutzinteresse objektiv zu beurteilen ist, nicht bloß von der subjektiven Seite des Gläubigers aus.

führt zur Rechtsschutzversagung. Auf die Streitsache ist dann überhaupt nicht einzugehen, vielmehr ist die Klage *durch Prozeßurteil* als *unzulässig abzuweisen*[14].

Vom Rechtsschutzinteresse ist der *Klaganlaß* im Sinne von § 93 zu scheiden. Er hat nur für die Kosten Bedeutung. Erhebt z. B. ein Handwerker, der eine Reparatur ausgeführt hat, vor Übersendung der Rechnung sofort die Zahlungsklage, so darf diese nicht mangels eines Rechtsschutzbedürfnisses abgewiesen werden. Denn mit der Entstehung eines befriedigungsbedürftigen, aber noch nicht befriedigten Anspruchs entsteht gleichzeitig unabhängig vom Verhalten des Schuldners das Rechtsschutzinteresse. Der Beklagte, der keine Veranlassung zur Klage gegeben hat und den Anspruch sofort anerkennt, wird aber dadurch geschützt, daß der Kläger trotz seines Sieges die Prozeßkosten zu tragen hat.

5. Den begehrten Rechtsschutz kann endlich der Kläger nur dann erhalten, wenn die an sich zulässige Klage auch *nach dem sachlichen Recht gerechtfertigt* ist. Besteht danach die behauptete Rechtslage nicht, so wird die Klage als *unbegründet* abgewiesen.

Ob eine Klage als unzulässig oder als unbegründet abgewiesen wird, ist wegen der verschiedenen Rechtskraftwirkung bedeutsam: Im ersteren Falle kann der Kläger später nochmals klagen, falls dann die bisher fehlenden Zulässigkeitsvoraussetzungen vorliegen. Im letzteren Falle ist ihm dagegen der Anspruch selbst aberkannt.

§ 4 Rechtsquellen, Geltungsbereich und Arten der Zivilprozeßvorschriften

I. Rechtsquellen

Für das Zivilprozeßrecht kommen hauptsächlich folgende Gesetze in Betracht: Grundgesetz für die Bundesrepublik Deutschland v. 23. 5. 1949, Zivilprozeßordnung (ZPO) v. 30. 1. 1877 i.d.F. v. 12. 9. 1950 mit Einführungsgesetz (EG), Gerichtsverfassungsgesetz (GVG) v. 27. 1. 1877 i.d.F. v. 12. 9. 1950 mit EG, Deutsches Richtergesetz (DRG) v. 8. 9. 1961, Rechtspflegergesetz (RpflG) v. 8. 2. 1957, Gesetz über die Zwangsversteigerung und Zwangsverwaltung (ZVG) v. 24. 3. 1897 i.d.F. v. 20. 5. 1898, Konkursordnung (KO) v. 10. 2. 1877 i.d.F. v. 20. 5. 1898, Vergleichsordnung (VglO) v. 26. 2. 1935, Gesetz betr. die Anfechtung von Rechtshandlungen eines Schuldners außerhalb des Konkursverfahrens (AnfG) v. 21. 6. 1879 i.d.F. v. 20. 5. 1898, Arbeitsgerichtsgesetz (ArbGG) v. 3. 9. 1953, Bundesrechtsanwaltsordnung (BRAO) v. 1. 8. 1959 und Kostengesetze.

[14] RG 60, 209. Dagegen will *Sauer*, Grundlagen, S. 527 die Klage als unbegründet abweisen. Die Versagung des Rechtsschutzes läßt aber eine sachliche Prüfung des Anspruchs nicht zu. Vgl. zur Frage des Rechtsschutzinteresses *Schönke*, Das Rechtsschutzbedürfnis (1950); *Pohle*, Zur Lehre vom Rechtsschutzbedürfnis, Festschrift für Lent (1957) S. 195 ff. *Stephan*, Das Rechtsschutzbedürfnis (1967).

In der DDR gilt die ZPO in der von der Deutschen Justizverwaltung am 3. 8. 1953 festgelegten Fassung.

II. Geltungsbereich

1. *Zeitliche Geltung.* Wird das Prozeßrecht geändert, so findet grundsätzlich das neue Verfahrensrecht auch auf die schwebenden Prozesse Anwendung. Weil sich aber aus der sofortigen Anwendung häufig Schwierigkeiten ergeben, enthalten die Prozeßgesetze meist besondere Übergangsbestimmungen[1].

2. *Räumliche Geltung* (internationales oder zwischenstaatliches Prozeßrecht).

a) Da die Gerichte bei der Rechtspflege staatliche Hoheitsrechte ausüben, richtet sich das Verfahren nach dem Recht des Staates, dem das Gericht angehört. Im Prozeßrecht gilt der *Grundsatz der Territorialität.* Deutsche Gerichte haben daher stets deutsches Prozeßrecht anzuwenden, selbst wenn das umstrittene Rechtsverhältnis nach den Regeln des internationalen Privatrechts fremdem Recht unterliegt oder die Parteien Ausländer sind. Verweist jedoch das Prozeßrecht auf das Privatrecht, dann können insoweit auch die Normen eines anderen Staates zur Anwendung kommen. So hängt, weil § 52 auf die vertragliche Verpflichtungsfähigkeit abstellt, die Prozeßfähigkeit eines in Deutschland klagenden Ausländers davon ab, ob er nach dem Recht seines Heimatstaates geschäftsfähig ist (§ 52 ZPO, Art. 7 EGBGB). Doch soll es im Interesse des inländischen Rechtsverkehrs genügen, wenn dem Ausländer nach deutschem Recht die Prozeßfähigkeit zustehen würde. (§ 55: *Grundsatz des minderen Erfordernisses).* Vgl. auch § 369.

b) Der Staat gewährt heute auch Ausländern Rechtsschutz. Diese stehen im allgemeinen den Inländern gleich. Nur im Kostenwesen gelten mit Rücksicht auf die Schwierigkeit der Vollstreckung von Kostenentscheidungen im Ausland Beschränkungen (§§ 110, 114), die jedoch durch Staatsverträge ausgeglichen werden können. Wer die deutsche Staatsangehörigkeit besitzt, ist von allen deutschen Gerichten als Inländer zu behandeln, gleichgültig ob er in der Bundesrepublik oder der DDR wohnt.

III. Das Zivilprozeßrecht enthält zwingende und nachgiebige Rechtssätze

Zwingend sind solche, die unbedingt angewendet werden müssen, wenn der im Gesetz bezeichnete Tatbestand vorliegt. Ihre Anwendung kann durch die Parteien nicht ausgeschlossen werden. Das Gericht hat sie von Amts wegen zu beachten.

Nachgiebige Vorschriften ermächtigen die Parteien, etwas anderes zu bestimmen, und treffen für den Fall, daß sie dies nicht tun, eine ergänzende Regelung. So sind die Parteien nach § 38 befugt, für vermögensrechtliche Ansprüche aus einem bestimmten Rechtsverhältnis die Zuständigkeit eines an sich unzuständigen Gerichts zu vereinbaren. Sonst greifen die gesetzlichen Zuständigkeitsregeln (§§ 12 ff. ZPO, §§ 23, 71 GVG) ein, die im allgemeinen

[1] Vgl. z. B. Art. 4 Gesetz zur Änderung von Wertgrenzen und Kostenvorschriften in der Zivilgerichtsbarkeit v. 27. 11. 1964.

nur ergänzende Bedeutung haben. Der Unterschied zwischen zwingendem und nachgiebigem Prozeßrecht hat namentlich im Rahmen von § 295 Bedeutung, wonach die Verletzung einer nachgiebigen Verfahrensvorschrift durch Rügeverzicht oder Verschweigung heilt.

Die *zwingende oder nachgiebige Natur* eines Rechtssatzes *ergibt sich aus* seinem *Inhalt und Zweck.* Ist die Vorschrift nicht zum Schutze einer einzelnen Partei, sondern vorwiegend im Interesse einer gerechten Rechtspflege aufgestellt, so liegt zwingendes Recht vor. Dahin gehören die Vorschriften über die Öffentlichkeit der Verhandlung (§ 169 GVG)[2], die Besetzung des Gerichts, die Ausschließung vom Richteramt (§ 41), die Zulässigkeit des Zivilrechtsweges (§ 13 GVG), der Anwaltszwang (§ 78). Äußeres Kennzeichen für zwingendes Recht ist, daß das Gesetz Prüfung von Amts wegen vorschreibt (§§ 56, 341, 519 b, 554 a, 574, 589) oder die Parteivereinbarung ausschließt (§§ 40 II, 224 I). Der sonstigen Fassung einer Vorschrift kommt dagegen keine ausschlaggebende Bedeutung zu, namentlich sind nicht nur „Sollvorschriften", sondern auch manche „Mußvorschrift" nachgiebig, falls diese nur den Schutz des einzelnen bezweckt (z. B. § 70[3], § 253 II[4]).

Dabei ist zu beachten, daß auch ein Verstoß gegen zwingendes Prozeßrecht in der Regel keine Nichtigkeit des Verfahrens nach sich zieht. So ist ein Gerichtsurteil trotz schwerstem Prozeßverstoß grundsätzlich nicht nichtig, sondern nur anfechtbar. Meist heilt, wie sich aus § 579 ergibt, die Rechtskraft auch diese Mängel (z. B. Verstöße gegen unabdingbare Zuständigkeitsnormen oder gegen die Zulässigkeit des Zivilrechtsweges).

§ 5 Die Rechtsfindung

I. Der Richter ist bei seiner Entscheidung *an Gesetz und Recht gebunden* (Art. 20 III GG). Nur so besteht die Gewähr, daß das in den Rechtsnormen zum Ausdruck gekommene Gerechtigkeitsideal und die in ihnen enthaltenen sozialen Ziele verwirklicht werden und daß Willkür ausgeschlossen ist. Die Bindung des Richters an das Gesetz folgt nicht bloß aus der Forderung nach Rechtssicherheit, sondern ist eine Notwendigkeit des Rechtsstaates. Kein Rechtsstaat könnte bestehen, wenn es dem Richter erlaubt wäre, nach freiem Ermessen von dem Gesetz abzuweichen.

Wenn die Verfassung den Richter an Gesetz *und Recht* bindet, so wird dadurch zum Ausdruck gebracht, daß das Recht nicht aus der Summe der Gesetze besteht. Der Richter hat daher nicht nur die vom Staat gesetzen Rechtsnormen anzuwenden, wie es einer gesetzespositivistischen Auffassung entspricht, sondern er hat darüber hinaus, falls die gesetzliche Regelung die im Einzelfall vorliegenden Interessen nicht befriedigt, „das Recht" zu verwirklichen. Zu diesem Zweck hat er die

[2] RG 157, 347.
[3] RG 42, 403.
[4] RG 49, 376.

Gesetze im Hinblick auf die Rechtsidee auszulegen und fortzubilden, wenn die Findung einer gerechten Entscheidung dies erfordert[1]. Dabei geht, um Willkür zu vermeiden, die Wertordnung, wie sie im Grundgesetz und anderen Gesetzen zum Ausdruck kommt, der Eigenwertung des Richters vor.

Gegenüber der Bindung des Richters an das Gesetz betonte die zu Beginn des Jahrhunderts aufgekommene, auch heute vielfach noch nachwirkende *Freirechtslehre*[2], daß der Einzelfall am besten entschieden würde, wenn ihn der Richter in seiner Eigenart frei würdigen könnte, ohne dabei an gesetzliche Vorschriften gebunden zu sein. Diese Lehre verkennt, daß nicht jeder Richter „ein weitschauender Richterkönig" ist, dem man die souveräne Regelung der Lebensverhältnisse ohne weiteres übertragen kann. Die völlig freie Rechtsgewinnung führt außerdem zu einem maßlosen Richterindividualismus, der die staatliche Rechtseinheit und die von dem Leben geforderte Bestimmtheit des Rechts gefährden würde. Die Freirechtslehre hat jedoch das Verdienst, die damalige, häufig am Wortlaut der Gesetze hängende, positivistisch eingestellte Rechtsprechung, die sich z. B. auf dem Gebiete des Wettbewerbs zu keiner schöpferischen Tätigkeit aufschwingen konnte, wesentlich aufgelockert zu haben.

II. Die Aufgabe des Richters ist keine reine Erkenntnistätigkeit, sondern rechtsschöpferische Handlung.

Dagegen beschränkte der *begriffsjuristische Positivismus* den Richter darauf, die gegebene Sachlage unter die Rechtsbegriffe logisch zu subsumieren. Rechtsanwendung galt als „Rechnen mit Begriffen". Wer die Rechtsfindung einseitig unter dem Gesichtspunkt der Logik betrachtet, verkennt ihr Wesen. Folgerichtiges Denken allein reicht für die richterliche Tätigkeit nicht aus. Da die formale Logik in der Regel mehrere Schlüsse zuläßt, z. B. sowohl die Anwendung der Analogie wie das argumentum e contrario, kann die richtige, d. h. gerechte Entscheidung, nicht durch bloße logische Deduktion gewonnen werden. Formale Entscheidungen und lebensfremde Urteile wären die Folge. Dem Rechtsbedürfnis des Volkes genügten sie nicht. Auch die Forderung nach Rechtssicherheit wird nicht erfüllt, wie die Fülle der Konstruktionskontroversen beweist. Der lebensnahe Richter ist kein mechanisch funktionierender Subsumtionsautomat, kein Computer, sondern ein Hüter des Rechts, der die zur Entscheidung stehende Lebenslage an Hand des Gesetzes einer Wertung unterwirft. Hierbei muß er die gesetzlichen Gebote beachten, ihren Sinngehalt klarstellen und in den Zweck sowie die Funktion des Gesetzes eindringen. Die richtige Entscheidung hängt daher von einem Werturteil und Willensentschluß des Richters ab. Diese Tätigkeit ist rechtsschöpferische Mitarbeit an der Rechtsordnung. Sie setzt nicht nur Kenntnis der Gesetze, sondern auch Kenntnis der Lebensverhältnisse und Lebensbedürfnisse voraus.

[1] BGH 17, 276.

[2] Vgl. z. B. *Ehrlich*, Freie Rechtsfindung (1903); *Rumpf*, Dogm. J. 49, 404; ders. Gesetz und Richter (1906); *E. Fuchs*, Schreibjustiz und Richterkönigtum (1907).

Wie wenig mit der bloßen Subsumtion des Sachverhalts unter die gesetzliche Norm auszukommen ist, soll an einigen Beispielen gezeigt werden:

1. Wenn A dem B den Darlehensbetrag bar ausgezahlt hat, mag eine einfache Subsumtion des Sachverhalts unter § 607 BGB genügen. Ein bloßer Subsumtionsschluß reicht dagegen nicht aus, wenn A die Darlehensvaluta vereinbarungsgemäß an einen Gläubiger des Darlehensnehmers B zwecks Schuldentilgung gezahlt hat[3]. Hier hat der Richter den Vorgang in seiner wirtschaftlichen Bedeutung zu würdigen, um zu einem richtigen Ergebnis zu kommen.

2. Nach § 547a BGB ist der Mieter berechtigt, eine „Einrichtung", mit der er die Sache versehen hat, wegzunehmen. Hat er die gemietete Wohnung mit einer Badeeinrichtung versehen, so ergibt sich sein Wegnahmerecht durch einfache Subsumtion. Wie ist es aber mit Rosenstöcken, die er im Garten des gemieteten Grundstücks eingepflanzt hat? Wenn der Richter auch diese als „Einrichtung" ansieht, so ist das nicht das Ergebnis eines Subsumtionsschlusses, sondern einer abwägenden, den Lebensverhältnissen entnommenen Beurteilung.

3. Normalerweise genügen Reparaturen zur Anwendung des § 950 BGB nicht, weil es an der Neuheit der Sache fehlt. Wie ist aber die Rechtslage, wenn jemand einen Motor, der nur Schrottwert hatte, wieder gebrauchsfähig macht? Wenn man hier die Herstellung einer „neuen" Sache bejaht, so liegt darin vornehmlich eine wirtschaftliche Wertung.

4. Schließlich hat der Richter ganz allgemein Werturteile zu fällen, wenn er entscheidet, daß ein Rechtsgeschäft gegen die guten Sitten verstößt (§ 138 BGB), daß jemand schuldhaft gehandelt hat, daß der Ausgleichsanspruch des Handelsvertreters (§ 89 b HGB) unter Berücksichtigung aller Umstände der Billigkeit entspricht.

III. Um den Inhalt eines Gesetzes zu ermitteln, hat es der Richter auszulegen, d. h. seinen Sinngehalt klarzustellen.

Zunächst ist von dem *Wortlaut* der Rechtsnorm auszugehen, wobei der Sprachgebrauch des Gesetzes, namentlich seine besonderen technischen Ausdrücke zu beachten sind. Da der Wortlaut einer Vorschrift häufig mehrdeutig ist, führt er nur bei ganz einfach gelagerten Fällen zu einem sicheren Ergebnis. Deshalb ist der *Zusammenhang der Einzelvorschrift mit den* auf dasselbe Rechtsverhältnis sich beziehenden *allgemeineren Vorschriften* und ihre Stellung im Rechtssystem herauszuarbeiten. Bei der Betrachtung des aus dem Rechtssatz sich ergebenden Gebotsgehaltes ist aber nicht stehen zu bleiben, vielmehr ist vor allem der *Zweck* zu beachten, den eine Vorschrift verfolgt. Hierzu ist es notwendig die Lebenslagen und Lebensbedürfnisse aufzudecken, die durch das Gesetz geregelt werden sollen. Weiter sind die verschiedenen Interessen ethischer, staatlicher, wirtschaftlicher oder sonstiger Natur zu erforschen, die dem Gesetz zugrunde liegen und die durch das Gesetz eine Bewertung erfahren haben. So erhält der Richter die *gesetzlichen Werturteile und Wertideen,* die ihn bei seiner Entscheidung binden. Um die rechtspoli-

[3] RG, Recht 1930 Nr. 2217.

tischen Erwägungen des Gesetzgebers festzustellen, sind der Vorspruch[4], die amtliche Begründung des Gesetzes und die sonstigen Materialien heranzuziehen. Schließlich ist die *Wirkung des Gesetzes* auf das staatliche, wirtschaftliche und kulturelle Leben, also seine *funktionelle Seite* zu betrachten. Jedes Gesetz ist letzten Endes gemäß seiner Aufgabe in der Rechtsordnung auszulegen.

Führt die Prüfung zu dem Ergebnis, daß die Wortfassung einer Norm mangelhaft ist, dann ist nicht der Wortlaut entscheidend, sondern der Sinngehalt, wie er sich aus dem Zweck und der Funktion des Gesetzes ergibt[5]. Die Gesetzestreue des Richters soll kein blinder, sondern ein denkender Gehorsam sein. Der Richter sei ein Diener, kein Sklave des Gesetzes.

Entscheidet nun der Sinngehalt des Gesetzes zur Zeit seines Erlasses oder zur Zeit der Anwendung? Die *historische Auslegungsmethode* möchte den Richter an den Zweck binden, den der Gesetzgeber zur Zeit der Entstehung des Gesetzes im Auge gehabt hat[6]. Diese Ansicht ist abzulehnen. Das Gesetz ist notwendig statisch, während die von ihm geregelten Lebenserscheinungen einem steten Wechsel unterworfen sind. Man denke nur an die neuen Erfindungen. Das Gesetz soll aber nicht nur die Verhältnisse zur Zeit seines Erlasses regeln, sondern es ist von vornherein auf künftige Zeit berechnet. Es will die Lebensbedürfnisse auch für die Zukunft einer befriedigenden Regelung unterwerfen. Dann muß es sich aber auch aus dem Gedankenkreis der Gesetzesverfasser entfernen können, es muß mit dem Wechsel der Lebensverhältnisse und dem Wandel der Lebensanschauungen mitgehen. Daher ist das Recht aus den Bedürfnissen der Gegenwart zu finden. Maßgebend ist der sich aus der Aufgabe in der Rechtsordnung ergebende Sinn und Zweck des Gesetzes zur Zeit des Urteils[7]. Auch gegenüber einem sprachlich eindeutigen Wortlaut eines Gesetzes muß dieses nach seinem Sinn und Zweck ausgelegt werden, wenn der zur Entscheidung stehende Interessenkonflikt bei Erlaß des Gesetzes noch nicht ins Auge gefaßt werden konnte, weil er erst durch eine später eingetretene Veränderung der tatsächlichen Verhältnisse in Erscheinung getreten ist[8]. Diese Auslegungsweise kann man als *Methode der zeitgemäßen Gesetzesauslegung* bezeichnen.

Vorausgesetzt wird dabei, daß das alte Gesetz elastisch genug ist, um neuen Lebensbedürfnissen angepaßt zu werden, wie das z. B. bei dem BGB der Fall ist. Die Gesetzesauslegung darf nicht dazu führen, daß man den Inhalt eines alten Gesetzes vergewaltigt und in sein Gegenteil verkehrt. Steht z. B. ein formell noch nicht aufgehobenes Gesetz mit der geltenden demokratischen und sozialen Ordnung in Widerspruch, dann ist es durch die Macht der Tatsachen außer Kraft gesetzt. Der Richter hat es nicht mehr anzuwenden, sondern eine neue Norm zu suchen[9].

[4] Vgl. z. B. die Präambel zum Grundgesetz.
[5] BGH 2, 187; 33, 330.
[6] *Heck*, Gesetzesauslegung, ArchcivPrax 112, 65; 192.
[7] *Hellwig*, System, S. 12; *Sauer*, Jur.Methodenlehre, S. 297.
[8] BGH 18, 49; 33, 6. [9] BGH 3, 89.

Schließlich hat die Auslegung der Gesetze im Geiste der Verfassung zu erfolgen *(Verfassungskonforme Auslegung)*[10]. Das Grundgesetz bildet als die ranghöchste Norm Leitbild und Richtlinie für die Auslegung der rangniederen Normen. Es hat eine objektive Wertordnung aufgestellt und ist von den Wertvorstellungen ausgegangen, die der gegenwärtigen geistig-kulturellen Entwicklung des deutschen Volkes entspricht. Deshalb sind die elementaren Verfassungsgrundsätze und Grundentscheidungen oberstes Auslegungsgebot. Dazu gehört das Bekenntnis des Grundgesetzes zur Rechts- und Sozialstaatlichkeit sowie zur demokratischen Freiheit. Hinzukommt der Schutz der Menschenwürde, das Recht auf freie Entfaltung der Persönlichkeit, der Gleichheitssatz, der Schutz des Eigentums sowie der Schutz von Ehe und Familie. Wie neues Recht im Einklang mit dem grundrechtlichen Wertsystem stehen muß, so ist bestehendes älteres Recht inhaltlich auf dieses Wertsystem auszurichten. Aus den grundrechtlichen Wertmaßstäben fließt jeder Norm ein spezifisch verfassungsrechtlicher Gehalt zu, der fortan seine Auslegung bestimmt. Das BVerfG führt im Lüth-Urteil (BVerfG 7, 206) aus: „Der Richter hat kraft Verfassungsgebots zu prüfen, ob die von ihm anzuwendenden materiellen zivilrechtlichen Vorschriften grundrechtlich beeinflußt sind. Trifft dies zu, dann hat er bei Auslegung und Anwendung dieser Vorschriften die sich hieraus ergebende Modifikation des Privatrechts zu beachten. Dies ist der Sinn der Bindung auch des Zivilrichters an die Grundrechte (Art. 1 III GG)".

IV. Auch das beste Gesetz weist *Unklarheiten, Widersprüche* und *Lücken* auf. Hier hat der Richter die schwierige Aufgabe, trotz gesetzlicher Mängel zu einer den Lebensverhältnissen gerecht werdenden Entscheidung zu kommen[11].

Dabei hat er für die Lebensrichtigkeit seiner Entscheidung allein einzustehen und kann die Verantwortung nicht auf den Gesetzgeber abwälzen. Urteile, die dem angeborenen Rechtsgefühl nicht standhalten, sind immer unrichtig. Ein guter Richter kommt auch mit einem schlechten Gesetz zu annehmbaren Ergebnissen, während ein schlechter Richter selbst mit dem besten Gesetz nichts anzufangen weiß.

a) *Unklarheiten im Gesetz* beruhen häufig auf Redaktionsversehen. Ein solches liegt z. B. bei § 440 BGB vor. Aus den Motiven ergibt sich, daß mit dieser Vorschrift die Eviktionshaftung allgemein geregelt werden sollte. Dann ist die Verweisung auf die §§ 323 bis 325 BGB fehlerhaft, da diese nur die nachfolgende Unmöglichkeit behandeln, nicht die anfängliche, die bei der Rechtsmängelhaftung im Vordergrund steht. Eine sinngemäße Gesetzesauslegung wendet aber auch bei dem anfänglichen Unvermögen, wenn jemand z. B. eine abhanden gekommene fremde Sache verkauft, an der er dem Käufer

[10] BVerfG 2, 282, 340; 7, 126, 273; 8, 34, 221; BArbG 1, 281; BVerwG 6, 125; *Schack-Michel* Jus 61, 269; *Haak,* Normenkontrolle und verfassungskonforme Gesetzesauslegung des Richters (1963).

[11] Vgl. *Canaris,* Die Feststellung von Lücken im Gesetz (1964); *Esser,* Grundsatz und Norm in der richterlichen Fortbildung des Privatrechts (1956); *Larenz,* Methodenlehre (1960) S. 233 ff.; ders. NJW 1965, 1 ff.

kein Eigentum verschaffen kann, § 325 BGB an. Insoweit übt der Richter gegenüber dem Gesetz eine *berichtigende Tätigkeit* aus.

b) *Widersprüche im Gesetz* finden sich namentlich dann, wenn das Gesetz durch spätere Novellen, die auf einer neuen sozialen Anschauung beruhen, geändert worden ist. So sind durch die Aufstellung der Wahrheitspflicht die Verhandlungsmaxime und die Grundsätze der Einheit der mündlichen Verhandlung sowie der Behauptungslast wesentlich umgestaltet worden. Die §§ 290 und 332 können heute im Hinblick auf § 138 Abs. 1 keine uneingeschränkte Geltung mehr beanspruchen[12].

c) Jedes Gesetz weist *Lücken* auf, da das Leben viel zu mannigfaltig ist, als daß alle Fälle geregelt werden könnten. Das Lückenlosigkeitsdogma der Aufklärung ist längst als falsch erkannt worden. Eine Lücke entsteht zunächst dadurch, daß der Gesetzgeber einen regelungsbedürftigen Sachverhalt übersieht. Ein Beispiel hierfür bieten die Fälle der sog. positiven Forderungsverletzung, welche die Verfasser des BGB neben der Leistungsunmöglichkeit und dem Verzug als weitere Störungsform nicht erkannt haben. Außer diesen ursprünglichen Lücken entstehen Lücken durch den Wechsel der Zeit, etwa durch Änderung der Technik. So konnte das BGB nicht den Rundfunk, das HGB nicht das Luftfrachtgeschäft regeln.

Besteht im Gesetz eine Lücke, dann hat der Richter selbst die Norm zu bilden, die eine sinnvolle Entscheidung ermöglicht.

Die *Begriffsjurisprudenz* ging bei der Lückenergänzung davon aus, daß sich die gesetzlichen Gebote auf allgemeine Begriffe zurückführen lassen. Aus diesen allgemeinen Begriffen wurde dann der fehlende Rechtssatz „durch Konstruktion" abgeleitet. Diese Methode geht in ihrer letzten Wurzel auf die Rezeption des römischen Rechts zurück. Als dieses in Deutschland eindrang, bestanden erhebliche Anwendungsschwierigkeiten, da die mittelalterlichen Lebensverhältnisse ganz andere waren als die römischen. Außerdem fehlte es im Gegensatz zu Italien und Südfrankreich an einem lebendigen Zusammenhang mit dem römischen Altertum. Um diese Anknüpfungsschwierigkeiten zu überwinden und das fremde Recht für die anders gearteten deutschen Verhältnisse anwendbar zu machen, wurden die römisch-rechtlichen Begriffe solange ihres bodenständigen Gehaltes entkleidet, bis sie auch auf das mittelalterliche Leben paßten. Dadurch wurden die Begriffe zu reinen Abstraktionen. Diesem Begriff wurden dann die Lebensverhältnisse unterstellt.

Daß die Ableitung von Rechtsnormen aus Begriffen zu formalistischen und lebenswidrigen Ergebnissen führt, ist nicht verwunderlich. Trotzdem wird noch heute oft genug so verfahren. Freilich ist die Rechtsfindung durch juristische Konstruktion häufig nur Schein. In vielen Fällen wird eine fehlende Norm allein aus dem Gesichtspunkt wirtschaftlicher Zweckmäßigkeit gebildet, hinterher aber als logische Folgerung aus einem Rechtsbegriff gerechtfertigt. Unwillkürlich denkt man dabei an *Bartolus*, von dem erzählt wird, daß er seine Schüler beauftragt habe, für die von ihm gefundenen Lösungen nach-

[12] Näheres *Bernhardt*, DJZ 1936, 1404 ff. und unten § 33 II, § 44 IV; ders. Die Aufklärung des Sachverhalts im Zivilprozeß, S. 27 f., 32 ff.

träglich die Quellenstellen zusammenzusuchen. Derartige *Scheinkonstruktionen* sind abzulehnen.

Hat der Richter über einen gesetzlich nicht geregelten Sachverhalt zu entscheiden, dann muß er die Lücke dadurch ausfüllen, daß er den für ein ähnliches Lebensverhältnis im Gesetz ausgesprochenen Grundgedanken und das dort gefundene Werturteil auf den zu entscheidenden Fall überträgt (Analogie). An die gesetzliche Wertung ist der Richter grundsätzlich gebunden. *Besteht kein gesetzliches Werturteil, greift eine Eigenwertung des Richters Platz.* Der Richter hat dann diejenige Entscheidung zu treffen, die er als Gesetzgeber aussprechen würde[13]. Oberste Wertmaßstäbe hierfür sind Gerechtigkeit, Gemeinwohl und Zweckmäßigkeit.

Bei der Analogie unterscheidet man zwischen Gesetzes- und Rechtsanalogie. Bei der *Gesetzesanalogie* wird von einer einzelnen Rechtsnorm ausgegangen, die auf einen ähnlichen Sachverhalt angewendet wird.

Beispiel: Der Namensschutz des § 12 BGB wird auch auf den Künstler- und Schriftstellernamen sowie auf das Wappen angewendet.

Bei der *Rechtsanalogie* geht man von mehreren Rechtsvorschriften aus, denen ein allgemeiner Grundsatz zu entnehmen ist, der auf Fälle angewendet werden kann, die das Gesetz nicht geregelt hat.

Beispiel: Aus den Vorschriften über Unmöglichkeit und Verzug ergibt sich der allgemeine Grundsatz, daß der Schuldner dem Gläubiger den durch eine schuldhafte Pflichtverletzung entstandenen Schaden zu ersetzen hat. Dieser allgemeine Grundsatz wird dann auf die sogenannte positive Forderungsverletzung angewendet.

Hat freilich der Gesetzgeber eine Rechtsfolge nur für ganz bestimmte Fälle vorgesehen, so ist eine Analogie unzulässig. Deshalb darf eine Ehe nur aus einem der im Gesetz aufgeführten Gründe für nichtig erklärt, aufgehoben oder geschieden werden. Insoweit ist der *Umkehrschluß*, das argumentum e contrario berechtigt, welches besagt, daß die im Gesetz für einen bestimmten Tatbestand ausgesprochene Rechtsfolge infolge ihres Ausschließlichkeitscharakters für einen anderen, wenn auch ähnlichen Tatbestand nicht gilt.

Bisweilen ist ein zu weit gefaßtes Gesetz auf den nach seinem Zweck ihm zukommenden Anwendungsbereich zu beschränken *(Restriktion).* Dies ist dann der Fall, wenn ein bestimmter Sachverhalt zwar unter den Wortlaut der Norm fällt, die dafür vorgeschriebene Rechtsfolge aber als unpassend erscheint, so daß der Gesetzgeber, wenn er an diesen Fall gedacht hätte, ihn sicher nicht unter die Regel gestellt haben würde.

Als Beispiel sei BGH 4, 153 angeführt, wonach unpfändbare Unfallrentenansprüche trotz des Abtretungsverbots des § 400 BGB an einen Dritten zediert werden können, soweit dieser darauf einen Vorschuß gewährt hat. Der BGH führt hierzu aus: „Was nach dem Willen des Gesetzgebers für den Regelfall durch das Verbot der Abtretung nach § 400 BGB erreicht werden soll, nämlich die Sicherung des notwendigen Lebensunterhalts für den Rentenberechtigten, kann hier ausnahmsweise nur durch die Zulassung der Abtretung erreicht

[13] Vgl. dazu Art. 1 Schweiz. ZGB.

werden. Entgegen dem an sich eindeutigen Wortlaut des § 400 BGB ist diese Möglichkeit unter Beachtung aller Vorsicht, die eine solche abändernde, aber zweckgetreue Einschränkung einer Verbotsnorm erfordert, zu bejahen, weil sonst der vom Gesetz verfolgte Zweck, den Rentenberechtigten zu schützen, in sein Gegenteil verkehrt würde."

Die Lückenausfüllung geht in die *richterliche Fortbildung des Rechts* über. Die Befugnis des Richters zur selbständigen Rechtsschöpfung und zur verständigen Weiterbildung des Rechts ist heute anerkannt. BVerfG 3, 243 erblickt in der Schaffung von Richterrecht eine herkömmliche und stets bewältigte richterliche Aufgabe, ohne auf die Frage der verfassungsrechtlichen Zulässigkeit im Hinblick auf das Gewaltentrennungsprinzip einzugehen. BGH 11 Anhang 51 führt dazu aus: „Die Aufgabe, Recht zu setzen, ist nach dem Grundgesetz nicht in den alleinigen Machtbereich der gesetzgebenden Gewalt gestellt worden. Der gesetzgebenden Gewalt gebührt zwar durchaus der Vorrang bei der Rechtsetzung; diese ist ihr aber nicht ausschließlich vorbehalten. Insbesondere legt das Prinzip der Gewaltenteilung der Gesetzgebung nicht die Pflicht auf, alle Rechtsgebiete durch Gesetze oder gar durch Gesetze, die bis ins einzelne gehen, zu regeln. Sie kann vielmehr ein Rechtsgebiet auch der Regelung durch Richterspruch überantworten. Dies allerdings nur dann, wenn sie entweder selbst ein dieses Gebiet beherrschendes, leitendes und vollziehbares, allgemeines rechtliches Prinzip aufstellt, das der Richter nur zu entfalten braucht, um im Einzelfall das Recht zu finden, oder wenn der Richter sonst aus der allgemeinen Rechtsordnung und den von ihr anerkannten, allgemeinen rechtlichen Wertvorstellungen ein solches umfassendes, aber zugleich der Entfaltung im einzelnen fähiges Prinzip zu entnehmen vermag." Weiter BGH 17, 276: „Die Bindung des Richters an Gesetz und Recht (Art. 20 II GG) gestattet dem Richter nicht nur, das Recht im Sinne seiner Weiterentwicklung durch Auslegung des gesetzten Rechts fortzubilden, sondern verpflichtet ihn sogar dazu, wenn die Findung einer gerechten Entscheidung dies erfordert."

Daß die Fortbildung des Rechts eine richterliche Aufgabe ist, ergibt sich unmittelbar aus § 137 GVG.

Im Rahmen der schöpferischen Rechtsfortbildung hat die Rechtsprechung sogar neue Rechtsinstitute geschaffen. Dazu gehören z. B. die Lehren von der Verwirkung, von der Haftung für schuldhaftes Verhalten bei Vertragsverhandlungen, vom Fortfall der Geschäftsgrundlage, vom Vertrag mit Schutzwirkung für Dritte.

Schwierig zu beantworten ist die Frage, ob eine *richterliche Rechtsschöpfung contra legem* zulässig ist. In diesem Zusammenhang sei an den Ausspruch *Feuerbachs* erinnert (Kleine Schriften, S. 128): „Der Ungehorsam ist dem Richter heilige Pflicht, wo der Gehorsam Treuebruch sein würde gegen die Gerechtigkeit, in deren Dienst er allein gestellt ist." Wann freilich eine der Gerechtigkeit entgegenstehende Situation für den Richter vorliegt, ist nicht leicht zu beantworten. Keinesfalls genügt es, daß der Richter eine gesetzliche Norm für unzweckmäßig und ungerecht hält, um ihr die Gefolgschaft zu versagen. Ein solches Verhalten wäre Rechtsbeugung. Nur eine außergewöhnliche Lage, die mit einem Notstand zu vergleichen ist, kann den Richter zur Ignorierung des Gesetzes berechtigen.

Dafür einige Beispiele:

Um die für den Rechtsverkehr erwünschte Publizität zu sichern, haben §§ 1205, 1206 BGB die Mobiliarhypothek verboten. Man glaubte, daß die Verpfändung des Mobiliarvermögens nur bei kurzfristigen Krediten in Betracht käme, so daß der Schuldner den Besitz nicht lebensnotwendiger Sachen für kurze Zeit entbehren könne. Damit war dem Kaufmann die Verwertung des Warenlagers oder Inventars als Kreditunterlage verschlossen, weil er diese Gegenstände für seine gewerbliche Tätigkeit, welche die Abdeckung des Kredits ermöglichen sollte, benötigte. Um das dringende wirtschaftliche Bedürfnis zu befriedigen, auch das Warenlager als Kreditunterlage verwenden zu können, ließen sich die Banken die Gegenstände des Warenlagers im Wege des Besitzkonstituts (§ 930 BGB) zur Sicherung ihrer oft langfristigen Kredite übertragen, so daß der Kaufmann im unmittelbaren Besitz der Waren verblieb. Obwohl es sich dabei um eine klare Umgehung des § 1205 BGB handelt, ist die Sicherungsübereignung nach über 60jähriger Praxis[14] gewohnheitsrechtlich als zulässiges Sicherungsmittel anerkannt. Insoweit liegt eine durch wirtschaftliche Bedürfnisse erzwungene richterliche Gesetzesbereinigung vor.

§ 54 BGB bestimmt, daß auf den nichtrechtsfähigen Verein die Vorschriften über die Gesellschaft anzuwenden sind. Diese Regelung war von Anfang an verfehlt, weil beim nichtrechtsfähigen Verein das für die Gesellschaft typische persönliche Element hinter der körperschaftlichen Organisation zurücktritt. Insbesondere war die persönliche gesamtschuldnerische Haftung der Mitglieder, die sich aus §§ 427, 714 BGB ergibt, mit der Möglichkeit des unbeschränkten Mitgliederwechsels unvereinbar. Da die Gesellschaftsregeln für den nichtrechtsfähigen Verein sachwidrig sind, hat sie die Rechtsprechung nicht mehr angewendet. Freilich bediente sie sich dabei einer Scheinbegründung, indem sie von einer Konstruktion ausging, die eine reine Fiktion enthielt: Entweder wurde unterstellt, daß zwischen Vorstand und Geschäftspartner die Haftung auf das Vereinsvermögen vereinbart worden sei oder daß die Satzung den Vorstand nur zu einer Haftbarmachung der Mitglieder mit dem Vereinsvermögen ermächtigt habe[15]. Diese Konstruktion verschleiert, daß es sich hierbei um eine richterliche Rechtsschöpfung contra legem handelt.

BGH 42, 210 hat aus dieser Wandlung im materiellen Recht offen die verfahrensrechtliche Folgerung gezogen, daß eine als nichtrechtsfähiger Verein organisierte Gewerkschaft entgegen § 50 ZPO auch aktiv parteifähig sei, weil es bei einem 950 000 Personen umfassenden Verband nicht möglich sei, sämtliche Mitglieder im Klagerubrum mit Namen aufzuführen, andererseits aber ihr der zivilrechtliche Rechtsschutz gegen eine rechtswidrige Beeinträchtigung ihrer Tätigkeit nicht versagt werden dürfe.

In dem bekannten Herrenreiter-Urteil[16] hat der BGH dem durch eine rechtswidrige und schuldhafte Verletzung seines Persönlichkeitsrechts Betrof-

[14] RG 49, 172.
[15] RG 63, 65; 74, 374.
[16] BGH 26, 349.

fenen entgegen § 253 BGB wegen eines dadurch hervorgerufenen, nicht vermögensrechtlichen Schadens eine billige Entschädigung in Geld gewährt. Auch hierin liegt eine gesetzesändernde Fortbildung. Wenn sich der BGH zur Begründung der Entscheidung darauf beruft, daß § 253 BGB gegenüber der höherwertigen Norm der Art. 1 und 2 GG zurücktreten müsse, so bietet dies keine überzeugende Rechtfertigung. Zwar wird vom Grundgesetz ein Persönlichkeitsschutz gewährt, die Verfassung enthält sich aber jeder Bestimmung, welche zivilrechtlichen Folgen die Verletzung haben soll. § 253 BGB will die Kommerzialisierung höchstpersönlicher Güter vermeiden, ein Gedanke, der von der Verfassung gewiß nicht verworfen worden ist. Bei einem rechtspolitisch zweifelhaften Problem sollte der Richter dem Gesetzgeber nicht vorgreifen[17].

V. Wenn der Richter die Bindung an das Gesetz als Bindung an seinen Sinn und Zweck auffaßt, weniger als Festlegung auf seinen Wortlaut, dann wird er darin keine Einengung seines Dienstes an der Gerechtigkeit erblicken können. Nur eine am Wortlaut haftende, den Zweck des Gesetzes ignorierende Entscheidung wird den Ausspruch *Ciceros:* „summum ius summa iniuria" (de officiis I, 10,8) bestätigen. Weicht dagegen der Richter zwar vom Wortlaut einer Vorschrift ab, verhilft er aber gerade dadurch der gesetzlichen Idee zum Durchbruch, dann ist das kein Ungehorsam gegen das Gesetz, sondern nur dessen sinngemäße Ausführung. Es war und ist die Aufgabe des Richters, das Recht den Bedürfnissen des Lebens dienstbar zu machen.

VI. Für die Auslegung des Prozeßrechts gilt nichts Besonderes.

Die in der Praxis noch hier und da bestehende Neigung zu formalistischer Behandlung muß verschwinden. Es ist stets zu beachten, daß das Prozeßrecht nur eine Hilfsstellung einnimmt und daß die prozessualen Vorschriften Zweckmäßigkeitsnormen sind. Die Formen sollen in das Verfahren eine feste Ordnung bringen, sie dienen aber dem Schutze, nicht der Vereitelung des sachlichen Rechts[18]. Durch sie soll der Rechtsstreit in zweckmäßigster und schnellster Weise seiner sachlichen Entscheidung zugeführt werden[19]. Da es vor allem auf die sachliche und gerechte Entscheidung ankommt, darf die Berufung auf Verfahrensvorschriften der Erreichung einer baldigen Verwirklichung des wahren Rechts nicht hemmend im Wege stehen[20]. Wenngleich freilich die Vorschriften der ZPO nicht Selbstzweck sind, sondern die Findung und Verwirklichung des sachlichen Rechts ermöglichen sollen, so steht doch über der Aufgabe der Verwirklichung des sachlichen Rechts im Einzelfall das höhere Ziel der Wahrung des Rechtsfriedens und der Rechtssicherheit zum Wohle der Gesamtheit. Dieses Ziel läßt sich aber ohne eine gewisse Formstrenge des Prozeßverfahrens nicht erreichen. Deshalb darf über Vorschriften,

[17] Vgl. *Larenz,* Methodenlehre S. 231 und NJW 1965, 8.
[18] RG 123, 206; 141, 350.
[19] RG 150, 363.
[20] RG 154, 302.

die der Sicherung einer gerechten Rechtspflege dienen, nicht hinweggegangen werden. So sind die Rechtsmittelfristen streng einzuhalten, da sonst die Rechtssicherheit auf das schwerste gefährdet würde. Persönliche Aufzeichnungen eines Richters über eine stattgefundene Beweisaufnahme dürfen bei Richterwechsel nicht als Urteilsgrundlage verwendet werden, da diese ohne die Sicherungen zustande gekommen sind, die das Gesetz im Interesse der Wahrheit für die Anfertigung eines Zeugenprotokolls vorschreibt[21].

Die bisweilen ausgesprochene Ansicht, daß eine entsprechende Anwendung prozessualer Vorschriften unzulässig sei, widerspricht der früheren Rechtsprechung des Reichsgerichts[22] und ist unhaltbar.

[21] RG ZAkDR 1941, 354.
[22] RG 53, 70 u. 265; 57, 237; ZAkDR 1942, 348.

1. BUCH: DIE RECHTSSCHUTZORGANE

1. ABSCHNITT: DAS GERICHT

§ 6 Die Gerichtsbarkeit

Baur, Zusammenfassung der Zweige der Rechtsprechung. Gutachten für den 42. Deutschen Juristentag Bd. I, 2. Teil, S. 1 ff.; *Kern*, Gerichtsverfassungsrecht, 4. Aufl. §§ 3 ff.; *Lerche*, Ordentlicher Rechtsweg und Verwaltungsrechtsweg, 1953; *H. J. Wolff*, Der Unterschied zwischen privatem und öffentlichem Recht AöR 76, 205 ff.

I. Die rechtsprechende Gewalt

Gemäß dem demokratischen Prinzip geht in der Bundesrepublik Deutschland alle Staatsgewalt vom Volk aus. Sie wird vom Volk in Wahlen und Abstimmungen und durch besondere Organe der Gesetzgebung, der vollziehenden Gewalt und der Rechtsprechung ausgeübt (Art. 20 II GG). Der Grundsatz der Gewaltenteilung, dessen Idee auf *Aristoteles* und dessen moderne Ausgestaltung auf *Montesquieu* zurückgeht, hat den Zweck gegenseitiger Kontrolle und Begrenzung der Staatsgewalt, wodurch Machtmißbrauch verhindert und die Freiheit des einzelnen geschützt werden soll.

Die *rechtsprechende Gewalt* ist *den Richtern anvertraut* (Art. 92 GG). Diese haben das *Rechtsprechungsmonopol*. Gemäß dem Rechtsstaatprinzip besteht das Kriterium der dritten Gewalt in der richterlichen Unabhängigkeit (Art. 97 GG). Unabhängig sind zunächst die Gerichte als Institution (§ 1 GVG). Deswegen müssen diese organisatorisch und personell von den Verwaltungsbehörden getrennt sein[1]. Von der Gerichtsverwaltung abgesehen, dürfen ihnen keine Verwaltungsgeschäfte übertragen werden (§ 4 EG GVG, § 39 VwGO, § 32 FGO). Die Unabhängigkeit der Gerichte wird dadurch verbürgt, daß die in ihnen tätigen Richter nur dem Gesetz und Recht unterworfen sind (Art. 20 III, 97 I GG, § 1 GVG, § 25 DRiG). Dieser *Grundsatz der sachlichen Unabhängigkeit* bedeutet, daß keine Stelle, weder die Regierung noch das Parlament oder die Parteien oder ein Dienstvorgesetzter, dem Richter Weisungen oder Ratschläge erteilen darf, wie er eine bestimmte Rechtssache entscheiden soll (Verbot der Kabinetts- oder Ministerialjustiz). Würde eine Weisung doch erteilt, so dürfte sie der Richter nicht beachten. Um

[1] BVerfG 14, 67.

zu verhindern, daß der Richter wegen einer mißliebigen Entscheidung in seiner Amtsstellung benachteiligt wird, wird die sachliche Unabhängigkeit durch die *persönliche Unabhängigkeit* ergänzt, indem sie hauptamtlich und planmäßig endgültig angestellten Richter grundsätzlich unabsetzbar und unversetzbar sind (Art. 97 II GG, §§ 28 ff. DRiG).

Die Unabhängigkeit der Richter liegt im Interesse des Volkes. Sie bietet die Gewähr dafür, daß die Prozesse, die für den einzelnen und die Gesamtheit oft von schicksalhafter Bedeutung sind, nur nach den Grundsätzen des Rechts und der Gerechtigkeit entschieden werden.

II. Begriff der Gerichtsbarkeit

Unter Gerichtsbarkeit im staatsrechtlichen Sinne versteht man die Gerichtshoheit, also die Befugnis des Staates zur Ausübung der rechtsprechenden Gewalt. Gerichtsbarkeit ist die Staatsgewalt in ihrer besonderen Wirksamkeit als Rechtspflegegewalt. Da es sich bei der Gerichtsbarkeit um ein Hoheitsrecht handelt, steht diese allein dem Staat zu.

Eine Privatgerichtsbarkeit, wie sie ehedem zugunsten der Grundherren, der Standesherren und der Städte bestand, gibt es heute nicht mehr. Die kirchliche Gerichtsbarkeit ist nicht aufgehoben, sie ist aber in weltlichen Angelegenheiten ohne bürgerliche Wirkung. Dies gilt insbesondere bei Ehe- und Verlöbnissachen. Insoweit besteht eine Parallele zu § 1588 BGB. Die in Baden-Württemberg bestehenden Gemeindegerichte sind echte Gerichte, und zwar besondere Gerichte im Sinne des § 14 Nr. 2 GVG. Sie üben staatliche Gerichtsbarkeit aus, die ihnen durch das Gemeindegerichtsgesetz vom 7. 3. 1960 übertragen worden ist (BVerfG 14, 65).

Dagegen besitzen die Schiedsgerichte (§§ 1025 ff.) keine Gerichtsbarkeit. Sie beruhen auf einer Vereinbarung der Parteien, die zum Inhalt hat, die staatliche Gerichtsbarkeit auszuschließen. Mangels Gerichtsbarkeit steht den Schiedsgerichten keine Zwangsgewalt zu.

Nach der *Bismarck*'schen Reichsverfassung war die Gerichtsbarkeit zwischen Reich und Ländern geteilt. Seit 1. 10. 1879 waren Gerichtsorganisation und Verfahren reichsrechtlich geregelt. Das Reich bildete ein einheitliches Rechtspflegegebiet, so daß die Urteile eines Landesgerichts Rechtskraft und Vollstreckbarkeit für das ganze Reichsgebiet bewirkte. Die Gerichte sprachen fälschlicherweise im Namen des Landesherrn Recht, statt im Namen des Landes. Deshalb begann jedes Urteil mit den Worten: „Im Namen des Königs". Nur das Reichsgericht in Leipzig, das zum Zwecke der Rechtseinheit vom Reich errichtet wurde, erließ seine Urteile „im Namen des Reiches".

Die Weimarer Republik änderte an der Verteilung der Gerichtsbarkeit nichts. Die Rechtsprechung erfolgte jedoch, da die Staatsgewalt gemäß dem demokratischen Prinzip vom Volke ausging (Art. 1 II Weim.Verf.), „Im Namen des Volkes".

Der nationalsozialistische Staat leitete die ganze Rechtspflege auf das Reich über, so daß alle Gerichte Reichsbehörden wurden. Nach dem Zusammenbruch des Reiches im Jahre 1945 bauten die Länder die Rechtspflege wieder auf.

Gemäß der föderativen Verfassung steht die Gerichtsbarkeit in der Bundesrepublik Deutschland teils den Ländern, teils dem Bund zu (Art. 92 GG). Da die Ausübung der staatlichen Befugnisse und die Erfüllung der staatlichen Aufgaben Sache der Länder ist, soweit das Grundgesetz keine andere Regelung trifft oder zuläßt (Art. 30 GG), ist die Ausübung der rechtsprechenden Gewalt grundsätzlich Sache der Länder. Die Gerichte sind daher Landesgerichte. Bundesgerichte sind nur zulässig, soweit die Art. 92 bis 96 a GG dies gestatten. Da das Grundgesetz (vom Bundesverfassungsgericht und den in Art. 96 a GG genannten Gerichten abgesehen) dem Bund nur gestattet, Obere Bundesgerichte zu errichten (Art. 96 GG), fallen die unteren und mittleren Gerichte in die Gerichtshoheit der Länder. Die Oberen Bundesgerichte haben die Aufgabe, für das Bundesgebiet die Rechtseinheit zu wahren, weshalb sie grundsätzlich Revisionsgerichte sind. Als erste und einzige Instanz werden sie nur ausnahmsweise tätig (vgl. z. B. § 134 GVG, § 50 VwGO, § 39 II SGG). Deshalb dürfen die Länder im allgemeinen die Zuständigkeit des Bundes nicht durch Errichtung eigener Revisionsgerichte umgehen, da anderenfalls innerhalb des Bundesgebiets eine Rechtszersplitterung eintreten würde. Eine Besonderheit stellt § 8 EG GVG dar, der es Ländern mit mehreren Oberlandesgerichten gestattet, ein Oberstes Landesgericht als Revisionsgericht zu errichten. Ein solches Oberstes Landesgericht hat innerhalb des Landes für Rechtseinheit zu sorgen. Deshalb ist es nur zutändig, wenn für die Entscheidung überwiegend Landesrecht in Betracht kommt. Bei Anwendung von Bundesrecht hat es die Sache an den BGH abzugeben. Von der Ermächtigung des § 8 EG GVG hat nur Bayern Gebrauch gemacht[2].

Wenn innerhalb einer Gerichtsbarkeit der Instanzenzug von den Ländergerichten an ein Oberes Bundesgericht führt, kann die Regelung des Aufbaues der Gerichte und des Verfahrens nicht den Ländern überlassen werden. Im Interesse einer einheitlichen Gerichtsverfassung und eines einheitlichen Verfahrens hat daher der Bund die konkurrierende Gesetzgebungskompetenz für die Gerichtsverfassung und das gerichtliche Verfahren (Art. 74 Nr. 1 GG).

Der Instanzenzug ist in allen Zweigen der Gerichtsbarkeit bundesrechtlich geregelt:

Im einzelnen gilt folgendes:

a) In der Zivilgerichtsbarkeit sind die Amts-, Land- und Oberlandesgerichte Ländergerichte. Anstelle des Reichsgerichts in Leipzig ist als Revisionsgericht der *Bundesgerichtshof* in Karlsruhe als das Obere Bundesgericht für das Gebiet der Zivil- und Strafgerichtsbarkeit getreten (§§ 12, 123 GVG). Das Verfahrensrecht regeln die ZPO, die KO und ZVG (die sog. Reichsjustizgesetze). Für das Strafverfahren ist die StPO maßgebend.

b) Als Gerichte für Arbeitssachen werden die Arbeits- und Landesarbeitsgerichte der Länder sowie das *Bundesarbeitsgericht* in Kassel als Oberes Bundesgericht tätig (§§ 14, 33, 40 ArbGG).

[2] Vgl. Art. 18—24 AusfG GVG v. 17. 11. 1956 mit Änderung durch G. v. 26. 2. 1965 (GVBl. S. 13).

c) In der Sozialgerichtsbarkeit sind die Sozial- und Landessozialgerichte Ländergerichte, das *Bundessozialgericht* in Kassel Oberes Bundesgericht (§§ 2, 38 SGG).

d) Im Rahmen der allgemeinen Verwaltungsgerichtsbarkeit sind in den Ländern Verwaltungsgerichte und Oberverwaltungsgerichte[3], im Bund das *Bundesverwaltungsgericht* mit dem Sitz in Berlin als Oberes Bundesgericht errichtet (§ 2 VwGO).

e) Gerichte der Finanzgerichtsbarkeit sind in den Ländern die Finanzgerichte und im Bunde der *Bundesfinanzhof* in München als Oberes Bundesgericht (§ 2 FGO).

f) Für Angelegenheiten des gewerblichen Rechtsschutzes hat der Bund das Bundespatentgericht in München errichtet (Art. 96 a GG, § 36 b PatG). Wenngleich das Patentgericht seinen Sitz am Sitz des Deutschen Patentamts in München hat, so ist es organisatorisch und funktionell vom Patentamt getrennt.

Das Patentgericht ist kein Oberes Bundesgericht im Sinne von Art 96 GG. Seine Verfassung und Organisation entspricht der eines Oberlandesgerichts, dem es im Range gleichsteht. Oberes Bundesgericht für das Patentgericht ist nach Art. 96 a III GG der Bundesgerichtshof.

Ob das Patentgericht zur Zivilgerichtsbarkeit oder zur Verwaltungsgerichtsbarkeit gehört, ist bestritten[4]. Dadurch, daß für das Patentgericht Oberes Bundesgericht der Bundesgerichtshof ist, ist es in den Bereich der Zivilgerichtsbarkeit einbezogen, da es unzulässig wäre, innerhalb eines einheitlichen Instanzenzuges von einem Gerichtsbarkeitszweig in einen anderen überzuwechseln[5]. Die Zuordnung des Bundespatentgerichts zur Zivilgerichtsbarkeit ist auch sachgerecht. Wenngleich das Patenterteilungsverfahren Verwaltungstätigkeit ist, so hat es doch letzten Endes den Schutz *privater* Rechte zum Gegenstand. Deshalb ist es zweckmäßig, solche verwaltungsrechtlichen Streitfragen, die im engen Zusammenhang mit dem Zivilrecht stehen, im Interesse der einheitlichen Beurteilung eines ganzen Sachgebiets bei den Zivilgerichten zusammenzufassen[6].

g) Das *Oberste Bundesgericht,* das nach Art. 95 GG die Einheit der Rechtsprechung der fünf Oberen Bundesgerichte in Fragen von grundsätzlicher Bedeutung gewährleisten sollte, ist nicht errichtet worden. Zur Zeit befindet sich beim Bundestag ein Gesetzentwurf, der eine Änderung des Art. 95 GG vorsieht. Da es bisher nur 29 Fälle, das sind 2 Fälle im Jahr, gegeben hat, in denen Obere Bundesgerichte eine unterschiedliche Rechtsauffassung gehabt haben, erscheint die Errichtung eines Obersten Bundesgerichts unpraktisch.

[3] Das Oberverwaltungsgericht für Bayern führt die Bezeichnung „Bayerischer Verwaltungsgerichtshof" (Bayer. AusfG VwGO v. 28. 11. 1960, GVBl S. 226 § 1).

[4] Für die Verwaltungsgerichtsbarkeit *Spanner,* JZ 1960, 329; *Völp,* Patentgerichtsverfahren (1961) S. 46.

[5] Vgl. *Bernhardt,* Lehrbuch des Deutschen Patentrechts[2] S. 223 ff.; BPG 2, 55.

[6] BGH 38, 211.

Statt dessen soll ein gemeinsamer Senat der 5 Oberen Bundesgerichte, die sich künftig Oberste Gerichte nennen können, gebildet werden. Er soll aus den 5 Chefpräsidenten der 5 Oberen Bundesgerichte (Bundesgerichtshof in Karlsruhe, Bundesarbeitsgericht in Kassel, Bundessozialgericht in Kassel, Bundesverwaltungsgericht in Berlin, Bundesfinanzhof in München) und je 2 weiteren Richtern derjenigen Senate der Gerichte bestehen, bei denen unterschiedliche Rechtsauffassungen aufgetreten sind. Der gemeinsame Senat hat dann eine einheitliche Meinung zu bilden.

Die Bundesrepublik und Westberlin stellen ein einheitliches Rechtspflegegebiet dar. Demgemäß erlangen die von einem Gericht des Bundes oder eines Landes erlassenen Urteile für das ganze Gebiet Rechtskraft und Vollstreckbarkeit (§ 160 GVG).

Alle Gerichte leisten sich gegenseitig Rechtshilfe (Art. 35 GG, § 156 GVG).

III. Die Zweige der Gerichtsbarkeit

Das GG unterscheidet in Art. 96 fünf Zweige der Gerichtsbarkeit: Die „ordentliche Gerichtsbarkeit" der Zivil- und Strafgerichte, die Verwaltungs-, Finanz-, Arbeits- und Sozialgerichtsbarkeit.

Wenn das GG in den Art. 96 I, 19 IV, 14, 34 und das GVG in den §§ 14 Nr. 2 und 17 von der „ordentlichen Gerichtsbarkeit", dem „ordentlichen Rechtsweg", dem Rechtsweg an die „ordentlichen Gerichte" und den „ordentlichen Gerichten" sprechen und darunter die Zivil- und Strafgerichte verstehen, so ist das eine nicht mehr sachgemäße Ausdrucksweise, die nur historisch zu erklären ist: Im 19. Jahrhundert entstand unter dem Einfluß des liberalen Rechtsstaates neben der Zivil- und Strafgerichtsbarkeit eine Verwaltungsgerichtsbarkeit, die den Bürger gegen rechtswidrige Eingriffe der öffentlichen Gewalt schützen sollte. Dieser verwaltungsgerichtliche Rechtsschutz war jedoch lückenhaft: Infolge des Enumerationsprinzips der landesrechtlichen Verwaltungsgesetze konnten nicht alle, sondern nur ganz bestimmte in den Gesetzen aufgeführte Verwaltungssachen vor die Verwaltungsgerichte gebracht werden. Für die nicht aufgeführten Fälle gab es keinen Gerichtsschutz, sondern nur die Beschwerde an die vorgesetzte Behörde. Soweit aber die Verwaltungsgerichte zuständig waren, waren sie den Zivilgerichten nicht gleichwertig: Einmal waren die Verwaltungsgerichte trotz ihrer rechtsprechenden Funktion zum Teil den aktiven Verwaltungsbehörden organisatorisch eingegliedert, sodann waren als Verwaltungsrichter aktive Verwaltungsbeamte tätig, die das Richteramt nur nebenamtlich ausübten. Sie waren zwar bei ihrer Rechtsprechung sachlich, aber nicht personell unabhängig. Auch die sachliche Unabhängigkeit litt durch den Verwaltungsdienst. Wer von Montag bis Donnerstag weisungsgebundener Verwaltungsbeamter war, konnte sich am Freitag, wenn er als Richter tätig war, von den Dienstanweisungen trotz sachlicher Unabhängigkeit psychologisch nicht recht freimachen. Daher hatten die Verwaltungsgerichte nicht den Rang ordentlicher, d. h. im vollen Umfange unabhängiger Gerichte. Der Verwaltungsrechtsschutz hatte nicht den gleichen Wert, wie der durch die Zivilgerichte gewährte Rechtsschutz. Nur der

„ordentliche Rechtsweg" führte zu einem echten, weil unabhängigen Gericht. Daher kam der Frage, ob der „ordentliche" Rechtsweg oder ein anderer Rechtsweg zulässig war, eine so große Bedeutung zu. Bei einem Streit über die Zulässigkeit des ordentlichen Rechtsweges fand ohne Zulassung und ohne Rücksicht auf den Wert des Beschwerdegegenstandes Revision statt (§ 547 II Nr. 1 ZPO a. F.).

Da das GG nur noch organisatorisch und funktionell selbständige Gerichte kennt, die mit sachlich und persönlich unabhängigen Richtern besetzt sind, sind heute alle Gerichte „ordentliche Gerichte". Denn das Kennzeichen der ordentlichen Gerichtsbarkeit, ihr Rang und Wert besteht in der rechtsstaatlichen Garantie der sachlichen und persönlichen Unabhängigkeit der Richter. Damit sind die Verwaltungs-, Arbeits-, Finanz- und Sozialgerichte den Zivil- und Strafgerichten gegenüber gleichwertig. Es gibt heute nicht mehr nur den einen Rechtsweg an die „ordentlichen Gerichte", sondern fünf gleichwertige Rechtswege an die Gerichte der verschiedenen Zweige der Gerichtsbarkeit. Das Problem ist heute nicht mehr, ob „der Rechtsweg" zulässig ist, sondern welcher der verschiedenen Rechtswege im Einzelfall offensteht. Ein Rechtsweg, d. h. ein Weg zu einem unabhängigen Gericht ist immer gegeben (vgl. Art. 19 IV GG).

Die einzelnen einander gleichwertigen Zweige der Gerichtsbarkeit stellen die einheitliche rechtsprechende Gewalt dar.

Aus dieser Situation hat das Gesetz vom 27. 11. 1964[7] die Folgerung gezogen, daß die Frage, ob für den Streit die Zivilgerichte oder die Gerichte einer anderen Gerichtsbarkeit berufen sind, die Revision nicht mehr ohne weiteres statthaft ist. Nach dem Ausbau der verschiedenen Zweige der Gerichtsbarkeit ist die Frage, welcher Rechtsweg offensteht, mehr oder weniger eine Frage bloßer sachlicher Zuständigkeit[8].

IV. Gerichtsverwaltung und Rechtspflege

Die Gerichtsbarkeit umfaßt die Gerichtsverwaltung und die Rechtspflege (richterliche Gewalt, Gerichtsbarkeit im engeren Sinn).

1. Die *Gerichtsverwaltung* schafft als besonderer Zweig der staatlichen Verwaltung die äußeren Grundlagen für die Ausübung der Rechtspflege.

In ihren Bereich gehören namentlich: die Einrichtung der Gerichte, die Abgrenzung ihrer Bezirke, das Einstellungswesen, die Dienstaufsicht, das Bauwesen, die Erhebung der Gebühren und die gerichtliche Statistik.

Leider sind die verschiedenen Zweige der Gerichtsbarkeit nicht unter einem einheitlichen Rechtsprechungsministerium zusammengefaßt, vielmehr sind sie

[7] BGBl. I, 933.

[8] Vergl. *Bernhardt*, JurRdsch 1965, 45 ff.

verwaltungsmäßig verschiedenen Fachministerien unterstellt: Die Zivil- und Strafgerichte unterstehen dem Justizminister, die Verwaltungsgerichte dem Innenminister, die Finanzgerichte dem Finanzminister, die Arbeitsgerichte dem Arbeitsminister, der freilich im Einvernehmen mit der Justizverwaltung zu handeln hat (§§ 15, 34, 40 ArbGG), die Sozialgerichte der Landesregierung, das Bundessozialgericht dem Bundesarbeitsminister (§§ 9 III, 38 III SGG). In einzelnen Ländern ist eine Zusammenfassung erfolgt. So unterstehen in Schleswig-Holstein außer den Zivil- und Strafgerichten auch die Verwaltungs- und Sozialgerichte dem Justizministerium (Erl. d. Min.Präsidenten und Beschluß d. Landesregierung v. 21. 3. 1956 — Schlesw.-Holst. Amtsbl. 1956 S. 125 u. 147). Desgleichen sind in Hamburg die Verwaltungs- und Finanzgerichte dem Justizministerium unterstellt (Senatsbeschluß v. 18. 6. 1957 — Hbg. Amtl. Anzeiger 1957 S. 625).

Dadurch, daß die einzelnen Zweige der Gerichtsbarkeit gewissermaßen als „Hausgerichtsbarkeit" verschiedenen Fachministerien, die für die Verfassung und das Verfahren der Gerichte federführend sind, unterstehen, fehlt es an einer einheitlichen Gerichts- und Verfahrensregelung. So erfolgt normalerweise die Errichtung und Aufhebung der Gerichte und die Bestimmung ihres Sitzes durch Gesetz (vgl. z. B. § 3 VwGO, § 7 SGG, § 3 FGO), Arbeitsgerichte werden dagegen durch Verwaltungsanordnung der Obersten Arbeitsbehörde eines Landes errichtet (§ 14 ArbGG), eine sachlich unberechtigte Differenzierung.

Infolge der Unabhängigkeit der Richter bietet die *Dienstaufsicht* der Gerichtsverwaltung über sie besondere Schwierigkeiten. Dabei muß zwischen Dienstaufsichtsmaßnahmen wegen des Verhaltens eines Richters außerhalb und innerhalb der richterlichen Tätigkeit unterschieden werden.

a) Die Beaufsichtigung des Verhaltens des Richters außerhalb der richterlichen Tätigkeit weist gegenüber der Dienstaufsicht über andere Staatsdiener keine Besonderheiten auf.

b) Bei der Beaufsichtigung des Verhaltens des Richters innerhalb der richterlichen Tätigkeit ist die Dienstaufsicht beschränkt, da durch sie die richterliche Unabhängigkeit nicht beeinträchtigt werden darf. Zur richterlichen Tätigkeit gehört die gesamte Tätigkeit, die mit der Rechtsfindung im unmittelbaren Zusammenhang steht, also nicht bloß die Spruchtätigkeit, sondern auch prozeßleitende Maßnahmen. Richterliche Tätigkeit ist auch die Selbstverwaltung der Gerichte, insbesondere die Geschäftsverteilung.

Im Wege der Dienstaufsicht darf einem Richter niemals vorgehalten werden, daß er einen einzelnen Fall hätte anders entscheiden müssen. Eine Ausnahme ist dann zu machen, wenn ihm bei der Entscheidung offensichtliche Fehlgriffe unterlaufen sind, wie z. B. wenn er ein formell aufgehobenes Gesetz angewandt oder ein allgemein bekanntes Gesetz nicht angewandt hat. So schwere Fehler fallen unter die ordnungswidrige Art der Ausführung eines Amtsgeschäfts, was vorgehalten werden kann (§ 26 DRiG). Weiter kann die Dienstaufsichtsbehörde auf Pünktlichkeit, Tragen der vorgeschriebenen Amtstracht, Abhalten der Sitzungen in den dafür zur Verfügung gestellten Gerichtssälen und an den vorgeschriebenen Tagen, aber auch auf angemessenes

Verhalten im Umgang mit Parteien, Zeugen und Prozeßbevollmächtigten sehen. Bei richterlicher Tätigkeit ist als Maßnahme nur der *Vorhalt* der ordnungswidrigen Art der Amtsgeschäfte und die *Ermahnung* zu ihrer ordnungsgemäßen und unverzögerten Erledigung zulässig (§ 26 DRiG). Behauptet der Richter, daß eine Maßnahme der Dienstaufsicht seine Unabhängigkeit beeinträchtige, so entscheidet auf seinen Antrag das Dienstgericht (§ 62 I Nr. 4 e und § 78 Nr. 4 e DRiG)[9].

Den Verwaltungsbehörden entzogen ist die *Geschäftsverteilung*, die im Interesse der Unparteilichkeit der Rechtsprechung den Präsidien der Gerichte übertragen ist (vgl. §§ 22b, 63, 117, 131 GVG, §§ 30, 39, 40 ArbGG, §§ 25, 36, 48 SGG, §§ 7, 10 FGO). Obwohl es sich dabei materiell um eine Verwaltungstätigkeit handelt, ist diese Materie kraft Gesetzes den Richtern als richterliches Geschäft zugewiesen, weshalb die Geschäftsverteilung von der richterlichen Unabhängigkeit gedeckt wird. Insoweit besteht eine von der ministeriellen Gerichtsverwaltung zu unterscheidende *Selbstverwaltung der Gerichte.*

Um die rechtsprechenden Organe vor sachfremden Einflüssen zu schützen, insbesondere um zu vermeiden, daß im Einzelfall durch die Auswahl der zur Entscheidung berufenen Richter das Ergebnis der Entscheidung beeinflußt werde, wird der Geschäftsverteilungsplan für ein Geschäftsjahr im voraus geregelt.

Dieser Plan verteilt zunächst die Geschäfte auf die verschiedenen Abteilungen des Gerichts. Die Verteilung hat nach allgemeinen Merkmalen zu erfolgen, etwa nach dem Anfangsbuchstaben des Namens des Beklagten, nach Bezirken oder nach dem Gegenstand der Prozesse. Nicht zulässig ist es, die Geschäfte nach dem zeitlichen Eingang der Sachen bei der Geschäftsstelle zu verteilen, wenn der Geschäftsstellenleiter die Reihenfolge des zeitlichen Eingangs und damit den Richter bestimmen kann[10].

Der Geschäftsverteilungsplan hat ferner die einzelnen Richter den Abteilungen zuzuweisen.

Innerhalb jeder Abteilung besorgt der Vorsitzende die Geschäftsverteilung (§§ 69, 117, 131 GVG). Diese Verteilung gehört zu seinen richterlichen Aufgaben, für deren Wahrnehmung der Geschäftsverteilungsplan keine Bestimmungen treffen darf[11]. Da von vornherein so eindeutig wie möglich festgelegt werden soll, welcher Richter der Kammer oder des Senats zur Entscheidung des Einzelfalls berufen ist, bestimmt der Vorsitzende vor Beginn des Geschäftsjahres, nach welchen Grundsätzen die Mitglieder an den Verfahren mitwirken.

Die Geschäftsverteilung kann im Laufe des Geschäftsjahres nur geändert werden, wenn dies wegen Überlastung eines Spruchkörpers oder infolge

[9] Vgl. *Schmidt-Räntsch*, Deutsches Richtergesetz (1962) § 26 Anm. 18 ff.
[10] BGH 40, 91, [11] BGH NJW 1966, 1458.

Wechsels oder dauernder Verhinderung einzelner Mitglieder des Gerichts erforderlich wird (§§ 63 II, 117, 131 GVG). Auch die Geschäftsverteilung innerhalb der Abteilung kann nicht willkürlich geändert werden (§ 69 II, 117, 131 GVG).

Die Geschäftsverteilung hat für den verfassungsmäßig verankerten *Grundsatz, daß niemand seinem gesetzlichen Richter entzogen werden darf* (Art. 101 I 2 GG), Bedeutung. Gesetzlicher Richter im Sinne dieser Vorschrift ist nicht nur das Gericht als organisatorische Einheit oder das erkennende Gericht als Spruchkörper, vor dem verhandelt und von dem die einzelne Sache entschieden wird, sondern auch der zur Entscheidung im Einzelfall berufene Richter. Deshalb soll auch dieser so genau wie möglich im voraus bestimmt werden (BVerfG 17, 294).

Bei der Vielzahl der Rechtswege und der Gerichte, bei der verschiedenen Größe der Gerichte und der verschieden großen Zahl der bei ihnen tätigen Richter, bei dem verschiedenen Umfang der Geschäftslast der Gerichte und bei dem Wechsel der Geschäftslast innerhalb eines Gerichts ist es schon mit Rücksicht auf den Fall des Ausscheidens, der Krankheit, der Verhinderung, des Urlaubs und Wechsels eines oder mehrerer Richter unmöglich, mit völliger Genauigkeit im voraus zu bestimmen, wer im Einzelfall Richter zu sein hat. Deshalb darf im Interesse der ordnungsmäßigen, insbesondere rechtzeitigen Erledigung der Prozesse eine gewisse *personelle Überbesetzung* des Spruchkörpers eines Gerichts nicht ausgeschlossen sein. Da es nicht immer möglich ist, die Spruchkörper nur mit der Anzahl von Richtern zu besetzen, die bei der Entscheidung des Einzelfalls mitzuwirken haben, muß das Präsidium für die zahlenmäßige Besetzung der einzelnen Spruchkörper einen Ermessensspielraum besitzen. Dieses Ermessen kann von den rechtsprechenden Organen, die zu entscheiden haben, ob eine Partei ihrem gesetzlichen Richter entzogen worden ist, oder ob ein Gericht im Sinne der §§ 551 Nr. 1, 579 Nr. 1 ZPO ordnungsmäßig besetzt war, nur dahin überprüft werden, ob das Präsidium bei der von ihm getroffenen Bestimmung die Grenzen seines Ermessens überschritten hat. Eine Überbesetzung, die in vermeidbarer Weise die Möglichkeit zum willkürlichen Manipulieren bietet, ist verfassungswidrig, ohne daß es im Einzelfall darauf ankäme, ob Willkür vorliegt. Daher verstößt die Besetzung eines Spruchkörpers stets dann gegen Art. 101 GG, wenn die Zahl seiner ordentlichen Mitglieder es gestattet, in zwei personell voneinander verschiedenen Sitzgruppen Recht zu sprechen oder wenn der Vorsitzende drei Spruchkörper mit je verschiedenen Beisitzern bilden kann (BVerfG 18, 344, BGH NJW 1965, 1434; 1966, 1458).

Eine *gesetzliche Geschäftsverteilung* besteht bei den Landgerichten *zwischen Zivilkammern und Kammern für Handelssachen* (§§ 93 ff. GVG). Die KfHS entscheidet in Handelssachen (§ 95 GVG) an Stelle der Zivilkammer. Zivilkammern und KfHS sind nicht verschiedene Gerichte, sondern nur verschiedene Spruchabteilungen desselben Gerichts. Die Abgrenzung ist daher keine Frage der Zuständigkeit, sondern lediglich der Geschäftsverteilung. Ihre Verletzung ist unschädlich. Ist keine KfHS errichtet, so erkennt die Zivilkammer auch in Handelssachen. Die KfHS hat außerdem nur zu entscheiden, wenn es

Kläger oder Beklagter beantragen (§§ 96, 97, 98, 100 GVG). Verweisung: §§ 101, 102, 104 GVG.

Ausdruck des im Gleichheitssatz (Art. 3 I GG) enthaltenen Willkürverbots ist der weitere Grundsatz, daß Ausnahmegerichte unzulässig sind (Art. 101 I 1 GG). *Ausnahmegerichte* sind nur solche Gerichte, die in Abweichung von der gesetzlichen Zuständigkeit besonders gebildet und zur Entscheidung einzelner konkreter oder individuell bestimmter Fälle berufen sind (BVerfG 3, 223; 8, 182). Dadurch, daß für bestimmte Arten von Streitsachen die erst- oder letztinstanzliche Zuständigkeit eines Gerichts begründet oder in anderer Weise der Rechtsmittelzug beschränkt wird, wird dieses nicht zum Ausnahmegericht. Im Gegensatz zum Ausnahmegericht stehen die *besonderen Gerichte* (Art. 101 II GG), die für besondere Sachgebiete allgemein und von vornherein zuständig sind.

2. Unter *Rechtspflege*, richterlicher Gewalt (§ 1 GVG), rechtsprechender Gewalt (Art. 92 GG) oder Gerichtsbarkeit im engeren Sinne versteht man die Anwendung der Rechtsordnung auf den Einzelfall durch organisatorisch selbständige unabhängige Gerichte.

Häufig wird in Anlehnung an § 13 GVG die Rechtsprechungstätigkeit der Gerichte in einer Streitentscheidung gesehen (vgl. auch § 2 ArbGG und § 51 SGG). Obwohl die Streitentscheidung eine wesentliche Aufgabe der Gerichte ist, setzt die Rechtsprechungstätigkeit einen Streit nicht voraus. Erkennt z. B. der auf Rückzahlung eines Darlehens verklagte Schuldner den gegen ihn geltend gemachten Anspruch sofort an, so hat ihn der Richter auf Antrag durch Anerkenntnisurteil zu verurteilen (§ 307 ZPO), auch wenn die Rückzahlungspflicht niemals bestritten wurde. Das durch Gerichtsspruch zu befriedigende Rechtsschutzinteresse des Klägers ergibt sich hier daraus, daß die Zwangsvollstreckung grundsätzlich ein vollstreckbares Urteil voraussetzt (§ 704 ZPO). Durch das Urteil wird hier nicht eine unklare Rechtslage entschieden, sondern eine klare bestätigt und der Vollstreckung zugänglich gemacht.

Ebensowenig kann man unter Rechtspflege die auf die Verwirklichung der Rechtsordnung gerichtete Staatstätigkeit verstehen. Denn vermöge des Grundsatzes der Gesetzmäßigkeit der Verwaltung (Art. 20 III GG) wendet auch diese auf den Einzelfall die Rechtsordnung an.

Die rechtsprechende Gewalt kann nicht der Art der Tätigkeit nach, sondern nur funktionell charakterisiert werden. Alle Rechtsprechung besteht darin, daß ein unabhängiges Gericht als neutrale, unparteiische Stelle („als nichtbeteiligter Dritter") für die Beteiligten mit bindender Wirkung feststellt, was Rechtens ist (BVerfG 3, 381; 4, 346; 14, 69).

V. Grenzen der Gerichtsbarkeit

1. *Räumliche Schranken.* Nach dem völkerrechtlichen Grundsatz staatlicher Gleichberechtigung dürfen die Behörden eines Staates nicht

in dem Gebiet eines anderen Staates handeln. Die Tätigkeit der deutschen Gerichte ist daher auf Deutschland beschränkt *(Territorialitätsprinzip)*.

Wird in einem Prozeß, der vor einem deutschen Gericht schwebt, eine Handlung im Ausland erforderlich, z. B. die Vernehmung eines Zeugen, dann darf diese das deutsche Gericht nicht selbst ausführen, sondern es muß die fremden Behörden um Vornahme der Handlung ersuchen. Wieweit die ausländischen Stellen einem solchen Ersuchen nachkommen müssen, richtet sich nach deren, nicht nach deutschem Recht.

Weniger ein rechtliches als ein politisches Problem ist es, ob ein Staat die Entscheidungen ausländischer Gerichte als verbindlich anerkennt[12]. Häufig ist die Frage in besonderen Staatsverträgen geregelt worden, so im deutsch-österreichischen Abkommen vom 21. 6. 1923 (RGBl. 1924 II S. 60 Art. 34), im deutsch-schweizerischen Abkommen vom 2. 11. 1929 (RGBl. 1930 II S. 1065, 1209) und im deutsch-italienischen Abkommen vom 9. 3. 1936 (BGBl. 1952 II S. 986). Sonst kommt bei uns ausländischen Entscheidungen nur unter den Voraussetzungen des § 328 innere Rechtskraft zu. Demnach ist zu prüfen, ob nach deutschem Recht überhaupt eine ausländische Zuständigkeit bestand. Auch muß die Gegenseitigkeit verbürgt sein, was nur vorliegt, wenn das Ausland deutsche Entscheidungen ohne sachliche Nachprüfung praktisch anerkennt[13]. In nicht vermögensrechtlichen Angelegenheiten bedarf es aber der Verbürgung der Gegenseitigkeit nicht, sofern nach deutschen Gesetzen ein deutscher Gerichtsstand nicht besteht (§ 328 II). Schließlich darf die Anerkennung eines ausländischen Urteils nicht gegen die guten Sitten oder gegen den Zweck eines deutschen Gesetzes verstoßen (Regel vom ordre public, vgl. Art. 30 EG BGB). Sittenverstoß liegt vor, wenn der Inhalt oder das Zustandekommen des Urteils *unsere* Anschauung von Recht und Billigkeit verletzt, weil z. B. der Beklagte zur Zahlung einer Wucherschuld verurteilt worden ist oder der ausländische Richter das rechtliche Gehör verweigert hat. Der Zweck eines deutschen Gesetzes ist verletzt, wenn das Urteil zu den Grundlagen des deutschen politischen, sozialen und wirtschaftlichen Lebens in Widerspruch steht[14]. Aus einem ausländischen Urteil kann, auch wenn es nach § 328 für den deutschen Richter Verbindlichkeit hat, erst vollstreckt werden, wenn es durch ein deutsches „Vollstreckungsurteil" für vollstreckbar erklärt ist (§§ 722, 723).

Eine Sonderregelung besteht für die *Anerkennung ausländischer Entscheidungen in Ehesachen*. Diese soll vermeiden, daß die Anerkennung ausländischer Eheurteile von den verschiedenen deutschen Gerichten verschieden gehandhabt wird, wodurch eine gerade auf diesem Gebiet schwer erträgliche Rechtsunsicherheit eintreten würde. Entscheidungen, durch die im Ausland

[12] Vgl. *Süß*, Die Anerkennung ausländischer Urteile, Festgabe für Rosenberg, S. 229 ff.

[13] Vgl. die Aufstellung bei *Baumbach-Lauterbach* im Anhang nach § 328 ZPO.

[14] RG 93, 183; 114, 171; 119, 263; 169, 245.

eine Ehe für nichtig erklärt, aufgehoben, geschieden, getrennt oder durch die das Bestehen oder Nichtbestehen einer Ehe festgestellt ist, sind in Deutschland nur wirksam, wenn die Justizverwaltung des Landes, in dem ein Ehegatte wohnt, festgestellt hat, daß die gesetzlichen Voraussetzungen für die Anerkennung der Entscheidung gegeben sind. Die Verbürgung der Gegenseitigkeit ist nicht Voraussetzung der Anerkennung. Die Feststellung bindet Gerichte und Verwaltungsbehörden. Sie ist nicht notwendig, wenn beide Ehegatten zur Zeit der Entscheidung dem betreffenden ausländischen Staat angehört haben. Lehnt die Justizverwaltung den Antrag auf Anerkennung ab, so kann der Antragsteller das Oberlandesgericht anrufen (Art. 7 § 1 FamRÄndG v. 11. 8. 61, BGBl. I 1261).

2. *Persönliche Befreiungen.* Der deutschen Gerichtsbarkeit unterliegen grundsätzlich alle in Deutschland befindlichen Personen ohne Unterschied der Staatsangehörigkeit.

a) Aus völkerrechtlichen Gründen sind jedoch die sog. *Exterritorialen* davon befreit.

Hierzu gehören die Leiter und Mitglieder der bei der Bundesrepublik beglaubigten diplomatischen Vertretungen mit Familienangehörigen, Geschäftspersonal und nichtdeutschen Bediensteten (§§ 18 ff. GVG). Ebenfalls gerichtsfrei sind nach Völkerrecht fremde Staatsoberhäupter, Gesandschaftskuriere, fremde Staatsschiffe[15] und fremde Truppenkörper, die sich befugt auf deutschem Boden aufhalten.

Ausländische Staaten sind der deutschen Gerichtsbarkeit entzogen, soweit sie als Hoheitsträger in Betracht kommen. Das RG hat den ausländischen Staaten auch bei nicht hoheitlicher Tätigkeit Immunität zugebilligt[16]. Mit Rücksicht darauf, daß die Gerichte Italiens, Belgiens, der Schweiz, Österreichs, Frankreichs, Griechenlands, Ägyptens und Jordaniens ausländische Staaten nur für Hoheitsakte von der eigenen Gerichtsbarkeit ausnehmen und auch in den Vereinigten Staaten von Amerika und in England die Tendenz erkennbar ist, von der unbeschränkten Staatenimmunität abzugehen, hat BVerfG NJW 1963, 1732 ausländische Staaten bei nicht hoheitlicher Tätigkeit grundsätzlich der inländischen Gerichtsbarkeit unterworfen. Deshalb ist eine Klage gegen einen ausländischen Staat wegen ausgeführter Reparaturarbeiten an der Heizungsanlage des Botschaftsgebäudes für zulässig erachtet worden.

Fremde Konsuln unterliegen der inländischen Gerichtsbarkeit, sofern nicht in Verträgen der Bundesrepublik mit anderen Mächten Vereinbarungen über die Befreiung von der inländischen Gerichtsbarkeit getroffen sind (§ 21 GVG).

Ausländische juristische Personen des öffentlichen[17] oder des privaten Rechts[18] genießen keine Immunität.

Da durch die Exterritorialität die inländische Gerichtsbarkeit ausgeschlossen wird, sind gegen einen Exterritorialen Klagen, Vollstreckungen, Arreste, Zu-

[15] RG 157, 389.

[16] RG 62, 165; 102, 304; 103, 274; 111, 375.

[17] RG 110, 317.

[18] RG 157, 395.

stellungen und Ladungen (auch als Zeuge oder Sachverständiger) unzulässig. Urteile, welche die von Amts wegen zu prüfende Gerichtsbefreiung nicht beachten, sind wirkungslos (nichtig). Dagegen können Exterritoriale vor deutschen Gerichten klagen, wobei auch eine Entscheidung zu ihren Ungunsten möglich ist. Vor einem deutschen Gericht können Gerichtsfreie nur dann verklagt werden, wenn sie sich der deutschen Gerichtsbarkeit unterworfen haben, was durch einseitige, formlose, deshalb auch stillschweigende Erklärung gegenüber dem Kläger oder dem Gericht möglich ist.

In der Klageerhebung ist nicht ohne weiteres die Unterwerfung unter eine Widerklage zu erblicken (PrKompKonflGH JW 1930, 213). Eine Ausnahme muß für Anhangs- und Widerspruchsprozesse gelten, die sich zwar formell als Angriffsmittel darstellen, der Sache nach aber nur den Zweck haben, den Angriff des exterritorialen Klägers abzuwehren, wie z. B. bei der Abänderungsklage des § 323, der Vollstreckungsabwehrklage des § 767, der Widerspruchsklage des § 771 und auch bei einer Widerklage, die dazu dienen soll, das durch eine inzwischen aufgehobene einstweilige Verfügung Beigetriebene wieder zu erlangen[19]. Die Unterwerfung im Erkenntnisverfahren umfaßt nicht die Unterwerfung unter die Zwangsvollstreckung[20].

Eine Ausnahme von der Exterritorialität gilt dann, wenn eine Klage um deutschen Grundbesitz im Sinne von § 24 erhoben wird.

Grund: Deutscher Boden unterliegt nur der deutschen Staatshoheit und daher ausschließlich der deutschen Gerichtsbarkeit. Jede Einmischung fremder Staaten ist insoweit unzulässig[21]. Das Gesandschaftsgebäude ist freilich eximiert.

Gemäß dem Zusatzabkommen über die Rechtsstellung der Nato-Truppen vom 16. 6. 1963[22] unterliegen die Angehörigen einer ausländischen Truppe in Zivilsachen deutscher Gerichtsbarkeit.

Die Europäische Wirtschaftsgemeinschaft ist nicht exterritorial: Soweit keine Zuständigkeit des besonderen Gerichtshofs auf Grund des EWG-Vertrags besteht, sind Streitsachen, bei denen die Gemeinschaft Partei ist, der Zuständigkeit der einzelstaatlichen Gerichte nicht entzogen (Art. 183 EWG-Vertrag).

3. *Urteile von Gerichten der DDR.*

Da Mitteldeutschland zu Deutschland gehört, kann es im Verhältnis zur Bundesrepublik nicht als Ausland angesehen werden. Deshalb sind Urteile der Gerichte der DDR grundsätzlich ohne weiteres in der Bundesrepublik wirksam. § 328 ZPO ist auf sie also nicht anwendbar[23]. Dies gilt auch für Urteile in Ehesachen. Es kann freilich nicht außer acht gelassen werden, daß Gesetzgebung und Rechtsprechung in der DDR andere Wege als in der Bundesrepublik gegangen sind. Sie beruhen auf politischen, sozialen und weltanschaulichen Grundlagen, die der verfassungsmäßigen Ordnung des Grundgesetzes

[19] RG 111, 149.
[20] KG HRR 1933, 1522.
[21] RG 62, 167; 103, 277; vgl. unten § 14.
[22] BGBl. I S. 428.
[23] BVerfG 11, 158; BGH 34, 134.

nicht entsprechen. Daher ist dem eine Scheidung aussprechenden mitteldeutschen Urteil in entsprechender Anwendung des § 328 I Nr. 1 die Anerkennung in der Bundesrepublik zu versagen, wenn für die geschiedene Ehe nach § 606 ff. die ausschließliche Gerichtsbarkeit der Gerichte der Bundesrepublik bestanden hat[24]. Dasselbe gilt, wenn das Urteil nach seinem Inhalt mit dem Zweck eines Gesetzes der Bundesrepublik in keiner Weise vereinbar ist oder wenn es auf einem Verfahren beruht, in dem die in der Bundesrepublik anerkannten rechtsstaatlichen Grundsätze in erheblichem Maße verletzt sind, indem insbesondere das Recht auf Gehör versagt worden ist (analog § 328 I Nr. 4)[25]. Auch ist eine Anerkennung analog § 328 I Nr. 3 dann zu versagen, wenn ein Ehegatte in der Bundesrepublik wohnt und die Scheidung nach dem hier geltenden Recht ausgeschlossen wäre[26]. Die Unwirksamkeit eines mitteldeutschen Scheidungsurteils kann in der Bundesrepublik erst geltend gemacht werden, wenn durch Feststellungsurteil (§§ 606 ff.) entschieden ist, daß die Ehe der Parteien trotz des Scheidungsurteils des Gerichts der DDR noch besteht. Solange eine dahingehende Entscheidung nicht ergangen ist, muß grundsätzlich davon ausgegangen werden, daß das Urteil des Gerichts der DDR auch in der Bundesrepublik wirksam ist. Eine solche Feststellungsklage muß in angemessener Zeit erhoben werden[27].

§ 7 Die Zivilgerichtsbarkeit

Die „ordentliche Gerichtsbarkeit" umfaßt die Zivil- und Strafgerichtsbarkeit. Die Zivilgerichtsbarkeit ist entweder streitige oder freiwillige Gerichtsbarkeit.

I. Zivilgerichtsbarkeit und Strafgerichtsbarkeit

Die Strafgerichtsbarkeit dient dazu, Verletzungen der Rechtsordnung, die wegen ihrer Gefährlichkeit und Schwere unter Strafe gestellt sind, zu ahnden. Bei der Zivilgerichtsbarkeit handelt es sich darum, die vorwiegend privatrechtlichen Beziehungen der Parteien untereinander festzustellen und zu verwirklichen.

Daß beide Gebiete voneinander getrennt sind, wird besonders deutlich, wenn sich an eine Handlung gleichzeitig straf- und privatrechtliche Folgen knüpfen. Erstere werden im Strafprozeß, letztere grundsätzlich im Zivilprozeß festgestellt. Hat z. B. jemand eine Unterschlagung verübt, dann wird er im Strafprozeß zu einer Strafe verurteilt. Will der Geschädigte Schadensersatz haben, dann kann er gegen den Täter eine Zivilklage erheben.

Die Trennung der beiden Verfahren hat zur Folge, daß derselbe Vorfall doppelt untersucht und doppelt rechtlich gewürdigt wird. Die Vervielfältigung der Verhandlung und Beweisaufnahme belastet Gerichte und Beteiligte. Da der Zivilrichter grundsätzlich nicht an das Urteil des Strafrichters gebun-

[24] BGH 20, 335.
[25] BGH 20, 335.
[26] BGH 38, 1.
[27] BGH 34, 146, 148.

den ist und umgekehrt, besteht die Gefahr widersprechender Entscheidungen. So kann z. B. der Zivilrichter einen wegen Herbeiführung eines Unfalls Verklagten trotz Freispruchs im Strafprozeß für schuldig ansehen und zum Schadensersatz verurteilen. Um eine solche Diskrepanz zu vermeiden und zur Ersparung von Zivilprozessen ist in Anlehnung an österreichisches Recht der *Adhäsionsprozeß* eingeführt worden, der Straf- und Zivilgerichtsbarkeit miteinander verbindet.

Der Verletzte oder sein Erbe *kann gegen den Beschuldigten jeden aus der Straftat erwachsenen vermögensrechtlichen Anspruch im Strafverfahren geltend machen.* Vorausgesetzt wird, daß der Anspruch noch nicht anderweit gerichtlich anhängig ist und daß er zur Zuständigkeit der „ordentlichen Gerichte", d. h. der Amts- und Landgerichte in 1. Instanz gehört (§ 403 StPO). Die vor besondere Gerichte, insbesondere vor die Arbeitsgerichte, gehörenden Ansprüche sind ausgenommen, da sie sich für das Strafverfahren nicht eignen[1]. Findet der Strafprozeß vor dem Amtsrichter statt, kann der Entschädigungsanspruch nur geltend gemacht werden, falls er die Zuständigkeit des Amtsgerichts nicht überschreitet. Grund: Es geht nicht, daß der Amtsrichter als Strafrichter über Ersatzansprüche in unbeschränkter Höhe entscheidet. Die für ihn als Zivilrichter bestehende Wertgrenze des § 23 GVG muß auch hier gelten. Der Strafrichter hat von der Entscheidung abzusehen, wenn sich der Entschädigungsantrag zur Erledigung im Strafverfahren nicht eignet, insbesondere wenn seine Prüfung den Strafprozeß verzögern würde. *Für den Adhäsionsprozeß sind daher nur Entschädigungsansprüche geeignet, die auf einer einfachen Sach- und Rechtslage beruhen.* Der Verletzte kann sich des Beistandes eines Rechtsanwalts oder einer anderen Person bedienen. Er kann sich auch in der Hauptverhandlung vertreten lassen. Die *Entscheidungsgewalt des Strafrichters* ist *beschränkt:* Er darf den Entschädigungsanspruch nie als unbegründet abweisen, vielmehr hat er in einem solchen Falle von einer Entscheidung abzusehen (§ 405 StPO). Soweit der Beschädigte mit seinem Anspruch im Adhäsionsprozeß nicht durchgedrungen ist, steht es ihm frei, den Anspruch im Zivilrechtsweg erneut geltend zu machen. Da somit der Beschädigte durch die Entscheidung des Strafrichters nicht beschwert wird, hat er gegen sie kein Rechtsmittel (§ 406a I StPO). Die dem Entschädigungsantrag stattgebende Entscheidung steht einem im Zivilprozeß ergangenen Endurteil gleich (§ 406 III StPO). Der Angeklagte kann daher das Urteil mit den im Strafverfahren zulässigen Rechtsmitteln anfechten, wobei auch eine Beschränkung auf den privatrechtlichen Teil zulässig ist (§ 406a II StPO). Dem Beschädigten steht es stets frei, ob er seinen Entschädigungsanspruch im Strafverfahren oder im Zivilprozeß verfolgen will. *Die Möglichkeit des Adhäsionsprozesses beseitigt nie für die Zivilklage das Rechtsschutzbedürfnis,* weil bei der beschränkten Entscheidungsgewalt des Strafrichters die endgültige Erledigung des Entschädigungsanspruchs im Strafverfahren ungewiß ist.

Da die Gerichtsbarkeit den Zivilgerichten nur in Zivilsachen, den Strafgerichten nur in Strafsachen zusteht, ist, vom Adhäsionsprozeß abgesehen,

[1] BGH St 3, 210.

das Zivilurteil eines Strafrichters und das Strafurteil eines Zivilrichters wegen Fehlens der Gerichtsbarkeit nichtig. Außerdem läge ein Verstoß gegen die Verfassung (Art. 101 GG) vor, da die vom Urteil Betroffenen ihrem gesetzlichen Richter entzogen worden wären.

Gemäß § 14 II Nr. 1 EG ZPO ist der Zivilrichter an Entscheidungen des Strafrichters nicht gebunden. Nach h. Ansicht sollen auch rechtskräftige Zivilurteile für den Strafrichter keine Bindung herbeiführen[2]. Auf § 262 StPO kann diese Ansicht freilich nicht gestützt werden: Danach hat der Strafrichter auch über eine bürgerlich-rechtliche Vorfrage nach den im Strafprozeß geltenden Vorschriften zu entscheiden. Wie die Rechtslage bei Vorliegen eines rechtskräftigen Zivilurteils ist, geht aus dieser Bestimmung nicht hervor.

Sicher ist der Strafrichter an ein rechtskräftiges Gestaltungsurteil, das z. B. eine Ehe scheidet, gebunden[3]. Dies ergibt sich daraus, daß die durch das Urteil bewirkte Rechtsänderung gegenüber jedermann eintritt.

Auch darf der Strafrichter von den Parteien kein Verhalten verlangen, das im Gegensatz zu einem rechtskräftigen Zivilurteil steht. Denn das Wesen der Rechtskraft besteht darin, daß die Parteien dem Urteil nachzukommen haben und daß sie unrechtmäßig handeln, wenn sie es nicht tun[4]. Ist z. B. eine Unterhaltsklage rechtskräftig abgewiesen worden, so darf der siegreiche Beklagte nicht wegen Verletzung der Unterhaltspflicht (§ 170b StGB) bestraft werden. Anderenfalls würde der Strafrichter die Wirkung des Zivilurteils praktisch zunichte machen und es verhindern, daß sich der Beklagte so verhält, wie es der vom Gericht festgestellten Rechtslage entspricht. Wurde zwischen A und B das Eigentum des A an einem Ring rechtskräftig festgestellt, so kann A nicht wegen Diebstahls bestraft werden, wenn er dem B den Ring wegnimmt. Ist in einem Prozeß zwischen Jagdgenossenschaft und Jagdpächter das Jagdrecht des Pächters rechtskräftig festgestellt worden, dann kann dieser nicht wegen Wilderei verurteilt werden[5]. Insoweit wirkt das Zivilurteil *zugunsten* des Angeklagten.

Dagegen ist es mit dem Zweck der Strafrechtspflege nicht zu vereinbaren, die Verteidigung des Angeklagten durch die Rechtskraftpräklusion eines Zivilurteils zu beschränken[6]. Ergibt sich z. B. in einem Strafverfahren wegen Blutschande (§ 173 StGB), daß das Abstammungsurteil falsch ist, kann dieses, obwohl seine Rechtskraft für und gegen alle wirkt (§ 643 ZPO), für den Strafrichter nicht bindend sein.

II. Streitige und freiwillige Gerichtsbarkeit

Die Bezeichnung „streitige" und „freiwillige" (nicht streitige) Gerichtsbarkeit (Verfahren außer Streitsachen) ist irreführend, da der Zivilprozeß keinen Streit voraussetzt (vgl. oben § 1 VII), andererseits der freiwilligen Gerichtsbarkeit die Streitentscheidung nicht unbekannt ist. So beim Streit um

[2] BGH St 5, 106; *H.-J. Bruns*, Festschrift für Lent (1957), S. 107 ff.

[3] So auch BGH St 5, 110.

[4] *Nikisch*, § 104 II.

[5] Vgl. *Schwab* NJW 1960, 2169 ff.

[6] Vgl. *Bötticher*, Festschrift Deutscher Juristentag (1960) I S. 537.

Ausschließung der Schlüsselgewalt (§ 1357 II BGB), um die Art der Unterhaltsgewährung (§ 1612 II BGB), um die Herausgabe eines Kindes (§ 1632 II BGB), um die Einwilligung zur Heirat (§ 3 III EheG).

Ebenfalls ungenau ist die herkömmliche Abgrenzung, wonach die streitige Gerichtsbarkeit der Rechtsfeststellung, die freiwillige der Rechtsgestaltung dienen soll. Auch der Zivilprozeß kennt eine Rechtsgestaltung (vgl. oben § 3 I 1c), dagegen steht bei den Vormundschaftssachen weniger die Gestaltung als der Schutz von Person und Vermögen des Mündels im Vordergrund. Immerhin gibt diese Unterscheidung einen gewissen Anhaltspunkt.

Bei der freiwilligen Gerichtsbarkeit handelt es sich im wesentlichen um eine den Zivilgerichten übertragene *Verwaltungstätigkeit*, um Rechtsfürsorge. Sie wirkt präventiv, nicht repressiv.

Eine scharfe Grenze läßt sich aber nicht ziehen. Bisweilen besteht sogar eine Konkurrenz beider Gerichtsbarkeiten. So kann bei Firmenmißbrauch sowohl der Registerrichter wie der Verletzte den Verletzer zur Unterlassung anhalten, ersterer durch Ordnungsstrafen im Wege der freiwilligen Gerichtsbarkeit (§ 37 I HGB, § 140 FGG), letzterer durch Unterlassungsklage (§ 37 II HGB) im Wege des Zivilprozesses.

Die freiwillige Gerichtsbarkeit umfaßt namentlich das Beurkundungswesen (Beurkundung der Rechtsgeschäfte, Beglaubigung von Unterschriften), die Registersachen (Grundbuch, Handels-, Genossenschafts-, Vereins-, Schiffs-, Güterrechtsregister) sowie das Vormundschafts- und Nachlaßwesen.

Dagegen sind das Aufgebots- (§§ 946 ff.) und das Entmündigungsverfahren (§§ 645 ff.) dem Zivilprozeß unterworfen, obwohl es sich sachlich um Angelegenheiten der freiwilligen Gerichtsbarkeit handelt. Das Aufgebotsverfahren bei Todeserklärungen nach dem VerschollenheitsG vom 4. 7. 1939 (§§ 13 ff.) wird denn auch richtigerweise als Angelegenheit der freiwilligen Gerichtsbarkeit angesehen. Das Verfahren in freiwilligen Sachen ist hauptsächlich durch das Gesetz über die Angelegenheiten der freiwilligen Gerichtsbarkeit (FGG) und die Grundbuchordnung geregelt. Es unterscheidet sich wesentlich vom Zivilprozeß. Namentlich gilt der Untersuchungsgrundsatz (§ 12 FGG) und die Entscheidungen sind im allgemeinen späteren Abänderungen zugänglich (§ 18 FGG).

Die Abgrenzung zwischen streitiger und freiwilliger Gerichtsbarkeit ist zwingend. Sie kann durch Parteivereinbarung nicht abgeändert werden und ist in jeder Lage des Verfahrens *von Amts wegen* zu berücksichtigen.

Da das Streitgericht und das Gericht der freiwilligen Gerichtsbarkeit demselben Gerichtsbarkeitszweig, nämlich der „ordentlichen Gerichtsbarkeit" angehören, ist die Abgrenzung der streitigen und der freiwilligen Gerichtsbarkeit keine Frage des Rechtsweges im Sinne der

§§ 17 GVG, 274 II Nr. 2 ZPO, d. h. keine Frage, zu welchem Zweig der Gerichtsbarkeit im Sinne von Art. 96 GG das anzurufende Gericht gehört, sondern eine Frage funktioneller Zuständigkeit[7]. Das wird deutlich, wenn man an das Amtsgericht denkt, das sowohl streitige wie freiwillige Gerichtsbarkeit ausübt. Hier verengt sich die Abgrenzung beider Gebiete auf verschiedene Abteilungen ein und desselben Gerichts.

Auch eine Verweisung vom Streitgericht an ein Gericht der freiwilligen Gerichtsbarkeit und umgekehrt ist zulässig, obwohl eine ausdrückliche gesetzliche Regelung fehlt. Weil hier die Verweisung in eine andere, nach Zweck und Ausgestaltung wesentlich verschiedene Verfahrensart erfolgt, nicht um eine bloße Abgabe wegen anderweiter örtlicher oder sachlicher Zuständigkeit innerhalb des gleichen Tätigkeitsbereiches, kann sie nicht auf eine analoge Anwendung des § 276 ZPO, sondern nur auf die allgemeine Grundform der Verweisung des § 17 GVG gegründet werden[8].

Grundsätzlich sind Streitgericht und Gericht der freiwilligen Gerichtsbarkeit voneinander unabhängig.

Hat z. B. das Nachlaßgericht durch Erteilung des Erbscheins eine Entscheidung über das Erbrecht getroffen (§ 2353 BGB), so ist das später angerufene Prozeßgericht an diese Entscheidung nicht gebunden.

Von diesem Grundsatz gibt es jedoch gewichtige Ausnahmen:

a) Rechtsgestaltungsakte der freiwilligen Gerichtsbarkeit binden den Prozeßrichter und umgekehrt, ohne daß sie auf ihre Gesetzmäßigkeit nachgeprüft werden können[9].

So ist das Prozeßgericht an die Anordnung einer Vormundschaft (§ 1774 BGB), an die Volljährigkeitserklärung (§ 3 BGB) sowie an die Eintragung eines Vereins in das Vereinsregister oder einer Aktiengesellschaft in das Handelsregister und die dadurch erlangte Rechtsfähigkeit (§ 21 BGB, § 41 AktG) gebunden. Ein Rechtsverstoß kann nur zur Aufhebung des rechtsgestaltenden Aktes im Verfahren der freiwilligen Gerichtsbarkeit führen, rechtfertigt aber nicht die Nichtbeachtung durch das Prozeßgericht. Umgekehrt ist der Vormundschaftsrichter an einen Entmündigungsbeschluß (§§ 645, 680 ZPO) oder ein Scheidungsurteil (§ 41 EheG) gebunden.

b) Grundsätzlich binden rechtskräftige Urteile des Streitgerichts auch das Gericht der freiwilligen Gerichtsbarkeit. Dabei ist jedoch zu beachten, daß die Rechtskraft nur unter den Prozeßparteien wirkt. Hat das Prozeßgericht in einem Erbenstreit zwischen A und B das Erbrecht des A rechtskräftig verneint, so darf der Nachlaßrichter ihm keinen Erbschein erteilen. Diese Bindung folgt aus der Verteilung der staatlichen Funktionen auf verschiedene Behörden, die eine Bindung der einen Behörde an bestimmte Vorentschei-

[7] Vgl. *Baur,* Freiwillige Gerichtsbarkeit, 1955, S. 32. a. A. BGH 10, 162; 19, 194; 40, 4.

[8] BGH 40, 6.

[9] RG 158, 159.

dungen der anderen zur Folge hat, wenn diese, wie es beim Streitgericht der Fall ist, hierfür besonders berufen ist[10]. Hat das Streitgericht dagegen das Erbrecht des A rechtskräftig bejaht, so ist das Nachlaßgericht zur Erteilung des Erbscheins an ihn nicht verpflichtet, wenn es einen Dritten X für den Erben hält, da insoweit die Rechtskraft nicht wirkt. Dagegen darf das Nachlaßgericht dem A den Erbschein nicht verweigern, wenn ein anderer Erbe als der im Prozeß unterlegene B nicht in Betracht kommt, selbst wenn es diesen für den wahren Erben hält.

Überschreitet der Richter der freiwilligen Gerichtsbarkeit seine Grenzen, spricht z. B. ein Vormundschaftsrichter eine Entmündigung aus oder verurteilt das Amtsgericht im Dispacheverfahren (§§ 149 ff. FGG) einen Beteiligten zur Zahlung des Bergelohnes, so ist der Akt nichtig[11]. Es handelt sich hierbei nicht um eine bloße Überschreitung der Zuständigkeit, vielmehr fehlt insoweit die richterliche Entscheidungsgewalt. Eine solche unwirksame Entscheidung ist mit den gewöhnlichen Rechtsmitteln anfechtbar. Darüber hinaus kann ihre Wirkungslosigkeit im Wege der Feststellungsklage nach § 256 ZPO geltend gemacht werden.

Hat dagegen das Streitgericht in einer Sache ein Urteil erlassen, die im Verfahren der freiwilligen Gerichtsbarkeit zu erledigen gewesen wäre, hat es z. B. entgegen § 1632 II BGB über die Klage eines Elternteils gegen den anderen auf Herausgabe des Kindes entschieden oder entgegen § 1836 BGB dem Vormund eine Vergütung zugesprochen, so dürfte das Urteil in sinngemäßer Anwendung von § 17 I GVG wirksam sein. Freilich ist es mit den ordentlichen Rechtsmitteln anfechtbar. Durch Eintritt der Rechtskraft wird aber der Mangel geheilt. Einer auf diese Weise wirksam gewordenen Entscheidung kommen aber nur die prozessualen Urteilswirkungen zu, nicht die weitergehenden Wirkungen eines Aktes der freiwilligen Gerichtsbarkeit. Deshalb wirkt sie namentlich nur innerhalb der Parteien, nicht gegen den weiteren Kreis an der Streitsache interessierter Personen.

Hat freilich das Streitgericht entgegen § 2353 BGB einen Erbschein erteilt, so ist dieser unwirksam, da keine für die streitige Gerichtsbarkeit kennzeichnende urteilsmäßige Entscheidung vorliegt, sondern eine behördliche Bescheinigung, zu deren Ausstellung dem Prozeßgericht die funktionelle Zuständigkeit fehlt.

Über die künftige Ausgestaltung der beiden Rechtsgebiete liegen vielfache Anregungen vor. Einerseits wird eine Erweiterung der freiwilligen Gerichtsbarkeit gegenüber dem Zivilprozeß empfohlen, z. B. hinsichtlich der Ehescheidung, andererseits ihre Überleitung in die Verwaltung angeregt. Da sich das Nebeneinander von Zivilprozeß und freiwilliger Gerichtsbarkeit im großen und ganzen bewährt hat, dürfte zu einer grundsätzlichen Änderung kein Anlaß vorliegen. Dagegen wird man bei einer Rechtsneugestaltung sorgfältig zu prüfen haben, welche Sachen dem Zivilprozeß und welche der freiwilligen Gerichtsbarkeit überwiesen werden sollen.

[10] *Kipp-Coing*, Erbrecht[11] S. 541. [11] BGH 29, 223.

III. Zivilgerichtsbarkeit, Verwaltungsgerichtsbarkeit und andere Zweige der Gerichtsbarkeit

1. Vor die Zivilgerichte gehören alle bürgerlichen Rechtsstreitigkeiten, für die nicht entweder die Zuständigkeit von Verwaltungsbehörden oder Verwaltungsgerichten begründet ist oder auf Grund von Vorschriften des Bundesrechts besondere Gerichte bestellt oder zugelassen sind (§ 13 GVG).

Da es früher nur einen einzigen ordentlichen Rechtsweg gab, der zu einem organisatorisch, sachlich und persönlich unabhängigen Richter führte, nämlich den für bürgerliche Rechtsstreitigkeiten, war es für den Rechtsschutzsuchenden von entscheidender Bedeutung, ob das streitige Rechtsverhältnis ein privatrechtliches oder ein öffentlich-rechtliches war. Nur im ersteren Fall fand er vollwertigen Rechtsschutz. Öffentlich-rechtliche Streitigkeiten kamen entweder vor weisungsgebundene Verwaltungsstellen oder vor Verwaltungsgerichte, denen die volle Unabhängigkeit fehlte. Die Rechtsnatur des streitigen Rechtsverhältnisses entschied daher über die Zulässigkeit oder Unzulässigkeit des einzig vorhandenen Rechtswegs. Da die Entscheidung dieser Frage der vollen Rechtsschutzgarantie bedurfte und nicht einer abhängigen Staatsstelle überlassen werden konnte, die die Angelegenheit im eigenen Geschäftsbereich entscheiden wollte, hatten die ordentlichen Gerichte die sogenannte Kompetenz-Kompetenz, indem sie allein mit bindender Wirkung für alle übrigen Stellen über die Zulässigkeit des Rechtswegs entschieden (Justizprivileg: § 17 GVG a. F.). Dagegen kam den Entscheidungen der Verwaltungsorgane über die Zulässigkeit des Rechtswegs gegenüber den ordentlichen Gerichten keine bindende Wirkung zu. Das ordentliche Gericht konnte die Zulässigkeit des ordentlichen Rechtsweges bejahen, obwohl ein Verwaltungsgericht seine eigene Zuständigkeit ausgesprochen hatte, es konnte sie verneinen, auch wenn ein Verwaltungsgericht den ordentlichen Rechtsweg für gegeben erachtet hatte.

2. Durch das Grundgesetz hat sich die rechtliche Situation vollständig verändert. Die Verfassung geht von der *Einheit der rechtsprechenden Gewalt* aus (Art. 92 GG) und unterscheidet verschiedene Zweige der Gerichtsbarkeit: Die ordentliche, die Verwaltungs-, die Finanz-, die Arbeits- und die Sozialgerichtsbarkeit (Art. 96 I GG). Alle auf diesen Gebieten tätigen Gerichte genießen im vollen Umfang Unabhängigkeit. Infolgedessen gibt es heute nicht mehr nur den einen Rechtsweg an die ordentlichen Gerichte, sondern neben dem Zivilrechtsweg die gleichrangigen Rechtswege an die Verwaltungs-, Finanz-, Arbeits- und Sozialgerichte. Da die Rechtsordnung trotz ihrer verschiedenen Zweige sich als Einheit darstellt, bilden auch die einzelnen Zweige der Gerichtsbarkeit eine Einheit.

Infolge der Gleichrangigkeit der Gerichte der einzelnen Gerichtsbarkeitszweige besteht das Justizprivileg des § 17 GVG a. F. nicht mehr. Vielmehr hat *jede Gerichtsbarkeit Kompetenzautonomie:* Jedes Gericht entscheidet nach dem *Grundsatz der Priorität* mit bindender Wirkung für die Gerichte der anderen Gerichtsbarkeitszweige über die Zulässigkeit des zu ihm beschrittenen Rechtsweges (§§ 17 GVG, 41 VwGO, 34 FGO, 48a ArbGG, 52 SGG)[12]. Dabei führt die positive Rechtswegentscheidung zu einer absoluten, die negative nur zu einer relativen Bindung. Hat z. B. ein Zivilgericht rechtskräftig entschieden, daß der zu ihm beschrittene Rechtsweg zulässig ist, so werden dadurch alle anderen Gerichte, gleichviel welchen Gerichtszweiges, gebunden. Wird die gleiche Sache etwa bei einem Verwaltungsgericht anhängig gemacht, so müßte dieses die Klage als unzulässig abweisen, da der Verwaltungsrechtsweg infolge der vorausgegangenen Entscheidung des Zivilgerichts nicht gegeben ist. Dies gilt auch dann, wenn das Zivilgericht seinen Rechtsweg irrtümlicherweise bejaht hätte. Die Entscheidung des Zivilgerichts kann auch nicht mit der Begründung angefochten werden, daß dadurch jemand seinem gesetzlichen Richter entzogen werde. Wenn der Gesetzgeber die Entscheidung über die Gerichtsbarkeitskonkurrenz einem Gericht übertragen und ihm damit zugleich die Feststellung des gesetzlichen Richters für das weitere Verfahren überlassen hat, so entspricht dies dem Grundgedanken des Art. 101 GG[13].

Infolge der *Gleichwertigkeit der Rechtswege* und ihres durch die Verweisungsmöglichkeit (§§ 17 III GVG, 41 III VwGO, 52 II SGG, 34 III FGO, 48a III ArbGG) bestehenden Zusammenhangs wirkt die Rechtshängigkeit in einem Gerichtszweig auch auf die übrigen Gerichtszweige ein, so daß eine neue Klage in einem anderen Gerichtszweig unzulässig ist. § 90 II VwGO enthält eine allgemeine Norm für alle Gerichtsbarkeiten.

Hält dagegen das Zivilgericht den zu ihm beschrittenen Rechtsweg für unzulässig, so muß unterschieden werden, ob der Kläger einen Verweisungsantrag nach § 17 III GVG stellt oder nicht.

a) Wird keine Verweisung beantragt, dann hat das Zivilgericht die Klage wegen Unzulässigkeit des zu ihm beschrittenen Rechtswegs durch Prozeßurteil abzuweisen. In diesem Fall kann das später in derselben Sache angerufene Verwaltungsgericht den bei ihm beschrittenen Rechtsweg nicht mit der Begründung verneinen, daß der Zivilrechtsweg doch gegeben sei. Es kann aber seinerseits die Klage mit der Begründung als unzulässig abweisen, daß der Rechtsweg eines dritten Gerichtszweiges, z. B. der Sozialgerichtsbarkeit, offenstehe. Eine Verneinung sämtlicher Gerichtswege ist unmöglich, da das zuletzt angegangene Gericht infolge der vorausgegangenen Entscheidungen den letzten Rechtsweg als gegeben ansehen muß.

b) Beantragt dagegen der Kläger Verweisung, wobei er weder den Gerichtszweig noch ein bestimmtes Gericht anzugeben braucht, dann

[12] BGH 44, 14.

[13] BVerfG 4, 416 f.; 6, 45; 7, 329.

hat das Zivilgericht durch Urteil den zu ihm beschrittenen Rechtsweg für unzulässig zu erklären und die Sache an ein erstinstanzliches Gericht eines anderen Gerichtsbarkeitszweiges, z. B. an ein Verwaltungsgericht, zu verweisen. Das Gericht ist im Urteilstenor bestimmt zu bezeichnen. Der Verweisungsantrag kann auch als Hilfsantrag gestellt werden. Seine Stellung ist in jeder Lage des Verfahrens, selbst noch in der Revisionsinstanz, möglich. Ist das verweisende Gericht Berufungs- oder Revisionsgericht, so muß dessenungeachtet an ein erstinstanzliches Gericht verwiesen werden, damit den Parteien keine Instanz verlorengeht. Mit der Rechtskraft des Urteils gilt die Rechtshängigkeit der Sache bei dem im Urteil bezeichneten Gericht als begründet.

Ob die Verweisung eine absolute Bindung des Gerichts, an das verwiesen wird, herbeiführt, ist bestritten. Sicher ist, daß in unserem Fall das Verwaltungsgericht nicht an das Zivilgericht zurückverweisen kann. Dagegen nimmt BGH 38, 289 an, daß das Verwaltungsgericht nicht gehindert werde, den Rechtsweg zu sich zu verneinen, weil es das Gericht einer dritten Gerichtsbarkeit für berufen hält. Diese Ansicht verstößt gegen prozeßökonomische Grundsätze: Die Verweisung soll im Interesse der Rechtsschutzsuchenden die Klage möglichst bald auf den richtigen Rechtsweg bringen. Auch würde es der Autorität der Gerichte abträglich sein, wenn ein erstinstanzliches Verwaltungsgericht die Verweisung des Bundesgerichtshofs für falsch erklären könnte. Außerdem führte die Möglichkeit der Weiterverweisung zu mehreren Instanzenzügen: Es könnte sowohl das Verweisungs- sowie das Weiterverweisungsurteil durch alle Instanzen getrieben werden, was zu einer kaum zu vertretenden Verzögerung des Rechtsschutzes führen müßte. Die Prozeßgesetze sollen dem Rechtsschutz dienen, ihn aber nicht ungebührlich erschweren[14].

Die absolute Bindung des Gerichts, an das verwiesen worden ist, besteht jedoch nur hinsichtlich des Rechtswegs. Hält sich das angerufene Gericht für sachlich oder örtlich unzuständig, so kann es innerhalb seiner Gerichtsbarkeit die Sache an das zuständige Gericht verweisen.

Die Verweisung an die Nachbargerichtsbarkeit kann bei Einverständnis des Beklagten auch durch Beschluß ausgesprochen werden (§ 17 IV GVG).

3. § 13 GVG eröffnet für bürgerliche Rechtsstreitigkeiten den Zivilrechtsweg, der dadurch negativ abgegrenzt wird, daß § 40 VwGO für öffentlich-rechtliche Streitigkeiten nicht verfassungsrechtlicher Art den Verwaltungsrechtsweg, § 33 FGO für Steuersachen den Finanzrechtsweg und § 51 SGG für Angelegenheiten der Sozial- und Arbeitslosenversicherung den Sozialrechtsweg für zulässig erklären.

Infolge der Gleichrangigkeit der Rechtswege und der Gleichwertigkeit der Gerichte ist heute das Rechtswegproblem, im Gegensatz zu früher, zu einer

[14] Vgl. *Baumbach-Lauterbach*, § 17 GVG Anm. 3 B; *Eyermann-Fröhler*, VwGO[4] § 41 Anm. 16; *Ule*, Verwaltungsprozeßrecht[3], S. 37.

bloßen Zuständigkeitsfrage geworden, weshalb die Frage der Zulässigkeit des Zivilrechtswegs seit dem Gesetz vom 27. 11. 1964 nicht mehr schlechthin revisibel ist[15]. Die Abgrenzung zwischen der Zivilgerichtsbarkeit und der Arbeitsgerichtsbarkeit ist schon immer, wie sich aus § 528 Satz 2 ZPO ergibt, nicht als Frage des Rechtswegs, sondern als bloße Zuständigkeitsfrage angesehen worden, obwohl Art. 96 GG die Arbeitsgerichtsbarkeit als besonderen Zweig der Gerichtsbarkeit aufführt[16].

Aus dem subsidiären Charakter des § 13 GVG ergibt sich, daß zunächst zu prüfen ist, ob der Streit der Parteien durch eine besondere bundes- oder landesrechtliche Vorschrift einem bestimmten Rechtsweg zugewiesen ist. Erst wenn eine solche Zuweisung fehlt, kommt die Bestimmung des Rechtswegs nach der Natur der Streitigkeit in Betracht[17].

Freilich ist zu beachten, daß die landesrechtliche Zuweisung in einen bestimmten Rechtsweg bisweilen beschränkt ist: So bestimmt Art. 93 Bay.Verfassung, daß über verwaltungsrechtliche Streitigkeiten die Verwaltungsgerichte zu entscheiden haben, so daß es insoweit untersagt ist, eine solche Streitigkeit Nichtverwaltungsgerichten zu übertragen.

a) Ist durch eine Rechtsnorm für eine bestimmte Streitsache der Zivilrechtsweg eröffnet, dann liegt im Sinne des GVG und der ZPO eine „bürgerliche Rechtsstreitigkeit" vor, mag auch der Streitgegenstand öffentlich-rechtlicher Natur sein.

In den Zivilrechtsweg sind z. B. folgende Sachen verwiesen worden:

Schadensersatzansprüche aus Amtspflichtverletzungen (Art. 34 Satz 3 GG), wobei zu beachten ist, daß mit der Klage nur Geldersatz, nicht Naturalrestitution angestrebt werden kann. Deshalb ist im Zivilrechtsweg eine Einwirkung auf den Verwaltungsakt als solchen ausgeschlossen[18].

Vermögensrechtliche Ansprüche aus öffentlich-rechtlicher Verwahrung (§ 40 II VwGO), wenn z. B. ein im Strafverfahren beschlagnahmter Gegenstand abhanden gekommen ist.

Streitigkeiten über die Höhe der Enteignungsentschädigung (Art. 14 III GG), während für die Enteignungsmaßnahme selbst der Verwaltungsrechtsweg gegeben ist. Zum Streit über die Höhe der Entschädigung gehört auch die Frage nach dem Grund des Entschädigungsanspruchs. Demgemäß ist der Verwaltungsrechtsweg auch dann ausgeschlossen, wenn sich die Klage dagegen richtet, daß dem Kläger überhaupt keine Entschädigung zugebilligt worden ist[19].

Vermögensrechtliche Ansprüche aus Aufopferung für das Gemeinwohl (§ 40 II VwGO). Darunter wurden bisher die Impfschäden gerechnet[20], für

[15] Vgl. *Bernhardt*, JurRundsch 1965, 46.

[16] RG 107, 77.

[17] BGH 34, 53.

[18] BGH 4,311; 5,102; 34,99.

[19] BVerwG 1,42; 140.

[20] BGH 9,83.

die jetzt das Bundesseuchengesetz vom 18. 7. 1961 den Zivilrechtsweg ausdrücklich eröffnet (§§ 51, 61).

Ein Fall des Aufopferungsanspruchs liegt vor, wenn die Polizei einen Kraftfahrer bittet, einen Verunglückten in das Krankenhaus zu fahren, wodurch der Kraftfahrer, etwa durch Beschmutzung des Wagens, eine Vermögenseinbuße erleidet (Art. 12, 51 BayPolAufgG).

Entschädigungsansprüche wegen Untersagung der Benutzung einer gewerblichen Anlage (§ 51 GewO).

Baulandsachen nach dem Bundesbaugesetz (§ 157).

Anfechtung von Verwaltungsakten der Kartellbehörden (§ 62 IV GWB).

Streitigkeiten über die Gebührenpflicht bei Fernmeldeanlagen (§§ 9, 24 Ges. v. 16. 1. 1928).

Streitigkeiten aus der Beitreibung von Postforderungen nach § 25 PostG.

Ein weiterer Fall von Zivilprozeßsachen kraft Zuweisung ist durch Art. 19 IV GG geschaffen worden, der eine Ersatzzuständigkeit der Zivilgerichte in öffentlich-rechtlichen Anfechtungssachen begründet. Mit Rücksicht auf die Generalklausel des § 40 VwGO kommt dieser Zuständigkeit kaum Bedeutung zu.

An der grundsätzlichen Befugnis des Gesetzgebers, öffentlich-rechtliche Streitigkeiten den ordentlichen Gerichten zuzuweisen, hat sich weder durch Einführung der Generalklausel für den Verwaltungsrechtszug noch durch die rechtsstaatliche Ausgestaltung der Verwaltungsgerichtsbarkeit etwas geändert, da die Verwaltungsgerichte kein bundesverfassungsrechtlich gesichertes Entscheidungsmonopol in öffentlich-rechtlichen Fragen besitzen. Daher wird durch eine solche Verweisung auch niemand seinem ordentlichen Richter (Art. 101 GG) entzogen[21].

Bisweilen ist der Zivilrechtsweg erst nach dem Vorbescheid einer Verwaltungsbehörde zulässig. So beim Berge- und Hilfslohn (§ 39 StrandungsO).

In den Verwaltungsrechtsweg sind z. B. verwiesen die Klagen der Beamten aus dem Beamtenverhältnis oder des Dienstherrn gegen sie (§ 126 BeamtenrechtsrahmenG).

b) Gibt es keine ausdrückliche gesetzliche Regelung, so ist der *Zivilrechtsweg* zulässig, *wenn die Natur des Streitgegenstandes dem Privatrecht angehört.* Da jedoch öffentliches und privates Recht nur verschiedene Erscheinungsformen einer einheitlichen Rechtsordnung sind, gibt es zwischen ihnen zahlreiche Übergänge und Verbindungen, die eine Grenzziehung erschweren.

Nach der *Subjektionstheorie* liegt ein Privatrechtsverhältnis vor, wenn sich die Parteien bei der Regelung ihrer Rechtsbeziehungen in grundsätzlicher Gleichberechtigung gegenübergetreten sind[22]. Ein Streit

[21] BVerfG 4,387; 399; BGH 38,208. [22] RG 153,4; 167,284.

ist dagegen öffentlich-rechtlich, wenn das Rechtsverhältnis nicht auf dem Boden der Gleichordnung, sondern der Über- und Unterordnung entstanden ist, weil ein Teil dem anderen gegenüber ein Hoheitsrecht ausgeübt hat. Dieser Unterscheidung liegt die Tatsache zugrunde, daß die Sozialbeziehungen der Beteiligten in der Regel auf Gleichordnung oder Unterordnung beruhen. Im Privatrecht ist das auf der Willensautonomie beruhende Rechtsgeschäft das typische Gestaltungsmittel der Rechtsbeziehungen, im öffentlichen Recht ist es der einseitige, mit Zwang verbundene Befehl. Während das öffentliche Recht grundsätzlich Subordinationsrecht ist, ist das Privatrecht in der Regel Koordinationsrecht[23].

Gegen diese Unterscheidung wird eingewendet, daß es auch im Privatrecht Über- und Unterordnung gibt, wie z. B. bei der elterlichen Gewalt und dem Direktionsrecht des Arbeitgebers, während auch im öffentlichen Recht Koordinationsverhältnisse vorkommen, namentlich bei dem öffentlich-rechtlichen Vertrag. Einigen sich mehrere Gemeinden über die Unterhaltung einer sie verbindenden Straße oder einer gemeinsamen Schule, so ist das in der Tat eine öffentlich-rechtliche Angelegenheit. Deswegen wird die Subjektionstheorie von der *Subjekttheorie* ergänzt, wonach Verhältnisse der Über- und Unterordnung nur dann öffentlich-rechtlich sind, wenn das Subjekt der Befehlsgewalt ein Hoheitsträger, nicht ein Privatmann oder eine Privatorganisation ist[24].

Eine andere Meinung möchte die Unterscheidung nach der vorliegenden Interessenlage treffen. Öffentliches Recht soll dann vorliegen, wenn das öffentliche Interesse vorherrscht. Jedoch schützen die zahlreichen Normen des öffentlichen Rechts, besonders des Strafrechts, mittelbar auch Privatinteressen. Umgekehrt wird das Privatrecht oft von allgemeinen Interessen beherrscht. Außerdem läßt das verfolgte Interesse noch keinen Schluß darauf zu, mit welchen Mitteln und in welchen Formen dem Interesse Geltung verschafft wird[25].

Im allgemeinen kann man sagen, daß ein öffentlich-rechtliches Rechtsverhältnis jedenfalls dann vorliegt, wenn daran ein Träger der hoheitlichen Gewalt *als solcher* beteiligt ist.

Die bloße Beteiligung des Staates an einem Rechtsverhältnis macht dieses noch nicht zu einem öffentlich-rechtlichen, es kommt vielmehr darauf an, ob er als Hoheitsträger aufgetreten ist oder nicht[26]. So sind die steuerlichen Rechtsbeziehungen öffentlich-rechtlich, der Kauf des Staates von Kohle für die Universitäten privatrechtlich. Daher unter-

[23] *Forsthoff*, Verwaltungsrecht[8] I S. 99.
[24] *Boehmer*, Grundlagen der bürgerlichen Rechtsordnung I S. 164 ff.
[25] *Forsthoff*, a.a.O. S. 100.
[26] RG 156,189.

liegen die privatrechtlichen Hilfsgeschäfte der Verwaltung dem Privatrecht. Zu ihnen gehört auch die Vergabe öffentlicher Aufträge[27].

Wie sich aus der Verwaltung durch beliehene Unternehmer ergibt, kann andererseits auch einer juristischen Person des Privatrechts die Ausübung von Hoheitsrechten übertragen werden, was z. B. bei staatlich genehmigten Privatschulen und dem Technischen Überwachungsverein der Fall ist. Dann ist insoweit der Zivilrechtsweg unzulässig[28]. Selbst zwischen Privatleuten können öffentlich-rechtliche Beziehungen bestehen. Dies ist z. B. bei einem Wegnahmeanspruch der Fall, der durch das Flurbereinigungsverfahren begründet worden ist[29].

Keineswegs ist eine Streitigkeit schon deshalb privatrechtlicher Art, weil es sich um Vermögensangelegenheiten handelt. Dies beweisen schon die Steuersachen.

Für die Rechtsnatur des Streitgegenstandes ist nicht allein das tatsächliche Vorbringen des Klägers[30], sondern auch das des Beklagten maßgebend, wenn sich erst aus dessen Einlassung die wahre Natur des geltend gemachten Anspruchs ergibt[31]. Die rechtliche Begründung des Klägers ist nie maßgebend[32].

Behauptet dieser z. B., es seien von ihm zu Unrecht Steuern erhoben worden, dann bleibt für seine Rückforderung der Zivilrechtsweg auch dann verschlossen, wenn sie auf § 812 BGB gestützt wird, da es sich um die Nachprüfung eines staatlichen Hoheitsaktes handelt. Der Zivilrechtsweg kann nicht dadurch eröffnet werden, daß man ein öffentlich-rechtliches Verhältnis in ein bürgerlich-rechtliches Gewand kleidet. Auch wenn der Kläger zur Begründung seiner Klage bürgerlich-rechtliche Beziehungen anführt, ist der Zivilrechtsweg unzulässig, wenn in Wahrheit der Ausübung von Hoheitsrechten oder der Vornahme von Verwaltungsakten entgegengetreten werden soll[33].

Für eine private Vereinbarung ist der Rechtsweg nicht deshalb unzulässig, weil sie eine hoheitliche Maßnahme ersetzt hat[34]. Ein unter obrigkeitlicher Einwirkung abgeschlossener Mietvertrag behält dessenungeachtet privatrechtlichen Charakter[35].

Auf die Natur des anzuwendenden Rechtssatzes kommt es niemals an. Auch im Zivilprozeß müssen oft Rechtsfragen entschieden werden, die dem öffentlichen Recht angehören[36]. Andererseits hat auch die Verwaltung häufig Privatrecht anzuwenden, z. B. das Finanzamt erbrechtliche Normen bei Festsetzung der Erbschaftssteuern.

Ebenso kann das Zivilgericht über *öffentlich-rechtliche Vorfragen* entscheiden. Liegt freilich ein Verwaltungsakt vor, so darf sich die

[27] BVerwG 14,65.
[28] RG 160,219; 162,189.
[29] BGH 35,175.
[30] BGH 24,305; 29,189.
[31] RG 117,236.
[32] BGH 14,225; 24,305; 29,189.
[33] BGH 14,294; 17,317.
[34] RG 167,137.
[35] RG 167,281.
[36] RG 152,182.

Vorfrage nur darauf erstrecken, ob dieser besteht oder etwa infolge absoluter Nichtigkeit nicht besteht. Dagegen steht dem Zivilgericht die Prüfung der Rechtmäßigkeit oder Rechtswidrigkeit eines Verwaltungsaktes nicht zu. Dies ist vielmehr Aufgabe der Verwaltungsgerichte. Einen wirksam erlassenen Verwaltungsakt hat also das Zivilgericht hinzunehmen. Hat das Verwaltungsgericht die Rechtswidrigkeit eines Verwaltungsaktes festgestellt, so ist der Zivilrichter in einem daran anschließenden Schadensersatzprozeß (Art. 34 GG, § 839 BGB) an diese Feststellung gebunden[37]. Wenn freilich BGH 20,379 ausführt, daß die Gründe des verwaltungsrechtlichen Urteils, aus denen die Rechtswidrigkeit des Verwaltungsaktes hergeleitet wurde, das Zivilgericht nicht binden, dieses daher die Rechtslage anders beurteilen könne als das Verwaltungsgericht, so ist das bedenklich, weil die Rechtswidrigkeit nicht abstrakt, sondern nur konkret festgestellt werden kann[38]. Mit der Rechtskraft, die sich auf die Entscheidungsgründe grundsätzlich nicht erstreckt, hat diese Bindung nichts zu tun. Sie folgt vielmehr aus der Verteilung der Entscheidungsfunktion auf verschiedene Gerichte, die eine Bindung des einen Gerichts an die Vorentscheidungen des anderen, das für eine bestimmte Frage besonders berufen ist, zur Folge hat.

c) Für die sogenannten Zivilprozeßsachen „kraft Überlieferung" besteht heute der Zivilrechtsweg nicht mehr. Hierbei handelte es sich um Rechtsverhältnisse, die bei Erlaß des GVG als privatrechtlich galten, während sie heute zum öffentlichen Recht gerechnet werden. So Ansprüche aus dem Patronatsrecht oder Streitigkeiten um Wegebauverpflichtungen. Würde man ihnen den Rechtsweg versagt haben, dann wären diese Ansprüche nach ihrer öffentlichrechtlichen Umprägung ohne Rechtsschutz geblieben, soweit die Verwaltungsgerichte infolge des Enumerationsprinzips nur für die ihnen ausdrücklich zugewiesenen Sachen zuständig waren. Heute ist für den Rechtsweg vor den Zivilgerichten kein Bedürfnis mehr, weil die Verwaltungsgerichtsordnung durch ihre Generalklausel (§ 40) allgemein den Verwaltungsrechtsweg eröffnet und damit für ausreichenden Rechtsschutz sorgt.

d) Wird ein *gemischtes Rechtsverhältnis* geltend gemacht, das sowohl privat-rechtliche als auch öffentlich-rechtliche Bestandteile aufweist und aus dem daher sowohl bürgerlich-rechtliche wie öffentlichrechtliche Ansprüche entstehen können, so kommt es für den Rechtsweg auf die Natur des einzelnen geltend gemachten Anspruchs an.

Beispiel: Ein Angestellter des öffentlichen Dienstes begehrt Akteneinsicht auf Grund des Arbeitsverhältnisses und der allgemeinen staatsbürgerlichen Rechte[39].

[37] BGH 9,329.

[38] *Lüke*, JuS 1961, 188.

[39] BayVerfGH DVBl. 60,806.

Hier hat der Kläger die Wahl des Rechtswegs. Hat er sich für den Verwaltungsrechtsweg entschieden, so ist das Verwaltungsgericht zur Entscheidung über den öffentlich-rechtlichen, aus dem allgemeinen Staatsbürgerrecht abzuleitenden Anspruch zuständig. Eine Verweisung nach § 41 III VwGO wäre nicht zulässig. Eine solche käme nur dann in Betracht, wenn der Rechtsweg zu dem zunächst angerufenen Verwaltungsgericht schlechthin unzulässig wäre. Freilich darf das Verwaltungsgericht nur über den öffentlich-rechtlichen Anspruch entscheiden. Für den privat-rechtlichen fehlt ihm die Zuständigkeit. Anderenfalls würde die Abgrenzung der Rechtswege in unzulässiger Weise durchbrochen. Kommt das Verwaltungsgericht zu der Ansicht, daß ein öffentlich-rechtlicher Anspruch auf Akteneinsicht besteht, so wäre eine weitere Verweisung an das Arbeitsgericht wegen des aus dem Arbeitsverhältnis entstandenen privat-rechtlichen Anspruchs nicht statthaft.

Es liegen hier 2 Streitgegenstände vor: ein öffentlich-rechtlicher, auf dem allgemeinen Staatsbürgerrecht beruhender Anspruch und ein privat-rechtlicher, der sich aus dem Arbeitsvertrag ergibt. Beide Ansprüche sind auf das gleiche Ziel gerichtet: Einsicht der Akten. Hat der öffentlich-rechtliche Anspruch zum Ziel geführt, dann ist für den privatrechtlichen kein Raum mehr. Würde dagegen das Verwaltungsgericht den öffentlich-rechtlichen Anspruch für unbegründet halten, dann müßte es die Klage abweisen. Über den privat-rechtlichen Anspruch aus dem Arbeitsvertrag dürfte es nicht erkennen, da ihm insoweit die Entscheidungsbefugnis wegen eines anderweitigen Rechtswegs fehlt. Auf Antrag des Klägers könnte es aber mit der Klagabweisung eine Verweisung an das Arbeitsgericht gemäß § 41 III VwGO verbinden. Die abweichende Ansicht in BGH 13,153, wonach bei unbegründeter Klage für eine Verweisung kein Platz sei, widerspricht jeder Prozeßökonomie[40].

e) Ebenso wie das Zivilgericht an Verwaltungsakte gebunden ist, soweit diese nicht nichtig sind, ist die Verwaltung an die Urteile des Zivilgerichts gebunden. Wird in einem Rechtsstreit zwischen A und B festgestellt, daß A Erbe ist, kann das Finanzamt den B nicht zur Erbschaftssteuer heranziehen, selbst wenn es die dem Urteil zugrunde liegende Rechtsauffassung für unrichtig hält.

4. Die *Zulässigkeit des eingeschlagenen Rechtswegs* ist *Prozeßvoraussetzung* und daher in jeder Lage des Verfahrens von Amts wegen zu prüfen.

Die Prüfung kann der Beklagte durch Erhebung der prozeßhindernden Einrede der Unzulässigkeit des Zivilrechtswegs (§ 274 II Nr. 2) an-

[40] Vgl. *Eyermann-Fröhler*, VwGO[4] § 40 Anm. 30 ff.; BVerwG 18, 181.

regen. Irgendwelche Parteiabreden über den Rechtsweg sind unstatthaft, da die Abgrenzung der Zweige der Gerichtsbarkeit aus staatspolitischen Gründen erfolgt ist. Bei Verneinung des Rechtswegs muß die Klage, falls kein Verweisungsantrag gestellt wird, wegen Mangels einer Prozeßvoraussetzung durch Prozeßurteil als unzulässig abgewiesen werden, ohne daß auf ihre sachliche Berechtigung eingegangen werden darf[41]. Die Bejahung des Rechtswegs kann durch ein besonderes Zwischenurteil (§§ 275, 303) oder in den Gründen des Endurteils erfolgen. Ein Verstoß gegen die Zulässigkeit des eingeschlagenen Rechtswegs heilt grundsätzlich mit Eintritt der Rechtskraft des Urteils.

Eine Ausnahme wird man dann machen müssen, wenn sich das Urteil als evidenter Willkürakt darstellt, wenn etwa ein Verwaltungsgericht ein Ehescheidungsurteil erlassen hätte.

5. Infolge der Kompetenzautonomie der Gerichte haben die landesrechtlichen *Kompetenzkonfliktsgerichtshöfe* (§ 17a GVG) nur noch geringe Bedeutung. In Bayern besteht ein solcher Gerichtshof, der dem Obersten Landesgericht angegliedert ist[42].

Zu beachten ist, daß der Konfliktsgerichtshof nur zwischen Gerichten des eigenen Landes entscheiden darf, nicht wenn Gerichte verschiedener Länder oder des Bundes in Betracht kommen. Deswegen besteht auch keine Zuständigkeit mehr, wenn eine Sache vor dem Bundesgerichtshof schwebt.

§ 8 Der Richter

Gerner-Decker-Kauffmann, Deutsches Richtergesetz, 1963; *Schmidt-Räntsch,* Deutsches Richtergesetz, 1962.

I. Die Rechtspflege kann ihre Aufgabe im Staat nur erfüllen, wenn ihr hochqualifizierte Richter zur Verfügung stehen. Volksverbundenheit, Charakterfestigkeit, Gerechtigkeitssinn, Pflichtgefühl, Erfahrung und Weltklugheit sind für den Richter unbedingte Voraussetzungen. Dazu muß eine souveräne Beherrschung des Rechts kommen. Nur dann ist der Richter fähig, das Gesetz nicht nur nach seinem Wortlaut, sondern darüber hinaus nach seinem Sinn und Zweck anzuwenden. Im Interesse eines ausreichenden Rechtsschutzes und aus Gründen der Rechtssicherheit liegt in der Bundesrepublik Deutschland die Rechtspflege im wesentlichen in den Händen von rechtskundigen Berufsrichtern. Diese haben sich einer sorgfältigen Ausbildung zu unterziehen.

1. Notwendig ist ein mindestens dreieinhalbjähriges Studium der Rechtswissenschaft an einer Universität. Davon sind 4 Semester dem Studium an einer

[41] RG 105,196.

[42] Vgl. Ges. v. 18. 8. 1879 BayBS III S. 204.

Universität der Bundesrepublik einschließlich Westberlins zu widmen (§ 5 II DRiG). Nach der ersten juristischen Staatsprüfung folgt der Vorbereitungsdienst bei Gericht, Staatsanwaltschaft, Rechtsanwalt, Notar und Verwaltung einschließlich der Verwaltungsgerichtsbarkeit. Er dauert mindestens zweieinhalb Jahre. Den Abschluß bildet die Große Staatsprüfung. Wer sie besteht, erlangt damit die *Befähigung zum Richteramt.* Zum Richteramt befähigt ist ferner jeder ordentliche Professor der Rechte an einer deutschen Universität (§§ 5 ff. DRiG). Die Anstellung der Richter richtet sich bei Ländergerichten nach Landesrecht. Die Richter der Oberen Bundesgerichte werden von dem zuständigen Bundesminister gemeinsam mit einem Richterwahlausschuß berufen und vom Bundespräsidenten ernannt[1]. Da die richterliche Unabhängigkeit nur dann gewährleistet ist, wenn die Richter parteipolitisch neutral sind, ist die parteipolitische Einflußnahme auf die Besetzung der Richterstellen über einen Wahlausschuß bedenklich.

Wer später als Richter auf Lebenszeit oder als Staatsanwalt verwendet werden soll, kann zum Richter auf Probe ernannt werden. Er führt dann die Bezeichnung „Gerichtsassessor". Die Ernennung zum Richter auf Probe ist in erster Linie für diejenigen Personen gedacht, welche die Befähigung zum Richteramt erworben haben und beabsichtigen, Berufsrichter zu werden. Aber auch andere Personen, die vielleicht als Anwälte tätig gewesen sind, können zum Richter auf Probe ernannt werden, falls sie nicht die Voraussetzungen des § 10 DRiG erfüllen[2]. Richter auf Probe können nur bei Amts- und Landgerichten, Arbeitsgerichten, Verwaltungsgerichten, Finanzgerichten und Sozialgerichten verwendet werden (§§ 10 II GVG, 18 VII ArbGG, 17 VwGO, 15 FGO, 11 III SGG vgl. auch § 29 DRiG). Der Richter auf Probe kann in den ersten beiden Jahren nach seiner Einstellung ohne besonderen Grund, später nur aus den Gründen des § 22 DRiG entlassen werden, insbesondere wenn sich herausgestellt hat, daß er für das Richteramt nicht geeignet ist. Die Entlassung wird durch die oberste Dienstbehörde verfügt und auf Antrag des Richters nachträglich durch das Dienstgericht nachgeprüft (§§ 62 I Nr. 4c, 78 Nr. 4c DRiG). Der Richter auf Probe ist auch versetzbar. Ohne seine Zustimmung darf er aber nur bei einem Gericht, bei einer Behörde der Gerichtsverwaltung oder bei einer Staatsanwaltschaft verwendet werden (§ 13 in Verbindung mit §§ 27 I, 30 I DRiG). Nach erfolgreicher Ableistung der Probezeit wird der Gerichtsassessor zum Richter auf Lebenszeit ernannt. Voraussetzung ist grundsätzlich eine dreijährige richterliche Dienstzeit (§ 10 I DRiG), auf welche die in § 10 II DRiG genannten Tätigkeiten im allgemeinen bis zu 2 Jahren angerechnet werden können. Dem richterlichen Dienst steht eine staatsanwaltschaftliche Tätigkeit gleich (§ 122 II DRiG). Im Interesse der Unabhängigkeit der Rechtsprechung soll das Richterverhältnis auf Probe nicht unangemessen zeitlich ausgedehnt werden, zumal die oberste Dienstbehörde nach Ablauf des 4. Jahres seit der Einstellung den Gerichtsassessor nicht mehr wegen Ungeeignetheit entlassen kann. Deshalb bestimmt § 12 II DRiG, daß spätestens 6 Jahre nach seiner Ernennung der Richter auf Probe zum Richter

[1] Näheres Richterwahlgesetz v. 25. 8. 1950 BGBl. S. 368 f.
[2] *Schmidt-Räntsch,* Deutsches Richtergesetz § 12 Anm. 2.

auf Lebenszeit oder unter Berufung in das Beamtenverhältnis auf Lebenszeit zum Staatsanwalt zu ernennen ist.

Neben dem Richter auf Lebenszeit und auf Probe gibt es als weitere Rechtsformen des Richterdienstes den Richter auf Zeit und kraft Auftrags (§ 8 DRiG). Das Richterverhältnis auf Lebenszeit bildet die Regel (§ 28 DRiG). Der Richter auf Zeit kommt nur unter bundesgesetzlich bestimmten Voraussetzungen und nur für bestimmte Aufgaben in Betracht (§ 11 DRiG). Nach geltendem Recht gibt es Zeitrichter allein beim Bundesverfassungsgericht. Diese werden auf die Dauer von 8 Jahren gewählt (§ 4 BVerfGG).

Das Richterverhältnis kraft Auftrags soll es Beamten auf Lebenszeit oder auf Zeit erleichtern, in den Richterdienst überzutreten (§ 14 DRiG). Hierbei wird dem Umstand Rechnung getragen, daß Verwaltungsgerichte, Finanz- und Sozialgerichte bei der Gewinnung ihres Richternachwuchses zum Teil auf Verwaltungsbeamte angewiesen sind, die etwa wegen Fehlens der richterlichen Vortätigkeit (§ 10 DRiG) nicht sofort zum Richter auf Lebenszeit ernannt werden können und wegen des Rechtsprechungsmonopols der Richter (Art. 92 GG) nicht als abgeordnete Beamte rechtsprechen dürfen, sondern den Richterstatus erhalten müssen[3].

Für die Verwendung des Richters kraft Auftrags und die Beendigung seines Dienstverhältnisses gelten die Vorschriften über den Richter auf Probe entsprechend (§§ 16 II, 23 DRiG). Jedoch ist das Richterverhältnis kraft Auftrags auf 2 Jahre begrenzt (§ 16 I DRiG).

2. Das Charakteristische für das Amt des Richters ist der Grundsatz der richterlichen Unabhängigkeit (Art. 97 GG) (vgl. oben § 6 I).

a) Die *sachliche Unabhängigkeit* bedeutet, daß der Richter bei Ausübung der rechtsprechenden Gewalt nur dem Gesetz und Recht unterworfen ist (Art. 20 III, 97 I GG, § 1 GVG, § 25 DRiG) und daß ihm von keiner Stelle Weisungen erteilt werden dürfen, wie er einen bestimmten Rechtsfall entscheiden soll.

b) Die sachliche Unabhängigkeit wird durch die *persönliche Unabhängigkeit* ergänzt, indem der Richter grundsätzlich unabsetzbar und unversetzbar ist. Eine Amtsenthebung und Versetzung ist nur aus gesetzlich bestimmten Gründen und in gesetzlich bestimmten Formen zulässig (§§ 30 ff. DRiG).

Die persönliche Unabhängigkeit ist freilich nur den hauptamtlich und planmäßig endgültig angestellten Richtern gewährleistet (Art. 97 II GG). Das sind die auf Lebenszeit oder auf Zeit berufenen Richter, nicht aber die Richter auf Probe und kraft Auftrags. Hier wird die Beeinträchtigung der persönlichen Unabhängigkeit im Interesse einer vielseitigen Ausbildung in Kauf genommen.

3. Da der Richter nur an Gesetz und Recht gebunden ist, sind für ihn die Entscheidungen anderer Gerichte in anderen Prozessen nicht verbindlich. Der deutsche Richter ist im Gegensatz zum englischen Richter an *Präjudizien* nicht gebunden. Er bildet sich eine eigene Rechtsüberzeugung und kann daher auch von der Entscheidung eines Oberen Bundesgerichts abweichen, wenn er diese

[3] *Schmidt-Räntsch*, a.a.O. § 14 Anm. 2.

für unrichtig hält. Dagegen wäre es Rechtsbeugung, wenn er aus sachfremden Erwägungen von einer herrschenden Rechtsprechung abwiche, obwohl er diese für richtig hält. Zu beachten ist, daß Richter über das einschlägige Schrifttum und die Rechtsprechung der Obergerichte orientiert sein müssen. Eine unrichtige Gesetzesauslegung stellt nur dann ein Verschulden dar, wenn gegen den klaren, bestimmten und völlig eindeutigen Wortlaut verstoßen ist[4]. Bei Auslegung zweifelhafter gesetzlicher Vorschriften, deren Unklarheit durch die höchstrichterliche Rechtsprechung noch nicht bereinigt ist, handelt dagegen der Richter nicht schuldhaft, wenn sich seine Ansicht auf vernünftige Überlegungen stützt und die Rechtsfragen unter Benutzung der zu Gebote stehenden Hilfsmittel gewissenhaft geprüft sind. Verletzt ein Richter bei dem Urteil in einer Rechtssache seine Amtspflicht, so kann daraus ein Schadensersatzanspruch gegen den Staat (Art. 34 GG) nur dann entstehen, wenn die Pflichtverletzung mit einer im Wege des gerichtlichen Strafverfahrens zu verhängenden öffentlichen Strafe bedroht ist (§ 839 II BGB), also namentlich bei Rechtsbeugung und Bestechung (§§ 336, 331, 332 StGB). Als derartiges Urteil sind nicht nur die Urteile im formellen Sinn zu verstehen, sondern jede richterliche Entscheidung, die ihrem Wesen nach ein urteilvertretendes Erkenntnis ist und die ein vorliegendes Prozeßverhältnis für die Instanz beendet. Hinzu kommen muß, daß die Entscheidung unter den für ein Urteil wesentlichen Voraussetzungen ergangen ist, indem den Beteiligten rechtliches Gehör gewährt wurde[5]. Das Richterprivileg des § 839 II BGB dient dem Schutz der persönlichen Unabhängigkeit des Richters.

Innerhalb des Instanzenzugs ist freilich das untere Gericht in demselben Rechtsstreit an die Rechtsauffassung des übergeordneten Gerichts bei einer Zurückverweisung zur anderweiten Verhandlung und Entscheidung gebunden (§ 565 II ZPO).

4. Da der Richter nur an Gesetz und Recht gebunden ist, ist er grundsätzlich befugt, die anzuwendenden Gesetze auf ihre Gültigkeit, insbesondere ihre Verfassungsmäßigkeit zu prüfen (Art. 100 GG). Bei einem Gesetz, das *nach* Inkrafttreten des Grundgesetzes ergangen ist (sog. nachkonstitutionelles Recht), darf der Richter freilich die Verfassungswidrigkeit nicht selbst feststellen, sondern muß die Entscheidung des Verfassungsgerichts über die Gültigkeit der zweifelhaften Norm einholen. Bei Unvereinbarkeit der Norm mit dem Grundgesetz, auch eines Landesgesetzes mit einem Bundesgesetz, ist das Bundesverfassungsgericht, bei Verstoß eines Landesgesetzes gegen die zugehörige Landesverfassung das entsprechende Landesverfassungsgericht, anzurufen (§ 13 Nr. 11 BVerfGG). Der Prozeß ist für die Dauer des Verfahrens vor dem Verfassungsgericht durch unanfechtbaren Beschluß auszusetzen.

Die ZPO, die am 12. 9. 1950 neu bekanntgemacht worden ist, ist nachkonstitutionelles Recht. Dasselbe ist bei dem Gerichtsverfassungsgesetz der Fall[6].

Besonderes gilt, wenn die Entscheidung eines Prozesses von der Auslegung des EWG-Vertrages abhängt. Hier kann jedes Gericht eine solche Frage dem Gerichtshof der Europäischen Gemeinschaft in Luxemburg vorlegen. Ein letzt-

[4] RG 133,142; 135,116.
[5] BGH 10,60.
[6] BVerfG 10,191.

instanzliches Gericht, z. B. der Bundesgerichtshof, ist sogar verpflichtet, diese Frage dem Gerichtshof vorzulegen (Art. 177 EWG-Vertrag). Selbstverständlich ist die Vorlage nur erforderlich, wenn die Frage für den Ausgang des Rechtsstreits erheblich ist. Die Entscheidung des Gerichtshofs bindet das nationale Gericht[7].

Das DRiG unterscheidet zwischen Berufsrichtern und ehrenamtlichen Richtern. Als *ehrenamtlicher Richter* kann auch ein Jurist tätig sein. Dies ist etwa der Fall, wenn der Syndikus einer Hochschule als Arbeitsrichter tätig ist. In der Regel sind die ehrenamtlichen Richter aber Laien.

5. *Die Zuziehung von Laienrichtern* spielt in der streitigen Zivilgerichtsbarkeit eine geringe Rolle, da viele Prozesse infolge der Verwickeltheit der modernen wirtschaftlichen Verhältnisse ohne genaue Rechtskenntnis nicht entschieden werden können. Laienrichter kommen daher nur auf fest umgrenzten Gebieten vor. Zunächst als Handelsrichter in den Kammern für Handelssachen (§§ 105 ff. GVG). Die Handelsrichter sollen dem Berufsrichter ihre wirtschaftliche Sachkunde zur Verfügung stellen und ihn vor einer einseitigen formaljuristischen Beurteilung der Vorgänge des Wirtschaftslebens bewahren. Sie haben sich außerordentlich bewährt. Sodann als arbeitsgerichtliche Beisitzer auf dem Gebiet der Arbeitsgerichtsbarkeit (§§ 16, 35 ArbGG). Diese werden je zur Hälfte den Kreisen der Arbeitgeber und der Arbeitnehmer entnommen. Sie sind Vertreter gegensätzlicher wirtschaftlicher und sozialer Schichten, was eine gerechte Entscheidung erschwert, falls sich die Betreffenden allzu sehr als Interessenvertreter fühlen. Der Vorsitzende des Arbeitsgerichts braucht kein Richter auf Lebenszeit zu sein, er muß aber Berufsrichter sein (§ 18 VII ArbGG). Vorsitzende der Kammern der Landesarbeitsgerichte müssen dagegen Richter auf Lebenszeit sein. Dasselbe gilt für die Senatspräsidenten und die Bundesrichter des Bundesarbeitsgerichts (§§ 41 f. ArbGG).

6. Hat bei einer Entscheidung den gesetzlichen Bestimmungen zuwider eine zum Richteramt nicht fähige Person mitgewirkt, so war das Gericht nicht vorschriftsmäßig besetzt. Der Mangel bildet einen absoluten Revisions- und Nichtigkeitsgrund (§§ 551 Nr. 1; 579 Nr. 1). Gleiches gilt, wenn der Richter geisteskrank ist oder wenn er infolge Blindheit der Einnahme eines Augenscheins oder Taubheit der mündlichen Verhandlung nicht zu folgen vermag[8].

II. Selbst wenn der Richter im allgemeinen zum Richteramt befähigt ist, kann ihm im Einzelfall die Ausübung untersagt sein, weil er zu der Sache in besonderen Beziehungen steht, so daß seine Unparteilichkeit zweifelhaft erscheint.

1. Ein Richter ist in den Fällen des § 41 *kraft Gesetzes* von der Behandlung einer einzelnen Sache *ausgeschlossen.*

Diese mit Rücksicht auf das Ansehen der Rechtspflege aufgestellten Ausschließungsgründe sind von Amts wegen zu beachten. Die Parteien können

[7] *Wohlfarth-Everling-Glaesner-Sprung,* Die Europäische Wirtschaftsgemeinschaft, 1960, Art. 177 Nr. 3 und 4.

[8] RG 124,153; BGH St 4,191; 5,354.

aber auf die Ausschließung durch Ablehnung aufmerksam machen (§ 42 I). Der ausgeschlossene Richter hat sich jeder Amtstätigkeit zu enthalten. Seine trotzdem ergangenen Entscheidungen unterliegen den zulässigen Rechtsmitteln, insbesondere der Revision (§ 551 Nr. 2). Nach Rechtskraft ist die Nichtigkeitsklage gegeben (§ 579 I Nr. 2).

2. Wegen *Besorgnis der Befangenheit* kann ein einzelner Richter (nicht ein ganzes Gericht) abgelehnt werden, wenn vom Standpunkt der Partei aus Grund zum Mißtrauen gegen seine Unparteilichkeit besteht (§ 42), z. B. Freundschaft, Feindschaft, wirtschaftliches Interesse am Prozeß; nicht dagegen eine der Partei ungünstige Rechtsauffassung in einem früheren Prozeß oder im Schrifttum.

Das Ablehnungsrecht steht jeder Partei zu. Es geht durch bedingungslose Einlassung in die Verhandlung vor dem betreffenden Richter verloren (§ 43). Über das Ablehnungsgesuch entscheidet, wenn ein Amtsrichter abgelehnt wird und er das Gesuch nicht für begründet hält, das Landgericht, sonst das durch einen Vertreter ergänzte Kollegium (Kammer, Senat), dem der Richter angehört (§ 45). Vorausgesetzt wird dabei eine ernstlich gemeinte Ablehnung. Steht fest, daß die Ablehnung nur zu Verschleppungszwecken erfolgt, so kann sie unberücksichtigt bleiben[9]. Ein Richter kann sich auch selbst ablehnen und darüber eine gerichtliche Entscheidung veranlassen (§ 48). Wird dem Ablehnungsgesuch stattgegeben, steht der abgelehnte Richter dem ausgeschlossenen gleich (§§ 551 Nr. 3, 579 I Nr. 3). Vor Erledigung des Ablehnungsgesuchs darf der abgelehnte Richter nur Handlungen vornehmen, die keinen Aufschub gestatten (§ 47), z. B. Anordnung eines Arrestes, Erhebung eines Beweises, dessen Verlust droht.

§ 9 Die Gerichte der Zivilrechtspflege

I. Im Rahmen der Zivilrechtspflege unterscheidet man *ordentliche und besondere Gerichte*[1].

1. *Ordentliche Gerichte* sind diejenigen, deren Wirkungsbereich grundsätzlich alle bürgerlichen Rechtsstreitigkeiten umfaßt (§ 13 GVG). Zu ihnen gehören (§ 12 GVG): die Amtsgerichte, Landgerichte, Oberlandesgerichte und der Bundesgerichtshof. Der Bundesgerichtshof ist in der Bundesrepublik an die Stelle des Reichsgerichts, das nicht mehr besteht, getreten.

In Bayern gibt es außerdem ein Oberstes Landesgericht (vgl. oben § 6 II). Es ist in Zivilsachen Revisionsinstanz für Rechtsstreitigkeiten,

[9] RG 44,402; 92,230.

[1] Unter den Begriff der ordentlichen Gerichte fallen nicht nur die Zivil-, sondern auch die Strafgerichte (§§ 12, 13 GVG). Letztere scheiden für diese Darstellung aus.

denen Landesrecht zugrunde liegt (§ 8 EGGVG, Bayer.G vom 11. 5. 1948, 12. 6. 1950, 11. 10. 1950).

2. Den Gegensatz bilden die *besonderen Gerichte.* Ihr Geschäftskreis beschränkt sich auf ein ihnen zugewiesenes bestimmtes Rechtsgebiet. Sie sind nur zulässig, soweit sie bundesgesetzlich bestellt oder zugelassen sind (§ 13 GVG).

Besondere Gerichte sind:

a) Die *Arbeitsgerichte* (Arbeitsgerichte §§ 14—31 ArbGG, Landesarbeitsgerichte §§ 33—39 ArbGG, das Bundesarbeitsgericht als Oberes Bundesgericht für das Gebiet der Arbeitsgerichtsbarkeit §§ 40—45 ArbGG).

b) Die *Schiffahrtsgerichte* für die in Staatsverträgen bezeichneten Angelegenheiten (§ 14 Nr. 1 GVG).

Hierunter fallen nur die Rheinschiffahrtsgerichte. Für sie gilt grundsätzlich das Bundesgesetz über das gerichtliche Verfahren in Binnenschiffahrts- und Rheinschiffahrtssachen vom 27. 9. 1952[2], soweit nicht die revidierte Rheinschiffahrtsakte vom 17. 10. 1868 nebst Zusatzprotokoll vom 18. 9. 1895 (neu bekanntgemacht am 27. 9. 1952, BGBl. I, 645) etwas anderes bestimmt.

Die sonstigen Gerichte für Binnenschiffahrt sind keine besonderen Gerichte, sondern Gerichte der ordentlichen Gerichtsbarkeit mit besonderer Bezeichnung[3]. In 1. Instanz sind die Amtsgerichte als „Schiffahrtsgerichte" zuständig. Gegen ihre Entscheidungen gibt es die Berufung oder Beschwerde an die Oberlandesgerichte als „Schiffahrtsobergerichte". Für diese Gerichte gilt das Gesetz über das gerichtliche Verfahren in Binnenschiffahrts- und Rheinschiffahrtssachen vom 27. 9. 1952, BGBl. I, 641, uneingeschränkt.

c) Das Bundespatentgericht in Sachen des gewerblichen Rechtsschutzes (vgl. §§ 36b ff. PatG, § 10 GebrMG, § 13 WZG; vgl. oben § 6 II f.).

Zu beachten ist jedoch, daß Verletzungsstreitigkeiten vor die ordentlichen Gerichte gehören (§ 51 PatG, §§ 18, 19 GebrMG, §§ 32, 33 WZG).

d) Die in Baden-Württemberg bestehenden *Gemeindegerichte* für Rechtsstreitigkeiten bis 300 DM (§ 14 Nr. 2 GVG; vgl. oben § 6 II).

Die in Baden-Württemberg im Anschluß an die Einrichtung der Gemeindegerichte gebildeten Friedensgerichte bestehen nicht mehr, da sie sich mit dem Grundgesetz nicht vereinbaren lassen[4].

Die besonderen Gerichte sind nicht mit den *Ausnahmegerichten* zu verwechseln. *Ausnahmegerichte* sind nur solche Gerichte, die in Abweichung von der gesetzlichen Zuständigkeit besonders gebildet und zur Entscheidung einzelner konkreter oder individuell bestimmter Fälle berufen sind[5]. Ausnahmegerichte sind als Ausfluß der Kabinettsjustiz unstatthaft (Art. 101 I 1 GG, § 16 GVG; vgl. oben § 6 IV 1 a. E.).

Keine besonderen Gerichte, sondern Gerichte der freiwilligen Gerichtsbarkeit sind die Landwirtschaftsgerichte (Gesetz über das gerichtliche Ver-

[2] BGBl. I, 641.
[3] RG 167, 307.
[4] BVerfG 10, 200.
[5] BVerfG 3, 223; 8, 182.

fahren in Landwirtschaftssachen vom 21. 7. 1953, BGBl. I, 667), die Kammern und Senate für Baulandsachen (§§ 157 ff. BBauG) und die Kartellsenate (§§ 62, 73, 92 ff. GWB).

3. Das Verhältnis der ordentlichen Gerichte zu den besonderen Gerichten.

Da die besonderen Gerichte ebenso wie die ordentlichen Gerichte die streitige Zivilgerichtsbarkeit ausüben, ist die Abgrenzung zueinander keine Frage des Rechtswegs im Sinne des § 17 GVG, also keine Frage, zu welchem Zweig der Gerichtsbarkeit im Sinne von Art. 96 GG das anzurufende Gericht gehört, sondern eine Frage sachlicher Zuständigkeit. Das gilt auch für das Verhältnis der Arbeitsgerichte zu den ordentlichen Gerichten, obwohl Art. 96 GG die Arbeitsgerichte als besonderen Zweig der Gerichtsbarkeit nennt[6]. Aus § 276 ZPO in Verbindung mit § 48 ArbGG und aus § 528 ZPO ergibt sich, daß das Verhältnis zwischen Arbeitsgerichten und ordentlichen Gerichten nicht im Sinne eines einander ausschließenden Gerichtsbarkeitszweiges, sondern im Sinne einer sachlichen Zuständigkeitsabgrenzung geregelt ist. Dagegen handelt es sich im Verhältnis der ordentlichen Gerichte zu den Verwaltungs-, Sozial- und Finanzgerichten um die Abgrenzung verschiedener Gerichtsbarkeiten und damit um eine Frage des Rechtswegs.

Bei *Zuständigkeitsüberschreitungen* muß folgende Unterscheidung getroffen werden:

a) Entscheidet ein ordentliches Gericht in Sachen, für die ein besonderes Gericht zuständig ist, dann liegt darin zwar eine Überschreitung seiner sachlichen Zuständigkeit, jedoch ist die erlassene Entscheidung trotz dieses Mangels nicht unwirksam. Dies erklärt sich daraus, daß den ordentlichen Gerichten in bürgerlichen Rechtsstreitigkeiten grundsätzlich die volle Gerichtsbarkeit zusteht. Entscheidet z. B. ein Landgericht über einen Schadensersatzanspruch in einer Sache, für die an sich ein Rheinschiffahrtsgericht zuständig ist (§§ 14, 15 Ges. vom 27. 9. 1952, BGBl. I, 641), dann kommt dem Urteil volle Wirksamkeit, z. B. als Vollstreckungstitel, zu. Es ist allerdings trotz § 10 ZPO anfechtbar, da hier dessen gesetzgeberischer Grund, die präsumtiv bessere Rechtsprechung der Kollegialgerichte, im Verhältnis zum fachmännisch besetzten Sondergericht nicht zutrifft. Im Falle der Revision kann der BGH in einem solchen Falle an die erste Instanz, das Amtsgericht als Rheinschiffahrtsgericht, zurückverweisen[7]. Erwächst die Entscheidung des ordentlichen Gerichts in Rechtskraft, dann heilt der Mangel.

Eine Ausnahme gilt für den Fall, daß ein ordentliches Gericht auf eine Beschwerde in Patentsachen anstelle des zuständigen Bundespatentgerichts (§ 36b PatG) das Patent erteilen würde. Eine solche Patenterteilung wäre

[6] BGH 24, 177; 26, 306; BAG 6, 302.

[7] Vgl. *Wieczorek*, ZPO § 10 A III, § 565 C IV c.

nichtig, da der Erlaß eines Verwaltungsakts außerhalb der Entscheidungsgewalt der ordentlichen Gerichte liegt.

b) Entscheidet ein besonderes Gericht über eine Sache, die außerhalb der ihm zugewiesenen Gerichtsbarkeit liegt, so ist die Entscheidung grundsätzlich unwirksam. Es handelt sich dabei nicht nur um eine Überschreitung der Zuständigkeit, vielmehr fehlt dem Sondergericht insoweit die richterliche Entscheidungsgewalt. Entscheidet z. B. ein Rheinschiffahrtsgericht über einen Darlehensanspruch, der mit der Binnenschiffahrt in keinerlei Zusammenhang steht, so ist das Urteil nichtig. Die Nichtigkeit kann zunächst durch Einlegung eines Rechtsmittel geltend gemacht werden. Darüber hinaus ist eine Feststellungsklage im Sinne von § 256 ZPO mit dem Ziel, die Entscheidung für nichtig zu erklären, möglich.

Eine *Ausnahme* gilt für die Arbeitsgerichte. Hat ein Arbeitsgericht über eine gewöhnliche bürgerliche Rechtsstreitigkeit entschieden, so ist das Urteil trotz Überschreitung der Entscheidungsbefugnis wirksam. Es ist freilich anfechtbar, soweit nicht § 528 ZPO entgegensteht. Für eine Feststellungsklage auf Nichtigkeit des Urteils des Arbeitsgerichts ist kein Raum. Dies erklärt sich daraus, daß die Arbeitsgerichte im Gegensatz zu den sonstigen besonderen Gerichten Kompetenzautonomie besitzen (§ 48a ArbGG). Diese Regelung hat guten Sinn: In den Fällen des § 3 ArbGG besteht eine konkurrierende Zuständigkeit zwischen Arbeitsgericht und ordentlichem Gericht. Außerdem unterliegt es oft erheblichem Zweifel, ob eine bürgerliche Rechtsstreitigkeit mit einer Arbeitssache in rechtlichem oder wirtschaftlichem Zusammenhang steht. Dasselbe gilt für die Frage der arbeitnehmerähnlichen Personen (§ 5 ArbGG). Die lose Abgrenzung der Zuständigkeit der Arbeitsgerichte in den Fällen der §§ 3 und 5 ArbGG und die Bindung des ordentlichen Gerichts an den Beschluß des Arbeitsgerichts über die Verweisung einer Rechtsstreitigkeit an das ordentliche Gericht (§ 48 ArbGG, § 276 ZPO) zwingen zu dem Schluß, daß die Entscheidungen der Arbeitsgerichte in demselben Umfang wie die der ordentlichen Gerichte keiner Nachprüfung in der Zuständigkeitsfrage im Sinne des § 13 GVG unterliegen. Bei der flüssigen Zuständigkeitsgrenze zwischen ordentlichem Gericht und Arbeitsgericht erscheint es zweckmäßig, daß die Wirksamkeit der Entscheidung nicht bloß bei einer Überschreitung der Zuständigkeit durch das ordentliche Gericht, sondern auch bei einer solchen durch das Arbeitsgericht unberührt bleibt[8].

Eine Ausnahme wird man bei Entscheidungen machen müssen, die auf evidente Willkür deuten. Dies wäre etwa der Fall, wenn ein Arbeitsgericht ein Ehescheidungsurteil erlassen würde. Dieses wäre nichtig.

II. Die Organisation der ordentlichen Gerichte

Das Gericht hat eine doppelte Stellung. Es ist bald Verwaltungs-, bald Spruchorgan.

Als *Verwaltungskörper* umfaßt es die bei ihm tätigen Richter, Beamten und Angestellten, ihm stehen Präsidenten oder aufsichtsführende Amtsrichter

[8] *Rohlfing-Rewolle*, Arbeitsgerichtsgesetz (1965) § 48 Anm. 1; *Dietz-Nikisch*, Arbeitsgerichtsgesetz (1954) § 48 I 3.

vor, bei ihm sind Rechtsanwälte zugelassen u. dgl. In dieser Eigenschaft hat das Gericht nur verwaltungsmäßige Bedeutung.

Für die Rechtspflege kommt es lediglich als *Spruchbehörde* in Betracht.

Spruchbehörde ist in der Regel eine Abteilung des Gesamtgerichts. Diese Abteilungen sind bei dem Amtsgericht in Zivilsachen stets nur mit einem Richter (§ 22 GVG) besetzt. Bei dem Landgericht heißen die Abteilungen *Kammern,* bei dem Oberlandesgericht und dem Bundesgerichtshof *Senate.* Die Kammern des Landgerichts sind entweder *Zivilkammern* oder, falls ein Bedürfnis besteht, *Kammern für Handelssachen* (§§ 60, 93 GVG). Die Zivilkammern sind mit 3 Berufsrichtern (§ 75 GVG), die Kammern für Handelssachen mit 1 Berufsrichter und 2 Laienrichtern (sog. Handelsrichtern) (§ 105 GVG) besetzt. Die Senate des Oberlandesgerichts sind mit 3 (§§ 116, 122 GVG), die des Bundesgerichtshofs mit 5 Berufsrichtern (§§ 130, 139 GVG) besetzt.

Durch Anordnung der Landesjustizverwaltung können auch außerhalb des Sitzes eines Oberlandesgerichts für den Bezirk eines oder mehrerer Landgerichte Zivilsenate gebildet werden, die dann für diesen Bezirk die Tätigkeit des Oberlandesgerichts ausüben (§ 116 II GVG). So gibt es detachierte Senate des OLG Frankfurt in Kassel und Darmstadt, des OLG München in Augsburg.

Das Kollegium besteht aus einem Vorsitzenden und Beisitzern. Der Vorsitzende ist als erkennender Richter nicht hervorgehoben, insbesondere hat er kein bevorzugtes Stimmrecht. Ihm stehen aber sonst besondere Befugnisse zu, so die Terminsansetzung (§ 216), die Leitung der Verhandlung (§§ 136 ff.) und die Sitzungspolizei (§ 176 GVG). Strafbefugnisse (§§ 177 f. GVG) hat dagegen nur das Kollegium.

Die *Frage, ob der Alleinrichter oder das Kollegium den Vorzug verdient,* ist Gegenstand eines alten Streites. Zugunsten des Einzelrichtersystems wird angeführt, daß es die Verantwortlichkeit des Richters steigere und daß es das Verfahren beschleunige und verbillige. Dagegen spricht, daß die Beratung im Kollegium vielfach eine gegenseitige Anregung und Ergänzung mit sich bringt, was gerade bei den abwägenden Funktionen des Prozeßrichters hoch einzuschätzen ist. Auch hier gilt das alte Sprichwort: „Vier Augen sehen mehr als zwei!" Das Kollegialsystem ist daher dem Einzelrichtersystem überlegen.

Der Bundesgerichtshof, der an die Stelle des früheren Reichsgerichts in Leipzig getreten ist, hat die *Aufgabe, im Gebiet der Bundesrepublik die Einheitlichkeit der Rechtsprechung zu wahren.* Er hat seinen Sitz in Karlsruhe (§ 123 GVG). Der Bundesjustizminister ist jedoch ermächtigt, Zivil- und Strafsenate auch außerhalb des Sitzes des Bundesgerichtshofes zu bilden (§ 130 II GVG). Dabei ist insbesondere an detachierte Senate in Berlin gedacht. Zur Zeit befindet sich in Berlin ein Strafsenat des BGH.

Um zu verhindern, daß sich innerhalb des Bundesgerichtshofes verschiedene Rechtsauffassungen bilden, sind ein Großer Senat für Zivilsachen, ein solcher für Strafsachen und die Vereinigten Großen Senate gebildet worden. Besetzung: § 132 GVG.

Der *Große Senat für Zivilsachen* entscheidet, wenn ein Zivilsenat in einer Rechtsfrage von der Entscheidung eines anderen Zivilsenats oder des Großen Senats für Zivilsachen abweichen will (§ 136 I GVG), ferner wenn ihn ein Senat in einer Rechtsfrage von grundsätzlicher Bedeutung anruft, weil Fortbildung des Rechts oder Sicherung einer einheitlichen Rechtsprechung es erfordern (§ 137 GVG).

Die *Vereinigten Großen Senate* entscheiden, wenn ein Zivilsenat von der Entscheidung eines Strafsenats oder des Großen Senats für Strafsachen, oder ein Strafsenat von der Entscheidung eines Zivilsenats oder des Großen Senats für Zivilsachen oder ein Senat von der früher eingeholten Entscheidung der Vereinigten Großen Senate abweichen will (§ 136 II GVG).

Der Große Senat und die Vereinigten Großen Senate entscheiden nur über die ihnen vorgelegte Rechtsfrage, nicht in der Sache selbst. Sie geben also nur ein Rechtsgutachten ab, das freilich den erkennenden Senat in der vorliegenden Sache bindet (§ 138 GVG).

Von seiner eigenen Ansicht kann jeder Senat selbständig abgehen.

Bei Entscheidungen dürfen Richter nur in der gesetzlich bestimmten Anzahl mitwirken. *Beratung* und *Abstimmung* sind geheim. Maßgebend ist die absolute Stimmenmehrheit. Näheres §§ 193 ff. GVG.

§ 10 Sonstige Rechtsschutzorgane

I. Der Urkundsbeamte der Geschäftsstelle

Jedes Gericht hat eine Geschäftsstelle mit der erforderlichen Zahl von Urkundsbeamten (§ 153 GVG).

Dem UB liegen zunächst die Beurkundungen ob (Sitzungsprotokoll §§ 159 ff., Aufnahme von Parteierklärungen, z. B. § 496 II). Er hat aus den von ihm zu verwaltenden Prozeßakten Ausfertigungen, Auszüge und Abschriften zu erteilen (§§ 299, 317). Er bewirkt Zustellungen und Ladungen (§§ 208 ff.). Schließlich hat er eine gewisse Entscheidungsgewalt, wie Kostenfestsetzung (§ 104), Erteilung des Vollstreckungsbefehls (§ 699), Erteilung und Versagung der Vollstreckungsklausel (§ 724). Rechtsbehelf gegen die Entscheidung des Urkundsbeamten ist nicht die Beschwerde, sondern die Erinnerung an sein Gericht (§ 576). Die Vorschriften über Ausschließung und Ablehnung gelten für ihn entsprechend (§ 49). Dagegen gehört er nicht zum „erkennenden" Gericht im Sinne von §§ 551 Nr. 1, 579 I Nr. 1.

II. Der Rechtspfleger

Das Amt des Rechtspflegers wurde eingeführt, um den Richter von Routinesachen, die keine komplizierten rechtlichen Überlegungen erfordern, zu entlasten. Obwohl § 1 RechtspflG davon spricht, daß der Rechtspfleger die ihm übertragenen Aufgaben der Rechtspflege wahrnehme, ist seine Tätigkeit keine rechtsprechende Gewalt. Die Übertragung von Aufgaben der rechtsprechenden Gewalt auf nichtrichterliche Personen würde gegen Art. 92 GG verstoßen, wonach die rechtsprechende Gewalt allein den Richtern anvertraut ist.

Der Rechtspfleger ist Beamter des Justizdienstes, der einen Vorbereitungsdienst von mindestens 3 Jahren abgeleistet und die Prüfung für den gehobenen Justizdienst bestanden hat (§ 2 I 1 RechtspflG).

Der Rechtspfleger trifft alle Maßnahmen, die zur Erledigung der ihm übertragenen Geschäfte erforderlich sind. Er ist jedoch nicht befugt, Vereidigungen anzuordnen oder Eide abzunehmen. Ferner darf er Haftstrafen weder androhen noch verhängen. Auch kann er keine Haftbefehle erlassen (§ 4 RechtspflG). Sind solche Maßnahmen notwendig, so legt er die Sache dem Richter zur Entscheidung vor.

Dem Rechtspfleger sind bestimmte, in § 3 RechtspflG aufgeführte Geschäfte übertragen. Überschreitet er seine Zuständigkeit, so sind die vorgenommenen Akte nichtig, es sei denn, daß ihm der Richter das Geschäft ausdrücklich übertragen hat (§ 7 II RechtspflG). Bei seiner Entscheidung ist der Rechtspfleger nur dem Gesetz unterworfen (§ 8 RechtspflG). Er entscheidet grundsätzlich selbständig. Insoweit genießt er wie ein Richter sachliche Unabhängigkeit. Persönliche Unabhängigkeit hat er nicht. Auch die sachliche Unabhängigkeit ist eingeschränkt: Gibt ihm der Richter eine Sache zurück, dann ist er an die von dem Richter mitgeteilte Rechtsauffassung gebunden (§ 5 II 3 RechtspflG).

Der Rechtspfleger soll ihm übertragene Geschäfte dem Richter vorlegen, wenn

1. er von einer ihm bekannten Stellungnahme des Richters abweichen will;
2. sich bei der Bearbeitung der Sache rechtliche Schwierigkeiten ergeben;
3. bei Sachzusammenhang mit einem dem Richter vorbehaltenen Geschäft.

Für die Ausschließung und Ablehnung des Rechtspflegers sind die für den Richter geltenden Vorschriften (§§ 41 ff. ZPO) maßgebend (§ 9 RechtspflG). Über die Ablehnung des Rechtspflegers entscheidet der Richter. Gegen die Entscheidungen, die der Rechtspfleger selbständig getroffen hat, findet die Erinnerung statt. Hilft ihr der Rechtspfleger nicht ab, entscheidet der Richter über die Erinnerung (§ 10 RechtspflG).

In Zivilsachen sind dem Rechtspfleger, namentlich das Mahnverfahren (§§ 688 ff. ZPO), Maßnahmen bei der Zustellung und weite Gebiet der Zwangsvollstreckung übertragen worden (§ 19 RechtspflG).

III. Der Gerichtsvollzieher

Der Gerichtsvollzieher besorgt nur die Zustellungen im Parteibetrieb (§§ 166 ff.), für die Bewirkung der Zustellungen von Amts wegen hat die Geschäftsstelle Sorge zu tragen (§ 209 ZPO). Der Gerichtsvollzieher ist ferner Vollstreckungsorgan. In beiden Fällen wird er ausschließlich als Beamter tätig. Zu der Partei, die ihn „beauftragt", tritt er nicht in privatrechtliche Beziehungen[9]. Daher haftet aus seinen Amtspflichtverletzungen der Staat (Art. 34 GG, § 839 BGB). Seine Tätigkeit übt der Gerichtsvollzieher selbständig und unter eigener Verantwortung aus. Er steht aber unter Aufsicht des Gerichts (§ 766 II). In gewissen Fällen ist er von der Amtsausübung kraft Gesetzes ausgeschlossen (§ 155 GVG). Eine Ablehnung wegen Befangenheit gibt

[9] RG 82, 85.

es nicht. Die Dienst- und Geschäftsverhältnisse der Gerichtsvollzieher sind landesrechtlich geregelt.

IV. Der Staatsanwalt

Die Hauptaufgaben des Staatsanwalts liegen auf dem Gebiet des Strafprozesses. Im Zivilprozeß kann er nur in Ehe- und Entmündigungssachen zur Wahrung des öffentlichen Interesses mitwirken (§§ 607, 632, 634, 646, 666).

V. Der Rechtsanwalt

Der Rechtsanwalt ist ein unabhängiges Organ der Rechtspflege. Der Anwaltsberuf ist zwar ein freier Beruf, aber kein Gewerbe, sondern Dienst am Recht (§ 1 BRAO). Er ist der berufene unabhängige Berater und Vertreter in allen Rechtsangelegenheiten. Jedermann steht das Recht zu, sich in rechtlichen Angelegenheiten durch einen Rechtsanwalt seiner Wahl beraten und vor Gerichten oder Behörden vertreten zu lassen. Eine Besonderheit gilt vor den Arbeitsgerichten, bei denen Rechtsanwälte als Prozeßbevollmächtigte oder Beistände nur zugelassen sind, wenn die Wahrung der Rechte der Parteien dies notwendig erscheinen läßt (§ 11 ArbGG). Andererseits ist eine Prozeßvertretung durch Rechtsanwälte vor den Kollegialgerichten, auch vor den Landesarbeitsgerichten und vor dem Bundesarbeitsgericht, obligatorisch (§ 78 ZPO, § 11 II ArbGG, § 41r V PatG; vgl. aber § 11 II 2 ArbGG, §§ 41 m, 42 l PatG). Der Anwalt hat einerseits die Interessen seines Klienten zu vertreten, andererseits als Organ der Rechtspflege in Zusammenwirken mit dem Gericht für eine gerechte Entscheidung zu sorgen. Diese Doppelfunktion stellt an die persönliche Lauterkeit hohe Anforderungen. Rechtsgrundlage der Anwaltschaft ist die Bundesrechtsanwaltsordnung vom 1. 8. 1959.

Die Zulassung als Rechtsanwalt geschieht durch die Landesjustizverwaltung nach gutachtlicher Äußerung des Vorstandes der Anwaltskammer. *Voraussetzung ist die Befähigung zum Richteramt* im Sinne von §§ 5 ff. DRiG. Es besteht bei Rechtsanwälten Freizügigkeit: Wer in einem deutschen Land die Fähigkeit zum Richteramt erlangt hat, kann in jedem anderen deutschen Land die Zulassung zur Rechtsanwaltschaft beantragen. Der Rechtsanwalt wird bei einem oder mehreren bestimmten Gerichten zugelassen (*Grundsatz der Lokalisierung* §§ 18 ff. BRAO). Nach seiner Zulassung wird er auf die verfassungsmäßige Ordnung und gewissenhafte Erfüllung seiner Pflichten vereidigt und in die bei jedem Gericht zu führende Rechtsanwaltsliste eingetragen (§§ 26, 31 BRAO). Innerhalb des Oberlandesgerichtsbezirks, in dem er zugelassen ist, muß er seinen Wohnsitz nehmen. Außerdem hat er am Ort des Gerichts, bei dem er zugelassen ist, eine Kanzlei einzurichten (Residenzpflicht § 27 BRAO). Rücknahme der Zulassung: § 35 BRAO.

Das Verhältnis zwischen Rechtsanwalt und Klient ist ein auf Geschäftsbesorgung gerichteter Dienstvertrag (§ 675 BGB), ergänzt durch die BRAO und BRAGebO. Der Rechtsanwalt braucht, außer wenn er beigeordnet wird, den Auftrag der Partei nicht anzunehmen, muß aber bei Gefahr der Ersatzpflicht die Ablehnung unverzüglich erklären (§§ 44, 48 BRAO). Er erhält für seine

Tätigkeit Gebühren nach der BRAGebO vom 26. 7. 1957. Sondervereinbarungen sind zulässig (§ 3 BRAGebO). Obwohl das Versprechen eines Erfolgshonorars von der BRAGebO im Gegensatz zu früher nicht für unwirksam erklärt ist, dürfte ein solches in der Regel standeswidrig sein, da es der Stellung des Rechtsanwalts als Rechtspflegeorgan widerspricht.

Weil der Rechtsanwalt nicht nur die Interessen seiner Partei, sondern gleichzeitig die einer gerechten Rechtspflege wahrzunehmen hat, muß er in gewissen Fällen seine Berufstätigkeit versagen, nämlich wenn sie für eine pflichtwidrige Handlung in Anspruch genommen wird, wenn sie von ihm in derselben Rechtssache bereits einer anderen Partei im entgegengesetzten Interesse gewährt ist oder wenn er in derselben Rechtssache bereits als Richter, Schiedsrichter, Staatsanwalt oder als Angehöriger des öffentlichen Dienstes tätig geworden ist (§ 45 BRAO). Er ist sowohl Berater wie Vertreter der Partei. Im Anwaltsprozeß (§ 78 ZPO) kann er freilich die Vertretung nur vor dem Gericht übernehmen, bei dem er zugelassen ist.

In jedem Bezirk eines Oberlandesgerichts werden Anwaltskammern gebildet, die sich aus den im Bezirk zugelassenen Anwälten zusammensetzen (§ 60 BRAO). Die Aufgabe dieser Kammern besteht in der Standesvertretung der Anwaltschaft und in der Selbstverwaltung der Berufsangelegenheiten. Der Vorstand der Kammer hat ein Aufsichtsrecht über die Mitglieder und ein Rügerecht (§ 74 BRAO). Außerdem hat er die Aufgabe, Streitigkeiten unter den Mitgliedern der Kammer und zwischen den Mitgliedern der Kammer und ihren Auftraggebern zu schlichten, ferner Gutachten zu erstatten, die von der Landesjustizverwaltung oder von den Gerichten angefordert werden, an den Aufgaben der Rechtspflege mitzuarbeiten, Vorstellungen und Anträge, welche die Rechtspflege betreffen, an die Landesjustizverwaltung und die gesetzgebenden Körperschaften zu richten, sowie an der Ausbildung der Referendare mitzuwirken (§ 73 BRAO).

Hat ein Rechtsanwalt die ihm obliegenden Pflichten verletzt, so tritt eine ehrengerichtliche Bestrafung ein. Zuständig hierfür sind die Ehrengerichte (§§ 92 ff. BRAO), Ehrengerichtshöfe für Rechtsanwälte (§§ 100 ff. BRAO) und der Bundesgerichtshof in Anwaltssachen (§§ 106 ff. BRAO). Die ehrengerichtlichen Strafen sind: Warnung, Verweis, Geldbuße, Ausschließung aus der Rechtsanwaltschaft (§§ 113 ff. BRAO).

2. ABSCHNITT: DIE ZUSTÄNDIGKEIT

§ 11 Arten der Zuständigkeit

Wenn jemand eine Klage erheben will, dann muß er wissen, an welches Gericht er sich zu wenden hat, welches Gericht für die Sache „zuständig" ist. Es gibt *drei Arten der Zuständigkeit:*

1. Die Frage, ob in erster Instanz ein Amtsgericht, Landgericht oder ein besonderes Gericht zuständig ist betrifft die *sachliche Zuständigkeit: Maßgebend dafür ist die Art und der Wert des Streitgegenstandes.* So gehören alle nichtvermögensrechtlichen Streitigkeiten (z. B. Ehesachen) vor die Landgerichte, ebenso alle vermögensrechtlichen Ansprüche über 1500 DM.

2. Demgegenüber regelt die *örtliche Zuständigkeit,* welches von mehreren gleichartigen Gerichten dem Gerichtssprengel nach zuständig ist, z. B. ob beim Amtsgericht München oder Köln geklagt werden muß. Die ZPO nennt die örtliche Zuständigkeit *Gerichtsstand.* Bisweilen umfaßt der Begriff freilich auch die sachliche Zuständigkeit, so im § 40 II. *Maßgebend sind die örtlichen Beziehungen einer Partei oder des Streitgegenstandes zu dem Gerichtsbezirk.* Danach unterscheidet man einen *persönlichen* (z. B. § 13) oder *sachlichen* (z. B. § 24) *Gerichtsstand.*

3. Schließlich verteilt die *funktionelle Zuständigkeit* die verschiedenen Verrichtungen in ein und derselben Sache an verschiedene Rechtsschutzorgane.

So können in einer Sache Landgericht, Oberlandesgericht und Bundesgerichtshof als Prozeßgerichte, das Amtsgericht als ersuchtes Gericht (§ 157 GVG) und, wenn die Kosten des Rechtsstreits von der unterlegenen Partei beigetrieben werden müssen, als Vollstreckungsgericht (§ 764) tätig werden. *Für die Verteilung dieser Verrichtungen sind nicht Art und Wert des Streitgegenstandes maßgebend, sondern allein die Art der Tätigkeit des betreffenden Rechtsschutzorgans.* Deshalb ist die sachliche von der funktionellen Zuständigkeit zu trennen.

Um funktionelle Zuständigkeiten handelt es sich z. B. beim Instanzenzug, ferner wenn das Amtsgericht als Mahngericht (§ 689), Beweissicherungsgericht (§ 486), Aufgebotsgericht (§ 23 GVG, §§ 946 ff. ZPO), Rechtshilfegericht (§ 157 GVG), Konkursgericht (§ 71 KO) tätig wird. Auch die Abgrenzung der Verrichtungen des Vorsitzenden, des Einzelrichters, des beauftragten Richters, des Urkundsbeamten und des Gerichtsvollziehers betrifft funktionelle Zuständigkeiten.

Zu 1—3: Die Zuständigkeit ist entweder eine *ausschließliche* oder *nicht ausschließliche.*

Ausschließlich ist sie, wenn die Parteien die Zuständigkeit durch Vereinbarungen nicht beseitigen können.

Regelmäßig *ausschließlich* ist die *funktionelle Zuständigkeit.* Grund: Die Tätigkeitsabgrenzung der verschiedenen Rechtsschutzorgane ist mit Rücksicht auf Gemeinschaftsinteressen erfolgt, sie soll den reibungslosen Ablauf des Rechtspflegeorganismus gewährleisten. Abweichende Parteivereinbarungen würden störend wirken, sie sind daher unzulässig. So ist es z. B. unmöglich, ein Oberlandesgericht oder gar den Bundesgerichtshof als erste Instanz zu vereinbaren. Ausnahmen: §§ 349 III, 566a.

Sachliche und örtliche Zuständigkeit sind in nichtvermögensrechtlichen Angelegenheiten (z. B. Ehe- und Personenstandssachen) *stets ausschließlich* (§ 40 II). Auch hier sprechen öffentliche Interessen gegen Zuständigkeitsvereinbarungen. In vermögensrechtlichen Streitigkeiten sind die Zuständigkeiten dagegen nur dann ausschließlich, wenn es das Gesetz anordnet.

Es ist möglich, daß sich die Ausschließlichkeit allein auf die sachliche Zuständigkeit bezieht (z. B. § 71 II GVG: Vereinbarung über örtliche Zuständigkeit möglich) oder nur auf die örtliche Zuständigkeit (z. B. § 24: Vereinbarung über sachliche Zuständigkeit möglich) oder auf beide, wie in nichtvermögensrechtlichen Sachen (z. B. § 606: Vereinbarungen weder über sachliche noch örtliche Zuständigkeit zulässig). *Vermögensrechtlich ist* ein *Anspruch,* der auf einem vermögensrechtlichen Rechtsverhältnis (z. B. Kauf oder Eigentum) beruht, oder der zwar einem Nichtvermögensrecht entspringt, aber auf Geld oder Geldeswert geht. Daher sind die familienrechtlichen Unterhaltsansprüche vermögensrechtlich.

§ 12 Die sachliche Zuständigkeit

I. Die Amtsgerichte

Für die Zuteilung der Sachen an die Amtsgerichte ist bald ihre geringere Allgemeinbedeutung, bald die Notwendigkeit einer schnellen Entscheidung, bald die Vertrautheit des Amtsrichters mit den örtlichen Verhältnissen maßgebend.

Im einzelnen gehören vor die Amtsgerichte grundsätzlich nur *vermögensrechtliche Ansprüche,* und zwar (§ 23 GVG):

1. *Alle Ansprüche bis einschließlich 1500 DM an Geld oder Geldeswert, soweit sie nicht den Landgerichten zugewiesen sind.*

Die amtsgerichtliche Zuständigkeit kann nicht dadurch erschlichen werden, daß ein Anspruch von 4500 DM in drei *gleichzeitigen* Teilklagen von je 1500 DM vor dem Amtsgericht erhoben wird. Da hier in Wahrheit 4500 DM geltend gemacht werden, ist das Amtsgericht unzuständig. Es ist Rechtsmißbrauch, wenn die Möglichkeit der Teilklage dazu benutzt wird, die im Allgemeininteresse bestehende Zuständigkeitsordnung zu umgehen.

Die Abgrenzung der Zuständigkeit zwischen dem Amts- und Landgericht durch den Streitwert ist rechtspolitisch angreifbar. Ein Streit um 1500 DM kann für die Beteiligten von größerer Bedeutung sein als ein Streit um Tausende zwischen großen Handelsunternehmen. Auch hängt die Schwierigkeit der zu entscheidenden Rechtsfragen in keiner Weise von dem Streitwert ab. Gerade die Rechtsprobleme des täglichen Lebens sind oft sehr kompliziert. Deshalb wird die Verschmelzung des Amts- und Landgerichts zu einem einheitlichen Erstgericht vorgeschlagen. Wenn der Gesetzgeber für die großen Streitwerte das Landgericht vorgesehen hat, das als Kollegialgericht vermutlich eine bessere Rechtsprechung aufweist als das mit einem Einzelrichter besetzte Amtsgericht, so geht er davon aus, daß ein großer Streitwert die

Allgemeinheit, namentlich das Wirtschaftsleben, stärker berührt als ein Streit um kleine Objekte, der nur die Parteien zu interessieren pflegt.

2. *Ohne Rücksicht auf den Streitwert* (also auch wenn dieser 1500 DM übersteigt), *aber nicht ausschließlich* (Vereinbarung der Zuständigkeit des Landgerichts zulässig):

Gewisse Mietstreitigkeiten (z. B. Räumungsklagen und Klagen auf Verlängerung des Mietverhältnisses aus sozialen Gründen (§§ 556a, 556b BGB), dagegen nicht Klagen auf Zahlung von Mietzins oder Schadensersatz, für die der Streitwert maßgebend ist), Reisestreitigkeiten, Streitigkeiten wegen Viehmängel und Wildschadens, Altenteilsansprüche, gesetzliche Unterhaltsansprüche der Ehegatten und Verwandten und schließlich Ansprüche von Mutter und Kind aus außerehelichem Beischlaf (auf Unterhalt, Ersatz der Wochenbettkosten §§ 1708 ff. BGB).

Für die Klage auf Feststellung der unehelichen Vaterschaft ist das Amtsgericht nur zuständig, wenn es sich um die Feststellung der sog. Zahlvaterschaft im Sinne des § 1717 BGB handelt. Die Klage auf Feststellung der unehelichen Vaterschaft im Sinne einer blutmäßigen Abstammung (§§ 640 ff. ZPO) gehört dagegen als *echte Statusklage* vor das Landgericht. Näheres unten § 61.

Vor das Amtsgericht gehören auch die Rechtsstreitigkeiten über Entziehung des Wohnungseigentums und über das Dauerwohnrecht (§§ 51 f. WohnungseigentumsG vom 15. 3. 1951).

Endlich sind bestimmte zu sog. *Schiffahrtsgerichten* bestellte Amtsgerichte ohne Rücksicht auf den Streitwert in Binnenschiffahrtssachen zuständig (§ 1 Ges. vom 27. 9. 1952, BGBl. I, 641). Vgl. oben § 9 I 2 b.

II. Die Landgerichte

Alle Rechtsstreitigkeiten, die nicht den Amtsgerichten oder besonderen Gerichten zugewiesen sind, gehören vor die Landgerichte, nämlich:

1. Ausschließlich alle nichtvermögensrechtlichen Klagen (§§ 23, 71 GVG, § 40 II ZPO).

So Ehe- und Kindschaftsprozesse (§§ 606, 640), Klagen auf Anfechtung oder Wiederaufhebung der Entmündigung (§§ 665 IV, 684 IV, 686 IV), Klagen aus § 12 BGB, auf das allgemeine Persönlichkeitsrecht (Art. 1, 2 GG) gestützte Klagen auf Veröffentlichung einer Gegendarstellung nach § 11 PresseG. Dagegen ist die wegen Verletzung des Persönlichkeitsrechts erhobene Klage vermögensrechtlicher Natur, wenn sie auf Geldentschädigung gerichtet ist[1].

2. Nicht ausschließlich alle vermögensrechtlichen Ansprüche, soweit ihr Streitwert 1500 DM übersteigt.

[1] Vgl. BGH 26,349; 35,363; 39,124.

3. Ohne Rücksicht auf den Streitwert und ausschließlich gewisse vermögensrechtliche Ansprüche, die das Allgemeininteresse berühren oder rechtlich besondere Schwierigkeiten bieten.

Hier soll eine einheitliche Rechtsprechung durch den Bundesgerichtshof herbeigeführt werden. Deshalb ist die Zuständigkeit der Amtsgerichte ausgeschlossen, da deren Urteile nur mit der Berufung an das Landgericht anfechtbar sind, so daß der Bundesgerichtshof nicht zum Spruch kommen kann.

Darunter fallen (§ 71 II GVG):

a) alle Ansprüche, die gegen den Staat oder eine Körperschaft des öffentlichen Rechts auf Grund der Amtshaftung (§ 839 BGB, Art. 34 GG) geltend gemacht werden; desgleichen die gegen Richter und Beamte, insbesondere im Rückgriff aus Amtspflichtverletzung erhobenen Ansprüche;

b) Anfechtungs- und Nichtigkeitsklagen im Aktiengesellschafts- und Genossenschaftsrecht (§§ 246, 249, 254, 275 AktG, §§ 51, 96 GenG), Auflösungs- und Nichtigkeitsklagen gegen eine GmbH (§§ 61, 75 GmbHG), Vergütungs- und Haftungsstreitigkeiten zwischen Notar und Notarvertreter sowie zwischen Notarkammer und Notariatsverweser (§§ 42, 62 BNotO), Ersatzklagen gegen den Emittenten von Wertpapieren (§ 49 BörsG), Ersatzklagen unschuldig Verhafteter und im Wiederaufnahmeverfahren Freigesprochener (§ 6 Ges. vom 14. 7. 1904 und § 5 Ges. vom 20. 5. 1898), Patentstreitsachen (§ 51 PatG).

c) § 71 II Nr. 1 GVG ist gegenstandslos, da für alle Klagen von Richtern und Beamten sowie ihren Hinterbliebenen aus dem öffentlichen Dienstverhältnis der Verwaltungsrechtsweg gegeben ist (§ 126 BRRG, § 172 BBG, §§ 46, 71 DRiG).

Wegen der Kammern für Handelssachen vgl. oben § 6 IV 1.

III. Da die sachliche Zuständigkeit weithin vom Wert des Streitgegenstandes abhängt, trifft das Gesetz besondere Vorschriften über die *Wertberechnung* (§§ 2 bis 9). Maßgebend ist zunächst, was der Kläger beansprucht, nicht was er zu beanspruchen hat. Besteht der Streitgegenstand in einer bestimmten Geldsumme, so ist diese ohne weiteres ausschlaggebend, gleichgültig, ob sie mit Recht gefordert wird oder nicht. Wird auf Herausgabe einer Sache geklagt, so ist ihr wirklicher, nicht der behauptete Wert entscheidend (§ 6). Für Wiederkehrleistungen gilt § 9. Im übrigen wird der Wert des Streitgegenstandes vom Gericht nach freiem Ermessen festgesetzt (§ 3). Maßgebend ist der Wert zur Zeit der Klagerhebung oder Rechtsmitteleinlegung.

Beispiele:

1. A fordert von B 3000 DM Schadensersatz wegen Beschädigung eines Bildes. Wie hat das Landgericht zu entscheiden, wenn es sofort die Überzeugung gewinnt, daß das Bild höchstens 500 DM wert ist und der Schaden nur 200 DM beträgt? Da A Geldsumme einklagt, ist diese für Zuständigkeit maßgebend, gleichgültig, ob A sie mit Recht beansprucht. Das Landgericht

darf also Klage nicht wegen Unzuständigkeit abweisen, sondern muß darüber sachlich entscheiden.

2. A klagt vor Amtsgericht mit der Eigentumsklage (§ 985 BGB) auf Herausgabe eines Zuchtbullen. B wendet ein, das Tier sei 3000 DM wert. Wenn der Amtsrichter den Wert des Bullen auf 3000 DM festsetzt, muß er die Klage wegen Unzuständigkeit abweisen, falls A keine Verweisung an das Landgericht beantragt (§ 276).

3. Wegen Schuld des Ehemanns ist gegen diesen Urteil auf Zahlung von 500 DM ergangen. Gerichtsvollzieher pfändet deshalb Flügel der Ehefrau im Werte von 3000 DM (§ 1362 BGB, 739 ZPO). Wo muß Ehefrau Widerspruchsklage (§ 771) erheben? Vor Amtsgericht! (§ 6).

4. Wie, wenn Urteil auf 3000 DM lautet, Flügel nur 500 DM wert ist? Nach § 6 Satz 2 ist auch hier Amtsgericht zuständig.

IV. Aus der Zuständigkeitsverteilung ergibt sich, daß die große Mehrzahl der Zivilprozesse vor die Amtsgerichte gehört. Im Jahre 1964 schwebten 783 951 gewöhnliche Prozesse vor Amtsgerichten, 129 957 vor Landgerichten.

§ 13 Die örtliche Zuständigkeit

Die örtliche Zuständigkeit (Gerichtsstand) richtet sich im allgemeinen entweder nach den Verhältnissen des Beklagten oder nach sachlichen Beziehungen der Streitsache zum Gerichtssprengel, z. B. der Lage eines Grundstücks.

I. Allgemeiner Gerichtsstand

Im allgemeinen Gerichtsstand kann eine Person stets verklagt werden, falls nicht für die Klage ein anderes Gericht örtlich ausschließlich zuständig ist (§ 12). Im Gegensatz dazu stehen die besonderen Gerichtsstände, die nur für bestimmte einzelne Klagen gegeben sind. Bisweilen ist der allgemeine Gerichtsstand ausschließlich (z. B. § 648). Bei *Konkurrenz mehrerer Gerichtsstände* (z. B. ein Kölner begeht in München ein Delikt: Konkurrenz von §§ 12 und 32) hat der Kläger die Wahl (§ 35).

1. *Menschen haben ihren allgemeinen Gerichtsstand am Gericht ihres Wohnsitzes* (§ 13).

Maßgebend ist der Wohnsitz des Beklagten, nicht der des Klägers: actor sequitur forum rei. Grund: Der Beklagte soll grundsätzlich nur vor seinem heimischen Gericht Rede und Antwort stehen müssen, da er dem Kläger gegenüber insofern benachteiligt ist, als dieser Zeit und Art des Klagangriffs bestimmt. Die Unbequemlichkeit und der höhere Kostenaufwand eines vor einem auswärtigen Gericht zu führenden Prozesses sollen nicht den Beklagten treffen, der in der Regel ohne seinen Willen in den Prozeß gezogen wird. Den Wohnsitz ergeben §§ 7 ff. BGB. Hat jemand mehrere Wohnsitze (§ 7 II BGB) dann hat er auch mehrere allgemeine Gerichtsstände. Auf die Staatsangehörigkeit kommt es nicht an. Wohnt ein Deutscher ständig im Ausland, so hat er dort auch seinen allgemeinen Gerichtsstand. Besonderes gilt für exterritoriale Deutsche und die im Ausland angestellten Bundes- oder Landesbeamten: § 15.

Personen ohne Wohnsitz (Zirkusleute, die ohne festes Heim im Wohnwagen umherziehen) haben den allgemeinen Gerichtsstand am Gericht des deutschen Aufenthaltsortes; ist dieser unbekannt, am Gericht des letzten Inlandswohnsitzes (§ 16). Läßt sich auch dieser nicht feststellen, dann hat die Person im Inland keinen allgemeinen Gerichtsstand.

Bei der Klage auf Gestattung der Befriedigung aus dem kaufmännischen Zurückbehaltungsrecht ist ausnahmsweise der allgemeine Gerichtsstand des Gläubigers maßgebend (§ 371 IV HGB). Vgl. auch den Hilfsgerichtsstand in Unterhaltssachen § 23a.

2. *Juristische Personen und parteifähige Gemeinschaften* (z. B. eine offene Handelsgesellschaft) *haben ihren allgemeinen Gerichtsstand an ihrem Sitz* (Ort der Verwaltung) *und daneben an dem durch die Satzung bestimmten Orte* (§ 17; wichtig bei ausländischem Sitz).

Der Staat (Bund oder Länder) als Vermögensträger (Gegensatz: Träger von Hoheitsrechten) hat seinen allgemeinen Gerichtsstand am Sitz der Behörde, die ihn im Rechtsstreit vertritt (§ 18). Zweck der Vorschrift: Es soll die Zusammenballung aller Fiskusprozesse in der Hauptstadt vermieden werden. Die vertretende Behörde bestimmt das Verfassungs- und Verwaltungsrecht des Bundes und der Länder. Ein ausländischer Fiskus wird nach Maßgabe des ausländischen Rechts vertreten[1].

II. Besondere Gerichtsstände

1. *Gerichtsstand des Daueraufenthalts* (§ 20).

Hier können Studierende, Arbeiter sowie andere Personen, die längere Zeit an einem Ort freiwillig (Insassen eines Sanatoriums) oder unfreiwillig (Strafgefangene) zu verweilen pflegen, wegen *vermögensrechtlicher* Ansprüche belangt werden. Der Gerichtsstand besteht, solange der betreffende Aufenthalt dauert. Eine vorübergehende Aufenthaltsunterbrechung (Student fährt in den Ferien nach Hause) läßt den Gerichtsstand unberührt. Gleichgültig ist der Entstehungsort des Anspruchs. Gleichgültig, ob er zu dem Aufenthaltszweck in Beziehung steht. Nicht notwendig ist, daß der Aufenthalt tatsächlich schon länger gedauert hat. Ein von vornherein vorübergehender Aufenthalt, wie der des Geschäftsreisenden, genügt nicht. Ebensowenig Aufenthalt an der Arbeitsstätte außerhalb des Wohnortes. Der Gerichtsstand soll vornehmlich den Geschäftsverkehr erleichtern. Er besteht für Inländer und Ausländer.

Beispiel: Referendar A aus Würzburg ist in München am Amtsgericht tätig, nachdem er vorher am Amtsgericht Bad Tölz beschäftigt war. Sein Tölzer

[1] BGH 40,199.

Schneider kann ihn in Würzburg (§ 12) oder München (§ 20) verklagen, nicht aber mehr in Bad Tölz.

2. *Gerichtsstand der selbständigen gewerblichen oder landwirtschaftlichen Niederlassung* (§ 21).

Hier können gegen den Inhaber alle Klagen, die sich auf den Betrieb beziehen, erhoben werden, und zwar nicht nur aus Rechtsgeschäften, sondern auch aus sonstigen Gründen, wie Delikt und unlauterem Wettbewerb. In letzterem Falle ist der Gerichtsstand sogar ausschließlich (§ 24 UWG). Der Gerichtsstand besteht im Interesse der Geschäftsgläubiger.

3. *Gerichtsstand des Erfüllungsortes* (forum contractus, solutionis, § 29).

Er besteht für alle Leistungs-, Feststellungs- und Entschädigungsklagen aus Schuldverträgen, z. B. Erfüllungs-, Wandelungs- (§ 462 BGB) und Schadensersatzklagen wegen Nicht- oder Schlechterfüllung oder wegen Verschuldens bei Vertragsschluß. Ansprüche aus dinglichen Verträgen, Erbverträgen, Erbverzichtsverträgen oder Schiedsverträgen[2] fallen nicht darunter.

Maßgebend ist der Ort, wo die einzelne streitige Verpflichtung gemäß Parteivereinbarung oder ergänzender gesetzlicher Bestimmung (§§ 269, 270 IV BGB) zu erfüllen ist. Bei gegenseitigen Verträgen kann der Erfüllungsort für beide Leistungen verschieden sein. Die Rechtsprechung neigt jedoch bei Zug-um-Zug-Leistungen zu der Annahme eines gemeinsamen Erfüllungsortes. Soll z. B. eine bewegliche Sache gegen Zahlung des Kaufpreises übergeben werden, dann ist gemäß einem im allgemeinen zu unterstellenden Vertragswillen der Ort für beide Teile der Erfüllungsort, wo sich die Sache zur Zeit des Vertragsabschlusses befindet. Entsprechend ist bei der Wandelung (§§ 467, 348 BGB) für die beiderseitigen Rückabwicklungsverpflichtungen der Parteien als gemeinsamer Erfüllungsort der Ort anzusehen, wo die zurückzugebende Ware vertragsmäßig lagert (Austauschort). Der Erfüllungsort der Bürgschaftsverpflichtung ist dagegen selbständig und fällt nicht ohne weiteres mit dem der Hauptschuld zusammen[3].

Im Handelsverkehr wird häufig lediglich des Gerichtsstandes wegen ein Erfüllungsort vereinbart. Großfirmen ziehen auf diese Weise alle Prozesse an ihren Sitz. *Notwendig ist aber stets eine Vereinbarung über den Erfüllungsort.* Wird bei Vertragsabschluß auf Allgemeine Geschäfts- und Lieferungsbedingungen Bezug genommen, so werden diese dadurch zum Vertragsinhalt. Einseitige Vermerke auf Rechnungen sind dagegen auch bei ständigem Geschäftsverkehr und vorbehaltloser Annahme unbeachtlich[4]. Jedoch bindet unter Kaufleuten die widerspruchslose Entgegennahme eines einen Erfüllungsort bestimmenden Bestätigungsschreibens.

Der vereinbarte Gerichtsstand ist regelmäßig als ausschließlicher anzusehen, da sonst seine Vereinbarung wertlos wäre.

[2] BGH 7,185.
[3] RG 96,263.
[4] RG 65,331.

Zur Begründung der Zuständigkeit genügt es, daß nach der Behauptung des Klägers die streitige Verpflichtung im Gerichtsbezirk zu erfüllen ist. Ob sie tatsächlich zu erfüllen ist, betrifft die Berechtigung des Anspruchs, also die Entscheidung zur Hauptsache. Das Bestreiten der Vertragspflicht ist daher kein schlüssiges Bestreiten der Zuständigkeit. Das Gericht ist nicht genötigt, lediglich wegen der Zuständigkeit in der Sache selbst, hier über die Wirksamkeit des Vertrags, Beweis zu erheben. Bezieht sich aber das Bestreiten des Beklagten nicht auf den Vertragsabschluß im ganzen, sondern nur auf die Vereinbarung eines Erfüllungsortes, dann bedarf dieser zum Zwecke der Feststellung der Zuständigkeit des Beweises.

Nach h. Ansicht soll der Gerichtsstand des § 29 für Klagen aus auftragloser Geschäftsführung (§§ 677 ff. BGB) und ungerechtfertigter Bereicherung (§§ 812 ff. BGB) nicht in Betracht kommen[5]. Diese Beschränkung ist bei Bereicherungsklagen jedenfalls dann nicht gerechtfertigt, wenn es sich um die Rückabwicklung nichtiger oder wirksam angefochtener Verträge handelt. In diesen Fällen hat immerhin ein faktisches oder besser fehlerhaftes Vertragsverhältnis bestanden, das zu einem Leistungsaustausch geführt hat. Diese Fälle sollten nicht anders behandelt werden als diejenigen, in denen nach vollzogener Wandelung oder Minderung auf Rückgewähr der schon bewirkten Leistung geklagt wird. Mag bei Nichtigkeit oder durch Anfechtung herbeigeführter Vernichtung eines Vertrags der Rückgewähranspruch auch auf ungerechtfertigte Bereicherung zu stützen sein, so darf nicht außer acht gelassen werden, daß die Parteien bei dem Leistungsaustausch tatsächlich von dem Bestehen eines Vertragsverhältnisses ausgegangen sind. Nachdem die Rechtsprechung auf die faktischen Vertragsverhältnisse in Berücksichtigung geschaffener Tatsachen weithin Vertragsgrundsätze anwendet[6], ist es gerechtfertigt, sie auch § 29 zu unterstellen[7].

Daß Klagen auf Leistungsrückgewähr auf Grund eines *vertraglichen* Rücktrittsrechts (§ 346 BGB) unter § 29 fallen, ist unstreitig. Dasselbe muß aber auch für Ansprüche aus gesetzlichem Rücktrittsrecht (z. B. §§ 325, 326 BGB) gelten.

Beispiel: A klagt am vereinbarten Erfüllungsort Darlehen ein. B erhebt berechtigterweise Wuchereinwand. Hier ist Vertragsanspruch (§ 607 BGB) nichtig (§ 138 II BGB), Klage aber aus § 812 BGB begründet[8]. Mit der Nichtigkeit des Darlehnsvertrags ist freilich auch die Vereinbarung des Erfüllungsortes unwirksam. Es wäre aber prozeßökonomisch nicht vertretbar, wenn das Gericht des Erfüllungsortes hier die sachlich begründete Klage abweisen müßte, weil ihm für die Entscheidung über den Bereicherungsanspruch die Zuständigkeit fehlte. Dies würde überdies mit dem Grundsatz im Widerspruch stehen, daß das Gericht die Klage unter jedem nur möglichen rechtlichen Gesichtspunkt selbständig zu prüfen hat. Ebenso wie anzunehmen

[5] BGH JZ 1962, 315; *Rosenberg* § 35 II 1.

[6] Vgl. z. B. RG 142,98; 165,193; BGH 3,285; 8,166; 11,190; 13,322; 17,13; 17,167; *Enneccerus-Lehmann,* Schuldrecht[15], § 145 III 3.

[7] Ähnlich *Nikisch* § 23 IV 4.

[8] RG 161,52.

ist, daß ein vereinbartes Gericht gerade auch über die Wirksamkeit des die Zuständigkeitsvereinbarung enthaltenden Hauptvertrags entscheiden soll, muß zur Begründung des Gerichtsstandes des § 29 genügen, daß der äußere Sachverhalt eines Vertrages gegeben ist. Die rechtliche Unwirksamkeit des Vertrages kann die Zuständigkeit nicht berühren.

Verwandt sind: der *Gerichtsstand des Wechselzahlungsortes* (§ 603 ZPO, Art. 1 Nr. 5, 2 III WG), *des Meß- und Marktortes* (§ 30), *der Vermögensverwaltung* (§ 31, z. B. Klage auf Rechnungslegung und Vermögensherausgabe) und *der Mitgliedschaft* (§ 22).

4. *Gerichtsstand der unerlaubten Handlung* (forum delicti commissi, § 32).

Er ist für Deliktsansprüche am Tatort begründet, weil sich hier der Sachverhalt am sichersten und leichtesten feststellen läßt. Zu den Deliktsansprüchen gehören die Ansprüche aus §§ 823 ff BGB, einschließlich der Fälle der Gefährdungshaftung, wie z. B. § 833 BGB, § 1 HaftpflG, §§ 7, 20 StVG, §§ 44, 56 LuftVG. Gleichgültig ist, ob der Beklagte für eine eigene oder eine fremde Handlung (§ 831 BGB) haftet. Bloße Vertragsverletzungen begründen den Gerichtsstand nicht. Ob die Konkursanfechtung und die Anfechtung außerhalb des Konkurses hierher gehören, ist streitig, aber nach dem Grundgedanken des § 32 zu bejahen. RG 21,425 hat nur für Ansprüche, die auf § 31 Nr. 1 oder 2 KO gestützt werden, den Gerichtsstand des § 32 ZPO bejaht[9]. Eine solche enge Auslegung wird dem Zwecke des § 32 ZPO nicht gerecht, da eine unerlaubte Handlung im eigentlichen Sinne nicht Voraussetzung ist[10]. Deshalb kann auch die auf verbotene Eigenmacht (§ 858 BGB) gestützte Besitzklage (§ 861 BGB), die kein Verschulden voraussetzt, im Gerichtsstand des § 32 erhoben werden, ebenso Schadensersatzklagen wegen Vollstreckung eines später aufgehobenen Urteils oder Arrestbefehls (§§ 302, 600, 717, 945).

Tatort ist jeder Ort, an dem ein Teil des Tatbestandes verwirklicht ist. Unter Umständen ist daher der Gerichtsstand des § 32 an mehreren Orten gegeben (z. B. bei Pressedelikten, Patentverletzungen, Beleidigungen in Briefen usw.). Wird eine Klage auf § 3 UWG gestützt, so ist neben dem Gerichtsstand des § 24 UWG wahlweise auch der des § 32 ZPO begründet, da § 3 UWG ein Schutzgesetz im Sinne von § 823 II BGB ist[11]. Handelt es sich dagegen um eine reine Wettbewerbsklage, so ist der Gerichtsstand des § 24 UWG ausschließlich.

Schwierigkeiten ergeben sich daraus, daß § 32 ZPO — wie die ZPO überhaupt — auf actionenrechtlichem Denken beruht, indem die Vorschrift von Klagen „aus unerlaubten Handlungen" spricht. Erhebt jemand im deliktischen Gerichtsstand des § 32 einen Schadensersatzanspruch, der sich sowohl auf Delikt wie auf Vertragsbruch stützt, so kann der Fall eintreten, daß der Deliktsanspruch infolge eines gelungenen Entlastungsbeweises ent-

[9] RG 48,401; 50,410; 74,226; 84,253.

[10] Unrichtig *Mentzel-Kuhn*, Konkursordnung[7] § 29 Anm. 51.

[11] BGH 15,355.

fällt (§ 831 BGB), während der vertragliche Schadensersatzanspruch gemäß § 278 BGB, der eine Entlastung nicht zuläßt, begründet ist. Hier wäre es prozeßökonomisch nicht zu vertreten, wenn das Gericht die sachlich begründete Klage lediglich deshalb abweisen müßte, weil ihm die Zuständigkeit zur Verwertung des zutreffenden rechtlichen Gesichtspunktes fehlte. Das Gericht hat vielmehr in einem solchen Falle der Klage stattzugeben, da der behauptete objektive Deliktstatbestand seine Zuständigkeit generell begründet hat und Streitgegenstand der einheitliche Schadensersatzanspruch ist, der nur aus verschiedenen Gesetzesnormen hergeleitet werden kann. Denn der Kläger erhebt heute keine bestimmte actio mehr, er klagt nicht aus einem einzelnen Paragraphen und macht nicht ein im bürgerlichen Recht begründetes besonderes Klagrecht geltend, sondern er stellt eine durch den Klagantrag bestimmte und umgrenzte Rechtsfolge, die er aus einem einheitlichen Lebensvorgang herleitet, zur Entscheidung. Diese Rechtsbehauptung ist der Streitgegenstand des Zivilprozesses, sie ist der Anspruch im Sinne der ZPO[12]. Der Streitgegenstand ist einheitlich. Er richtet sich nach dem ihm zugrunde liegenden Sachverhalt, nicht nach der rechtlichen Ableitung. Die Einheitlichkeit des Klagebegehrens wird nicht dadurch beseitigt, daß sich der Kläger auf verschiedene rechtliche Gesichtspunkte stützt, wenn der zugrunde liegende Sachverhalt derselbe bleibt. Deshalb kann der Streitgegenstand auch nicht in einzelne materiellrechtliche Ansprüche aufgespalten werden, da nach dem sachlichen Recht eine einzige Forderung auf Schadensersatz besteht, die lediglich auf verschiedenen Gesetzesnormen beruht. Daher ist ein Gericht, das nach irgendeiner Vorschrift zur Entscheidung zuständig ist, nicht nur berechtigt, sondern verpflichtet, das Klagebegehren unter jedem nur denkbaren rechtlichen Gesichtspunkt zu würdigen und nach der gesamten Rechtsordnung, nicht nur nach einem bestimmten rechtlichen Gesichtspunkt zu entscheiden. Durch die Begrenzung der Zuständigkeit darf also das Gericht nicht an einer umfassenden Prüfung des Klagebegehrens gehindert werden, es sei denn, daß ein ausschließlicher Gerichtsstand entgegensteht. Dadurch werden überflüssige Streitigkeiten über die Zuständigkeit in wünschenswerter Weise eingeschränkt[13].

5. *Gerichtsstand der belegenen Sache* (dinglicher Gerichtsstand, forum rei sitae, §§ 24 — 26).

Er bezieht sich nur auf unbewegliche Sachen, d. h. auf Grundstücke und grundstücksgleiche Rechte (z. B. Erbbaurecht).

a) *Er ist für die in § 24 genannten Klagen örtlich ausschließlich.* Die Ausschließlichkeit ist deutschrechtlichen Ursprungs. Sie bezweckt mit Rücksicht auf das Grundbuchwesen die einheitliche Feststellung der dinglichen Rechte am Grundstück. Jede Entscheidung ausländischer Gerichte über Rechte an deutschem Grund und Boden ist unzulässig (§ 328 I Nr. 1). Selbst die Exterritorialen müssen sich dem dinglichen Gerichtsstand beugen (§ 20 GVG).

[12] Vgl. *Bernhardt,* Die Aufklärung des Sachverhalts, S. 16 und unten § 29 IV 1a.

[13] Vgl. *W. Fischer,* ZZP 57,355 ff.; *Nikisch* § 21 V; BGH 13,153; 15,355.

Hierher gehören:

α) Dingliche Klagen: so die Eigentumsklage (z. B. Klage auf Herausgabe § 985 BGB), Feststellungsklage auf Bestehen oder Nichtbestehen des Eigentums, Eigentumsabwehrklage (§ 1004 BGB), Grundbuchberichtigungsklage (§ 894 BGB), z. B. auf Eintragung der nach § 1287 BGB, § 848 ZPO ohne Eintragung entstandenen Sicherungshypothek oder auf Umschreibung der Hypothek in eine Eigentümergrundschuld (§§ 1163, 1177 BGB). Nicht hierher gehört die auf Löschung einer Grundschuld wegen Fehlens der zu sichernden Forderung gerichtete Klage, da es sich hierbei um einen schuldrechtlichen Anspruch (§ 812 BGB) auf Aufhebung der Belastung handelt. Dagegen fallen unter § 24 die Grundpfandklagen zur Erwirkung eines nach § 1147 BGB verwendbaren Titels (Hypotheken-, Grundschuld-, Rentenschuldklage) sowie Klagen, die eine Grunddienstbarkeit, eine Reallast oder ein dingliches Vorkaufsrecht betreffen; nicht hierher gehören dagegen schuldrechtliche Klagen (z. B. aus Kauf) auf Verschaffung des Eigentums oder eines sonstigen dinglichen Rechts; da die Schadensersatzansprüche gemäß §§ 989 ff. BGB schuldrechtlicher Natur sind, besteht für sie nicht der ausschließliche Gerichtsstand des § 24;

β) Grenzscheidung- (§§ 919 ff. BGB) *und Teilungsklagen* (§ 749 BGB);

γ) Besitzklagen (§§ 861, 862, 865, 866, 1029 BGB).

Beispiel: A ist Mieter eines Villengrundstücks in München. Im Nebenhaus wohnt in Untermiete der Musikstudent B aus Köln. Da B regelmäßig von 13 bis 15 Uhr Posaune bläst, erhebt A gemäß § 862 BGB Unterlassungsklage. Hierfür ist ausschließlich München als forum rei sitae zuständig, §§ 12 und 20 scheiden wegen der Ausschließlichkeit von § 24 aus.

b) *Nicht ausschließlich ist der dingliche Gerichtsstand:*

α) Als Gerichtsstand des Sachzusammenhangs für die in § 25 bezeichneten persönlichen Klagen, falls sie mit einer dinglichen Klage verbunden und gegen denselben Beklagten gerichtet sind; so kann z. B. die Darlehnsklage mit der Hypothekenklage im dinglichen Gerichtsstand erhoben werden, mit der Klage auf Bewilligung der Umschreibung nach § 1163 BGB die Klage auf Feststellung des Nichtbestehens der gesicherten Verbindlichkeit, mit der Klage auf Feststellung einer Reallast die Klage auf Rückstände (§ 1108 BGB).

Beispiel: A hat B in Stuttgart ein Darlehen gewährt, zu dessen Sicherung an dem Münchener Grundstück des B eine Hypothek eingetragen ist. Hier muß die Hypothekenklage in München erhoben werden (§ 24). Mit dieser Klage kann die Schuldklage verbunden werden. Will dagegen A nur den Darlehnsanspruch geltend machen, dann muß er B in Stuttgart (§§ 12, 29) verklagen. Für den Gerichtsstand der Hypothekenklage ist die etwaige Vereinbarung eines Erfüllungsortes unerheblich. Die Vereinbarung kann sich nur auf die persönliche Forderung beziehen.

β) Gemäß § 26 auch ohne Verbindung mit einer dinglichen Klage für persönliche Klagen gegen den Eigentümer oder Besitzer eines Grundstücks als solchen, z. B. auf Gestattung der Besichtigung eines Grundstücks gemäß § 809 BGB oder auf Abholung von einem Grundstück nach §§ 867, 1003 BGB oder auf Ersatz des Aufwands für ein Grundstück nach §§ 994 ff. BGB. Weiter gilt § 26 *für Klagen wegen Grundstücksbeschädigung* (§§ 823, 989 BGB) *sowie für Entschädigungsklagen wegen Grundstücksenteignung.* Nach den meisten landesrechtlichen Enteignungsgesetzen ist der Gerichtsstand des § 26 für Entschädigungsansprüche ausschließlich (vgl. § 15 Nr. 2 EGZPO).

6. *Gerichtsstand der Erbschaft* (forum hereditatis, §§ 27, 28).

Er besteht im letzten allgemeinen Gerichtsstand des Erblassers (vgl. auch § 27 II):

a) *ohne zeitliche Beschränkung* für Klagen über Erbrecht, Erbschaftsbesitz, Vermächtnisse, Pflichtteilsansprüche und Erbteilung;

b) *zeitlich beschränkt* für Klagen wegen sonstiger Nachlaßverbindlichkeiten, insbesondere Erblasserschulden, und zwar bei Alleinerbschaft, solange sich der Nachlaß noch ganz oder teilweise im Gerichtsbezirk befindet, bei mehreren Erben, solange diese als Gesamtschuldner haften (§§ 2058 ff. BGB). § 28 soll vor allem inländische Nachlaßgläubiger gegen Auslandserben eines Deutschen sichern.

7. Hat eine Person keinen deutschen Wohnsitz, so kann diese wegen vermögensrechtlicher Ansprüche dort verklagt werden, wo sich Vermögen von ihr oder der Streitgegenstand befindet: *Gerichtsstand des Vermögens* (Ausländerforum, § 23).

Besitzt z. B. ein Schwede in Hamburg ein Grundstück, so kann er dort auf Bezahlung gelieferter Waren verklagt werden. Der Gerichtsstand bezweckt, dem Kläger die unbequeme Rechtsverfolgung im Ausland zu ersparen. Auch unpfändbares Vermögen begründet den Gerichtsstand[14]. Immerhin muß der Gegenstand einen selbständigen Wert haben. Deshalb genügen z. B. Briefe oder Handakten nicht. Ebensowenig die notwendigen Kleidungsstücke, die der Beklagte trägt.

Bei Forderungen gilt als Ort des Vermögens, wo der Schuldner des Beklagten (der Drittschuldner) seinen Wohnsitz hat. Bei juristischen Personen entscheidet ihr Sitz (§ 17). Bei Forderungen aus Inhaber- und indossablen Papieren ist es erforderlich und genügend, daß sich das Papier im Inland befindet, da für sie die Grundsätze über Sachen gelten. Der Wohnsitz des Schuldners ist hier nicht entscheidend. Bei Patentrechten gilt als Vermögensort der Ort, wo der Vertreter des Ausländers seinen Geschäftsraum, hilfsweise seinen Wohnsitz hat. In Ermangelung eines solchen der Sitz des Patentamts (§ 16 PatG). Vgl. auch § 20 GebrMG und § 39 WZG.

Beispiel: A aus München klagt gegen B aus Stockholm vor dem zweifellos unzuständigen Landgericht München. Seine Klage wird wegen Unzuständigkeit kostenpflichtig abgewiesen. Jetzt klagt A erneut vor dem Landgericht München mit dem Hinweis, daß in München der Gerichtsstand des Vermögens begründet sei, da B gegen ihn eine Kostenerstattungsforderung aus dem ersten Prozeß habe. Hier liegt eine arglistige Erschleichung des Gerichtsstandes vor, da die erste Klage nur den Zweck hatte, B einen Anspruch auf Kosten-

[14] RG 75,415.

erstattung und damit eine Forderung im Inland zu verschaffen. Auch die zweite Klage ist wegen Unzuständigkeit abzuweisen[15].

Ob § 23 im Interzonenrecht entsprechend anwendbar ist, ist streitig.

Unmittelbar ist § 23 ZPO nicht anwendbar, da die DDR im Sinn dieser Vorschrift kein Ausland ist. Das Grundgesetz für die Bundesrepublik Deutschland bekennt sich in seiner Präambel zur Wahrung der nationalen und staatlichen Einheit. Dieses Bekenntnis soll zum Ausdruck bringen, daß das deutsche Volk auf die Zusammengehörigkeit der westdeutschen und der ostdeutschen Länder einen natürlichen und unverzichtbaren Anspruch hat. § 23 ZPO ist aber entsprechend anzuwenden, da die DDR eine andersartige Entwicklung in wirtschaftlicher, sozialer und rechtlicher Hinsicht genommen hat als die Bundesrepublik und für die Einwohner der Bundesrepublik für Klagen bei Gerichten der DDR mannigfache Schwierigkeiten bestehen[16].

§ 23a begründet einen Hilfsgerichtsstand in Unterhaltssachen. Er ist nur begründet, wenn kein anderer Gerichtsstand, auch nicht der aus § 23 gegeben ist. Es kann dann im allgemeinen Gerichtsstand des Klägers (§§ 13, 16) geklagt werden. Ob das Urteil im Staat des Verpflichteten anerkannt wird und vollstreckbar ist, ist eine Frage für sich.

8. Ein *Gerichtsstand des Zusammenhanges* ist dann gegeben, wenn bei einem Gericht eine Klage erhoben werden kann, weil sie mit einer früheren oder gleichzeitig dort anhängig gemachten Streitsache zusammenhängt.

a) *So ist für die Widerklage (d. h. die im anhängigen Prozeß vom Beklagten gegen den Kläger erhobene Klage) das Gericht der Hauptklage zuständig: Gerichtsstand der Widerklage* (§ 33). Vorausgesetzt wird dabei ein Doppeltes: Einmal muß die Widerklage mit der Klage oder mit den gegen sie vorgebrachten Verteidigungsmitteln in rechtlichem Zusammenhang stehen.

Beispiel: Negative Feststellungsklage, Widerklage auf Verurteilung; Klage auf Warenlieferung, Widerklage auf Zahlung des Kaufpreises; Klage aus Grunddienstbarkeit (§ 1018 BGB), Widerklage auf Feststellung, daß Kläger nicht Eigentümer ist; Klage aus ererbter Forderung, Widerklage, daß Kläger nicht Erbe ist.

Rechtlicher Zusammenhang fehlt dagegen bei Kaufklage auf Lieferung von Kartoffeln und Widerklage auf Leistung eines Gemäldes, Klage aus Miete und Widerklage aus Delikt.

Sodann darf für die Widerklage kein anderes Gericht ausschließlich zuständig sein, so daß die Zuständigkeit des Klagegerichts sachlich und örtlich vereinbart werden kann (§ 33 II). Erhebt z. B. der vor dem Landgericht Verklagte einen Gegenanspruch, der sachlich ausschließlich vor das Arbeitsgericht gehört (§ 2 ArbGG), so fehlt dem Landgericht für die Widerklage die Zuständigkeit. Die Widerklage muß, falls keine Verweisung beantragt wird (§ 276 ZPO, § 48 ArbGG), wegen Unzuständigkeit abgewiesen werden. Fehlt der rechtliche Zusammenhang, läßt sich aber der Kläger ohne Rüge auf die Widerklage ein, so liegt darin eine stillschweigende Vereinbarung des Ge-

[15] OLG Darmstadt, JW 1929, 121 gegen RG 16,391.
[16] BGH 4,62.

richtsstandes, falls Prorogation zulässig ist (§§ 38, 39). Nimmt man an, daß § 33 nicht nur den besonderen Gerichtsstand der Widerklage regelt, sondern gleichzeitig die prozessualen Voraussetzungen der Widerklage überhaupt[17], dann heilt das Fehlen des rechtlichen Zusammenhangs durch Untergang der Rüge gemäß § 295. Wird dagegen gerügt, dann ist die Widerklage, falls keine Verweisung beantragt wird (§ 276), als unzulässig abzuweisen.

b) Hierher gehören weiter die Klagen nach §§ 34, 64, 603 II, 767 f., 771.

§ 14 Die internationale Zuständigkeit

Kralik, Die internationale Zuständigkeit, ZZP 74,2; *Matthies*, Die deutsche internationale Zuständigkeit, 1955; *Neuner*, Internationale Zuständigkeit (1929); *Neuhaus*, JZ 66, 238; *Pagenstecher*, Gerichtsbarkeit und internationale Zuständigkeit als selbständige Prozeßvoraussetzungen, *Rabels* Z 11 (1937), 337 ff.; *Rietzler*, Internationales Zivilprozeßrecht (1949).

Die internationale Zuständigkeit regelt die Grenzziehung zwischen der Zuständigkeit deutscher und der Zuständigkeit ausländischer Gerichte. Diese Zuständigkeitsfrage tritt bei Rechtsstreitigkeiten mit Auslandsbeziehungen auf, sei es, daß eine Partei im Ausland wohnt oder die Streitsache dort belegen ist. Über diese Zuständigkeitsfrage entscheidet das internationale Zivilprozeßrecht. Freilich gibt es keine internationale Zuständigkeitsordnung, welche die Rechtssachen unter die Gerichte der verschiedenen Staaten verteilte, vielmehr bestimmt jeder Staat die Grenzen der eigenen Zuständigkeit selbständig. Auf die Zuständigkeitsordnung eines fremden Staates hat er keinen Einfluß, weil diese Ausdruck staatlicher Hoheitsgewalt ist, in die ein fremder Staat nicht eingreifen darf. Ein Staat kann niemals die Zuständigkeit eines fremden Staates anordnen, er kann lediglich bestimmen, daß eine fremdstaatliche Zuständigkeit anerkannt wird (§ 328 ZPO).

Ist ein deutsches Gericht nach internationalen Regeln zuständig, dann wird damit gleichzeitig die deutsche Gerichtsbarkeit i. S. der Entscheidungsgewalt bejaht. Beide Begriffe dürfen aber nicht miteinander verwechselt werden. So handelt es sich bei der Befreiung der ausländischen Diplomaten und Staatsoberhäupter (§ 18 GVG) nicht um eine Frage der internationalen Zuständigkeit, sondern der das Völkerrecht berührenden Gerichtsbarkeit[1]. Fehlt die Gerichtsbarkeit, kommt eine Zuständigkeit nicht in Betracht. Verzichtet aber ein Gerichtsfreier auf seine Rechte aus der Exerritorialität und unterwirft er sich damit der deutschen Gerichtsbarkeit, dann ist für den betreffenden Prozeß gesondert zu prüfen, ob ein deutsches oder ein ausländisches Gericht zuständig ist.

[17] BGH 40,185, a.A. *Nikisch* § 44 III 2, *Blomeyer* § 61 II 2b.
[1] RG 157,389.

Von Ausnahmen, z. B. § 606b, abgesehen, enthält die ZPO keine ausdrückliche Regelung der internationalen Zuständigkeit. Die Regelung erfolgt aber oft mittelbar dadurch, daß auf die Vorschriften der §§ 12 ff. ZPO über den Gerichtsstand verwiesen wird: Soweit danach ein deutsches Gericht örtlich zuständig ist, ist es nach deutschem Recht auch international, d. h. im Verhältnis zu ausländischen Gerichten, zuständig[2]. Eine solche Verknüpfung von örtlicher und internationaler Zuständigkeit besteht z. B. in den Fällen der §§ 23, 23a ZPO, wo durch örtliche Zuständigkeitsnormen der inländische Rechtsschutz erweitert wird. Der ausschließliche dingliche Gerichtsstand nach § 24 ZPO ist zugleich eine Inanspruchnahme der ausschließlichen internationalen Zuständigkeit, zumal er sogar gegen Exterritoriale wirkt (§ 20 GVG). Dies erklärt sich daraus, daß der Grund und Boden als untrennbarer Teil des Staatsgebiets nur der Herrschaft desjenigen Staates untersteht, zu dem er gehört[3]. Mit dieser Sach- und Rechtslage muß auch jede gerichtsfreie Person, die inländischen Grund und Boden erwirbt, rechnen[4].

Trotz dieser Verknüpfung besteht zwischen örtlicher und internationaler Zuständigkeit eine funktionelle Verschiedenheit: Die örtliche Zuständigkeitsordnung verteilt die Streitsachen dem Gerichtsbezirk nach auf die im Inland befindlichen gleichartigen Gerichte, dagegen regelt die internationale Zuständigkeit, ob eine Streitsache mit Auslandsbeziehungen von deutschen oder ausländischen Gerichten entschieden werden soll.

Während in § 24 ZPO der Grundsatz der Gebietshoheit zum Ausdruck kommt, folgt die internationale Zuständigkeit in anderen Fällen dem Grundsatz der Personalhoheit: so wenn für Kindschaftsprozesse (§ 642 II) und Entmündigung von Deutschen (§§ 648 II, 680 III) die Zuständigkeit deutscher Gerichte auch ohne Inlandswohnsitz besteht. Mangels Personalhoheit hängt dagegen die deutsche Zuständigkeit in Ehesachen von Ausländern davon ab, daß der Heimatstaat des Mannes das von einem deutschen Gericht gefällte Urteil anerkennt (§ 606b).

Die internationale Zuständigkeit kann vereinbart oder ausgeschlossen werden, falls eine Zuständigkeitsvereinbarung zulässig ist (§§ 38 ff.). Besteht im Inland kein Gerichtsstand, entfällt die inländische internationale Zuständigkeit. Ob zwischen dem internationalen Privatrecht und der internationalen Zuständigkeit insofern ein Gleichlauf besteht, als bei Anwendung von deutschem materiellen Recht deutsche internationale Zuständigkeit besteht, falls im Ausland das deutsche Recht nicht angewandt werden würde, ist streitig[5].

[2] BGH 44,46.
[3] RG 62,167.
[4] RG 103,277.
[5] *Neuhaus*, JZ 66,241.

Ist ein deutsches Gericht international zuständig, dann wendet es ausschließlich deutsches Prozeßrecht an, selbst wenn die Streitsache nach den Normen des internationalen Privatrechts ausländischem materiellen Recht unterliegt.

Ist die inländische internationale Zuständigkeit nicht gegeben, so ist die Klage wegen Fehlens einer Prozeßvoraussetzung als unzulässig abzuweisen. Fällt das Gericht trotz des Mangels ein Sachurteil, so ist dieses wirksam, aber anfechtbar. Mit Rechtskraft heilt der Mangel. Auch darin unterscheidet sich die internationale Zuständigkeit von der Gerichtsbarkeit. Fehlt letztere, ist das Urteil nichtig (vgl. oben § 6 V 2 a).

Ob ein deutsches Urteil im Ausland anerkannt wird, richtet sich nach dem Recht des betreffenden Staates.

§ 15 Die vereinbarte und die zugewiesene Zuständigkeit

I. Die Vorschriften über die sachliche und örtliche Zuständigkeit bestimmen, wer für die Parteien eines Prozesses der gesetzliche Richter ist. Da aber die Zuständigkeitsnormen überwiegend dem Interesse der Parteien dienen, sind sie in der Regel nicht zwingend. Deshalb können die Parteien weithin neben oder an Stelle der gesetzlichen Zuständigkeit eine vertragliche schaffen.

Eine solche *Zuständigkeitsvereinbarung (Prorogation)* kann selbständig oder als Teil eines anderen Vertrags (z. B. Kauf- oder Mietvertrags) getroffen werden. Im letzteren Falle ist die Wirksamkeit der Vereinbarung im Zweifel nicht von der Gültigkeit des Hauptvertrags abhängig, da das vereinbarte Gericht annehmbar auch über die Rechtsbeständigkeit des Hauptvertrags entscheiden soll (§ 139 BGB)[1]. Besondere Formvorschriften bestehen nicht, selbst wenn das Rechtsgeschäft, dessen Bestandteil die Zuständigkeitsübereinkunft ist, einer Form unterliegt[2]. Geschäfts- und Lieferungsbedingungen enthalten meist auch Zuständigkeitsvereinbarungen. In der Regel wird hier die Niederlassung des Lieferanten als Gerichtsstand bestimmt. Großfirmen ziehen dadurch alle Prozesse an ihren Sitz. Dies ist zwar für die betreffende Firma sehr vorteilhaft, für den vielleicht weit entfernt wohnenden Kunden aber oft nachteilig, weil dadurch seine Verteidigung erheblich erschwert ist. Namentlich bei Abzahlungsgeschäften führt die im Bestellschein enthaltene Zuständigkeitsklausel zu Mißständen.

Die *Prorogation* ist unter folgenden *Voraussetzungen* zulässig:

1. Es kann nur die Zuständigkeit eines *ordentlichen* Gerichts vereinbart werden, nicht die eines besonderen Gerichts, eines Gerichts der freiwilligen Gerichtsbarkeit oder eines Verwaltungsgerichts.

[1] RG 140,151; BGH LM § 38 Nr. 4. [2] RG 140,149.

Deshalb kann die sachliche Zuständigkeit der Arbeitsgerichte nicht auf Kosten der ordentlichen Gerichte durch Übereinkommen erweitert werden.

Ausnahme: Für bürgerlich-rechtliche Streitigkeiten zwischen juristischen Personen des Privatrechts und ihren gesetzlichen Vertretern aus dem Dienstvertrag kann wegen der Ähnlichkeit mit Arbeitsvertragsverhältnissen die Zuständigkeit der Arbeitsgerichte vereinbart werden (§§ 3 II, 5 ArbGG).

Im übrigen sind bei den Arbeitsgerichten nur örtliche Zuständigkeitsvereinbarungen möglich (§ 48 II ArbGG). Diese können selbst in einem Tarifvertrag getroffen werden (§ 48 II ArbGG). Dadurch wird das betreffende Arbeitsgericht für alle von dem Tarifvertrag erfaßten Arbeitsverhältnisse zuständig. Grund: Den Tarifvertragsparteien soll es ermöglicht werden, die einheitliche Auslegung des Tarifvertrags durch Konzentrierung aller Streitigkeiten aus tarifgebundenen Arbeitsverhältnissen bei einem einzigen Arbeitsgericht zu erreichen[3]. Durch den Tarifvertrag kann freilich keine ausschließliche Zuständigkeit begründet werden.

Die Zuständigkeitsvereinbarung bezieht sich in der Regel auf ein bestimmtes Gesicht. Es genügt jedoch, daß das Gericht bestimmbar ist. So kann im Falle der Abtretung einer Forderung der Gerichtsstand des Wohnsitzes des Zessionars vereinbart werden. Auch eine negative Prorogation, durch die die Zuständigkeit bestimmter Gerichte ausgeschlossen wird, ist zulässig, wofern noch *ein* zuständiges Gericht verbleibt.

2. Die Vereinbarung kann sich sowohl auf die *sachliche* wie auf die *örtliche* Zuständigkeit beziehen. Dagegen ist die funktionelle Zuständigkeit jeder Vereinbarung entzogen (vgl. oben § 11 zu 1—3).

Infolgedessen ist die Prorogation nur auf ein Gericht erster Instanz zulässig (§ 38). Es kann also lediglich auf ein Amtsgericht oder Landgericht prorogiert werden, nie dagegen auf ein Oberlandesgericht oder den Bundesgerichtshof. Ebensowenig kann die Zuständigkeit einer bestimmten Spruchabteilung (z. B. einer bestimmten Kammer) vereinbart werden.

3. Die Vereinbarung ist nur zulässig, wenn der Rechtsstreit *vermögensrechtliche Ansprüche* betrifft (§ 40 II).

Daher ausgeschlossen z. B. in allen Personenstandssachen (§§ 606 ff.). *Grund:* Diese berühren das öffentliche Interesse und sind daher jeder Parteiverfügung entzogen.

4. Die Vereinbarung muß sich auf ein *bestimmtes Rechtsverhältnis* (z. B. einen bestimmten Vertrag oder ein Kontokorrentverhältnis) beziehen.

Eine Vereinbarung „für den gesamten Geschäftsverkehr der Parteien" wäre unwirksam.

[3] *Dietz-Nikisch*, Arbeitsgerichtsgesetz (1954) § 48 Anm. 15.

5. Für die Klage darf *keine ausschließliche* örtliche oder sachliche (!) *Zuständigkeit* begründet sein (§ 40 II). Der Ausdruck „Gerichtsstand“ umfaßt hier auch die sachliche Zuständigkeit.

6. Ob die Vereinbarung eines Gerichtsstandes für die Parteien eine ausschließliche Zuständigkeit schafft, so daß die Zuständigkeit der gesetzlich zuständigen Gerichte ausgeschlossen wird, ist eine nach den Umständen des Einzelfalles zu beurteilende Tatfrage. In der Regel wird der Parteiwille auf Ausschließlichkeit gerichtet sein, da sonst die Vereinbarung wenig Wert hat[4].

Wird bei vereinbarter Ausschließlichkeit ein anderes als das vereinbarte Gericht angerufen, dann steht dem Beklagten die prozeßhindernde Einrede der Unzuständigkeit zu (§ 274 II Nr. 1). Im Gegensatz zur gesetzlichen Ausschließlichkeit kann aber der Beklagte bei der vertraglichen Ausschließlichkeit auf die Einrede verzichten. Deshalb verliert er sie durch vorbehaltloses Verhandeln zur Hauptsache (§ 39).

7. Die Zuständigkeitsvereinbarung ist keine Prozeßhandlung, sondern bürgerlich-rechtlicher Vertrag[5]. Sie unterliegt daher den Regeln des BGB über Rechtsgeschäfte, insbesondere hinsichtlich der Anfechtung (§§ 119 ff. BGB) und Nichtigkeit (§§ 134, 138 BGB).

8. § 38 gilt entsprechend für die Bestimmung des Gerichts durch einseitige Willenserklärungen, z. B. Testament, Auslobung und Vereinssatzung[6].

II. Stillschweigende Prorogation wird angenommen, wenn der Beklagte vor dem unzuständigen Gericht ohne Rüge der Unzuständigkeit mündlich zur Hauptsache verhandelt (§ 39). Eine Verhandlung zur Hauptsache liegt dann vor, wenn der Beklagte auf den geltend gemachten Anspruch sachlich eingeht. Im Gegensatz hierzu steht die Erörterung von Verfahrensfragen, z. B. die Ablehnung des Richters oder das Vorbringen einer prozeßhindernden Einrede (§ 274).

Da § 39 eine unwiderlegbare Vermutung aufstellt, ist eine Anfechtung wegen Willensmangels (etwa weil Beklagter über die Höhe des Streitwertes irrte) unzulässig. Auch ein Nachholen der Unzuständigkeitsrüge nach § 274 III ist ausgeschlossen, weil sich § 39 gegenüber § 274 als Spezialnorm darstellt.

Erscheint der Beklagte nicht, dann kommt § 39 mangels einer vorbehaltlosen Verhandlung zur Hauptsache nicht in Betracht. Da das Gericht seine Zuständigkeit von Amts wegen zu prüfen hat, muß es bei Unzuständigkeit die Klage durch Prozeßurteil als unzulässig abweisen, falls der Kläger nicht Verweisung an das zuständige Gericht beantragt (§ 276). Behauptet jedoch

[4] Vgl. dagegen RG 159, 256.

[5] *Rosenberg* § 36 I; *Blomeyer* § 5 VII 1; a.A. RG 159,255; offenlassend BGH LM § 38 Nr. 4; vgl. auch *Baumgärtel,* Wesen und Begriff der Prozeßhandlung einer Partei im Zivilprozeß (1957) S. 218 ff.

[6] *Rosenberg* § 36 I 5.

der allein verhandelnde Kläger eine Zuständigkeitsvereinbarung und ist dieses Vorbringen in der Klage oder einem ergänzenden Schriftsatz rechtzeitig (§§ 132, 335 I Nr. 3) angekündigt worden, dann gilt es als zugestanden (§ 331 I), so daß das nunmehr als zuständig anzusehende Gericht gegen den Beklagten Versäumnisurteil zu erlassen hat, falls dessen weitere Voraussetzungen vorliegen.

III. Die Wirkung einer gültigen ausdrücklichen oder stillschweigenden Prorogation ist die Begründung endgültiger Zuständigkeit. Dadurch kann eine Änderung des an sich gegebenen Instanzenzugs eintreten. Wird in einer Landgerichtssache die Zuständigkeit des Amtsgerichts vereinbart, so ist damit die Revision abgeschnitten.

IV. In bestimmten Ausnahmefällen wird das zuständige Gericht durch das im Instanzenzug zunächst höhere Gericht bestimmt (§§ 36, 37).

§ 16 Die Instanzenordnung

I. Bei der Frage, ob eine gerichtliche Entscheidung durch ein höheres Gericht nachprüfbar sein soll, stehen sich rechtspolitisch zwei Meinungen gegenüber: Die eine schränkt die Rechtsmittel im Interesse schleuniger Erledigung der Prozesse ein, die andere dehnt sie im Interesse der Richtigkeit des Prozeßergebnisses aus.

Erfahrungsgemäß sind unrichtige Urteile nicht zu vermeiden. Diese sind nicht nur ein Schaden für die Betroffenen, sondern auch eine Gefahr für das Wohl der Gesamtheit, da sie das Vertrauen des Volkes zur Rechtspflege untergraben. Im Interesse der Durchführung des wahren Rechts sind daher Rechtsmittel notwendig.

Nach der ZPO besteht grundsätzlich die Möglichkeit der Nachprüfung, und zwar durch ein oder zwei höhere Gerichte je nach der Allgemeinbedeutung der Sache.

II. Die Instanzenordnung gehört in den Bereich der funktionellen Zuständigkeit. Eine Änderung des Instanzenzugs durch Parteivereinbarung ist ausgeschlossen. Aus der bestehenden Über- und Unterordnung ergibt sich, daß die höhere Instanz befugt ist, auf ein Rechtsmittel hin die Entscheidung des unteren Gerichts aufzuheben oder zu ändern.

1. *Ordentliche Gerichte erster Instanz sind die Amtsgerichte und die Landgerichte* (Zivilkammer oder Kammer für Handelssachen). §§ 22 ff., 59 ff., 93 ff. GVG. Ausschlaggebend ist die sachliche Zuständigkeit.

2. *Ordentliche Gerichte höherer Instanz sind die Landgerichte, Oberlandesgerichte und der Bundesgerichtshof.*

a) Die Landgerichte (Zivilkammer oder Kammer für Handelssachen, §§ 72, 100 GVG)sind für Berufung und Beschwerde gegenüber den amtsgerichtlichen Entscheidungen zweite Instanz.

b) Die Oberlandesgerichte sind für Berufung und Beschwerde zweite Instanz gegenüber erstinstanzlichen Entscheidungen der Landgerichte und dritte Instanz für die weitere Beschwerde gegenüber zweitinstanzlichen Entscheidungen der Landgerichte (§ 568). Gegen die von den Landgerichten als Berufungsgerichten erlassenen Urteile gibt es kein weiters Rechtsmittel.

c) Der Bundesgerichtshof ist als Revisionsgericht dritte Instanz gegenüber Urteilen der Oberlandesgerichte, im Falle der Sprungrevision (§ 566a) zweite Instanz gegenüber Urteilen der Landgerichte (§ 133 Nr. 1 GVG). Beschwerdegericht ist der Bundesgerichtshof nur im Falle der sog. Revisionsbeschwerde des § 519b II ZPO (§ 133 Nr. 2 GVG).

3. In Arbeitsgerichtssachen ist das Arbeitsgericht erste, das Landesarbeitsgericht zweite und das Bundesarbeitsgericht dritte Instanz (§ 8 ArbGG).

§ 17 Bedeutung der Zuständigkeit

Die Zuständigkeit ist Prozeßvoraussetzung und daher jederzeit von Amts wegen zu prüfen. Der Beklagte kann die Prüfung durch Erhebung der prozeßhindernden Einrede der Unzuständigkeit (§ 274 II Nr. 1) anregen. Im Streitfall hat der Kläger die für die Zuständigkeit maßgebenden Tatsachen zu beweisen, z. B. daß der in München verklagte Schuldner dort seinen Wohnsitz hat (§ 13)[1]. Im allgemeinen muß die Frage der Zuständigkeit zu beantworten sein, ohne daß damit zugleich über die Sache selbst entschieden wird.

Fallen daher die anspruchsbegründenden Tatsachen mit denen zusammen, welche die Zuständigkeit begründen, dann ergibt sich die Zuständigkeit aus dem behaupteten Anspruch. Ein Beweis der Klagebehauptungen ist, selbst wenn sie bestritten sind, zur Prüfung der Zuständigkeit nicht erforderlich.

Beispiele:

1. Eine Klage auf Zahlung von 5000 DM gehört vor das Landgericht, selbst wenn sich herausstellt, daß sie nur in Höhe von 500 DM begründet ist.

2. Erhebt der Kläger im Gerichtsstand der unerlaubten Handlung (§ 32) eine Schadensersatzklage wegen Sachbeschädigung, dann braucht das Gericht nur zu prüfen, wo sich *nach der Behauptung des Klägers* der Vorfall abgespielt hat. Ob er sich wirklich ereignet hat, kommt nicht für die Frage der Zuständigkeit, sondern nur für die Sachentscheidung in Betracht. Leugnet der Beklagte, die Sache beschädigt zu haben, so bedeutet das nicht ein Bestreiten der Zuständigkeit, sondern der Berechtigung des Anspruchs.

Jede Sachentscheidung setzt die Zuständigkeit des Gerichts voraus. Es genügt, daß das Gericht am Schluß der Tatsachenverhandlung zuständig geworden ist. War es zu Prozeßbeginn zuständig, dann bleibt

[1] Vgl. jedoch RG 29,372.

es zuständig, mögen auch die Voraussetzungen im Laufe des Verfahrens weggefallen sein (§ 263 II Nr. 2; z. B. der Beklagte verlegt während des Prozesses seinen Wohnsitz in einen anderen Gerichtsbezirk; der Wert des Streitgegenstandes sinkt.)

Fehlt die Zuständigkeit, so ist die Klage als unzulässig abzuweisen, ohne daß auf die Sache eingegangen werden darf. Erläßt das Gericht trotzdem ein Sachurteil, so ist dieses wegen des prozessualen Mangels grundsätzlich mit den ordentlichen Rechtsmitteln anfechtbar.

Ausnahmen:

1. Das Urteil eines Landgerichts kann nicht mit der Begründung angefochten werden, daß das Amtsgericht *sachlich* zuständig gewesen sei (§ 10). *Grund:* Die mit 3 Richtern besetzte Kammer eines Landgerichts weist annehmbar eine bessere Rechtsprechung auf als die nur mit 1 Richter besetzte Abteilung des Amtsgerichts.

2. In vermögensrechtlichen Streitigkeiten können Berufung und Revision nicht darauf gestützt werden, daß die *örtliche* Zuständigkeit mit Unrecht bejaht worden ist (§§ 512a, 549 II). *Grund:* Die Sacharbeit der Vorinstanz soll nicht nutzlos sein, da die Rechtsprechung gleichartiger Gerichte trotz örtlicher Verschiedenheit grundsätzlich gleichwertig ist[2].

Die Rechtsmittelbeschränkung gilt nicht, wenn das Gericht mit Unrecht seine *internationale Zuständigkeit* angenommen hat[3]. Dies erklärt sich daraus, daß zwischen örtlicher und internationaler Zuständigkeit eine funktionelle Verschiedenheit besteht: Bei der Gleichwertigkeit der deutschen erstinstanzlichen Gerichte ist der Streit über die örtliche Zuständigkeit nicht so bedeutend, daß er in die höhere Instanz gebracht werden müßte. Dagegen besteht eine wesentlich andere Interessenlage, wenn die beklagte Partei sich darauf beruft, daß das untere Gericht zu Unrecht seine internationale Zuständigkeit angenommen habe. In diesem Fall kommt es der beklagten Partei darauf an, daß nicht ein deutsches Gericht, sondern ihr Heimatgericht die Rechtssache entscheidet. Das Gewicht dieses Interesses ist mit dem Interesse eines Beklagten, der seine Rechtssache statt von dem einen von einem anderen gleichgeordneten Gericht seines Heimatstaates entschieden wissen will, nicht zu vergleichen. Auch vom Standpunkt der staatlichen Rechtspflege aus ist es von erheblicher Bedeutung, ob eine Rechtssache von einem deutschen Gericht oder von einem ausländischen Gericht entschieden werden soll.

3. Endlich ist die Berufung unzulässig, wenn das Untergericht in einer vermögensrechtlichen Streitigkeit trotz ausschließlicher Zuständigkeit eines anderen ordentlichen Gerichts oder eines Arbeitsgerichts seine *sachliche* Zuständigkeit bejaht hat und vom Beklagten vorbehaltslos[4] zur Hauptsache verhandelt worden ist, obwohl er die Unzuständigkeitsrüge hätte vorschützen können (§ 528, Satz 2). Wenngleich bei einer kraft Gesetzes ausschließlichen sachlichen Zuständigkeit die Rüge der Unzuständigkeit grundsätzlich

[2] Vgl. RG 154,299.
[3] BGH 44,46.
[4] Vgl. BGH 14,77.

unverzichtbar und § 39 unanwendbar ist, kann sie in zweiter Instanz nur nachgeholt werden, wenn sie in der ersten unverschuldet nicht vorgebracht werden konnte.

Die Beschränkung gilt auch, wenn eine Patentstreitsache (§ 51 PatG) vor einem hierfür nicht zuständigen Landgericht[5] oder eine Kartellsache vor dem hierfür nicht zuständigen Spruchkörper[6] verhandelt worden ist.

Auch hier ist der Grund ein prozeßökonomischer: die Klage soll in zweiter Instanz möglichst nicht wegen Unzuständigkeit abgewiesen werden, wenn die erste Instanz, vielleicht nach umfangreicher Beweisaufnahme, sachlich entschieden hatte.

Verstöße gegen die Zuständigkeit heilen spätestens mit Eintritt der Rechtskraft[7].

Die Abweisung einer Klage wegen Unzuständigkeit ist unvorteilhaft, da sie einen neuen Prozeß notwendig macht. Um den damit verbundenen Zeit- und Kostenaufwand zu ersparen, kann jede Sache, die vor einem sachlich oder örtlich unzuständigen Gericht schwebt, auf Antrag des Klägers (im Falle des § 506 auch des Beklagten) an das zuständige Gericht *verwiesen* werden (§ 276, vgl. auch §§ 508 III, 697, 700). Die Verweisung setzt Rechtshängigkeit voraus, Anhängigkeit genügt nicht: Die Klage muß also nicht nur bei Gericht eingereicht, sondern dem Beklagten zugestellt sein (§§ 253, 263). Die Entscheidung über den Verweisungsantrag erfolgt nach h. Meinung nur auf Grund mündlicher Verhandlung, falls das Verfahren ihr unterliegt[8]. Dies erscheint bei offensichtlicher Unzuständigkeit wegen der damit verbundenen Prozeßverzögerung unzweckmäßig. Zum mindesten sollte eine mündliche Verhandlung dann entfallen, wenn der Beklagte der Verweisung schriftlich zugestimmt hat. Die Verweisung ist auch in höherer Instanz, selbst in der Revisionsinstanz, statthaft[9].

Da Deutschland ein einheitliches Rechtspflegegebiet bildet, ist die Verweisung von einem Gericht der Bundesrepublik an ein Gericht der DDR und umgekehrt ohne weiteres zulässig. Soweit freilich dort anderes Recht gilt, wie z. B. in Ehesachen, ist eine Verweisung unstatthaft[10]. An ein ausländisches Gericht kann nicht verwiesen werden.

Die Verweisung erfolgt durch Beschluß, der unanfechtbar ist und das Gericht, an das verwiesen wird, in der Zuständigkeitsfrage bindet. Eine Ausnahme von der Unanfechtbarkeit gilt, wenn die Verweisung auf Willkür beruht[11] oder rechtlich unmöglich ist, etwa bei Verweisung an ein Oberlandesgericht als 1. Instanz[12].

Das örtlich und sachlich zuständige Gericht muß bestimmt werden können und im Verweisungsbeschluß bestimmt werden. Sind mehrere Gerichte zu-

[5] BGH 8,21.
[6] BGH 36,108.
[7] RG 165,315.
[8] *Rosenberg* § 38 II 20.
[9] RG 165,383; 170,232.
[10] OLG Oldenburg NJW 53,422.
[11] BGH 1,341.
[12] BGH 2,278.

ständig, so hat der Kläger die Wahl. Der Beschluß hat z. B. zu lauten: 1. Das Amtsgericht München ist unzuständig. 2. Der Rechtsstreit wird an das Landgericht Augsburg verwiesen.

Eine Kostenentscheidung darf der Beschluß nicht enthalten. Mit der Verkündung gilt der Rechtsstreit als bei dem neuen Gericht anhängig. Enthält der Verweisungsbeschluß fälschlicherweise keine eindeutige Bestimmung des zuständigen Gerichts, etwas weil mehrere Gerichte zuständig sind, dann ist er anfechtbar und nicht bindend[13].

Da die Zuständigkeit durch eine Veränderung der sie begründenden Umstände nicht berührt wird (§ 263 II Nr. 2), bleibt das Gericht auch dann zuständig, wenn die Parteien nachträglich einen anderen Gerichtsstand vereinbaren[14]. Nachträgliche Zuständigkeitsübereinkunft rechtfertigt daher weder die Weiter- noch die Zurückverweisung[15].

Erfolgt die Verweisung erst in der höheren Instanz, dann kann sie nur durch Urteil ausgesprochen werden, das gleichzeitig die angefochtene Entscheidung der Vorinstanz aufhebt[16]. Das Urteil ist unanfechtbar[17].

Die Verweisung bewirkt, daß der gesamte prozessuale Anspruch bei dem neuen Gericht anhängig wird. Die Verweisung in Bezug auf einen einzelnen rechtlichen Gesichtspunkt ist ungültig[18].

Das Verfahren vor dem neuen Gericht gilt als bloße Fortsetzung des Prozesses. Die bisherigen Prozeßhandlungen wirken fort und können aus dem Grunde der Unzuständigkeit nicht beanstandet werden.

Wegen der Kosten vgl. § 276 III.

Die Verweisung im Verhältnis zwischen ordentlichen und Arbeitsgerichten erfolgt entsprechend § 276 (§ 48 ArbGG).

Wegen der Verweisung von der streitigen an die freiwillige Gerichtsbarkeit vgl. oben § 7 II, wegen Verweisung in einen anderen Rechtsweg oben § 7 III 2.

Von der Verweisung zu unterscheiden ist die *Abgabe der Sache.* Macht nach der Scheidung, Aufhebung oder Nichtigkeitserklärung einer Ehe der bisherige Ehegatte Ansprüche hinsichtlich der Ehewohnung oder des Hausrats in einem Rechtsstreit geltend, so hat das Prozeßgericht die Sache insoweit an das zuständige Amtsgericht abzugeben. Die Abgabe erfolgt von Amts wegen. Im Gegensatz zur Verweisung ist der Antrag einer Partei nicht erforderlich (§ 18 VI. DVO EheG). Vgl. auch § 158 II GVG.

Hält ein Landwirtschaftsgericht daß Prozeßgericht für zuständig, so hat es auch ohne Antrag die Sache an das Prozeßgericht abzugeben und umgekehrt (§ 12 LwVG).

Beispiele:

1. A klagt gegen B, der in Nürnberg wohnt, vor dem Landgericht München

[13] OLG Celle MDR 53,111. [14] BGH NJW 63,585.

[15] OLG Köln NJW 62,540; OLG München NJW 65,767.

[16] RG 95,281; 108,264; 165,384. [17] BGH 2,278.

[18] BGH 5,107; BGH MDR 63,658; a.A. BAG JZ 59,770; vgl. oben §§ 7 III 3 d, 13 II 4.

auf Unterlassung unbefugter Namensführung (§ 12 BGB). B wendet örtliche Unzuständigkeit des Gerichts ein. Das Landgericht München bejaht in den Gründen des Endurteils seine Zuständigkeit und verurteilt den B antragsgemäß. Wie muß das OLG München entscheiden, wenn B Berufung einlegt?

Das Urteil ist trotz § 512a der uneingeschränkten Nachprüfung des Berufungsgerichts unterworfen, da es sich um eine nichtvermögensrechtliche Streitigkeit handelt. Das OLG hat das Urteil des Landgerichts München aufzuheben und die Klage wegen örtlicher Unzuständigkeit der 1. Instanz abzuweisen. Hatte A hilfsweise in der Berufungsinstanz einen Verweisungsantrag nach § 276 gestellt, muß das Oberlandesgericht das angefochtene Urteil aufheben und den Rechtsstreit an das zuständige Landgericht Nürnberg verweisen. Dieser Ausspruch kann nur durch Urteil, nicht durch Beschluß erfolgen.

2. A erhebt vor dem Amtsgericht gegen B Klage auf Herausgabe eines Ringes (§ 985 BGB). B wendet ein, das Amtsgericht sei unzuständig, da der Ring 5000 DM wert sei. Trotzdem verurteilt ihn der Amtsrichter nach dem Klageantrag. B legt gegen das Urteil beim Landgericht Berufung ein. Wie hat das Landgericht zu entscheiden, wenn es zu dem Schluß kommt, daß der Ring 5000 DM wert sei?

Der Berufung steht § 512a nicht im Wege, da es sich hier nicht um die örtliche, sondern um die sachliche Zuständigkeit handelt. Das Landgericht muß demnach das Urteil des Amtsgerichts aufheben und die Klage wegen sachlicher Unzuständigkeit der 1. Instanz abweisen. Hatte der Kläger in der Berufungsinstanz hilfsweise die Verweisung an das zuständige Gericht beantragt, dann muß das Landgericht durch Urteil das Urteil des Amtsgerichts aufheben und den Rechtsstreit an sich selbst als Gericht 1. Instanz verweisen.

§ 18 Die Rechtshilfe

I. In einem Prozeß kommt es häufig vor, daß richterliche Handlungen außerhalb des Gerichtsbezirks vorgenommen werden müssen (z. B. daß auswärts ein Zeuge zu vernehmen ist). Im allgemeinen darf das Prozeßgericht nicht außerhalb seines Sprengels tätig werden. sondern es muß das Amtsgericht des betreffenden Ortes um Rechtshilfe ersuchen *(ersuchter Richter,* § 157 GVG). Ausnahme: § 166 GVG. Da Deutschland ein einheitliches Rechtspflegegebiet darstellt, haben alle deutschen Gerichte einander Rechtshilfe zu leisten (Art. 35 GG, § 156 GVG, Besonderheit: § 13 ArbGG). Ein Gericht der Bundesrepublik kann ohne weiteres ein Gericht der DDR um Rechtshilfe ersuchen.

Der Amtsrichter darf das Ersuchen nie ablehnen, falls es von einem ihm im Instanzenzug übergeordneten Gericht ausgeht (z. B. dem Landgericht oder Oberlandesgericht seines Bezirks). Geht das Ersuchen von einem anderen Gericht aus, dann ist es abzulehnen, wenn die vorzunehmende Handlung nach dem Recht des ersuchten Gerichts verboten ist (z. B. Vernehmung der nach §§ 445 ff. vernehmungsfähigen Partei als Zeuge). Ist das ersuchte

Gericht örtlich unzuständig, dann hat es das Ersuchen an das zuständige Gericht abzugeben (§ 158 GVG). Bei Ablehnung des Ersuchens entscheidet das Oberlandesgericht, zu dessen Bezirk das ersuchte Gericht gehört. Näheres: § 159 GVG.

Praktisch wird die Rechtshilfe hauptsächlich für Beweisaufnahmen (Augenschein, Zeugenvernehmung, §§ 372, 375) und Sühneversuche (§ 296). Vgl. auch §§ 619 II, 640, 654 II, 671. Bei Vollstreckungen, Ladungen und Zustellungen bedarf es keiner Rechtshilfe (§ 160 GVG).

Die Rechtshilfe gegenüber dem Ausland haben das Haag. Prozeßabk. vom 17. 7. 1905 unter den Vertragsstaaten und Sonderverträge geregelt.

II. Von der Rechtshilfe ist die *Amtshilfe* (Art. 35 GG) zu unterscheiden. Sie liegt vor, wenn die ersuchende Behörde die Handlung mangels Zuständigkeit nicht selbst vornehmen kann. Amtshilfegericht ist ebenfalls das Amtsgericht. §§ 156 ff. GVG gelten für die Amtshilfe nicht, insbesondere gibt es nicht die Beschwerde des § 159 GVG. Nach § 4 JugWohlfahrtsG ist z. B. den Jugendämtern Amtshilfe zu leisten.

2. BUCH: DIE RECHTSSCHUTZSUCHENDEN (DIE PARTEIEN)

§ 19 Begriff der Partei

De Boor, Zur Lehre vom Parteiwechsel und vom Parteibegriff, 1941; *Hein*, Identität der Partei, 1918/25; *W. Henckel*, Parteilehre und Streitgegenstand im Zivilprozeß, 1961; *Kisch*, Das Reichsgericht und der Parteibegriff, Die Reichsgerichtspraxis im deutschen Rechtsleben Bd. VI, 1929; *F. Weber*, Zur Problematik der Prozeßführung des Konkursverwalters, KTS 55,102.

I. Parteien sind diejenigen Personen, für und gegen die um Rechtsschutz nachgesucht wird (sog. *formeller Parteibegriff*). Die Parteien sind die Träger des Prozeßrechtsverhältnisses. Sie heißen im Urteilsverfahren Kläger und Beklagter, im Mahn- und Vollstreckungsverfahren Gläubiger und Schuldner, sonst Antragsteller und Antragsgegner. *Partei ist nur, wer den Prozeß im eigenen Namen führt.* Prozessiert jemand im Namen eines anderen (z. B. der Vormund im Namen des Mündels), dann ist nicht er, sondern der Vertretene Partei. Parteien sind also diejenigen, in deren Namen der Rechtsstreit geführt wird.

1. Abzulehnen ist der sog. *materielle Parteibegriff*. Er bezeichnet als Parteien die Träger des umstrittenen Rechts oder Rechtsverhältnisses. Dieser Parteibegriff trifft zwar auf den Normalfall zu, so wenn der Darlehnsgeber den Darlehnsnehmer auf Rückzahlung der Darlehnssumme, der Eigentümer den Besitzer auf Herausgabe der Sache verklagt, er ist aber zu eng. Mitunter kommt es nämlich vor, daß jemand im eigenen Namen über ein fremdes Rechtsverhältnis prozessieren kann, weil er daran ein eigenes Recht oder rechtlich geschütztes Interesse hat.

Beispiele: Bei der Gütergemeinschaft ist der das Gesamtgut verwaltende Ehegatte berechtigt, Prozesse, die sich auf das Gesamtgut beziehen, allein im eigenen Namen zu führen, obwohl das Gesamtgut gemeinschaftliches Vermögen beider Ehegatten ist (§ 1422 BGB). Der Pfändungspfandgläubiger kann eine ihm zur Einziehung überwiesene Forderung im eigenen Namen einklagen (§§ 829, 835, 841 f.). Der widersprechende Konkursgläubiger darf im Interesse der besseren Befriedigung seiner eigenen Forderungen über das streitige Recht eines Konkurrenten prozessieren (§ 146 KO). Der Veräußerer einer streitbefangenen Sache oder eines geltend gemachten Anspruchs kann den Prozeß weiterführen, obwohl gegenwärtiger Rechtsträger der Rechtsnachfolger ist (§ 265).

Diese Fälle bezeichnet man als *Prozeßstandschaft*[1].

[1] Der Ausdruck stammt von *Kohler* (JheringsJ 24,319).

Neben der gesetzlichen Prozeßstandschaft ist in der Rechtsprechung und weithin auch in der Rechtslehre die *gewillkürte Prozeßstandschaft* anerkannt[2]. Danach ist es zulässig, daß der Inhaber eines streitigen Rechts, ohne dieses zu übertragen, einen anderen ermächtigt, über das Recht im eigenen Namen zu prozessieren. Streitig ist, ob die Ermächtigung des Rechtsträgers ausreicht[3] oder ob daneben ein besonderes eigenes rechtsschutzwürdiges Interesse des Ermächtigten an der Geltendmachung des fremden Rechts erforderlich ist[4]. Gegen die voraussetzungslose Zulassung der Ermächtigung spricht, daß die Parteistellung nicht willkürlich verschoben und damit die Zeugenstellung des Rechtsträgers nicht beliebig herbeigeführt werden kann. Um Gericht und Gegner vor einer Verdoppelung der Prozesse zu schützen, wirkt das Urteil Rechtskraft nicht nur gegen den als Partei auftretenden Prozeßstandschafter, sondern auch gegen den Rechtsinhaber, der jenen ermächtigt hat. Voraussetzung ist, daß der zur Prozeßführung Ermächtigte offen als solcher aufgetreten ist und damit zu erkennen gegeben hat, daß er seine Prozeßführungsbefugnis aus einer Ermächtigung des Rechtsträgers herleitet. Diese Offenlegung dient dem Interesse des Gegners: er soll den Umfang der Rechtskraftwirkung des Urteils von vornherein übersehen und danach seine Prozeßführung einrichten können[5].

Beispiel: Im Falle der Schadensliquidation im fremden Interesse[6] kann der Kommissionär den geschädigten Kommittenten, der mit dem Schädiger in keinen vertraglichen Beziehungen steht, ermächtigen, den Schadensersatzanspruch im eigenen Namen gerichtlich geltend zu machen[7].

Ist im Grundbuch eine in Wahrheit erloschene Belastung eingetragen, so kann der Käufer des Grundstücks nach seiner Eintragung als Eigentümer den Verkäufer zur gerichtlichen Geltendmachung des nunmehr ihm (Käufer) zustehenden Berichtigungsanspruchs (§ 894 BGB) im eigenen Namen und Interesse (§ 435 BGB) ermächtigen[8].

Dagegen ist das Prozeßführungsrecht des Klägers mangels eines eigenen rechtsschutzwürdigen Interesses zu verneinen, wenn ihn der Gläubiger einer Forderung zum Zwecke des Inkasso zur Einklagung ermächtigt hat[9].

Nach BGH 35,180 soll der Konkursverwalter dem Gemeinschuldner, nach BGH 38,281 der Nachlaßverwalter dem Erben Prozeßstandschaft über eigene Rechte einräumen können (Rückermächtigung). Die Erscheinung, daß der

[2] RG 73,306; 91,397; BGH 30,166; 38,283; *Blomeyer* § 41 III; *Rosenberg* § 45 II 2c; *Stein-Jonas-Pohle* ZPO[19] vor § 50 II 7; *v. Brunn,* Die gewillkürte Prozeßstandschaft, 1933; *W. Henckel* a.a.O. S. 108 ff.; *Lüke* ZZP 76,27 ff.; abweichend *Nikisch* § 31 III 5.

[3] So *Rosenberg* § 45 II 2c; *Lüke* ZZP a.a.O. S. 29.

[4] So RG 91,390; BGH 30,166; 38,283; *Blomeyer* § 41 III; *W. Henckel* a.a.O. S. 112 ff.

[5] BGH LM § 325 ZPO Nr. 4.

[6] RG 93,39; 113,254; 115,425; BGH 15,228.

[7] BGH 25,250.

[8] *Wolff-Raiser,* Sachenrecht[10] § 46 VI 1.

[9] RG 160,210 ff.

Rechtsinhaber bloßer Prozeßstandschafter des Verwalters seines eigenen Vermögens ist, ist paradox und nur von der Lehre der Partei kraft Amtes aus zu verstehen. Auch nach ihr wäre es aber richtiger, anzunehmen, daß durch die Ermächtigung des Verwalters die dem Rechtsinhaber grundsätzlich zustehende Prozeßführungsbefugnis nach Wegfall ihrer Beschränkung wieder freigesetzt wird[10]. Für die Vertretertheorie entsteht in diesen Fällen die Frage, ob der Verwalter ohne Freigabe eines Gegenstands aus der Verwaltung dem Rechtsträger, der, soweit die Vertretungsbefugnis des Verwalters reicht, analog § 53 ZPO prozeßunfähig ist, durch Ermächtigung zur Prozeßführung die Prozeßfähigkeit für diesen Prozeß verschaffen kann. § 53 ZPO würde an sich nicht entgegenstehen, da nach ihm der Vertretene nur für den vom Pfleger geführten Rechtsstreit prozeßunfähig ist, während er für andere Prozesse prozeßfähig bleibt. Ob jedoch die den Verwaltern gesetzlich eingeräumte Prozeßführungsbefugnis der Ausübung nach übertragbar ist, erscheint deshalb zweifelhaft, weil dadurch der Zweck der Verwaltung vereitelt werden könnte.

2. Eine Abwandlung der materiellen Parteitheorie ist der *funktionelle Parteibegriff*. Hier wird die Befugnis zur Vermögensverwaltung als Grundlage für die Parteibestimmung angesehen[11]. Auch die Vermögensverwaltung gibt indessen kein sicheres Kriterium für die Parteistellung ab. So ist der Vormund trotz der ihm zustehenden Vermögensverwaltung nicht Partei, Partei ist der Mündel. Umgekehrt ist der Pfand- oder Pfändungspfandgläubiger, der die verpfändete oder zur Einziehung überwiesene Forderung im eigenen Namen einklagt (§§ 1281, 1282 BGB, § 835 ZPO), Partei, ohne daß ihm ein Verwaltungsrecht an dem Vermögen zusteht, zu dem die eingeklagte Forderung gehört. Dabei sei hervorgehoben, daß hier der Gläubiger nicht etwa sein Pfandrecht an der Forderung zum Prozeßgegenstand macht, sondern daß er auf Grund einer eigenen Verwertungsbefugnis das fremde Recht einklagt. Ferner ist bei einer Schadensverlagerung der Kommissionär, der den Schaden des Kommittenten in einem Prozeß gegen den Drittschädiger im eigenen Namen einklagt[12], Partei, obwohl ihm keine irgendwie geartete Verwaltungsbefugnis am Vermögen des geschädigten Kommittenten zusteht. Auch der von *Henckel*[13] zur Parteibestimmung eingeführte Begriff des Interessevermögens versagt hier.

Alle Versuche, den prozessualen Parteibegriff aus dem sachlichen Recht abzuleiten, beachten nicht, daß die Frage, wer Partei ist, von der Frage, wer die richtige Partei ist, getrennt werden muß. Der prozessuale Parteibegriff hat mit den materiellrechtlichen Beziehungen der Parteien nichts zu tun. Für die Parteirolle ist es unerheblich, ob die behauptete materiellrechtliche Beziehung zum Streitgegenstand besteht. Macht der Kläger einen überhaupt nicht existierenden oder einen fremden Anspruch geltend, dann ist zwar die Klage abzuweisen, desenungeachtet ist der Kläger aber Partei und hat deshalb die Kosten des Verfahrens zu tragen.

[10] Vgl. *Bötticher* JZ 1963, 582; kritisch *F. Weber* JZ 1963, 223.
[11] Vgl. *de Boor*, a.a.O. S. 50 ff.
[12] RG 115,425; BGH 15,228.
[13] A.a.O. S. 106, 169.

3. Eine bekannte Streitfrage ist es, ob bestimmte Vermögensverwalter, insbesondere Konkurs-, Zwangs-, Nachlaßverwalter und Testamentsvollstrecker selbst Partei oder bloße Parteivertreter sind.

Die herrschende *Amtstheorie* nimmt an, daß diese Personen die Prozesse, welche sich auf die Konkursmasse, den Nachlaß oder das verwaltete Grundstück beziehen, *im eigenen Namen*, also als Partei führen. Man bezeichnet sie als *Partei kraft Amtes*[14]. Die herrschende Meinung hat dadurch eine Stütze erhalten, daß die Novelle vom 27. 10. 1933 den Begriff der Partei kraft Amtes in das Gesetz eingeführt hat (vgl. § 114 III). Dabei dürfte es sich freilich nicht um eine gesetzliche Entscheidung der Streitfrage, sondern um bloße Breviloquenz des Gesetzgebers handeln.

Im Gegensatz zu der Amtstheorie sieht die *Vertretertheorie* die Vermögensverwalter als Sondergutspfleger und demgemäß (§ 1915 BGB) als gesetzliche Vertreter an.

Wer vertreten wird, ist bestritten.

a) Die überwiegende Meinung geht davon aus, daß der Konkursverwalter den Gemeinschuldner, der Nachlaßverwalter und Testamentsvollstrecker den Erben, der Zwangsverwalter den Grundstückseigentümer vertritt. Freilich kann die Vertretung nicht die Gesamtpersönlichkeit des Vertretenen erfassen, sondern muß sich auf den Vertretenen als Rechtsträger des verwalteten Sondervermögens beschränken[15].

b) *Kohler*[16] ist der Auffassung, daß der Konkursverwalter Vertreter der Konkursgläubiger sei, da die Durchführung des Konkursverfahrens hauptsächlich in ihrem Interesse erfolge. Indessen ist eine Vertretung der Gläubiger deshalb nicht möglich, weil diese kein vom Verwalter für sie auszuübendes Recht an der Konkursmasse haben, insbesondere ein Pfandrecht der Konkursgläubiger an der Masse, das nur ein Generalpfandrecht sein könnte, nicht besteht. Die Interessengemeinschaft der Konkursgläubiger bildet auch keine Rechtsgemeinschaft, die vom Verwalter vertreten werden könnte.

c) Die *Organtheorie* faßt die Vermögensverwalter als Organe der ihnen unterstellten Sondervermögen auf, wobei das Vermögen als rechtsfähiges Gebilde oder doch als teilrechtsfähiges Subjekt angesehen wird[17]. Diese Ansicht ist jedoch mit dem Gesetz nicht zu vereinen. So ist die Konkursmasse Rechtsobjekt, nicht Rechtssubjekt. Rechtsträger ist der Gemeinschuldner. Er

[14] So RG 29,29; 120,192; BGH 24,396; 32,118; *Baumbach-Lauterbach*, Grundz. § 50 2 C; *A. Blomeyer* § 6 I; *Henckel* a.a.O. S. 118 ff.; *Mentzel-Kuhn*, KO[7] § 6 Anm. 17; *Nikisch* § 28 II 2; *Schönke* § 23 III; *F. Weber* KTS 55,102.

[15] So *Jaeger-Lent*, KO[8] Vorbem. zu §§ 6—9; *Rosenberg* § 39 II 3; *Stein-Jonas-Pohle* II 3a vor § 50.

[16] Lehrbuch des Konkursrechts, 1891, § 2.

[17] Vgl. *Hellwig*, System § 69; *Bötticher*, ZZP 71,318 ff.; 77,55 ff.; JZ 63, 582 ff.

ist und bleibt trotz des Konkurses Eigentümer der zur Masse gehörenden Sachen und Gläubiger der zur Masse gehörenden Forderungen. § 6 KO bestimmt, daß der Gemeinschuldner die Befugnis verliert, „*sein* zur Konkursmasse gehörendes *Vermögen*" zu verwalten und § 14 stellt der Konkursmasse „das *sonstige* Vermögen des Gemeinschuldners" gegenüber. Die Rechtszuständigkeit des Gemeinschuldners wird also durch den Konkurs nicht berührt. Dadurch verbietet es sich, das Sondervermögen zu personifizieren.

d) Nach einer weiteren Meinung sollen die Vermögensverwalter weder im eigenen noch im fremden Namen prozessieren, sondern *neutral* handeln. Die Handlung sei objektbezogen, nicht personenbezogen[18]. Wer jedoch für ein Vermögen handelt, muß für dessen Inhaber tätig sein, falls das Vermögen nicht ein rechtsfähiges Sondervermögen ist. Ein neutrales Handeln ist deshalb unmöglich[19]. Ein Prozeß schließlich, „für Rechnung, wen es angeht", ist unmöglich, da dann ungewiß wäre, gegen wen sich Rechtskraft und Vollstreckbarkeit des Urteils richten.

Bei der Frage, ob der Amts- oder der Vertretertheorie beizutreten ist, ist es zweckmäßig, von der Rechtsstellung der Vermögensverwalter im materiellen Recht auszugehen, da die Vermögensverwaltung stets den Abschluß von Rechtsgeschäften, keineswegs aber immer die Führung von Prozessen mit sich bringt.

Es wird ausnahmslos angenommen, daß die vom Konkursverwalter unter Ausführung seines Amts abgeschlossenen Rechtsgeschäfte unmittelbar für und gegen den Gemeinschuldner wirken, und zwar über den Konkurs hinaus. Dies erkennt auch das die Amtstheorie begründende Urteil des Reichsgerichts[20] an: „Man mag die Stellung des Konkursverwalters konstruieren wie man will, ohne den Grundsatz ist nicht auszukommen, daß die Handlungen des Konkursverwalters für den Gemeinschuldner bindend sein müssen. In diesem Sinn kann auch nicht bestritten werden, daß der Konkursverwalter den Gemeinschuldner vertrete." Wird während des Konkurses vom Verwalter ein Grundstück erworben, etwa um einen drohenden Hypothekenausfall abzuwenden, so ist dieses auf den Namen des Gemeinschuldners einzutragen, also nicht auf den Namen des Verwalters oder der Konkursmasse oder der Gläubiger. Allerdings ist der Konkursvermerk hinzuzusetzen (§ 113 KO).

Bei allen Rechtshandlungen tritt der Verwalter nicht im eigenen Namen, sondern „als Verwalter der Konkursmasse X" auf. Gibt aber jemand namens eines anderen mit unmittelbarer Wirkung für und gegen diesen eine Willenserklärung ab, oder nimmt er eine solche entgegen, so liegt bürgerlich-rechtlich Vertretung im Sinne von § 164 BGB vor. Das Wesen der Vertretung besteht darin, daß der Vertreter den Willen zur Fremdwirkung hat und daß er diesen Willen nach außen hin kundtut. Gerade das ist bei den Vermögensverwaltern der Fall: Diese treten als Konkursverwalter, als Testamentsvoll-

[18] So *Böhle-Stammschräder*, KO[8] § 6 Anm. 2; *Dölle*, Neutrales Handeln im Privatrecht, Festschrift für F. Schulz, 1951, Bd. 2, S. 268; *v. Lübtow*, JZ 60,151; *Staudinger-Coing*[11] Anm. 54 ff. vor § 164.

[19] *Lent-Jauernig* § 18 V 4.

[20] RG 29,29.

strecker, als Nachlaßverwalter, als Zwangsverwalter, aber nicht im eigenen Namen auf. Es besteht insoweit kein Unterschied gegenüber dem Vormund, der als solcher für seinen Mündel Verträge abschließt. Wenn die Amtstheorie[21] annimmt, daß die Vermögensverwalter im eigenen Namen handeln, so ist das unrichtig, da sie ihre Verwaltereigenschaft nach außen dokumentieren, um nicht persönlich haftbar zu werden. Würde ein Vermögensverwalter im eigenen Namen handeln, ohne seine Verwaltereigenschaft kenntlich zu machen, dann müßte er auch persönlich verpflichtet werden. Die Amtstheorie kann materiellrechtlich nicht erklären, warum ein Handeln des Vermögensverwalters im eigenen Namen keinerlei Wirkung auf die eigene Rechtsstellung, wohl aber eine solche auf die Rechtsstellung einer anderen Person hat. *Bettermann*[22] versucht, die Amtstheorie dadurch zu rechtfertigen, daß er die Möglichkeit eines Vertrages zu Lasten Dritter als Seitenstück des Vertrages zugunsten eines Dritten (§ 328 BGB) annimmt. Ein solcher Vertrag zu Lasten Dritter ist aber interessenmäßig unmöglich.

Erwirbt jemand aus dem Vertrag eines anderen ein Recht, so wird damit in die Interessensphäre eines Dritten nur zu seinen Gunsten eingegriffen, was für den Dritten erträglich ist, zumal § 333 BGB diesem die Befugnis gibt, das erworbene, vielleicht unerwünschte Recht zurückzuweisen. Ein Vertrag zu Lasten Dritter, ohne Zutun desselben, wäre eine Vergewaltigung. Wollte man aber den § 333 BGB analog anwenden, käme einem solchen Vertrag keine praktische Bedeutung zu. Der weitere Versuch Bettermanns, analog § 185 BGB den Konkursverwalter mit einer gesetzlichen Verpflichtungsermächtigung auszustatten, hat wenig Bedeutung, wenn hierbei der Ermächtigte zu erkennen geben muß, daß die Verpflichtung einen anderen treffen soll. Da dann der Wille zur Fremdwirkung erkennbar hervortritt, liegt in Wahrheit ein Handeln im eigenen Namen nicht mehr vor.

Auch das Argument der Amtstheorie, eine Vertretung scheitere daran, daß der Verwalter nicht ausschließlich das Interesse des Vertretenen wahrzunehmen habe, ist nicht schlüssig. Natürlich haben der Konkurs- und Nachlaßverwalter vornehmlich die Interessen der Gläubiger zu vertreten, aber keineswegs allein, sondern auch die Interessen des Gemeinschuldners und des Erben. Schließlich ist es deren Vermögen, über das die Verwalter verfügen. Auch im Konkurs hat der Gemeinschuldner ein Interesse daran, daß die Konkursmasse nicht verschleudert wird, zumal der Grundsatz der freien Nachforderung (§ 164 KO) besteht. Ferner ist zu beachten, daß z. B. der Vormund eines Verschwenders keineswegs einseitig dessen Interessen, sondern gleichzeitig die der Familie und der Gläubiger wahrzunehmen hat. Endlich haben auch die Liquidatoren einer OHG die Aufgabe, im gemeinsamen Interesse der Gläubiger und der Gesellschafter die Liquidierung herbeizuführen. Dessenungeachtet ist es unbestritten, daß sie Vertreter der Gesellschaft sind (§ 149 HGB). Es ist also nicht richtig, daß die Wahrung der Interessen des Vertretenen zum wesentlichen Merkmal einer Vertretung gehört. Das Erfordernis, daß die Vermögensverwalter einen objektiven Standpunkt einzunehmen haben, steht demnach der gesetzlichen Vertretung nicht entgegen. Mate-

[21] RG 80,418; BGH 24,396; 32,118. [22] JZ 1951,321 ff.

riellrechtlich können daher die Vermögensverwalter lediglich als Vertreter angesehen werden.

Sind aber materiellrechtlich die Vermögensverwalter Vertreter, dann ist es mit der Hilfsstellung des Zivilprozeßrechts gegenüber dem materiellen Recht nicht vereinbar, sie im Prozeß nicht als Vertreter, sondern als Eigenpartei zu behandeln, zumal § 51 ZPO hinsichtlich der gesetzlichen Vertretung ausdrücklich auf die Vorschriften des bürgerlichen Rechts verweist. Die Lehre der Partei kraft Amtes hat das Reichsgericht seinerzeit aufgestellt, weil es mit der damals herrschenden Ansicht annahm, daß eine Partei nicht Zeuge sein könne. In der Tat wäre es mißlich, wenn die Tatsachenkenntnis des Gemeinschuldners, der über seine Vermögensverhältnisse am besten unterrichtet ist, in Prozessen des Verwalters nicht verwertet werden könnte. Inzwischen ist es unbestritten, daß der Satz, wonach die Partei nicht Zeuge sein könne, rechtsirrig war. Soll das Beweissystem der ZPO lückenlos sein, müssen sich Zeugnisfähigkeit und Parteivernehmungsfähigkeit ergänzen. Nicht die Partei, sondern der Parteivernehmungsfähige ist zeugnisunfähig. Da aber in vom Konkursverwalter geführten Prozessen der Gemeinschuldner analog § 53 ZPO prozeßunfähig ist, kann er Zeuge sein (§ 455 I ZPO). Ob auf den Gemeinschuldner § 455 II ZPO anwendbar ist, ist streitig[23].

Die Amtstheorie kann nicht erklären, warum die wesentlichen Wirkungen des Prozesses nicht den Verwalter, sondern den Inhaber des verwalteten Vermögens treffen. Rechtshängigkeit und Rechtskraft ergreifen nicht die Rechtsverhältnisse der Verwalter, obwohl diese Partei sein sollen, wohl aber die Rechtsverhältnisse des Gemeinschuldners oder Erben, die angeblich außerhalb des Prozesses stehen. Wenn aber die Amtstheorie behauptet, daß durch Eintritt und Wegfall des Verwalteramtes jeweils eine Rechtsnachfolge eintritt[24], so ist das unrichtig. Es findet weder eine Gesamt- noch eine Einzelrechtsnachfolge statt. Konkursverwalter, Nachlaßverwalter, Testamentsvollstrecker und Zwangsverwalter werden niemals Inhaber des verwalteten Vermögens, vielmehr gehört dieses auch während der Verwaltung dem Gemeinschuldner, Erben oder Grundeigentümer. Deswegen findet bei Wegfall der Vermögensverwaltung auch kein Wechsel in der Inhaberschaft des verwalteten Vermögens statt. Ebenso scheidet eine prozessuale Rechtsnachfolge im Sinne der §§ 265, 325, 727 ZPO aus. Die Amtstheorie läßt auch ungeklärt, wieso die Vollstreckung nicht in das Vermögen des Verwalters, wohl aber in das Vermögen eines Dritten, der weder Partei noch Rechtsnachfolger ist, stattfindet. Ebenso bleibt unklar, warum nicht der Verwalter als Partei die Prozeßkosten zu tragen hat, warum nicht der Gerichtsstand des Verwalters, sondern der des Vermögensinhabers maßgebend ist, und warum beim Armenrecht die Vermögensverhältnisse des Verwalters unbeachtlich sind. Dasselbe gilt für die Frage, warum sich der Ausschluß des Richters nach § 41 ZPO und das Zeugnisverweigerungsrecht des § 383 ZPO nach den Verhältnissen des Vermögensträgers richten.

Alle diese Fragen werden nur durch die Vertretertheorie zwanglos gelöst.

[23] Vgl. *Rosenberg* § 39 II 3; dagegen *Stein-Jonas* ZPO[17] § 455 IV a.E.
[24] RG 53,8;155,354.

Dadurch, daß die Vermögensverwalter als gesetzliche Vertreter der Inhaber des verwalteten Vermögens auftreten, sind diese, soweit die Vertretungsbefugnis der Verwalter reicht, analog § 53 ZPO prozeßunfähig. Nach der Amtstheorie fehlt ihnen nur die Prozeßführungsbefugnis, während die Prozeßfähigkeit im vollen Umfang bestehen bleibt[25].

II. Die Parteien müsen individuell bestimmt und bezeichnet sein (§ 253 II Nr. 1). Ein Prozeß „gegen unbekannt" oder „für Rechnung, wen es angeht" ist unzulässig.

Geringfügige Unrichtigkeiten in der Parteibezeichnung können ohne weiteres berichtigt werden, z. B. der Vorname einer Partei. Ist eine falsche Partei verklagt (statt Müller Schulze), weil sie etwa der Kläger irrtümlich für den Besteller einer Ware hält, dann ist die Klage, falls sie nicht zurückgenommen wird, als unbegründet abzuweisen. Davon ist der Fall zu unterscheiden, daß Kläger oder Beklagter ungenau oder unrichtig bezeichnet sind, aus der Klage aber deutlich hervorgeht, wer gemeint ist. Hier läßt die Rechtsprechung aus prozeßökonomischen Gründen weitgehend Berichtigung zu.

Beispiele: Klage wird gegen die den Fiskus vertretende Behörde erhoben, statt gegen den Fiskus; Klage gegen die Zweigniederlassung, die trotz einer gewissen Selbständigkeit kein von der Hauptniederlassung verschiedenes besonderes Rechtssubjekt darstellt[26], ist als Klage gegen den Inhaber des Hauptgeschäfts aufzufassen; Klage gegen eine aufgelöste OHG ist als Klage gegen die früheren Gesellschafter zu berichtigen[27].

Durch Zustellung der Klage an eine falsche Person wird der Zustellungsempfänger nicht Partei, da die Zustellung nicht die Aufgabe hat, die Person des Beklagten zu bestimmen. So, wenn an Moritz Müller, statt an Max Müller zugestellt wurde. Da jedoch mit der Zustellung in den Rechtskreis des Betreffenden eingegriffen worden ist und weitere Eingriffe, namentlich durch Vollstreckungsakte, zu befürchten sind, muß man ihm eine Art formeller Parteistellung einräumen, damit er den Irrtum auklären kann. Nach Aufklärung ist der Zustellungsempfänger durch Beschluß aus dem Prozeß zu entlassen und der Kläger in die dem Zustellungsempfänger erwachsenen Kosten zu verurteilen[27a]. Für eine Prozeßabweisung besteht kein Bedürfnis. Verhält sich der Zustellungsempfänger (Moritz Müller) passiv, dann ist es möglich, daß ihm ein in der Sache ergangenes Versäumnisurteil gleichfalls zugestellt wird. Hier muß es ihm gestattet sein, gegen die Entscheidung wie eine Partei Rechtsbehelfe einzulegen[28]. Er braucht nicht zu warten, bis gegen ihn mit der Zwangsvollstreckung begonnen wird.

In dem viel behandelten Fall, wo der Ehemann die gegen seine Frau gerichtete Ehescheidungsklage seiner Geliebten zustellen ließ, die dann auch im

[25] *Mentzel-Kuhn* a.a.O. § 6 Anm. 24.
[26] RG 107,44.
[27] RG 127,98.
[27a] LG Lübeck JW 1938, 2148.
[28] OLG Köln, JW 1928, 742.

Prozeß auftrat, war dessenungeachtet die in der Klageschrift eindeutig als Beklagte genannte Ehefrau Partei geworden. Der Umstand, daß die Zustellung und sonstige Prozeßmaßnahmen gegenüber einer anderen als der durch die Klageschrift bezeichneten Person vorgenommen wurden, diese sich auch aktiv am Verfahren beteiligte, machte sie nicht zur Partei. Das auf den Namen der Ehefrau ergangene und rechtskräftig gewordene Scheidungsurteil hat daher die Ehe aufgelöst. Da aber die beklagte Ehefrau in dem Verfahren nicht ordnungsgemäß vertreten war, war das Urteil auf ihre Nichtigkeitsklage hin gemäß § 579 I Nr. 4 ZPO aufzuheben[29].

Klagt eine nicht existierende Partei oder wird eine solche verklagt, dann ist die Klage als unzulässig abzuweisen. Ein Sachurteil wäre wirkungslos[30].

Beispiel: Der Vormund eines unehelichen Kindes, dem die Mutter den Tod des Kindes verschwiegen hat, klagt gegen den Vater auf Unterhalt.

III. Der Zivilprozeß fordert zwei Parteien (*Zweiparteienprinzip*). Niemand kann gegen sich selbst prozessieren, auch nicht als Vertreter eines anderen. Deshalb ist ein Prozeß zwischen Hauptgeschäft und Filiale oder zwischen zwei Behörden eines Staates unmöglich. Beerbt eine Partei die andere, so endet der Prozeß.

Dagegen ist ein Prozeß zwischen einer Personenvereinigung (z. B. OHG) und ihren Mitgliedern möglich, da der Gesamthandsverband von dem einzelnen Gesellschafter zu scheiden ist und ein Gesellschafter nach dem sachlichen Recht seiner Gesellschaft als Drittkontrahent gegenüberstehen kann[31]. Wird das Vermögen einer Person in mehrere Massen aufgespalten, wie z. B. im Konkurs, dann sind materielle und prozessuale Rechtsbeziehungen zwischen den verschiedenen Massen ein und desselben Rechtsträgers möglich. Bei einem Streit zwischen dem Gemeinschuldner und dem Konkursverwalter über die Zugehörigkeit eines Gegenstandes zur Konkursmasse vertritt der Verwalter den Gemeinschuldner als Träger des konkursbefangenen Sondervermögens, während der Gemeinschuldner den Prozeß als Träger des freien Vermögens selbst führt. Kläger und Beklagter sind hier zwar identisch, der Gemeinschuldner ist aber jeweils Träger einer anderen Masse[32]. Für die Amtstheorie bestehen in einem solchen Fall keine Schwierigkeiten, da nach ihr trotz Identität des materiellen Rechtsträgers prozessual verschiedene Parteien vorhanden sind.

Das Zweiparteienprinzip beruht darauf, daß der Zivilprozeß Rechtsverfolgung ist: Der Kläger macht gegen eine bestimmte Person einen Anspruch

[29] Vgl. DJZ 1906, 68, 422, 735 und 1907, 294.
[30] BGH 44,232.
[31] Vgl. *Würdinger,* Gesellschaften, 1. Teil, 1937, S. 67.
[32] *Jaeger-Lent,* KO[8] § 1 Anm. 50; *Stein-Jonas-Pohle* vor § 50 IV; *Rosenberg* § 39 III 1.

geltend. Darin liegt ein charakteristischer Unterschied zur freiwilligen Gerichtsbarkeit, bei der es sich zwar um widerstreitende Interessen der Beteiligten handelt, aber in der Regel nicht um eine Rechtsverfolgung. Das Zweiparteienschema wird auch dort angewendet, wo in der Form des Zivilprozesses ein öffentliches Interesse gewahrt werden soll. Dann wird, da es an natürlichen Parteien fehlt, der Staatsanwalt künstlich als Partei geschaffen. Dies ist z. B. der Fall, wenn der Staatsanwalt die Ehenichtigkeitsklage erhebt (§ 24 EheG, § 632 ZPO) oder wenn die Klage auf Anfechtung des Entmündigungsbeschlusses und auf Wiederaufhebung der Entmündigung gegen den Staatsanwalt zu richten ist (§§ 666, 679, 684, 686).

§ 20 Eigenschaften der Partei

I. Parteifähigkeit ist die Fähigkeit, Träger einer Parteirolle zu sein. *Die Parteifähigkeit entspricht der Rechtsfähigkeit des sachlichen Rechts,* daher kann man sie prozessuale Rechtsfähigkeit nennen. Nach § 50 ist parteifähig, wer rechtsfähig ist. Parteifähigkeit haben aber auch nichtrechtsfähige Gebilde.

Im einzelnen sind parteifähig:

1. *Jeder Rechtsfähige,* demnach:

a) jeder lebende Mensch; Alter, Geschlecht, Staatsangehörigkeit, Religion sind unerheblich. Das Kind in der Wiege ist bereits parteifähig (§ 1 BGB).

b) Jede juristische Person des öffentlichen und privaten Rechts (Staat, Gemeinden, rechtsfähige Vereine und Stiftungen, Aktiengesellschaften, Gesellschaften mit beschränkter Haftung, eingetragene Genossenschaften usw.).

Partei ist die juristische Person selbst, z. B. die AG, nicht ihre Mitglieder. Diese können Zeuge sein, sofern sie nicht dem Vorstand angehören. Den Prozeß führen die Organe der juristischen Person, welche die Stellung gesetzlicher Vertreter haben und demzufolge als Partei zu vernehmen sind (§ 455).

2. *Die offene Handelsgesellschaft* (§ 124 HGB) *und die Kommanditgesellschaft* (§ 161 II HGB). Beide haben im Interesse des Wirtschaftslebens Parteifähigkeit, obwohl sie keine juristischen Personen sind.

Die Stellung der OHG im Prozeß entspricht der Stellung im materiellen Recht. Wenn § 124 HGB bestimmt, daß die OHG unter ihrer Firma Rechte erwerben und Verbindlichkeiten eingehen kann, so bedeutet das nicht die Anerkennung als juristische Person, vielmehr soll dadurch lediglich ermöglicht werden, daß die Gesellschafter in ihrer Zusammenfassung als Gesamthandsverband nach außen unter einheitlicher Firma auftreten können. Könnte die OHG nur unter dem Namen ihrer Gesellschafter Geschäfte tätigen, wie die bürgerlich-rechtliche Gesellschaft, so wäre ihr Gewerbebetrieb wesentlich erschwert.

Da die OHG trotz ihrer starken Verselbständigung keine juristische Person ist, sind die Gesellschafter selbst, und zwar in ihrer Verbundenheit als Mitglieder der Gesamthand, Träger der Rechte und Pflichten[1].

Führt die OHG unter ihrer Firma einen Prozeß, so ist die Gemeinschaft der jeweiligen Träger des Gesellschaftsvermögens Partei. Nicht Partei sind die Gesellschafter[2]. Diese können vielmehr neben der Gesellschaft verklagt werden und müssen es, wenn die Gesellschaftsschuld aus ihrem Privatvermögen beigetrieben werden soll (§ 129 IV HGB). Die Verteidigung der Gesellschafter ist aber durch § 129 I HGB beschränkt: Ist die Gesellschaftsschuld der Gesellschaft gegenüber rechtskräftig festgestellt, so kann sie der Gesellschafter nicht mehr bestreiten; er kann nur noch persönliche Einwendungen erheben (z. B. daß die Schuld ihm gegenüber erlassen sei). War jedoch der Gesellschafter schon vor der Klageerhebung aus der Gesellschaft ausgeschieden, so braucht er sich ein gegen die Gesellschaft ergangenes Urteil nicht entgegenhalten zu lassen[3].

Die OHG handelt durch die vertretungsberechtigten Gesellschafter, welche die Stellung gesetzlicher Vertreter haben und der Parteivernehmung unterliegen (§ 455). Der nichtvertretungsbefugte Gesellschafter kann Zeuge und Nebenintervenient (§ 66) sein[4].

Ein Wechsel der Gesellschafter während der Dauer des Prozesses ist auf diesen ohne Einfluß und bedeutet keinen Parteiwechsel. Fällt ein vertretungsberechtigter Gesellschafter, etwa durch Tod, weg, dann wird der Prozeß unterbrochen (§§ 241, 246). Dies gilt nicht, falls der verbleibende Gesellschafter allein zur Vertretung befugt ist.

Die Klage gegen Gesellschaft und Gesellschafter soll nach RG 123,154 eine notwendige Streitgenossenschaft (§ 62) begründen, falls kein Gesellschafter persönliche Einwendungen erhebe, da dann das Urteil über die Gesellschaftsschuld infolge von § 129 I HGB nur einheitlich ausfallen könne. Erhebe dagegen der Gesellschafter persönliche Einwendungen, z. B. die Einrede, daß die Schuld ihm gegenüber gestundet sei, dann soll die Streitgenossenschaft keine notwendige sein, da durch Auseinanderfallen der Verteidigung die Notwendigkeit einer einheitlichen Entscheidung entfalle[5]. Diese Ansicht ist deshalb bedenklich, weil sie die Frage der Streitgenossenschaft von dem zunächst ungewissen Vorhaben einer Partei abhängig macht, was in den Prozeß eine große Unsicherheit bringt. Es ist wenig sinnvoll, einer Partei zu gestatten, durch nachträgliches Erheben persönlicher Einwendungen oder durch Fallenlassen zunächst erhobener Einwendungen die notwendige Streitgenossenschaft in eine einfache zu verwandeln und umgekehrt. Die Frage, ob eine notwendige Streitgenossenschaft vorliegt, kann nicht von der jeweiligen Gestaltung des Prozesses durch die Parteien abhängig gemacht werden. Da

[1] BGH 34,296.
[2] A.A. RG 49,343; 127,100.
[3] BGH 44,229.
[4] A.A. RG 82,133.
[5] RG 136,268.

bei einer Klage gegen Gesellschaft und Gesellschafter eine einheitliche Entscheidung nicht notwendig ist, liegt nie eine notwendige Streitgenossenschaft im Sinne von § 62 vor[6]. Vgl. unten § 56 II 1a.

3. Im arbeitsgerichtlichen Verfahren sind Gewerkschaften, Arbeitgebervereinigungen und die jeweiligen Spitzenverbände parteifähig, auch wenn sie keine juristischen Personen sind (§ 10 ArbGG). Desgleichen ist in Kartellsachen nichtrechtsfähigen Personenvereinigungen Parteifähigkeit zuerkannt (§ 76 GWB).

4. *Der nichtrechtsfähige Verein hat nur die passive Parteifähigkeit:* er kann verklagt werden, grundsätzlich aber nicht klagen (§ 50 II).

Diese Regelung will den Gläubigern des Vereins die Mühe ersparen, alle Mitglieder ermitteln und verklagen zu müssen. Andererseits hat der Gesetzgeber dem nichtrechtsfähigen Verein nicht die Klagefähigkeit verliehen, um ihn möglichst zur Eintragung zu veranlassen.

Der nichtrechtsfähige Verein ist, soweit seine Parteifähigkeit reicht, selbst Partei, nicht seine Mitglieder. Er wird durch den Vorstand vertreten. Zur Zwangsvollstreckung in das Vereinsvermögen genügt ein gegen den Verein oder gegen alle Mitglieder ergangenes Urteil (§ 735 ZPO, vgl. auch § 213 KO). *Die passive Parteifähigkeit erstreckt sich nicht nur auf die reine Verteidigung, sondern auch auf damit zusammenhängende Gegenangriffe.* Deshalb kann der nichtrechtsfähige Verein z. B. Widerklage[7] und Vollstreckungsgegenklage (§ 767) erheben sowie die Prozeßkosten festsetzen lassen (§ 103).

Soll für den nichtrechtsfähigen Verein eine selbständige Klage erhoben werden, dann müssen sämtliche Mitglieder als notwendige Streitgenossen klagen. Der Vorstand hat nur die Stellung eines Bevollmächtigten der Mitglieder (§§ 54, 714 BGB). Diese sind als Partei nach § 449 zu vernehmen, daher zeugnisunfähig.

Bei nichtrechtsfähigen Vereinen mit großer Mitgliederzahl führt die Versagung der aktiven Parteifähigkeit zu Schwierigkeiten. Die Praxis hat sich zunächst dadurch geholfen, daß sie Klagen der „jeweiligen" Mitglieder des Vereins, vertreten durch den Vorstand, zuließ, also von einer namentlichen Anführung der Mitglieder absah. Dies war im Ergebnis eine verschleierte Zuerkennung der aktiven Parteifähigkeit. Nachdem die Rechtsprechung im materiellen Recht den körperschaftlichen Charakter des nichtrechtsfähigen Vereins anerkannt und die in § 54 BGB erfolgte Verweisung auf das Gesellschaftsrecht praktisch nicht mehr beachtet hat (vgl. oben § 5 IV), hat jetzt BGH 42, 210 daraus die prozessuale Folgerung gezogen und einer nichtrechtsfähigen Gewerkschaft auch vor den Zivilgerichten die aktive Parteifähigkeit zuerkannt. Zwar ist dies zunächst nur für die Gewerkschaften geschehen, die als Träger öffentlicher Funktionen gegenüber sonstigen Vereinen eine Sonderstellung einnehmen, man wird jedoch den nichtrechtsfähigen Vereinen, besonders bei großer Mitgliederzahl, analog der Wandlung im materiellen Recht

[6] Vgl. *Pohle* JZ 1961,175; *Schlegelberger* HGB[4] § 124 Anm. 16; abw. *Rosenberg* § 42 II 3.

[7] RG 74,371.

generell auch die aktive Parteifähigkeit einräumen müssen. Es handelt sich dabei zwar um eine Rechtsentwicklung contra legem, die aber dadurch gerechtfertigt ist, daß Vereinen mit tausenden von Mitgliedern bei strikter Anwendung des § 50 II der Rechtsschutz durch Klage versagt wäre, was rechtsstaatlichem Denken widerspricht.

5. In Ehe- und Entmündigungssachen ist in bestimmten Fällen die *Staatsanwaltschaft* Partei.

So bei Erhebung der Ehenichtigkeitsklage (§ 632). Vgl. auch §§ 646, 666, 675, 679, 686. Wirkt dagegen der Staatsanwalt gemäß § 607 lediglich neben den Parteien mit, dann hat er keine Parteistellung.

Zu beachten ist, daß die Staatsanwaltschaft als solche, als Behörde Partei ist, nicht der einzelne Staatsanwalt. Deswegen berührt sein Tod oder sonstiger Wegfall das Verfahren nicht. Unterliegt die Staatsanwaltschaft, so sind die Kosten der Staatskasse aufzuerlegen (§§ 637, 673, 677, 679 IV, 684 IV, 686 IV). Aus diesen Kostenvorschriften ergibt sich, daß die Staatsanwaltschaft als Behörde, nicht der von ihr vertretene Staat Partei ist. Anderenfalls wären die Kostenvorschriften überflüssig. Daß nicht der Staat, sondern die Staatsanwaltschaft als Behörde Partei ist, ist wichtig, da der Staat als Prozeßpartei stets dem Anwaltszwang (§ 78) unterliegt, während dies bei der Staatsanwaltschaft nicht der Fall ist.

6. *Nicht parteifähig* sind dagegen: die Gesellschaft des bürgerlichen Rechts und die stille Gesellschaft (§ 335 HGB). Auch nicht die Firma des Einzelkaufmanns.

Die Firma ist nur der Name, unter dem der Kaufmann klagt und verklagt wird (§ 17 II HGB). Partei ist nicht der jeweilige Firmeninhaber, sondern der Inhaber der Firma zur Zeit der Klageerhebung.

Dieser bleibt Partei, auch wenn Geschäft und Firma während des Prozesses an einen anderen veräußert werden. Um daraus sich ergebende Unzuträglichkeiten zu vermeiden, sollte der Richter von vornherein den Inhaber feststellen.

II. Die Prozeßfähigkeit ist die Fähigkeit, einen Prozeß selbst oder durch selbstbestellte Vertreter (z. B. Anwalt) zu führen. Die Prozeßfähigkeit entspricht der Handlungsfähigkeit des bürgerlichen Rechts. Deshalb kann man sie als *prozessuale Handlungsfähigkeit* bezeichnen. Für eine prozeßunfähige Partei führt der gesetzliche Vertreter den Prozeß. Im Notfall bestellt der Vorsitzende des Prozeßgerichts auf Antrag einen besonderen gesetzlichen Streitvertreter (§ 57).

Partei- und Prozeßfähigkeit decken sich nicht. Wie es Menschen gibt, die zwar rechts-, aber nicht handlungsfähig sind (z. B. Geisteskranke), so gibt es Personen, die zwar Partei eines Prozesses sein, ihn aber nicht selbst führen können.

1. *Eine Partei ist prozeßfähig, soweit sie sich selbständig durch Verträge verpflichten kann* (§ 52). Prozeßfähigkeit verlangt demnach grundsätzlich volle Geschäftsfähigkeit.

Prozeßunfähig sind also:

a) *Geschäftsunfähige* (§ 104 BGB).

b) *Beschränkt Geschäftsfähige.* Diese werden auch nicht prozeßfähig, wenn der gesetzliche Vertreter in den Prozeß einwilligt, weil dadurch der beschränkt Geschäftsfähige nicht voll geschäftsfähig wird.

Ein Minderjähriger kann daher auch nicht mit Zustimmung seines gesetzlichen Vertreters eine Klage erheben oder sonstige Prozeßhandlungen vornehmen.

Der Grund, warum es nur volle Prozeßfähigkeit und Prozeßunfähigkeit gibt, nicht aber eine beschränkte Prozeßfähigkeit als Parallele zur beschränkten Geschäftsfähigkeit, liegt darin, daß der Prozeß klare Rechtsverhältnisse verlangt. Dem Prozeßgegner kann eine durch die Notwendigkeit der Zustimmung des gesetzlichen Vertreters bedingte Ungewißheit hinsichtlich der Wirksamkeit von Prozeßhandlungen nicht zugemutet werden.

c) *Juristische Personen* und andere parteifähige Gebilde (z. B. eine OHG)[8]. Grund: ihnen fehlt die natürliche Handlungsfähigkeit. Daß die Handlungen der Organe der juristischen Person wie eigene zugerechnet werden (vgl. z. B. § 31 BGB), ändert daran nichts. Die Organe der juristischen Person, bei der OHG die vertretungsbefugten Gesellschafter, haben die Stellung von gesetzlichen Vertretern.

2. Führt ein Pfleger (§§ 1910, 1911, 1913, 1960 BGB) für eine Person einen Rechtsstreit, so gilt diese in dem Verfahren als prozeßunfähig, obwohl die Pflegschaft die Geschäfts- und Prozeßfähigkeit an sich nicht beschränkt (§ 53).

Die Norm will einander widersprechende Handlungen von Pfleger und Pflegling vermeiden[9].

Zu beachten ist, daß der Pflegling nur für den betreffenden Prozeß, den der Pfleger führt, prozeßunfähig ist. Für andere Prozesse bleibt er im vollen Umfang prozeßfähig.

Nach der Vertretertheorie sind der Gemeinschuldner hinsichtlich der Konkursmasse, der Erbe hinsichtlich des Nachlasses prozeßunfähig, soweit Konkursverwalter, Nachlaßverwalter oder Testamentsvollstrecker, die als gesetzliche Vertreter anzusehen sind, Masse- oder Nachlaßprozesse führen (§ 53). Da aber dem Gemeinschuldner die Befugnis zur Prozeßtätigkeit hinsichtlich der Konkursmasse durch § 6 KO entzogen ist, was in gleicher Weise für den Erben bei der Nachlaßverwaltung gilt (§ 1984 BGB), und Aktivprozesse allein vom Testamentsvollstrecker geführt werden können (§ 2212 BGB), müssen Gemeinschuldner und Erbe analog § 53 hinsichtlich der Verwaltungsmasse für schlechthin prozeßunfähig angesehen werden, unabhängig davon, ob die Verwalter im Einzelfalle prozessieren[10]. Es liegt eine relative Prozeßunfähigkeit vor.

[8] BGH 38,75; a.A. *Staudinger-Coing*, BGB[11] Einl. zu §§ 21 ff. Anm. 21.

[9] BGH 41,306.

[10] *Rosenberg* § 43 II 2c.

Nach der Amtstheorie bleibt dem Gemeinschuldner und dem Erben die volle Prozeßfähigkeit erhalten, ihnen wird nur die Prozeßführungsbefugnis entzogen, die auf die Verwalter übergeht.

3. Von der allgemeinen Prozeßfähigkeit zu scheiden ist *die auf einen bestimmten Kreis beschränkte Prozeßfähigkeit.*

Derart sachlich beschränkt prozeßfähig sind:

a) *Beschränkt Geschäftsfähige in Ehesachen* (§ 612 I) und bei Klagen auf Anfechtung der Ehelichkeit eines Kindes (§ 641). Diese Ausnahme von § 52 beruht auf dem höchstpersönlichen Charakter der Ehe und Verwandtschaft. Eine Abweichung gilt für die Eheaufhebungsklage gemäß § 30 I 2 EheG.

b) *Beschränkt Geschäftsfähige, soweit die Erweiterung ihrer Geschäftsfähigkeit nach* §§ 112, 113 BGB *reicht.* Daher kann der Minderjährige, der unter Billigung seines Vaters und des Vormundschaftsgerichts ein Geschäft selbständig betreibt, die Geschäftsprozesse selbst führen oder durch einen selbst bestellten Anwalt führen lassen. Der minderjährige Arbeiter, der mit Ermächtigung seines Vaters in Arbeit getreten ist, kann den Lohn selbst einklagen.

c) *Der Entmündigte* oder zu Entmündigende *in Entmündigungssachen* nach Maßgabe von §§ 664 II, 684 I, 675, 685.

4. Ein Ausländer ist prozeßfähig, soweit er nach seinem Heimatrecht geschäftsfähig ist (Art. 7 EG BGB). Außerdem gilt er als prozeßfähig, wenn ihm nach unserem Recht die Prozeßfähigkeit zusteht, obwohl sie ihm nach seinem Heimatrecht fehlt.

III. Parteifähigkeit und Prozeßfähigkeit sind *Prozeßvoraussetzungen.* Ohne ihr Vorliegen darf eine Sachverhandlung nicht stattfinden, ein Sachurteil nicht ergehen. Ihr Mangel ist in jeder Lage des Verfahrens von Amts wegen zu beachten (§ 56 I), ein Zweifel darüber von Amts wegen aufzuklären. Eine amtliche Untersuchung ist trotzdem unstatthaft, das Gericht hat aber die Parteien zur Beschaffung der erforderlichen Nachweise zu veranlassen. Parteirüge ist nicht notwendig, sie ist als Anregung zur Prüfung von Amts wegen aufzufassen (§ 274 II Nr. 7). Maßgebender Zeitpunkt für das Vorliegen der Partei- und Prozeßfähigkeit als Prozeßvoraussetzungen ist die letzte Verhandlung, auf die das Urteil ergeht, auch in der Revisionsinstanz.

Partei- und Prozeßfähigkeit sind gleichzeitig *Prozeßhandlungsvoraussetzungen.* Nur bei ihrem Vorliegen sind die Prozeßhandlungen wirksam und von Gericht und Gegner zu beachten. Fehlt es an der Partei- oder Prozeßfähigkeit, so ist die Prozeßhandlung nicht nichtig, aber unwirksam und durch Genehmigung heilbar. Als Prozeßhandlungsvoraussetzung müssen Partei- und Prozeßfähigkeit zur Zeit der Vornahme der Prozeßhandlung gegeben sein.

1. Mangel und Fortfall der Parteifähigkeit.

a) Fehlt die Parteifähigkeit einer Partei während des ganzen Prozesses, dann darf eine Sachentscheidung nicht ergehen, vielmehr ist die Klage durch Prozeßurteil als unzulässig abzuweisen[11]. Der nichtrechtsfähige Kläger ist kostenpflichtig (§ 91).

b) Bestand der Mangel der Parteifähigkeit nur zur Zeit der Klageerhebung, wurde er aber im Laufe des Prozesses durch Erlangung der Parteifähigkeit beseitigt, dann kann die parteifähig gewordene Partei die bisherige Prozeßführung genehmigen, wodurch der Mangel heilt[12]. Erlangung der Parteifähigkeit kommt z. B. vor, wenn eine stille Gesellschaft im Laufe des Prozesses in eine OHG umgewandelt oder ein klagender nichtrechtsfähiger Verein im Vereinsregister eingetragen wird. Die Heilung tritt nicht automatisch ein[13], da die bisherige Prozeßführung dem Interesse der parteifähig gewordenen Partei nicht zu entsprechen braucht, kann aber stillschweigend durch rügelose Fortführung des Prozesses erfolgen. Die Genehmigung kann auch nach Rechtskraft eines unzulässigerweise erlassenen Sachurteils erteilt werden[14].

c) Der Verlust der Parteifähigkeit während des Rechtsstreits kommt nur selten vor. Wird z. B. eine OHG während des Prozesses aufgelöst, so bleibt sie als Abwicklungsgesellschaft (§ 145 HGB) weiterhin parteifähig. Aber selbst wenn im weiteren Verlauf des Prozesses die Liquidation durchgeführt wird und die Vollbeendigung der Gesellschaft eintritt, wird eine Änderung der Parteistellung nicht herbeigeführt. Die Parteifähigkeit der Gesellschaft wird vielmehr bis zur Beendigung des Prozesses aufrechterhalten, da die Veräußerung der zum Gesellschaftsvermögen gehörenden Gegenstände während des Prozesses entsprechend dem Grundgedanken des § 265 auf diesen keinen Einfluß ausübt[15].

Das RG hat angenommen, daß der von oder gegen die Gesellschaft begonnene Prozeß von oder gegen die Gesellschafter fortgeführt wird[16]. Dieser Ansicht ist nicht beizutreten, da im Prozeß der Gesellschaft die Gesellschafter in ihrer gesamthänderischen Gebundenheit die Partei darstellen, also eine Parteiänderung vorliegt, wenn sie später als Einzelpersonen die Parteirolle tragen.

Mit dem Tod einer Partei wird der Prozeß unterbrochen (§ 239).

d) Ergeht trotz Mangel der Parteifähigkeit ein Sachurteil, so ist dieses nicht nichtig, wie bei einer nicht existenten Partei, sondern nur

[11] RG 157,377.
[12] RG JW 1895, 194; 1901, 301.
[13] Abweichend *Stein-Jonas-Pohle* § 50 VII 1.
[14] *Rosenberg* § 42 III 1b.
[15] *Jaeger*, Die OHG im Zivilprozeß, 1915, S. 54; *Rosenberg* § 42 III 2c.
[16] RG 46,41; 64,77; 124,146; 127,98; 141,277.

vernichtbar, da es sich in der Regel um bestehende Organisationen handelt, denen nur die Rechtsfähigkeit fehlt, wie bei dem Gaswerk zu Lüdenscheid, das eine Unterabteilung der Kölner AG für Gas und Elektrizität war[17]. Die Entscheidung unterliegt den Rechtsmitteln. Nach Rechtskraft ist sie mit der Nichtigkeitsklage analog § 579 I Nr. 4 angreifbar. Die Nichtigkeitsklage ist jedoch unzulässig, wenn das Gericht die Frage der Parteifähigkeit nicht übersehen, sondern durch ein Zwischenurteil (§§ 275, 303) oder im Endurteil bejaht hat[18].

2. Mangel und Fortfall der Prozeßfähigkeit

a) Fehlt die Prozeßfähigkeit während des ganzen Prozesses, klagt z. B. ein Minderjähriger, so darf mangels einer Prozeßhandlungsvoraussetzung keine Terminbestimmung (§ 216) erfolgen. Hat der Vorsitzende dies übersehen und findet demgemäß eine mündliche Verhandlung statt, dann ist die Klage durch Prozeßurteil als unzulässig abzuweisen. Da § 91 vom starren Erfolgsstandpunkt ausgeht und für Billigkeitserwägungen keinen Raum läßt, hat der prozeßunfähige Kläger die Kosten zu tragen[19]. Ein trotz Mangel der Prozeßfähigkeit ergangenes Sachurteil unterliegt den Rechtsmitteln und nach Rechtskraft der Nichtigkeitsklage, da die Partei nicht nach Vorschrift der Gesetze vertreten war (§§ 551 Nr. 5, 579 I Nr. 4). Auch hier ist die Nichtigkeitsklage unzulässig, wenn im Urteil die Frage der Prozeßfähigkeit nicht übersehen, sondern ausdrücklich bejaht worden ist.

b) Besteht Prozeßunfähigkeit nur bei Klageerhebung, erlangt aber der Kläger während des Prozesses die Prozeßfähigkeit, indem z. B. der Minderjährige volljährig wird, so tritt damit ebensowenig wie im materiellen Recht (§ 108 III BGB) automatisch eine Heilung ein. Die prozeßfähig gewordene Partei kann aber ihre bisherige Prozeßführung genehmigen und damit wirksam machen (vgl. §§ 551 Nr. 5, 579 I Nr. 4). Dasselbe gilt, wenn der gesetzliche Vertreter in den Prozeß eintritt. Dieser hat dann die Wahl, das bisherige Prozeßgeschehen zu genehmigen oder als Folge der Prozeßunfähigkeit Klagabweisung zu beantragen.

Da die Prozeßführung ein einheitliches Ganzes ist, kann die Genehmigung nicht auf einen Teil der Prozeßhandlungen beschränkt werden. Wird z. B. eine einzelne Prozeßhandlung, etwa ein vom Prozeßunfähigen abgelegtes Geständnis ausgeschlossen, so ist die eingeschränkte Genehmigung völlig unwirksam[20].

[17] RG 35,362.

[18] BGH JZ 1959,127.

[19] RG 53,67; a.A. *Lent-Jauernig* § 20 IV B 6.

[20] RG 110,230.

Zu beachten ist, daß nicht nur die unwirksame Prozeßführung geschäftsbeschränkter, sondern auch geschäftsunfähiger Personen genehmigt werden kann. Insoweit besteht eine Abweichung zum materiellen Recht, wo nichtige Willenserklärungen Geschäftsunfähiger genehmigungsunfähig sind (§ 105 I BGB).

Erfolgt keine Genehmigung, ist die Klage durch Prozeßurteil abzuweisen.

c) Liegt bei Klageerhebung Prozeßfähigkeit vor, fällt sie aber im Laufe des Prozesses fort, weil die Partei z. B. entmündigt wird, dann erfolgt keine Prozeßabweisung, vielmehr wird das Verfahren unterbrochen (§ 241). Der gesetzliche Vertreter führt dann den Prozeß weiter. War die prozeßunfähig gewordene Partei durch einen Prozeßbevollmächtigten vertreten, so tritt eine Unterbrechung nicht ein (§ 246), weil die Vollmacht trotz Wegfalls der Prozeßfähigkeit fortbesteht (§ 86). Der Bevollmächtigte kann jedoch die Aussetzung des Verfahrens beantragen.

Die Zustellung eines Urteils an die prozeßunfähige Partei ist unwirksam und setzt die Notfristen (z. B. Berufungs-, Revisions-, Einspruchsfrist) nicht in Lauf[21]. Jedoch werden Urteile, deren Zustellung unwirksam oder versehentlich unterblieben ist, 6 Monate nach der Verkündung rechtskräftig, da mit dem Ablauf von 5 Monaten die Rechtsmittelfrist automatisch zu laufen beginnt. Das gilt auch für Versäumnisurteile, da hierauf §§ 516, 552 entsprechend anwendbar sind. Dann gibt es nur die Möglichkeit der Nichtigkeitsklage gemäß § 579 I Nr. 4.

Beispiel: Der minderjährige A wird, nachdem ihm die Klage entgegen § 171 persönlich zugestellt ist, antragsgemäß verurteilt. Auch das Urteil wird ihm persönlich zugestellt. Nach 4 Monaten legt er, inzwischen volljährig geworden, Berufung ein. Diese ist zulässig, da die Monatsfrist des § 516 noch gar nicht zu laufen begonnen hat. Die Klage ist, falls A das bisherige Prozeßverfahren nicht genehmigt, als unzulässig abzuweisen.

3. Im Verfahren über die zweifelhafte Partei- und Prozeßfähigkeit *(Zulassungsstreit)* ist die Partei insoweit zuzulassen, als die Partei- oder Prozeßfähigkeit erörtert wird. Sie oder der von ihr persönlich bestellte Prozeßbevollmächtigte ist in der Verhandlung zu hören. Erfolgt wegen fehlender Partei- oder Prozeßfähigkeit Klagabweisung, so kann die Partei hiergegen das zulässige Rechtsmittel einlegen. Dasselbe gilt bei einem Sachurteil, das den Mangel der Partei- oder Prozeßfähigkeit nicht berücksichtigt. Verneint erst die höhere Instanz die Partei- oder Prozeßfähigkeit, so darf das von der Partei eingelegte Rechtsmittel

[21] A.A. RG 121,64.

nicht wegen dieses Mangels als unzulässig verworfen werden, vielmehr ist die Klage als unzulässig abzuweisen[22].

Bei Zweifeln über die Partei- oder Prozeßfähigkeit kann das Gericht die Partei zur Verhandlung über die Hauptsache zulassen, wenn etwa durch bevorstehende Verjährung Gefahr in Verzug ist. Das Gericht hat hierbei eine Frist für die Beseitigung des Mangels zu setzen. Eine Entscheidung kann erst nach Fristablauf ergehen (§ 56 II).

IV. Häufig wird als weitere Parteieigenschaft die sog. *Postulationsfähigkeit* (Verhandlungsfähigkeit) aufgestellt, d. h. die Fähigkeit, selbst vor Gericht zu verhandeln und Prozeßhandlungen vorzunehmen. Sie fehlt, soweit Anwaltszwang besteht (§ 78). Hierbei handelt es sich aber nicht wie bei der Partei- und Prozeßfähigkeit um eine allgemeine Eigenschaft der Partei, sondern um eine besondere Befugnis.

Die Postulationsfähigkeit ist keine Prozeßvoraussetzung, sondern Prozeßhandlungsvoraussetzung. Nimmt ein Postulationsunfähiger eine Prozeßhandlung vor, so ist sie nichtig und vom Gericht nicht zu beachten.

Reicht z. B. eine Partei beim Landgericht die Klage selbst ein, so ist kein Verhandlungstermin anzuberaumen. Erscheint vor dem Landgericht bei ordnungsgemäßer Klage die beklagte Partei ohne Rechtsanwalt in der mündlichen Verhandlung, so gilt sie als nicht erschienen, und es darf gegen sie Versäumnisurteil ergehen (§ 331).

Die von einem Postulationsunfähigen vorgenommene Prozeßhandlung kann auch nicht durch Genehmigung rückwirkend geheilt werden, vielmehr müssen die Handlungen von einem Postulationsfähigen neu vorgenommen werden, wobei jedoch eine Bezugnahme möglich ist[23].

Der Mangel der Postulationsfähigkeit ist in jeder Lage des Verfahrens von Amts wegen zu berücksichtigen. Wurde auf die Klage des Postulationsunfähigen hin unzulässigerweise Termin anberaumt, muß die Klage als unzulässig abgewiesen werden. Ist der Mangel übersehen worden, so wird er mit Rechtskraft des Urteils unbeachtlich. Eine Nichtigkeitsklage gemäß § 579 I Nr. 4 findet nicht statt, weil die Partei mit der Prozeßführung einverstanden war[24].

V. Partei-, Prozeß- und Postulationsfähigkeit sind allgemeine Voraussetzungen für das Durchdringen einer Klage. Soll aber eine bestimmte Klage Erfolg haben, müssen noch weitere Vorbedingungen gegeben sein. Dazu gehört u. a., daß der konkrete Rechtsstreit gerade zwischen diesem Kläger und diesem Beklagten zum Austrag gebracht werden kann, daß also Kläger und Beklagter die *richtigen Parteien* sind. Rich-

[22] BGH LM § 546 ZPO Nr. 12. [23] RG Warn. 42,27.
[24] vgl. *Blomeyer* § 8 IV 3.

tiger Kläger und richtiger Beklagter sind diejenigen, denen für den einzelnen Rechtsstreit die Prozeßführungsbefugnis zusteht.

Die *Prozeßführungsbefugnis*[25] *fällt im allgemeinen mit der Rechtszuständigkeit* zusammen. So ist der Kaufpreisanspruch regelmäßig vom Verkäufer gegen den Käufer geltend zu machen. *Bisweilen steht aber die Prozeßführungsbefugnis einem anderen als dem materiellrechtlich Berechtigten oder Verpflichteten zu, namentlich in den Fällen der Prozeßstandschaft* (oben § 19 I 1). So haben im Falle der Gütergemeinschaft nicht die beiden Ehegatten, denen das Gesamtgut gehört, Prozeßführungsbefugnis, sondern nur der das Gesamtgut verwaltende Ehegatte (§ 1422 BGB). Bei der Rechtsnachfolge des § 265 bleibt der Rechtsvorgänger prozeßführungsbefugt.

Die Prozeßführungsbefugnis ist als Befugnis, den Rechtsschutz anzurufen, von Amts wegen zu prüfende *Prozeßvoraussetzung.* Sie ist in jeder Lage des Rechtsstreits, auch noch in der Revisionsinstanz, zu berücksichtigen. Fehlt sie, muß die Klage ohne Prüfung der sachlichen Begründetheit als unzulässig abgewiesen werden[26]. Die Prozeßführungsbefugnis ist von der Rechtszuständigkeit, welche Voraussetzung der sachlichen Berechtigung der Klage ist, streng zu trennen.

Beispiele: Die entgegen § 1422 BGB von dem nicht verwaltenden Ehegatten erhobene Klage ist mangels Prozeßführungsbefugnis als unzulässig abzuweisen, nicht als unbegründet. Das Urteil darf nicht das eingeklagte Recht absprechen, das dem Kläger ja mit zusteht. Ihm fehlt nur die Befugnis, seinetwegen Rechtsschutz zu verlangen. Ebenso ist die Klage eines Nachlaßgläubigers gegen den Erben vor Annahme der Erbschaft als unzulässig abzuweisen, weil dem Erben die Prozeßführungsbefugnis fehlt (§ 1958 BGB).

Bisweilen wird die Prozeßführungsbefugnis auch *Sachlegitimation* (Aktivlegitimation auf seiten des Klägers, Passivlegitimation auf seiten des Beklagten) genannt. Da man darunter im allgemeinen die Rechtszuständigkeit versteht, ist dies irreführend und hat die Erkenntnis, daß Prozeßführungsbefugnis und Rechtszuständigkeit zu trennen sind, erschwert.

Die Sachlegitimation ist als Rechtszuständigkeit Voraussetzung der Begründetheit der Klage, während die Prozeßführungsbefugnis Voraussetzung ihrer Zulässigkeit ist.

Die Rechtszuständigkeit ist ein Teil des Klagegrundes. Fehlt es an der Sachlegitimation, so ist die Klage als unbegründet, also sachlich abzuweisen. Deshalb ist die Sachlegitimation im Gegensatz zur Prozeßführungsbefugnis auch keine Prozeßvoraussetzung.

[25] Vgl. *Henckel,* Parteilehre und Streitgegenstand im Zivilprozeß, 1961, S. 37 ff., *Lüke,* Die Prozeßführungsbefugnis, ZZP 76, 1.

[26] BGH 31,279; 36,191; 44,370.

Hat das Gericht den Mangel der Prozeßführungsbefugnis übersehen und zur Hauptsache geurteilt, so ist die Entscheidung voll wirksam, aber durch Rechtsmittel anfechtbar. Die Nichtigkeitsklage ist nicht gegeben. Das Urteil wirkt nur unter den Parteien des betreffenden Prozesses, nicht für und gegen den Prozeßführungsbefugten oder den Inhaber des Rechtsverhältnisses, außer wenn dieser selbst Partei wäre.

§ 21 Vertretung und Unterstützung der Partei

I. Die Stellvertretung im Prozeß entspricht der Stellvertretung im bürgerlichen Recht. *Prozeßvertreter einer Partei ist, wer erkennbar in ihrem Namen prozessuale Handlungen vor- oder entgegennimmt.* Die Wirkungen der von dem Vertreter vorgenommenen Handlungen treffen nur die Partei, nicht den Vertreter (§ 85). Vertretung ist grundsätzlich bei allen Parteihandlungen zulässig, außer bei der Parteivernehmung (§§ 445 ff.) und dem Eid (§ 452). Ist eine Partei nicht prozeßfähig, so ist in der Regel ihr gesetzlicher Vertreter zu vernehmen (§ 455).

II. Man unterscheidet *gesetzliche Vertretung* und *Vollmacht.*

1. *Die gesetzliche Vertretung* beruht im Gegensatz zur Vollmacht (gewillkürten Vertretung) nicht auf dem Willen des Vertretenen, sondern auf Gesetz (z. B. § 1626 II BGB), behördlicher Bestellung (z. B. § 1789 BGB) oder Verbandsakt (z. B. § 27 BGB). Hauptfall ist die Vertretung Prozeßunfähiger. Entstehung, Umfang und Ende bestimmen sich nach bürgerlichem Recht (§ 51). *Der gesetzliche Vertreter hat im Gegensatz zum Bevollmächtigten im Verfahren vielfach die Stellung einer Partei,* z. B. hinsichtlich der Anordnung des persönlichen Erscheinens (§§ 141, 272b II Nr. 3) und der Parteivernehmung (§ 455). *Die gesetzliche Vertretung ist von Amts wegen zu prüfende Prozeßvoraussetzung.* Gleichzeitig ist die Vertretungsmacht des gesetzlichen Vertreters Prozeßhandlungsvoraussetzung: die von oder gegenüber einem nicht zur gesetzlichen Vertretung Befugten vorgenommenen Prozeßhandlungen sind unwirksam. Ein Mangel der gesetzlichen Vertretung kann aber durch Genehmigung seitens des gesetzlichen Vertreters oder der inzwischen prozeßfähig gewordenen Partei geheilt werden (§§ 551 Nr. 5, 579 I Nr. 4).

2. *Die gewillkürte Vertretung* beruht auf einer Vollmacht, die von der prozeßfähigen Partei, ihrem gesetzlichen Vertreter oder einem seinerseits Bevollmächtigten ausgehen kann. Die Vollmacht ist von dem Grundverhältnis (Auftrag, Geschäftsbesorgungsvertrag im Sinne von § 675 BGB) zu unterscheiden. Sie wird durch eine einseitige Erklärung gegenüber dem Vertreter, Gegner oder Gericht erteilt (§ 167 BGB). Die Beiordnung nach § 115 I Nr. 3 ersetzt die Vollmacht nicht. Der Ausdruck „Vollmachtsvertrag" in § 87 ist unrichtig. Die Bevollmächtigung ist formlos (§ 89 II)[1], aber nur durch schrift-

[1] BGH 40,203.

liche Urkunde nachweisbar. Auf Antrag des Gegners kann das Gericht die öffentliche Beglaubigung einer Privatvollmacht anordnen (§ 80).

Vor dem Landgericht und den höheren Gerichten müssen sich die Parteien durch einen bei dem Gericht zugelassenen Rechtsanwalt vertreten lassen (§ 78, vgl. auch § 78 III).

Ausgenommen sind das Verfahren vor dem beauftragten oder ersuchten Richter sowie die Prozeßhandlungen, die vor dem Urkundsbeamten vorgenommen werden können (§§ 44, 103, 118, 920), mögen sie auch im Einzelfall vor dem Gericht vollzogen werden. Im Verfahren vor dem Einzelrichter (§ 348) herrscht Anwaltszwang.

Der *Anwaltszwang* dient dem Interesse der Rechtspflege und gleichzeitig der Fürsorge für die rechtsunkundigen Parteien. In Sachen von allgemeiner Bedeutung sollen diese sich nicht selbst überlassen bleiben, ihnen soll vielmehr ein Rechtskundiger zur Seite stehen, der imstande ist, das Wesentliche des Rechtsstreites zu erkennen sowie geordnet und vollständig vorzubringen. Ein dem Anwaltszwang unterliegender Prozeß heißt *Anwaltsprozeß*, ein solcher ohne Anwaltszwang *Parteiprozeß*.

Besteht Anwaltszwang, so erstreckt sich dieser nicht nur auf die mündliche Verhandlung, sondern auf alle Prozeßhandlungen (Klage, vorbereitende Schriftsätze). Der im Termin miterschienenen Partei ist jedoch neben dem Anwalt das Wort zu gestatten (§ 137 IV), auch kann sie Geständnisse und andere tatsächliche Erklärungen des Anwalts sofort widerrufen oder berichtigen (§ 85).

Im übrigen sind die eigenen Prozeßhandlungen der Partei wirkungslos. Jedoch werden die Erklärungen einer Partei, deren persönliches Erscheinen zur Aufklärung des Sachverhalts angeordnet worden ist (§ 141), unmittelbar Prozeßstoff. Sie brauchen nicht erst durch den Anwalt aufgenommen zu werden. Das gilt auch von Geständnissen[2]. Gibt die persönlich angehörte Partei eine von der schriftsätzlichen Klagebegründung abweichende, ihr nachteilige Darstellung, so kann diese auch dann berücksichtigt werden, wenn ihr Prozeßbevollmächtigter den bisherigen Vortrag aufrechterhält. Es ist Sache des Gerichts, die Bedeutung der sich widersprechenden Behauptungen frei zu würdigen. Dabei ist aber in der Regel den tatsächlichen Erklärungen der Partei vor denen des Rechtsanwalts mit Rücksicht darauf der Vorzug zu geben, daß er seine Informationen erst von der Partei erhält[3]. Tritt in der mündlichen Verhandlung vor einem Kollegialgericht eine Partei ohne Anwalt auf, so gilt sie als nicht erschienen. Daher kann gegen sie Versäumnisurteil (§§ 330 ff.) oder Aktenlageentscheidung (§ 331 a) ergehen. Bevollmächtigter kann im Anwaltsprozeß nur ein bei dem Prozeßgericht zugelassener (vgl. aber § 51 III PatG) Rechtsanwalt (§ 78), im Parteiprozeß jede prozeßfähige Person sein (§ 79). Minderjährige können nicht bevollmächtigt werden, da von ihnen ein verständiges Verhandeln vor Gericht nicht zu erwarten ist.

[2] Vgl. *Bernhardt*, Die Aufklärung des Sachverhalts, S. 40
[3] BGH LM § 141 ZPO, Nr. 2.

Enthält die Vollmacht eine Ermächtigung zur Führung des ganzen Prozesses, so heißt sie *Prozeßvollmacht.* Im Gegensatz zu ihr ermächtigt die *Sondervollmacht* (z. B. Terminsvollmacht) nur zur Vornahme einzelner Prozeßhandlungen. Im Anwaltsprozeß ist lediglich eine Prozeßvollmacht zulässig (§ 83 II).

Die *Prozeßvollmacht* hat im Interesse der Verkehrssicherheit einen gesetzlichen *Mindestumfang* (§§ 81 f.). Sie ermächtigt nicht nur zu prozessualen Handlungen, sondern auch zu bürgerlich-rechtlichen Erklärungen, soweit sie im Rahmen des Prozesses abgegeben werden, wie Aufrechnung, Anfechtung, Rücktritt. Zur Entgegennahme der Streitsumme ist eine besondere Ermächtigung erforderlich. Die Prozeßvollmacht kann beliebig erweitert werden. *Im Außenverhältnis,* also dem Gegner gegenüber, *ist eine Beschränkung nur insoweit zulässig, als sie sich auf Vergleich, Verzicht und Anerkenntnis bezieht* (§ 83). Eine weitere Beschränkung hat allein für das Innenverhältnis (Verhältnis zwischen Partei und Rechtsanwalt) Bedeutung: überschreitet der RA die Vollmacht, so macht er sich möglicherweise ersatzpflichtig, ohne daß dadurch die Wirksamkeit seiner Handlungen nach außen berührt würde. Mehrere Bevollmächtigte: § 84. *Da sich in der Person des Prozeßbevollmächtigten die gesamte Prozeßführung einer Partei konzentriert, müssen alle Prozeßhandlungen ihm, nicht der Partei gegenüber vorgenommen werden, anderenfalls sind sie unwirksam. Dies gilt namentlich für Zustellungen* (§ 176). Die Vollmacht erlischt durch den Tod des Bevollmächtigten (nicht des Vollmachtgebers, § 86) und vor allem durch Kündigung seitens eines Teiles. Diese wird dem Gegner gegenüber erst durch Anzeige des Vollmachtwegfalls wirksam, im Anwaltsprozeß sogar erst durch Anzeige der Bestellung eines anderen Anwalts (§ 87).

Im Parteiprozeß wird die Vollmacht von Amts wegen, im Anwaltsprozeß nur auf Rüge des Gegners geprüft (§ 88, vgl. aber §§ 613, 640). *Die Vollmacht ist keine Prozeßvoraussetzung,* sondern nur *Voraussetzung der Wirksamkeit der einzelnen Prozeßhandlung* (Prozeßhandlungsvoraussetzung). Stellt sich z. B. im Parteiprozeß nach ordnungsmäßiger Klageerhebung ein Mangel der Vollmacht des im Termin für den Kläger erscheinenden Prozeßvertreters heraus, dann wird dieser durch Beschluß von der Verhandlung zurückgewiesen, und es kann, da der Kläger nicht vertreten ist, gegen ihn Versäumnisurteil (§ 330), also ein Sachurteil ergehen. Hatte freilich der Vollmachtlose auch die Klage erhoben und war unzulässigerweise Termin anberaumt worden, so muß die Klage durch Prozeßurteil als unzulässig abgewiesen werden, da bereits die Klageerhebung mangelhaft war. Ein trotz Mangels der Vollmacht ergangenes Urteil kann mit Rechtsmitteln (vgl. § 551, Nr. 5) und mit der Nichtigkeitsklage (§ 579 I Nr. 4) beseitigt werden. Genehmigung heilt den Mangel der Vollmacht (§§ 89 II, 551 Nr. 5, 579 I Nr. 4).

III. Den Parteiprozeß kann jede prozeßfähige Partei selbst führen. Sie kann auch mit einem *Beistand* erscheinen. Dieser handelt nicht wie der Vertreter an Stelle, sondern neben der Partei. Das vom Beistand Vorgetragene gilt als Parteivorbringen (§ 90). Nur ein Prozeßfähiger kann Beistand sein.

IV. Mit Ausnahme der Rechtsanwälte sind Personen, welche die Besorgung fremder Rechtsangelegenheiten vor Gericht geschäftsmäßig betreiben, als

Bevollmächtigte und Beistände in der mündlichen Verhandlung ausgeschlossen. Das Verbot kann auch nicht dadurch umgangen werden, daß an sie der geltend zu machende Anspruch abgetreten wird. Dies gilt jedoch nicht für durch die Justizverwaltung zugelassene Prozeßagenten (§ 157 I, III und Verfügung über die Zulassung von Prozeßagenten vom 23. 3. 1935, DJ S. 486; vgl. weiter Ges. zur Verhütung von Mißbräuchen auf dem Gebiete der Rechtsberatung vom 13. 12. 1935).

Parteien, Bevollmächtigten und Beiständen, dagegen nicht Rechtsanwälten, kann der weitere Vortrag vom Gericht untersagt werden, falls ihnen die Fähigkeit zum geeigneten Vortrag fehlt (§ 157 II).

Auf Antrag einer Partei ist ihrem Patentanwalt das Wort zu gestatten, wenn der Rechtsstreit einen Anspruch aus einem Rechtsverhältnis betrifft, das im Patentgesetz, Gebrauchsmustergesetz, Warenzeichengesetz, Arbeitnehmer-Erfindungsgesetz, Geschmacksmustergesetz oder Saatgutgesetz geregelt ist. Dasselbe gilt im Rechtsbeschwerdeverfahren gegen Beschlüsse der Beschwerdesenate des Patentgerichts und in sonstigen Rechtsstreitigkeiten über gewerbliche Schutzrechte. § 157 I und II gilt insoweit für Patentanwälte nicht (§ 4 PatentanwaltsO v. 7. 9. 1966).

V. Besonderheiten gelten für die Vertretung in Arbeitsrechtssachen. Nach § 11 ArbGG können die Parteien vor den Arbeitsgerichten den Rechtsstreit selbst führen oder sich durch Vertreter von Gewerkschaften oder Arbeitgeberverbänden vertreten lassen. Eine Prozeßvertretung durch Rechtsanwälte ist grundsätzlich nicht gestattet. Eine Ausnahme gilt, wenn der Streitwert mindestens 300 DM beträgt oder wenn nach Ansicht des Arbeitsgerichts die Wahrung der Rechte der Parteien durch einen Anwalt notwendig erscheint.

Die Zurücksetzung der Rechtsanwälte in Arbeitsgerichtssachen ist unbegründet. Gerade hier könnten Rechtsanwälte, die Organe der Rechtspflege und nicht einseitige Interessenvertreter sind, viel zu einem gerechten Ablauf des Verfahrens beitragen.

Vor den Landesarbeitsgerichten und vor dem Bundesarbeitsgericht müssen sich die Parteien durch Rechtsanwälte vertreten lassen. Zur Vertretung ist jeder bei einem deutschen Gericht zugelassene Rechtsanwalt berechtigt. Vor den Landesarbeitsgerichten können anstelle von Rechtsanwälten Vertreter der Gewerkschaften oder Arbeitgeberverbände als Prozeßbevollmächtigte auftreten (§ 11 ArbGG).

3. BUCH: DIE RECHTSSCHUTZGEWÄHRUNG

1. ABSCHNITT: ALLGEMEINES

§ 22 Übersicht über den Gang des Verfahrens

Bevor die Einzelheiten des Verfahrens dargestellt werden, soll zunächst ein kurzer Überblick über den Gang eines gewöhnlichen Prozesses gegeben werden. Die Übersicht zeigt zugleich, welche Funktion der einzelnen Prozeßhandlung im Verfahren als Ganzem zukommt.

Zahlt der Käufer (K) den für die Warenlieferung geforderten Kaufpreis von 3000 DM nicht, dann muß sich der Verkäufer (V) an einen Rechtsanwalt wenden. Denn für einen Anspruch von 3000 DM ist sachlich das Landgericht zuständig (§§ 71, 23 GVG, vgl. oben § 12 II) und vor dem Landgericht herrscht Anwaltszwang (§ 78, vgl. oben § 21 II 2). Nachdem V dem RA V 1 Prozeßvollmacht erteilt hat, fertigt dieser eine dem § 253 entsprechende Klagschrift an. Sie reicht er unter Beifügung der für ihre Zustellung erforderlichen Zahl von Abschriften und unter gleichzeitiger Einzahlung der Prozeßgebühr (§ 111 GKG) bei Gericht zur Bestimmung des Termins ein (§§ 216, 261). Die Urschrift der Klage bleibt bei den Gerichtsakten. Nach Bestimmung des Termins durch den Richter ist die Ladung der Parteien zum Termin durch die Geschäftsstelle zu veranlassen (§§ 214, 261a). Dem Beklagten ist mit der Ladung die Klage in beglaubigter Abschrift (§ 170) von Amts wegen zuzustellen (§§ 261a II, 261b). Bei der Zustellung bedient sich die Geschäftsstelle entweder eines Gerichtswachmeisters oder der Post (§§ 209, 211). Im Anwaltsprozeß muß die Ladung zur mündlichen Verhandlung die Aufforderung enthalten, einen bei dem Prozeßgericht zugelassenen Anwalt zu bestellen (§ 215) und etwaige gegen die Behauptungen des Klägers vorzubringende Einwendungen und Beweismittel unverzüglich in einem Schriftsatz dem Gericht mitzuteilen. Erst mit Zustellung der Klagschrift, nicht schon mit Einreichung bei Gericht ist die Klage erhoben (§ 253). Damit tritt die Rechtshängigkeit ein (§ 263). Soll mit der Klage eine Frist gewahrt (z. B. § 586 ZPO, § 41 KO, §§ 3, 12 AnfG) oder die Verjährung unterbrochen (§ 209 BGB) werden, so wird die Wirkung der mit der Klagezustellung eintretenden Rechtshängigkeit auf den Zeitpunkt der Einreichung der Klage zurückbezogen (§ 261b III). *Grund:* Aus einer Säumnis der Zustellungsorgane soll dem Kläger kein Schaden erwachsen. Nachdem K die Klage erhalten hat, bevollmächtigt er den Rechtsanwalt K 1, der in einem die mündliche Verhandlung vorbereitenden Schriftsatz (§§ 129 ff.) die Klage beantwortet (§ 272, vgl. auch § 279 II). Den Schriftsatz reicht K 1 bei Gericht ein, V 1 (nicht V, § 176) erhält eine Abschrift (§ 198).

Auf Grund der Schriftsätze hat der Richter den Termin vorzubereiten (§ 272b). Er findet vor der Kammer oder, wenn der Vorsitzende eine besondere Vorbereitung der Sache für erforderlich hält, vor dem Einzelrichter statt (§§ 348 ff.). Der Termin beginnt mit dem Aufruf der Sache (V gegen K) §§ 220, 136. Die mündliche Verhandlung wird dadurch eingeleitet, daß RA V 1 den Antrag aus der Klagschrift verliest (§§ 137, 297).

Erkennt hierauf RA K 1 den Anspruch an, dann ergeht auf Antrag von V 1 ein Anerkenntnisurteil (§§ 307, 313 III). Beantragt RA K 1, wie er vielleicht schon in der Klagebeantwortung angekündigt hat, Klagabweisung, dann hat er im Anschluß hieran etwaige prozeßhindernde Einreden (§ 274) oder sonstige Verfahrensrügen (z. B. Zustellungsmängel, vgl. § 295) vorzubringen, was im Beispielsfall nicht geschehen soll. Nun trägt RA V 1 in freier Rede, ersetzbar durch Bezugnahme auf die Klagschrift, den Sachverhalt vor (§ 137). Hierauf hat sich RA K 1 zu den Klagebehauptungen zu erklären (§ 138). Er kann sie unter Beobachtung der Wahrheitspflicht (§ 138 I) zugestehen (§ 288), nicht bestreiten (§ 138 III) oder bestreiten (z. B. gar nicht gekauft). Werden die Klagetatsachen bestritten, muß RA V 1 hierfür Beweis antreten (z. B. durch Vorlegung der Kaufurkunde § 420, Benennung von Zeugen § 373, Antrag auf persönliche Vernehmung des K § 445). Die Verteidigung des Beklagten kann sich auch so gestalten, daß RA K 1 die Richtigkeit der Klagetatsachen dahingestellt läßt, aber prozessuale Einreden (§ 146) erhebt. Mit ihnen werden rechtshindernde (z. B. Geschäftsunfähigkeit bei Vertragsabschluß), rechtsaufhebende (z. B. Zahlung) oder rechtshemmende (dilatorisch: z. B. nachträgliche Stundung, peremptorisch: z. B. Verjährung) Tatsachen geltend gemacht. Bestreitet RA V 1 diese Tatsachen, muß sie der Beklagte beweisen. Nach erschöpfender Erörterung des Sach- und Streitverhältnisses (§ 139) findet über die erheblichen bestrittenen Tatsachen gleich in demselben Termin (§ 357a) die Beweisaufnahme statt (z. B. durch Einsicht der Urkunde, Vernehmung der Zeugen §§ 394 ff.). Ist die sofortige Beweisaufnahme nicht möglich, weil die Beweismittel erst herbeigeschafft werden müssen, dann ergeht ein Beweisbeschluß (§§ 358 ff.), der zugleich einen neuen Termin zur Beweisaufnahme und zur Fortsetzung der mündlichen Verhandlung bestimmt (§ 370). Die Beweisaufnahme erfolgt vor dem Prozeßgericht (§ 355), in Ausnahmefällen vor dem beauftragten (§ 361) oder ersuchten (§ 362 ZPO, §§ 156 ff. GVG) Richter. Nach Beendigung der Beweisaufnahme verhandeln (§ 370) die Parteien über ihr Ergebnis (§ 285). Regelmäßig fassen dann die Anwälte den gesamten Prozeßstoff nochmals zusammen. Wird hierauf die Verhandlung nicht vertagt, was nur aus erheblichen Gründen zulässig ist (§ 227), und hält das Gericht die Sache für spruchreif (§ 300), so schließt der Vorsitzende die Verhandlung (§ 136). Nun wird entweder das Urteil verkündet oder es wird ein besonderer Verkündungstermin anberaumt (§ 310). Das verkündete Urteil wird nicht von Amts wegen, sondern auf Betreiben der siegreichen Partei dem Gegner zugestellt (§§ 317, 166, 176). Dadurch wird die Rechtsmittelfrist in Lauf gesetzt (§§ 221 II, 516). Legt die unterlegene Partei Berufung ein (§§ 511 ff.), so wird die Sache vor dem Berufungsgericht erneut verhandelt (§§ 523, 529). Sind die Rechtsmittel erschöpft, so ist das Urteil rechtskräftig. Damit endet das Erkenntnisverfahren. Eine Wiederaufnahme findet nur in Ausnahmefällen statt (§§ 578 ff.). Zahlt der zur Zahlung verurteilte K jetzt noch nicht, kann V gegen ihn die Zwangsvollstreckung betreiben (§§ 704 ff.).

Besonders erwähnt sei, daß gegen eine Partei, für die im Termin niemand erscheint, auf Antrag des Gegners Versäumnisurteil oder Entscheidung nach Lage der Akten ergehen kann (§§ 330 ff.).

§ 23 Grundsätze des Verfahrens

Wie wir gesehen haben (vgl. oben § 1), ist die Rechtsschutzgewährung Zweck und Ziel des Zivilprozesses. Um dieses Ziel zu erreichen, ist das Verfahren nach bestimmten Grundsätzen gestaltet.

I. Sein charakteristisches Gepräge erhält unser Zivilprozeß durch den *Verhandlungsgrundsatz*[1]. *Dieser bedeutet, daß es ausschließlich Sache der Parteien ist, den Prozeßstoff zu beschaffen.* Der Richter darf nur von den Parteien vorgebrachte Tatsachen berücksichtigen.

Eine Erforschung des Sachverhalts von Amts wegen (Untersuchungsgrundsatz) ist ihm untersagt.

Hinsichtlich der Stoffsammlung tragen die Parteien die Verantwortung. Dabei macht es grundsätzlich keinen Unterschied, von welcher Partei eine Tatsache behauptet worden ist, ob vom Kläger zur Stützung der Klage oder vom Beklagten zur Verteidigung. Jede Partei muß ihre Behauptung auch gegen sich gelten lassen.

Bestreitet der Beklagte die Behauptungen des Klägers, erweist sich die Klage aber auch nach der Darstellung des Beklagten als begründet, dann hat

[1] *Bernhardt,* Die Aufklärung des Sachverhalts im Zivilprozeß, Festgabe für Rosenberg, 1949, S. 13 ff.; *Boehmer,* Grundlagen der bürgerl. Rechtsordnung I, 1950, S. 109; *Gönner,* Handbuch des deutschen gemeinen Prozesses, 1804, § 4; RG 151,98.

das Gericht der Klage ohne Beweisaufnahme über die Richtigkeit der Klagebehauptungen stattzugeben, da die Sache endentscheidungsreif ist (§ 300). Dabei ist es gleichgültig, ob der Kläger der Darstellung des Beklagten widersprochen oder sie sich „eventuell" zu eigen gemacht hat[2].

Der Verhandlungsgrundsatz beruht auf prozeßökonomischen Erwägungen: Er baut sich darauf auf, daß die Parteien im Zivilprozeß erfahrungsgemäß widerstreitende Interessen verfolgen und daß sie sich deshalb bei der Sachdarstellung gegenseitig kontrollieren. Dieser Interessengegensatz wird für so groß angesehen und die gegenseitige Kontrolle für so zuverlässig gehalten, daß man es den Parteien überlassen zu können glaubt, das Material zu beschaffen, welches zur Feststellung des Tatbestandes notwendig ist. Rede und Gegenrede der Prozeßbeteiligten ergeben am besten ein anschauliches Bild des Lebensvorganges, der dem Streit zugrunde liegt. Der Verhandlungsgrundsatz ist daher im großen und ganzen ein geeignetes Mittel, auf kürzestem Wege den wahren Sachverhalt herauszustellen.

Tatsachen, von denen der Richter zufällig *private Kenntnis* erlangt hat, dürfen nicht verwertet werden. War z. B. der Richter Zeuge eines Unglücksfalles, über den er später zu Gericht sitzt, dann darf er den von den Parteien vorgetragenen Prozeßstoff nicht durch seine eigenen Wahrnehmungen ergänzen. Anderenfalls wäre der Richter sein eigener Zeuge. Da seine Beobachtungen denselben Fehlerquellen ausgesetzt sind, wie die jedes anderen Menschen, können sie nicht ohne objektive Prüfung dem Urteil zugrunde gelegt werden.

Im Gegensatz zu dem privaten Wissen des Richters stehen *die bei Gericht offenkundigen Tatsachen,* z. B. allgemeinkundige Tatsachen, wie geschichtliche Ereignisse, lokale Vorgänge, Lage und Entfernung von Örtlichkeiten, oder solche Tatsachen, die der Richter aus seiner sonstigen Amtstätigkeit kennt, wie Konkurseröffnung, Entmündigung, Vormundsbestellung. Die offenkundigen Tatsachen bedürfen keines Beweises (§ 291) und auch keines Parteivortrags, um Urteilsgrundlage zu werden. Die abweichende herrschende Lehre[3] übersieht, daß die Parteien kein Recht haben, die Wahrheit auszuschließen. Daher steht es nicht in ihrer Macht, die Berücksichtigung offenkundiger Tatsachen durch Unterlassen ihres Vortrags zu verhindern und den Richter zur Ignorierung allgemein bekannter Umstände zu nötigen[4].

Die Parteien bestimmen aber nicht nur den Streitstoff, sondern auch die Beweisbedürftigkeit: *Unbestrittene* (§ 138 III) *oder zugestandene* (§ 288) *Tatsachen sind dem Urteil im allgemeinen zugrunde zu legen, ohne daß der Richter ihre Wahrheit nachprüfen darf.* Bestrittene Tatsachen bedürfen dagegen des Beweises. Sache der Parteien ist es, die Beweiserhebung zu beantragen und die Beweismittel zu bezeichnen. Grundsätzlich können zur Feststellung bestrittener Behauptungen nur die von den Parteien angebotenen Beweismittel benutzt werden.

[2] *Brauer,* Die Lehre vom gleichwertigen Parteivorbringen, JZ 1956, 710; *Rosenberg* § 129, III 1c; BGH 14,363.

[3] RG 143,183.

[4] Näheres *Bernhardt,* Die Aufklärung des Sachverhalts, S. 22 ff.

Uneingeschränkt gilt dies freilich nur für den Zeugenbeweis. Augenscheinseinnahme und Begutachtung durch Sachverständige kann das Gericht nach freiem Ermessen auch von Amts wegen anordnen (§ 144). Ebenso kann es unter bestimmten Voraussetzungen von sich aus Urkunden benutzen und die Parteivernehmung anordnen (§§ 142 f., 448). Diese Maßnahmen haben aber nicht den Zweck, neuen Prozeßstoff herbeizuschaffen, hierdurch soll vielmehr lediglich dem Gericht das richtige Verständnis des Parteivorbringens ermöglicht werden, was durch unmittelbare Anschauung und sachkundige Erklärung am besten geschieht.

Der Verhandlungsgrundsatz, der den Richter an einer Ermittlung des Sachverhalts von Amts wegen hindert, bewirkt bisweilen, daß nicht der wirkliche Lebensvorgang, sondern ein von den Parteien veränderter oder gar unterschobener Sachverhalt Urteilsgrundlage wird. Deshalb bezeichnet man den Verhandlungsgrundsatz auch als „das Prinzip der formellen oder relativen Wahrheit" und setzt es in Gegensatz zur „materiellen Wahrheit". Ein wirklicher Gegensatz liegt jedoch nicht vor, da es nur *eine* Wahrheit gibt. Daß auch der Zivilprozeß die wirklichkeitsgetreue Feststellung der Sachlage, aus der der Streit der Parteien entstanden ist, erstrebt, ergibt sich aus der den Parteien auferlegten Wahrheitspflicht (§ 138).

Besteht an der Klärung des Sachverhalts ein besonderes öffentliches Interesse, was in Ehe-, Kindschafts- und Entmündigungssachen der Fall ist, so ist der Verhandlungsgrundsatz weithin zugunsten der Untersuchungsmaxime ausgeschaltet (vgl. §§ 617, 622, 640, 653, 670, 679).

An die *Rechtsausführungen der Parteien*, die erwünscht, aber nicht notwendig sind (§ 137 II), ist das *Gericht nicht gebunden.* Es hat den zur Entscheidung gestellten Lebensvorgang im Rahmen der Anträge selbständig unter jedem nur möglichen rechtlichen Gesichtspunkt zu prüfen[5].

Iura novit curia. Da mihi factum, dabo tibi ius.

Beispiel: Klagt der Fahrgast einer Straßenbahn, der bei einem Verkehrsunfall verletzt ist, auf Schadensersatz, dann hat das Gericht die Entschädigungsforderung aus den Gesichtspunkten der Haftpflicht, der unerlaubten Handlung und der Vertragshaftung zu würdigen[6]. Auf welche rechtlichen Gesichtspunkte der Kläger sein Klagebegehren gestützt hat, ist gleichgültig, da die Parteien zu Rechtsausführungen überhaupt nicht verpflichtet sind. Deshalb kann das Gericht eine Klage, die auf ungerechtfertigte Bereicherung oder Delikt gestützt ist, aus dem Gesichtspunkt eines Vertragsverhältnisses zusprechen und umgekehrt[7].

Inländisches Gesetzesrecht muß der Richter stets kennen, ausländisches Recht, Gewohnheits- und Satzungsrecht dagegen nicht. Dieses Recht ist aber von Amts wegen zu ermitteln, wobei die Parteien eine Nachweispflicht trifft (§ 293). Eine echte Beweisführung liegt insoweit aber nicht vor[8].

[5] RG 126,29.
[6] RG 66,12.
[7] BGH 21,333; 27,326.
[8] OGH Köln, NJW 1951, 73.

Ebenso frei wie bei Rechtssätzen ist der Richter bei der Ermittlung und Verwertung von *Erfahrungssätzen.* Darunter versteht man Regeln der allgemeinen Lebenserfahrung und Bildung sowie Regeln der Kunst und Wissenschaft, der Technik, des Handels und Verkehrs. Sie entstammen teils der Beobachtung des Lebens, teils wissenschaftlicher Forschung, teils gewerblicher oder künstlerischer Betätigung. Die Erfahrungssätze haben Allgemeingültigkeit, ohne in konkreter Beziehung zum einzelnen Prozeß zu stehen. Lebenserfahrung sowie technische und wirtschaftliche Kenntnisse soll der Richter in möglichst weitem Umfang haben. Dies ist schon deshalb nötig, um die Gutachten von Sachverständigen zu verstehen und gegebenenfalls Fragen an sie richten zu können. Gleichgültig ist es, auf welche Weise sich der Richter die Kenntnis dieser Erfahrungssätze verschafft: Er kann sie schon aufgrund seiner Allgemeinbildung haben oder sich im Einzelfall durch Benutzung von wissenschaftlichen Werken verschaffen. Freilich ist Vorsicht geboten, wenn sich der Richter auf einem für ihn fremden Wissenschaftsgebiet, z. B. dem medizinischen, bewegt. Insoweit ist vor einer allzu großen Selbsteinschätzung zu warnen.

Nötigenfalls hat er sich der Hilfe eines Sachverständigen zu bedienen (§ 144). Umgekehrt macht sich ein Richter lächerlich, der, wie Hellwig berichtet[9], einen Beweisbeschluß erließ, wonach ein Sachverständiger darüber vernommen werden sollte, „ob es wahr sei, daß die Wanzen stinken, stechen und beißen."

Selbst in gewöhnlichen Prozessen gilt der Verhandlungsgrundsatz nicht uneingeschränkt:

1. Da dem Richter die Prozeßleitung obliegt (§§ 136, 139 bis 157), ist er auch im Rahmen des Verhandlungsgrundsatzes bei der Stoffsammlung nicht unbeteiligt. Das Gericht trifft eine weitgehende *Frage- und Aufklärungspflicht* (§ 139). Es hat darauf hinzuwirken, daß die Parteien den Prozeßstoff vollständig vortragen[10], Unklarheiten beseitigen (§ 279a) und sachdienliche Anträge stellen. Deshalb muß es auch die rechtliche Seite des Prozesses mit den Parteien erörtern. Bei Anspruchshäufung hat es die Reihenfolge der einzelnen Ansprüche zu klären[11]. Bei unrichtiger oder ungenauer Parteibezeichnung muß es klarstellen, wer nach Lage der Sache als Partei in Betracht kommen kann, und die Parteibezeichnung berichtigen[12]. Eine Klage darf nicht ohne weiteres mit der Begründung abgewiesen werden, daß es der Kläger unterlassen habe, eine bestimmte Behauptung aufzustellen. Das Gericht hätte zuvor danach fragen müssen. Dies gilt besonders dann, wenn es den Sachverhalt unter einem anderen rechtlichen Gesichtspunkt betrachtet als die Parteien. Auch entspricht es nicht den Erfordernissen einer gerechten Rechtspflege, den Kläger im Urteil mit entscheidenden Erwägungen zu überraschen, denen er bei früherer Offenlegung leicht durch eine andere Fassung seines Antrags hätte begegnen können. Freilich geht die Aufklärungspflicht nicht so weit, die Parteien zur Aufstellung ihnen günstiger Behauptungen zu veranlassen[13]. Ebensowenig ist das

[9] System § 142 III Fußnote 46.
[10] BGH JZ 1963, 32.
[11] RG 157,327.
[12] RG 157,375.
[13] RG 109,69.

Gericht befugt, einer Partei von sich aus neue Klagegründe, Einreden oder Gegeneinreden einzugeben[14]. Deshalb ist das Gericht auch nicht verpflichtet, eine Partei zu veranlassen, einen auf anderen Anspruchsgrundlagen beruhenden neuen Antrag zu stellen[15]. Es muß jeden Schein der Parteilichkeit vermeiden. Zur Aufklärung des Sachverhalts kann das Gericht das *persönliche Erscheinen der Parteien* oder ihrer gesetzlichen Vertreter anordnen und durch Ordnungsgeldstrafen (§ 380) erzwingen (§ 141).

Es ist das Verdienst des Reichsgerichts, im Gegensatz zu den Motiven, die Unterlassung der Aufklärung von Anfang an als *Revisionsgrund* behandelt zu haben[16]. Dadurch hat es den Richter aus seiner ursprünglich passiven Stellung befreit und zu verantwortlicher Mitarbeit im Prozeß erzogen. Eine auf § 139 gestützte Revision ist aber nur dann begründet, wenn die Partei angeben kann, was sie auf die unterlassene Frage vorgebracht hätte.

2. Auch die durch die Novelle vom 27. 10. 1933 eingeführte Wahrheitspflicht (§ 138 I) hat den Verhandlungsgrundsatz modifiziert. Vgl. unten III.

3. Rechtspolitisch ist zu erwägen, ob der Verhandlungsgrundsatz dann weiter einzuschränken ist, wenn der Verdacht besteht, daß die Parteien gemeinsam durch unwahre oder sonst mißbräuchliche Prozeßführung gegen das öffentliche Interesse verstoßen. *Beispiel:* Der vor dem Zusammenbruch stehende Schuldner läßt sich durch Anerkenntnisurteil zur Zahlung einer erdichteten Darlehnsschuld verurteilen, nachdem er mit dem Kläger vereinbart hat, dieser solle die beigetriebene Urteilssumme entweder als Schenkung für sich behalten oder später ihm selbst aushändigen[17]. Ausländische Rechte haben für solche Fälle den Verhandlungsgrundsatz durchbrochen, z. B. die Zivilprozeßordnung verschiedener Schweizer Kantone und die Ungarische ZPO von 1911. Eine Mittelstellung zwischen Verhandlungs- und Untersuchungsgrundsatz nimmt der *Grundsatz der Amtsprüfung* ein. Gewisse Umstände hat das Gericht von Amts wegen zu berücksichtigen[18]. Dabei handelt es sich namentlich um die Zulässigkeit des Prozesses im ganzen, also um die Prozeßvoraussetzungen, und um die Zulässigkeit von Rechtsbehelfen (vgl. §§ 56, 341, 519b, 554a, 574, 589). Der Grundsatz der Amtsprüfung bedeutet nicht Ermittlung von Amts wegen (Untersuchungsmaxime). Er begründet für das Gericht weder die Pflicht noch das Recht, durch eigene Tätigkeit die tatsächlichen Grundlagen für seine Entscheidung zu beschaffen oder über die sonst geltenden Grenzen hinaus Beweisaufnahmen anzuordnen[19]. Bei Prüfung der von Amts wegen zu beachtenden Umstände ist das Gericht grundsätzlich vom Verhalten der Parteien unabhängig. Sind z. B. die Parteien über die Parteifähigkeit oder Prozeßfähigkeit einer Partei einig, so wird das Gericht dadurch der Prüfung dieser Prozeßvoraussetzungen nicht enthoben. Etwas anderes gilt, soweit das Parteiverhalten für die Zulässigkeitsvoraussetzungen von Einfluß ist. Erkennt z. B. der Beklagte in einem Vermögensprozeß die Zuständig-

[14] RG 165,233. [15] BGH 7,208.
[16] RG 68,186; 94,140; 130,265.
[17] Näheres *Bernhardt*, Die Aufklärung des Sachverhalts, S. 48 ff.
[18] *Rimmelspacher*, Zur Prüfung von Amts wegen im Zivilprozeß, 1966.
[19] RG 160,348.

keit des an sich unzuständigen Gerichts an, so ist das Gericht daran gebunden, da die Zuständigkeit durch Parteivereinbarung begründet werden kann (§ 38). Bestehen hinsichtlich von Amts wegen zu berücksichtigender Umstände Bedenken, so hat das Gericht die Parteien zur Beschaffung der erforderlichen Nachweise zu veranlassen. Für das Beweisverfahren gelten gegenüber dem normalen Verfahren Beweiserleichterungen, sog. *Freibeweis.* Das Gericht kann auch Beweismittel benutzen, die den Parteien nicht zur Verfügung stehen, z. B. eine amtliche Auskunft einholen (§§ 118a I 3, 272 b II Nr. 2). Mißlingt der Nachweis, dann darf ein Sachurteil nicht ergehen[20].

Für die Ermittlung der Exterritorialität gilt allerdings der Untersuchungsgrundsatz. Dies erklärt sich daraus, daß hier die elementare Frage der Gerichtsbarkeit zur Erörterung steht[21].

II. Von dem Verhandlungsgrundsatz zu scheiden ist die *Dispositionsmaxime* (Grundsatz der Verfügungsfreiheit über Beginn und Ziel des Verfahrens).

Sie ist eine Folge davon, daß die Parteien nach dem sachlichen Recht im allgemeinen über den Streitgegenstand frei verfügen können. Deshalb bleibt die Einleitung des Prozesses und jeder höheren Instanz (Klageerhebung, Rechtsmitteleinlegung) ihrem Willen überlassen, ebenso die Prozeßbeendigung durch Rücknahme von Klage und Rechtsmitteln oder durch Prozeßvergleich.

Mit der Stoffsammlung hat die Dispositionsmaxime nichts zu tun.

Durch ihre Anträge bestimmen und begrenzen die Parteien Art und Umfang des begehrten Rechtsschutzes. *Der Richter darf nichts zusprechen, was nicht beantragt ist* (§ 308: *ne* eat iudex *ultra petita* partium). Auch die Zuerkennung von Zinsen muß ausdrücklich erbeten werden. Ergibt die Verhandlung, daß der Beklagte einen höheren Schadensbetrag schuldet, als der Kläger beantragt hat, darf trotzdem nur die beantragte Schadenssumme zugesprochen werden. Allerdings setzt die vollständige oder teilweise Aberkennung eines unbegründeten Anspruchs keinen dahingehenden Antrag des Gegners voraus.

Über die Prozeßkosten ist stets von Amts wegen zu erkennen. *Grund:* Daran ist der Staat interessiert, dessen Rechtspflegeorgane in Anspruch genommen worden sind.

Eine Durchbrechung der Dispositionsmaxime und des weiteren Grundsatzes, daß Gegenstand der Entscheidung nur ein Anspruch sein kann, der durch Klage oder Widerklage erhoben und dadurch zum Streitgegenstand geworden ist, bedeutet § 308a:

Voraussetzung ist ein Prozeß zwischen Vermieter und Mieter auf Herausgabe von Wohnraum. Das Gericht muß die Klage für unbegründet ansehen, weil der Mieter die Fortsetzung des Mietverhältnisses nach der Sozialklausel verlangen kann. Daß er die Fortsetzung auch wirklich verlangt, ist sonder-

[20] BGH NJW 1961, 2207.

[21] vgl. *Rosenberg* § 63 III 1, IV 2; *H. v. Weber* ZZP 59, 91 ff.

barerweise nicht notwendig. Das Gericht hat hier die unbegründete Räumungsklage abzuweisen und auch ohne Antrag des Beklagten im Urteilstenor die angemessene Weiterdauer des Mietverhältnisses rechtsgestaltend festzusetzen, zweckmäßigerweise durch Bestimmung eines Endtermins. Ist dem Kläger die Fortsetzung des Mietverhältnisses zu den bisherigen Bedingungen nicht zuzumuten, so kann das Gericht auch die Vertragsbedingungen, insbesondere die Höhe des Mietzinses ändern.

Zu beachten ist, daß das Gericht keineswegs befugt ist, von Amts wegen zu ermitteln, ob die Sozialklausel anwendbar ist. Auch hier muß sich ihre Anwendbarkeit aus den von den Parteien vorgebrachten Tatsachen ergeben. § 308a durchbricht nicht den Verhandlungsgrundsatz zugunsten der Untersuchungsmaxime.

Gegen das Urteil ist im allgemeinen die Berufung zulässig. Der Kläger kann das klageabweisende Urteil anfechten. Er kann aber auch die Berufung auf den Ausspruch über die Fortsetzung des Mietverhältnisses beschränken oder sich gegen die unterbliebene bzw. unrichtige Vertragsänderung wenden (§ 308a II). Wird dem Räumungsantrag stattgegeben, kann der Beklagte Berufung einlegen. Im Falle der Klageabweisung kann der Beklagte die Berufung gegen den Ausspruch über die Fortsetzung des Mietverhältnisses richten, indem er eine Verlängerung der Weiterdauer oder eine Abänderung der veränderten Vertragsbedingungen zu seinen Gunsten erstrebt[22].

III. Wahrheitspflicht[23]. Damit der Richter, der nach geltendem Recht von Amts wegen grundsätzlich keine Ermittlungen erheben darf, ein richtiges Bild des ihm unterbreiteten Lebensvorganges erhält, haben die Parteien ihre Erklärungen über tatsächliche Umstände vollständig und der Wahrheit gemäß abzugeben (§ 138 I). Die Wahrheitspflicht ist eine im Interesse der materiellen Wahrheit aufgestellte Ergänzung zur Verhandlungsmaxime. Keinesfalls steht sie zu dieser, wie früher vielfach angenommen wurde, in grundsätzlichem Widerspruch. Die Wahrheitspflicht hat rechtspolitisch den Zweck, sicherzustellen, daß die Entscheidung möglichst der außerprozessualen Rechtslage entspricht.

1. Die Wahrheitspflicht folgt aus dem *Gebot von Treu und Glauben*. Sie bedeutet, daß keine Partei etwas *bewußt Unwahres* vorbringen darf. *Niemand darf wider besseres Wissen Behauptungen aufstellen.* Die Pflicht zur Wahrhaftigkeit umfaßt alle erheblichen Tatsachen ohne Rücksicht darauf, ob sie

[22] vgl. *Thomas-Putzo*, ZPO², § 308a.

[23] *Bernhardt*, Die Wahrheitspflicht im Zivilprozeß DJZ 1936, 1404 ff.; ders., Die Aufklärung des Sachverhalts S. 24 ff.; *v. Hippel*, Wahrheitspflicht und Aufklärungspflicht der Parteien im Zivilprozeß, 1939; *Lent*, Wahrheits- und Aufklärungspflicht im Zivilprozeß (Teilkommentar), 1942; *Niese*, Doppelfunktionelle Prozeßhandlungen, 1950, S. 69 ff.; *Titze*, Die Wahrheitspflicht im Zivilprozeß, Festschrift für Schlegelberger, 1936, S. 165; *Welzel*, Die Wahrheitspflicht im Zivilprozeß, 1935.

der vortragenden Partei günstig oder ungünstig sind. Unter das Verbot bewußter Unwahrheit fällt auch das aus der Luft gegriffene Vorbringen[24].

Entsprechendes gilt für das Bestreiten. Keine Partei darf die Behauptungen des Gegners in Zweifel ziehen, wenn sie deren Wahrheit kennt. Da § 138 I lediglich der bewußten Lüge entgegentreten will, ist nur das Bestreiten wider besseres Wissen verboten. Kennt eine Partei die Richtigkeit des gegnerischen Vorbringens nicht, darf sie es, wenn auch nicht als unwahr, so doch als unbekannt bestreiten und damit den Gegner zum Beweis nötigen.

Die Wahrheitspflicht bedeutet nicht, daß nur solche Behauptungen einer Partei zulässig wären, die sie als wahr kennt, oder daß nur solche Behauptungen bestritten werden dürften, die ihr als unwahr bekannt sind. Wollte man von den Parteien verlangen, daß sie nur Tatsachen vorbringen, die sie als wahr kennen, dann wäre die Durchführung vieler Prozesse von vornherein unmöglich. Die ZPO verlangt, daß die Parteien stets bestimmte Behauptungen aufstellen. Sie gestattet nicht, daß diese sich an den Richter mit der Bitte wenden, den ihnen selbst in Einzelheiten unbekannten Sachverhalt erst zu klären. In Verkennung der tatsächlichen Lage geht die ZPO davon aus, daß der Sachverhalt den Parteien stets bekannt ist. Das in vielen Fällen bestehende Informativinteresse der Parteien wird nicht berücksichtigt. Demgemäß unterscheidet sich das Beweisverfahren des Zivilprozesses grundlegend von dem des Strafprozesses. Während das Beweisverfahren im Strafprozeß den Zweck hat, Tatsachen zu ermitteln, sollen im Zivilprozeß lediglich die von den Parteien aufgestellten Behauptungen auf ihre Richtigkeit hin geprüft werden. Diese für die Feststellung der Wirklichkeit nicht unbedenkliche Beschränkung des Beweisverfahrens bringt die Parteien häufig in die mißliche Lage, zum Zwecke der Schlüssigkeit ihres Vorbringens Tatsachen als sicher hinstellen zu müssen, über die sie tatsächlich in Ungewißheit sind. Das gilt zunächst für innere Vorgänge der Gegenpartei, ihren Willen, ihre Kenntnis, ihren Vorsatz, alles Erscheinungen, die der Wahrnehmung durch die Außenwelt verschlossen sind, die aber dennoch im Prozeß bestimmt behauptet werden müssen. Es gilt aber auch sonst: Wenn jemand wegen Schädigung seiner Fluren durch ein Bergwerk Schadensersatz verlangt, dann muß er den Kausalzusammenhang zwischen dem Bergwerksbetrieb und dem Schaden als gewiß hinstellen, obwohl es sich dabei in der Regel um eine äußerst schwierige Frage handelt, die erst im Prozeß durch umfangreiche Untersuchungen von Sachverständigen geklärt werden kann.

Unter Berücksichtigung dieser Besonderheit des Zivilprozesses kann die Wahrheitspflicht nur etwas Negatives bedeuten: Das Verbot bewußter Unwahrheit.

2. Die Wahrheitspflicht wird durch das *Vollständigkeitsgebot* ergänzt. An sich folgt dieses Gebot aus der Wahrheitspflicht von selbst. Eine Irreführung kann nicht nur dadurch eintreten, daß eine Partei unwahre Behauptungen aufstellt, sondern auch dadurch, daß sie wesentliche Umstände verschweigt und auf diese Weise den Lebensvorgang verfälscht. Aus der Vollständigkeits-

[24] vgl. RG HRR 1940 Nr. 619.

pflicht ergibt sich, daß es verboten ist, aus „taktischen" Gründen bei der Darstellung des Sachverhalts nur die günstigen Tatsachen auszuwählen, die ungünstigen aber fortzulassen. Es gilt das *Verbot von Lügen und Lücken.* Das Vollständigkeitsgebot besteht ohne Rücksicht auf die Behauptungs- und Beweislast. So darf der Darlehnskläger die bereits erfolgte Rückzahlung nicht deshalb verschweigen, weil hierfür der Beklagte die Behauptungs- und Beweislast trägt. Der Kläger braucht aber nicht von sich aus Tatsachen vorzutragen, die dem Beklagten die Erhebung einer Widerklage oder die Geltendmachung eines Einrederechts ermöglichen[25].

3. Die Partei ist nicht verpflichtet, mehr zu offenbaren als ein Zeuge. Sie braucht namentlich nichts zu erklären, was ihr zur Unehre gereicht oder die Gefahr der Strafverfolgung zuziehen kann[26].

4. Die Wahrheitspflicht besteht *nicht nur gegenüber dem Prozeßgegner,* um diesen vor Schaden zu bewahren, sondern *vor allem auch gegenüber dem Gericht.* Durch die Wahrheitspflicht soll der Richter vor Irreführung geschützt werden. Er soll nicht in die unwürdige Lage kommen, sein Urteil auf einen falschen Sachverhalt gründen zu müssen.

Aus der Dispositionsbefugnis der Parteien wird vielfach gefolgert, daß nur die Unwahrheit zugunsten der Partei verboten sei, daß dagegen eine Partei Unwahrheiten vorbringen könne, soweit dadurch nur ihre eigene Rechtslage nachteilig beeinflußt werde[27]. *Lent*[28] führt folgendes aus: Unterlasse der Kläger wissentlich eine Behauptung, ohne die er den Prozeß nicht gewinnen könne, nehme er also die Abweisung in Kauf, weil ihm die Aufdeckung gewisser Umstände unerwünscht sei, so habe die Abweisung der Klage praktisch die gleiche Wirkung, wie wenn er auf seinen Anspruch verzichtet hätte. Wenn aber eine Partei über ihr Recht mit voller Wirkung verfügen könne, so könne sie sich auch prozessual so verhalten, daß ähnliche Wirkungen wie bei der Verfügung einträten. Daraus folge, daß es der Partei freistehen müsse, verfügungsähnliche Wirkungen durch ihr Verhalten im Prozeß herbeizuführen.

Die Dispositionsbefugnis gestattet den Parteien aber nur, ihre Rechtsverhältnisse frei zu gestalten. Sie kann dagegen nicht die gerade auch dem Gericht gegenüber bestehende Wahrheitspflicht verdrängen. Dabei ist es gleichgültig, ob den Parteien die Wahrheit angenehm oder unangenehm ist. Gerade dann, wenn die Wahrheit unangenehm ist, gewinnt die Wahrheitspflicht entscheidende Bedeutung. Man muß auch bedenken, daß eine Streitsache, die der staatlichen Gerichtsbarkeit unterbreitet ist, keine reine Privatsache mehr ist. Die Parteien sind dann nicht mehr unter sich. Durch die Anrufung des Gerichts ist die Streitsache aus dem privaten Bereich gezogen und zu einer öffentlichen Angelegenheit geworden. Das mit der Klageerhebung entstandene Prozeßrechtsverhältnis begründet zwischen Gericht und Parteien eine Arbeitsgemeinschaft zur Förderung der Rechtssache und damit für jede Partei die Pflicht, durch redliche und sorgfältige Prozeßführung dem Richter

[25] RG 156, 269.

[26] RG 156, 269.

[27] vgl. *Stein-Jonas-Schönke,* a.a.O., § 138 I.

[28] ZZP 63, 46 f.

die Findung des wahren Rechts zu erleichtern. Dieser Pflicht widerspricht es, wenn eine Partei mittels Prozeßlügen auf eine Verfälschung des Sachverhalts abzielt, um durch Täuschung des Richters ein von der materiellen Rechtslage abweichendes Urteil zu erlangen und dadurch indirekt eine Verfügung zu treffen.

Natürlich kann der Kläger auch im Prozeß sein Recht aufgeben und kein Zivilprozeß soll ein Recht gegen den Willen des Berechtigten verwirklichen. Deshalb steht es dem Kläger frei, auf den geltend gemachten Anspruch zu verzichten, deshalb kann umgekehrt der Beklagte jederzeit den Anspruch anerkennen (§§ 306 f. ZPO). Außerdem können beide Parteien den Streit durch einen Vergleich beenden. Dadurch wird die Sache einer weiteren richterlichen Nachprüfung entzogen. Gerade weil die Parteien während des Prozesses völlig frei über die Streitsache disponieren können, besteht kein Grund zu heimlichen Verfügungen, die durch Täuschung des Richters, gewissermaßen auf Schleichwegen, vollzogen werden. Hierin liegt eine mißbräuchliche Ausnutzung der Arbeitskraft des Richters, der genötigt wird, seine Tätigkeit für außerhalb des Prozesses liegende Zwecke zur Verfügung zu stellen. Die im Prozeß jederzeit bestehende Möglichkeit offener Verfügungen läßt die durch wahrheitswidriges Verhalten im Prozeß herbeigeführten mittelbaren Verfügungen als rechtswidrig erscheinen.

Die Vorstellung, eine Partei, welche ein unrichtiges Urteil gegen sich ergehen lasse, verfüge dadurch über den Prozeßgegenstand, hat bereits *Hellwig* als unrichtig bezeichnet[29]. Sie läßt sich nur atavistisch erklären. Das römische Recht kannte in der in iure cessio, das mittelalterliche Recht in den instrumentis garentigiatis Prozesse als Mittel rechtsgeschäftlicher Verfügung. Wir kennen heute das in prozessuale Form gekleidete Rechtsgeschäft nicht mehr. Der Prozeß ist ein Mittel zur Rechtsvergewisserung und Rechtsdurchsetzung. Wer in ihm eine Gelegenheit erblickt, über seine Rechte zu verfügen, mißbraucht die staatliche Rechtsschutzeinrichtung. Für eine Verfügung in prozessualer Form fehlt jedes Rechtsschutzinteresse.

5. Die Wahrheitspflicht gilt auch für den gesetzlichen Vertreter und Prozeßbevollmächtigten. Ein RA, der dagegen verstößt, begeht ein Standesvergehen.

6. Die Wahrheitspflicht bezieht sich nur auf *tatsächliche* Erklärungen. Lediglich von ihnen kann man sagen, daß sie wahr oder unwahr sind. Infolgedessen scheidet die Wahrheitspflicht für das prozessuale Anerkenntnis (§ 307) und den Verzicht (§ 306) aus. Diese Erklärungen beziehen sich nicht auf die Klagetatsachen, sondern auf den prozessualen Anspruch, auf die aus einem Lebensvorgang hergeleitete Rechtsfolge. Das Kriterium einer Rechtsfolge ist nicht Wahrheit oder Unwahrheit, sondern Berechtigung oder Nichtberechtigung. Wenn der Beklagte den gegen ihn geltend gemachten Anspruch anerkennt, dann besagt das über die Wahrheit der Klagetatsachen nichts. Der Richter erläßt das Anerkenntnisurteil nicht, weil die Klagebehauptungen

[29] *System*, S. 407; Wesen und subjektive Begrenzung der Rechtskraft, 1901, S. 108.

wahr und schlüssig sind, sondern allein auf Grund des Anerkenntnisses. Verzicht und Anerkenntnis sind prozessuale Verfügungsakte.

7. *Als unwahr erkannte Behauptungen und Geständnisse hat das Gericht unbeachtet zu lassen.* Dabei ist es gleichgültig, ob es sich um ein ausdrückliches (§ 288), stillschweigendes (§ 138 III) oder fingiertes Geständnis (§ 331 I) handelt. Deshalb darf auch kein Versäumnisurteil ergehen, wenn der Richter das Klagevorbringen, etwa auf Grund einer vorangegangenen Beweisaufnahme, für erlogen hält. Selbst an übereinstimmende Parteierklärungen ist das Gericht nicht gebunden, wenn das Gegenteil nach dem bisherigen Verhandlungsergebnis feststeht. Ergibt eine Beweisaufnahme Tatsachen, die bisher von keiner Partei behauptet sind, z. B. daß das hingegebene Darlehen wucherisch ist, so darf sie der Richter bei seiner Entscheidung auch dann verwerten, wenn die Parteien ihr Vorbringen nicht ergänzen[30]. Die Parteien dürfen keine lückenhafte Darstellung geben. Tun sie dies trotzdem, dann kann der Richter die Lücke ohne weiteres mit dem Beweisergebnis ausfüllen. Auch insoweit wird der *Verhandlungsgrundsatz durch die Wahrheitspflicht eingeschränkt.* Darin liegt eine Überwindung der formalistischen Struktur des Zivilprozesses im Interesse der Wirklichkeitsnähe.

8. Die Verletzung des Wahrheitsgebotes kann eine Schadensersatzpflicht nach §§ 823 II, 826 BGB und Bestrafung wegen Prozeßbetrugs nach sich ziehen[31]. Dann ist auch eine Restitutionsklage (§ 580 Nr. 4) möglich.

IV. Grundsatz des beiderseitigen Gehörs

Der Grundsatz ist ein traditionelles Prinzip des Prozeßrechts. Da die Parteien im Zivilprozeß häufig eine einseitige Darstellung des Sachverhalts geben, hat der Richter auch die Gegenpartei zu hören, um auf diese Weise ein möglichst objektives Bild des dem Streit zugrundeliegenden Lebensvorganges zu gewinnen. Das beiderseitige Gehör ist Inhalt der alten Rechtssprichwörter: „audiatur et altera pars“[32] und „Eines Mannes Rede ist keines Mannes Rede, man soll sie billig hören beede“[33]. Der Grundsatz findet sich in den §§ 136, 139, 272a, 335 Abs. 1 Nr. 3, 337, 579 III, 1034 I, 1041 I Nr. 4 und auch in der Menschenrechtskonvention Art. 6 I. Die Bedeutung dieses Grundsatzes ergibt sich daraus, daß er in Art. 103 I GG zum Grundrecht erhoben worden ist. Der Grundsatz des rechtlichen Gehörs ist eine Folgerung aus dem Rechtsstaatsgedanken, er soll eine gerechte Entscheidung verbürgen. Neuerdings wird der Grundsatz auch aus Art. 1 GG, der die Menschenwürde schützt, abgeleitet. „Die Würde der Person fordert, daß über ihr Recht nicht kurzerhand von Obrigkeits wegen verfügt wird, der Einzelne soll nicht nur Objekt der richterlichen Entscheidung

[30] A. A. *Rosenberg* § 63 II 1.

[31] RGSt 72, 115.

[32] D. 48, 17, 1 pr: Neque enim inaudita causa quemquam damnari aequitatis ratio partitur.

[33] Sachsenspiegel I, 62, § 7.

sein, sondern er soll vor einer Entscheidung, die sein Recht betrifft, zu Wort kommen, um Einfluß auf das Verfahren und sein Ergebnis nehmen zu können"[34]. Diese Begründung ist abzulehnen.

Wenn das rechtliche Gehör vor Gericht durch die Menschenwürde gefordert würde, dürfte es hiervon keine Ausnahme geben, weil jede Ausnahme den Betroffenen zum Objekt herabwürdigte. Ausnahmen sind aber nach allgemeiner Meinung zulässig, ohne daß hierin ein Verstoß gegen Art. 103 GG zu sehen ist.

Der Grundsatz des rechtlichen Gehörs gilt in jedem Verfahren, mag dieses von der Verhandlungs- oder der Untersuchungsmaxime beherrscht werden[35].

Die Parteien sind zunächst zum Sachverhalt zu hören. Jede Partei muß Gelegenheit haben, sich zu dem der richterlichen Entscheidung zugrunde liegenden Lebensvorgang vor Erlaß der Entscheidung zu äußern[36]. Infolgedessen ist die Partei zu allen Behauptungen und Beweisanträgen ihres Gegners zu hören. Außerdem muß sie zum Ergebnis einer Beweisaufnahme Stellung nehmen können. Zieht das Gericht Akten bei, dürfen diese nur verwertet werden, wenn die Parteien Gelegenheit zur Äußerung hatten[37]. Darüber hinaus ist jeder Partei zu gestatten, Rechtsausführungen zu machen und zu den Rechtsausführungen des Gegners ihre Meinung kundzutun. Das Gericht hat diese Ausführungen zur Kenntnis zu nehmen und in Erwägung zu ziehen. Bei einem Anwaltswechsel kann die Verweigerung der Terminsverlegung die Versagung des rechtlichen Gehörs bedeuten, wenn dadurch der neue Anwalt keine ausreichende Zeit zur Einarbeitung hatte[38].

Der Grundsatz des rechtlichen Gehörs bedeutet dagegen nicht, daß das Gericht vor der Entscheidung den Parteien seine Rechtsansicht zu offenbaren und zur Diskussion zu stellen hat. Es besteht keine Verpflichtung zum Rechtsgespräch[39]. Dies ergibt sich schon daraus, daß das Gericht oft erst nach dem Schluß der letzten mündlichen Verhandlung den Prozeß abschließend berät und seine Rechtsansicht endgültig festlegt. Kommt es dabei zu einer rechtlichen Beurteilung, die von der in der Verhandlung zutage getretenen grundsätzlich abweicht, dann muß es die mündliche Verhandlung wieder aufnehmen, um den Parteien eine neue Stellungnahme zu ermöglichen. Dies ist aber eine Folge der richterlichen Frage- und Aufklärungspflicht (§ 139), nicht des Grundsatzes des rechtlichen Gehörs.

[34] BVerfG 9, 95; *Maunz-Dürig* GG Art. 103, Anm. 5.
[35] BVerfG 7, 57.
[36] BVerfG 1, 429.
[37] BVerfG NJW 1967, 30.
[38] BGH 27, 163.
[39] *Arndt*, NJW 1959, 6 ff., 1298 ff.

Der Grundsatz des rechtlichen Gehörs erfordert nicht, daß die Parteien immer mündlich angehört werden; im schriftlichen Verfahren (§ 128 II) genügt es, wenn ihnen Gelegenheit gegeben wird, sich schriftlich zu äußern[40]. Macht eine Partei von der Möglichkeit des rechtlichen Gehörs keinen Gebrauch, so verwirkt sie ihr Recht.

Eine Ausnahme von der Notwendigkeit des rechtlichen Gehörs besteht im Arrest- und einstweiligen Verfügungs-Verfahren. Hier können vorläufige Maßnahmen ohne Anhörung des Gegners erlassen werden (§§ 921 I, 937 II). Wenn in diesen Fällen die vorgängige Anhörung des Betroffenen nicht notwendig ist, so rechtfertigt sich dies durch die Eilbedürftigkeit dieser Sachen. Es kann sogar, wenn schwerwiegende Interessen auf dem Spiele stehen, geboten sein, auf eine an sich mögliche Anhörung des Betroffenen zu verzichten, um ihn nicht zu warnen[41]. Dem Gedanken des rechtlichen Gehörs wird aber dadurch Rechnung getragen, daß der Betroffene in einem Nachverfahren Gelegenheit zur Äußerung hat (§ 924).

Ergeht eine Entscheidung im Verfahren mit öffentlicher Zustellung, so hat der Beklagte zwar theoretisch die Möglichkeit der Verteidigung, aber der Anschlag an die Gerichtstafel und die Einrückung im Bundesanzeiger (§ 204) sind wenig geeignet, dem Adressaten eine wirkliche Kenntnisnahme zu ermöglichen. Hier bleibt der Grundsatz des rechtlichen Gehörs praktisch eine Fiktion[42]. Dessenungeachtet muß ein Verfahren mit öffentlicher Zustellung zulässig sein, da bei unbekanntem Aufenthalt einer Person deren Gegner der Rechtsschutz nicht versagt werden darf. Ein Wiederaufnahmegrund nach den §§ 579, 580 ist die öffentliche Zustellung nicht. Nach Jahresfrist ist die Wiedereinsetzung in den vorigen Stand wegen Versäumnis der Rechtsmittelfrist unzulässig (§ 234 III).

Ist einer Partei das rechtliche Gehör nicht gewährt worden, so liegt ein erheblicher Verfahrensmangel vor. Die betreffende Partei hat gegen das Urteil die zulässigen Rechtsmittel.

Voraussetzung ist jedoch, daß sie durch die Entscheidung beschwert ist und daß die angefochtene Entscheidung auf diesem Verfahrensmangel beruht oder doch beruhen kann[43]. Es genügt also die Möglichkeit, daß die Entscheidung bei Gewährung des Gehörs für den Rechtsmittelkläger günstiger ausgefallen wäre. Im Gegensatz zu § 138 Nr. 3 VerwGO ist im Zivilprozeß die Versagung des rechtlichen Gehörs kein absoluter Revisionsgrund im Sinne von § 551. Eine Ausnahme gilt dann, wenn der Prozeß von einer nicht prozeßfähigen Partei geführt

[40] BGH 13, 270.
[41] BVerfG 9, S. 98.
[42] *Blomeyer* § 16 III 2.
[43] BGH 27, 169.

wurde. Hier greift § 551 Nr. 5 ein. Die Partei war nicht nur nicht nach Vorschrift der Gesetze vertreten, sondern sie wurde auch nicht ordnungsgemäß gehört. Denn die Möglichkeit, sich im Prozeß zu äußern, kann nur derjenige wahrnehmen, der den Prozeß zu führen befugt ist. War aber ein falscher Vertreter gehört worden, so wurde die unrichtige Person gehört und damit der Partei das rechtliche Gehör versagt[44].

Die Versagung des rechtlichen Gehörs ist kein Wiederaufnahmegrund, soweit nicht gleichzeitig die Voraussetzung des § 579 I Nr. 4 vorliegt. Allerdings findet gegen ein Schiedsurteil (§ 510c) bei Versagung des rechtlichen Gehörs die Nichtigkeitsklage (§ 579 III) und gegen Schiedssprüche die Aufhebungsklage (§ 1041 Nr. 4) statt.

Nach Erschöpfung des Rechtswegs ist Verfassungsbeschwerde an das Bundesverfassungsgericht wegen Verletzung von Art. 103 I GG möglich (§ 90 BVGG). Auch dieses Gericht kann die Entscheidung nur aufheben, wenn sie auf dem Mangel des rechtlichen Gehörs beruht, so daß es nicht ausgeschlossen ist, daß eine Anhörung des Beschwerdeführers zu einer anderen Entscheidung geführt hätte[45].

V. Mündlichkeit[46]. Im Interesse der Vereinfachung, Beschleunigung und Lebendigkeit des Prozesses unterliegt das Urteilsverfahren (nicht dagegen z. B. das Beschwerde-, Mahn- und Vollstreckungsverfahren, §§ 573, 688, 764) vor dem erkennenden Gericht einschließlich des Einzelrichters (nicht vor dem beauftragten oder ersuchten Richter) obligatorischer Mündlichkeit (§ 128).

Die Beschleunigungsverfügung vom 11. 11. 1935[47] bestimmt: „Die mündliche Verhandlung ist der Kern des Verfahrens. Nur aus einer lebendigen und unmittelbaren mündlichen Verhandlung kann und soll der Richter seine Überzeugung schöpfen." Die mündliche Verhandlung erleichtert die Aufklärung des Sachverhalts und gewährt einen besseren Einblick in das zur Entscheidung stehende Lebensverhältnis als schriftliche Darlegungen.

Nur das mündlich Vorgebrachte darf Entscheidungsgrundlage werden. Das gilt insbesondere für Behauptungen, Geständnisse, das Bestreiten, Beweisanerbietungen und sonstige Parteierklärungen. Für Sachanträge in Anwaltsprozessen verbindet § 297 Schriftlichkeit und Mündlichkeit. Amtsgericht §§ 507, 510 a. Die Gerichtssprache ist deutsch (§§ 184 ff. GVG).

In den Fällen nicht obligatorischer Mündlichkeit findet eine mündliche Verhandlung nur bei besonderer, im Ermessen des Gerichts liegender Anordnung statt. Eine solche *freigestellte Mündlichkeit* gilt z. B. im Beschwerdeverfahren (§ 573), im Berufungs- und Revisionsverfahren, soweit die Zulässigkeit des Rechtsmittels zu prüfen ist (§§ 519 b, 554 a) sowie im Verfahren

[44] *Henckel* ZZP 77, 344.
[45] BVerfG 7, 99.
[46] *Kip,* Das sogenannte Mündlichkeitsprinzip, 1952.
[47] DJ 1935, 1654.

vor dem Vollstreckungsgericht (§ 764. Vgl. auch § 360). Ordnet das Gericht bei freigestellter Mündlichkeit mündliche Verhandlung an, so hat diese nur informatorische Bedeutung: sie soll den Akteninhalt ergänzen und klären. Entscheidungsgrundlage ist nicht nur das in der mündlichen Verhandlung Vorgebrachte, sondern — im Gegensatz zur obligatorischen Mündlichkeit — auch der Akteninhalt, den ja das Gericht als alleinige Entscheidungsgrundlage hätte verwenden können.

Zu beachten ist, daß es im Bereich der freigestellten Mündlichkeit kein Versäumnisverfahren gibt. Die Entscheidungen ergehen durch Beschluß. Besonderheiten: §§ 922, 936 f., 1042 a.

Der Mündlichkeitsgrundsatz ist jedoch auch im Herrschaftsbereich der gebotenen Mündlichkeit nicht streng durchgeführt.

Es ist *Bezugnahme auf Schriftstücke zulässig* (§ 137 III), und den Parteien kann schriftliche Erklärung nachgelassen werden (§ 272 a).

Hat das Gericht einer Partei mit Rücksicht auf einen erst im Verhandlungstermin überreichten Schriftsatz der Gegenseite in der Annahme, daß dieser neue Behauptungen enthalte, eine Erklärungsfrist bewilligt, obwohl darin nur das bisherige Parteivorbringen zusammenfassend wiederholt ist, so ist eine in dem nachgelassenen Schriftsatz enthaltene, durch den überreichten Schriftsatz nicht veranlaßte neue Behauptung bei der Entscheidung nicht zu berücksichtigen[48]. Bei Ausbleiben der Parteien kann nach Lage der Akten entschieden werden, durch Urteil freilich nur, wenn in einem früheren Termin bereits einmal mündlich verhandelt worden ist (§§ 251 a, 331 a). *Schließlich darf ganz allgemein mit Einverständnis der Parteien ohne jede mündliche Verhandlung entschieden werden (§ 128 II). Deshalb ist ein Verstoß gegen den Grundsatz der Mündlichkeit heilbar* (§ 295)[49].

Auch sonst wird das Schriftliche im Gebiet der obligatorischen Mündlichkeit nicht ausgeschlossen. Im Anwaltsprozeß soll, im Parteiprozeß kann die mündliche Verhandlung durch Schriftsätze vorbereitet werden *(vorbereitende Schriftsätze,* §§ 129 ff.). Durch vorbereitende Schriftsätze wird aber das Parteivorbringen immer nur unverbindlich angekündigt. Zum Prozeßstoff wird es erst durch den Vortrag in der mündlichen Verhandlung. Wer die Ankündigung unterläßt, läuft Gefahr, mit seinem Vorbringen zurückgewiesen zu werden (§ 279 II). Außerdem können Kostennachteile (§ 95 ZPO, § 47 GKG) und Verweigerung des Versäumnisurteils oder der Aktenlageentscheidung (§ 335 I Nr. 3) die Folge sein.

Von den vorbereitenden sind die *bestimmenden Schriftsätze* zu unterscheiden. *Diese kündigen nicht nur späteres Vorbringen an, sondern bilden zugleich die notwendige Form der betreffenden Prozeßhandlung*[50]. Dahin gehören Klageschriftsatz (§ 253), Einspruchsschrift (§ 340), Rechtsmittelschriften (§§ 518, 553) usw. Die bestimmenden Schriftsätze sind in der Regel zugleich vorbereitende[51].

[48] BGH NJW 1965, 297.
[49] RG 115, 223.
[50] RG 151, 83.
[51] RG 151, 83.

Über die mündliche Verhandlung wird durch den Urkundsbeamten ein *Protokoll* aufgenommen (§§ 159 ff).

Dieses gibt den Gang der Verhandlung nur im allgemeinen an und soll hauptsächlich die Beobachtung der Förmlichkeiten nachweisen (z. B. Gerichtsbesetzung, Öffentlichkeit, Verlesen der Anträge, Verkündung der Entscheidungen). *Der die Förmlichkeiten betreffende Inhalt kann nur durch den Nachweis der Fälschung entkräftet werden* (§ 164). Soweit dagegen das Protokoll Erklärungen eines Beteiligten verlautbart (z. B. Anerkenntnisse, Verzichte, Partei- und Zeugenaussagen), ist der Gegenbeweis unbeschränkt zulässig (§ 418 II). Das Parteivorbringen wird im Protokoll nur unvollständig beurkundet (§§ 160 II Nr. 1 und 2, 298, 510 a), vollständig geschieht dies erst im Tatbestand des Urteils (§§ 313 I Nr. 3, 314, 320).

VI. Einheitlichkeit der mündlichen Verhandlung. Meist finden in einem Prozeß mehrere Verhandlungstermine statt. Diese bilden zusammen eine Einheit.

Daher braucht bei unveränderter Richterbank das frühere Vorbringen im späteren Termin nicht wiederholt zu werden, sondern es bleibt ohne weiteres Prozeßstoff. *Außerdem kann jede Partei bis zum Schluß (§ 136 IV) der letzten Tatsachenverhandlung neue Behauptungen, Beweismittel und Beweiseinreden vorbringen (§§ 278 I, 283 I, 529 I), neue Ansprüche durch Klagerweiterung oder Widerklage erheben. Um der dadurch ermöglichten Verschleppungsgefahr vorzubeugen, kann das Gericht nachträgliches, den Rechtsstreit verzögerndes Vorbringen zurückweisen,* falls es in Verschleppungsabsicht oder aus grober Nachlässigkeit nicht früher in den Prozeß eingeführt wurde (§§ 279, 283 II). Die Zurückweisung erfolgt in den Gründen des Endurteils und wirkt zunächst nur für die erste Instanz. Im Berufungsverfahren ist prozeßverzögerndes neues Vorbringen nur zuzulassen, wenn seine Einführung im ersten Rechtszug weder in Verschleppungsabsicht noch aus grober Nachlässigkeit unterlassen wurde (§ 529 II). Dabei kann das in erster Instanz zurückgewiesene Vorbringen in zweiter Instanz erneut und damit endgültig zurückgewiesen werden (§ 529 II 2), da in der Revisionsinstanz neues Tatsachenvorbringen ausgeschlossen ist (§ 561). Auf neue Ansprüche, die durch Klagerweiterung (§ 268 Nr. 2 u. 3), Zusatzklage (§§ 260, 281) oder Widerklage erhoben werden, ist § 279 nicht anwendbar[52]. Die Widerklage ist allerdings in der Berufungsinstanz nur beschränkt zulässig (§ 529 IV). Außerdem kann die Verschleppung Kostennachteile zur Folge haben (§§ 278 II, 283 II, vgl. auch §§ 95, 97 II ZPO und § 47 GKG). Gegen die Prozeßverschleppung richten sich endlich die richterlichen Erklärungsausschlußfristen (§§ 272 a, 279 a, 283 II). Im Gegensatz zu dem Grundsatz der Einheitlichkeit der mündlichen Verhandlung steht die den gemeinen Prozeß beherrschende *Eventualmaxime,* nach der die Parteien alle Angriffs- und Verteidigungsmittel, wenn auch nur eventuell, auf einmal oder doch bis zu einem bestimmten Zeitpunkt vorbringen müssen. Immerhin finden sich in unserer ZPO Reste dieses Grundsatzes (§§ 274 I, 389 III, 554 VI, 767 III).

[52] BGH ZZP 69, 430.

VII. Der von der Novelle von 1924 eingeführte *Konzentrationsgrundsatz* bedeutet, daß jede Streitsache möglichst in einem einzigen Termin aufgeklärt und entschieden werden soll.

Ein unter dem lebendigen Eindruck der mündlichen Verhandlung gefälltes Urteil ist stets besser als eine Entscheidung, die auf Grund einer Vielzahl von Terminen aus blasser Erinnerung und schriftlichen Aufzeichnungen zusammenkonstruiert wird.

Dem Konzentrationszweck dient seitens der Parteien die Vorbereitung der mündlichen Verhandlung durch vorbereitende Schriftsätze (§ 129), ferner die gerichtliche Befugnis, schon vor der Verhandlung Aufklärungsanordnungen zu treffen (§ 272 b, vgl. auch § 279 a), verspätetes Vorbringen zurückzuweisen (§§ 279, 283 II) und das Einzelrichterverfahren (§§ 348 ff.).

Im Gegensatz zum Strafprozeß ist die Praxis des Zivilprozesses von dem Ideal eines einzigen Termins weit entfernt. Was aber im Strafprozeß möglich ist, sollte im Zivilprozeß nicht unmöglich sein.

VIII. Unmittelbarkeit. Die mündliche Verhandlung muß vor dem erkennenden Gericht selbst stattfinden.

Das Urteil kann nur von den Richtern gefällt werden, die der Schlußverhandlung beigewohnt haben (§§ 128, 309). Ist dies nicht möglich, weil z. B. ein Richter gestorben ist, muß die Verhandlung vor dem neubesetzten Gericht wiederholt werden.

Der Grundsatz der Unmittelbarkeit ist jetzt im Interesse eines lebendigen Verfahrens und einer volksnahen Rechtsprechung *auch für die Beweisaufnahme* wiederhergestellt. Die *Unmittelbarkeit* der Beweisaufnahme ist *strenges Gebot*, da nur sie dem erkennenden Richter die selbständige und unverfälschte Grundlage für eine eigene Überzeugung zu bieten vermag. Daher muß die Beweisaufnahme, wenn irgend angängig, vor dem Prozeßgericht erfolgen (§ 355). Für den Einzelrichter vgl. § 349 II. Nur in *Ausnahmefällen* ist eine *kommissarische Beweisaufnahme* vor dem beauftragten (§ 361) oder ersuchten (§ 362 ZPO, § 157 GVG Richter zulässig (§§ 372 II, 375, 402, 434, 451, 479). Obwohl der Grundsatz der Unmittelbarkeit der Beweisaufnahme ein Kernpunkt des Verfahrens ist, kann seine Verletzung durch Rügeverzicht oder Verschweigen seitens der Parteien geheilt werden (§ 295). Dies ergibt sich daraus, daß den Parteien eine gewisse Dispositionsbefugnis über die Art des Beweisverfahrens zusteht: Mit Einverständnis der Parteien kann das Gericht eine schriftliche Erklärung von Zeugen anordnen (§ 377 IV: nicht Urkunden-, sondern Zeugenbeweis). Ferner können sich die Parteien damit einverstanden erklären, daß Protokolle über die Vernehmung von Zeugen in einem früheren Rechtsstreit vorgelegt und vom Gericht als Beweisurkunden (nicht als Zeugenbeweis!) verwertet werden[53] oder daß die Vernehmung von Zeugen zur Vorbereitung eines Sachverständigengutachtens durch den Sachverständigen statt durch den Richter erfolgt[54].

[53] BGH 7, 121.

[54] BGH 23, 214; 40, 183 f.

Obwohl die Anordnung über die Art der Beweisaufnahme unanfechtbar ist (§ 355 II), ist ein Verstoß gegen den Grundsatz der Unmittelbarkeit der Beweisaufnahme, falls keine Heilung nach § 295 eingetreten ist, ein erheblicher Verfahrensmangel, der Revision und Zurückverweisung begründet. § 355 II steht deshalb nicht entgegen, weil die Novelle vom 27. 10. 1933 den Grundsatz der Unmittelbarkeit nicht dem § 355 II unterworfen und damit illusorisch gemacht hat[55].

Beweisaufnahme im Ausland: §§ 363 f.

Bei nicht vor dem Prozeßgericht erfolgter Beweisaufnahme müssen die Parteien in Überspannung des Mündlichkeitsgrundsatzes das Beweisergebnis vortragen (§ 285 II). In der Praxis wird der Vortrag regelmäßig durch Bezugnahme auf das Beweisprotokoll ersetzt (§ 137 III).

IX. Der Grundsatz der Öffentlichkeit, der jedem, nicht nur den Beteiligten, gestattet, den Gerichtsverhandlungen beizuwohnen, soll nach außen die Objektivität der Rechtsprechung dartun und der Kontrolle des Volkes unterwerfen, in dessen Namen Recht gesprochen wird. Öffentlichkeit besteht aber nur für die mündliche Verhandlung und Beweisaufnahme vor dem erkennenden Gericht (§ 128) einschließlich der Verkündung von Entscheidungen. Wochenschau-, Rund- und Fernsehfunkaufnahmen sind jedoch unzulässig (§ 169 GVG).

Keine Öffentlichkeit besteht im Verfahren vor einem beauftragten oder einem ersuchten Richter, sowie im Beschwerde-, Vollstreckungs- und Konkursverfahren. Beratung und Abstimmung sind geheim (§ 193 GVG).

Die an sich bestehende *Öffentlichkeit kann* für die ganze Verhandlung oder einen Teil derselben *ausgeschlossen werden:* Nach Ermessen des Gerichts bei *Gefährdung der öffentlichen Ordnung* (Staatssicherheit), *der Sittlichkeit oder eines wichtigen Geschäfts- oder Betriebsgeheimnisses* (§ 172 GVG). *Die Verhandlung in Ehesachen* (§ 606) *ist nicht öffentlich* (§ 170 GVG). *Grund:* Hier kommen oft intime Dinge zur Sprache, die nicht vor die Ohren Dritter gehören. Besonderheiten gelten für das Entmündigungsverfahren wegen Geisteskrankheit und Geistesschwäche (§ 171 GVG). *Die Urteilsverkündung ist stets öffentlich,* jedoch kann für die Verkündung der Urteilsgründe oder eines Teils davon die Öffentlichkeit ausgeschlossen werden (§ 173 GVG). Beschränkung des Zutritts: § 175 GVG[56]. Daß öffentlich verhandelt oder die Öffentlichkeit ausgeschlossen ist, gehört in das Sitzungsprotokoll (§ 159, vgl. auch § 164). Verletzung der Öffentlichkeit ist ein unverzichtbarer Verfahrensmangel[57] und absoluter Revisionsgrund (§ 551 Nr. 6), der aber mit Eintritt der Rechtskraft heilt.

Von der Öffentlichkeit unterscheidet man die *Parteiöffentlichkeit:* Recht der Parteien, der Beweisaufnahme beizuwohnen (§§ 357, 397, 402) und die Prozeßakten einzusehen (§§ 299, 760).

[55] *Baumbach-Lauterbach* § 375, Anm. 3; *Rosenberg* § 115 III 1b; a.A. RG 149, 289; 159, 242; BGH 32, 236; 40, 183 läßt die Frage dahingestellt.

[56] RG 157, 341.

[57] RG 157, 347.

X. Grundsatz der freien richterlichen Beweiswürdigung[58]. Ob eine Behauptung für wahr oder nicht wahr zu erachten ist, entscheidet der Richter unter Berücksichtigung des gesamten Inhalts der Verhandlung und des Ergebnisses einer etwaigen Beweisaufnahme nach freier Überzeugung, ohne, wie im gemeinen Prozeß, an schablonenhafte Beweisregeln gebunden zu sein (§ 286).

Dabei trifft ihn die verantwortungsvolle Pflicht, die für oder gegen die Wahrheit einer Behauptung sprechenden Umstände gewissenhaft zu prüfen und abzuwägen. Für die Bildung der Überzeugung des Richters sind allgemeine Erfahrungssätze, die sich aus der Beobachtung des Lebens oder auch aus wissenschaftlichen Forschungen ergeben, von großer Bedeutung. Die Beurteilung einer Beweisaufnahme setzt Lebenserfahrung und Menschenkenntnis voraus. Der Richter kann einem unvereidigten Zeugen mehr Glauben schenken als einem vereidigten. Aus der Weigerung der nicht beweisbelasteten Partei, einen nur ihr bekannten Unfallzeugen namhaft zu machen, kann er zu ihrem Nachteil Schlüsse ziehen[59]. Das Gericht kann eine beweisbedürftige Tatsache selbst ohne Beweisaufnahme auf Grund von Erfahrungssätzen in Verbindung mit anderen Beweismitteln oder auf Grund der Würdigung des gesamten Prozeßstoffes als bewiesen ansehen[60].

Der Grundsatz der freien Beweiswürdigung entbindet jedoch das Gericht nicht von der Pflicht zu erschöpfender Beweisaufnahme[61]. Bei einseitigen Parteibehauptungen ist größte Vorsicht am Platze. In der Regel soll der Richter einer Partei erst nach ihrer Vernehmung (§§ 445 ff.), die eine volle Würdigung der Parteiaussage ermöglicht, glauben. Um Willkür zu vermeiden, zwecks eigener Kontrolle und zwecks Nachprüfung in der höheren Instanz, hat der Richter im Urteil die Gründe anzugeben, die für die richterliche Überzeugung leitend gewesen sind (§ 286).

Eine wichtige Rolle spielt in der Rechtssprechung der *Beweis des ersten Anscheins* (Wahrscheinlichkeitsbeweis, prima-facie-Beweis), der auf Erfahrungssätzen beruht und im Schadensersatzrecht entwickelt worden ist. Er bedeutet, daß auf erste Sicht ein Ursachenzusammenhang zwischen einem bestimmten Ereignis und einem Schaden besteht, wenn es sich um einen typischen, in ähnlicher Weise immer wieder vorkommenden Geschehensablauf handelt. Sind keine Tatsachen nachweisbar, welche die Möglichkeit eines vom typischen Ablauf abweichenden Geschehens dartun, so bedarf es für den Ursachenzusammenhang keines weiteren Beweises.

Beispiel: Fährt ein Kraftwagen gegen einen Straßenbaum, so spricht der Anschein für eine schuldhafte Verursachung des Unfalls durch den Fahrer[62]. Stößt einem Motorradfahrer in einem Zeitpunkt, in dem er nach dem fest-

[58] Vgl. *Bernhardt*, Beweislast und Beweiswürdigung im Zivil- und Verwaltungsprozeß, Jur. Rundschau 1966, 322 ff.; *A. Blomeyer*, Beweislast und Beweiswürdigung im Zivil- u. Verwaltungsprozeß, Gutachten z. 46. Deutschen Juristentag, 1966.

[59] BGH NJW 1960, 821.

[60] BGH 2, 82.

[61] OLG Kiel, SchlHA 1949, 209.

[62] BGH 8, 239.

gestellten Blutalkoholgehalt fahruntüchtig ist, ein Unfall zu, so ist anzunehmen, daß der Unfall auf Alkoholgenuß zurückzuführen ist; denn es handelt sich hier um einen typischen, in ähnlicher Weise immer wieder vorkommenden Geschehensablauf, der für Unfälle infolge von Trunkenheit am Steuer kennzeichnend ist[63]. Unterlassen des Streuens bei Glatteis begründet die Vermutung eines Verschuldens des Streupflichtigen[64]. Wird ein an einem Neubau Vorübergehender von einem herabfallenden Gegenstand getroffen, so besteht die Vermutung, daß die Schutzausrüstung nicht in Ordnung war[65]. Erkrankt in einer Klinik ein Kind, das trotz noch bestehender Ansteckungsgefahr mit einem an Scharlach erkrankt gewesenen Kind im gleichen Zimmer untergebracht war, seinerseits an Scharlach, dann ist nach dem gewöhnlichen Lauf der Dinge anzunehmen, daß die Scharlacherkrankung auf Ansteckung durch das andere Kind zurückzuführen ist[66].

Spricht für die Richtigkeit des Klagevorbringens der Anscheinsbeweis, so wird dem Beklagten kein Gegenbeweis aufgebürdet[67], vielmehr kann er dem Anscheinsbeweis dadurch die Grundlage entziehen, daß er Umstände aufzeigt, aus denen sich die ernsthafte Möglichkeit eines anderen als des erfahrungsgemäß normalen Verlaufs der Dinge ergibt. Dann ist der Kläger infolge der ihm obliegenden Beweislast genötigt, den vollen Beweis für die Voraussetzungen des von ihm geltend gemachten Anspruchs zu erbringen[68].

Bei dem Anscheinsbeweis handelt es sich nicht, wie vielfach angenommen wird, um eine Umkehrung der Beweislast, sondern um einen besonderen Fall freier Beweiswürdigung. Der auf Vermutungen des Lebens fußende Anscheinsbeweis leitet den Richter bei der Würdigung des Beweises, er kann aber die Beweislast, die nicht durch die Regeln des Lebens, sondern die des Gesetzes bestimmt wird, nicht umstoßen.

Ebenso ist es eine Frage der Beweiswürdigung, wenn der Gegner der beweisbelasteten Partei die Benutzung eines Beweismittels schuldhaft unmöglich macht. Hier kann der Richter zugunsten der beweisbelasteten Partei den Beweis als geführt ansehen[69]. Einen solchen Fall regelt § 444. Da die Vorschrift einen allgemeinen Rechtsgedanken enthält, gilt sie entsprechend für alle Fälle, in denen die Beweisführung vereitelt wird.

Die freie Beweiswürdigung gestattet dem Richter nicht, Beweismittel wegen geringer Beweiskraft zurückzuweisen. So darf die Vernehmung eines Zeugen nicht wegen angeblicher Unglaubwürdigkeit von vornherein abgelehnt werden. Über die Glaubwürdigkeit kann das Gericht erst nach seiner Anhörung entscheiden.

In Schadensprozessen und Streitigkeiten über die Höhe einer Forderung erweitert § 287 den Umfang des richterlichen Ermessens über § 286 hinaus, weil hier der Beweis besonders schwer zu führen ist.

63 BGH 18, 311.
64 RG 113, 294.
65 RG JW 1919, 505.
66 RG 165, 336.
67 A.A. BGH 6, 171; *Rosenberg*, Beweislast, 5. Aufl., Seite 183.
68 BGH 39, 103.
69 Vgl. *A. Blomeyer*, Die Umkehr der Beweislast, ArchZivPrax. 158, 97 ff.

An gesetzliche, nicht auf die richterliche Überzeugung abgestellte Beweisregeln ist der Richter nur in den durch Gesetz bezeichneten Fällen gebunden (§ 286 II). Das gilt z. B. für den Inhalt und die Echtheit von Urkunden (§§ 415 ff., 437), für das Verhandlungsprotokoll (§ 164) und die Beweiskraft des Urteilstatbestandes (§ 314).

§ 24 Die Prozeßhandlungen der Parteien

Baumgärtel, Wesen und Begriff der Prozeßhandlung einer Partei im Zivilprozeß, 1957; *Niese,* Doppelfunktionelle Prozeßhandlungen, 1950; *Nußbaum,* Die Prozeßhandlungen, ihre Voraussetzungen und Erfordernisse, 1908; *Schiedermair,* Vereinbarungen im Zivilprozeß, 1935; *Siegert,* Die Prozeßhandlungen, ihr Widerruf und ihre Nachholung, 1929; *Walsmann,* Der Irrtum im Prozeßrecht, AcP 102, 1.

I. Handlungen des Gerichts und der Parteien einschließlich ihrer Vertreter, Beistände und Nebenintervenienten, die der Begründung, Fortführung und Beendigung des Prozesses dienen, kann man als Prozeßhandlungen bezeichnen. Da Gerichts- und Parteihandlungen laufend ineinandergreifen, besteht zwischen ihnen ein enger Zusammenhang. Die gerichtlichen Handlungen unterstehen jedoch als Staatsakte anderen Regeln als die Handlungen der Parteien. Deshalb ist ein allgemeiner Begriff der Prozeßhandlung ohne praktische Bedeutung.

II. Die wichtigsten *gerichtlichen Prozeßhandlungen* sind die Entscheidungen, die als Urteile, Beschlüsse und Verfügungen in Erscheinung treten. Andere gerichtliche Prozeßhandlungen dienen der Prozeßleitung, Stoffsammlung und Beweisaufnahme.

III. Nach RG 160,242 sind *Prozeßhandlungen der Parteien* alle das Verfahren gestaltenden Handlungen, die in Voraussetzungen und Wirkungen von der Prozeßordnung geregelt sind.

Hierher gehören u. a. Armenrechtsgesuch, Klage, Klagrücknahme (§ 271), Anerkenntnis (§ 307), Verzicht (§ 306), Rechtsmittel.

Die Begriffsbestimmung des RG ist jedoch zu eng. Prozeßhandlungen sind nicht nur die Prozeßführungshandlungen, die sich unmittelbar auf einen schwebenden Rechtsstreit beziehen, sondern auch diejenigen, welche die Gestaltung eines künftigen Prozesses zum Gegenstand haben, falls ihnen das Prozeßrecht eine unmittelbare Wirkung beilegt. Prozeßhandlungen sind daher auch die Zuständigkeitsvereinbarung (§§ 38, 40), wodurch ein unzuständiges Gericht zuständig wird, der Schiedsvertrag (§ 1025), wodurch der Beklagte die prozeßhindernde Einrede des § 274 II Nr. 3 erhält, die Unterwerfung unter die sofortige Zwangsvollstreckung (§§ 794 I Nr. 5, 799, 800), die Vereinbarung über die Art der Sicherheitsleistung (§ 108) und über die Abkürzung von Fristen (§ 224). Prozeßhandlung ist ferner die Erteilung der Prozeßvollmacht (§§ 80, 81) und die Einigung über die Person des Sachverständigen (§ 404 IV)[1]. Besonderes gilt für den Prozeßvergleich, insofern dieser eine rechtliche Doppelnatur hat: Als den Prozeß beendigende Prozeßhandlung folgt er den Grundsätzen des Verfahrensrechts, als die materiellen Rechtsverhältnisse regelnder privatrechtlicher Vertrag (§ 779 BGB) unterliegt er den Regeln des materiellen Rechts[2].

In der Rechtsprechung ist anerkannt, daß Verträge zulässig sind, in denen sich eine Partei zu einem bestimmten prozessualen Verhalten verpflichtet, soweit dadurch nicht im öffentlichen Interesse liegende und daher zwingende Prozeßvorschriften abgeändert oder ausgeschlossen werden. So kann vereinbart werden, eine Klage zurückzunehmen, kein Rechtsmittel einzulegen, gewisse Beweismittel nicht zu verwenden oder von einer bestimmten Prozeßart abzustehen[3]. Da jedoch diesen Prozeßverträgen keine unmittelbare prozessuale Wirkung zukommt, sind sie keine Prozeßhandlungen, sondern privatrechtliche Verträge. Handelt der Verpflichtete dem Prozeßvertrag zuwider, so steht dem Gegner die Arglisteinrede zu, wodurch die Handlung unzulässig wird[4]. Dagegen wäre, weil gegen zwingendes Prozeßrecht verstoßend, eine Vereinbarung unwirksam, welche die Zulässigkeitsvoraussetzungen eines Verfahrens ändern oder den Richter in der Beweisführung binden wollte.

IV. Bisweilen wird eine Handlung sowohl vom bürgerlichen Recht wie vom Prozeßrecht geregelt. Hier ist auf die Funktion der Handlung abzustellen: Liegt die hauptsächliche Funktion auf dem Gebiet des Prozeßrechts, dann ist sie Prozeßhandlung, liegt sie auf dem Gebiet des Privatrechts, dann ist sie materiellrechtliches Rechtsgeschäft.

Beispiele: Die Klage bleibt Prozeßhandlung, obwohl ihr hinsichtlich der Verjährungsunterbrechung auch materiell-rechtliche Bedeutung zukommt (§ 209 BGB). Da sie den Prozeß einleitet und den Streitgegenstand bestimmt, liegt ihre Bedeutung hauptsächlich auf prozessualem Gebiet. Umgekehrt ist die Veräußerung der Streitsache ein materiellrechtliches Rechtsgeschäft, wenngleich sich daran auch prozessuale Wirkungen knüpfen (§§ 265, 325, 727). Die Veräußerung kann schon deshalb keine Prozeßhandlung sein, weil sie in der Mehrzahl der Fälle vorgenommen wird, ohne daß ein Prozeß schwebt. Die Vereinbarung eines Erfüllungsorts bleibt ein schuldrechtlicher Vertrag, mag sich daraus auch der besondere Gerichtsstand des § 29 ergeben.

[1] Die Frage ist streitig. Abw. z. B. *Rosenberg* § 59 II a.
[2] BGH 16, 390; 28, 172; 41, 311; *Bernhardt,* Jur. Rundsch. 1967, 4.
[3] BGH 38, 258.
[4] RG 160, 241; BGH 38, 258.

Materiellrechtliche Rechtsgeschäfte werden nicht dadurch zu Prozeßhandlungen, daß sie im Laufe eines Prozesses oder gar in der mündlichen Verhandlung vorgenommen werden. Dies gilt vor allem für die einseitigen Gestaltungsgeschäfte der Aufrechnung, Anfechtung, Kündigung, des Rücktritts und Widerrufs. Auf diese Geschäfte findet ausschließlich das materielle Recht Anwendung: Sie sind also dem Gegner gegenüber zu erklären und nicht als Prozeßhandlung an das Gericht zu richten. Ebenso sind sie wegen eines Willensmangels anfechtbar und nach Vollzug unwiderruflich, während sie als Prozeßhandlung zwar nicht anfechtbar, aber grundsätzlich frei widerruflich wären.

Von der Gestaltungserklärung selbst ist ihre *Geltendmachung im Prozeß* zu unterscheiden. Die Geltendmachung der erklärten Aufrechnung, Anfechtung usw. führt die Wirkung der ausgeübten Gestaltungserklärung in den Prozeß ein und ist daher wie jede Anführung von Prozeßstoff Prozeßhandlung.

Daß die Gestaltungserklärungen selbst keine Prozeßhandlungen sind, ergibt sich daraus, daß sie vor Beginn und außerhalb des Prozesses vorgenommen werden können. Infolge des Verhandlungsgrundsatzes kann ein außerhalb des Prozesses vorgenommenes Gestaltungsgeschäft nur dann berücksichtigt werden, wenn seine Wirkung von einer Partei in den Prozeß eingeführt wird[5]. Während aber z. B. die Aufrechnung durch Erklärung gegenüber dem anderen Teil zu erfolgen hat (§ 388 BGB), kann die prozessuale Geltendmachung, die „auf die Aufrechnung gegründete Einwendung" (§ 529 V), in der mündlichen Verhandlung auch in Abwesenheit des Gegners erfolgen. Rechtlich liegt also ein Doppeltatbestand vor: Das privatrechtliche Rechtsgeschäft ist von der Prozeßhandlung, welche die Wirkung dieses Rechtsgeschäfts in den Prozeß einführt, zu trennen.

Im Gegensatz zu der hier vertretenen Ansicht wird bisweilen angenommen, daß das im Prozeß vollzogene Gestaltungsgeschäft eine Doppelnatur habe: es sei sowohl Prozeßhandlung als auch materielles Rechtsgeschäft[6]. Diese Ansicht ist jedoch abzulehnen, da die Voraussetzungen und Wirkungen dieser Gestaltungsrechte ausschließlich vom materiellen Recht geregelt werden. Das Prozeßrecht setzt diese Wirkung voraus, ohne selbst auch nur ergänzende Regeln aufzustellen.

Nikisch hält die im Prozeß vollzogenen Gestaltungsrechte für reine Prozeßhandlungen[7]. Diese Ansicht nötigt dazu, zwischen Gestaltungserklärungen vor Beginn des Prozesses, während des Prozesses und im

[5] BGH 38, 257.
[6] Vgl. *Stein-Jonas-Pohle* § 78 IV 4; anders XII 3 vor § 128.
[7] Lehrbuch §§ 54 III, 68 II; Festschr. f. H. Lehmann, 1956, S. 765 ff.

Prozeß zu unterscheiden. Während z. B. die Anfechtung außerhalb des Prozesses dem Anfechtungsgegner gegenüber zu erfolgen hat (§ 143 I BGB), soll sie, wenn sie im Prozeß erklärt wird, als reine Prozeßhandlung dem Gericht gegenüber, auch in Abwesenheit des Gegners, vorzunehmen sein. Diese Auffassung widerspricht eindeutig der Regelung des materiellen Rechts, das die Gestaltungserklärungen nach Voraussetzungen und Wirkungen abschließend normiert. Es muß daher gleichgültig sein, ob die Gestaltungserklärungen innerhalb oder außerhalb des Prozesses vorgenommen werden.

V. Die Prozeßhandlungen werden in Erwirkungshandlungen und Bewirkungshandlungen eingeteilt[8].

1. Als *Erwirkungshandlungen* werden diejenigen Parteihandlungen bezeichnet, die vom Gericht eine Entscheidung erwirken wollen. Zu ihnen gehören die wichtigsten Prozeßhandlungen, namentlich die Anträge und Gesuche, über die das Gericht zu entscheiden hat, die Behauptungen, aus denen sich das Vorliegen der Tatbestandsmerkmale der anzuwendenden Rechtsnormen ergibt, und die Beweisführungen, die den Richter von der Wahrheit oder Unwahrheit einer Behauptung überzeugen sollen.

Das Gesetz bezeichnet diejenigen Behauptungen, welche die Klage oder Widerklage begründen sollen als *Angriffsmittel*, diejenigen, die Klage oder Widerklage abwehren sollen als *Verteidigungsmittel* (§§ 67, 68, 96, 100 III, 146, 278, 279, 529). Sie sind selbständig (§§ 146, 289 I), wenn sie für sich allein ausreichen, die Klage zu begründen (z. B. die Behauptung eines Vertragsschlusses) oder abweisungsreif zu machen (z. B. die Behauptung der Notwehr).

2. *Bewirkungshandlungen* sind solche Prozeßhandlungen, die unmittelbar eine bestimmte Prozeßgestaltung bewirken. Dahin gehören z. B. die Zurücknahme von Klage (§ 271), Einspruch (§ 346), Rechtsmitteln (§§ 515, 566), der Rügeverzicht (§ 295), der Verzicht auf prozeßhindernde Einreden (§ 274 III), das Geständnis (§ 288) und die Verweigerung der Aussage oder Eidesleistung (§ 453).

VI. Für die Prozeßhandlungen gelten folgende *Grundsätze*, die aus einzelnen Bestimmungen abgeleitet werden können.

1. Die Prozeßhandlungen erfordern Partei- und Prozeßfähigkeit, wobei die Parteifähigkeit der materiellrechtlichen Rechtsfähigkeit, die Prozeßfähigkeit der materiellrechtlichen Geschäftsfähigkeit entspricht. Es ist aber zu beachten, daß das materielle Recht auf die Prozeßhandlungen keine Anwendung findet, auch nicht die Regeln über die Ge-

[8] *Goldschmidt*, Der Prozeß als Rechtslage, 1925, S. 364 ff.

schäftsfähigkeit. Deshalb bleibt ein Minderjähriger prozeßunfähig, auch wenn der gesetzliche Vertreter der Prozeßführung zugestimmt hat.

2. Ein weiteres Erfordernis ist die Postulationsfähigkeit im Anwaltsprozeß, für die es kein materiellrechtliches Gegenstück gibt.

3. Fernere Voraussetzung ist die Legitimation des gesetzlichen und die Vollmacht des gewillkürten Vertreters.

4. Die Prozeßhandlungen sind in der Regel einseitig. Es gibt aber auch Prozeßverträge, z. B. Prorogationsvertrag (§ 38) und Schiedsvertrag (§ 1025).

5. Die Adresse. Die Erwirkungshandlungen richten sich stets an das angegangene Gericht oder Gerichtsorgan, die Bewirkungshandlungen bald an das Gericht, bald an den Gegner, bald an Gericht oder Gegner. So sind alle Erklärungen in der mündlichen Verhandlung gegenüber dem Gericht abzugeben. Dasselbe gilt von der Zurücknahme der Klage, des Einspruchs und der Rechtsmittel (§§ 271 II, 346, 515 II, 566). An den Gegner wenden sich z. B. die Anzeigen der §§ 87 I, 241 II. Die Erteilung der Prozeßvollmacht geschieht entweder durch Erklärung an den zu Bevollmächtigenden oder an das Gericht oder an den Gegner[9]. Es gibt auch Bewirkungshandlungen, die Dritten gegenüber vorzunehmen sind, wie z. B. die Streitverkündung (§ 73 I).

6. Für die *Form der Prozeßhandlungen* läßt sich keine einheitliche Regel aufstellen. Erfolgt die Prozeßhandlung in der mündlichen Verhandlung, so wird sie durch mündliche Erklärung an das Gericht vollzogen. Der Gegner braucht nicht anwesend zu sein, falls er zum Termin geladen oder der Termin bekanntgemacht oder verkündet war. Außerhalb einer Verhandlung erfolgt die Vornahme in der Regel schriftlich, bald dem Gericht gegenüber durch Einreichung eines Schriftsatzes, bald dem Gegner gegenüber durch Zustellung eines Schriftsatzes oder formlose Mitteilung.

So erfolgen Einlegung und Begründung von Einspruch und Rechtsmitteln durch Einreichung eines Schriftsatzes bei Gericht (§§ 340, 518, 553, 569 II, 554 II).

Die Einreichung einer Schrift ist nicht schon dadurch vollzogen, daß sie in das Gerichtsgebäude gelangt, sondern erst dadurch, daß sie von dem zu ihrer Entgegennahme befugten Beamten in Empfang genommen worden ist. Abweichendes gilt dann, wenn durch Verwaltungsanordnungen bestimmt ist, daß durch Einwurf in einen Abend- oder Nachtbriefkasten oder durch Abgabe in einer Briefannahmestelle die Einreichung bewirkt werden kann[10].

Als Beispiel einer Prozeßhandlung, die dem Gegner gegenüber in Form der Zustellung eines Schriftsatzes vorzunehmen ist, ist die Klag-

[9] *Rosenberg* § 50 II 3. [10] BGH 2, 31.

erhebung zu nennen (§ 253). Wann formlose Mitteilung genügt, ergibt sich insbesondere aus § 261b II.

7. Prozeßhandlungen dürfen nie von einer Zeitbestimmung und im allgemeinen auch nicht von einer Bedingung abhängig gemacht werden. Die Klage kann also nicht von der Bedingung abhängig gemacht werden, daß der Beklagte den Anspruch anerkenne oder keine Widerklage erhebe oder daß ein Dritter zustimme. Mit der Aufgabe und den Zwecken des staatlich geordneten Prozeßverfahrens ist es unvereinbar, daß ein Rechtsstreit anhängig gemacht, geführt und zur richterlichen Entscheidung gebracht wird, der von Anfang an nach dem Willen des Klägers dergestalt unter einer Bedingung steht, daß die gesamten Rechtswirkungen der Klage und der Entscheidung je nach Eintritt oder Ausfall der Bedingung bei Bestand bleiben oder hinfällig werden. Damit würde der Kläger mit der gesetzlich geordneten und gewährleisteten Einrichtung des Prozesses Mißbrauch treiben, worin der tragende Grund der Unzulässigkeit liegt[11].

Bedingte Prozeßhandlungen sind jedoch nur dann unzulässig, wenn sie von einem außerprozessualen künftigen Ereignis abhängig gemacht werden. Dagegen ist es gestattet, innerhalb eines bereits eröffneten Verfahrens eine Prozeßhandlung von einer bestimmten Gestaltung der Prozeßlage, also von innerprozessualen Vorgängen, abhängig zu machen. Deshalb ist es zulässig, den Verweisungsantrag (§ 276) für den Fall zu stellen, daß das Gericht sich für unzuständig erklären sollte[12]. Daß das Gesetz derartige *Eventualanträge* zuläßt, ergibt sich unmittelbar aus § 697 II.

Auch die objektive Klagenhäufung kann als eventuelle vorgenommen werden, wenn der Haupt- und der Hilfsanspruch auf dasselbe oder ein gleichartiges Ziel gerichtet sind. So kann z. B. auf Berichtigung des Grundbuchs, eventuell auf Rückübereignung geklagt werden[13]. Über den Hilfsanspruch ist nur zu entscheiden, wenn der Hauptanspruch aberkannt wird. Auch die Erhebung einer eventuellen Widerklage ist zulässig, wenn der Hauptantrag des Beklagten auf Klagabweisung und sein Hilfsantrag auf Verurteilung des Klägers nach der Widerklage in einem Eventualverhältnis stehen[14]. So kann gegenüber der Klage auf Herausgabe eines Grundstücks für den Fall der Verurteilung Widerklage auf Ersatz von Verwendungen erhoben werden. Endlich kann in einem bereits eröffneten Rechtsmittelverfahren ein Rechtsmittel eventuell eingelegt werden. Dies ist etwa dann der Fall, wenn der Rechtsmittelbeklagte seinerseits selbständig Revision einlegt,

[11] So RG 144,72.
[12] OLG Stettin JW 1925, 2273.
[13] RG 77,120.
[14] BGH 21,13; 43,28.

über die aber nur entschieden werden soll, falls seine Anschlußrevision nach §§ 556, 522 hinfällig wird[15].

VII. Die Prozeßhandlungen sind der *Auslegung* zugängig. Hierfür gelten die Auslegungsregeln der §§ 133 und 157 BGB. Außerdem muß es auch bei prozessualen Willenserklärungen zulässig sein, eine offenbare, auf einem Verschreiben oder ähnlichem Versehen beruhende Unrichtigkeit nachträglich richtigzustellen[16]. Darüber hinaus sind Prozeßhandlungen oft frei widerruflich, falls der Gegner dadurch noch keine günstige Rechtsstellung erlangt hat, wie das z. B. bei einem Geständnis, Anerkenntnis oder Verzicht der Fall ist. Anträge, Behauptungen und Beweisantretungen können berichtigt und ergänzt, eine Klage in gewissen Grenzen geändert werden (§§ 264, 268).

Unter bestimmten Voraussetzungen gestattet das Gesetz sogar den *Widerruf* bindender Prozeßhandlungen. Ein Beispiel hierfür bietet der Widerruf des gerichtlichen Geständnisses (§ 290). Außerdem hat die Rechtsprechung den Widerruf bindender Prozeßhandlungen dann zugelassen, wenn sie durch eine strafbare Handlung herbeigeführt wurden, so daß gegen das Urteil eine Wiederaufnahmeklage erhoben werden könnte (§ 580). In einem solchen Fall ist es sinnvoller, im laufenden Verfahren den Widerruf zuzulassen, statt ein rechtskräftiges Urteil abzuwarten. Der Widerruf ist freilich nur möglich, wenn auch die Voraussetzungen des § 581 erfüllt sind[17].

Neben dem Widerruf ist eine *Anfechtung der Prozeßhandlung* wegen Irrtums, arglistiger Täuschung oder Drohung unzulässig. Die §§ 119 ff. BGB sind auf Prozeßhandlungen auch nicht analog anwendbar[18]. Deswegen kann weder das Klageanerkenntnis, noch der Klageverzicht, noch die Zurücknahme einer Klage angefochten werden.

VIII. Da die Parteien auch im Prozeß unter dem die gesamte Rechtsordnung beherrschenden *Gebot von Treu und Glauben* stehen[19], kann eine Prozeßhandlung wegen schikanöser Prozeßführung unbeachtlich sein. Wird dieselbe Klage gleichzeitig bei 74 Arbeitsgerichten eingereicht, so ist schon die Terminsbestimmung zu verweigern, da es sich um einen Fall der schikanösen Rechtsverfolgung handelt[20]. Ebenso wie § 242 BGB auch für das Prozeßrecht gilt, muß § 226 BGB, der nur einen Sonderfall darstellt, anwendbar sein[21].

[15] RG 110,429.
[16] RG 105,356.
[17] BGH 12,284; 33,75.
[18] RG 150,395; 156,73.
[19] Oben § 1 VI a 2; *Bernhardt,* Auswirkungen von Treu und Glauben in Prozeß und Zwangsvollstreckung, ZZP 66, 77 ff.
[20] ArbG Hamm MDR 1966, 272.
[21] *Palandt,* BGB[25] Vorb. zu § 226 Anm. 2; *Baumgärtel,* ZZP 69, 115.

Sittenwidriges Verhalten im Prozeß wird bisweilen durch die ZPO besonders geregelt. So die Zurückweisung wegen Verschleppungsabsicht nach § 279. Ein Verstoß gegen ein gesetzliches Verbot oder die guten Sitten kann zwar außerprozessuale Wirkungen haben, macht aber die Prozeßhandlung nicht ohne weiteres unbeachtlich.

IX. Ist eine Prozeßhandlung mangelhaft, weil etwa der Handelnde nicht prozeßfähig ist oder wesentliche Verfahrensvorschriften nicht beachtet worden sind, so ist sie unbeachtlich. Der Mangel ist aber regelmäßig heilbar.

Die Heilung tritt ein:

1. Durch fehlerfreie Neuvornahme, der jedoch keine Rückwirkung zukommt, was für die Fristenwahrung zu beachten ist.

2. Durch rückwirkende Genehmigung, falls die Handlung von einem Vertreter ohne Vertretungsmacht (§ 89) oder von einer Partei vorgenommen wurde, der die Partei- oder Prozeßfähigkeit fehlte (§§ 551 Nr. 5, 579 I Nr. 4).

3. Durch Verzicht oder Versäumung des Rügerechts, wenn eine das Verfahren und insbesondere die Form einer Prozeßhandlung betreffende Vorschrift verletzt ist (§ 295). Das gilt z. B. für Verstöße gegen die Ordnungsvorschriften über die Einlassungs- und Ladungsfrist, für die Klagezustellung ohne Terminsbestimmung[22] oder die fehlende Zustellung bei einem Schriftsatz, mit dem die Klage erweitert wird[23].

Das Rügerecht geht entweder durch ausdrücklichen Verzicht oder durch Unterlassung der Rüge bis zum Schluß der nächsten mündlichen Verhandlung verloren, falls die Partei erschienen ist und ihr der Mangel bekannt war oder bekannt sein mußte (§ 295).

Eine Heilung ist ausgeschlossen, wenn Vorschriften verletzt sind, die nicht nur im Interesse der einen oder anderen Partei, sondern im öffentlichen Interesse liegen und daher von Amts wegen zu beachten sind. Dahin gehören die Vorschriften über die Besetzung des Gerichts, die Zulässigkeit des Rechtswegs, die Partei- und Prozeßfähigkeit usw.

§ 25 Prozeßleitung und Prozeßbetrieb

I. Richterliche Prozeßleitung. Aufgabe des Richters ist es, durch straffe Leitung des Verfahrens rasch und zuverlässig Rechtsschutz zu gewähren. Er hat für einen geordneten äußeren Verlauf des Verfahrens *(formelle Prozeßleitung)* und für eine erschöpfende, dem Ziel ohne Umschweife zustrebende Verhandlung *(Sachleitung)* zu sorgen.

[22] BGH 4,335.

[23] BGH NJW 1960, 820.

Zur Prozeßleitung gehören: Ansetzung, Aufhebung und Verlegung von Terminen (§§ 216, 136 III, 227), Vertagung (§ 227), Bestimmung, Verlängerung und Abkürzung von Fristen (§§ 272a, 279a, 224), Aufruf der Sache (§ 220), Eröffnung, Leitung und Schließung der Verhandlung, Erteilung sowie Entziehung des Wortes (§§ 136, 156, 157 II) und Aufrechterhaltung der Ordnung in der Sitzung (Sitzungspolizei: §§ 176—182 GVG). Weiter gehören hierher die schon erwähnte (vgl. oben § 23 I 1) richterliche Frage- und Aufklärungspflicht (§§ 139, 279a) und die Befugnis, das persönliche Erscheinen der Parteien zur Aufklärung des Sachverhalts anzuordnen (§ 141, vgl. auch § 272 b). Endlich kann das Gericht bei ihm anhängige Prozesse verbinden, trennen und aussetzen (§§ 145—155). Die Prozeßleitung steht grundsätzlich dem Gericht (Kollegium), in wichtigen Ausnahmefällen dem Vorsitzenden zu (z. B. § 136). Über eine Beanstandung der Sachleitung oder einer vom Vorsitzenden oder einem Gerichtsmitglied gestellten Frage entscheidet das Gericht (§ 140).

II. Der Prozeßbetrieb ist *entweder Partei- oder Amtsbetrieb,* je nachdem, ob Beginn und Fortgang des Verfahrens von den Parteien oder dem Gericht abhängt. Im heutigen Zivilprozeß bestehen beide Grundsätze nebeneinander.

Der Prozeßbetrieb erfolgt durch Anberaumung von Terminen, Ladung dazu oder Bekanntmachung von ihnen und durch Zustellung. Ursprünglich ging unsere ZPO vom reinen Parteibetrieb aus. Es blieb ganz den Parteien überlassen, ob sie den Prozeß schnell oder langsam führen wollten. Dabei wurde übersehen, daß eine schleppende Prozeßführung die den Richtern zur Verfügung stehende Zeit im Übermaß in Anspruch nimmt, was auch die ordnungsmäßig geführten Prozesse verzögern muß. Ein verzögerter Rechtsgang wird aber fast immer wie eine Rechtsverweigerung empfunden. Deshalb beseitigte die Novelle von 1909 im Interesse der Prozeßbeschleunigung für das amtsgerichtliche Verfahren, wo häufig rechtsungewandte Parteien selbst auftreten, den Parteibetrieb, indem für Terminsbestimmungen, Ladungen und Zustellungen der Amtsbetrieb eingeführt wurde (§§ 496 ff). 1943 wurde der Amtsbetrieb auf den Anwaltsprozeß ausgedehnt, was bereits der Entwurf 1931 in Anlehnung an österreichisches Recht vorgesehen hatte. Da sich diese Neuerung bewährte, hat sie die Novelle 1950 beibehalten. Der Beginn des Prozesses und der höheren Instanz untersteht aber stets dem Parteibetrieb.

1. *Termin ist der zur Streitverhandlung, zur Beweisaufnahme oder zur Verkündung einer Entscheidung bestimmte Zeitpunkt.* Regelmäßig werden die Termine an der Gerichtsstelle abgehalten, anderorts nur aus besonderen Gründen (z. B. Augenscheinseinnahme am Orte des Verkehrsunglücks). Der Termin wird vom Vorsitzenden oder Einzelrichter nach Tag und Stunde anberaumt (§§ 216, 348), und zwar stets von Amts wegen. Nach Bestimmung des Termins lädt das Gericht beide Parteien von Amts wegen (§§ 214, 497, 141, 377, 402, 450). Ist die zu ladende Partei nicht durch einen RA vertreten, so muß die Ladung, falls Anwaltszwang besteht, die Aufforderung enthalten, einen zugelassenen RA zu bestellen (§ 215). In den Fällen der §§ 251a, 340a, 370, 520, 555 ersetzt die Bekanntmachung des Termins die Ladung. Zu Ter-

minen, die in verkündeten Entscheidungen bestimmt sind, ist eine Ladung der Parteien nicht erforderlich (§ 218).

Das Gericht kann aus erheblichen Gründen Termine aufheben und verlegen sowie die Verhandlung vertagen (§ 227). Im Interesse der Prozeßbeschleunigung kann durch Parteivereinbarung eine Vertagung oder Terminsverlegung nicht mehr herbeigeführt werden.

Terminsversäumung: §§ 330 ff. (vgl. unten § 44).

2. *Zustellung ist die in gesetzlicher Form vorgenommene und beurkundete Mitteilung eines Schriftstückes.* Zugestellt werden z. B. Klage, vorbereitende Schriftsätze, Urteile usw. Zu unterscheiden ist auch hier Zustellung von Amts wegen und Zustellung im Parteibetrieb. Grundsätzlich erfolgen nunmehr die Zustellungen bei allen Gerichten von Amts wegen (§ 261b). Urteile werden jedoch im allgemeinen nur auf Betreiben der Parteien zugestellt (§§ 317 I, 496 I). Dasselbe gilt für Arrest und einstweilige Verfügung (§§ 922, 936). Die Ausnahme erklärt sich nicht zuletzt aus falscher Sparsamkeit: Bei Urteilszustellung von Amts wegen hätte man an beide Parteien zustellen müssen. Das sollte umgangen werden (vgl. § 221 II). In Ehe- und Familienstandssachen erfolgt auch die Urteilszustellung von Amts wegen (§§ 625, 640).

Zustellungsempfänger ist die Partei. Falls diese prozeßunfähig ist, ihr gesetzlicher Vertreter (§§ 171 ff.). Zustellungen in einem anhängigen Rechtsstreit müssen an den für die Instanz bestellten Prozeßbevollmächtigten erfolgen. (§ 176). Ort und Zeit der Zustellung: §§ 180, 188. Ersatzzustellung: §§ 181 ff. Ausgehändigt wird niemals die Urschrift des zuzustellenden Schriftstücks, sondern eine beglaubigte (§ 210) Abschrift oder eine Ausfertigung davon (§ 170 I). Unter *Ausfertigung* versteht man die amtliche Abschrift eines bei den Gerichtsakten verbleibenden Schriftstücks, die im Verkehr die Urschrift ersetzen soll, z. B. Ausfertigung eines Urteils, Beweisbeschlusses. *Über den Zustellungshergang ist grundsätzlich eine Zustellungsurkunde aufzunehmen* (§§ 190 f., 195, 212). Da diese bloßes Beweismittel (§ 418), nicht aber wesentlicher Bestandteil des Zustellungsaktes ist, beeinträchtigen Mängel der Zustellungsurkunde die Wirksamkeit der Zustellung nicht[1]. Derartige Mängel können durch den Nachweis ordnungsgemäßer Zustellung entkräftet werden[2]. Der Gegenbeweis gegen die Richtigkeit des Inhalts der Zustellungsurkunde ist zulässig (§ 418 II)[3]. Zum Nachweis der Zustellung wird bei Amtszustellung die Urschrift der Zustellungsurkunde der Geschäftsstelle übergeben (§ 212 II), bei Zustellung im Parteibetrieb erhält sie die zustellende Partei (§ 190 IV). *Zustellungsorgan* ist bei Parteizustellung *der Gerichtsvollzieher* (§ 166), der entweder selbst zustellt oder durch die Post zustellen läßt (§§ 193 ff.), bei Amtszustellung die *Geschäftsstelle* (§ 209), welche die Zustellung durch den Gerichtswachtmeister oder die Post ausführen läßt (§§ 211 ff.).

Besondere Formen:

Zustellung an Anwälte (§ 212 a), Aushändigung an Amtsstelle (§ 212 b), Zustellung von Anwalt zu Anwalt (§ 198), öffentliche Zustellung (§§ 203 ff.),

[1] A.A. RG 124,22.
[2] RG 52,13.
[3] RG 54,240.

Zustellung im Ausland (§ 199), Zustellung durch Aufgabe zur Post (§§ 175, 174; nicht zu verwechseln mit der Zustellung durch die Post (§ 193).

Formwidrige Zustellungen (z. B. Zustellung einer unbeglaubigten Abschrift oder Zustellung an Partei statt an Prozeßbevollmächtigten) *sind unwirksam,* heilen aber nach Maßgabe des § 187, ferner durch Rügeverzicht oder Unterlassung der Rüge (§ 295). Dies gilt jedoch nicht, wenn die Zustellung eine Notfrist (§ 223 III) in Lauf setzen sollte, weil den Parteien darüber jede Verfügungsbefugnis entzogen ist (§ 224 I)[4].

Soll durch die Zustellung eine Frist gewahrt oder die Verjährung unterbrochen werden, so tritt diese Wirkung bereits mit der Einreichung oder Anbringung des Antrags oder der Erklärung ein, sofern die Zustellung demnächst (d. h. in einer den Umständen nach angemessenen Frist) erfolgt. Der Grund ist bereits erwähnt: Aus einer Säumnis des Zustellungsorgans soll der Partei kein Schaden erwachsen (§§ 261 b III, 496 III).

3. An Stelle der verwickelten, mit unverhältnismäßigen Kosten verbundenen Zustellung genügt in vielen Fällen eine *formlose Mitteilung.* Schriftsätze und sonstige Erklärungen der Parteien sind im Verfahren vor allen Gerichten grundsätzlich formlos mitzuteilen, sofern nicht das Gericht ausnahmsweise die Zustellung anordnet (§§ 261 b II, 496 IV). Nur die Klage und Schriftsätze, welche Sachanträge oder eine Klagrücknahme enthalten, sind förmlich zuzustellen. Vgl. auch §§ 329 III, 377 I, 141 II. Die Mitteilung kann durch Aushändigung an den Empfänger auf der Geschäftsstelle, durch Übersenden mit der Post oder einen Boten erfolgen, ohne Beglaubigung und ohne Beurkundung.

§ 26 Fristen

I. Fristen (§§ 221—229) sind Zeiträume, innerhalb derer die Partei eine Prozeßhandlung vornehmen muß, wenn sie nicht mit ihr ausgeschlossen werden will *(Handlungsfristen),* oder die der Vorbereitung auf einen Termin dienen *(Zwischen- oder Überlegungsfristen).* Die Fristen sind entweder gesetzliche oder richterliche, je nachdem ihre Dauer vom Gesetz oder Richter bestimmt wird.

Unterschied: Richterliche (z. B. §§ 56 II 2, 89 I 2) Fristen können auf Antrag aus erheblichen Gründen stets, gesetzliche Fristen nur in besonderen Fällen (z. B. §§ 134 II, 206 I, 226 I, 519 II, 554 II) abgekürzt oder verlängert werden (§§ 224 II, 225). Durch Parteivereinbarung können Fristen nur abgekürzt, nicht mehr verlängert werden (§ 224 I). Eine gesetzliche Frist kann mit den verschiedensten Ereignissen beginnen, z. B. mit Zustellung (§§ 339, 516, 552) oder Verkündung des Urteils (§§ 516, 552). Beginn der richterlichen Frist: § 221 I. *Ist der Fristbeginn von einer Zustellung im Parteibetrieb abhängig* (z. B. Berufungsfrist durch Zustellung des Urteils), *so setzt der Zustellende die Frist auch gegen sich selbst in Lauf* (§ 221 II). *Bei Zustellung*

[4] RG 99,141; 103,334.

von Amts wegen beginnt die Frist für jede Partei gesondert von der an sie bewirkten Zustellung ab. Berechnung der Fristen: § 222 ZPO, §§ 187 ff. BGB.

Von besonderer Bedeutung sind:

1. *Die Einlassungsfrist* (Frist zwischen Zustellung der Klage und erstem Termin). Sie beträgt im Anwaltsprozeß 2 Wochen (§ 262, vgl. auch §§ 520, 555), im Amtsgerichtsprozeß bei Zustellung im Bezirk des Prozeßgerichts 3 Tage, sonst 1 Woche (§ 499). Wechselsachen: § 604.

2. *Die Ladungsfrist* (Frist zwischen Ladung und Termin in einem bereits eröffneten Verfahren). Sie beträgt im Anwaltsprozeß 1 Woche, sonst mindestens 3 Tage (§ 217). Wechselsachen: § 604.

Zu 1 und 2: Einlassungs- und Ladungsfristen können auf Antrag, nie von Amts wegen, abgekürzt werden (§ 226).

3. *Die Notfristen.* Sie müssen stets im Gesetz als solche bezeichnet sein (§ 223). Notfristen sind insbesondere alle Rechtsmittelfristen (§§ 516, 552, 577, vgl. auch §§ 339, 586). *Ihre Besonderheiten sind, daß sie auch während der Gerichtsferien* (§§ 199 ff. GVG) *laufen* (§ 223), *nie verlängert oder verkürzt werden können* (§ 224) *und daß gegen ihre Versäumung Wiedereinsetzung in den vorigen Stand möglich ist* (§§ 233 ff.).

II. Versäumung, Wiedereinsetzung

Wird eine Prozeßhandlung, z. B. Einlegung eines Rechtsmittels, nicht in der für sie bestimmten Frist vorgenommen, so ist sie im allgemeinen verwirkt, ohne daß es einer Androhung oder eines Antrags bedarf (§§ 230 ff.: *Präklusionsprinzip).* Gegen Versäumung von Notfristen, insbesondere der Rechtsmittelfristen und der Rechtsmittelbegründungsfristen gibt es unter bestimmten Voraussetzungen aus Billigkeitsgründen *Wiedereinsetzung in den vorigen Stand* (§§ 233 ff.). Durch die Wiedereinsetzung wird die formelle Rechtskraft eines Urteils nachträglich beseitigt.

Ein Wiedereinsetzungsgrund ist gegeben, wenn die Partei durch unabwendbare Zufälle an der Einhaltung der Frist verhindert wurde. Unabwendbarer Zufall ist ein Ereignis, das auch durch die größte, den Umständen des Einzelfalls nach zu erwartende Sorgfalt nicht abzuwenden war[1]. Dabei ist auf die persönlichen Verhältnisse des Säumigen abzustellen (subjektiver Maßstab). Die Praxis legt mit Recht einen milden Maßstab an.

Beispiele: Naturereignisse, Verkehrsstörungen, plötzliche schwere Erkrankung der Partei, verspätete Bewilligung des vor Ablauf der Rechtsmittelfrist nachgesuchten Armenrechts. Auch die arme Partei muß die Möglichkeit haben, bis zum letzten Tag der Rechtsmittelfrist zu überlegen, ob sie das Rechtsmittel verfolgen und hierfür um das Armenrecht nachsuchen soll. Die frühere Rechtsprechung, wonach das Armenrechtsgesuch so früh eingereicht werden mußte, daß darüber vor Ablauf der Rechtsmittelfrist entschieden werden konnte, ist aufgegeben[2]. Jedes Verschulden der Partei oder ihres Vertreters

[1] RG 138,349.

[2] BGH 16,1; 38,376.

(§ 232 II), insbesondere ihres Anwalts, schließt die Wiedereinsetzung aus[3]. Jedoch kann das Verschulden des gut geschulten und sorgfältig überwachten Büropersonals eines Anwalts nicht der Partei angelastet werden[4]. Die Berechnung und Eintragung von Fristen muß aber ein Anwalt im allgemeinen selbst überprüfen[5].

Im Gegensatz zu § 44 StPO genügt es zur Wiedereinsetzung nicht, daß eine Partei ohne ihr Verschulden von einer an sie erfolgten Zustellung keine Kenntnis erhalten hat, was namentlich bei Ersatz- (§ 181) und öffentlichen Zustellungen (§ 203) leicht vorkommen kann. Hiervon macht § 233 II für den Fall der Versäumung der Einspruchsfrist eine Ausnahme. *Grund:* Es kann sein, daß dem Beklagten bei Ersatzzustellung oder öffentlicher Zustellung die Klagerhebung unbekannt geblieben ist, so daß er mit der Urteilszustellung nicht zu rechnen brauchte, was der säumig gewordene Kläger stets tun muß.

Die Wiedereinsetzung wird nur auf Antrag gewährt, der binnen 2 Wochen seit Wegfall des Hindernisses und noch innerhalb eines Jahres seit Ablauf der versäumten Frist gestellt werden muß (§ 234). Innerhalb der gleichen Frist muß auch die versäumte Prozeßhandlung nachgeholt werden. Form und Inhalt des Wiedereinsetzungsantrags: § 236. Über den Antrag entscheidet das Gericht, das über die nachgeholte Prozeßhandlung zu erkennen hat (z. B. bei Versäumung der Berufungsfrist das Berufungsgericht) und zwar in der Regel in einem einheitlichen Verfahren (§§ 237 ff.).

Form (Urteil oder Beschluß) *und Anfechtbarkeit der Entscheidung über den Wiedereinsetzungsantrag richten sich nach Form und Anfechtbarkeit der Entscheidung über die nachgeholte Prozeßhandlung* (§ 238 II): Da z. B. über den Einspruch nur nach mündlicher Verhandlung durch Urteil zu entscheiden ist (§ 341), gilt Entsprechendes für den Wiedereinsetzungsantrag. Ist dieser unzulässig oder unbegründet, wird er durch Endurteil verworfen. Ist er zulässig und begründet, wird durch Zwischenurteil (§ 303) oder in den Gründen des Endurteils die Wiedereinsetzung gewährt.

Die Wiedereinsetzung wird nicht dadurch verhindert, daß sich der Gegner auf die Rechtskraft verlassen hat. Dies führt bei Gestaltungsurteilen, namentlich Scheidungsurteilen, zu Schwierigkeiten, wenn der Gegner inzwischen wieder geheiratet hat. BGH 8,284 läßt auch in einem solchen Falle die Wiedereinsetzung zu, wodurch die geschlossene zweite Ehe als Doppelehe gemäß § 20 EheG vernichtbar wird. Mit Rücksicht auf § 234 III müßten daher geschiedene Ehegatten bis zur Wiederverheiratung, um sicher zu gehen, ein Jahr warten. Richtiger dürfte es sein, auf einen solchen Fall den Grundgedanken des § 38 EheG anzuwenden und die Wiedereinsetzung zu versagen. Auch sonst kennt die Rechtsordnung Fälle, in denen die Aufhebung einer Entscheidung auf die Wirksamkeit inzwischen vorgenommener Rechtsgeschäfte ohne Einfluß ist (vgl. z. B. § 32 FGG). Sollte freilich der Gegner den Wiederaufnahmegrund gekannt haben, verdient er keinen Schutz[6].

[3] RG 138,349. [4] BGH LM § 233 Nr. 7.

[5] BGH LM § 233 Nr. 10.

[6] Für die Zulässigkeit der Wiedereinsetzung Bruns JZ 59,149; *Rosenberg* § 77 II 1.

2. ABSCHNITT: DIE EINLEITUNG DES RECHTSSTREITS

§ 27 Prozeßvoraussetzungen, Prozeßhindernisse und prozeßhindernde Einreden

Bülow, Die Lehre von den Prozeßeinreden und die Prozeßvoraussetzungen, 1868; ZZP 27,235 ff.; *Goldschmidt,* Der Prozeß als Rechtslage, 1925, S. 4 ff., 70 ff., 395 ff.; *Sauer,* Grundlagen des Prozeßrechts, 1929, und Allgemeine Prozeßrechtslehre, 1951.

I. Prozeßvoraussetzungen. Ziel des Zivilprozesses ist die Entscheidung darüber, ob die Klage begründet ist. Bevor der Richter auf die Begründetheit der Klage eingeht, muß geklärt werden, ob das Verfahren überhaupt zulässig ist. Die Umstände, welche die Zulässigkeit eines Prozesses bedingen, nennt man Prozeßvoraussetzungen. Wie bereits oben (§ 3 II 2) ausgeführt ist, ist der Ausdruck, der von *Bülow* stammt[1], irreführend.

Es handelt sich keineswegs um „Existenzbedingungen für das Prozeßrechtsverhältnis". Wird eine Klage formgerecht erhoben, dann entsteht dadurch ohne Rücksicht darauf, ob die Prozeßvoraussetzungen vorliegen, ein Prozeß und damit ein Prozeßrechtsverhältnis, das die Pflicht des Richters begründet, den Parteien rechtliches Gehör zu gewähren und durch Urteil zu entscheiden. Fehlt eine Prozeßvoraussetzung, darf allerdings eine Verhandlung zur Hauptsache und Beweisaufnahme darüber nicht stattfinden. Ein Sachurteil darf nicht ergehen, vielmehr ist die Klage als unzulässig abzuweisen *(Prozeßabweisung,* absolutia ab instantia). Mit dieser Entscheidung wird zur Streitsache selbst keine Stellung genommen, vielmehr wird ihre Behandlung vor Gericht abgelehnt.

Im Urteilstenor genügt der Ausspruch: „Die Klage wird abgewiesen". Aus den Urteilsgründen muß hervorgehen, ob die Abweisung als unzulässig oder als unbegründet erfolgt ist, was für die Rechtskraftwirkung Bedeutung hat[2]. Deshalb darf es das Gericht nicht dahingestellt sein lassen, ob die Klage aus prozessualen oder materiellen Gründen abgewiesen worden ist[3]. Auch ist es unstatthaft, die Klage aus beiden Gründen abzuweisen. Fehlt eine Prozeßvoraussetzung, darf auf die Begründetheit der Klage auch nicht andeutungsweise eingegangen werden. Unstatthaft ist es daher, etwa auszuführen, daß die Klage, abgesehen von der Unzuständigkeit des Gerichts, auch wegen Unschlüssigkeit des Sachvortrags des Klägers abgewiesen werden müsse.

[1] *Bülow,* Die Lehre von den Prozeßeinreden und die Prozeßvoraussetzungen, 1868; ZZP 27,235 ff.

[2] *Jauernig,* JZ 1955, 235. [3] RG 45,381.

Die Prozeßvoraussetzungen beziehen sich auf den Prozeß im ganzen: Es sind die Umstände, die das auf sachliche Entscheidung gerichtete Verfahren als solches und im ganzen zulässig machen[4].

Als Prozeßzulässigkeitsvoraussetzungen sind sie von den Zulässigkeitsvoraussetzungen einer einzelnen Prozeßhandlung oder eines einzelnen Prozeßabschnitts zu unterscheiden. Deshalb sind z. B. die Voraussetzungen der Nebenintervention (§ 66), der Streitverkündung (§ 72) und der Zulässigkeit der Rechtsmittel keine Prozeßvoraussetzungen.

Ist ein Rechtsmittel unzulässig, so wird dieses als unzulässig verworfen (§§ 519 b, 554 a). Richtet sich das Rechtsmittel gegen ein in der Vorinstanz ergangenes Sachurteil, so wird dadurch die Sachentscheidung aufrechterhalten. Bei dem Fehlen einer Prozeßvoraussetzung dürfte eine Sachentscheidung überhaupt nicht gefällt werden.

Da das Fehlen der Prozeßvoraussetzungen schon eine Verhandlung zur Hauptsache und eine Beweisaufnahme darüber verhindert, ist es nicht richtig, sie als Sachurteilsvoraussetzungen zu bezeichnen[5], wenngleich damit das Wesentliche getroffen wird.

II. Die Prozeßvoraussetzungen betreffen Erfordernisse, die an Gericht, Partei und Streitgegenstand gestellt werden.

1. *Prozeßvoraussetzungen, die das Gericht betreffen*

a) Dem Gericht muß die Gerichtsbarkeit über den Beklagten zustehen[6].

Die facultas jurisdictionis ist freilich, wie bereits oben § 3 II 1 ausgeführt, eine Prozeßvoraussetzung eigener Art[7]. Steht fest, daß die deutsche Gerichtsbarkeit fehlt, so muß sich das Gericht jeder Maßnahme gegenüber der gerichtsbefreiten Person enthalten und daher bereits die Terminsbestimmung ablehnen. Sollte gegen einen Gerichtsfreien ein Sachurteil ergangen sein, so wäre dieses infolge Mangels der Gerichtsbarkeit nichtig. Dies würde selbst für ein Urteil gelten, das die Klage als unbegründet abweist. Die Gerichtsbarkeit ist demnach nicht bloß Prozeßvoraussetzung, sondern auch *Prozeßwirksamkeitsvoraussetzung*.

b) Der Rechtsweg muß vor dem Zivilgericht eröffnet sein (Zulässigkeit des Zivilrechtswegs, vgl. oben § 7 III).

c) Bei Rechtsstreitigkeiten mit Auslandsbeziehungen muß die internationale Zuständigkeit des Gereicht gegeben sein (vgl. oben § 14).

d) Das Gericht muß funktionell, sachlich und örtlich zuständig sein (vgl. oben § 11).

[4] RG 70,184; *Rosenberg* § 89 I 2.
[5] So *Goldschmidt*, Berl. Festschr. f. Brunner, S. 150.
[6] RG 157,394; BGH 8,379.
[7] Vgl. *Pagenstecher*, Zeitschr. f. Ausl. u. Intern. Privatrecht, 1937, S. 339 ff.

Dabei ist zu beachten, daß in Vermögensprozessen durch rügeloses Verhandeln des Beklagten zur Hauptsache stillschweigende Prorogation angenommen wird, sofern nicht eine gesetzlich ausschließliche Zuständigkeit entgegensteht (§§ 39, 40). Da die Vereinbarung unwiderlegbar vermutet wird, ist ein Irrtum oder ein entgegenstehender Wille der Parteien ohne Bedeutung. § 39 schließt als Spezialvorschrift den § 274 III aus. Die Unzuständigkeitsrüge geht also mit der Verhandlung zur Hauptsache endgültig verloren und kann auch dann nicht nachgeholt werden, wenn die Verspätung entschuldbar wäre.

§ 39 bezieht sich nur auf die örtliche und sachliche Zuständigkeit. Hinsichtlich der funktionellen Zuständigkeit, welche die Tätigkeit der verschiedenen Rechtsschutzorgane gegeneinander abgrenzt, ist eine Zuständigkeitsvereinbarung unzulässig, weshalb auch § 39 ausscheidet (vgl. oben § 11 unter 3). Vgl. weiter §§ 10, 512 a, 549 II, 528 (oben § 17).

2. *Prozeßvoraussetzungen, die die Partei betreffen*

a) Die Parteien müssen existieren,

b) sie müssen parteifähig sein,

c) sie müssen die Prozeßfähigkeit besitzen.

Zu b) und c).

Partei- und Prozeßfähigkeit sind nicht nur Prozeßvoraussetzungen, sondern gleichzeitig *Prozeßhandlungsvoraussetzungen.* Fehlt es an der Partei- oder Prozeßfähigkeit, so ist die Prozeßhandlung unwirksam (vgl. oben § 20 III).

d) Der Prozeßunfähige muß wirksam gesetzlich vertreten sein.

e) Bei der gewillkürten Vertretung muß der Bevollmächtigte z. Zt. der Klagerhebung eine wirksame Vollmacht besitzen.

f) Die Prozeßführungsbefugnis muß vorhanden sein[8].

Dagegen ist die Postulationsfähigkeit keine Prozeßvoraussetzung, sondern allein eine Prozeßhandlungsvoraussetzung (vgl. oben § 20 IV).

3. *Prozeßvoraussetzungen, die den Streitgegenstand betreffen.*

a) Die Streitsache darf nicht anderweit rechtshängig sein (§ 263 II Nr. 1 und unten § 31 II 4).

b) Über die Sache darf nicht bereits rechtskräftig entschieden sein.

c) Es muß das Rechtsschutzbedürfnis vorhanden sein (vgl. oben § 3 II 4).

d) Die Klage muß ordnungsmäßig erhoben sein, wozu gehört, daß die Klageschrift den durch § 253 II bestimmten notwendigen Inhalt aufweist.

III. Die Bedeutung der Prozeßvoraussetzungen

1. Das Vorliegen der Prozeßvoraussetzungen hat das Gericht in jeder Lage des Verfahrens *von Amts wegen* zu prüfen, selbst noch in der Revisionsinstanz[9]. Zweifel sind von Amts wegen aufzuklären. Das Gericht hat im Wege der richterlichen Aufklärungspflicht (§ 139 II)

[8] BGH 44,370.

[9] RG 160,209.

von der Partei, die hierfür die Beweislast trägt, den erforderlichen Nachweis zu verlangen. Im Rahmen des Verhandlungsgrundsatzes ist es aber nicht zu eigenen Ermittlungen berechtigt. Die Prüfung von Amts wegen wird grundsätzlich nicht dadurch ausgeschlossen, daß die Parteien über das Vorliegen der Prozeßvoraussetzungen einig sind[10].

2. In der Regel müssen die Prozeßvoraussetzungen zur Zeit der letzten Tatsachenverhandlung, also spätestens in der letzten Verhandlung vor dem Berufungsgericht, vorliegen[11]. Fehlt eine Prozeßvoraussetzung zu Prozeßbeginn, tritt sie aber bis zum Schluß der maßgeblichen Verhandlung ein, so wäre die Ablehnung der jetzt zulässigen Sachentscheidung prozeßökonomisch unzweckmäßig.

Besonderes gilt, wenn das Fehlen einer Prozeßvoraussetzung das Urteil nichtig oder vernichtbar macht. Nichtigkeit tritt ein bei Nichtexistenz einer Partei und Befreiung des Beklagten von der deutschen Gerichtsbarkeit, Vernichtbarkeit bei Partei- und Prozeßunfähigkeit sowie mangelnder gesetzlicher Vertretung (§ 579 Nr. 4). Hier genügt es, daß die Prozeßvoraussetzungen z. Zt. der dem Urteil vorausgehenden letzten mündlichen Verhandlung vorliegen, also spätestens bei der letzten Verhandlung vor dem Revisionsgericht. Dies ergibt sich daraus, daß die nach § 579 Nr. 4 zulässige Genehmigung auch noch in der Revisionsinstanz wirksam erklärt werden kann. Auch für die Frage der Zulässigkeit des Rechtswegs und des Vorliegens des Rechtsschutzbedürfnisses ist die letzte Verhandlung vor dem Revisionsgericht entscheidend[12].

Abweichendes gilt für die Zuständigkeit: Besteht sie bei Klagerhebung, so ist ihr nachträglicher Fortfall unschädlich (§ 263 II Nr. 2).

Der Wegfall einiger Prozeßvoraussetzungen während des Prozesses führt zur Unterbrechung (§§ 240, 241) oder Aussetzung (§ 246) des Verfahrens.

3. Die Reihenfolge, in der die Prozeßvoraussetzungen zu prüfen sind, ist umstritten[13]. Zunächst ist die Ordnungsmäßigkeit der Klage zu prüfen[14]. Sodann die Zuständigkeit, da nur ein zuständiges Gericht über die Zulässigkeit des Verfahrens entscheiden darf. Sodann ist mit Rücksicht auf zwischenstaatliche Beziehungen die inländische Gerichtsbarkeit zu prüfen. Danach die Zulässigkeit des eingeschlagenen Rechtswegs, die entgegenstehende Rechtshängigkeit oder Rechtskraft, die

[10] RG 70,185; *Rimmelspacher*, Zur Prüfung von Amts wegen im Zivilprozeß, 1966.

[11] RG 160,210.

[12] RG 146,246; BGH ZZP 69,191.

[13] Vgl. *Blomeyer* § 39 III; *Lent-Jauernig* § 33 V 6; *Rosenberg* § 89 IV 5.

[14] RG 99,126.

Existenz der Parteien, die Partei- und Prozeßfähigkeit, die gesetzliche Vertretung, die Prozeßführungsbefugnis und das Rechtsschutzbedürfnis.

Die Frage der Reihenfolge wird nur dann praktisch, wenn das Vorliegen mehrerer Prozeßvoraussetzungen zweifelhaft ist. Ist das Vorliegen einer vorrangigen Voraussetzung ungewiß, während das Fehlen einer nachrangigen feststeht, so darf die Klage nicht ohne Prüfung der vorrangigen Voraussetzung abgewiesen werden. So muß zunächst die Zulässigkeit des Rechtswegs geprüft werden, auch wenn das Rechtsschutzinteresse fehlt[15]. Steht dagegen die Unzulässigkeit des Rechtswegs fest, während das Rechtsschutzbedürfnis zweifelhaft ist, ist die Klage sofort abzuweisen oder nach § 17 III GVG zu verweisen[16].

4. Fehlt es an einer Prozeßvoraussetzung oder bleibt diese ungewiß, so ist die Klage als *unzulässig* abzuweisen (oben I).

Ein trotz Fehlens einer Prozeßvoraussetzung ergangenes Sachurteil ist jedoch, außer beim Fehlen der deutschen Gerichtsbarkeit (vgl. oben § 6 V 2), keineswegs wirkungslos. Es unterliegt aber in der Regel den ordentlichen Rechtsmitteln. Ein Mangel der Zuständigkeit bildet in den Fällen der §§ 10, 512a nicht einmal einen Rechtsmittelgrund. Fehlen der Partei- und Prozeßfähigkeit sowie Mangel der Vertretung rechtfertigen die Wiederaufnahme des Verfahrens (§ 579 I Nr. 4). Unzuständigkeit und Unzulässigkeit des Zivilrechtswegs bilden keine Wiederaufnahmegründe und heilen daher mit Eintritt der Rechtskraft.

IV. Neben den von Amts wegen zu berücksichtigenden Prozeßvoraussetzungen gibt es noch die nur auf Einrede des Beklagten zu berücksichtigenden *Prozeßhindernisse.* Sie verhindern ebenfalls eine Sachentscheidung. Prozeßhindernisse sind die Einrede des Schiedsvertrags (§ 274 II Nr. 3), die Einrede der mangelnden Sicherheit für die Prozeßkosten (§ 274 II Nr. 5) und die Einrede der mangelnden Kostenerstattung (§ 274 II Nr. 6).

V. Regelung in der ZPO. Die ZPO kennt weder den Begriff der Prozeßvoraussetzung noch den Begriff des Prozeßhindernisses. Dafür faßt sie willkürlich und verwirrend einige Prozeßvoraussetzungen und die Prozeßhindernisse unter dem Begriff der „prozeßhindernden Einrede" zusammen (§§ 274 f.). Trotz dieser Bezeichnung ist das Vorbringen der in § 274 II Nr. 1, 2, 4 und 7 aufgeführten Mängel keine Einrede, da sie ohne Rücksicht auf den Hinweis einer Partei schon von Amts wegen zu prüfen sind.

Weil § 274 II die prozeßhindernden Einreden erschöpfend aufzählt, wie aus dem Wort „nur" hervorgeht, gelten für die dort aufgeführten

[15] Abw. BGH LM § 511 Nr. 6. [16] Vgl. *Lent-Jauernig* § 33 V 6.

Prozeßvoraussetzungen und Prozeßhindernisse folgende Besonderheiten:

1. *Die prozeßhindernden Einreden gewähren* seit der Novelle vom 13. 2. 1924 dem Beklagten *nicht mehr das* häufig zur Prozeßverschleppung mißbrauchte *Recht, die Verhandlung zur Hauptsache* bis zur Entscheidung über den prozessualen Mangel *zu verweigern*. Ausnahme: § 274 II Nr. 6 verbunden mit § 271 IV. Vielmehr steht es im Ermessen des Gerichts, ob es über die prozeßhindernde Einrede gesondert verhandeln will. Ordnet das Gericht keine abgesonderte Verhandlung an, dann läuft der Beklagte, der nur die prozeßhindernde Einrede vorbringt, ohne zugleich zur Sache zu verhandeln, Gefahr, nach Verwerfung der Einrede sofort durch Nichtversäumnisurteil in der Sache verurteilt zu werden, weil er das Klagevorbringen nicht bestritten hat (§ 138 III, § 334). *Hat* dagegen *das Gericht abgesonderte Verhandlung angeordnet, dann muß es über die prozeßhindernde Einrede auch gesondert erkennen* und darf bei ihrer Verwerfung nicht gleichzeitig in der Sache entscheiden (§ 275 I). *Steht der Mangel fest, so hat das Gericht die Klage durch Endurteil als unzulässig abzuweisen* (§ 300). Zwei Besonderheiten: Bei der Einrede der mangelnden Prozeßkostensicherheit (§ 274 II Nr. 5) ist die Klage durch Endurteil für zurückgenommen zu erklären (§ 113), bei der Einrede der Unzuständigkeit ist auf Antrag durch Beschluß zu verweisen (§§ 276, 506). *Greift dagegen die prozeßhindernde Einrede nicht durch, dann ist sie durch ein Zwischenurteil zu verwerfen.* Dieses Zwischenurteil hat die Eigentümlichkeit, daß es selbständig anfechtbar und gesondert der Rechtskraft zugänglich ist (§ 275 II). In der Regel ruht dann der Rechtsstreit bis zum Eintritt der Rechtskraft des Zwischenurteils. Das Gericht kann jedoch auf Antrag durch unanfechtbaren Beschluß anordnen, daß schon vorher zur Sache zu verhandeln sei (§ 275 II). Diese in seinem Ermessen stehende Anordnung wird es namentlich dann treffen, wenn die Sache dringlich ist oder wenn es das Rechtsmittel für aussichtslos hält. Freilich bleibt ein hierauf ergehendes Sachurteil nur unter der Voraussetzung wirksam, daß das Zwischenurteil von der höheren Instanz bestätigt wird (auflösend bedingtes Urteil). Wird es dagegen aufgehoben und die Klage als unzulässig abgewiesen, so verliert das Sachurteil von selbst seine Wirksamkeit, auch wenn es inzwischen rechtskräftig geworden sein sollte[17].

Beispiel: Der Handelsvertreter A klagt vor dem Landgericht gegen B auf Zahlung von 2000 DM Provision. B erhebt die Einrede der Unzuständigkeit, da die Sache vor das Arbeitsgericht gehöre, und verweigert die Einlassung zur Hauptsache. Wie hat das Landgericht zu erkennen, wenn es seine Zuständigkeit bejaht? Es kann abgesondert verhandeln und muß dann durch Zwischenurteil (§ 303) die Unzuständigkeitseinrede verwerfen (§ 275), ohne auf die Sache einzugehen. Das Gericht kann aber den B auch sofort zur Zahlung der 2000 DM verurteilen und in den Entscheidungsgründen seine Zuständigkeit bejahen. Dieses Urteil ist ein berufungsfähiges Nichtversäumnisurteil. Es ergeht auf Grund der §§ 138 III, 343. Da B überhaupt verhandelt hat, wenn auch nur über eine prozessuale Vorfrage, kann gegen ihn ein Ver-

[17] RG 77,15.

säumnisurteil nicht ergehen. Seine Weigerung, auf die Hauptsache einzugehen, bedeutet Nichtbestreiten der Klagetatsachen, so daß diese als zugestanden anzusehen sind.

Die Verurteilung in der Hauptsache hätte B dadurch abwenden können, daß er auch die Klagebehauptungen bestritt.

2. *Die prozeßhindernden Einreden müssen im Interesse der Prozeßbeschleunigung gleichzeitig (Eventualmaxime!) und vor der Verhandlung des Beklagten zur Hauptsache* (im Gegensatz zur Verhandlung über Prozeßfragen) *vorgebracht werden.* Amtsgericht: § 504 (Schutz der unerfahrenen, den Prozeß selbst führenden Parteien). *Anderenfalls ist der Beklagte mit den Einreden ausgeschlossen, es sei denn, daß er die Verspätung entschuldigen kann oder daß es sich um unverzichtbare prozeßhindernde Einreden handelt* (§ 274 III). Unverzichtbar sind die im § 274 II genannten Prozeßvoraussetzungen, verzichtbar sind die Prozeßhindernisse.

3. Wird gegen ein Urteil, das einer prozeßhindernden Einrede stattgibt, mit Erfolg Berufung eingelegt, dann darf das Berufungsgericht nicht zur Sache erkennen, sondern es muß an die erste Instanz zurückverweisen (§ 538 I Nr. 2). Grund: Den Parteien soll nicht die erste Instanz, in der zur Sache gar nicht entschieden worden war, verlorengehen.

§ 28 Die einzelnen Klagarten

Nach der Art des vom Kläger erstrebten Rechtsschutzes sind *drei Klageformen* zu unterscheiden: *Leistungsklage* (Verurteilungsklage), *Feststellungsklage, Gestaltungsklage* (vgl. oben § 3 I 1). Diesen Klageformen entsprechend gibt es Leistungs-, Feststellungs- und Gestaltungsurteile.

I. Die Leistungs- oder Verurteilungsklage. Mit ihr erstrebt der Kläger, daß der Beklagte zu einer bestimmten Leistung verurteilt wird. In der Regel wird ein Anspruch im Sinne von § 194 BGB geltend gemacht.

Die Leistung kann sein: Zahlung einer Geldschuld, Lieferung einer Ware, Herausgabe einer Sache, Räumung einer Wohnung, Duldung oder Unterlassung einer Handlung, Abgabe einer Willenserklärung. *Die Haftungsklage aus Hypothek, Grund- und Rentenschuld* (§ 1147 BGB) *fällt ebenfalls unter den Begriff der Leistungsklage,* obwohl der beklagte Eigentümer weder zu einer Geldleistung schlechthin noch zu einer Geldleistung aus dem Grundstück verpflichtet ist. Das Urteil hat korrekterweise zu lauten: „Der Kläger ist berechtigt, sich wegen der Summe von 10 000 DM und der Kosten des Rechtsstreits aus dem Grundstück X zu befriedigen." Wird der Beklagte „zur Leistung von 10 000 DM aus dem Grundstück X" oder „zur Duldung der Zwangsvollstreckung in das Grundstück X wegen 10 000 DM" oder „zur Leistung von 10 000 DM bei Vermeidung der Zwangsvollstreckung in das Grundstück X" verurteilt, so ist das zwar weniger präzis, aber unschädlich[1].

[1] *Wolff-Raiser,* Sachenrecht[10] § 139 I.

Kann der Kläger nur beschränkt Leistung verlangen, so muß dies im Klagantrag berücksichtigt werden. So darf der Verkäufer, der vor Lieferung den Kaufpreis einklagt, regelmäßig nur Zahlung Zug um Zug gegen Lieferung der Ware beanspruchen. In gewissen Fällen ist der Gläubiger befugt, dem Schuldner zur Leistung eine Frist zu setzen und nach deren fruchtlosem Ablauf Schadensersatz zu verlangen oder vom Vertrag zurückzutreten (§ 326 BGB). Um Zeitverlust zu vermeiden, kann der Kläger verlangen, daß diese Frist bereits im Leistungsurteil festgesetzt wird (§ 255). Der Antrag auf Setzung einer Frist ist Sachantrag (§ 297). Das Urteil beseitigt den etwaigen Streit der Parteien über die Angemessenheit der Frist.

Ist der Anspruch fällig, dann ist die Leistungsklage im allgemeinen ohne weiteres zulässig. Eine Rechtsverletzung seitens des Beklagten wird nicht vorausgesetzt. Auch braucht dieser keinen Anlaß zur Klage gegeben zu haben. Die Klageveranlassung ist nur für die Kostenlast von Bedeutung (§ 93; vgl. oben § 3 II 4 a. E.). Das bei jeder Klage erforderliche *Rechtsschutzbedürfnis* (vgl. oben § 3 II 4) ergibt sich bei der Leistungsklage ohne weiteres aus der Fälligkeit des Anspruchs. Ausnahmsweise kann es freilich auch hier fehlen. So in der Regel, wenn der Kläger bereits einen vollstreckbaren Titel besitzt. Dann ist die Klage als unzulässig abzuweisen.

Trotz des Vorliegens eines Vollstreckungstitels, z. B. einer vollstreckbaren Urkunde (§ 794 I Nr. 5), besteht jedoch ein Rechtsschutzbedürfnis dann, wenn der Gläubiger, etwa wegen drohender Einwendungen des Schuldners gegen den Anspruch (§ 797 IV), an der sofortigen rechtskräftigen Feststellung ein besonderes Interesse hat.

Erweist sich der Anspruch als nicht fällig und ist er auch bis zur letzten Tatsachenverhandlung nicht fällig geworden, *so muß die Klage als zur Zeit unbegründet abgewiesen werden.*

Das *Leistungsurteil* stellt in einer der Rechtskraft fähigen Weise den vom Kläger geltend gemachten Anspruch fest und befiehlt dem Beklagten, an den Kläger zu leisten. Kommt der Beklagte dem Leistungsbefehl nicht nach, kann der Kläger sein Recht im Wege der Vollstreckung zwangsweise verwirklichen. Das Leistungsurteil ist Vollstreckungstitel (§ 704).

Wird der Beklagte zu einer Unterlassung verurteilt, so liegt ebenfalls ein Leistungsurteil vor. Die Vollstreckung geschieht nach § 890.

Weist das Urteil die Klage als unbegründet ab, so wird damit gleichzeitig das Nichtbestehen des Anspruchs festgestellt.

Bisweilen kann es dem Kläger nicht zugemutet werden, die Fälligkeit abzuwarten und erst dann einen unter Umständen langwierigen Prozeß zu beginnen. Dadurch ginge zuviel Zeit verloren. Deshalb kennt das Gesetz in drei Fällen eine *Klage auf künftige Leistung* (§§ 257 bis 259). Hiermit wird erreicht, daß der Kläger schon im voraus einen

Vollstreckungstitel erhält, den er bei Eintritt der Fälligkeit sofort verwenden kann.

1. *Ist die Fälligkeit einer einseitigen Geldforderung oder des Anspruchs auf Räumung eines Grundstücks oder eines Raumes,* der nicht Wohnzwecken dient, *kalendermäßig bestimmt, so kann auf künftige Zahlung oder auf künftige Räumung geklagt werden* (§ 257).

Beispiele: Soll am 1. Oktober ein Darlehen zurückgezahlt werden, dann kann der Gläubiger schon vorher klagen, um gleich am 1. Oktober vollstrecken zu können. Ebenso kann der Verkäufer die an einem bestimmten Tage fällig werdende Kaufpreisforderung schon vorher einklagen, sofern er bereits geliefert hat, die Kaufpreisforderung jetzt also einseitig ist (nicht mehr von einer Gegenleistung abhängt). Vollstreckung: § 751. Nicht unter § 257 fallen Klagen auf Räumung einer Wohnung oder auf Rückgabe beweglicher Sachen. Hier gibt es nur die Klage aus § 259. Räumungsfrist bei Wohnraum: § 721.

2. *Bei einseitigen Wiederkehransprüchen kann auch auf die nach Urteilserlaß fällig werdenden Raten geklagt* werden (§ 258).

Beispiel: Das uneheliche Kind klagt gegen seinen Vater auf Unterhalt bis zum 18. Lebensjahr. Es wäre unpraktisch, wenn man wegen jeder einzelnen Rate nach Fälligkeit klagen müßte. Ändern sich später die Verhältnisse, so kann eine Erhöhung der Unterhaltsrente nur mit der Abänderungsklage (§ 323), nicht mit einer Nachforderungs- oder Zusatzklage gemäß § 258 verlangt werden[2].

Auf künftige Mietzinsraten findet § 258 keine Anwendung, da sie nicht nur vom Zeitablauf, sondern auch von einer Gegenleistung abhängen und dem Mieter keine berechtigten Einwendungen, z. B. aus § 537 BGB, abgeschnitten werden dürfen[3]. Vollstreckung: § 708 Nr. 6.

3. *Schließlich kann ganz allgemein auf künftige Leistung geklagt werden, wenn die Besorgnis besteht, daß der Schuldner sich der rechtzeitigen Leistung entziehen werde,* weil er z. B. das Bestehen einer Verbindlichkeit bestreitet (§ 259). Vollstreckung: §§ 726 I, 751. § 259 setzt keine Böswilligkeit, sondern nur die Absicht der Nichterfüllung voraus. Ernstliches Bestreiten ist ausreichend[4]. Dagegen genügt nicht, daß der Schuldner voraussichtlich zahlungsunfähig ist oder schon bisher unpünktlich erfüllt hat. Verneint der Richter die Besorgnis nicht rechtzeitiger Leistung, so ist die Klage mangels eines Rechtsschutzbedürfnisses als unzulässig abzuweisen.

II. Mit der *Feststellungsklage* (§ 256) bezweckt der Kläger keine Befriedigung, sondern bloße Klärung einer zweifelhaften Rechtslage. Daher bildet das *Feststellungsurteil* im Gegensatz zum Leistungsurteil keinen Vollstreckungstitel. Ausnahme: Eine Kostenfestsetzung (§ 103) kann auf Grund des Feststellungsurteils erfolgen.

[2] BGH 34,110 mit weiterer Literaturangabe.
[3] RG 61,333.
[4] RG 132,340; BGH 5,342. Vgl. auch BGH 43, 28 (31): Hilfswiderklage auf Rückzahlung des Klagebetrages.

Gegenstand der Feststellungsklage kann nur ein Rechtsverhältnis sein, d. h. eine bestimmte rechtlich geregelte Lebensbeziehung einer Person zu einer anderen oder zu einem Rechtsgut, *nicht dagegen bloße allgemeine Rechtsfragen* (wie z. B. ob die Eisenbahn die Beförderung bestimmt verpackter Waren ablehnen könne[5]) *oder Tatsachen,* mögen sie auch rechtlich erheblich sein (z. B. Geisteskrankheit, Probemäßigkeit der Ware, Vollziehung des Beischlafs).

Eine praktisch unbedeutende Ausnahme bildet die Feststellung der Echtheit oder Unechtheit einer Urkunde.

Von einer *positiven Feststellungsklage* spricht man, wenn das Bestehen, von einer *negativen Feststellungsklage,* wenn das Nichtbestehen eines Rechtsverhältnisses festgestellt werden soll. Die negative Feststellungsklage ist ein geeignetes Mittel, einer falschen Rechtsberühmung, die eine Rechtsunsicherheit bewirkt, entgegenzutreten, wie wenn A gegenüber dem gesetzlichen Erben B behauptet, daß er alleiniger testamentarischer Erbe sei.

Beispiele für zulässige Feststellungsklagen: Klagen auf Feststellung eines Schuldverhältnisses als Organismus, etwa eines Gesellschaftsverhältnisses, einer einzelnen Berechtigung aus ihm, des Erbrechts, des Eigentums, des Urheberrechts, der Mitgliedschaft (positive Feststellungsklage) oder Nichtmitgliedschaft (negative Feststellungsklage) zu einem Verein, eines Verlöbnisses, eines Eltern- und Kindesverhältnisses, der elterlichen Gewalt (§ 640 I), der blutmäßigen Abstammung eines unehelichen Kindes von einem bestimmten Mann (§ 644)[6]. Auch die Klage auf Feststellung der Rechtsstellung einer Ehefrau infolge postmortaler Eheschließung dürfte zulässig sein[7]. Das Recht zur Entziehung des Pflichtteils (§§ 2333 ff. BGB) bei Lebzeiten des Erblassers kann ebenfalls Gegenstand einer Feststellungsklage sein[8]. Im übrigen wird es für die Feststellung von Gestaltungsrechten dann am Feststellungsinteresse fehlen, wenn der Kläger das Gestaltungsrecht ausüben, z. B. kündigen oder anfechten kann.

Eine Klage auf Feststellung, daß die Entlassung eines Arbeitnehmers aus politischen Gründen erfolgt sei, ist wegen bloßer Tatsachenfeststellung unzulässig[9].

Nicht erforderlich ist, daß das Rechtsverhältnis unter den Parteien besteht. Es genügt, daß das Rechtsverhältnis irgendwie in den Rechtsbereich des Klägers hineinreicht[10].

Beispiele: RG 128,92 hat die Feststellungsklage mehrerer Opernsänger gegen einen Bühnenverein zugelassen, mit der die Feststellung begehrt wurde,

[5] RG 107,303. [6] BGH 5,385.
[7] OLG Tübingen, DRZ 1948, 139. [8] RG 92,1.
[9] LArbG Hamburg, DRZ 1947, 380.
[10] RG 128,92; 156,200; BGH LM § 325 Nr. 4.

daß der beklagte Verein nicht berechtigt sei, den angeschlossenen Bühnen zu verbieten, einem Sänger für den Abend eine höhere Vergütung als 1000 RM zu zahlen. Mit dieser Klage wollten die Kläger nicht etwa die Dispositionsfreiheit der Bühnen geschützt wissen, sondern ihre eigenen Interessen an der von dritter Seite unbeeinflußten Gestaltung ihrer Verträge wahrnehmen.

RG 170,358 hat eine Klage für zulässig erklärt, mit welcher der Kläger festgestellt wissen wollte, daß nach seinem Tode oder seinem Ausscheiden aus der beklagten Gesellschaft das Amt des Geschäftsführers der Gesellschaft seinem Sohn zustehe. In der Entscheidung wird ausgeführt, es genüge, daß der Kläger vom Bestehen oder Nichtbestehen eines Rechtsverhältnisses zwischen der Beklagten und einem Dritten in seinem Rechtsbereich mittelbar betroffen werde. Dem Kläger ging es in diesem Fall nicht darum, das Recht seines Sohnes auf das Geschäftsführeramt zu schützen, sondern Klarheit über die Nachfolge zu gewinnen, um danach die eigenen Dispositionen richten zu können[11].

Gegenstand der Feststellungsklage kann regelmäßig nur ein *gegenwärtiges* Rechtsverhältnis sein. Das schließt die Feststellung bedingter Rechte oder bedingter Rechtsverhältnisse trotz der Ungewißheit des Eintritts der Rechtsfolgen nicht aus. Dagegen kann grundsätzlich auf Feststellung eines künftigen Rechtsverhältnisses nicht geklagt werden. Wohl aber können mögliche künftige rechtliche Beziehungen aus einem bereits bestehenden Rechtsverhältnis die Grundlage einer Feststellungsklage bilden[12].

Daher ist die Klage auf Feststellung des Erbrechts am Nachlaß eines noch Lebenden unzulässig[13]. Feststellung nicht mehr bestehender Rechtsverhältnisse ist nur gestattet, wenn daraus Rechtsfolgen für die Gegenwart abgeleitet werden[14]. Hat ein Verein durch Beschluß erklärt, er hätte den Ausschluß eines früheren Mitglieds ausgesprochen, wenn dieses seinen Austritt nicht selbst erklärt hätte, dann ist eine Feststellungsklage auf Rechtsunwirksamkeit dieses Beschlusses möglich[15].

Die Zulässigkeit der Feststellungsklage erfordert weiter, daß der Kläger ein rechtliches Interesse an alsbaldiger, d. h. schon jetzt notwendiger *Feststellung hat.* Ein rechtliches Interesse liegt vor, wenn der Kläger durch eine bestehende Ungewißheit in seiner Rechtsstellung beeinträchtigt wird und wenn diese Beeinträchtigung durch die richterliche Feststellung beseitigt werden kann[16]. Daß der Beklagte die Rechtsunsicherheit verursacht hat, ist nicht notwendig. Der drohende Verlust von Beweismitteln macht für sich allein die Feststellungsklage

[11] Vgl. *Henckel,* Parteilehre und Streitgegenstand im Zivilprozeß, S. 88.
[12] RG 123,232.
[13] RG 92,2; BGH 37,137.
[14] RG 80,189.
[15] RG 122,269.
[16] RG 165,299.

nicht zulässig, weil für solche Fälle das Beweissicherungsverfahren (§§ 485 ff.) zur Verfügung steht[17].

Da eine Häufung von Prozessen vermieden werden soll, *schließt die Möglichkeit der Leistungsklage die Feststellungsklage in der Regel aus*[18].

Besondere Umstände können jedoch ein Feststellungsinteresse trotz der Möglichkeit einer Leistungsklage rechtfertigen. Ist z. B. jemand von einem Kraftwagen verletzt worden, dann kann er, falls die Höhe des Schadens zur Zeit noch nicht endgültig feststeht, gegen den Halter auf Feststellung der Entschädigungspflicht klagen. Leistungs- und Feststellungsklage können auch miteinander verbunden werden, falls der Kläger an der Feststellung ein besonderes Interesse hat.

Beispiel: Klage auf eine einzelne Leistung aus einem Sukzessivlieferungsvertrag und auf gleichzeitige Feststellung des Bestehens des Vertrages im ganzen oder Klage auf Feststellung des Eigentums und auf Verurteilung zur Herausgabe der Sache.

Trotz Möglichkeit der Leistungsklage ist eine Feststellungsklage statthaft, wenn zu erwarten ist, daß der Beklagte das Urteil freiwillig erfüllt. Dies wird besonders bei Prozessen mit Behörden angenommen[19].

Das *Feststellungsinteresse* ist nach herrschender Ansicht von Amts wegen zu berücksichtigende *Prozeßvoraussetzung*[20]. Deshalb wird angenommen, daß ein Feststellungsurteil nur ergehen darf, wenn feststeht, daß das Rechtsschutzinteresse vorliegt[21]. Selbst wenn der Beklagte das Bestehen oder Nichtbestehen des Rechtsverhältnisses anerkennt, müsse eine sachliche Entscheidung über den Feststellungsantrag abgelehnt und die Klage als unzulässig abgewiesen werden[22]. Dies dürfte kaum richtig sein. Während die Prozeßvoraussetzungen im allgemeinen mit Rücksicht auf öffentliche Interessen aufgestellte Zulässigkeitsvoraussetzungen für den Prozeß im ganzen sind, dient das Erfordernis des Feststellungsinteresses vornehmlich dem Schutz des Beklagten vor überflüssigen Klagen. Erst in zweiter Linie soll dadurch die Gerichtsbarkeit vor unnötiger Mehrbelastung geschützt werden.

Aus dieser Belanglage folgt, daß bei Nichtvorhandensein des Feststellungsinteresses eine dem Kläger günstige Sachentscheidung nicht ergehen kann, vielmehr die Klage als unzulässig abgewiesen werden muß. Ist dagegen die Klage zur Sachabweisung reif, während das Feststellungsinteresse nicht erwiesen ist, muß eine gerade im Interesse des Beklagten liegende, den Streit endgültig erledigende Sachabweisung zulässig sein. Ebenso ist der Klage trotz zweifelhaftem Feststellungsinteresse stattzugeben, wenn der Beklagte den Anspruch anerkennt[23].

[17] BGH 18,41.
[18] RG JW 1936,1126; RG 128,364; BGH ZZP 69,283; BAG 4,149.
[19] RG 129,31; 152,193.
[20] Vgl. *Rosenberg* § 86 II 3.
[21] RG 73,84.
[22] RG 73,86; 82,435; 85,441; 107,305; anders RG 158,152.
[23] Vgl. *Blomeyer* § 37 III 4.

Die Rechtsprechung ist uneinheitlich: Während BGH 18, 106 das Feststellungsinteresse als Prozeßvoraussetzung bezeichnet, lehnt dies BGH 12, 316 und BGH LM § 256 ZPO Nr. 46 ab.

Freilich darf das Gericht auch eine Feststellungsklage nicht gleichzeitig als unzulässig und als unbegründet abweisen. Wird die Zulässigkeit verneint, sind Ausführungen über die Sache selbst ohne rechtliche Bedeutung[24].

Eine besondere Art der Feststellungsklage ist die *Zwischenfeststellungsklage* (§ 280).

Klagt A Darlehenszinsen ein, so dringt er mit der Klage nur durch, wenn ein Darlehen zustande gekommen ist. Das Darlehen ist für die Zinsen das bedingende Rechtsverhältnis, über das der Richter mit entscheiden muß. *Die Entscheidung über dieses bedingende Rechtsverhältnis erwächst aber nicht in Rechtskraft.* Diese beschränkt sich auf die eingeklagten Zinsen (§ 322 I), *so daß der Schuldner das Zustandekommen des Darlehens in einem späteren Rechtsstreit erneut bestreiten kann. Mit Hilfe der Zwischenfeststellungsklage ist es möglich, auch über das bedingende Rechtsverhältnis* (Darlehen) *eine rechtskräftige Entscheidung herbeizuführen.* Herrscht nämlich in einem Prozeß über ein solches Rechtsverhältnis Streit, so kann der Kläger durch nachträgliche Klagenhäufung im Sinne von § 260, der Beklagte durch Widerklage dessen Feststellung beantragen (§ 280). Dabei ist es gleichgültig, ob das Rechtsverhältnis erst im Laufe des Prozesses streitig geworden ist, oder ob es schon vorher streitig war. Nur im Prozeß muß es noch streitig sein. Das bei der Feststellungsklage erforderliche Feststellungsinteresse ergibt sich hier aus der Prozeßlage von selbst.

Beachte: Klagt A einen Darlehensanspruch gegen B ein, dann kann nicht B eine Widerklage auf Feststellung des Nichtbestehens der Darlehensschuld erheben. Denn hier wird über die Darlehensschuld schon auf die Klage hin rechtskraftfähig entschieden. Das Darlehen ist nicht bedingendes Rechtsverhältnis, sondern unmittelbarer Streitgegenstand der Klage. Da die Widerklage den gleichen Streitgegenstand zum Objekt hätte, müßte sie wegen bereits bestehender Rechtshängigkeit als unzulässig abgewiesen werden.

III. Die Gestaltungs- oder Rechtsänderungsklage[25] (vgl. oben § 3 I 1c). Während Leistungs- und Feststellungsklage lediglich die Anerkennung einer bestehenden Rechtslage erstreben, soll durch die Gestaltungsklage eine Rechtsänderung herbeigeführt werden. Als Beispiel sei auf die Ehescheidungsklage verwiesen: Die Ehe besteht bis zur Rechtskraft des Scheidungsurteils, von da ab ist sie aufgelöst (§ 41 EheG).

Die Rechtsänderung tritt bald nur für die Zukunft ein, so bei der Ehescheidung und Eheaufhebung (§ 29 EheG), bald auch für die Vergangenheit. Das Ehenichtigkeitsurteil (§ 23 EheG) vernichtet z. B. die Ehe ex tunc. Wird die Ehelichkeit eines Kindes mit Erfolg angefochten, dann vernichtet das An-

[24] BGH 11, 223.
[25] Vgl. *Schlosser*, Gestaltungsklagen und Gestaltungsurteile, 1966.

fechtungsurteil die Ehelichkeit des Kindes mit rückwirkender Kraft, das Kind gilt als von vornherein unehelich (§ 1593 BGB).

Außer den familienrechtlichen Klagen bilden Beispiele für Gestaltungsklagen die handelsrechtlichen Klagen auf Entziehung der Geschäftsführungsbefugnis oder Vertretungsmacht eines Gesellschafters (§§ 117, 127 HGB), auf Auflösung einer OHG (§ 133 HGB), auf Ausschließung eines Gesellschafters (§ 140 HGB) auf Nichtigkeit einer AG (§ 275 AktG) und die Anfechtungsklage gegenüber einem Beschluß der Hauptversammlung (§ 243 AktG).

Im Interesse der Rechtssicherheit und Rechtsklarheit sollen durch das Gestaltungsurteil eindeutige Rechtsverhältnisse geschaffen werden[26].

Die mit Rechtskraft des Gestaltungsurteils eintretende Rechtsänderung wirkt für und gegen alle. Einer Vollstreckung ist das Gestaltungsurteil, von den Prozeßkosten abgesehen, weder fähig noch bedürftig.

IV[27]. Im Leistungs- und Feststellungsprozeß hat der Richter festzustellen, was Rechtens ist. Eine Rechtsgestaltung ist nicht seine Aufgabe, soweit ihm das Gesetz nicht ausnahmsweise eine solche zuweist. Das ist z. B. der Fall bei der Herabsetzung einer unverhältnismäßig hohen verwirkten Strafe gemäß § 343 BGB und § 4 AbzG. Eine weitere Befugnis zur Vertragsgestaltung ergibt sich aus § 308a ZPO in Verbindung mit der Sozialklausel der §§ 556a, 556b BGB: Wenn der Mieter die Fortsetzung des Mietverhältnisses verlangen kann, hat der Richter im Urteil auszusprechen, für welche Dauer und unter welchen Änderungen der Vertragsbedingungen das Mietverhältnis fortgesetzt wird.

Darüber hinaus hat die Rechtsprechung bei Wegfall der Geschäftsgrundlage „im Rahmen der aus § 242 BGB fließenden richterlichen Gestaltungsbefugnis“[28] durch rechtsgestaltende Entscheidungen Verträge an die geänderten Umstände angepaßt.

Im Volkswagenurteil führt der BGH[29] folgendes aus: „Die Gerichte sind gemäß § 242 BGB bei einem Wegfall der Geschäftsgrundlage befugt, weitgehend rechtsgestaltend in das Vertragsverhältnis einzugreifen. Die Vertragspflichten können in einem solchen Fall rechtsgestaltend sehr erheblich geändert werden, sofern dies geboten ist, um zu einer Leistungsfestsetzung zu gelangen, die den beachtlichen Interessen beider Parteien gerecht wird. Die Grenzen der nach § 242 BGB gestatteten rechtsgestaltenden Maßnahmen sind

[26] BGH 3, 289.

[27] *Bötticher*, Richterliche Vertragsgestaltung, DRW 1942, 125; *Dikoff*, Die Abänderung von Verträgen durch den Richter, Festschrift f. Hedemann, 1938, 179; *Schlegelberger*, Vertragsgestaltung durch den Richter, Festschr. f. Bumke, 1939, 1; *Sieg*, Korrektur von Rechtsgeschäften durch den Prozeßrichter, NJW 1951, 506; *Titze*, Richtermacht und Vertragsinhalt, 1921; *Weber*, Wilhelm, § 242 und Vertragshilfe, SJZ 1948, 287.

[28] BGH LM § 242 BGB Bb Nr. 12 a. E. [29] NJW 1952, 137; JZ 1952, 145.

erst dann zulässig überschritten, wenn der ursprüngliche Vertrag durch eine neue Rechtsgestaltung in seinem Wesen und seiner Tragweite so grundsätzlich verändert werden müßte, daß anstelle der geschuldeten Leistung eine ganz andere oder dem Schuldner nicht mehr zumutbare treten würde."

Im Hofübergabeurteil[30] meint der BGH, daß ein richterliches Urteil über die Anpassung der rechtlichen Beziehungen an die durch den Wegfall der Geschäftsgrundlage veränderte Sachlage keine Frage der Rechtsgestaltung, sondern eine solche der Rechtsfindung sei. Auch in diesem Falle schaffe das richterliche Urteil nicht die rechtlichen Beziehungen der Parteien neu, sondern es spreche nur aus, welche Umgestaltung die bestehenden Rechtsbeziehungen durch die Veränderung der Umstände nach Treu und Glauben erlitten hätten.

In dieser Entscheidung führt aber das Gericht aus, es hätte vom Berufungsgericht geprüft werden müssen, ob der Interessenausgleich zwischen den beiden Brüdern nicht besser durch eine Teilung des Hofes als durch seine Rückgabe gegen eine Geldabfindung gefunden werden könne. Das Gericht zog damit verschiedene Möglichkeiten in Betracht. Da hierbei die Frage der Erhaltung der Bewirtschaftungseinheit des Hofes und die betriebstechnische und wirtschaftliche Tragbarkeit einer Teilung eine Rolle spielt, handelt es sich bei der Entscheidung um Zweckmäßigkeitsfragen, nicht um Rechtsfragen. Eine auf Grund solcher Erwägungen getroffene Entscheidung gestaltet daher die Rechtsbeziehung der Parteien neu. Die Ansicht, daß nur ausgesprochen werde, was ohnehin Rechtens sei, ist unhaltbar[31].

Die rechtsgestaltenden richterlichen Eingriffe in Verträge sind bedenklich, da sie den Grundsatz der Privatautonomie verletzen und an seine Stelle eine, vom Standpunkt der Parteien aus gesehen, autoritäre richterliche Rechtsgestaltung setzen. Grundsätzlich können nur die Parteien ihren Vertrag umgestalten, der Richter ist nicht befugt, gegen ihren Willen den Vertrag abzuändern, soweit nicht die Sonderbefugnisse der richterlichen Vertragshilfe Platz greifen. Hinzukommt, daß der BGH keine Grundsätze aufgestellt hat, in welchem Rahmen eine solche Rechtsgestaltung stattfinden kann. Die Begriffe der Unzumutbarkeit und Unbilligkeit sind viel zu vage, als daß man darauf eine so außerordentliche richterliche Befugnis aufbauen kann[32].

§ 29 Der Streitgegenstand

A. Blomeyer, Zum Urteilsgegenstand im Leistungsprozeß, Festschrift für Lent, 1957, S. 43; *Bötticher*, Zur Lehre vom Streitgegenstand im Eheprozeß, Festgabe für Rosenberg, 1949, S. 73; *Habscheid*, Der Streitgegenstand im

[30] LM § 242 BGB Bb Nr. 18.
[31] Vgl. *Larenz*, Geschäftsgrundlage und Vertragserfüllung, 3. Aufl., S. 122.
[32] Vgl. *Larenz*, a.a.O. S. 123 f.; *Esser*, Schuldrecht, 2. Aufl., § 86 unter 8, S. 404.

Zivilprozeß und im Streitverfahren der Freiwilligen Gerichtsbarkeit, 1956; *Henckel*, Parteilehre und Streitgegenstand im Zivilprozeß, 1961; *Lent*, Die Verteilung der Verantwortlichkeit unter Gericht und Parteien im Zivilprozeß, ZZP 63, 3; ders., Zur Lehre vom Streitgegenstand, ZZP 65, 315; ders., Zur Lehre vom Entscheidungsgegenstand, ZZP 72, 63; *Nikisch*, Der Streitgegenstand im Zivilprozeß, 1935; ders., Zur Lehre vom Streitgegenstand im Zivilprozeß, ArchcivPrax 154, 271 u. Jur. Blätter 1955, 261; *Schwab*, Der Streitgegenstand im Zivilprozeß, 1954; ders., Der Stand der Lehre vom Streitgegenstand im Zivilprozeß, JuS 65, 81.

I. In jedem Gerichtsverfahren muß feststehen, worüber zu verhandeln und zu entscheiden ist. Damit wird die Frage des Streitgegenstandes zu einem zentralen Problem des Prozesses.

Der Streitgegenstand wird vom Kläger in seiner Rechtsschutzbitte festgelegt, indem er einen bestimmten Antrag stellt und Gegenstand sowie Grund des erhobenen Anspruchs anzugeben hat (§ 253 II Nr. 2).

Die ZPO enthält keine Begriffsbestimmung des Streitgegenstandes, sie bedient sich nicht einmal einer einheitlichen Terminologie. So wird in den §§ 81 und 83 vom „Streitgegenstand", in den §§ 160 I Nr. 1 und 306 vom „geltend gemachten Anspruch", im § 118a III vom „streitigen Anspruch", im § 263 I von der „Streitsache" gesprochen. Da die ZPO die Leistungsklage als das Normale ansieht, wird in der Mehrzahl der Fälle der Ausdruck „Anspruch" im Sinne von Streitgegenstand verwendet (vgl. § 253 II Nr. 2).

II. Der Streitgegenstand ist im besonderen Maße für folgende Fragen von Bedeutung:

1. Die sachliche und, soweit besondere Gerichtsstände in Betracht kommen, auch die örtliche Zuständigkeit bestimmen sich nach dem Streitgegenstand.

2. Der Streitgegenstand ist für den Umfang der Verhandlung, Beweisaufnahme und Entscheidung maßgebend.

3. Die Klagenhäufung (§ 260) setzt mehrere Streitgegenstände voraus.

4. Ist ein Prozeß anhängig, darf über den gleichen Streitgegenstand nicht zugleich vor einem anderen Gericht gestritten werden (Einwand der Rechtshängigkeit gem. § 263 II Nr. 1).

5. Eine Klageänderung (§§ 264, 268) setzt voraus, daß der Streitgegenstand geändert wird.

6. Die materielle Rechtskraft des Urteils erstreckt sich nur auf den Streitgegenstand (§ 322).

7. Der Gegenstand der Widerklage (§ 33) darf mit dem Streitgegenstand der Klage nicht identisch sein.

III. Was als Streitgegenstand anzusehen ist, ist außerordentlich umstritten. Die Gesetzesredaktoren, gewöhnt in den Begriffen des Aktionensystems zu denken, glaubten, daß jede Klage einen materiellrechtlichen Anspruch zum Gegenstand habe. Dabei verstanden sie den Begriff des Anspruchs im Sinne von *Windscheid*'s Schrift über die actio (1856), der später in das BGB (§ 194) übergegangen ist.

Auch die Feststellungsklage sollte einen Anspruch zum Gegenstand haben: Man meinte, hier gehe der Anspruch gegen den Beklagten auf „Anerkennung" des Bestehens oder Nichtbestehens eines Rechtsverhältnisses. Man war der Ansicht, daß aus dem Rechtsverhältnis neben dem Anspruch auf Leistung ein weiterer selbständig verfolgbarer Anspruch auf Feststellung erwachse. Die Gestaltungsklagen, mit denen kein Anspruch im Sinne des bürgerlichen Rechts erhoben wird, waren z. Zt. des Erlasses der ZPO in ihrer Eigenart noch nicht erkannt und wurden demgemäß nicht berücksichtigt. Daraus ergibt sich, daß der Begriff des „Anspruchs" im Sinne von § 253 II Nr. 2 erweiternd und berichtigend ausgelegt werden muß.

Als das Wesen der Feststellungs- und Gestaltungsklagen erkannt worden war, stand fest, daß nicht nur Leistungsansprüche, sondern auch andere Rechte und Rechtsverhältnisse Gegenstand des Prozesses sein können. Daraus erklärt es sich, daß ein besonderer *Begriff des prozessualen Anspruchs* entwickelt wurde, der mit dem Anspruch des bürgerlichen Rechts nichts gemein hatte.

Wach[1] bezeichnet den Rechtsschutzanspruch als Streitgegenstand, eine Ansicht, die neuerdings Pohle wieder vertritt[2]. Auf der gleichen Linie liegt es, wenn unter dem prozessualen Anspruch das Klagebegehren verstanden wird, welches auf das vom Kläger erstrebte Urteil gerichtet ist. So bezeichnet *Schönke*[3] als Streitgegenstand „die Forderung des Klägers an das Gericht, auf Grund eines bestimmten Sachverhalts eine bestimmte Rechtsfolge oder Tatsache durch Urteil auszusprechen".

Diese Ansichten bewegen sich außerhalb des Gesetzes: Nach § 307 richtet sich der Anspruch *gegen den Beklagten*, nicht gegen den Staat oder das Gericht. Nur deshalb kann ihn der Beklagte anerkennen.

Da es im Zivilprozeß, von wenigen Ausnahmen abgesehen (vgl. z. B. § 1041), um behauptete *materiellrechtliche* Positionen geht und das Sachurteil über *materielles* Recht entscheidet, würde es eine Merkwürdigkeit darstellen, wenn der Streitgegenstand nicht materiellrechtlicher, sondern ausschließlich prozessualer Natur wäre.

[1] Handbuch I, S. 296 f.
[2] *Stein-Jonas-Pohle*, ZPO, 19. Aufl., Einl. E III 1 c.
[3] *Schönke-Schröder-Niese*, § 47 I.

Gegen die rein prozessuale Bestimmung des Streitgegenstandes spricht ferner, daß sie nur bei der Leistungsklage, nicht aber bei der Feststellungsklage durchgeführt wird. Daß bei der Feststellungsklage das materiellrechtliche Rechtsverhältnis Streitgegenstand ist, wird auch von den Vertretern des „prozessualen Anspruchs" zugegeben[4].

IV. Bei der Festlegung des Streitgegenstandes wird man von folgenden Erwägungen ausgehen können:

Wenn sich der Kläger mit der Bitte um Rechtsschutz an das Gericht wendet, kann man von ihm nicht verlangen, daß er seine Bitte juristisch begründet. Die rechtliche Beurteilung der Bitte ist vielmehr ausschließlich Sache des Richters. Dagegen kann und muß man vom Kläger fordern, daß er sagt, worum im Prozeß gestritten werden soll. Die Bestimmung des Streitgegenstandes geschieht dadurch, daß der Kläger einen bestimmten Antrag stellt und daß er im Regelfall den Sachverhalt vorträgt, aus dem sich nach seiner Ansicht die im Klagantrag begehrte Rechtsfolge ergibt. Der Kläger hat den Lebensvorgang darzulegen, aus dem er in Form des Klagantrags eine bestimmte Rechtsfolge herleitet. Er muß also eine Rechtsbehauptung aufstellen, über die er eine Entscheidung beantragt. Diese *Rechtsbehauptung* ist der *Streitgegenstand,* der Anspruch im Sinne der ZPO. Da die Rechtsbehauptung in der Mehrzahl der Fälle materiellrechtlicher Natur ist, muß auch „der Anspruch" der ZPO regelmäßig dem materiellen Recht angehören.

1. Bei der *Leistungsklage* behauptet der Kläger, daß ihm gegen den Beklagten ein Anspruch im Sinne des bürgerlichen Rechts zustehe. Dieser vom Kläger behauptete materiellrechtliche Anspruch bildet den Streitgegenstand[5]. Der Anspruch muß bereits in der Klage so genau bezeichnet werden, daß er sich von anderen Ansprüchen sicher unterscheiden läßt. Dies ist deshalb notwendig, damit man bei einer neuen Klage feststellen kann, ob der neue Anspruch mit einem Anspruch identisch ist, der bereits rechtshängig ist oder über den schon rechtskräftig entschieden wurde. Dies geschieht dadurch, daß man feststellt, welchen Inhalt der Anspruch hat, gegen wen er gerichtet ist und aus welchem Lebensvorgang er abgeleitet wird. Sind mehrere Ansprüche gleichen Inhalts gegen den gleichen Beklagten gerichtet, dann sind sie dennoch verschieden, wenn sie einem anderen Sachverhalt entspringen.

Klagt z. B. A gegen B zweimal auf Zahlung von 10 000 DM, so handelt es sich um verschiedene Streitgegenstände, wenn die erste Klage auf Darlehen, die zweite auf Kauf gestützt wird.

[4] Vgl. z. B. *Rosenberg* § 88 II 1 c *β*.
[5] Vgl. *Nikisch,* ArchZivPrax 154,281 ff.; Jur. Blätter 77,262 ff.

Der Streitgegenstand wird demnach durch den Klagantrag und den Sachverhalt bestimmt.

Aus diesem Grunde ist die Ansicht von *Schwab*[6], daß der Antrag allein den Streitgegenstand bestimme, abzulehnen, da der Antrag für sich den Streitgegenstand nicht individualisieren kann.

Beantragt z. B. der Kläger, den Beklagten zur Zahlung von 20 000 DM zu verurteilen, weil er ihm 1965 ein Darlehen von 10 000 DM und 1966 ein weiteres Darlehen in gleicher Höhe gewährt habe, so liegt zwar nur e i n Antrag vor, trotzdem werden zwei Entscheidungen über verschiedene Rechte begehrt, die aus verschiedenen Lebensvorgängen hergeleitet werden. Deshalb sind zwei verschiedene Streitgegenstände anzunehmen. Wenn Schwab meint, der Sachverhalt müsse hier zur Auslegung des Antrags herangezogen werden[7], dann bedeutet das nichts anderes, als daß er zur Individualisierung des Streitgegenstandes notwendig ist. Damit erhält er aber für den Streitgegenstand ausschlaggebende Bedeutung.

Sobald sich der Sachverhalt wesentlich ändert, ändert sich auch der Streitgegenstand. Klagt z. B. der Kläger 10 000 DM ein, die er dem Beklagten als Darlehen gewährt haben will, macht er aber später geltend, daß die 10 000 DM aus einem Kaufvertrag herrühren, so liegt trotz ein und desselben Antrags eine Änderung des Streitgegenstandes und damit eine Klagänderung (§ 264) vor[8].

Kommt das Gericht zu der Ansicht, daß der Anspruch nicht besteht, so bedeutet das nicht, daß der Prozeß ohne Streitgegenstand war, da es im Prozeß nur um *behauptete* Ansprüche geht.

a) Schwierigkeiten entstehen in den Fällen, welche die zivilrechtliche Dogmatik als Anspruchskonkurrenz bezeichnet. Begehrt der Kläger Schadensersatz wegen eines Straßenbahnunfalls, so kann er seinen Anspruch auf Vertragsverletzung, unerlaubte Handlung und auf das Reichshaftpflichtgesetz stützen. Nach einer weitverbreiteten Meinung sollen diese Ansprüche nebeneinander bestehen und unabhängig voneinander auch gerichtlich geltend gemacht werden können. Durch die Befriedigung des einen soll aber auch der andere, weil und soweit er auf dasselbe Interesse gerichtet ist, aufgehoben werden[9]. Lägen wirklich mehrere Ansprüche vor, dann müßte eine Klagenhäufung (§ 260) zulässig sein. Würde das Gericht den Anspruch aus dem Haftpflichtgesetz für begründet, den Anspruch aus Vertragsverletzung und Delikt aber für unbegründet halten, so müßte es der Klage zum Teil stattgeben, zum Teil müßte die Klage abgewiesen werden, obwohl der Kläger den beantragten Schadensbetrag voll zugesprochen erhielte.

[6] Der Streitgegenstand im Zivilprozeß, 1954.
[7] A. a. O. S. 91.
[8] A. A. *Schwab*, a. a. O. S. 87.
[9] Vgl. *Enneccerus-Lehmann*, Schuldrecht, 15. Aufl., § 232.

Dies kann nicht richtig sein. In den Fällen der Anspruchskonkurrenz liegen nämlich auch zivilrechtlich nicht mehrere Ansprüche vor, sondern eine einzige Forderung, die nur aus verschiedenen rechtlichen Gesichtspunkten, nämlich sowohl aus Vertragsverletzung wie aus Delikt, wie aus Gefährdungshaftung begründet ist. Deshalb kann eine solche Forderung nur einmal erfüllt, nur einmal abgetreten und auch nur einmal eingeklagt werden. Es liegt also ein einheitlicher Anspruch vor, der nur auf verschiedenen Gesetzesnormen beruht[10]. Daß hier ein einziger Anspruch gegeben ist, ergibt sich daraus, daß er aus einem einheitlichen Sachverhalt hervorgeht. Wird der Kläger mit seiner Schadensersatzklage mangels Verschuldens abgewiesen, weil das Gericht den Anspruch nur unter den Gesichtspunkten der Vertragsverletzung und des Delikts, nicht aber der Gefährdungshaftung nach dem Reichshaftpflichtgesetz geprüft hat, so wird er durch die Rechtskraft dieses Urteils gehindert, den Schadensersatzanspruch unter dem Gesichtspunkt der Gefährdungshaftung in einem neuen Prozeß geltend zu machen. Nachdem über den Streitgegenstand, hier über den aus dem Unfall entstandenen Schadensersatzanspruch, rechtskräftig entschieden ist, ist eine neue Klage unzulässig, mag sie auch auf neue rechtliche Gesichtspunkte gestützt werden.

Der Kläger braucht in seiner Klage nur den Sachverhalt, nicht aber eine Gesetzesnorm zur Begründung seines Antrags anzuführen, er klagt nicht aus einem Paragraphen, er erhebt keine bestimmte actio mehr. Es ist Sache des Gerichts, zu prüfen, unter welchem nur möglichen rechtlichen Gesichtspunkt der Klagantrag begründet ist. Deshalb kann das Gericht einen als Darlehensforderung bezeichneten Anspruch zusprechen, obwohl kein Darlehens-, sondern ein Gesellschaftsverhältnis entstanden ist[11].

Leider stehen die Gerichte bisweilen auch heute noch im Banne des Aktionensystems, weshalb sie sich von dem Schema „quae sit actio?“ nicht zu trennen vermögen.

Ein Beispiel hierfür ist die Entscheidung RG 147,253. Dort hatte der Kläger unter genauer Angabe des Sachverhalts beantragt, den Beklagten zu verurteilen, anzuerkennen, daß er berechtigt sei, einen bestimmten Namen zu führen. Das Reichsgericht war der Meinung, daß damit der Kläger seiner Darlegungspflicht nicht genügt habe. Er müsse noch angeben, ob er die als Leistungsklage anzusprechende Klage auf Beseitigung der Beeinträchtigung des Namensgebrauchs (§ 12, Satz 1 BGB) oder die Unterlassungsklage (§ 12, Satz 2 BGB) oder eine auf Feststellung seines Rechts auf Namensgebrauch gerichtete Klage aus § 256 ZPO erheben wolle. Das Reichsgericht verlangte damit die Stützung der Klage auf einen bestimmten Paragraphen, also die

[10] Vgl. *Larenz,* Schuldrecht II, 7. Aufl., § 69 VI.
[11] RG 98,22.

Erhebung einer bestimmten actio. Eine derartige rechtliche Wertung des Klagevorbringens ist aber gerade nicht Sache der Partei, sondern Aufgabe des Gerichts.

b) Liegen dagegen nach materiellem Recht mehrere auf das gleiche Ziel gerichtete Ansprüche vor, dann muß auch eine Mehrheit von prozessualen Ansprüchen gegeben sein. Hat z. B. der Käufer für eine Kaufpreisforderung einen Wechsel ausgestellt, dann hat der Verkäufer zwei selbständige Ansprüche: einen solchen aus dem Wechsel und einen aus dem Kaufvertrag. Bei Ansprüche stehen aber zueinander in Zweckbestimmung, da der Schuldner nur einmal zu leisten hat: Wird der Gläubiger aus dem Wechsel befriedigt, dann erlischt auch die Kaufpreisforderung. Da der Wechselanspruch und der Anspruch auf Zahlung des Kaufpreises auf verschiedenen Entstehungsgründen beruhen, liegen auch prozessual zwei selbständige Ansprüche vor. Wird der Kläger wegen eines Formfehlers des Wechsels mit der Wechselklage abgewiesen, dann kan er mit einer neuen, auf den Kaufvertrag gestützten Klage die Kaufpreisforderung geltend machen. Dieser zweiten Klage steht die Rechtskraft des ersten Urteils nicht entgegen, da mit ihr ein neuer Anspruch erhoben wird, der mit dem der ersten Klage nicht identisch ist. Hat der Kläger zunächst aus dem Wechsel geklagt, macht er aber später, etwa weil er einsieht, daß der Wechsel an einem Formmangel leidet, anstelle des Wechselanspruchs den Anspruch auf den Kaufpreis geltend, so liegt wegen Änderung des Streitgegenstandes trotz Aufrechterhaltung des Antrags Klagänderung vor[12].

Schwierigkeiten entstehen, wenn der Kläger beide Ansprüche gleichzeitig in einer Klage geltend macht. Da der Kläger nur einmal Zahlung verlangen kann, darf er auch nur einen Klagantrag stellen. Das Gericht kann die Klage nur einheitlich für begründet erklären oder einheitlich abweisen. Werden beide Ansprüche gleichzeitig in einer Klage erhoben, so liegt eine Anspruchshäufung vor. Da beide Ansprüche auf die gleiche Leistung gerichtet sind, der Beklagte daher nur einmal verurteilt werden kann, ist keine kumulative, sondern eine alternative Anspruchshäufung gegeben[13]. Der Kläger behauptet, daß er die Klagesumme sowohl aus dem Wechsel wie aus dem Kaufvertrag beanspruchen kann. Dabei läßt er es dahingestellt, ob das Gericht den Beklagten aus dem Wechsel oder aus dem Kaufvertrag verurteilt. Da nur ein einziger Klagantrag gestellt ist, ist ein Teilurteil unzulässig. Solange die Möglichkeit besteht, daß der Kläger mit einem Anspruch Erfolg hat, kann man ihm den anderen nicht aberkennen.

2. Bei *Feststellungsklagen* ist das vom Kläger behauptete oder geleugnete materielle Recht oder Rechtsverhältnis Streitgegenstand

[12] A. A. *Schwab*, a. a. O. S. 112.

[13] *Nikisch*, ArchZivPrax. 154, 286 f.

(§ 256). Dabei kommt es dem Kläger oft auf die rechtliche Einordnung des Rechtsverhältnisses an. Dies ist etwa der Fall, wenn der Kläger die Feststellung eines Gesellschaftsverhältnisses beantragt, der Beklagte demgegenüber aber auf Klagabweisung besteht, weil nur ein Arbeitsvertrag mit Gewinnbeteiligung vorliege. In diesem Falle ergibt sich das Rechtsschutzbedürfnis daraus, daß die Verschiedenheit der Rechtsauffassungen der Parteien verschiedene Lösungsmöglichkeiten des Vertragsverhältnisses bedingt. Es besteht also eine Rechtsunsicherheit, die durch das Urteil beseitigt werden kann.

a) Begehrt der Kläger die Feststellung eines materiellrechtlichen Anspruchs, klagt er z. B., weil er den Schaden aus einem Unfall noch nicht überblicken kann, auf Feststellung, daß der Beklagte schadensersatzpflichtig ist, so muß er, wie bei Leistungsklagen, den Sachverhalt dartun, aus dem sich der Anspruch ergeben soll. Der Sachverhalt ist hier notwendig, um den festzustellenden materiellrechtlichen Schadensersatzanspruch zu individualisieren.

b) Anders ist die Rechtslage, wenn die Feststellung eines absoluten Rechts begehrt wird, z. B. des Eigentums. Hier genügt die Behauptung des Klägers, er sei Eigentümer einer bestimmten Sache. Die Angabe eines Erwerbsgrundes ist nicht notwendig[14]. Denn das Eigentum bleibt immer gleich, auf welchem Erwerbsgrund es auch beruhen mag. Macht der Kläger zu Illustrierung seines Antrags mehrere Erwerbsgründe geltend, so kann dies nur hilfsweise geschehen, da sich die verschiedenen Erwerbsgründe gegenseitig ausschließen. Hat der Kläger das Eigentum durch Übereignung (§ 929 BGB) erworben, kann er es nicht nochmals durch Ersitzung (§ 937 BGB) erhalten. Wird die Klage auf Feststellung des Eigentums abgewiesen, so steht fest, daß der Kläger zur Zeit des Urteilserlasses nicht Eigentümer gewesen ist. Damit werden ihm alle Erwerbstatsachen abgeschnitten, die bereits zur Zeit der letzten mündlichen Verhandlung vorlagen, wobei es gleichgültig ist, ob diese zum Prozeßstoff gemacht worden sind oder nicht. Die Feststellung des Eigentums bezieht sich lediglich auf das Eigentum selbst, nicht aber auf einen bestimmten Erwerbsgrund.

Wenn der Kläger z. B. mit seiner Feststellungsklage, zu deren Stütze er sich auf Übereignung berufen hat, abgewiesen worden ist, kann er nicht erneute Klage erheben mit der Behauptung, er sei schon zur Zeit des Urteils Eigentümer kraft Erbgangs gewesen. Eine neue Klage könnte er nur darauf stützen, daß er die Sache nach Erlaß des Urteils, etwa durch Ersitzung, erworben habe.

3. Erhebt der Kläger eine *Gestaltungsklage*, dann ist das mit der Klage geltend gemachte Gestaltungsrecht Streitgegenstand. Unter einem

[14] Vgl. *Henckel*, a.a.O. S. 282 ff.

Gestaltungsrecht versteht man das Recht, eine Rechtsänderung durch eine Willenserklärung, z. B. Anfechtung im Sinne der §§ 119 ff. BGB, zu bewirken oder durch Urteil zu erwirken. Da im Falle der Gestaltungsklage, etwa der Klage auf Ehescheidung, der Kläger die Rechtsänderung nicht durch eine eigene Willenserklärung herbeiführen kann, muß hier die Rechtsänderung durch Gerichtsurteil vollzogen werden. Auch das Gestaltungsrecht muß so genau bezeichnet werden, daß man es von anderen auf das gleiche Ziel gerichteten Rechten unterscheiden kann. Die Individualisierung des Gestaltungsrechts geschieht durch Angabe des Sachverhalts, aus dem sich das Gestaltungsrecht ergeben soll. Klagt z. B. der Kläger auf Ehescheidung (§§ 41 ff. EheG) oder auf Auflösung der Gesellschaft aus einem wichtigen Grunde (§ 133 HGB), so ist der Ehescheidungs- oder Auflösungsgrund anzugeben. Da die Ehe nur einmal geschieden, die Gesellschaft nur einmal aufgelöst werden kann, gewähren mehrere Scheidungs- oder Auflösungsgründe nur *ein* Gestaltungsrecht. Wenn der Ehemann neben ehewidrigem Verhalten auch noch die Ehe gebrochen hat, kann die Frau nur einmal auf Scheidung klagen. Dasselbe gilt, wenn der Gesellschafter die Auflösung auf mehrere wichtige Gründe stützt, z. B. auf Unterschlagung und Verächtlichmachung der Mitgesellschafter. Diese Vorgänge stehen nicht nebeneinander, sondern ergänzen sich gegenseitig und bilden einen Gesamttatbestand, der das Gestaltungsrecht erzeugt[15]. Dies zeigt sich deutlich, wenn das Gestaltungsrecht nicht bloß auf einen, sondern auf mehrere Umstände, die erst in ihrer Verbindung einen wichtigen Grund abgeben, gestützt wird.

Wird die Gestaltungsklage abgewiesen, so steht die Rechtskraft dieser Entscheidung einer neuen Klage, die auf einem im Vorprozeß nicht vorgebrachten selbständigen Sachverhalt gestützt wird, nicht entgegen. Dies ergibt sich mittelbar aus der Ausnahmevorschrift des § 616, die im Interesse der endgültigen Klärung der Rechtslage in Ehesachen bestimmt, daß der Kläger, der mit der Scheidungs- oder Aufhebungsklage abgewiesen ist, in einem zweiten Prozeß die Auflösung der Ehe nicht auf Tatsachen stützen kann, die er im früheren Rechtsstreit geltend machen konnte.

§ 30 Die Klagerhebung

I. Die *Erhebung der Klage* erfolgt in der Regel durch Zustellung der Klagschrift an den Beklagten (§ 253 I).

[15] Vgl. *Nikisch*, ArchZivPrax, 154, 291.

Die Klagerhebung erfolgt in zwei Akten:

Zunächst wird die Klagschrift, die im Landgerichtsprozeß von einem zugelassenen RA unterzeichnet sein muß, mit der für die Zustellung erforderlichen Zahl von Abschriften bei Gericht zur Terminsbestimmung eingereicht (§§ 261, 216).

Da sich das Prozeßrecht den Bedürfnissen des modernen Verkehrs anpassen muß, ist auch eine telegrafische Klagerhebung zulässig[1]. Die telegrafische Klage hat allen zwingenden Erfordernissen des § 253 II zu entsprechen. Obwohl bei bestimmenden Schriftsätzen in Anwaltsprozessen die eigenhändig vollzogene Unterschrift des Anwalts zwingendes Formerfordernis ist, kann das Telegramm auch fernmündlich aufgegeben werden[2]. Bei schriftlicher Aufgabe ist die Unterschrift nicht notwendig, zumal das Ankunftstelegramm eine eigenhändige Unterschrift nicht aufweisen kann. Wird das Telegramm dem Gericht fernmündlich zugesprochen und das Gespräch von einer zur Entgegennahme befugten Person abgenommen, so liegt darin die Einreichung der telegrafischen Erklärung[3]. Bei Benutzung des Fernschreibers ist die Erklärung bei Gericht eingereicht, sobald der Text der Fernschreibanlage des Gerichts vorliegt[4].

Mit der Einreichung bei Gericht ist die Klage *anhängig*.

Der Termin wird binnen 24 Stunden durch den Vorsitzenden bestimmt (§ 216 II). Bei der Terminsansetzung ist darauf zu achten, daß die Einlassungsfrist gewahrt wird (§ 262).

Die Terminsanberaumung ist abzulehnen:

a) wenn die Klage bei einem Gericht eingereicht wird, das als Gericht erster Instanz funktionell nicht zuständig ist;

Beispiel: Die Klage wird bei einem Oberlandesgericht oder dem Bundesgerichtshof eingebracht;

b) wenn dem Gericht über den Beklagten oder die Streitsache die Gerichtsbarkeit fehlt.

Dies ergibt sich daraus, daß das Vorliegen der Gerichtsbarkeit eine Prozeßwirksamkeitsvoraussetzung ist (vgl. oben § 27 II 1 a);

c) wenn feststeht, daß der Klage der Mangel der Partei-, Prozeß- oder Postulationsfähigkeit entgegensteht;

d) wenn die Klage nicht unterzeichnet ist oder wenn sie beim Landgericht, wo Anwaltszwang herrscht, nicht von einem bei dem Gericht zugelassenen Anwalt unterschrieben ist;

e) wenn die Klage nach Form und Inhalt ungehörig ist, z. B. den Beklagten beleidigt oder die Würde des Gerichts verletzt;

f) wenn die erforderliche Prozeßgebühr nicht bezahlt ist (§ 111 I GKG; Ausnahme § 111 IV GKG).

[1] BAG 13,121.
[2] RG 151,86.
[3] BGH NJW 1953, 25; a. A. BayerObLG NJW 1954,223: erst mit Eingang des Ankunftstelegramms bei Gericht.
[4] OLG Hamm, NJW 1961,2225.

Sind Partei- oder Prozeßfähigkeit oder das Vorliegen der deutschen Gerichtsbarkeit lediglich zweifelhaft, so muß Termin anberaumt werden. Ergibt sich in der mündlichen Verhandlung das Fehlen der Gerichtsbarkeit oder der Mangel der Partei- oder Prozeßfähigkeit, so ist die Klage als unzulässig abzuweisen.

Bei dem Fehlen sonstiger Prozeßvoraussetzungen, insbesondere bei Unzulässigkeit des Zivilrechtswegs oder Unzuständigkeit, ist Termin anzuberaumen. Diese Fragen sollen durch die mündliche Verhandlung geklärt und durch ein dem Instanzenzug unterliegendes Urteil entschieden werden. Den Parteien darf durch die Verweigerung der Terminsbestimmung nicht das Recht genommen werden, daß über das Vorliegen dieser Prozeßvoraussetzungen die höhere Instanz entscheidet. Außerdem besteht bei Unzuständigkeit die Möglichkeit der Prorogation (§ 39), bei Fehlen der Partei- oder Prozeßfähigkeit die Möglichkeit der Heilung durch Genehmigung.

Die Terminsanberaumung darf niemals mit der Begründung versagt werden, daß die Klage unbegründet sei, da darüber erst im Prozeß zu entscheiden ist.

Gegen die Verweigerung der Terminsbestimmung gibt es die Beschwerde (§ 567).

Mit der Ladung zum Termin wird dem Beklagten die Klage (in beglaubigter Abschrift § 170) von Amts wegen zugestellt (§§ 261 a, 261 b).

Mit dieser Zustellung ist die *Klage erhoben.*

Im Amtsgerichtsprozeß braucht die Klage nicht von einem RA verfaßt zu sein. Sie kann auch mündlich zu Protokoll der Geschäftsstelle angebracht werden (§ 496 II). In diesem Falle wird dem Beklagten das Klageprotokoll (in beglaubigter Abschrift) zugestellt (§§ 496, 498). Auch hier ist die Klage erst mit der Zustellung erhoben.

II. Inhalt der Klageschrift

Die Klage hat wesentliche (Mußerfordernisse) und unwesentliche (Sollerfordernisse) Erfordernisse.

1. *Die Klage muß enthalten* (§ 253 II):

a) Die Bezeichnung der Parteien und des Gerichts.

Die Angabe der vom bürgerlichen Namen abweichenden Firma genügt auch bei Einzelkaufleuten zur Parteibezeichnung (§ 17 II HGB). Partei ist der Firmeninhaber, da die Firma keine Rechtspersönlichkeit besitzt[5]. Freilich ist die Ermittlung des Firmeninhabers schon während des Prozesses wegen der Zustellungen und bei einer etwaigen Parteivernehmung notwendig. Soll gegen eine Firma vollstreckt oder die Wirkung der Rechtskraft des Urteils festgestellt werden, muß der Firmeninhaber aufgedeckt werden.

Bei unrichtiger äußerer Bezeichnung ist die Person als Partei anzusehen, die erkennbar durch die Parteibezeichnung getroffen werden soll[6]. Die Berichtigung einer ungenauen oder unrichtigen Parteibezeichnung ist nach § 268 Nr. 1

[5] RG 157,373.

[6] BGH 4,334.

zulässig, wenn an der Identität der Partei festgehalten wird. Eine falsche Schreibweise kann ohne weiteres berichtigt werden.

b) *Die bestimmte Angabe des Gegenstandes und des Grundes des erhobenen Anspruchs* sowie einen *bestimmten Antrag.*

α) Was unter *Anspruchsgrundlage* zu verstehen ist, ist streitig. Die *Substantiierungstheorie* fordert, daß bereits die Klage eine lückenlose Darstellung des Sachverhalts enthält, aus dem sich der geltend gemachte Anspruch ergeben soll. Sie stützt sich auf die Motive der ZPO. „Den Grund des erhobenen Anspruchs oder den Klagegrund bilden diejenigen Tatsachen, welche nach Maßgabe des bürgerlichen Rechts an sich geeignet sind, den erhobenen Anspruch als in der Person des Klägers entstanden und vom Beklagten verletzt erscheinen zu lassen."

Im Gegensatz hierzu verlangt die *Individualisierungstheorie,* daß die Klage das umstrittene Rechtsverhältnis kennzeichnet. Eine Anführung von Tatsachen wird nicht für erforderlich gehalten.

Beide Theorien sind überholt. Gegen die Individualisierungstheorie spricht, daß vom Kläger in der Regel eine rechtliche Qualifizierung nicht verlangt werden kann. Gegen die Sustantiierungstheorie, daß die Klage nur das Streitprogramm bildet und eine bis ins einzelne gehende Darstellung des Sachverhalts erst in der mündlichen Verhandlung und nach Maßgabe des Verhaltens des Beklagten zu erfolgen hat. Notwendig ist nur, daß die Klage den Streitgegenstand individualisiert, so daß er von jedem anderen gleicher Art unterschieden werden kann. Wird gegen den Beklagten ein Anspruch im Sinne von § 194 BGB geltend gemacht, so kann die Individualisierung nur durch Anführung des Lebensvorgangs erfolgen, aus dem sich die behauptete Rechtsfolge ergeben soll. Wird dagegen auf Feststellung eines absoluten Rechts, etwa des Eigentums geklagt, so ist eine Individualisierung des Streitgegenstandes möglich, ohne daß ein Erwerbsgrund angeführt wird.

Schlüssigkeit der Klage wird nicht verlangt. Ob die Klage schlüssig ist, wird erst in der mündlichen Verhandlung geprüft. Eine unschlüssige Klage, die aber den Streitgegenstand deutlich kennzeichnet, darf nicht wegen mangelhafter Angabe des Grundes des erhobenen Anspruchs als unzulässig abgewiesen werden, sie ist vielmehr als unbegründet abzuweisen. Die Unschlüssigkeit der Klage kann aber im Versäumnisverfahren (§ 331) Bedeutung gewinnen.

Würde der Kläger lediglich einen Anspruch von 1000 DM geltend machen, ohne darzulegen, worauf dieser beruhen soll, so müßte die Klage wegen mangelnder Individualisierung des Streitgegenstandes als unzulässig abgewiesen werden.

Man kann daher der abgewandelten Individualisierungstheorie zustimmen, die vom Kläger keine juristiche Kennzeichnung des Anspruchs verlangt, wohl aber fordert, daß er die den Anspruch individualisierenden Tatsachen angibt[7].

β) Aus dem *Antrag (Sachbitte)* muß sich Art und Inhalt des vom Kläger erbetenen Rechtsschutzes ergeben.

Darauf, daß ein bestimmter Antrag zu stellen ist, kann nicht verzichtet werden. § 295 kommt insoweit nicht in Betracht[8]. Das Fehlen eines bestimmten Antrags ist auch in der Revisionsinstanz von Amts wegen zu berücksichtigen, weil durch den Antrag der Gegenstand der Rechtskraft und der Umfang, in dem über den geltend gemachten Anspruch entschieden werden soll, bestimmt wird[9].

Der Kläger muß stets angeben, ob er Verurteilung zur Leistung, Feststellung oder Rechtsgestaltung erstrebt. Bei der Leistungsklage ist der Gegenstand des erhobenen Anspruchs (z. B. das gekaufte Pferd) zu bezeichnen. *Ein Geldbetrag ist zu beziffern* (z. B. 3500 DM Schadenersatz).

Das *Erfordernis eines bestimmten Antrags* bedeutet auch bei Klagen auf Geldleistungen nicht unter allen Umständen eine ziffermäßige Angabe des geforderten Geldbetrags. Vielmehr muß es in allen Fällen, wo die Bestimmung des Betrags von einer Ermittlung der Schadenshöhe durch Beweisaufnahme oder durch gerichtliche Schätzung oder vom billigen Ermessen des Gerichts (z. B. §§ 847, 1300 BGB) abhängt, genügen, wenn die zahlenmäßige Feststellung der Klagforderung dem Gericht überlassen wird, sofern nur dem Richter zugleich die tatsächlichen Grundlagen gegeben werden, die ihm die Feststellung der Höhe des gerechtfertigten Klaganspruchs ermöglichen. Demgemäß hat es RG 140, 211 für zulässig erklärt, daß der Kläger in der auf Ersatz von Bergschaden gerichteten Klage seinen Antrag dahin stellte, die Beklagte zu verurteilen, „allen durch ihren Bergbau entstandenen, der Höhe nach durch einen vom Gericht ernannten Sachverständigen festzustellenden Schaden und Minderwert an seinem Hause zu ersetzen". Dem Kläger war es in diesem Fall nicht zuzumuten, durch ein kostspieliges Privatgutachten genaue Unterlagen für eine Bezifferung seines Schadensersatzanspruchs zu erbringen, zumal dadurch das Gericht von seiner Pflicht zur selbständigen Prüfung des Schadens nicht befreit worden wäre. Fehlt es an einer Angabe des Klägers darüber, wie hoch er etwa oder mindestens seine Forderung einschätzt, so erfolgt mangels Angabe jeder Größenordnung keine Teilabweisung. Dadurch erspart der Kläger zwar Kosten, verbaut sich aber gleichzeitig die Möglichkeit der Rechtsmitteleinlegung, weil er nicht beschwert ist, wenn er weniger, als erwartet, zugesprochen erhält. Die spätere bloße Behauptung des Klägers, er habe an die Zubilligung eines höheren Betrages gedacht, genügt nicht, um ihn durch die Schadensfestsetzung des Gerichts als beschwert anzusehen[10].

[7] *Blomeyer* § 43 II 3 a; *Lent-Jauernig* § 39 II 3 c; *Nikisch* §§ 41 II 3 c, 42 III 2; *Rosenberg* § 91 II 2 b. [8] BGH 22,254.
[9] BGH LM § 325 ZPO Nr. 10. [10] BGH 45,91.

Eine weitere Ausnahme besteht zur Vermeidung doppelter Prozesse bei der sog. *Stufenklage nach* § 254: Wird mit der Klage auf Rechnungslegung (vgl. z. B. § 259 BGB), Vorlegung eines Vermögensverzeichnisses (vgl. z. B. § 260 BGB) und Leistung des Offenbarungseides (§§ 259—261, 2006, 2028 BGB) der Anspruch auf Leistung des Geschuldeten verbunden, dann kann die bestimmte Angabe der beanspruchten Leistung einstweilen vorbehalten werden. Zunächst wird durch Teilurteil über die Verpflichtung zur Rechnungslegung entschieden (§ 301). Erst nach der Rechnungslegung kann über den Anspruch auf die nun bestimmt anzugebende Leistung verhandelt und entschieden werden[11].

Eventualanträge (Beispiel: Hauptantrag auf Vertragserfüllung, z. B. auf Lieferung der Ware, verbunden mit dem Hilfsantrag auf Rückgewähr des Kaufpreises für den Fall der Nichtigkeit des Vertrags) und *Alternativanträge (Beispiel:* Antrag, den Schuldner zu verurteilen, nach seiner Wahl die Vase X oder Y zu leisten, §§ 262, 264 BGB) *sind* trotz des Erfordernisses der Bestimmtheit des Antrags *zulässig.*

Die *Reihenfolge mehrerer Hilfsanträge* ist genau anzugeben[12]. Das Gericht darf über den Hilfsantrag erst entscheiden, wenn sich der Hauptantrag als unbegründet erwiesen hat[13].

Mit dem Eventualantrag ist das *Eventualvorbringen* (Hilfsvorbringen) nicht zu verwechseln.

Beispiel: Der verklagte Erbe erklärt, der Erblasser habe den Kaufpreis sicher schon bezahlt, jedenfalls sei er aber nach den bei Kaufabschluß getroffenen Vereinbarungen noch nicht fällig.

Eventuelles Vorbringen braucht das Gericht nicht in der von den Parteien gewünschten Reihenfolge zu prüfen. Da das Gericht in der Rechtsanwendung frei ist, kann es auch nur eventuell vorgebrachte Tatsachen primär berücksichten, falls das Hilfsvorbringen den Rechtsstreit schneller endentscheidungsreif macht als das in erster Linie Vorgebrachte[14]. Eine Ausnahme gilt dann, wenn Prinzipal- und Eventualvorbringen nicht gleichwertig sind. Klagt z. B. jemand in erster Linie wegen Ehebruchs, hilfsweise wegen sonstiger Eheverfehlungen auf Scheidung, so kann auf das Eventualvorbringen erst eingegangen werden, wenn das Nichtvorliegen des Ehebruchs feststeht. Denn ein auf § 42 EheG gestütztes Scheidungsurteil hat für den Kläger weitergehende Rechtswirkungen als eine auf § *43* EheG gegründete Entscheidung.

c) Im Anwaltsprozeß bedarf die Klage der Unterschrift eines zugelassenen Rechtsanwalts.

Bei bestimmenden Schriftsätzen ist in Anwaltsprozessen die eigenhändige Unterschrift des Anwalts zwingendes Formerfordernis. Durch die Unterschrift wird klargestellt, daß es sich bei der Klage nicht um einen Entwurf, sondern um eine endgültige Erklärung handelt, daß sie von dem unterzeichneten RA herrührt und daß dieser für ihren Inhalt die Verantwortung übernimmt.

[11] RG 84,372; 154,303.
[12] RG 157,326.
[13] RG 152,296.
[14] A. A. *Stein-Jonas-Schönke,* ZPO, § 260 II B 2 b.

Würde man die Unterzeichnung mit Stempel oder Schreibmaschine zulassen, so wäre keine Gewähr dafür gegeben, daß die Klage von dem bei dem Prozeßgericht zugelassenen Anwalt herrührt[15]. Im Parteiprozeß muß die Klage vom Kläger oder seinem Vertreter unterschrieben sein.

2. *Die Klage soll* die Angabe des Streitwertes enthalten, wenn davon die Zuständigkeit abhängt und keine Geldsumme eingeklagt wird (§ 253 III).

Da die Klage nicht nur ein bestimmender, sondern gleichzeitig ein vorbereitender Schriftsatz ist (oben § 23 V), soll sie auch die Beweismittel bezeichnen, welcher sich der Kläger zum Nachweis seiner Behauptungen bedienen will (§§ 253 IV, 130).

III. Erhebung von Ansprüchen während eines Prozesses

1. Während des Prozesses kann ein neuer Anspruch erhoben werden entweder *durch Zustellung eines Schriftsatzes oder durch Vortrag in der mündlichen Verhandlung*, d. h. durch Verlesen des Klagantrags (§ 297). Die Rechtshängigkeit tritt im ersten Falle mit der Zustellung, im zweiten mit der Geltendmachung in der mündlichen Verhandlung ein (§ 281).

Sowohl der Kläger wie der Beklagte können während des Prozesses neue Ansprüche erheben: der Kläger namentlich durch Klagerweiterung (§ 268 Nr. 2), Zusatzklage (nachträgliche Klagenhäufung) (§ 260), Zwischenfeststellungsklage (§ 280); der Beklagte durch Widerklage, besonders auch durch Erhebung eines Ersatzanspruchs gemäß §§ 302 IV, 600 II, 717 II.

2. *Die Widerklage* ist die in einem anhängigen Prozeß vom Beklagten gegen den Kläger erhobene Klage, mit der ein selbständiger „Gegenanspruch" im Sinne der ZPO (§ 33) geltend gemacht wird.

Beispiele: Klage auf Lieferung der gekauften Sache und Widerklage auf Zahlung des Kaufpreises; Klage auf Entrichtung von Zinsen und Widerklage auf Feststellung des Nichtbestehens der Darlehensschuld; Klage auf Eheherstellung und Widerklage auf Scheidung.

Zulässigkeitserfordernisse der Widerklage sind (bei Mangel Abweisung als unzulässig):

a) Die Klage muß rechtshängig, also durch Zustellung an den Beklagten erhoben sein. Bloße Anhängigkeit (Einreichung der Klageschrift bei Gericht) genügt nicht[16].

Ist der Prozeß bereits beendet, z. B. durch Klagrücknahme oder Vergleich, so kann eine Widerklage nicht mehr erhoben werden. Ist eine Widerklage in zulässiger Weise erhoben, so wird sie wie eine selbständige Klage behandelt. Die Selbständigkeit wird daran deutlich, daß ihr Fortbestand nicht mehr von der andauernden Rechtshängigkeit der Hauptklage abhängt. So läßt z. B. eine Zurücknahme oder Abweisung der Hauptklage die Widerklage unberührt

[15] RG 151,82.

[16] OLG Celle, NJW 1963, 1555.

(vgl. § 301). Gegen die Widerklage ist dann auch eine *Wider-Widerklage* zulässig[17].

Die Widerklage kann bis zum Schlusse der letzten mündlichen Tatsachenverhandlung erhoben werden (§ 278). In der Berufungsinstanz ist Einwilligung des Klägers oder Zulassung durch das Gericht erforderlich (§ 529 IV), in der Revisionsinstanz ist eine Widerklage unzulässig (§ 561)[18].

b) Da sich die Widerklage dem anhängigen Verfahren eingliedert, muß sie *in derselben Prozeßart wie die Klage* erhoben werden.

Im Urkunden-, Entmündigungs- und Arrestprozeß ist sie unzulässig (§§ 595 I, 667 II, 679, 684, 686), in Ehe- und Familienstandssachen nur beschränkt statthaft (§§ 615 II, 633 II, 640 II).

c) Der Streitgegenstand der Widerklage darf nicht mit dem Streitgegenstand der Hauptklage identisch sein.

Klagt A gegen B auf Rückzahlung eines Darlehens, so wäre eine Widerklage auf Feststellung des Nichtbestehens des Darlehensverhältnisses unzulässig, da hier der Streitgegenstand derselbe ist. Klagt dagegen A gegen B auf Feststellung seines Eigentums an dem Gemälde X, so ist eine Widerklage des B auf Feststellung eigenen Eigentums zulässig. Wird nämlich A mit seiner Klage abgewiesen, dann wird lediglich das Nichteigentum des A, nicht aber das Eigentum des B festgestellt.

d) Ob der Gegenanspruch mit dem Klaganspruch oder mit den gegen diesen vorgebrachten Verteidigungsmitteln im *Zusammenhang* stehen muß, ist bestritten, aber zu bejahen[19].

Die Widerklage dient der Prozeßökonomie: Es soll die Vervielfältigung und Zersplitterung der Prozesse vermieden werden, indem über zusammengehörende Ansprüche einheitlich verhandelt und entschieden wird[20].

Für den Zusammenhang spricht nicht nur § 33, der nicht bloß die Zuständigkeit, sondern auch die Zulässigkeit der Widerklage regelt, sondern vor allem die Erwägung, daß kein Bedürfnis besteht, auch einen nicht konnexen Gegenanspruch im Klageverfahren widerklageweise zuzulassen. Dies würde den Prozeß nur verzögern. Welchen Zweck hätte es, gegenüber der Störungsklage (§§ 906, 1004 BGB) eine Widerklage wegen Kreditgefährdung (§ 824 BGB) oder gar auf Feststellung der Zahlvaterschaft (§ 1708 BGB) zuzulassen? Anders ist die Lage, wenn etwa der Eigentumsklage eine Besitzwiderklage entgegengestellt wird. *Zusammenhang besteht, wenn sich Klage, Verteidigungsmittel und Widerklage auf ein einheitliches Lebensverhältnis stützen.*

[17] BGH 40,189.

[18] RG 126,20.

[19] RG 110,98; BGH 40,187; *Rosenberg* § 92 II c; a.A. *Blomeyer* § 61 II 2; *Nikisch* § 44 III 2.

[20] Amtliche Begründung zu § 33 bei *Hahn*, Materialien zu den Reichsjustizgesetzen, 2. Aufl., Bd. 2, S. 158.

Aus § 145 II ergibt sich keineswegs die Zulässigkeit einer nicht konnexen Widerklage: § 145 II spricht im Gegensatz zu § 33 von einem „rechtlichen" Zusammenhang, ein solcher braucht nicht zu bestehen, es genügt natürlicher Zusammenhang.

e) Die Widerklage ist eine echte Klage. Daher müssen bei ihr wie bei der gesonderten Klage sämtliche *Prozeßvoraussetzungen* vorliegen.

Wird vor dem Amtsgericht eine Widerklage erhoben, für die sachlich das Landgericht zuständig ist, dann muß sie als unzulässig abgewiesen werden, falls nicht Prorogation vorliegt oder eine Partei Verweisung des ganzen Rechtsstreits beantragt (§ 506). Das Gericht der Hauptklage ist auch für die Widerklage örtlich zuständig (§ 33 I: Gerichtsstand des Zusammenhangs). Für die Widerklage darf aber keine sachlich oder örtlich ausschließliche Zuständigkeit eines anderen Gerichts (z. B. Arbeitsgerichts) bestehen (§ 33 II).

f) Auch eine *Eventualwiderklage* ist zulässig. Ebenso wie der Kläger Eventualanträge stellen darf, ist dem Beklagten die Erhebung einer eventuellen Widerklage gestattet. Voraussetzung ist, daß der Hauptantrag des Beklagten auf Abweisung der Klage und sein Hilfsantrag auf Verurteilung des Klägers in einem wirklichen Eventualverhältnis stehen: der mit der Widerklage geltend gemachte Anspruch kann nur begründet sein, wenn auch das Klagebegehren begründet ist[21].

g) BGH 40,185 läßt eine Widerklage zu, die nicht nur gegen den Kläger der Hauptklage, sondern zugleich gegen eine bisher am Rechtsstreit nicht beteiligte Person erhoben wird. Da letztere an der Klage nicht beteiligt war, kann gegen sie auch keine Widerklage, sondern nur eine gewöhnliche Klage erhoben werden. Es ist aber unter den Voraussetzungen der §§ 59, 60 und 147 zulässig, die Widerklage gegen den Kläger mit einer Klage gegen eine neue Partei, die Streitgenossin des Klägers und Widerbeklagten ist, zu verbinden. Damit wird eine gemeinsame Verhandlung und Entscheidung möglich[22].

IV. Mängel der Klagerhebung.

Sie können auf dem Fehlen der Terminsbestimmung, auf Verstößen der Zustellung oder auf inhaltlichen Mängeln der Klagschrift beruhen. In letzterer Hinsicht muß man unterscheiden, ob ein wesentliches (vgl. oben II 1) oder nichtwesentliches (vgl. oben II 2) Inhaltserfordernis verletzt worden ist. Ein Verstoß gegen ein unwesentliches Inhaltserfordernis ist unschädlich und berührt die Zuläsigkeit der Klage in keiner Weise, ein solcher gegen ein wesentliches Inhaltserfordernis führt zur Abweisung der Klage als unzulässig. *Die Ordnungsmäßigkeit der Klagerhebung ist von Amts wegen und vor den Prozeßvorausetzungen zu prüfen*[23].

[21] BGH 21,13; 43,28.

[22] Vgl. *Putzo*, NJW 1964, 500.

[23] RG 99,126.

Die Mängel können jedoch, da die Formen der Klagerhebung im wesentlichen den Schutz des Beklagten bezwecken, durch *Rügeverzicht* oder *Verschweigung* beseitigt werden (§ 295). Dies gilt namentlich für Mängel der Zustellung (vgl. auch § 187). Insoweit tritt rückwirkende Heilung ein[24]. Außerdem kann ein Fehler durch *Nachbesserung* behoben werden, wenn z. B. der Antrag nicht genügend bestimmt war. Die Nachbesserung kann das Gericht selbst gegen den Willen des Beklagten zulassen (entsprechend § 264). Sie hat keine rückwirkende Kraft[25]. Durch bloßen Rügeverzicht im Sinne von § 295 kann ein mangelhafter Antrag nicht geheilt werden (vgl. oben II 1 b β).

§ 31 Die Wirkungen der Klagerhebung

Durch die Klagerhebung wird die *Rechtshängigkeit,* d. h. die Gerichtsanhängigkeit der Streitsache begründet (§ 263 I). Die Rechtshängigkeit bedeutet, daß ein Erkenntnisverfahren über einen Anspruch im Sinne der ZPO vor Gericht schwebt.

Die Rechtshängigkeit endet mit der Rechtskraft des Endurteils, durch Klagerücknahme (§ 271), durch Prozeßvergleich und durch Erledigung der Hauptsache. Im lezteren Fall ist eine Entscheidung zur Hauptsache nicht mehr möglich, es kommt nur eine Entscheidung über die Kosten in Betracht, die der sofortigen Beschwerde unterliegt (§ 91 a).

Verzicht und Anerkenntnis führen die Beendigung der Rechtshängigkeit nicht herbei, sondern erst die Rechtskraft des Verzichts- oder Anerkenntnisurteils (§§ 306, 307).

Von der Rechtshängigkeit ist die bloße *Anhängigkeit* eines Verfahrens bei einem Gericht zu unterscheiden (vgl. §§ 147, 276 II 1, 486 I, 697 II 2). Eine Sache ist anhängig, wenn das Gericht mit ihr befaßt ist. So wird das Erkenntnisverfahren schon mit der Einreichung der Klage bei Gericht anhängig.

Telegrafische Einreichung genügt[1].

Damit die Rechtshängigkeit der Streitsache im Sinne des Zivilprozeßrechts eintritt, ist die Klagerhebung vor einem ordentlichen Gericht oder vor einem Arbeitsgericht (ArbGG § 46 II) notwendig. Die Klagerhebung vor einem Schiedsgericht macht die Sache nicht rechtshängig.

Ebensowenig genügt die Zustellung eines Zahlungsbefehls, die Anmeldung im Konkurs oder die einredeweise Geltendmachung eines Anspruchs im Prozeß.

Dagegen hat der im Strafverfahren gestellte Antrag auf Entschädigung des Verletzten dieselbe Wirkung wie die Erhebung der Klage im bürgerlichen Rechtsstreit (§ 404 II StPO).

[24] BGH NJW 1960, 1948. [25] BGH 22,257.

[1] BAG JZ 1963, 320,

Die Rechtshängigkeit hat bürgerlich-rechtliche und prozessuale Wirkungen.

I. Bürgerlich-rechtliche Wirkungen. Im allgemeinen wird durch die Rechtshängigkeit das Recht des Klägers verstärkt.

Leistungs- und Feststellungsklage unterbrechen die Verjährung und Ersitzung (§§ 209, 941 BGB). Vom Eintritt der Rechtshängigkeit an ist eine Geldschuld zu verzinsen (§ 291 BGB, sog. Prozeßzinsen). Die Haftung des Beklagten wird gesteigert (vgl. z. B. §§ 987, 989, 991, 994, 996; 292, 818 IV, 1613 BGB). Einige höchstpersönliche Ansprüche werden übertragbar und demzufolge auch pfändbar (vgl. §§ 847, 1300 BGB, § 851 ZPO). Vgl. auch § 852.

II. Die prozessualen Wirkungen der Rechtshängigkeit bestehen darin, daß die Klagerhebung Gericht, Parteien und Streitgegenstand in bestimmter Weise festlegt.

1. *Festlegung der Zuständigkeit* (perpetuatio fori). Das bei Prozeßbeginn zuständige Gericht behält seine sachliche und örtliche Zuständigkeit, auch wenn der Zuständigkeitsgrund im Laufe des Prozesses wegfällt (§ 263 II Nr. 2)

Beispiele: Der Beklagte verlegt seinen Wohnsitz (§ 13) oder Aufenthaltsort in einen anderen Gerichtsbezirk (§§ 16, 20), die im Streit befangene Sache steigt oder fällt im Wert (vgl. § 4 I).

Die Unzuständigkeit bei Klagerhebung dauert dagegen nicht an. Dies wäre zweckwidrig. Wird das Gericht bis zum Schlusse der letzten Tatsachenverhandlung zuständig, dann ist die frühere Unzuständigkeit unschädlich. So, wenn der Beklagte während des Prozesses in den Gerichtssprengel zieht (§ 13). Ist das Gericht im Laufe des Verfahrens einmal zuständig geworden, dann behält es seine Zuständigkeit, auch wenn der sie begründende Umstand später wieder entfällt.

2. *Festlegung der Parteien* (perpetuatio partium). Tritt der Kläger während des Prozesses den mit der Klage geltend gemachten Anspruch ab oder veräußert er die im Streit befangene Sache, so verliert er dadurch die Sachlegitimation. Die gleiche Situation tritt ein, wenn der gemäß § 985 BGB in Anspruch genommene Beklagte die im Streit befangene Sache veräußert. Ohne die Vorschrift des § 265 würde er mit der Besitzaufgabe aufhören, der rechte Beklagte zu sein. Der Kläger könnte die Sache ihm gegenüber nicht mehr verfolgen, sondern müßte gegen den jetzigen Besitzer erneut klagen. Um eine solche Erschwerung der Rechtsverfolgung zu verhindern, verbot das römische und gemeine Recht die Veräußerung der res litigiosa. Demgegenüber stellt § 265 I fest, daß die Veräußerung der im Streit befangenen Sache oder die Abtretung des geltend gemachten Anspruchs nicht verboten ist. Der

sich nach dem materiellen Recht vollziehende Rechtsübergang darf aber die prozessuale Lage der Gegenpartei nicht verschlechtern. Deshalb hat er auf den Prozeß keinen Einfluß (§ 265 II 1). Dem § 265 liegt der prozeßökonomische Gedanke zugrunde, daß Veräußerung oder Abtretung möglichst nicht bloß wegen weggefallener Sachlegitimation zur Klagabweisung und zu einem neuen Prozeß führen soll. Der Prozeß wird vielmehr unter den bisherigen Parteien fortgeführt, obwohl diese infolge des Rechtsüberganges nicht mehr Träger des materiellen Rechtsverhältnisses sind. Der Rechtsvorgänger prozessiert weiter im eigenen Namen, aber um ein für ihn jetzt fremdes Recht *(Fall der Prozeßstandschaft)*. Dem Rechtsnachfolger fehlt, obwohl er Rechtsinhaber ist, die Prozeßführungsbefugnis. Deshalb kann er ohne Zustimmung des Veräußerers, der ihm seine Parteistellung überläßt, und der Gegenpartei weder den Prozeß übernehmen noch eine Hauptintervention (§ 64) erheben. Tritt er, was ihm freisteht, seinem Rechtsvorgänger als Nebenintervenient (§ 66) bei, so hat er trotz der erweiterten Rechtskraft die Stellung eines gewöhnlichen, unselbständigen Streithelfers (§ 265 II 3).

Die Fortführung des Prozesses unter den bisherigen Parteien ohne Rücksicht auf den Rechtsübergang erhält dadurch Sinn, daß das Urteil, obgleich es auf den Namen des Rechtsvorgängers lautet, nicht nur für und gegen ihn, sondern auch für und gegen den Nachfolger Rechtskraft und Vollstreckbarkeit schafft (§§ 325 I, 727). Eine Ausnahme gilt für die Fälle, in denen nach bürgerlichem Recht der Verkehrsschutz eingreift (z. B. §§ 892 f., 932 ff., 1138, 1155, 1157, 1207 f., 1244, 2366, 2368, 2370 BGB, §§ 366 f. HGB, Art. 16 f. WG). Ist hier der Erwerber auch in Ansehung des Prozesses gutgläubig, so wird er durch diesen nicht betroffen (§ 325 II). Anderenfalls würde dadurch, daß zur Zeit der Veräußerung über den Gegenstand der Rechtsnachfolge ein Prozeß schwebt, der Verkehrsschutz des sachlichen Rechts vereitelt. Wirkt aber das Urteil nach § 325 II nicht gegen den Erwerber, so kann dem veräußernden Kläger entgegengehalten werden, daß er zur Geltendmachung des Anspruchs nicht mehr befugt sei (§ 265 III). Die Klage ist dann als unbegründet abzuweisen. Hatte dagegen im Falle des § 325 II der Beklagte veräußert, so kann er sich dadurch nicht dem Prozeß entziehen. Der Kläger ist berechtigt, seinen Klagantrag umzustellen (§ 268, Nr. 3) und z. B. statt der Sachherausgabe Schadensersatz zu verlangen (§ 989 BGB).

§ 265 erwähnt nur rechtsgeschäftliche Verfügungen (Veräußerung und Abtretung). Ihnen steht unstreitig jeder Rechtsübergang an der Sache oder dem Recht unter Lebenden gleich, z. B. Übergang durch staatliche Anordnung (Überweisung einer gepfändeten Forderung) oder Gesetz (§ 268 III BGB).

§ 265 gilt nicht für die Schuldübernahme, die keine Rechtsnachfolge, sondern eine Sondernachfolge in die Schuld ist. Gleichgültig ist, ob es sich um eine befreiende Schuldübernahme (§§ 414 ff. BGB) oder um Schuldbeitritt handelt. Im ersteren Falle ist der Einwand mangelnder Passivlegitimation begründet, im zweiten ist der bisherige Schuldner zu verurteilen[2].

Im Streit befangen ist eine Sache dann, wenn die Berechtigung an der Sache selbst den Gegenstand des Rechtsstreits bildet. Dies ist im wesentlichen der Fall, wenn Eigentum oder Besitz streitig sind oder wenn ein sonstiges dingliches oder doch gegen den jeweiligen Besitzer oder Eigentümer als solchen wirkendes Recht (z. B. § 809 BGB) geltend gemacht wird[3]. Persönliche Verschaffungsansprüche (z. B. aus Kauf) machen die Sache nicht streitbefangen.

Beispiele:

1. A klagt gegen B auf Lieferung einer gekauften Sache. B veräußert diese während des Prozesses an X. Hier sind §§ 265, 325 nicht anwendbar. Im Streit befangen ist der Kaufanspruch, nicht die Sache. Das Urteil wirkt nicht gegen X. A kann nach §§ 280, 325 BGB Schadensersatz verlangen und die Klage gemäß § 268 Nr. 3 umstellen.

2. Eigentümer A klagt gegen B gemäß § 985 BGB auf Herausgabe seiner Sache. Veräußert hier B während des Prozesses die Sache an X, so wirkt das Urteil auch gegen X (§§ 265, 325, 727).

3. Ist im Falle 2 X gutgläubig, d. h. weiß er weder, daß die Sache nicht dem B gehört, noch daß hierüber ein Rechtsstreit anhängig ist und beruht die Unkenntnis auch nicht auf grober Fahrlässigkeit, so wirkt das Urteil nicht gegen ihn (§ 325 II ZPO in Verbindung mit § 932 BGB). Böser Glaube schadet also, gleichgültig ob er sich auf den Mangel im Recht des Veräußerers oder nur auf die Rechtshängigkeit bezieht[4]. Im Falle der Gutgläubigkeit des X ist A gegen B auf Schadensersatz beschränkt (§ 989 BGB). Umstellung der Klage nach § 268 Nr. 3.

4. A klagt gegen B eine Darlehensforderung von 1000 DM ein. Während des Prozesses tritt A die Forderung an X ab. Kann B einwenden, daß A nicht mehr zur Geltendmachung des Anspruchs befugt sei (§ 265 III)? Nein! Da X nach dem sachlichen Recht in seinem guten Glauben an den Bestand der Forderung nicht geschützt wird, wird er auch in seinem Vertrauen auf Nichtanhängigkeit eines Prozesses nicht geschützt. §§ 265 II und 325 II kommen also nicht zur Anwendung. A behält die Prozeßführungsbefugnis. Das zwischen A und B ergehende Urteil wirkt auch für und gegen X (§§ 265 II 1, 325).

Eine andere Frage ist es, ob A auch noch nach der Abtretung Leistung an sich verlangen kann (dafür gestützt auf § 265 die sog. *Irrelevanztheorie*), oder ob er in Anpassung an den Rechtsübergang den Antrag auf Leistung an X (gemäß § 268 Nr. 3) umstellen muß (so die *Relevanztheorie*[5]). Der

[2] *Stein-Jonas-Schönke* § 265 I 2.
[3] BGH 18,223.
[4] RG 79,165; 88,268.
[5] RG 56,307; 167,321.

Relevanztheorie ist zuzustimmen. § 265 hindert nur die Änderung der prozessualen, nicht der materiellen Rechtslage. Da dem Urteil die materielle Rechtslage zur Zeit der Urteilsfällung zugrunde zu legen ist, muß der Klagantrag umgestellt werden. Anderenfalls ist die Klage als unbegründet abzuweisen.

Streitig ist weiter, ob das Prozeßführungsrecht des A die Befugnis in sich schließt, trotz der Abtretung auf den Anspruch zu verzichten, oder über ihn einen Prozeßvergleich zu schließen. Die Frage ist zu verneinen, da darin zugleich unzulässige materiellrechtliche Verfügungen lägen[6].

5. A, Gläubiger einer Verkehrshypothek, klagt gegen Grundstückseigentümer B mit der Hypothekenklage auf Zahlung von 1000 DM aus dem Grundstück. Während des Prozesses tritt A die Hypothekenforderung an den redlichen X ab (§§ 1153, 1154 BGB). Kann B jetzt Klagabweisung verlangen? Ja (§§ 265 III, 325 II). Da X gemäß §§ 1138, 892 BGB nach dem sachlichen Recht geschützt wird, wirkt auch das Urteil nicht gegen ihn (§ 325 II). Die Klage müßte auch dann abgewiesen werden, wenn A den Antrag auf Zahlung an X umstellte. A ist jetzt zur Weiterführung des Prozesses überhaupt nicht mehr befugt. Grund: Da eine dem B günstige Entscheidung X gegenüber nicht wirkt, kann B nicht zugemutet werden, sich weiter auf den Prozeß mit A einzulassen[7].

Besonderes gilt bei Prozessen über Realrechte (z. B. Grunddienstbarkeit, § 1018 BGB) und Grundstücksbelastungen (z. B. Hypothek, § 1113 BGB). Wird hier das berechtigte oder belastete Grundstück veräußert, so ist der Erwerber ohne Zustimmung der Gegenpartei zur Prozeßübernahme befugt und auf ihren Antrag sogar verpflichtet (§ 266). *Grund:* Die Gegenpartei hat kein Interesse, den Prozeß mit dem Veräußerer fortzusetzen, da sie hauptsächlich am Grundstück und an dessen jeweiligen Eigentümer interessiert ist. Die Besonderheit gilt nicht, soweit der Verkehrsschutz zugunsten des Erwerbers eingreift (vgl. bes. § 892 BGB verb. mit §§ 325 II, 266 II ZPO).

3. *Festlegung des Prozeßgegenstandes*

Nach dem Eintritt der Rechtshängigkeit ist eine *Änderung der Klage* in erster oder zweiter Instanz nur zulässig, wenn der Beklagte einwilligt (vgl. § 269) oder das Gericht sie für sachdienlich erachtet (§§ 264, 523). In der Revisionsinstanz ist sie unzulässig, da hier nur nachgeprüft wird, ob durch die angefochtene Entscheidung das Gesetz verletzt ist (§ 549). Die Frage, ob eine Klagänderung sachdienlich ist, steht im richterlichen Ermessen und ist nach objektiven Gesichtspunkten zu beantworten. Maßgebend ist nicht das Interesse des Klägers, mit seinem geänderten Vorbringen gehört zu werden, sondern der Gedanke der Prozeßwirtschaftlichkeit. Es kommt darauf an, inwieweit die Zulassung der Klagänderung dazu dient, den Streit im Rahmen des

[6] Vgl. *Stein-Jonas-Schönke* § 265 IV 2a; *Nikisch* § 115 III 1; a. A. *Blomeyer* § 47 III 3; *Rosenberg* § 128 III 2 d.

[7] RG 56,309.

gegenwärtigen Prozesses zu bereinigen. Würde der Kläger durch Nichtzulassung der Klagänderung zur Erhebung einer neuen Klage genötigt, so wäre das nicht sachdienlich. Der Verlust der zweiten Tatsacheninstanz ist kein Gesichtspunkt, der für die etwaige Sachdienlichkeit einer Klagänderung von Bedeutung ist[8].

Ebensowenig kommt es darauf an, ob die Verteidigung des Beklagten durch die Klagänderung erschwert wird.

Klagänderung ist *Änderung des Streitgegenstandes.* Sie liegt vor: Bei Änderung des Klaggrundes oder des Klagantrages.

a) *Änderung des Klaggrundes* ist gegeben, wenn die Klage auf einen anderen Sachverhalt als ursprünglich gestützt wird. Bloße Ergänzungen oder Berichtigungen der tatsächlichen Angaben bleiben außer Betracht (§ 268 Nr. 1). Klagänderung ist es z. B., wenn der Anspruch zunächst auf Testament, später auf gesetzliche Erbfolge, auf Wechsel, später auf Kauf gestützt wird. Die bloße Veränderung des rechtlichen Gesichtspunktes ist nie Klagänderung. Der Übergang von der Vertragsklage zur Deliktsklage und umgekehrt stellt keine Klagänderung dar, wenn es sich nur um eine andere rechtliche Beurteilung desselben tatsächlichen Vorganges handelt.

b) Klagänderung ist auch jede wesentliche *Änderung des Klagantrags,* wenn also aus dem Sachverhalt eine andere Rechtsfolge abgeleitet wird. So wenn statt einer Sache ein Geldbetrag, statt Wandelung Minderung, statt Unterlassung Schadensersatz verlangt wird.

Nach § 268 Nr. 2 und 3 gilt es jedoch *nicht* als *Klagänderung,* wenn bei Festhalten am Klaggrund

a) der Klagantrag erweitert oder beschränkt wird (z. B. Erhöhung der Forderung wegen Erweiterung des Schadens, aber auch Übergang von der Feststellungs- zur Leistungsklage und umgekehrt) oder

b) wenn statt des zunächst geforderten Gegenstandes wegen einer nach Klagerhebung[9] eingetretenen oder erst nachher bekanntgewordenen[10] Veränderung etwas anderes begehrt wird (z. B. statt der während des Prozesses untergegangenen Sache Schadensersatz, § 989 BGB)[11].

Auch die bloße Berichtigung eines unklar gefaßten Klagantrags ist keine Klagänderung und daher selbst noch in der Revisionsinstanz zulässig.

Die Klagänderung geschieht durch Vortrag in der mündlichen Verhandlung oder durch Zustellung eines Schriftsatzes (§ 281). Ist die Klagänderung zulässig, so wird regelmäßig nur über die abgeänderte Klage entschieden. Ist sie nicht statthaft, so wird die neue Klage durch Endurteil als unzulässig abgewiesen. Dann muß noch über die ursprüngliche Klage entschieden werden, falls diese nicht zurückgenommen worden ist (§ 271 I).

[8] BGH 1,73; BGH LM § 264 ZPO Nr. 11.

[9] RG 118,210. [10] RG 70,337.

[11] Vgl. auch RG JW 1911, 330.

Der Streit über die Zulässigkeit der Klagänderung ist ein Zwischenstreit. Die Zulassung der Änderung kann das Gericht in einem Zwischenurteil (§ 303) oder in den Gründen des Endurteils, die Zurückweisung nur in einem Prozeßendurteil aussprechen. Die Entscheidung, die eine Klagänderung verneint oder zuläßt, ist unanfechtbar (§ 270).

Ist es bei Erweiterung des Prozeßstoffes zweifelhaft, ob wegen Änderung des zu beurteilenden Gesamttatbestandes eine Klagänderung vorliegt, so kann das Gericht die Entscheidung über diese Frage dadurch umgehen, daß es das neue Vorbringen mit dem Hinweis zuläßt, daß eine darin etwa liegende Klagänderung sachdienlich wäre.

4. *Der Einwand der Rechtshängigkeit*

Nach Eintritt der Rechtshängigkeit ist es unzulässig, denselben Streitgegenstand unter denselben Parteien noch einmal anhängig zu machen (§ 263 II Nr. 1).

Geschieht dies doch, so ist die zweite Klage als unzulässig abzuweisen.

Grund der Vorschrift: Sie dient der Prozeßökonomie: Es sollen vornehmlich im öffentlichen Interesse zwecklose Prozeßvervielfältigungen und einander widersprechende Entscheidungen über denselben Streitgegenstand vermieden werden. Deshalb ist auch die Rechtshängigkeit von Amts wegen zu beachten, nicht nur auf die Einrede (§274 II Nr. 4) des Beklagten hin[12]. Die Einrede der Rechtshängigkeit ist daher unverzichtbar im Sinne von § 274 III.

Der Einwand der Rechtshängigkeit setzt voraus:

a) Es müssen zwei Prozesse hintereinander anhängig geworden sein. Die Rechtsanhängigkeit des ersten Prozesses muß noch z. Zt. der letzten Tatsachenverhandlung des zweiten Prozesses andauern. Bei beiden Prozessen muß es sich um ein Urteilsverfahren vor einem deutschen Gericht handeln. Infolge der Gleichwertigkeit der Gerichte der verschiedenen Gerichtszweige und der zwischen ihnen bestehenden Verweisungsmöglichkeit (§§ 17 GVG, 41 VerwGO, 52 SGG, 34 FGO) greift der Einwand der Rechtshängigkeit auch dann durch, wenn die Streitsache bei einem Gericht eines anderen Rechtsweges rechtshängig gemacht worden ist. Schwebt z. B. die Streitsache bei einem Gericht der allgemeinen Verwaltungsgerichtsbarkeit, so ist eine neue Klage vor einem ordentlichen Gericht unzulässig (§ 90 II VerwGO; vgl. auch § 66 II FGO).

Die Existenz eines Prozesses vor einem ausländischen Gericht steht einer Klage im Inland nur dann entgegen, wenn das ausländische Urteil im Inland Rechtskraft erlangen kann (§ 328) oder in Staats-

[12] RG 160,344.

verträgen die Zulässigkeit des Einwandes der Rechtshängigkeit festgelegt ist.

b) Die Parteien beider Prozesse müssen identisch sein, wobei die Parteirolle gleichgültig ist. Da sich in subjektiver Hinsicht die Grenzen der Rechtshängigkeit mit denen der Rechtskraft decken, ergreift der Einwand der Rechtshängigkeit auch diejenigen Personen, auf die sich die Rechtskraftwirkung des ersten Prozesses erstreckt (§ 325). Dies gilt jedoch trotz Rechtskrafterstreckung nicht, wenn im ersten Prozeß eine OHG und im zweiten Prozeß ein Gesellschafter verklagt ist, weil das Urteil gegen die Gesellschaft nicht gegen den Gesellschafter vollstreckt werden kann (§ 129 IV HGB). Deshalb kann der Gesellschafter nach der Gesellschaft verklagt werden.

c) In beiden Prozessen muß der Streitgegenstand identisch sein.

Identität des Streitgegenstandes liegt vor, wenn aus demselben Lebensvorgang dieselbe Rechtsfolge abgeleitet wird. Die positive oder negative Feststellungsklage hindert daher die gleiche Klage desselben Klägers oder die entgegengesetzte des Beklagten, dagegen nicht die Leistungsklage, weil Verschiedenheit des erstrebten Rechtsschutzes gegeben ist und außerdem wegen der Nichtvollstreckbarkeit des Feststellungsurteils ein Rechtsschutzinteresse an einem Leistungsurteil besteht.

Erhebt der Kläger die Klage auf Rückzahlung eines Darlehens, so wäre eine negative Feststellungsklage des Beklagten auf Nichtbestehen der Leistungspflicht unzulässig, weil Zu- und Aberkennung des Leistungsanspruches die rechtskräftige Feststellung des Betehens oder Nichtbestehens der Leistungspflicht einbezieht, der Streitgegenstand der Leistungsklage deshalb den der Feststellungsklage umfaßt[13].

Besonderheit: Trotz Rechtshängigkeit einer negativen Feststellungsklage ist die positive Feststellungsklage zulässig, wenn dadurch die Verjährung gemäß § 209 I BGB unterbrochen werden soll[14].

Da sich die Rechtskraft nicht auf die bedingenden Rechtsverhältnisse erstreckt, steht die Klage auf Zahlung von Mietzinsraten einer negativen Feststellungsklage, daß das Mietverhältnis nicht bestehe, nicht entgegen.

Klagt A gegen B auf Feststellung des Eigentums an einem Gemälde, dann kann B eine weitere Feststellungsklage erheben, daß ihm das Eigentum zustehe. Dringt nämlich A mit seiner Klage nicht durch, dann wird nur festgestellt, daß er nicht Eigentümer ist, nicht auch, daß das Eigentum dem B zusteht.

[13] *Rosenberg* § 98 II 3.

[14] KG NJW 1961, 33.

§ 32 Die Parteiänderung

De Boor, Zur Lehre vom Parteiwechsel und vom Parteibegriff, 1941; *Henckel*, Parteilehre und Streitgegenstand im Zivilprozeß, 1961, S. 145 ff., 215 ff.; *Holzhammer*, Parteienhäufung und einheitliche Streitpartei, 1966; *Kisch*, Parteiänderung im Zivilprozeß, 1912; *Rosenberg*, Die gewillkürte Parteiänderung im Zivilprozeß, ZZP 70, 1.

I. Die Parteiänderung ist entweder Parteiwechsel oder Parteibeitritt. Bei dem Parteiwechsel setzt ein Dritter statt des bisherigen Klägers oder Beklagten als neue Partei den Rechtsstreit fort. Bei dem Parteibeitritt tritt eine neue Partei neben die bisherige in den Prozeß ein, sei es auf der Kläger- oder Beklagtenseite.

Die Parteiänderung ist eine gesetzliche, wenn sie auf Grund des Gesetzes eintritt, im übrigen ist sie eine gewillkürte.

II. Die gesetzliche Parteiänderung

1. *Gesetzlicher Parteiwechsel*

Er ist in jeder Instanz möglich. Die neue Partei tritt in die vorliegende Prozeßlage ein und führt den Prozeß dort weiter, wo er sich z. Zt. ihres Eintritts befunden hat[1]. Die Prozeßhandlungen der ausgeschiedenen Partei bleiben wirksam. Neue Prozeßhandlungen können seit dem Parteiwechsel nur von der neuen Partei vorgenommen werden. Bis zum Parteiwechsel konnte der Dritte, der jetzt Partei geworden ist, Zeuge sein, vom Parteiwechsel ab kann die alte Partei Zeuge sein[2]. Die Kostenentscheidung ist einheitlich. Unterliegt die neue Partei, so ist sie alleinige Kostenschuldnerin.

a) *Kraft Gesetzes eintretender Parteiwechsel*

Hierher gehört der Übergang des Prozesses auf einen Gesamtnachfolger bei Tod eines Menschen oder bei Erlöschen einer juristischen Person, wenn ihr Vermögen an den Fiskus fällt (§§ 46, 88 BGB) oder sonst eine Gesamtnachfolge eintritt, wie z. B. nach §§ 339 ff. und § 359 AktG.

b) *Gesetzlich geregelter Parteiwechsel*

Hierher gehören folgende Fälle:

α) Bei Veräußerung des Streitgegenstandes kann der Nachfolger den Prozeß mit Zustimmung des Gegners und des Rechtsvorgängers übernehmen (§ 265). Im Falle des § 266 ist der Rechtsnachfolger ohne Zustimmung des Veräußerers berechtigt, den Rechtsstreit zu übernehmen. Auf Antrag des Gegners, nicht auch des Veräußerers, ist er zur Übernahme verpflichtet.

[1] *Rosenberg* § 41 II 2. [2] RG 29,29.

β) Im Falle des Prätendentenstreits (§ 75) ist nach Hinterlegung des Forderungsbetrages und Ausscheiden des Beklagten der Prozeß zwischen den streitenden Gläubigern allein fortzusetzen.

γ) Bei der Urheberbenennung kann der mittelbare Besitzer oder der Dritte den Prozeß an Stelle des Beklagten mit dessen Zustimmung übernehmen (§§ 76, 77).

δ) Wird im konkursrechtlichen Prüfungstermin eine Forderung, über die ein Rechtsstreit anhängig ist, bestritten, so wird der Prozeß mit dem widersprechenden Gläubiger fortgesetzt, der an die Stelle des ausgeschiedenen Gemeinschuldners tritt (§ 146 III u. VI KO).

2. *Gesetzlicher Parteibeitritt*

Klagt ein Gläubiger, dem der gepfändete Anspruch überwiesen worden ist, gegen den Drittschuldner auf Erfüllung, so kann sich jeder Gläubiger, für den der Anspruch gleichfalls gepfändet ist, dem Kläger als Streitgenosse anschließen (§ 856).

III. Die gewillkürte Parteiänderung

1. *Der Parteiwechsel*

Der Parteiwechsel kommt namentlich dann vor, wenn sich im Prozeß herausstellt, daß der falsche Kläger geklagt hat oder der falsche Beklagte verklagt ist. An sich könnte in diesen Fällen die Klage sofort mangels Aktiv- oder Passivlegitimation als unbegründet abgewiesen werden. Die Folge davon wäre ein neuer Prozeß zwischen den richtigen Parteien. Dies erscheint dann unzweckmäßig, wenn die richtige Partei bereits am alten Prozeß irgendwie beteiligt war.

Beispiele: Der Vater eines Minderjährigen erhebt im eigenen Namen eine Schadensersatzklage. Nach durchgeführter Beweisaufnahme erklärt er, daß er die Klage als gesetzlicher Vertreter seines Sohnes gestellt haben wolle[3]. — Die gegen den Räuchereibesitzer Karl N. sen., Inhaber der Fa. C. D. N., gerichtete Klage wird auf den Sohn umgestellt, nachdem der Vater erklärt hat, daß er nicht Inhaber der Firma sei, sondern das Geschäft nur als Bevollmächtigter seines Sohnes führe[4]. — Der Liquidator einer erloschenen Kommanditgesellschaft übernimmt persönlich als Kläger den Prozeß[5]. — Nachdem bei einer Zweimann-GmbH die Ausschließungsklage von einem der Gesellschafter erhoben worden ist, tritt die Gesellschaft an Stelle dieses Gesellschafters in den Rechtsstreit ein[6].

Eine Regelung der gewillkürten Parteiänderung hat die ZPO nicht getroffen.

Die Rechtsprechung des Reichsgerichts hat die Parteiänderung als Klagänderung angesehen[7]. Dies würde dazu führen, daß auch in der

[3] OLG München LZ 1927, 1562.
[4] OLG Stettin OLG 41, 268.
[5] RG 157,369.
[6] BGH 16,317.
[7] RG 157,377.

Berufungsinstanz eine bisher nicht in Anspruch genommene Person als Beklagte in den Prozeß eingeführt werden könnte, wenn dies dem Berufungsgericht sachdienlich erschiene (§§ 264, 523).

Die Rechtsprechung des BGH ist uneinheitlich. Während BGH 21, 285 die Parteiänderung in der Berufungsinstanz nicht den Regeln der Klagänderung unterstellen will, soll nach BGH 40, 189 die Parteiänderung in der ersten Instanz als Klagänderung zu behandeln sein. Der gleiche Vorgang kann aber nicht in der einen Instanz Klagänderung, in der anderen Instanz keine Klagänderung sein.

Daß Klagänderung und Parteiwechsel nicht auf eine Stufe gestellt werden können, ergibt sich aus der Verschiedenheit der Situation: Bei der Klagänderung führen die bisherigen Parteien den Rechtsstreit fort und sind daher grundsätzlich an ihre bisherige Prozeßführung gebunden. Bei dem Parteiwechsel kann eine solche Bindung mangels Beteiligung am bisherigen Verfahren nicht ohne weiteres angenommen werden.

Kisch war der Meinung, die Parteiänderung vollziehe sich in der Form der Klagrücknahme und der Erhebung einer neuen Klage. Diese Ansicht würde eine Parteiänderung in der Berufungsinstanz ausschließen, weil die funktionelle Zuständigkeit der Rechtsmittelgerichte einer Klagerhebung in zweiter Instanz entgegensteht. Außerdem könnte das bisherige Prozeßergebnis infolge der Selbständigkeit des zweiten Prozesses grundsätzlich nicht verwertet werden.

Da eine Lücke im Gesetz vorliegt, kann diese nur unter Berücksichtigung der vorliegenden schutzwürdigen Interessen ausgefüllt werden.

a) *Klägerwechsel*

Erkennt der Kläger, daß er eine unbegründete Klage erhoben hat, so wird er versuchen, aus dem Prozeß herauszukommen, weil sonst die Klage abgewiesen werden muß. Da ihm eine Klagrücknahme die vollen Kosten aufbürden würde (§ 271), ist er daran interessiert, den richtigen Kläger in den Prozeß eintreten zu lassen. Auch der neue Kläger kann daran interessiert sein: Er erspart sich eine selbständige Klagerhebung und kann durch Benutzung des bisherigen Prozeßergebnisses schneller zu seinem Rechtsschutz kommen, als durch einen neuen Prozeß. Freilich kann weder der alte noch der neue Kläger zur Prozeßübernahme gezwungen werden: Will der ursprüngliche Kläger den Prozeß selbst weiterführen, so ist für den Eintritt eines neuen Klägers kein Raum. Dasselbe gilt, wenn dieser aus irgendwelchen Gründen selbständig eine neue Klage erheben möchte. Daher sind bei dem Klägerwechsel stets Parteiwechselerklärungen des alten und des neuen Klägers notwendig.

Der Beklagte verliert durch den Klägerwechsel die Aussicht auf ein klagabweisendes Urteil. Diese Position ist, von der Kostenfrage abgesehen, deshalb nicht unbedingt schutzwürdig, weil er sich dem neuen Kläger doch stellen muß. Dagegen hat er ein berechtigtes Interesse daran, davor geschützt zu werden, daß vom alten Kläger später die Klage erneut erhoben wird. Insofern liegt die gleiche Interessenlage wie bei der Klagrücknahme (§ 271) vor: Hat der Beklagte bereits zur Hauptsache verhandelt, so kann sich der Kläger nicht mehr einseitig aus dem Prozeß lösen, vielmehr ist dann die Zustimmung des Beklagten zum Klägerwechsel erforderlich.

Da bei dem Parteiwechsel der Prozeß weitergeht, bleiben die vorgenommenen Prozeßhandlungen und Beweisaufnahmen wirksam. Der neue Kläger ist jedoch an die Geständnisse des alten entgegen § 290 nicht gebunden. Auch kommt ihm gegenüber eine Zurückweisung nach § 279 nicht in Betracht. Stets muß es ihm gestattet sein, die Wiederholung einer Beweisaufnahme zu verlangen, um dabei seine Rechte ausüben zu können.

Die materiellrechtlichen Folgen der Rechtshängigkeit treten für den neuen Kläger erst mit dem Parteiwechsel ein. Der ausgeschiedene Kläger hat die durch die unbegründete Inanspruchnahme des Beklagten erwachsenen Kosten zu tragen[8].

Für die Berufungsinstanz gilt das Gleiche. Will der neue Kläger keine Tatsacheninstanz einbüßen, steht es ihm frei, den Parteiwechsel abzulehnen.

In der Revisionsinstanz ist der Klägerwechsel unzulässig, da in ihm ein verbotener neuer Tatsachenvortrag läge.

b) *Beklagtenwechsel*

Hat der Kläger einen falschen Beklagten verklagt, so möchte er sich möglichst billig aus dem Prozeß mit dem Beklagten herauslösen. Gleichzeitig hat er ein Interesse, den rechten Beklagten in den Prozeß einzuführen.

Notwendig ist stets die Erklärung des Klägers, daß er die Klage nur noch gegen den neuen Beklagten richte.

Sind sich der neue und der alte Beklagte über den Parteiwechsel einig, so steht dem Wechsel kein Hindernis im Wege.

Weigert sich der alte Beklagte, aus dem Prozeß auszuscheiden, dann ist diese Weigerung nur dann erheblich, wenn er bereits zur Hauptsache verhandelt und damit ein schutzwürdiges Interesse an einer

[8] OLG München LZ 1927, 1562; LG Stuttgart ZZP 74, 131.

Klagabweisung erlangt hat (§ 271). Nach der Verhandlung zur Hauptsache ist deshalb zum Beklagtenwechsel die Zustimmung des alten Beklagten notwendig.

Ist der neue Beklagte mit seiner Einbeziehung in den schwebenden Prozeß nicht einverstanden, so erhebt sich die Frage, ob ein am Prozeß unbeteiligter Dritter gegen seinen Willen in ein anhängiges Verfahren, auf das er bisher keinen Einfluß hatte, hineingezogen werden kann. Diese Frage wird man bejahen müssen, da dem Beklagten kein schutzwürdiges Interesse zur Seite steht, sich dagegen zu wehren, vom Kläger möglichst schnell und einfach zur Verantwortung gezogen zu werden. Deshalb braucht er dem Parteiwechsel nicht zuzustimmen. Die Entbehrlichkeit seiner Zustimmung ist freilich nur dann zu rechtfertigen, wenn er durch den zwangsweisen Eintritt in den Prozeß nicht schlechter als bei einer neuen Klage gestellt wird. Seine Verteidigungsmöglichkeit darf in keiner Hinsicht beschnitten werden. Deshalb wirkt das bisherige Prozeßergebnis weder für noch gegen ihn. Es muß völlig neu verhandelt werden.

Stimmt der neue Beklagte dagegen dem Parteiwechsel zu, dann ist er an das bisherige Prozeßergebnis ebenso gebunden wie ein neuer Kläger.

Die Kosten des ausscheidenden Beklagten sind analog § 271 dem Kläger durch Beschluß aufzuerlegen.

Die materiellrechtlichen Wirkungen der Rechtshängigkeit treten gegenüber dem neuen Beklagten erst mit dem Parteiwechsel ein, nicht schon ab Prozeßbeginn.

Vollzieht sich der Beklagtenwechsel in der Berufungsinstanz, dann müssen sowohl der alte wie der neue Beklagte zustimmen, weil niemandem gegen seinen Willen eine Tatsacheninstanz genommen werden darf. Da jedoch auch das Verfahrensrecht durch das Gebot von Treu und Glauben beherrscht wird, ist die Verweigerung der Zustimmung unbeachtlich, wenn sie sich als Rechtsmißbrauch darstellt[9]. Freilich wird dies selten angenommen werden können.

2. *Parteibeitritt*

Hier tritt ein weiterer Kläger in den Prozeß ein oder die Klage wird auf einen weiteren Beklagten erstreckt. Der Parteibeitritt führt, wenn bisher nur ein Kläger oder Beklagter vorhanden war, zur Streitgenossenschaft.

a) Auf der Klägerseite ist der Parteibeitritt zulässig, falls die Voraussetzungen der §§ 59, 60 vorliegen. Jedoch ist die Zustimmung des

[9] Vgl. *Gelhaar*, LM § 264 ZPO Nr. 10.

Klägers notwendig. Bei Verweigerung der Zustimmung muß der Neue eine eigene Klage erheben. Beide Prozesse können dann gemäß § 147 verbunden werden.

b) Auch auf der Beklagtenseite ist die Einbeziehung eines weiteren Beklagten möglich, falls die Voraussetzungen der §§ 59, 60 gegeben sind. Die Zustimmung des neuen oder alten Beklagten ist nicht notwendig.

Durch den sich in der Form einer Klagerhebung vollziehenden Parteibeitritt entsteht ein neues Prozeßrechtsverhältnis. Deshalb muß der Rechtsstreit neu verhandelt werden. An die bisherige Prozeßführung ist weder der neue Kläger noch der neue Beklagte gebunden.

Da infolge der funktionellen Zuständigkeit der Rechtsmittelgerichte eine neue selbständige Klage bei einem Gericht höherer Instanz nicht erhoben werden kann, ist ein Parteibeitritt weder in der Berufungs- noch in der Revisionsinstanz statthaft[10].

3. ABSCHNITT: DIE ENTWICKLUNG DES RECHTSSTREITS

§ 33 Die Einlassung auf die Klage

I. Der Beklagte kann sich auf die Klage verschieden verhalten.

Da er im Termin weder zu erscheinen noch zu verhandeln braucht (vgl. §§ 331, 331a, 333), kann er sie völlig unbeachtet lassen. Er kann auch die Zulässigkeit der Klage beanstanden, indem er z. B. Zustellungsmängel rügt oder die Einrede der Unzuständigkeit des Gerichts erhebt. Meist wird er aber zu dem sachlichen Inhalt der Klage Stellung nehmen. Das sachliche Eingehen auf die Klage heißt *Verhandlung zur Hauptsache* (vgl. z. B. §§ 39, 271, 274) oder Einlassung. Geht der Beklagte auf die Sache ein, dann wird er entweder den gegen ihn geltend gemachten Anspruch anerkennen (§ 307) oder Abweisung der Klage als unbegründet beantragen. Die Klagabweisung kann verschieden gerechtfertigt werden.

1. Der Beklagte kann geltend machen, daß die *Klage nicht schlüssig* sei, d. h. daß die Klagebehauptungen, selbst im Falle ihrer Richtigkeit, nach dem Gesetz den Klagantrag nicht rechtfertigen.

[10] A. A. *Blomeyer* § 115 IV 1 b.

Beispiel: A klagt Darlehen von 5000 DM ein, ohne die Vereinbarung eines Fälligkeitstermins oder einer erfolgten Kündigung (§ 609 BGB) zu behaupten.

2. Meist bestreitet der Beklagte die tatsächlichen Behauptungen des Klägers (*Klagleugnen*). Er wendet z. B. ein, daß er die Sache, deren Bezahlung von ihm gefordert wird, nicht gekauft habe. Aus dem Grundsatz der Wahrheitspflicht (§ 138 I) folgt, daß der Beklagte nicht wider besseres Wissen bestreiten darf (vgl. oben § 23 III). Kennt er die Richtigkeit der Klagebehauptungen nicht, dann kann er sie, wenn auch nicht als unwahr, so doch als unbekannt bestreiten. Dadurch nötigt er den Kläger, die Klagetatsachen zu beweisen. Bestreitet der Beklagte die Klagebehauptungen nicht, gelten diese als zugestanden (§ 138 III). Sie bedürfen alsdann keines Beweises und werden dem Urteil grundsätzlich ohne Prüfung ihrer Wahrheit zugrunde gelegt.

Erklärt sich eine Partei über eine vom Gegner behauptete Tatsache mit „Nichtwissen", so steht dies dem Bestreiten gleich, wenn nicht eine eigene Handlung oder Wahrnehmung der Partei in Frage steht. Ist letzteres der Fall, gilt die Behauptung als nicht bestritten (§ 138 IV). Grund: Der Partei soll es bei eigenen Handlungen und Wahrnehmungen nicht möglich sein, dem Gericht die ihr nachteilige Wahrheit durch die Erklärung mit „Nichtwissen" vorzuenthalten.

3. Der Beklagte kann endlich die Schlüssigkeit und Richtigkeit der Klagebehauptungen dahingestellt lassen, seinerseits aber Tatsachen vorbringen, die geeignet sind, die aus den Klagebehauptungen hergeleitete Rechtsfolge zu vereiteln. Solche entgegenwirkende Tatsachen nennt man *Einredetatsachen* oder schlechthin *Einreden* (im Sinne der ZPO). Im Streitfalle müssen sie vom Beklagten bewiesen werden. Mit den Einreden werden rechtshindernde, rechtsvernichtende oder rechtshemmende Tatsachen geltend gemacht.

a) *Rechtshindernd* sind Tatsachen, die schon der Entstehung des vom Kläger behaupteten Rechts entgegenstehen (z. B. Geschäftsunfähigkeit, mangelnde Zurechnungsfähigkeit, Simulation, böser Glaube). Da die Anfechtung das angefochtene Rechtsgeschäft mit rückwirkender Kraft vernichtet (§ 142 BGB), gehört hierher auch die Geltendmachung der Anfechtungswirkung.

b) *Rechtsvernichtend* (rechtsaufhebend) sind Tatsachen, die das entstandene Recht des Klägers später zum Erlöschen gebracht haben (z. B. Erfüllung, Erlaß, Verzicht).

c) *Rechtshemmend* sind Tatsachen, die dem Beklagten die Befugnis geben, die Erfüllung des an sich bestehenden Rechts des Klägers zu verweigern. Die *Einrede* ist entweder *aufschiebend* (dilatorisch) oder *dauernd* (peremptorisch), je nachdem ob die Leistungsverweigerung nur vorübergehend oder für immer gerechtfertigt ist. Dauernd sind z. B. die Einreden der Verjährung, Bereicherung, unerlaubten Handlung (§§ 222, 821, 853 BGB), vorübergehend die der nachträglichen Stundung, der Zurückbehaltung, des nichterfüllten Vertrags. Während die Einreden im allgemeinen bewirken, daß die Klage als unbegründet abgewiesen wird, führen die beiden letzteren nur zur Verurteilung Zug um Zug (§§ 274, 322 I BGB).

Besonderer Hervorhebung bedarf die rechtsvernichtende Einrede, daß gegen die Klagforderung aufgerechnet sei. Dabei ist zu beachten, daß die Aufrechnungserklärung selbst privatrechtliches Gestaltungsgeschäft bleibt, auch wenn sie im Prozeß vollzogen wird (vgl. oben § 24 IV). Von der Aufrechnungserklärung ist die „hierauf gegründete Einwendung" (§ 529 V) zu unterscheiden. Mit ihr wird gegenüber der eingeklagten Forderung eine rechtsaufhebende Tatsache (§ 389 BGB), das Erloschensein des Rechts, geltend gemacht, ähnlich wie wenn der Beklagte Zahlung einwendet. Diese Einwendung ist Prozeßhandlung und unterliegt dem Prozeßrecht. Insoweit bildet die im Prozeß erklärte Aufrechnung einen Doppeltatbestand.

Während im allgemeinen Einwendungen für die ihr zugrunde liegenden Gegenansprüche weder Rechtshändigkeit noch Rechtskraft auslösen, gilt für die Aufrechnungseinrede Besonderes: Gemäß § 322 II erwächst die Entscheidung über die zur Aufrechnung gestellte Gegenforderung in Rechtskraft, und zwar nicht nur, wenn sie verneint, sondern auch wenn sie bejaht und daher die Klage abgewiesen wird[1]. Aus der Rechtskraft der Entscheidung über den Aufrechnungseinwand folgt, daß die Erhebung der Aufrechnungseinrede auch die Wirkung der Rechtshängigkeit herbeiführt[2]: Der Aufrechnungseinwand hindert die selbständige klageweise Geltendmachung der zur Aufrechnung gestellten Forderung. Ist die Forderung bereits eingeklagt, so kann mit ihr während der Dauer des ersten Prozesses nicht in einem zweiten Prozeß aufgerechnet werden. Dadurch werden kollidierende Entscheidungen vermieden. Zugleich wird es unmöglich gemacht, daß die Parteien einander in zwei Prozessen auf Leistung verklagen und in beiden Prozessen aufrechnen[3].

Für die Gegenforderung brauchen nicht die Prozeßvoraussetzungen vorzuliegen, die bei einer klageweisen Geltendmachung gegeben sein müßten. So braucht der Zivilrechtsweg nicht eröffnet, das Gericht nicht zuständig zu sein.[4]

Die Aufrechnung ist demnach auch dann zulässig und materiellrechtlich wirksam, wenn Forderung und Gegenforderung in verschiedenen Verfahrensarten geltend zu machen sind, z. B. die Klageforderung vor dem Zivilgericht, die Gegenforderung vor dem Verwaltungs-

[1] RG 161,171 gegen RG 80,160.

[2] A. A. RG 77,412; *Nikisch* § 68 IV 2; *Schönke-Schröder-Niese* § 51 II 2a; *Stein-Jonas-Pohle* § 145 VI 3.

[3] Vgl. *Bettermann*, Rechtshängigkeit und Rechtsschutzform, 1948, S. 84 ff.; *Blomeyer* § 60 I a; *Rosenberg* § 104 II 1.

[4] RG 77,412; 155,243.

gericht. Hierdurch wird an der Gleichartigkeit der sich aufrechenbar gegenüberstehenden Forderungen im Sinne des § 387 BGB nichts geändert. Ist aber die Aufrechnung sachlichrechtlich zulässig, so darf das Gericht den Aufrechnungseinwand nicht als unzulässig zurückweisen.[5]

Auch hier ist zwischen der Frage der materiellrechtlichen Möglichkeit und Wirksamkeit der Aufrechnung und der darauf gestützten prozessualen Einwendung streng zu unterscheiden.

Ist für die Forderung der Zivilrechtsweg, für die Gegenforderung der Verwaltungsrechtsweg gegeben, so entstehen keine Schwierigkeiten, wenn die zur Aufrechnung gestellte Gegenforderung unstreitig oder vom zuständigen Verwaltungsgericht rechtskräftig festgestellt ist. Besteht dagegen über den Bestand der Gegenforderung Streit, so ist der Zivilrichter nicht befugt, über das Bestehen der Gegenforderung selbst sachlichrechtlich zu entscheiden.

Einmal darf dem Beklagten für seine öffentlichrechtliche Forderung der Verwaltungsrechtsweg nicht entzogen werden, zum anderen steht dem Zivilrichter eine der Rechtskraft fähige Entscheidung (§ 322 II) über einen Anspruch, der in den Verwaltungsrechtsweg gehört und daher dem Zivilrechtsweg entzogen ist, nicht zu. In diesem Fall ist der Zivilrichter nach § 148 nicht nur befugt, sondern verpflichtet, die Aussetzung anzuordnen, damit der Beklagte in dem für die öffentlichrechtliche Gegenforderung zuständigen Rechtsweg eine Klage erheben kann.[6]

Entsprechendes muß gelten, wenn mit einer Gegenforderung aufgerechnet wird, die einem unter den Parteien abgeschlossenen Schiedsvertrag unterliegt. Ist die Gegenforderung unstreitig, so hat das Zivilgericht den Aufrechnungseinwand zu berücksichtigen. Etwas anderes gilt nur dann, wenn mit der Schiedsabrede ein sachlichrechtlich wirkendes Aufrechnungsverbot beabsichtigt war. Ist jedoch die Gegenforderung streitig, so darf das Zivilgericht darüber nicht erkennen, weil ihm die Parteien insoweit die Entscheidung entzogen haben. Es hat vielmehr nach § 148 auszusetzen und dem Beklagten die Möglichkeit zu eröffnen, die Gegenforderung durch das vereinbarte Schiedsgericht feststellen zu lassen. Die Ansicht, daß der Schiedsvertrag als solcher ein vertragliches Verbot enthalte, sich im Prozeß auf die Aufrechnung mit einer dem Schiedsvertrag unterliegenden Gegenforderung zu berufen[7], ist nicht gerechtfertigt, da sie über den Zweck des Schiedsvertrags hinausgeht.

[5] Abweichend *Stein-Jonas-Schönke* § 322 VI 4.

[6] BGH 16,124.

[7] So BGH 38,254 gegen BGH 23,17; vgl. auch *Henckel* JZ 1963, 682; *Habscheidt* ZZP 76, 371 ff.

Anders ist zu entscheiden, wenn vor dem Zivilgericht die Aufrechnung mit einer der Arbeitsgerichtsbarkeit unterliegenden Gegenforderung geltend gemacht wird. Das Verhältnis zwischen dem Zivilgericht und dem Arbeitsgericht betrifft nicht die Frage des Rechtswegs, sondern die der sachlichen Zuständigkeit. Beide Gerichtszweige haben zudem Rechtsgebiete zu behandeln, die in nahen Beziehungen zueinander stehen und nicht selten ineinander übergreifen. Bei dieser Verwandtschaft ist das Zivilgericht und umgekehrt auch das Arbeitsgericht befugt, über eine zur Aufrechnung gestellte Gegenforderung rechtskräftig zu entscheiden, obwohl der andere Gerichtszweig hierfür zuständig wäre.[8]

Häufig macht der Beklagte *Eventualaufrechnung* geltend:

Beispiel: Der Beklagte bestreitet in erster Linie, das Darlehen empfangen zu haben, für den Fall aber, daß der Richter die Klagforderung für begründet ansieht, erklärt er Aufrechnung mit einer Gegenforderung.

Die Eventualaufrechnung ist trotz § 388 S. 2 BGB zulässig, da keine bedingte Aufrechnung vorliegt, sondern nur ein gesetzliches Erfordernis der Aufrechnung, das Bestehen der Klagforderung, besonders hervorgehoben wird. Aus dem eventuellen Vorbringen folgt, daß über die Aufrechnung erst entschieden werden darf, wenn die primäre Verteidigung keinen Erfolg hat. Ist die Klagforderung streitig, die Gegenforderung aber unbestritten, so muß zunächst über die Klagforderung Beweis erhoben werden (*Beweiserhebungstheorie*)[9]. Es ist für den Beklagten bedeutsam, ob die Klage infolge seiner ersten Verteidigung oder infolge der erklärten Aufrechnung abgewiesen wird: im ersteren Falle behält er seine Gegenforderung, im zweiten verliert er sie. Deshalb ist es unzulässig, bei Unstreitigkeit der Gegenforderung die Klage ohne Beweiserhebung über den Bestand der Forderung abzuweisen und den Grund der Abweisung (Durchschlagen der ersten Verteidigung oder der Aufrechnung) dahingestellt zu lassen (sog. *Klagabweisungstheorie* von *Stölzel*).

Die Aufrechnung kann in erster Instanz grundsätzlich bis zum Schluß der mündlichen Verhandlung erklärt werden (§ 278 I). Dient die nachträglich erhobene Aufrechnungseinrede der Prozeßverschleppung, kann sie das Gericht zurückweisen (§ 279 I). In zweiter Instanz ist sie nur zulässig, wenn der Kläger einwilligt oder das Gericht ihre Geltendmachung in dem anhängigen Verfahren für sachdienlich hält (§ 529 V). Sachdienlichkeit ist anzunehmen, wenn der zur Aufrechnung gestellte Gegenanspruch spruchreif ist, so daß der Prozeß dadurch keine Verzögerung erleidet.

[8] BGH 26,304.

[9] So RG 80,166; 167,257.

Wird der Aufrechnungseinwand gemäß § 279 oder § 529 V zurückgewiesen, dann entsteht die Frage, ob trotz Unzulässigkeit des Aufrechnungseinwandes die materiellrechtliche Aufrechnungserklärung wirksam bleibt. Bejaht man diese Frage, dann muß der Beklagte verurteilt werden und zur Abwendung der Zwangsvollstreckung die Leistung erbringen. Würde er aber in einem späteren Prozeß seine Gegenforderung einklagen, so könnte sich sein Schuldner auf das durch die Aufrechnung herbeigeführte Erlöschen der Forderung berufen. Das Ergebnis wäre, daß der Beklagte durch die fehlgeschlagene Aufrechnung ohne jeden Ausgleich seine Forderung verloren hätte.

Wenn BGH 16,140 ausführt, es bleibe nur die Aufrechnung als solche unberücksichtigt, so daß die Forderung noch eingeklagt werden könne, so wird verkannt, daß sich der aus der Gegenforderung Verklagte für den Verbrauch der Forderung zwar nicht auf die Rechtskraft des Vorprozeßurteils, wohl aber auf die Wirksamkeit der materiellrechtlichen Aufrechnung berufen kann. RG HRR 1935,691 hält eine prozessual nicht zugelassene Aufrechnung für bürgerlichrechtlich wirkungslos[10]. Diese Ansicht ist im Ergebnis richtig. Zwar muß man zwischen der Aufrechnung als materiellem Rechtsgeschäft und der Berufung auf die Aufrechnung als Prozeßhandlung unterscheiden, dessen ungeachtet bilden materielles Rechtsgeschäft und Prozeßhandlung nach Inhalt und Zweck eine Einheit. Deshalb ist es angängig, hierauf den Rechtsgedanken des § 139 BGB anzuwenden: Mit der Unwirksamkeit der Aufrechnungseinrede entfällt die Wirksamkeit der Aufrechnungserklärung[11].

Da der Beklagte häufig den Prozeß dadurch zu verschleppen versucht, daß er gegenüber einer begründeten Klagforderung mit einer illiquiden (noch der Feststellung bedürftigen) Gegenforderung aufrechnet, darf das Gericht die Verhandlung über beide Forderungen trennen, wenn sie nicht rechtlich zusammenhängen (§ 145 III), z. B. der Beklagte gegenüber einer Kaufpreisforderung mit einer Gegenforderung aus einem Unfall aufrechnet. Erweist sich die Klagforderung als begründet und ist sie eher spruchreif als die Gegenforderung, so kann ein *Vorbehaltsurteil* ergehen. Über die Aufrechnung wird dann in einem Nachverfahren entschieden. Ergibt dieses, daß die Gegenforderung nicht bestand, wird das Vorbehaltsurteil durch ein *Schlußurteil* bestätigt. Stellt sich dagegen die Wirksamkeit der Aufrechnung heraus, so ist der Kläger unter Aufhebung des Vorbehaltsurteils, soweit die Forderungen sich decken, mit der Klage abzuweisen. Außerdem ist der Kläger schadensersatzpflichtig. Näheres § 302.

[10] Ebenso *Rosenberg* § 104 II 3.

[11] So *Schwab*, Festschrift für Nipperdey, I, 1965, S. 953; vgl. zu dem Problem *Blomeyer* § 60 II; *Henckel* ZZP 74, 165 ff.; *Habscheidt* ZZP 76, 375 ff.

II. Will der Beklagte der Klage nicht entgegentreten, so kann er verschiedene Wege einschlagen.

1. Zunächst kann er eine vom Kläger behauptete Tatsache zugeben. Geschieht dies vor dem Prozeßgericht, dem beauftragten oder ersuchten Richter, so spricht man von einem gerichtlichen *Geständnis* (§§ 288 bis 290)[12]. Das Geständnis ist eine an das Gericht gerichtete Wissenserklärung über die Wahrheit einer Tatsache, keine an den Gegner gerichtete Willenserklärung, durch die die Rechtsverhältnisse gestaltet werden sollen. Im Anwaltsprozeß kann es von dem Rechtsanwalt oder bei ihrer Vernehmung zur Aufklärung (§ 141) auch von der Partei persönlich abgegeben werden[13]. Das Geständnis bezieht sich nur auf *Tatsachen,* nicht auf Rechtsfolgen. Daher kann man im Geständnis auch keine Disposition über die zugestandene Behauptung erblicken, da man nur über Rechtsverhältnisse, nicht aber über Tatsachen disponieren kann. Ob die Tatsachen das Außen- oder das Innenleben betreffen, ist gleichgültig. Als Tatsachen werden auch Rechtsverhältnisse bewertet, die von so einfacher Natur sind, daß die Anführung des Rechtsbegriffs das Zugeben der dem Begriff zugrunde liegenden Tatsachen enthält.

Beispiel: Der Beklagte gibt zu, vom Kläger die Ware „gekauft" oder den eingeklagten Geldbetrag „als Darlehen" erhalten zu haben[14].

Wirkung des Geständnisses: Es erübrigt den Beweis. Der Richter hat die zugestandene Tatsache grundsätzlich ohne Prüfung der Wahrheit seiner Entscheidung zugrunde zu legen.

Das Geständnis bindet die Partei für alle Instanzen (§§ 290, 532). Es kann nach § 290 nur widerrufen werden, wenn die betreffende Partei beweist, daß das Geständnis nicht der Wahrheit entspricht und durch einen Irrtum veranlaßt ist.

Die Einführung der Wahrheitspflicht hat jedoch das Geständnisrecht nicht unberührt gelassen. Als an den Richter gerichtete Wissenserklärung unterliegt das Geständnis im vollen Umfang der Wahrheitspflicht. Daher hat der Richter ein erlogenes Geständnis nicht zu beachten, gleichgültig, ob es für den Geständigen vorteilhaft oder nachteilig ist. Wenn dagegen vorgebracht wird, die Wahrheitspflicht verbiete nur die Unwahrheit zugunsten der Partei[15], so wird verkannt, daß die Wahrheitspflicht nicht nur zwischen den Parteien, sondern auch dem Richter gegenüber besteht. Deshalb können sich die Parteien die Wahrheitspflicht nicht gegenseitig erlassen. Die Wahrheitspflicht ist eine öffentlichrechtliche Pflicht, welche die Übereinstimmung des Urteils mit der außerprozessualen Rechtslage sichern soll. Auch kann eine Partei an ihr

[12] Vgl. *Bernhardt,* Wahrheitspflicht u. Geständnis im Zivilprozeß, JZ 1963, 245 ff.

[13] A.A. RG JW 1936, 1778.

[14] RG 10,365; 58,54.

[15] Vgl. *Stein-Jonas-Pohle,* § 138 I 1d.

bewußt falsches Geständnis nicht mehr gebunden sein. Die Partei ist vielmehr nicht nur berechtigt, sondern nach dem Wahrheitsgebot sogar verpflichtet, ihr erlogenes Geständnis zu widerrufen. § 290 I, der die Partei an ihrer Lüge festhält, kann als dem ethischen Wahrheitsgebot nachgeordnete Norm keine Geltung mehr beanspruchen.

Der Richter hat demnach einen solchen Widerruf zu beachten, da er sein Urteil nicht auf einen unrichtigen Sachverhalt stützen soll.

BGH 37, 154 erkennt zwar an, daß es dem Sinngehalt der Wahrheitspflicht grundsätzlich nicht entspricht, die Parteien an wahrheitswidrigen Behauptungen festzuhalten, meint jedoch, daß für das Geständnis des § 290 eine andere Regelung getroffen worden sei. Diese Ansicht verkennt, daß die Zivilprozeßordnung keine einheitliche Struktur mehr besitzt, sondern daß in sie durch die auf ganz verschiedenen Zeit- und Geistesströmungen beruhende Novellengesetzgebung Grundsätze eingeführt worden sind, die dem Gesetz fremd waren und sich nicht organisch einfügen ließen. Dies gilt insbesondere von dem Grundsatz der Wahrheitspflicht, den ursprünglich die ZPO nicht kannte. Gerade ein durch Novellen uneinheitlich gewordenes Gesetz kann nicht in positivistischer Weise ausgelegt werden. Man muß vielmehr die ZPO in ihrer historischen Bedingtheit sehen und darf nicht in den Fehler der Scholastiker verfallen, welche aus Mangel an historischem Sinn die auseinanderfallenden römischrechtlichen Quellen miteinander in Einklang zu bringen versuchten. Die Meinung des BGH, das Festhalten der Partei an ihrer Lüge sei als eine Sanktion für die Verletzung der Wahrheitspflicht aufzufassen, berücksichtigt nicht, daß eine solche Prozeßstrafe dem Gesetz fremd ist[16]. Der Widerruf eines falschen Geständnisses kann jedoch, falls die Partei in Verschleppungsabsicht gehandelt hat und die sonstigen Voraussetzungen des § 279 vorliegen, zurückgewiesen werden. Diese Zurückweisung, die der Bekämpfung der Prozeßverschleppung dient, liegt im pflichtgemäßen Ermessen des Gerichts. Beachtenswerterweise hat das Kammergericht aber bereits in einem Urteil vom 3. 5. 1932[17] ausgesprochen, daß eine Zurückweisung nach § 279 regelmäßig unangebracht sei, wenn sich aus dem nachträglichen Vorbringen ergäbe, daß bei Zurückweisung desselben die Entscheidung auf Grund eines unrichtigen Sachverhalts ergehen müßte.

Hat jemand eine Tatsache irrtümlicherweise zugestanden, dann ist er infolge des Wahrheitsgebotes zum Widerruf verpflichtet, wenn er die Unrichtigkeit seines Geständnisses später bemerkt. Das Aufrechterhalten des Geständnisses wäre Prozeßlüge.

Die Wirksamkeit des gerichtlichen Geständnisses wird nicht dadurch beeinträchtigt, daß ihm ein selbständiges Angriffs- oder Verteidigungsmittel hinzugefügt wird (§ 289).

Beispiel: Der Beklagte wendet ein, er habe das Darlehen bereits zurückerstattet. Damit gibt er den Empfang zu.

Die bindende Wirkung des Geständnisses entfällt völlig, wenn der Rechtsstreit der Parteiherrschaft entzogen ist (vgl. z. B. §§ 617, 640,

[16] RG ZAk 1937, 536. [17] JW 1932, 2893.

670). Hier unterliegt das gerichtliche Geständnis freier richterlicher Würdigung (§ 286).

Das *außergerichtliche Geständnis* (z. B. im vorbereitenden Schriftsatz) ist stets nur ein frei zu würdigendes Indiz.

Der Unterschied zwischen einer zugestandenen (§ 288) und einer bloß nicht bestrittenen (§ 138 III) Tatsache besteht darin, daß letztere bis zum Schlusse der mündlichen Verhandlung erster oder zweiter Instanz noch bestritten werden kann, so daß sie nun des Beweises bedarf (§§ 278, 531).

2. Der Beklagte kann auch den gegen ihn geltend gemachten Anspruch bei der mündlichen Verhandlung ganz oder zum Teil anerkennen. Das *Anerkenntnis* unterliegt im Anwaltsprozeß dem Anwaltszwang. *Gegenstand des Anerkenntnisses* ist der *Klaganspruch,* also die vom Kläger aufgestellte Rechtsbehauptung. Es bezieht sich auf den Streitgegenstand.

Der Unterschied zum Geständnis liegt darin, daß dieses nur Tatsachen betrifft. Da das Anerkenntnis keine tatsächliche Erklärung enthält, so ist es auch noch in der Revisionsinstanz zulässig.

Die *Wirkung des Anerkenntnisses* besteht nicht in einer unmittelbaren Prozeßbeendigung, sondern allein darin, daß das Gericht auf Antrag des Klägers ein Anerkenntnisurteil erlassen muß (§§ 307, 313 III). Wird nur ein Teil des Anspruchs anerkannt, so ergeht Anerkenntnis-Teilurteil (§ 301). Da das Anerkenntnis Grundlage der Verurteilung ist, ist die Hinzufügung eines Vorbehalts (etwa der Aufrechnung) oder einer Bedingung unzulässig.

Mit der Wahrheitspflicht hat das Anerkenntnis nichts zu tun, da sich die Wahrheitspflicht nur auf tatsächliche Erklärungen bezieht. Wahrheit und Schlüssigkeit der Klagebehauptungen sind überhaupt nicht zu prüfen. Auch insoweit besteht ein Gegensatz zum Geständnis, das die Prüfung der Schlüssigkeit der Klagetatsachen nicht erübrigt. Als Sachurteil erfordert das Anerkenntnisurteil das Vorliegen der allgemeinen Prozeßvoraussetzungen.

Das Anerkenntnis beruht als prozessualer Verfügungsakt auf der Herrschaft der Parteien über den Prozeßgegenstand. Daraus ergibt sich zugleich die Grenze: Was nach dem sachlichen Recht der Parteiherrschaft entzogen ist, ist es auch im Prozeß[18].

Deshalb gibt es z. B. kein wirksames Anerkenntnis in Familienstandssachen (vgl. §§ 617, 640, 670). Ebenso ist das Anerkenntnis eines unsittlichen Anspruchs unbeachtlich. Das prozessuale Anerkenntnis darf nicht dazu benutzt werden, gegen materielles Recht zu verstoßen.

Das Anerkenntnis ist eine einseitige Erklärung, die keiner Annahme bedarf. Es ist als Urteilsgrundlage Prozeßhandlung und von dem privatrechtlichen Anerkenntnisvertrag (§ 781 BGB) wohl zu unter-

[18] RG 156,75.

scheiden.[19] Als prozessuale Erklärung unterliegt es weder der privatrechtlichen Anfechtung (§§ 119 ff. BGB) noch der Kondiktion (§ 812 BGB)[20], wohl aber in analoger Anwendung von § 290 dem Widerruf, falls nachgewiesen werden kann, daß das Anerkenntnis unrichtig ist und durch einen Irrtum veranlaßt wurde. Ist bereits ein Anerkenntnisurteil ergangen, dann kann das Anerkenntnis nur im Wege der Berufung beseitigt werden. Nach Erlaß des Berufungsurteils ist lediglich Restitutionsklage möglich, falls deren Voraussetzungen (etwa Betrug, vgl. § 580 Nr. 4) vorliegen.

Den Gegensatz zum Anerkenntnis bildet der *Verzicht* des Klägers auf den geltend gemachten Anspruch. Der Verzicht hat die *Wirkung*, daß die Klage auf Antrag des Beklagten als unbegründet abgewiesen wird (§ 306).

Von der Klagrücknahme (§ 271) unterscheidet sich der Verzicht dadurch, daß bei dieser lediglich von der Durchführung des Prozesses abgesehen wird, ohne daß über den Anspruch entschieden würde. Im übrigen gilt für den Verzicht das zum Anerkenntnis Gesagte entsprechend. § 617 steht aber einem Verzicht auf das Eheaufhebungs- oder Scheidungsbegehren nicht entgegen.

4. ABSCHNITT: DER BEWEIS

§ 34 Allgemeine Beweislehre

I. Im Rahmen des Verhandlungsgrundsatzes haben die Parteien dem Gericht nicht nur den Prozeßstoff zu unterbreiten, sondern ihr Verhalten ist auch dafür bestimmend, wieweit der Richter die einzelnen Behauptungen auf ihre Wahrheit hin zu prüfen hat. Nichtbestrittene (§ 138 III) und zugestandene (§ 288) Tatsachen bedürfen keines Beweises und sind grundsätzlich dem Urteil ohne Prüfung ihrer Wahrheit zugrunde zu legen. Ebenso sind *offenkundige Tatsachen* nicht beweisbedürftig (§ 291), richtiger Ansicht nach brauchen sie nicht einmal von den Parteien vorgebracht zu werden[1]. Die Parteien haben aber ein

[19] Vgl. *Lent*, Die rein prozessuale Bedeutung des Anerkenntnisses, Festgabe für Rosenberg, 1949, S. 123 ff. Dagegen wird von *Schönke-Schröder-Niese*, § 53 II, das Anerkenntnis als Prozeßhandlung und gleichzeitig materiell-rechtliches Rechtsgeschäft angesehen.

[20] RG 156,74.

[1] Vgl. *Bernhardt*, Die Aufklärung des Sachverhalts im Zivilprozeß, Festgabe für Rosenberg, 1949, S. 22 f.; a.A. RG 143,183.

Recht, über offenkundige Tatsachen gehört zu werden (Recht auf rechtliches Gehör)[2].

Man unterscheidet *allgemeinkundige Tatsachen,* die jedermann oder einem größeren Kreise bekannt sind (z. B. geschichtliche Ereignisse, Größe einer Stadt, Börsenkurse), und *gerichtskundige Tatsachen,* die das Gericht von seiner amtlichen Tätigkeit her kennt (z. B. Konkurseröffnung). Im Gegensatz hierzu stehen Vorgänge, die der Richter als Privatmann erfahren hat. Dieses private Wissen darf er mangels jeder Kontrollmöglichkeit bei dem Urteil nicht verwerten. Vgl. oben § 23 I.

Bestrittene Tatsachen bedürfen dagegen des Beweises, soweit sie rechtlich erheblich sind. Die Beweisführung ist Sache der Parteien. Eine Behauptung ist dann bewiesen, wenn der Richter von ihrer Wahrheit überzeugt ist[3]. Gegenstand des Beweises sind in der Regel Tatsachen. Rechtssätze sind nicht Beweisobjekt. Jedes deutsche Gericht hat das deutsche Recht zu kennen. Fremdes Recht, Gewohnheits- und Statutarrecht hat es von Amts wegen zu ermitteln, wobei es sich der Mithilfe der Parteien bedienen kann (§ 293; vgl. oben § 23 I)[4].

Bisweilen sind auch *Erfahrungssätze* Gegenstand des Beweises.

Darunter versteht man Regeln der allgemeinen Lebenserfahrung oder einer besonderen Fach- und Sachkunde, etwa auf den Gebieten des Handels, Gewerbes, Verkehrs, der Kunst und Wissenschaft. Als Beispiel seien Verkehrssitte und Handelsbräuche genannt. Zur Feststellung dem Gericht unbekannter Erfahrungssätze bedient es sich des Sachverständigen, des Freibeweises oder einer anderen Erkenntnisquelle. Als solche kommen z. B. Bücher oder private Erkundigungen in Betracht. Einer Anregung der Parteien bedarf es nicht. Insoweit gilt nicht der Verhandlungs-, sondern der Untersuchungsgrundsatz.

II. Nach dem Verhandlungsgrundsatz ist es Aufgabe der Parteien, den Prozeßstoff herbeizuschaffen. Jede Partei hat diejenigen Tatsachen zu behaupten und notfalls zu beweisen, welche die Grundlage der von ihr geltend gemachten Rechtsfolge bilden (*Behauptungs- und Beweislast*). Danach hat zunächst der Kläger die Entstehung des von ihm geltend gemachten Rechts zu behaupten und zu beweisen. Rechtfertigen die vom Kläger angeführten Tatsachen die sich aus dem Klagantrag ergebende Rechtsbehauptung, den erhobenen „Anspruch", dann ist die Klage „schlüssig" begründet. Ist die Entstehung des Rechts dargetan, so ist es grundsätzlich Sache des Beklagten, entgegenstehende Tatsachen (z. B. Erfüllung) einzuwenden und zu beweisen.

In jedem Verfahren, mag dafür der Untersuchungs- oder der Verhandlungsgrundsatz gelten, kann es vorkommen, daß der Sachverhalt in wesentlichen Punkten unaufklärbar bleibt. Die Gründe hierfür sind

[2] BVerfG 10,183. [3] BGH 26,399.

[4] BGH 36,353; *Dölle,* Bemerkungen zu § 293 ZPO, Festschrift für Nikisch, 1958, S. 185 ff.

mannigfaltig: Vielleicht sind in der Zwischenzeit wesentliche Beweismittel verlorengegangen, vielleicht brachte die Beweisaufnahme kein eindeutiges Ergebnis. Hier darf das non liquet in der Tatfrage nicht zu einem non liquet in der Rechtsfrage führen. Der Richter hat auch bei nicht aufklärbarem Sachverhalt die Pflicht, eine Entscheidung zu fällen. Wie die Entscheidung in einem solchen Fall zu lauten hat, bestimmen die *Beweislastnormen.* Diese regeln also nicht den Beweis oder das Beweisverfahren, sondern allein die Beweislosigkeit. Dabei gilt der Grundsatz, daß bei Ungewißheit einer erheblichen Tatsache die Entscheidung zuungunsten derjenigen Partei ausfällt, die für die nicht aufklärbare Tatsache die Beweislast trägt. Dies ergibt sich daraus, daß der Richter eine Rechtsnorm zugunsten einer Partei nur dann anwenden darf, wenn die tatsächlichen Voraussetzungen der Norm feststehen. Die Beweislast ist unabhängig davon, ob die Aufklärung des Sachverhalts von Amts wegen zu erfolgen hat oder Aufgabe der Parteien ist. Man bezeichnet sie im Anschluß an Rosenberg[5] als *Feststellungslast,* bisweilen auch als *objektive oder materielle Beweislast.*

Das Problem der Beweislast tritt nicht auf, wenn die Sachlage vollständig geklärt ist. Dann ist es auch unschädlich, wenn sich das Gericht in unrichtiger Weise über die Verteilung der Beweislast ausgesprochen hat. Ein Revisionsangriff gegen diesen für den Inhalt der Entscheidung nicht erheblichen Ausspruch könnte nicht zur Aufhebung des Urteils führen.

Da im Zivilprozeß der Richter in der Regel keinen Beweis von Amts wegen erheben darf, ist es Sache der Parteien, über bestrittene Tatsachen den Beweis anzutreten, die Beweismittel zu bezeichnen (§§ 282, 359 Nr. 3) und dadurch die Beweisaufnahme zu veranlassen. Im Verfahren mit Verhandlungsmaxime, wo den Parteien die Verantwortung für die Anführung und den Beweis des Prozeßstoffs obliegt, tritt daher neben die objektive Beweislast noch die die Parteien treffende *subjektive Beweislast,* die *Beweisführungslast:* Die Parteien haben, wenn sie nicht den Prozeß verlieren wollen, durch eigene Tätigkeit den Beweis einer streitigen Tatsache zu führen. Dabei wird der Umfang der subjektiven Beweislast durch den der objektiven Beweislast bestimmt: Wenn die Regeln der objektiven Beweislast ergeben, was feststehen muß, damit der Kläger oder der Beklagte im Prozeß siegt, dann ist damit zugleich klargestellt, zu wessen Nachteil eine unbewiesene Tatsache ausschlägt.

Leider kennt unsere ZPO, die aus actionen-rechtlichem Denken entstanden ist, nicht den lebensnahen Begriff des Sachverhalts, sondern sie spaltet den einheitlichen Lebensvorgang, der dem Prozeß zugrunde liegt, von vornherein in Positionen auf: In Ansprüche und Einreden,

[5] Beweislast, 5. Aufl., S. 16.

in Angriffs- und Verteidigungsmittel, in Repliken und Dupliken (vgl. z. B. §§ 146, 278, 289). Diese schematische Gliederung des Tatsachenstoffs, die den zu beurteilenden Lebensvorgang von vornherein juristisch katalogisiert, zerreißt die natürliche Einheit der Vorgänge und begünstigt lebensfremde Entscheidungen. Die Tatfrage muß aber völlig unabhängig von der Rechtsfrage geklärt werden. Geschieht dies nicht, dann besteht die Gefahr, daß der Lebensvorgang nicht in seiner Eigentümlichkeit erfaßt, sondern mehr oder weniger willkürlich in ein rechtliches Schema gepreßt und unzulässigerweise an die anzuwendende Rechtsnorm angepaßt wird.

Die schematische Gliederung des Streitstoffs hat zu der irrigen Ansicht geführt, daß sich die Behauptungslast der Parteien nach Gegenstand und Umfang mit der Beweislast decke[6]. Dies ist deshalb nicht der Fall, weil die Behauptungslast nicht nur unter dem Schlüssigkeitspostulat, sondern gleichzeitig unter dem Wahrheits- und Vollständigkeitsgebot des § 138 ZPO steht[7]. Der Kläger darf sich daher nicht damit begnügen, lediglich die Tatsachen anzuführen, aus denen sich die Entstehung des in Anspruch genommenen Rechts ergibt, und es dem Beklagten überlassen, etwaige entgegenstehende Tatsachen einzuwenden. Er hat vielmehr den Lebensvorgang in seiner Ganzheit zu schildern, auch wenn für einzelne Vorgänge der Beklagte die Beweislast trägt. Infolge der Vollständigkeitspflicht müssen die Parteien ohne Rücksicht auf Behauptungs- und Beweislast alle ihnen bekannten Tatsachen vortragen. Eine Partei verstößt gegen § 138 I, wenn sie aus einem Vorgang nur die für sie günstigen Tatsachen anführt und es dem Gegner überläßt, sie zu vervollständigen. Wird z. B. eine Darlehensforderung eingeklagt, so darf der Kläger den Erlaß nicht verschweigen, selbst wenn er den Erlaßvertrag wegen arglistiger Täuschung angefochten hat.

Da der Streitstoff von beiden Parteien unter Mithilfe des Gerichts (§§ 139, 272b) zusammenzutragen und das Urteil unter Berücksichtigung des gesamten Inhalts der Verhandlungen (§ 286 ZPO) zu fällen ist, hat der Richter ohne Rücksicht auf die Behauptungslast jede von einer Partei aufgestellte Behauptung zu berücksichtigen. Deshalb ist grundsätzlich auch der Beweisantrag einer nicht beweisbelasteten Partei zu beachten[8] und der Gegenbeweis vor dem Hauptbeweis zulässig. Für die Feststellung des Sachverhalts kommt es allein darauf an, was bewiesen wird, nicht wer es bewiesen hat. Das Gericht braucht sich daher über die Frage der Beweislast in der Regel erst bei Ungewißheit

[6] Vgl. *Rosenberg*, Lehrbuch, § 114 II 1; Beweislast S. 50.

[7] Vgl. *Bernhardt*, Die Wahrheitspflicht im Zivilprozeß, DJZ 1936, Sp. 1408.

[8] *Rosenberg*, Beweislast, S. 20.

über den Sachverhalt schlüssig werden. Davon gibt es eine Ausnahme: Der Antrag auf Parteivernehmung muß von dem Beweislastträger ausgehen (§ 445 I) und bezweckt die Vernehmung der nicht beweisbelasteten Partei. Nur mit Zustimmung des Gegners (§ 447) sowie unter den Voraussetzungen des § 448 kann die beweisbelastete Partei vernommen werden.

Kommt freilich bei zweifelloser Beweislast der Beweislastträger trotz Aufforderung des Gerichts (§ 139 ZPO) seiner Beweisführungslast nicht nach, so darf das Gericht einen vom Gegner angebotenen Gegenbeweis nicht erheben. Hat z. B. der auf Rückzahlung verklagte Darlehnsschuldner Erfüllung eingewendet, ohne dafür Beweis anzubieten, ist auf den vom Kläger angebotenen Gegenbeweis nicht einzugehen, da die Sache endentscheidungsreif ist (§ 300 ZPO).

III. Bei Unaufklärbarkeit des Sachverhalts entscheiden die Normen über die Beweislast darüber, zu wessen Ungunsten die Entscheidung ausfällt.

Im Zivilprozeß ergibt sich die *Verteilung der Beweislast* aus der Erwägung, daß es beim Streit von zwei Parteien, denen gleichmäßig das Wort zum Angriff und zur Verteidigung gestattet ist, unbillig wäre, einer Partei die gesamte Beweislast aufzubürden. Deshalb fordert man vom Kläger nicht den Beweis der Existenz des geltend gemachten Anspruchs, sondern man begnügt sich mit dem Beweis der Tatsachen, aus denen sich die Entstehung des eingeklagten Rechts ergibt. Einen Beweis für den Fortbestand des Rechts, nämlich der negative Beweis, daß das einmal entstandene Recht nicht erloschen ist, wird dem Kläger nicht zugemutet. Vielmehr ist es Sache des Beklagten, rechtsaufhebende Tatsachen, welche das entstandene Recht zum Erlöschen gebracht haben, zu beweisen. Deshalb trägt der Beklagte die Beweislast dafür, daß die Klageforderung erfüllt (§ 362 BGB), erlassen (§ 397 BGB) oder durch Aufrechnung erloschen (§ 389 BGB) ist. Bleibt ein in Anspruch genommenes Recht beweislos, so wirkt dies im Prozeß wie der Beweis seines Nichtbestehens, bleibt das Erlöschen ungewiß, so wirkt dies prozessual wie der Beweis des Fortbestands des Rechts.

Ausnahmen von dem, was nach dem Gesetz als das Regelmäßige anzusehen ist, hat grundsätzlich derjenige zu beweisen, der sich darauf beruft[9]. Deshalb braucht der Kläger, der sich auf einen Vertrag stützt, nicht zu beweisen, daß der Beklagte bei Vertragsabschluß geistig klar war und daß er seinen Willen ernsthaft und ohne Zwang erklärt habe, vielmehr trifft denjenigen, der sich auf einen solchen Ausnahmetatbestand beruft, dafür die Beweislast. Dies gilt z. B. für den Einwand

[9] BGH 25,121.

der Geschäftsunfähigkeit, der Bewußtseinsstörung, der Simulation, des Irrtums, der Täuschung, des Zwanges und des Wuchers. Steht Geisteskrankheit im Sinne von § 104 Nr. 2 BGB fest, hat der Gegner lichte Augenblicke zu beweisen. Das BGB bringt die Ausnahme oft durch sprachliche Fassung zum Ausdruck (vgl. §§ 139, 145, 153, 273, 560, 892, 932).

Die zufällige *Parteikonstellation* hat auf die Beweislastverteilung *keinen Einfluß*. Dies ergibt sich daraus, daß jede Partei die tatsächlichen Voraussetzungen der Rechtsnorm beweisen muß, deren Rechtswirkung sie für sich in Anspruch nimmt. Deshalb hat derjenige, der eine Forderung geltend macht, ihre Entstehung zu beweisen, wobei es gleichgültig ist, ob er als Kläger Erfüllung begehrt oder sie als Beklagter zur Aufrechnung stellt. Wer ein Anfechtungsrecht ausübt, hat dessen Voraussetzungen zu beweisen, mag er auf Rückgewähr der erfolgten Leistung klagen oder als Beklagter mit Hilfe der Anfechtung den Klaganspruch zu beseitigen versuchen.

Für die Feststellungsklage (§ 256) ergibt sich daraus folgendes: Bei der positiven Feststellungsklage hat der Kläger die Entstehung des Rechtsverhältnisses, der Beklagte das Erlöschen zu beweisen. Bei der negativen Feststellungsklage nötigt der Kläger den Beklagten zum Beweis der Entstehung des Rechtsverhältnisses. Gibt der Kläger die Entstehung zu, trifft ihn die Beweislast für das nachträgliche Erlöschen[10].

Mit Rücksicht auf die eigentümliche Ausgestaltung, die das zwischen dem unehelichen Kind und seinem Erzeuger bestehende Rechtsverhältnis erfahren hat, gelten für Rechtsstreitigkeiten, in denen die uneheliche Vaterschaft geklärt werden soll, Besonderheiten. Das im Statusverfahren mit allseitiger Wirkung (§ 643) ergehende Urteil über das Rechtsverhältnis der unehelichen Vaterschaft muß so beschaffen sein, daß es der bestehenden Rechtslage in vollem Umfang entspricht. Die Feststellung, daß die Vaterschaft nicht bestehe, darf nur getroffen werden, wenn Rechtsbeziehungen auf Grund unehelicher Abstammung zwischen den Beteiligten in keiner Hinsicht in Betracht kommen können. Sie verbietet sich deshalb, wenn nach dem Ergebnis des Statusprozesses die Abstammung zwar nicht festgestellt werden kann, aber möglich bleibt und damit auch Unterhaltsansprüche wegen der insoweit noch vermuteten Vaterschaft nicht schlechthin ausgeschlossen sind. Die Klage auf Feststellung des Nichtbestehens der unehelichen Vaterschaft ist daher abzuweisen, wenn es ungewiß ist, ob der Kläger der Vater des beklagten Kindes ist[11].

Materiellrechtliche Einreden, z. B. die Einrede der Verjährung, muß der Beklagte im Prozeß geltend machen. Im Streitfall hat er die der

[10] Vgl. *Rosenberg*, Beweislast, S. 173. [11] BGH 17,252; 40,367.

Einrede zugrunde liegenden Tatsachen zu beweisen. Bei derartigen rechtshemmenden Tatsachen genügt es nicht, daß sie dem Gericht aus dem Vortrag des Klägers bekannt sind, da es im Ermessen des Beklagten steht, ob er von seinem Leistungsverweigerungsrecht Gebrauch machen will oder nicht. Das gilt auch für die Einrede des nicht erfüllten Vertrages (§ 320 BGB), die allerdings hinsichtlich der Beweislast Besonderheiten aufweist, und für die Einrede der Vorausklage des Bürgen (§ 771 BGB).

Die Grundregel der Beweislast lautet demnach: Wer einen Anspruch geltend macht, hat im Streitfall die rechtsbegründenden Tatsachen zu beweisen. Wer dem Anspruch widerspricht, hat die von ihm behaupteten rechtshindernden, rechtsaufhebenden und rechtshemmenden Tatsachen zu beweisen.

Bloßes Leugnen einer rechtsbegründenden Tatsache erzeugt keine Beweislast des Leugnenden.

Die Grundsätze über die Beweislastverteilung werden durch zahlreiche *ausdrückliche Beweislastregeln* (vgl. z. B. §§ 282, 345, 358, 363, 442 BGB) und durch *gesetzliche Vermutungen* modifiziert. Dabei unterscheidet man Tatsachenvermutungen (z. B. §§ 484, 938, 1117 III, 1253 II BGB) und Rechtsvermutungen (vgl. z. B. §§ 891, 1006 BGB). Wer behauptet, daß die Vermutung im konkreten Fall nicht zutrifft, trägt hierfür die Beweislast.

IV. Bei Vertragsklagen bereitet es oft Schwierigkeiten, zu erkennen, ob das Vorbringen des Beklagten bloßes den Kläger zum Beweis nötigendes Bestreiten ist oder ob es sich um eine vom Beklagten zu beweisende Einrede handelt.

Beispiele:

1. Wendet der Beklagte gegenüber der Kaufklage Schenkung ein, so liegt darin ein motiviertes Leugnen des Klaggrundes, folglich hat der Kläger das Zustandekommen eines Kaufs zu beweisen.

2. Wendet der Beklagte ein, bei Kaufabschluß sei ihm eine Zahlungsfrist bewilligt worden, so ist damit nicht etwa der vom Kläger behauptete Kauf zugestanden, sondern der Beklagte leugnet den angegebenen Vertragsinhalt. Ein Geschäft mit vereinbarter Zahlungsfrist ist ein anderes Geschäft als das mit sofortiger Zahlungspflicht abgeschlossene. Die Stundung ist hier nicht nachträgliches Vertragsanhängsel, sondern Teil des Inhalts dieses Rechtsgeschäfts. Folglich hat der Kläger zu beweisen, daß der Kauf ohne Zahlungsfrist abgeschlossen ist[12]. Abweichend hiervon will *Rosenberg*[13] dem Beklagten für die Zahlungsfrist die Beweislast aufbürden, da es sich um ein accidentale

[12] RG 68,305; *Stölzel-Steuber*, Schulung für die Zivilistische Praxis, 10. Aufl., S. XXXIII; *A. Blomeyer* § 70 II 2 a.

[13] Beweislast, S. 295 ff.

negotii handele. Der im gemeinen Recht üblichen schematischen Verteilung der Beweislast, je nachdem ob es sich um essentialia, naturalia oder accidentalia handelt, kann kein Gewicht mehr beigemessen werden. Die Lehre von den Essentialien diente an sich überhaupt nicht der Beweislastregelung, sondern sollte eine Antwort auf die Frage geben, ob ein Rechtsgeschäft zustande gekommen war. Das war anzunehmen, sobald kein essentiale fehlte. Die naturalia wurden dann als gewollt unterstellt, falls sie nicht durch accidentalia abgeändert waren.

Nach heutigem Recht besteht keine irgendwie geartete Vermutung dafür, daß sich die Parteien bei den Tausenden von Verträgen, die täglich abgeschlossen werden, auf den Mindestinhalt, den das Gesetz fordert, beschränken. Das bloße Zustandekommen eines Vertrags besagt noch nichts Abschließendes über dessen Inhalt, da infolge der Privatautonomie vertragliche Gestaltungsfreiheit besteht (§ 305 BGB). Deshalb trägt der aus einem Vertrag klagende Kläger für den bestrittenen Vertragsinhalt die volle Beweislast. Vielleicht waren gerade die accidentalia für die Parteien von wesentlicher Bedeutung. Oft kauft jemand nur, weil ihm bei Abschluß des Kaufvertrags eine Zahlungsfrist bewilligt wird. Es wäre sonderbar, wenn die Beweislast des Klägers auf den gesetzlichen Mindestinhalt des betreffenden Vertragstyps, der in abstracto seinen Klaganspruch begründen könnte, beschränkt wäre und der Beklagte für den weiteren Vertragsinhalt die Beweislast tragen müßte. Es besteht auch keine gesetzliche Vermutung, daß die Bewilligung einer Zahlungsfrist die Ausnahme darstellt. § 271 BGB ist eine solche Vermutung nicht zu entnehmen. Die gegenteilige Ansicht belohnt den Verkäufer, der trotz bewilligter Zahlungsfrist, also unter Bruch des Vertrags, sofortige Zahlung verlangt, mit einer günstigen prozessualen Position. Wenn sich nach der hier vertretenen Ansicht der Beklagte in einer vorteilhaften Lage befindet, so rechtfertigt sich dies aus seiner Stellung als Angegriffener.

3. Ebenso liegt Leugnen des Vertragsinhalts vor, wenn der Beklagte gegenüber der Kaufklage einwendet, der Vertrag sei unter einer aufschiebenden Bedingung geschlossen. Demnach hat hier der Kläger den Beweis des unbedingten Vertragsabschlusses (oder des Bedingungseintritts) zu führen.

4. Verlangt der Kläger vom Beklagten den angemessenen Preis, so ist es Leugnen des Klaggrundes, wenn Beklagter Verabredung eines niedrigeren Preises behauptet. Denn der angemessene Preis kann nur verlangt werden, wenn ein Preis nicht vereinbart ist, und diesen negativen Vertragsinhalt hat der Kläger zu beweisen.

5. Behauptet dagegen der Beklagte, daß ihm nachträglich Stundung gewährt sei, so trägt er, wie für jede sonstige spätere Änderung des Vertrags, die Beweislast. Ebenso muß der Beklagte den Eintritt einer auflösenden Bedingung beweisen, weil dadurch nachträglich die Wirkung des zunächst zustande gekommenen Rechtsgeschäfts entfällt[14].

6. Da die Gewährleistungsansprüche (§§ 459 ff. BGB) keine Ansprüche wegen Nichterfüllung sind, bei denen grundsätzlich der Schuldner die Erfüllung zu beweisen hat, falls nicht die Ausnahmevorschrift des § 363 BGB

[14] RG 57,49; 68,305; 88,376.

eingreift, trifft den Käufer die Beweislast für das Vorhandensein des Mangels zur Zeit des Gefahrübergangs. Beruft sich der Verkäufer auf die Ausnahme, daß er trotz des Mangels nicht hafte, weil diesen der Käufer infolge grober Fahrlässigkeit übersehen habe (§ 460 BGB), so muß er die Ausnahme beweisen. Macht der Käufer von dieser Ausnahme die weitere Ausnahme geltend, daß nämlich der Verkäufer trotz grober Fahrlässigkeit des Käufers hafte, weil er den Mangel arglistig verschwiegen oder seine Abwesenheit zugesichert habe, dann steht das arglistige Verschweigen oder die Zusicherung wieder zur Beweislast des Käufers[15].

Ebenso trägt der Käufer die Beweislast für das Vorhandensein des Mangels oder das Fehlen einer zugesicherten Eigenschaft beim Gattungskauf (§ 480 BGB).

Anders ist die Rechtslage, wenn der Käufer die gelieferten mangelhaften Stücke als Erfüllung ablehnt und statt ihrer Lieferung vertragsmäßiger fehlerfreier Stücke verlangt. In dem Begehren der Nachlieferung ist das Geltendmachen der ursprünglichen Kaufforderung zu erblicken, die auf Lieferung von Sachen mittlerer Art und Güte gerichtet ist (§ 243 BGB) und durch die mangelhafte Leistung nicht erfüllt wurde. Macht der Verkäufer demgegenüber geltend, die Lieferung sei einwandfrei gewesen, so wendet er Erfüllung ein, so daß er für die Fehlerlosigkeit die Beweislast trägt. Rügt bei dem Gattungskauf der auf Zahlung des Kaufpreises verklagte Käufer die mangelhafte Lieferung, so erhebt er damit die Einrede des nicht erfüllten Vertrags (§ 320 BGB). Während im allgemeinen derjenige, der eine Einrede geltend macht, sein Gegenrecht beweisen muß, nötigt die Einrede des nicht erfüllten Vertrags den Kläger zum Beweis, daß er schon geleistet, also mangelfrei erfüllt hat, oder daß der Beklagte vorleistungspflichtig ist. Diese Besonderheit erklärt sich daraus, daß beim gegenseitigen Vertrag grundsätzlich jeder Teil nur zu leisten braucht, wenn er gleichzeitig die Gegenleistung erhält. Beschränkt sich der Beklagte nicht auf die Einrede des nicht erfüllten Vertrags, sondern erhebt er Widerklage auf die Gegenleistung, trifft ihn für das Bestehen des Gegenanspruchs die Beweislast[16].

7. Soweit sich der Beklagte gegenüber der Kaufpreisklage auf das Vorliegen eines Rechtsmangels beruft, müßte an sich wiederum die Beweislast des Klägers eingreifen, da bei Vorliegen eines Rechtsmangels nicht erfüllt ist. Hier gilt aber die besondere Beweislastregel des § 442 BGB, wonach der Käufer den Rechtsmangel zu beweisen hat. Dieser Beweislast genügt er z. B. durch den Nachweis, daß der Kaufgegenstand seinem früheren Besitzer abhanden gekommen ist (§ 935 BGB).

8. Macht der Kläger einen Schadensersatzanspruch aus Delikt geltend, so hat er den objektiven Tatbestand der unerlaubten Handlung und Verschulden des Beklagten zu beweisen. Zum objektiven Tatbestand gehört, daß eine Handlung, d. h. ein der Bewußtseinskontrolle und Willenslenkung unter-

[15] RG Recht 1907, 634.

[16] Teilweise abweichend *Rosenberg*, Beweislast, S. 322, der nicht beachtet, daß das Zug-um-Zug-Urteil für den Beklagten keinen Vollstreckungstitel bildet.

liegendes beherrschbares Verhalten vorliegt. Wenn bei einem Streit den Kläger eine Kegelkugel in das Gesicht getroffen hat, muß er gegenüber dem Einwand des Beklagten, die Kugel sei infolge eines Schlages in die Magengegend automatisch in Bewegung gekommen, den Beweis führen, daß der Verletzungsvorgang nicht unter physischem Zwang erfolgt oder als unwillkürlicher Reflex durch fremde Einwirkung ausgelöst worden sei[17]. Zwar wird in einem derartigen Fall die Beweisführung dadurch erleichtert, daß nach der Lebenserfahrung ein solcher Verletzungsvorgang in der Regel auf eine Handlung zurückzuführen ist. Sätze der Lebenserfahrung sind aber nur Erkenntnismittel zur richterlichen Überzeugungsbildung über den tatsächlichen Geschehenshergang. Sie sind dagegen keine gesetzlichen Vermutungen und Rechtsregeln, aus denen sich eine Änderung der Beweislast ergäbe[18].

Wendet der Täter Unzurechnungsfähigkeit ein (§ 827 BGB), so trifft ihn hierfür die Beweislast. Dagegen hat der Verletzte nachzuweisen, daß sich der Täter, etwa durch Alkoholgenuß, selbst in den Zustand der Willensunfreiheit gebracht habe. Demgegenüber steht dem Täter der Nachweis offen, daß er ohne Verschulden in diesen Zustand geraten sei. Bei einem beschränkt Deliktsfähigen (§ 828 II BGB) spricht eine gesetzliche Vermutung dafür, daß er die Fähigkeit besitzt, die Gefährlichkeit seines Tuns zu erkennen (§ 828 II BGB). Diese Vermutung hat er zu widerlegen. Fahrlässigkeit kann dagegen nur angenommen werden, wenn der Verletzte nachweist, daß der Jugendliche die Gefährlichkeit seines Verhaltens unter den zur Zeit der Tat gegebenen Umständen erkannt hat oder hätte erkennen müssen[19]. Da die Verletzung eines in § 823 I BGB genannten Rechtsgutes grundsätzlich mit dem Unwerturteil der Rechtswidrigkeit umkleidet ist, trägt der Schädiger für das Vorliegen eines etwaigen Rechtfertigungsgrundes die Beweislast[20].

9. In der Regel kann ein Geschädigter nur dann Schadensersatz verlangen, wenn er nachweist, daß der Beklagte ihn geschädigt hat. Von diesem Grundsatz macht § 830 I 2 BGB eine Ausnahme, wenn sich mehrere schuldhaft an einem gefahrbringenden, schadenstiftenden Vorgang, etwa einem Raufhandel, beteiligt haben. Da hier der geschädigte Kläger den eigentlichen Täter kaum je nachweisen kann, wird seiner Beweisnot dadurch Rechnung getragen, daß alle möglichen Täter haften. Jedoch kann sich jeder Beteiligte durch den Nachweis entlasten, daß der Schaden von ihm nicht herrühre.

10. Im Gegensatz zum Deliktsrecht hat bei Schadensersatzansprüchen, die aus vertraglichen Leistungsstörungen erwachsen, der Schuldner den Beweis seiner Schuldlosigkeit zu erbringen. Diesen Grundsatz hat das BGB für die Unmöglichkeit und den Verzug, also für die beiden Hauptfälle von Leistungsstörungen ausdrücklich aufgestellt (§§ 282, 285). Wendet der Beklagte ein, daß er ohne sein Verschulden, etwa infolge eines Streiks, nicht rechtzeitig habe leisten können, so trägt er hierfür die Beweislast. Das gleiche gilt, wenn der Schuldner einwendet, daß die Unmöglichkeit der Leistung die Folge eines von ihm nicht zu vertretenden Umstandes sei.

[17] BGH 39,108. [18] BGH 39,107.
[19] BGH LM § 828 BGB Nr. 1: Tomatenschlachturteil.
[20] BGH 39,108.

Die Frage, ob bei positiven Vertragsverletzungen die Beweisregel des § 282 BGB eingreift, ist umstritten. Im allgemeinen wird, wenn die positive Vertragsverletzung feststeht, der Schuldner seine Schuldlosigkeit beweisen müssen. Dies ist jedenfalls für die Fälle anerkannt, wenn die Schadensursache aus einem Gefahrenkreis hervorgegangen ist, für den der Schuldner verantwortlich ist[21]. Dies gilt z. B. bei einer Schadensersatzklage gegen einen Arzt wegen schädigender Behandlung oder nachteiliger Operation. Dasselbe ist anzunehmen, wenn sich in gekaufter Marmelade Glassplitter befanden, durch die der Käufer verletzt worden ist, oder wenn beim Friseur der Kunde dadurch geschädigt wurde, daß durch die Trockenhaube Haar und Kopfhaut verbrannten.

V. Zu welchem Rechtsgebiet die Beweislast gehört, ist streitig[22]. Zwar ergibt sich allein aus dem materiellen Recht, welche Tatsachen rechtserzeugend, rechtshindernd, rechtsaufhebend und rechtshemmend sind. Dies rechtfertigt jedoch nicht den Schluß, daß die Beweislastregeln zum materiellen Recht gehören. Hierfür kann auch nicht angeführt werden, daß eine Reihe materiellrechtlicher Normen die Beweislast ausdrücklich regelt. Dies erklärt sich vielmehr aus der der romanistischen Betrachtungsweise entstandenen Gewohnheit, materiellrechtliche Sätze auf den Prozeß zuzuschneiden. Da die Beweislast nur im Prozeß praktisch wird und ausschließlich für ihn bestimmt ist, handelt es sich um prozessuales, nicht um materielles Recht[23]. *Verstöße gegen die Beweislast* sind daher *Verfahrensmängel* und bedürfen in der Revisionsinstanz der Rüge (§ 559)[24].

Vereinbarungen über die Beweislast, die in Allgemeinen Geschäfts- und Versicherungsbedingungen häufig vorkommen, sind als Ausdruck der Vertragsfreiheit wirksam, soweit die Parteien über den Vertragsgegenstand verfügen dürfen und nicht gegen zwingendes Recht verstoßen. Bei der in Allgemeinen Geschäftsbedingungen vom Gesetz abweichend geregelten Beweislastverteilung kann es aber nicht als angemessen angesehen werden, wenn dem sich den Bedingungen unterwerfenden Vertragspartner die Beweislast für Umstände aufgebürdet wird, die im Verantwortungsbereich der die Bedingungen aufstellenden Vertragspartei liegen. Eine solche Bestimmung wäre nichtig, da sie den Vertragspartner in Beweisnot bringt[25].

Beweisverträge, die den Zweck haben, den Richter in der freien Beweiswürdigung und damit in der Wahrheitsfindung zu beschränken, indem sie z. B. nur bestimmte Beweismittel zulassen und andere ausschließen, sind unwirksam.

[21] BGH 23,288; 28,251; BGH NJW 1967,1508.

[22] Vgl. *Rosenberg,* Beweislast, S. 77 ff.; BGH 3, 345.

[23] *Stein-Jonas-Schönke,* § 282 IV 3; *Ule,* Verwaltungsprozeßrecht, 3. Aufl., S. 162.

[24] A.A. RG JW 1937, 2228; BGH LM § 559 ZPO Nr. 8.

[25] BGH NJW 1964, 1123.

VI. Die ZPO kennt kein besonderes Beweisstadium mehr. Es gilt das *System der Beweisverbindung:* die Beweismittel sollen gleichzeitig mit der Behauptung genannt werden (§ 282). Beweismittel und Beweiseinreden (Einwendungen gegen Zulässigkeit oder Wirksamkeit eines Beweismittels, z. B. Bemängelung der Glaubwürdigkeit eines Zeugen) können aber grundsätzlich bis zum Schlusse der Tatsachenverhandlung vorgebracht werden (§§ 283, 529; vgl. aber § 283 II).

Die *Beweisführung* ist Sache der Parteien. Sie geschieht dadurch, daß die Parteien in der mündlichen Verhandlung den Beweis antreten, d. h., daß sie die zu beweisende Tatsache (Beweisthema) und das Beweismittel angeben (§ 282; vgl. z. B. §§ 371, 373, 403, 420 ff., 428, 432, 445). Den Beweisantritt kann der Beweisführer an sich jederzeit zurückziehen. Erst wenn der Zeuge oder Sachverständige erschienen, die Urkunde vorgelegt ist, tritt die „Gemeinschaftlichkeit des Beweismittels" ein. Der Gegner kann dann die Ausführung der Beweisaufnahme verlangen (vgl. §§ 399, 402, 436).

Die *Beweisaufnahme* (Beweiserhebung) erfolgt durch das Gericht, und zwar in der Regel durch das Prozeßgericht *(Grundsatz der Unmittelbarkeit der Beweisaufnahme).* Nur in bestimmten Ausnahmefällen (vgl. z. B. §§ 372 II, 375) darf die Beweisaufnahme einem beauftragten oder ersuchten Richter übertragen werden (§§ 361, 362, 370 II).

Beschließt das Gericht eine Beweiserhebung, so soll die Beweisaufnahme möglichst sofort erfolgen, insbesondere sollen Zeugen oder Sachverständige, die zur Stelle sind, sogleich vernommen werden (§ 357 a). In diesem Falle ist ein förmlicher *Beweisbeschluß* (§ 359) nicht erforderlich. Ein solcher muß nur dann ergehen, wenn zum Zwecke der Herbeischaffung der Beweismittel ein neuer Termin nötig ist (§ 358). Inhalt des Beweisbeschlusses: § 359. Das Beweisthema ist bestimmt, aber knapp anzugeben. Dabei sollte es der Richter vermeiden, die Behauptungen der Parteien im einzelnen anzuführen, weil sich dadurch die Zeugen leicht beeinflussen lassen. Eine Verweisung auf Schriftsätze und Protokolle sollte möglichst nicht stattfinden. Änderung: § 360. Das Gericht kann den Beweisbeschluß als prozeßleitende Anordnung jederzeit von Amts wegen aufheben, namentlich wenn es das Beweisthema nicht mehr für erheblich hält[26].

Zu beachten ist, daß das Beweisverfahren im Zivilprozeß einen anderen Zweck hat als im Strafprozeß. Dort sollen durch die Beweisaufnahme Tatsachen ermittelt werden, wobei es gleichgültig ist, ob diese von dem Staatsanwalt oder dem Angeklagten schon vorgebracht worden sind oder nicht. Demgegenüber soll die Beweisaufnahme im Zivilprozeß lediglich die von den Parteien aufgestellten bestrittenen Behauptungen auf ihre Richtigkeit hin prüfen. Der Ermittlung neuen Prozeßstoffs dient sie nicht.

Damit hängt es zusammen, daß der *zur Ausforschung* angetretene Beweis als bloßer *Beweisermittlungsantrag* unzulässig ist. Ein Ausforschungsbeweis liegt dann vor, wenn der Beweisantrag nicht die zu beweisende Tatsache oder das zu benutzende Beweismittel bestimmt angibt, so daß die Beweisaufnahme

[26] RG 97,127; 150,336.

erst die Grundlage für substanziierte Behauptungen schaffen soll. Ein Ausforschungsbeweis ist ebenfalls gegeben, wenn der Beweisführer trotz Fehlens jeder tatsächlichen Grundlage aufs Geradewohl Beweis antritt. Dies hängt damit zusammen, daß auch das aus der Luft gegriffene Vorbringen unter das Verbot der Unwahrheit (§ 138 I) fällt (vgl. oben § 23 III).

Das Hauptbeispiel eines Ausforschungsbeweises bildet der Fall, daß im Unterhaltsprozeß gegen den Zahlvater der Beklagte ohne irgendwelche Bezugnahme auf tatsächliche Anhaltspunkte einwendet, daß die Kindesmutter noch zu anderen Männern intime Beziehungen gehabt habe (§§ 1708, 1717 BGB). Die bloße Behauptung, daß die Mutter in der Empfängniszeit auch mit anderen Männern verkehrt habe, genügt nicht den Anforderungen, welche die §§ 282, 373 für den Beweisantritt stellen[27]. Ein Ausforschungsbeweis liegt jedoch nicht vor, wenn der Antrag auf Einholung eines erbbiologischen und Blutgruppengutachtens damit begründet wird, daß der Kindesmutter ein Dritter in der Empfängniszeit beigewohnt und das Kind keine Ähnlichkeit mit dem Beweisführer habe[28]. Ebenso ist es unzulässig, als Voraussetzung für die Einholung eines erbbiologischen Gutachtens von der beweisbelasteten Partei zu verlangen, daß sie bestimmte unterschiedliche Körpermerkmale der in Betracht kommenden Personen behauptet. Dazu wird ihr in aller Regel die erforderliche Sachkenntnis fehlen, so daß sie genötigt wäre, willkürliche Behauptungen aufzustellen[29]. Wird von einer Partei dafür Beweis angeboten, daß dringender Verdacht ehelicher Untreue der Gegenpartei mit einer bestimmten Person bestehe, so ist bereits in einer solchen Behauptung eine bestimmte Tatsache im Sinne des § 373 zu erblicken[30].

Den Parteien ist gestattet, der Beweisaufnahme beizuwohnen (sog. *Parteiöffentlichkeit* § 357). Dadurch erhalten die Parteien die Möglichkeit, bei der Auswertung der Beweismittel, z. B. durch Ausübung des Fragerechts (§ 397), aktiv mitzuwirken[31]. Ihre Anwesenheit ist aber nicht erforderlich (§ 367). Erfolgt die Beweisaufnahme vor dem Prozeßgericht, so ist der Beweistermin zugleich zur Fortsetzung der mündlichen Verhandlung bestimmt (§ 370).

In dieser haben die Parteien zum Ergebnis der Beweisaufnahme Stellung zu nehmen (§ 285). Weil die mündliche Verhandlung erst nach Erledigung der Beweisaufnahme oder Verzicht auf sie zulässig ist (§ 367 I), kann beim Ausbleiben einer Partei erst dann Versäumnisurteil (§§ 330 ff.) beantragt werden.

Da die Verletzung der Grundsätze der Unmittelbarkeit der Beweisaufnahme und der Parteiöffentlichkeit die Richtigkeit des Beweisergebnisses gefährdet, darf dieses nicht verwertet werden. Die Parteien haben ein Recht auf Wiederholung der Beweisaufnahme. Verwertet das Gericht in seinem Urteil eine Beweisaufnahme, die unter Verletzung gesetzlicher Vorschriften zustande gekommen ist, so ist das

[27] OLG Freiburg JZ 1953, 229.
[28] BGH NJW 1964, 723.
[29] BGH 5,306.
[30] RG HRR 1928 Nr. 1940.
[31] Vgl. *Peters*, Der sogenannte Freibeweis im Zivilprozeß, 1962, S. 103.

Urteil mit dem zulässigen Rechtsmittel anfechtbar[32]. Bei der Verletzung des Grundsatzes der Parteiöffentlichkeit ist jedoch zu beachten, daß durch Rügeverlust gemäß § 295 Heilung eintreten kann. Der Verstoß gegen § 357 ist auch dann unbeachtlich, wenn die Fragen, welche die Partei dem Zeugen vorlegen wollte, nicht geeignet wären, eine Berichtigung des beanstandeten Zeugnisses in seinen wesentlichen Punkten herbeizuführen[33].

VII. Grundsatz der freien Beweiswürdigung. Vgl. oben § 23 X.

VIII. Sicherung des Beweises: §§ 485 ff.

IX. Unser Gesetz kennt folgende *Beweismittel:* Zeugen, Sachverständige, Augenschein, Urkunden und Parteivernehmung.

X. Bisweilen wird nicht voller Beweis gefordert, sondern es genügt hinreichende Wahrscheinlichkeit (*Glaubhaftmachung*).

So besonders in schleunigen oder weniger wichtigen Fällen (z. B. §§ 44, 71, 224, 236 I Nr. 2, 920). Zur Glaubhaftmachung sind alle Beweismittel zulässig, auch die Parteivernehmung, freilich nur die uneidliche. An die Stelle der eidlichen tritt die Versicherung an Eides Statt. Zur Glaubhaftmachung taugen nur sofort verwertbare Beweismittel. Vertagung zum Zwecke ihrer Herbeischaffung ist unstatthaft. Die Zeugen müssen z. B. sistiert, die Urkunden zum Zwecke sofortiger Vorlegung mitgebracht werden (§ 294).

XI. Neben dem Strengbeweis, der in einem vom Gericht genau geregelten Verfahren dem Gericht die volle Überzeugung von der Richtigkeit einer tatsächlichen Behauptung verschaffen soll, und der Glaubhaftmachung, die in einem formlosen Verfahren nur einen geringeren Grad von Wahrscheinlichkeit zu erwecken sucht, kennt die Praxis des Zivilprozesses den aus dem Strafprozeß stammenden, gesetzlich nicht geregelten *Freibeweis*[34]. Er soll bei der Feststellung von Prozeßvoraussetzungen und sonstigen von Amts wegen zu beachtenden Umständen zulässig sein. Das bei dem Freibeweis zu beobachtende Verfahren unterscheidet sich von dem des Strengbeweises dadurch, daß es grundsätzlich keinen Formvorschriften unterworfen ist, sondern im Ermessen des Gerichts steht. Das Gericht braucht keinen Beweisbeschluß zu erlassen und kann auch Beweismittel benutzen, die den Parteien nicht zur Verfügung stehen. So kann es amtliche Auskünfte einholen (vgl. §§ 118a I 3, 272b II Nr. 2, 437 II). Der Freibeweis bezweckt die Erbringung vollen Beweises. Seine Zulässigkeit ist nicht unbestritten[35].

[32] RG 136,299; RG JW 1938, 3255.
[33] RG 136,300.
[34] RG 86,16; BGH NJW 1951, 441.
[35] Vgl. *Peters,* Der sogenannte Freibeweis im Zivilprozeß, 1962.

§ 35 Zeugen

I. Zeugen sind Personen, die im Prozeß über von ihnen wahrgenommene Tatsachen aussagen sollen. Zeuge kann jede wahrnehmungsfähige Person sein, die im schwebenden Rechtsstreit nicht als Partei vernommen werden kann (vgl. §§ 445 ff.).

Der weitverbreitete Satz „Die Partei kann nicht Zeuge sein"[1] findet im Gesetz keine Stütze und führt zu dem unangemessenen Ergebnis, daß z. B. das Wissen einer 15jährigen Partei nicht im Beweiswege verwertet werden könnte. Soll unser Beweismittelsystem geschlossen sein, so müssen sich Zeugnisfähigkeit und Parteivernehmungsfähigkeit ergänzen. Nur die Partei ist zeugnisunfähig, die gemäß §§ 445 ff. als Partei vernommen werden kann. Da die 15jährige Partei nicht parteivernehmungsfähig ist (§ 455), ist sie zeugnisfähig. Weiter sind z. B. Aufsichtsratsglieder einer AG, nicht vertretungsberechtigte Gesellschafter einer OHG und Kommanditisten in Gesellschaftsprozessen zeugnisfähig, dagegen Vorstandsmitglieder und vertretungsberechtigte Gesellschafter nicht[2]. Auch Kinder und Geisteskranke können Zeuge sein.

II. Im Gemeinschaftsinteresse besteht Zeugnispflicht. Sie trifft grundsätzlich alle der deutschen Gerichtsbarkeit unterworfenen Personen, auch den Ausländer im Inland, soweit er nicht gerichtsbefreit ist (§§ 18 ff. GVG).

Die Zeugnispflicht enthält:

1. Die *Pflicht*, vor Gericht *zu erscheinen.* Ist der Zeuge verhindert (z. B. durch Krankheit), so muß er sich entschuldigen. Unentschuldigtes Ausbleiben zieht Verurteilung in die dadurch verursachten Kosten und eine Ordnungsstrafe in Geld (Mindestbetrag: 1 DM, Höchstbetrag: 1000 DM), an deren Stelle bei Uneinbringlichkeit Haft bis 6 Wochen tritt, nach sich. Bei wiederholtem Ausbleiben kann die zwangsweise Vorführung angeordnet werden (§§ 380, 381).

Ausnahme von der Erscheinenspflicht: Der Bundespräsident ist in seiner Wohnung zu vernehmen (§ 375 II). Die Mitglieder der Bundesregierung oder einer Landesregierung sind grundsätzlich an ihrem Amtssitz zu vernehmen. Die Vernehmung findet an der Gerichtsstelle des betreffenden Ortes statt. Ob durch das Prozeßgericht, den beauftragten oder ersuchten Richter, richtet sich nach dem Beweisbeschluß. Näheres § 382.

2. Die *Aussagepflicht* (§§ 395 f.). Der Zeuge ist zu veranlassen, dasjenige, was ihm von dem Gegenstand seiner Vernehmung (vgl. § 377 II Nr. 2) bekannt ist, im Zusammenhang anzugeben (§ 396). Der Richter soll den Zeugen zunächst ruhig erzählen lassen. Dadurch erhält er ein klares Bild von dessen

[1] RG 29,30; 91,38. [2] BGH 42, 230.

Wissen und Einstellung. Ganz unzulässig ist es, wenn der Richter, womöglich noch unter Assistenz der Anwälte, sofort auf den Zeugen mit Fragen einstürmt. In der Regel wird dann ein klares Bild überhaupt nicht gewonnen. Erfahrungsgemäß wird die Zeugenvernehmung dadurch auch nicht abgekürzt, sondern meist ins Unerträgliche verlängert, weil ein Mißverständnis das andere jagt. Die Befragung durch das Gericht und die Parteien hat erst einzusetzen, nachdem der Zeuge im Zusammenhang ausgesagt hat (§§ 396 II, III; 397). Suggestivfragen, die dem Zeugen eine bestimmte Antwort in den Mund legen, sind möglichst zu vermeiden, da sie leicht zu einer Verfälschung der Aussage und damit des Beweisergebnisses führen können. Suggestivfragen seitens einer Partei oder eines Prozeßbevollmächtigten sollte der Richter nie zulassen. Gegen die bewußte Verwendung von Suggestivfragen zur Prüfung der Suggestibilität oder Glaubwürdigkeit des Zeugen ist dagegen nichts einzuwenden[3]. Jeder Zeuge ist einzeln und in Abwesenheit der später abzuhörenden Zeugen zu vernehmen (§ 394), damit eine gegenseitige Beeinflussung durch Anhören der Aussage vermieden wird.

Eine Ausnahme von der Aussagepflicht besteht für Regierungsmitglieder, Richter und Angehörige des öffentlichen Dienstes, soweit nach den besonderen Vorschriften ihre Amtsverschwiegenheit reicht.

Diese Personen dürfen über die ihnen amtlich bekannt gewordenen Angelegenheiten nur mit Genehmigung der zuständigen Stelle aussagen (§§ 6, 7 BMinG, §§ 46, 71 DRiG, §§ 61, 62, 177 BBG, § 39 BRRG). Die Genehmigung zur Aussage hat das Gericht einzuholen und dem Zeugen bekanntzumachen (§ 376).

Außerdem braucht nicht auszusagen, wer ein Zeugnisverweigerungsrecht hat.

a) Der Bundespräsident kann das Zeugnis verweigern, wenn die Ablegung des Zeugnisses dem Wohl des Bundes oder eines deutschen Landes Nachteile bereiten würde (§ 376 IV). Ob dies der Fall ist, hat er, nicht das Gericht zu entscheiden.

b) Abgeordnete sind berechtigt, über Personen, die ihnen in ihrer Eigenschaft als Abgeordnete oder denen sie in dieser Eigenschaft Tatsachen anvertraut haben, sowie über diese Tatsachen selbst das Zeugnis zu verweigern (Art. 47 GG).

c) Um Gewissenskonflikte zu vermeiden, können nahe Angehörige der Partei die Aussage verweigern (§ 383 I Nr. 1—3). Vor der Vernehmung sind sie über das Zeugnisverweigerungsrecht zu belehren. Unterbleibt die Belehrung oder lautet sie fälschlicherweise dahin, daß ein Zeugnisverweigerungsrecht nicht bestehe, so darf die Aussage nicht verwertet werden. Geschieht dies doch, so unterliegt das Urteil dem zulässigen Rechtsmittel. Jedoch kann der Mangel gemäß § 295 geheilt werden[4]. Ein Minderjähriger, der die zum Verständnis des Zeugnisverweigerungsrechts erforderliche geistige Reife nicht be-

[3] Ausführlich über die Vernehmungstaktik: *Bernhardt*, Die Aufklärung des Sachverhalts, S. 42 ff.

[4] *Stein-Jonas-Schönke* § 383 IV.

sitzt, kann zwar selbständig die Aussage verweigern, darf aber, wenn er aussagebereit ist, nur mit Zustimmung seines gesetzlichen Vertreters vernommen werden. Der gesetzliche Vertreter ist an Stelle des Zeugen über das Zeugnisverweigerungsrecht zu belehren[5].

d) Wer zur Berufsverschwiegenheit verpflichtet ist, kann über anvertraute Tatsachen das Zeugnis verweigern. Dies trifft z. B. auf Geistliche, Ärzte, Rechtsanwälte, Notare, Richter, Beamte, Bankangestellte, Wirtschaftsprüfer und Schriftleiter von Zeitungen zu (§ 383 I Nr. 4 u. 5). Auch wenn das Zeugnis nicht verweigert wird, ist die Vernehmung nicht auf Tatsachen zu richten, die ohne Verletzung der Verpflichtung zur Verschwiegenheit nicht mitgeteilt werden können (§ 383 III).

Sind diese Personen von der Verpflichtung zur Verschwiegenheit entbunden, entfällt das Zeugnisverweigerungsrecht (§ 385 II). Geistliche sind jedoch auch bei Entbindung von der Verschwiegenheit nicht zur Aussage verpflichtet (Art. 9 Reichskonkordat vom 20. 7. 1933, das weiterhin in Geltung ist: BVerfG 6, 309. Entsprechendes gilt für die evangelischen Geistlichen: LG Fulda SJZ 50, 826).

e) Im eigenen Interesse kann der Zeuge die Aussage verweigern über Fragen, deren Beantwortung ihm oder einem Angehörigen einen unmittelbaren vermögensrechtlichen Schaden verursachen würde; ferner über Fragen, die ihm oder einem Angehörigen zur Unehre gereichen oder die Gefahr strafgerichtlicher Verfolgung zuziehen würde; schließlich über Fragen, deren Beantwortung ohne Offenbarung eines Kunst- oder Gewerbegeheimnisses unmöglich wäre (§ 384). So kann z. B. der Zeuge die Aussage über einen behaupteten Ehebruch verweigern. Für das Zeugnisverweigerungsrecht kommt es nur auf den Inhalt der Frage und nicht darauf an, ob die wahrheitsgemäße Beantwortung für den Zeugen die angeführten Folgen haben würde[6]. Auf derartige Fragen braucht sich der Zeuge nicht einzulassen. Deshalb dürfen aus der Zeugnisverweigerung selbst keinerlei Schlüsse gezogen werden. In der Praxis wird häufig zu Unrecht angenommen, daß das Aussageverweigerungsrecht nur gegeben sei, wenn die wahrheitsgemäße Beantwortung der Frage dem Zeugen die erwähnten Nachteile bringen würde. Demzufolge werden oft aus der Aussageverweigerung zu weitgehende Schlüsse gezogen.

Über das vom Zeugen geltend gemachte Zeugnisverweigerungsrecht wird im Streitfall vom Prozeßgericht durch Zwischenurteil entschieden. Rechtsmittel: sofortige Beschwerde (vgl. §§ 386, 387). Grundlose Aussageverweigerung zieht Kostenverurteilung, Ordnungsstrafe und unter Umständen Beugehaft nach sich (§ 390).

3. *Eidespflicht.* Grundsätzlich wird der Zeuge uneidlich vernommen. Auch die falsche uneidliche Aussage ist strafbar (§ 153 StGB), worauf der Zeuge hinzuweisen ist. Der Zeuge ist zu vereidigen, wenn das Gericht dies mit Rücksicht auf die Bedeutung der Aussage oder zur Herbeiführung einer wahrheitsgemäßen Aussage für geboten erachtet. Die Vereidigung unterbleibt, wenn die Parteien darauf verzichten, was in Personenstandssachen ausgeschlossen ist (§§ 391, 617, 640). Wer ein Zeugnisverweigerungsrecht hat, darf, wenn er

[5] BGH NJW 1967, 206 u. 360.

[6] BGH 26,400; LM § 384 ZPO Nr. 2.

trotzdem aussagt, den Eid verweigern (allgem. Rechtsgedanke aus § 63 StPO, die ZPO schweigt)[7]. Grundlose Weigerung zieht die Folgen aus § 390 nach sich. Die Vereidigung erfolgt nach der Vernehmung (§ 392). Der Richter spricht nach Hinweis auf die Bedeutung des Eides: „Sie schwören bei Gott dem Allmächtigen und Allwissenden, daß Sie nach bestem Wissen die reine Wahrheit gesagt und nichts verschwiegen haben." Der Zeuge antwortet: „Ich schwöre es, so wahr mir Gott helfe" (§§ 395, 392, 481). Der Eid kann auch ohne religiöse Beteuerungen geleistet werden. Personen unter 16 Jahren, Geistesschwache und wegen Meineids Verurteilte sind unbeeidigt zu vernehmen (§ 393 ZPO, § 161 StGB).

III. Der Beweisantritt erfolgt durch Benennung des Zeugen und des Beweisthemas (§ 373). Ist der Zeuge zur Stelle, dann soll er sofort vernommen werden, anderenfalls ist die Vernehmung durch Beweisbeschluß anzuordnen (§§ 357a, 358). Ladung der Zeugen: §§ 377, 379. Die Vernehmung erfolgt durch das Prozeßgericht; durch einen beauftragten oder ersuchten Richter nur in den Ausnahmefällen des § 375. Protokollierung der Aussage: §§ 160—163, 163a, 165.

In gewissen Fällen kann die Vernehmung des Zeugen durch eine schriftliche Auskunft unter eidesstattlicher Versicherung ihrer Richtigkeit ersetzt werden (§ 377 III, IV). Echter Zeugenbeweis, nicht Urkundenbeweis! Da hier aber jeder persönliche Eindruck fehlt, machen die Gerichte von dieser Möglichkeit mit Recht nur wenig Gebrauch.

Die Zeugenaussage unterliegt stets freier Beweiswürdigung (§ 286). Die falsche Aussage des Zeugen verpflichtet ihn unter Umständen zum Schadensersatz, da die §§ 153, 154, 163 StGB Schutzgesetze im Sinne von § 823 II BGB sind.

Entschädigung des Zeugen für Zeitversäumnis und Reisekosten: Gesetz vom 26. 9. 1963.

§ 36 Sachverständige

Jessnitzer, Der gerichtliche Sachverständige, 3. Aufl., 1966; *Schmidhäuser*, Zeuge, Sachverständiger und Augenscheinsgehilfe, ZZP 72, 365.

I. Sachverständige sind Personen, die auf einem bestimmten Gebiet (Wissenschaft, Kunst, Technik) *besondere Fachkenntnisse besitzen, wodurch sie den Richter bei der Ermittlung des Sachverhalts unterstützen.* Die Aussage des Sachverständigen heißt Gutachten.

Die Begutachtung kann sich auf einzelne abstrakte Fragen aus dem betreffenden Wissenszweig erstrecken, z. B. ob ein bestimmter Handelsbrauch besteht. Sie kann aber auch den zu entscheidenden Einzelfall betreffen, z. B. ob der Beklagte geisteskrank ist.

[7] BGH 43, 374.

Sind die der Begutachtung zugrunde liegenden Tatsachen unstreitig, so teilt das Gericht dem Sachverständigen den Sachverhalt mit. Beispiel: Über Probe und gelieferte Ware besteht kein Streit. Der Sachverständige hat sich über die Probemäßigkeit der Lieferung auszusprechen. Bei bestrittenen Tatsachen kann das Gericht den Sachverständigen bei der Beweisaufnahme zuziehen, um mit Hilfe seiner Sachkunde den Sachverhalt festzustellen. Infolge Fehlens der erforderlichen Kenntnisse kann das Gericht dem Sachverständigen auch die Feststellung von Tatsachen überlassen, z. B. bei chemischen Untersuchungen oder bei Einsichtnahme in die Geschäftsbücher. Für die Parteien muß dann aber die Möglichkeit bestehen, bei dieser Feststellung anwesend zu sein. Ohne Einverständnis der Parteien ist der Sachverständige nicht befugt, Parteien oder Zeugen zur Vorbereitung seines Gutachtens über wesentliche Streitpunkte zu vernehmen. Ein solches Verfahren wäre mit dem Grundsatz der Unmittelbarkeit der Beweisaufnahme (§ 355 I) nicht vereinbar[1].

Vernimmt dagegen der Sachverständige im Einverständnis mit den Parteien allein ohne das Gericht Zeugen, so können die gewonnenen Ergebnisse als Grundlage für das Gutachten dienen. Wenn eine Partei diese Ergebnisse nicht gelten lassen will, so muß sie besondere Anträge auf gerichtliche Vernehmung der Zeugen stellen[2].

Unterschied zum Zeugen: Der Zeuge soll in der Regel außerprozessual gemachte Wahrnehmungen mitteilen. Er ist nicht ersetzbar. Der Sachverständige soll entweder fachliche Erfahrungssätze mitteilen oder auch Wahrnehmungen bekunden, die er aber nicht außerhalb, sondern innerhalb und zu Zwecken des Verfahrens gemacht hat (z. B. ein Arzt berichtet über die im Auftrag des Gerichts vorgenommene Untersuchung). Der Sachverständige kann in der Regel durch eine Person von gleicher Fachkunde ersetzt werden. Auch kann sich der Richter stets die ihm fehlende Fachkenntnis auf andere Weise verschaffen, z. B. durch Durcharbeiten des Fachschrifttums.

Der sogenannte *sachverständige Zeuge,* der außerprozessuale Wahrnehmungen gemacht hat, zu denen eine besondere Sachkunde nötig war, ist Zeuge, nicht Sachverständiger (§ 414).

Beispiel: Der Arzt, zu dem ein Verunglückter gebracht worden war, berichtet über die festgestellten Wunden. Er darf also nur die Zeugengebühr verlangen. Hat aber die Person, die über gemachte Wahrnehmungen berichtet, gleichzeitig ein fachmännisches Urteil abzugeben, dann ist sie Zeuge und Sachverständiger. Dies ist z. B. der Fall, wenn der Arzt, der den Verletzten behandelt hat, zugleich eine Prognose über die künftige Erwerbsfähigkeit aufstellt. Der Aussagende hat dann sowohl den Zeugen- als auch den Sachverständigeneid zu leisten und kann die höheren Sachverständigengebühren beanspruchen.

II. Der Sachverständige ist *Beweismittel und gleichzeitig Gehilfe des Richters*[3].

Daher kann er, falls Zweifel an seiner Unparteilichkeit bestehen, wie ein Richter abgelehnt werden, z. B. weil er früher für die Partei in der gleichen

[1] RG 156,338; BGH 23,207 und NJW 1955,671.
[2] BGH 23,207. [3] BGH 23,213.

Sache ein Privatgutachten erstattet hat. Kein Ablehnungsgrund ist, daß der Sachverständige als Zeuge vernommen worden ist (§§ 406, 41 Nr. 1—4, 42). Auswahl des Sachverständigen: §§ 404 f. Da der Sachverständige ersetzbar ist, besteht keine allgemeine Sachverständigenpflicht. Für bestimmte Personen besteht aber eine sehr weitgehende Begutachtungspflicht (§ 407). Die Zeugnisverweigerungsgründe berechtigen zur Verweigerung des Gutachtens (§§ 408, 383—385). Das Gericht kann auch aus anderen Gründen (z. B. wegen Berufsüberlastung) einen Sachverständigen von der Gutachterpflicht entbinden (§ 408 I 2). Vgl. auch § 408 II und III.

III. Das Gericht kann *schriftliche oder mündliche Begutachtung* anordnen.

Im ersteren Falle hat der Sachverständige das von ihm unterschriebene Gutachten auf der Geschäftsstelle niederzulegen. Das Gericht kann stets mündliche Erläuterung verlangen (§ 411). Ist mündliche Begutachtung angeordnet, so muß der Sachverständige im Termin erscheinen und sein Gutachten mündlich erstatten. Protokollierung: §§ 160—163, 163 a. Auch der Sachverständige ist grundsätzlich uneidlich zu vernehmen (§§ 391, 402). Das Gericht kann aber z. B. wegen der Bedeutung des Gutachtens verlangen, daß der Sachverständige den Sachverständigeneid leistet. Vor- oder Nacheid: § 410 I. Ist der Sachverständige für die Erstattung von Gutachten der betreffenden Art im allgemeinen beeidigt, so genügt die Berufung auf den geleisteten Eid (§ 410 II).

Bleibt der Sachverständige unentschuldigt im Termin aus oder weigert er sich, zu begutachten, obwohl er dazu verpflichtet ist, so kommen als Zwangsmittel nur Ordnungsstrafen in Geld in Betracht (§ 409). Haft und Vorführung sind unstatthaft.

IV. Beweisantritt: § 403. Ein solcher ist lediglich eine Anregung, da das Gericht nach freiem Ermessen in jeder Prozeßlage auch *von Amts wegen* die *Begutachtung durch Sachverständige* anordnen kann (§ 144). Dem Antrag auf Vernehmung eines Sachverständigen braucht das Gericht nicht stattzugeben, wenn es die notwendige Sachkunde selbst besitzt[4]. *Der Richter ist an das Gutachten nie gebunden, sondern muß es frei würdigen* (§§ 286, 412)[5]. Keinesfalls darf er das Gutachten gedankenlos übernehmen, ohne sich eine eigene Meinung zu bilden[6].

Entschädigung des Sachverständigen: § 413 und Gesetz vom 26. 9. 1963.

§ 37 Augenschein

I. Ist die ordentliche Ausführung eines Bauwerks streitig, dann wird der Besteller die Einnahme des Augenscheins beantragen, damit das Gericht durch unmittelbare Besichtigung den Fehler selbst feststellen

[4] RG 157,49; BGH MDR 1953,605.

[5] RG 162,228.

[6] BGH NJW 1961,2061.

kann. *Augenschein ist aber nicht nur die Wahrnehmung mit den Augen,* wovon der Name stammt, *sondern jede unmittelbare Sinneswahrnehmung* des Gerichts, auch wenn sie mit dem Gehör, Geruch, Geschmack oder Tastsinn erfolgt. *Augenscheinsobjekte können Personen* (Parteien oder Dritte) *und Sachen sein.*

II. Die Augenscheinseinnahme kann auf Grund eines Beweisantritts (§ 371) oder von Amts wegen (§§ 144, 272b II Nr. 5) angeordnet werden. Im allgemeinen ist es Sache des Beweisführers und bei der Anordnung von Amts wegen des Beweislastträgers, das Augenscheinsobjekt dem Gericht zugänglich zu machen.

Der Gegner muß das bei ihm befindliche Augenscheinsobjekt dann zur Verfügung stellen, wenn er im Prozeß zur Beweisführung darauf Bezug genommen hat (analog § 423) oder wenn er zur Herausgabe oder Vorzeigung privatrechtlich (z. B. nach § 809 BGB, § 418 HGB) dem Beweisführer verpflichtet ist. Unter Umständen ist zur Erzwingung dieser Pflicht ein zweiter Rechtsstreit nötig. *Im übrigen ergibt sich aus der prozessualen Mitwirkungspflicht* (vgl. oben § 1 VI a 1) *für jede Partei die Verpflichtung, die in ihren Händen befindlichen Augenscheinsobjekte zur Verfügung zu stellen.* Diese allgemeine prozessuale Pflicht ist freilich nicht erzwingbar. Aus der Weigerung kann das Gericht aber im Wege freier Beweiswürdigung unter entsprechender Anwendung des Grundgedankens von § 444 Schlüsse ziehen[1]. Aus der prozessualen Mitwirkungspflicht ergibt sich auch für die Parteien die *Verpflichtung zur Duldung des Augenscheins am eigenen Körper.*

Besonderes gilt für Streitigkeiten, in denen die Feststellung der Abstammung erforderlich wird. Dies ist z. B. der Fall bei der Anfechtung der Ehelichkeit (§ 1591 BGB) oder der Klage gegen den unehelichen Vater (§ 1717 BGB). Die Feststellung kann aber auch in einem Erbschaftsprozeß oder Namensstreit notwendig werden. Hier hat jede Person (Parteien, Zeugen, Dritte, z. B. Eltern oder Großeltern) Untersuchungen, insbesondere die Entnahme von Blutproben zum Zwecke der Blutgruppenuntersuchung, zu dulden, soweit die Untersuchung nach den anerkannten Grundsätzen der Wissenschaft eine Aufklärung des Sachverhalts verspricht und dem zu Untersuchenden zumutbar ist. Über die Zumutbarkeit entscheidet das Gericht. Die Gefahr gesundheitlicher Schäden oder sonstiger Nachteile (z. B. strafgerichtliche Verfolgung) kann die Untersuchung als unzumutbar erscheinen lassen (§ 372 a).

§ 372 a widerspricht nicht dem Grundrecht auf körperliche Unversehrtheit, da dieses unter Gesetzesvorbehalt steht (Art. 2 II 3 GG) und daher durch einfaches Gesetz beschränkt werden kann[2].

Über die Rechtmäßigkeit der Weigerung, sich untersuchen zu lassen, entscheidet das Gericht durch Zwischenurteil, das der sofortigen Beschwerde unterliegt. Bei wiederholter unberechtigter Verweigerung der Untersuchung kann unmittelbarer Zwang angewendet, insbesondere die zwangsweise Vorführung zum Zwecke der Untersuchung angeordnet werden (§ 372 a).

[1] BGH NJW 1960,821. [2] BVerfG 5,15.

III. Die Augenscheinseinnahme erfolgt durch das Prozeßgericht oder einen beauftragten oder ersuchten Richter (§ 372 II). Protokollierung: § 160 Nr. 4. Das Gericht kann einen oder mehrere Sachverständige als Augenscheinsgehilfen zuziehen (§ 372 I).

Bisweilen wird sich der Richter beim Augenschein durch eine andere Person vertreten lassen, so z. B. bei der Besichtigung des Körpers einer Frau oder des auf einem Schornstein befindlichen Blitzableiters. Soweit die Mittelsperson eine besondere Sachkunde haben muß, ist sie als Sachverständiger, sonst als Zeuge zu behandeln. *Die Blutgruppen- und Blutfaktorenuntersuchung sowie erbbiologische Untersuchungen sind eine Verbindung von Augenscheins- und Sachverständigenbeweis.*

Urkunden sind nur insoweit Augenscheinsobjekte, als es nicht auf ihren gedanklichen Inhalt, sondern auf ihre Herkunft und äußere Beschaffenheit, z. B. die Schriftzüge, *ankommt.* Insbesondere ist bei der Schriftvergleichung die Urkunde Augenscheinsobjekt (vgl. § 441).

Da das Abhören von Tonbandaufnahmen der unmittelbaren Wahrnehmung festgehaltener Erklärungen dient, ist die Tonbandaufnahme Gegenstand des Augenscheinsbeweises, nicht des Urkundenbeweises[3]. Die Aufnahmen sind jedoch in der Regel nur dann als Beweismittel verwertbar, wenn sie mit Einverständnis des Betroffenen erfolgt sind. Eine heimliche Tonbandaufnahme verletzt grundsätzlich das durch Art. 1, 2 GG gewährleistete allgemeine Persönlichkeitsrecht des Gesprächspartners. Das zu Beweiszwecken erfolgte Abspielen des Tonbands würde den unzulässigen Eingriff in das Persönlichkeitsrecht fortsetzen, weshalb es nicht als Beweismittel verwertbar ist[4]. Eine Ausnahme gilt dann, wenn der geschützten Eigensphäre überwiegende berechtigte Interessen entgegenstehen, etwa bei heimlicher Aufnahme erpresserischer Drohungen. Dagegen rechtfertigt die in Eheprozessen häufig vorliegende Schwierigkeit, unter vier Augen vorgekommene Ereignisse zu beweisen, eine solche Ausnahme nicht. Das Urteil des KG NJW 1956,26 ist abzulehnen[5]. Werden geschäftliche Bestellungen auf Tonband aufgenommen, so wird dadurch das Persönlichkeitsrecht des Bestellers auch dann nicht verletzt, wenn dieser von der Tonbandaufnahme keine Kenntnis hat. Solche Tonbänder sind unbeschränkt zu Beweiszwecken verwertbar[5a].

§ 38 Urkunden

I. Zum Begriff der Urkunde im Sinne des Zivilprozeßrechts gehört *Schriftlichkeit.* Nur die durch Schriftzeichen (Buchstaben, stenograpische Zeichen usw.) verkörperte Erklärung ist eine Urkunde.

Grenzsteine, Waldhammerschläge, Plomben, photographische Platten und Abzüge kommen im Zivilprozeß (anders als im Strafrecht) lediglich als Augenscheinsobjekte in Betracht.

[3] *Pleyer,* ZZP 69,322; a. A. *Siegert* NJW 1957,691.

[4] BGH 27,284.

[5] Vgl. dazu *Peters,* ZZP 76,155 f.

[5a] Dem Bundestag liegt ein Gesetzesentwurf vor, der die heimliche Tonbandaufnahme unter Strafe stellt.

Nur dann ist die Urkunde Gegenstand des Urkundenbeweises, wenn sie durch ihren Gedankeninhalt Beweis erbringen soll (vgl. oben § 37 III).

Die Urkunde ist das zuverlässigste Beweismittel. Ihr gebührt vor allen anderen, namentlich dem Zeugenbeweis, der Vorzug.

II. Man unterscheidet:

1. *Der Form nach öffentliche und private Urkunden.*

Öffentliche Urkunden sind solche, die von einer öffentlichen Behörde innerhalb der Grenzen ihrer Amtsbefugnisse oder von einer mit öffentlichem Glauben versehenen Person innerhalb des ihr zugewiesenen Geschäftskreises in der vorgeschriebenen Form aufgenommen sind (§ 415; vgl. auch §§ 167 ff. FGG). Alle übrigen Urkunden sind Privaturkunden.

Öffentliche Behörden sind z. B. die Bundes-, Landes- und Gemeindebehörden, öffentlichrechtliche Versicherungsanstalten usw. *Mit öffentlichem Glauben versehene Personen* sind z. B. Notare, Urkundsbeamte, Gerichtsvollzieher, Standesbeamte, Postboten.

Die bloße Beglaubigung der Unterschrift (§ 129 BGB) macht eine Privaturkunde nicht zu einer öffentlichen. Nur der Beglaubigungsvermerk selbst gilt als öffentliche Beurkundung.

2. *Dem Inhalt nach* unterscheidet man *Tatbestandsurkunden* (wirkende, konstituierende oder Dispositivurkunden) *und Auskunftsurkunden* (bezeugende, berichtende oder Zeugnisurkunden).

a) *Die Tatbestandsurkunde enthält selbst unmittelbar den zu beweisenden Rechtsvorgang, indem sie ihn verkörpert.* Hierher gehören insbesondere die rechtsgeschäftlichen Urkunden, welche eine privatrechtliche Willenserklärung verbriefen, wie die Vertragsurkunde, das Testament, die schriftliche Kündigung, der Wechsel und der Scheck.

b) *Die Auskunftsurkunde verkörpert den zu beweisenden Vorgang oder Zustand nicht selbst, sondern berichtet lediglich über ihn.* Der Vorgang liegt außerhalb der Urkunde. Beispiele: Protokolle, Zeugnisse und Bescheinigungen von Behörden und Privatpersonen, Handels und Geschäftsbücher, Rechnungen, Schuldscheine, Quittungen.

III. Die Beweiskraft der Urkunde

1. Mit einer Urkunde kann nur dann ein Beweis erbracht werden, wenn sie echt und unverfälscht ist (sog. *formelle Beweiskraft*).

a) *Eine Urkunde ist echt, wenn sie von dem angeblichen Aussteller herrührt.*

Unterschrift ist nicht erforderlich. Es genügt, wenn sich der Aussteller aus dem sonstigen Inhalt ergibt. Aussteller ist der Urheber der Erklärung. Wer die Schrift hergestellt hat, ist gleichgültig. Diktiere ich z. B. meiner Stenotypistin einen Brief, so ist das meine Erklärung, nicht etwa eine Erklärung meiner Schreibhilfe.

Die Echtheit ist im Streitfall von dem Beweisführer zu beweisen. Über die Echtheit entscheidet das Gericht grundsätzlich nach freier

Überzeugung, insbesondere wenn die Urkunde äußere Mängel aufweist, wie Durchstreichungen, Radierungen, Einschaltungen (§§ 419, 286). *Im Interesse der Sicherheit des Urkundenbeweises gelten jedoch bestimmte Rechtsvermutungen:*

α) Öffentliche Inlandsurkunden haben die Vermutung der Echtheit für sich (§ 437 I). Gegenbeweis unbeschränkt zulässig (§ 292). Hält das Gericht die Echtheit für zweifelhaft, so kann es von Amts wegen die Ausstellungsbehörde zu einer Erklärung über die Echtheit veranlassen (§ 437 II). Auslandsurkunden: § 438.

β) Über die Echtheit einer Privaturkunde hat sich der Gegner des Beweisführers zu erklären. Ist die Urkunde unterzeichnet, so hat sich die Erklärung auf die Unterschrift zu beziehen (§§ 439, 138). Erklärt sich der Gegner nicht oder mit „Nichtwissen", obwohl die Urkunde angeblich von ihm herrührt, so gilt die Echtheit als zugestanden. Damit steht die Echtheit für den Richter ohne weiteres fest (§§ 439 III, 138 IV). Bestreitet dagegen der Gegner die Echtheit, so muß sie bewiesen werden (§ 440 I). Dem Bestreiten steht die Erklärung mit „Nichtwissen" gleich, falls die Urkunde für den Gegner eine fremde (auch nach der Behauptung des Beweisführers nicht von ihm stammende) ist. Der Beweis der Echtheit kann durch jedes Mittel geführt werden, z. B. durch Zeugen, Parteivernehmung und namentlich Schriftvergleichung (§§ 441, 442). *Steht die Echtheit der Unterschrift fest oder ist das unter einer Urkunde befindliche Handzeichen beglaubigt, so hat der übrige Inhalt die Vermutung der Echtheit für sich* (§ 440 II). *Grund:* Wer eine Urkunde unterzeichnet, billigt ihren Inhalt.

b) Eine Urkunde ist unverfälscht, wenn ihr ursprünglicher Inhalt nachträglich nicht unbefugt verändert worden ist.

Wer die Verfälschung behauptet, trägt hierfür die Beweislast.

2. Steht die Echtheit und Unverfälschtheit der Urkunde fest, so fragt sich weiter, ob ihr Inhalt den zu beweisenden Vorgang auch wirklich bezeugt (sog. materielle Beweiskraft), ob z. B. das vom Beweisführer vorgelegte Schreiben das behauptete Testament enthält. *Diese Beweiskraft der Urkunden ist im Interesse der Sicherheit des Urkundenbeweises durch einige bindende Beweisregeln gesetzlich bestimmt* (§§ 415 bis 418), wodurch insoweit die freie Beweiswürdigung ausgeschlossen wird.

a) *Liegt eine Tatbestandsurkunde vor, so steht mit der Echtheit und Unverfälschtheit der Urkunde der zu beweisende Rechtsvorgang für und gegen jedermann fest, gleichgültig, ob es sich um eine private* (§ 416) *oder öffentliche Urkunde (§§ 415, 417) handelt.* Denn die Urkunde verkörpert ja den Rechtsakt unmittelbar und beweist ihn deshalb durch ihr bloßes Bestehen. *Ein Gegenbeweis gegen den Inhalt einer echten Tatbestandsurkunde ist ausgeschlossen.* So ist die in einem Schriftstück verbriefte Willenserklärung (z. B. Vertragsantrag, Vertragsannahme, Testament, Kündigung) ohne weiteres gegen jedermann erwiesen. Ob freilich die Erklärung rechtlich wirksam ist, ist eine Frage für sich. Die Erklärung kann z.B. wegen Sitten- oder Formwidrigkeit nichtig oder wegen Willensmangels anfechtbar sein. Ebensowenig beweist die Urkunde, welche eine empfangsbedürftige Willenserklärung (z. B. Kündigung) verbrieft, daß diese dem Adressaten zugegangen ist. Dieses Ereignis liegt außerhalb der Urkunde. Befindet sich aber der Adressat im Besitz der Urkunde, dann wird ihre Aushändigung vermutet werden müssen.

b) *Bei bloßen Auskunftsurkunden muß man unterscheiden:*

α) Bezeugende Privaturkunden (Briefe, Handelsbücher, Schuldscheine, Quittungen) *sind inhaltlich frei zu würdigen* (§ 286). Die Urkunde hat keinen größeren Beweiswert als ein mündliches Zeugnis.

β) Öffentlichen bezeugenden Urkunden kommt dagegen größere Beweiskraft zu:

αα) Bezeugen sie eine vor der Behörde oder Urkundsperson abgegebene *Erklärung* (z. B. vor dem Grundbuchamt, Notar), so begründen sie vollen Beweis des beurkundeten Vorgangs (§ 415 I), d. h. es steht fest, daß die Erklärung von der in der Urkunde genannten Person am angegebenen Ort zur angegebenen Zeit abgegeben ist. Der Beweis unrichtiger Beurkundung ist zulässig (§ 415 II). Der Gegenbeweis kann auch durch Parteivernehmung (§§ 445 ff.) geführt werden[1].

ββ) Bezeugt die Urkunde einen *anderen Vorgang* als eine Erklärung, so muß man weiter unterscheiden:

A. *Beruht das Zeugnis auf eigener Wahrnehmung der Behörde oder Urkundsperson, so steht der bezeugte Vorgang fest* (§ 418), z. B. bei Sitzungsprotokollen, Zustellungsurkunden, Wechselprotesten. Gegenbeweis ist zulässig, soweit er nicht gesetzlich ausgeschlossen ist, wie z. B. in § 164 Satz 2 und § 314 Satz 2.

B. *Bezeugt die Urkunde nur die der Behörde mitgeteilte Wahrnehmung eines Dritten, so beweist sie die Wahrheit des mitgeteilten Vorganges noch nicht.* Es kann aber gesetzlich vorgeschrieben sein, daß auch in einem solchen Fall der mitgeteilte Vorgang bewiesen sein soll. Dies ist z. B. für Eintragungen im Geburten- und Sterbebuch geschehen. Diese beweisen nicht nur, daß Geburt und Sterbefall angezeigt sind, sondern daß sie sich ereignet haben (§ 418 III ZPO, § 60 PStG). Der Nachweis der Unrichtigkeit der beurkundeten Tatsachen ist auch hier zulässig.

IV. Das Beweisverfahren

1. Der *Beweisantritt* ist verschieden, je nachdem, wer die Urkunde besitzt.

a) *Besitzt sie der Beweisführer, so erfolgt der Beweisantritt durch Vorlegung* (§ 420). Bloßes Sichbeziehen auf die Urkunde ist kein Beweisantritt.

[1] *Stein-Jonas-Schönke*, § 415 III 1; a. A. BGH NJW 1965, 1714.

Privaturkunden sind in Urschrift, öffentliche Urkunden in Urschrift oder beglaubigter Abschrift vorzulegen (§ 435).

b) *Besitzt der Gegner die Urkunde, so erfolgt der Beweisantritt durch den sogenannten Editionsantrag* (§§ 421, 424). Gesteht der Gegner den Besitz zu, so ordnet das Gericht die Vorlegung an, falls dieser sich auf die Urkunde bezogen hatte oder falls er nach bürgerlichem Recht zur Herausgabe oder Vorlegung verpflichtet ist (§§ 425, 423; vgl. ferner §§ 402, 810 BGB). Bei vertraulichen Schriftstücken, die mit der Persönlichkeitssphäre des Verfassers verknüpft sind (Art. 1, 2 GG), besteht keine Vorlegungspflicht[2]. Die Anordnung zur Vorlegung geschieht durch *Beschluß* oder, wenn Vorlegungspflicht bestritten wurde, durch *Zwischenurteil* (§ 303). Bestreitet der Gegner den Urkundenbesitz, dann ordnet das Gericht durch Beweisbeschluß seine *Parteivernehmung über den Verbleib der Urkunde an* (§ 426). Die angeordnete Vorlegung (§ 425) oder Nachforschung (§ 426) kann nicht erzwungen werden. Insbesondere findet eine Zwangsvollstreckung gemäß § 883 nicht statt. Auch andere Zwangsmittel kommen nicht in Betracht. Kommt der Gegner der Anordnung nicht nach, so kann eine vom Beweisführer beigebrachte Abschrift der Urkunde als richtig angesehen werden. Ist eine Abschrift nicht beigebracht, so kann der behauptete Inhalt als bewiesen angenommen werden (§§ 427, 286).

Beseitigt eine Partei eine Urkunde, um dem Gegner ihre Benutzung zu entziehen, so kann das Gericht nach freiem Ermessen die Behauptungen des Gegners über Beschaffenheit und Inhalt der Urkunde als bewiesen ansehen. § 444, der auf der prozessualen Förderungspflicht (oben § 1 VI a 1) beruht, enthält den für alle Beweismittel geltenden allgemeinen Rechtsgedanken, daß Vereitelung der Beweisführung nach Ermessen des Gerichts einer gelungenen Beweisführung gleichgesetzt werden kann.

Hat z. B. der Erblasser nach dem Tode seiner Frau das gemeinschaftliche, ihn nun bindende (§ 2271 BGB) Testament verbrannt, um dem als Alleinerben eingesetzten Kläger die Beweisführung zu vereiteln, so ist bis zum Gegenbeweis die Formgültigkeit des Testaments zu unterstellen[3]. Im übrigen kann bei vernichteten Testamenten der Nachweis über Form und Inhalt durch Zeugen und andere Beweismittel geführt werden.

c) *Befindet sich die Urkunde in den Händen eines vorlagepflichtigen Dritten, so tritt der Beweisführer den Beweis durch den Antrag an, ihm zur Herbeischaffung der Urkunde eine Frist zu bestimmen.* Der Dritte kann zur Vorlegung nur im Wege der Klage und Vollstreckung genötigt werden (§§ 428—431). Damit ist naturgemäß eine Verzögerung des Prozesses verbunden.

d) *Befindet sich die Urkunde in den Händen einer Behörde* und können die Parteien weder eine Ausfertigung noch eine beglaubigte Abschrift dieser Urkunde beibringen, *so erfolgt der Beweisantritt durch den Antrag, die Behörde um Mitteilung der Urkunde zu ersuchen* (§ 432).

2. *Die Beweiserhebung geschieht dadurch, daß das Prozeßgericht* — in Ausnahmefällen (§ 434) der beauftragte oder ersuchte Richter —

[2] BGH NJW 1964, 1139.

[3] OGH Köln NJW 1949, 146.

die Urkunde einsieht. Keinesfalls ist es notwendig, daß der Urkundeninhalt von den Parteien vorgetragen wird, wie eine weitverbreitete Meinung annimmt. Die Beweiserhebung ist Gerichtstätigkeit, nicht Parteiverhandlung im Sinne von § 128.

§ 39 Parteivernehmung

I. Die Prozeßnovelle von 1933 hat in Erfüllung eines allseitigen Wunsches den Parteieid durch die Parteivernehmung ersetzt, wie dies bereits im Entwurf von 1931 (§§ 434 ff.) in Anlehnung an österreichisches Recht vorgesehen war.

Der Parteieid war ein rein formalistisches Beweismittel. Leistete die Partei den an einen starren Schwursatz gebundenen Eid (z. B. „Es ist nicht wahr, daß ich am 15. 11. 1932 ein Darlehen erhalten habe"), so wurde dadurch voller Beweis der beschworenen Tatsache begründet. Verweigerte sie den Eid, stand das Gegenteil fest. Für eine gerade hier besonders notwendige richterliche Beweiswürdigung war kein Raum. Die strikten Beweisregeln paßten in das gemeine Recht, das den Richter überhaupt an feste Beweisregeln band, in unserer ZPO waren sie ein Fremdkörper. Außerdem konnte es leicht vorkommen, daß die Fassung der Eidesformel der eidespflichtigen Partei die Möglichkeit gab, den Schwur zu leisten und damit den Prozeß zu gewinnen, während das Ergebnis anders ausgefallen wäre, wenn sie sich über den ganzen Sachverhalt eingehend wie ein Zeuge hätte aussprechen müssen. So hätte z. B. die Partei, ohne meineidig zu werden, den Eid leisten können, wenn ihr das Darlehen am 16. 11. 1932 gewährt worden wäre. Da der Parteieid in der Regel durch bedingtes Endurteil aufzuerlegen war, war er weiter eine Quelle der Prozeßverschleppung.

Die Parteivernehmung geschieht entweder auf Antrag (§§ 445, 447) *oder von Amts wegen* (§ 448).

II. Die Parteivernehmung auf Antrag

1. Der Beweis durch Parteivernehmung wird dadurch angetreten, daß die *beweisbelastete* Partei beantragt, *den Gegner* über die zu beweisenden *Tatsachen* (Gegensatz: Rechtsbehauptungen, Erfahrungssätze, Werturteile) *zu vernehmen* (§ 445).

Die Tatsachen müssen bestimmt bezeichnet sein. *Eine Vernehmung zu Ausforschungszwecken ist unzulässig. Das Gericht darf hier, im Gegensatz zu dem oben § 34 II Ausgeführten, nur den Beweisantritt des Beweislastträgers beachten,* muß also von vornherein die Beweislast prüfen. Grund: Dem Beweislastträger soll es nicht möglich sein, die Beweislast dadurch von sich abzuschieben, daß er über seine eigenen Behauptungen aussagt und sie beschwört.

Die beweisbelastete Partei kann nur vernommen werden, wenn der Gegner damit einverstanden ist und eine Partei (Beweislastträger oder Gegner) es beantragt (§ 447).

Ist eine Partei nicht prozeßfähig, so wird ihr derzeitiger gesetzlicher Vertreter vernommen. Nach Ermessen des Gerichts können jedoch gewisse Prozeßunfähige nach Maßgabe von § 455 II über Eigenhandlungen oder Eigenwahrnehmungen selbst vernommen werden (z. B. Minderjährige über 16 Jahre).

Wer von *mehreren Streitgenossen* oder gesetzlichen Vertretern zu vernehmen ist, bestimmt das Gericht nach Lage des Falles (§§ 449, 455 I 2).

Da auch die Aussage der wahrheitsliebenden Partei infolge des unmittelbaren Interesses am Ausgang des Rechtsstreits meist stark subjektiv gefärbt ist, ist die Parteivernehmung lediglich ein *subsidiäres Beweismittel.* Sie ist nur zulässig, wenn der Beweis mit anderen Beweismitteln nicht vollständig geführt ist oder andere Beweismittel nicht vorgebracht sind (§ 445 I). *Demnach gehen alle anderen Beweismittel* (Zeugen, Urkunden usw.) *vor.* Vgl. auch § 450 II.

Die Aushilfsstellung der Parteivernehmung geht aber nicht so weit, daß die Partei genötigt wäre, zunächst andere Beweismittel vorzubringen, *vielmehr kann sie sich von vornherein lediglich auf den Beweis durch Parteivernehmung stützen.* Nach der Parteivernehmung sind neue Beweise zur Vervollständigung oder Widerlegung der Parteiaussage ohne weiteres zulässig.

Dagegen ist der *Antrag auf Parteivernehmung unstatthaft, wenn er Tatsachen betrifft, deren Gegenteil das Gericht für erwiesen erachtet* (§ 445 II). Zur Entkräftung einer gesetzlichen Vermutung ist er zulässig (§ 292, 2).

Besonderheiten: §§ 581 II (Amtsvernehmung nach § 448 nicht ausgeschlossen); 595 II, 605 I (Amtsvernehmung unzulässig).

2. Die Parteivernehmung wird in Abweichung von § 357a stets durch formellen *Beweisbeschluß* angeordnet, der § 359 entsprechen, also auch das Beweisthema angeben muß (§ 450 I). Seine Ausführung kann ausgesetzt werden, wenn eine Partei nach seiner Erlassung neue Beweismittel vorbringt. Klären diese die Beweisfrage, so ist von der überflüssig gewordenen Parteivernehmnug abzusehen (§ 450 II).

Die Partei ist zunächst *uneidlich* zu vernehmen.

Auf die Vernehmung finden einige für den Zeugenbeweis aufgestellte Vorschriften entsprechende Anwendung (§ 451). Gerade hier ist es besonders notwendig, die Partei zunächst im Zusammenhang aussagen zu lassen und erst dann Fragen zu stellen. Anderenfalls ist eine sachgemäße Beurteilung der Parteiaussage unmöglich. Es widerspricht §§ 451, 396 I und ist außerdem unzweckmäßig, der Partei von vornherein nur ganz bestimmte Fragen vorzulegen.

Wird das Gericht durch die unbeeidigte Aussage nicht überzeugt, so kann es *die Vereidigung* der Partei anordnen.

Sind beide Parteien über dieselbe Tatsache vernommen worden, so darf nur eine vereidigt werden. Bei der Auswahl ist nicht die Beweislast, sondern die Glaubwürdigkeit entscheidend. Die Vereidigung ist unzulässig, wenn der Gegner darauf verzichtet oder die vernommene Partei wegen einer vorsätzlichen Eidesstraftat rechtskräftig verurteilt ist (§ 452 III, IV). Eidesnorm: § 452 II.

Die Aussage der Partei ist vom Richter stets frei zu würdigen (§ 453). Er kann nach Lage des Falles der unbeeidigten Aussage glauben, der beeideten dagegen den Glauben versagen.

Im Gegensatz zum Zeugen besteht für die Partei keine Aussagepflicht. Jeder Widerstand gegen Aussage oder Vereidigung, insbesondere das Ausbleiben im Beweis- oder Eidestermin ist unter Berücksichtigung der für die Weigerung vorgebrachten Gründe nach freiem Ermessen zu werten (§§ 446, 453 II, 454). Über unsittliche, unehrenhafte oder strafbare Handlungen braucht sich auch die Partei nicht vernehmen zu lassen. Ebenso ist sie berechtigt, die Aussage über ein Geschäfts- oder Betriebsgeheimnis zu verweigern. Berufungsverfahren: § 533.

III. Die Vernehmung von Amts wegen (§ 448)

Das Gericht kann von Amts wegen *ohne Rücksicht auf die Beweislast* eine Partei oder beide Parteien vernehmen, wenn das Ergebnis der Verhandlung und einer etwaigen Beweisaufnahme nicht ausreicht, um es von der Wahrheit oder Unwahrheit einer Beweistatsache zu überzeugen. Die Vernehmung von Amts wegen setzt ebenfalls einen formellen Beweisbeschluß voraus (§ 450 I).

Zu beachten ist, daß auch die Amtsvernehmung nicht neue Tatsachen an das Tageslicht fördern, sondern lediglich die Richtigkeit des bisherigen Parteivorbringens feststellen soll. Daher ist es hier — anders als bei der Anhörung zur Klärung (§ 141) — dem Richter verwehrt, die Partei nach Ereignissen zu fragen, die bisher nicht zum Prozeßstoff gehörten. Amtsvernehmung ist nur über bereits behauptete und bestrittene Tatsachen zulässig, nicht aber zur allgemeinen Klärung und Ergänzung des Sachverhalts.

Voraussetzung ist, daß für die zu erweisende Tatsache bereits eine gewisse Wahrscheinlichkeit besteht. Eine vorherige Beweisaufnahme ist nicht notwendig. Die Wahrscheinlichkeit kann sich auch aus der allgemeinen Lebenserfahrung oder aus persönlichen Eindrücken, die eine Partei erweckt, ergeben. Stehen Behauptung und Gegenbehauptung völlig beweislos gegenüber, so ist Amtsvernehmung unzulässig, da das Gericht die Beweislast nicht willkürlich aufheben darf. *Die Amtsvernehmung ist nicht subsidiär. Andere Beweismittel gehen nicht vor.* Ist eine Partei beweisfällig, dann muß das Gericht stets prüfen, ob nicht Amtsvernehmung geboten ist[1]. Hat das Gericht dies nicht beachtet, so ist das ein Revisionsgrund.

Die Parteivernehmung unterscheidet sich von der Anordnung des persönlichen Erscheinens (§ 141) dadurch, daß sie Beweiszwecken dient, während letztere bloße Stoffsammlung bezweckt. Die Anordnung nach § 141 kann nie zur Vereidigung führen[2].

[1] RG 144,324; BGH LM § 448 ZPO Nr. 2.

[2] Näheres: *Bernhardt*, Die Aufklärung des Sachverhalts, S. 39 ff.; BGH NJW 1960, 100; BAG 14,271 f.

5. ABSCHNITT: STILLSTAND UND BEENDIGUNG DES VERFAHRENS

§ 40 Stillstand

In der Regel wird der Prozeß bis zu seiner Beendigung ohne jede Unterbrechung durchgeführt. Bisweilen tritt jedoch schon vor der Beendigung des Verfahrens ein Stillstand ein.

Hierbei unterscheidet man:

1. die *Unterbrechung*, die unter bestimmten Voraussetzungen kraft Gesetzes von selbst eintritt,

2. die *Aussetzung*, die eine richterliche Anordnung voraussetzt, und

3. das *Ruhen des Verfahrens*, das bis zur Konzentrationsnovelle von 1924 von den Parteien vereinbart werden konnte, jetzt aber, nachdem die Parteiherrschaft erheblich zugunsten der Richtermacht zurückgedrängt ist, ebenfalls einen Gerichtsbeschluß voraussetzt und daher lediglich einen Sonderfall der Aussetzung darstellt.

I. Die Unterbrechung tritt ein:

1. Im Falle des Konkurses einer Partei (§ 240). Zur Unterbrechung kommt es auch dann, wenn sich der Gläubiger nicht am Konkursverfahren beteiligt. Voraussetzung ist, daß der Prozeß die Konkursmasse betrifft. Ein Scheidungsprozeß des Gemeinschuldners wird z. B. nicht unterbrochen. Die Unterbrechung endet: mit der konkursmäßigen Aufnahme des Rechtsstreits (§§ 10, 11, 12, 144 II, 146 III, VI KO), mit Aufhebung und mit Einstellung des Konkursverfahrens (§§ 163, 190, 202, 204 KO).

Zu beachten ist, daß ein durch Konkurseröffnung unterbrochener Prozeß nur nach Maßgabe der konkursrechtlichen Vorschriften (§§ 144, 146) aufgenommen werden kann. Danach setzt die Aufnahme durch den Gläubiger voraus, daß dieser die Forderung im Konkursverfahren angemeldet hat und daß diese bestritten worden ist. Durch das Bestreiten steht fest, daß die Feststellung der Forderung im Konkursverfahren nicht erfolgen kann und daher ohne Prozeß nicht möglich ist. Der Verzicht auf Beteiligung am Konkursverfahren kann weder die Unterbrechung des Prozesses ungeschehen machen noch die Verfolgungsschranke des § 12 KO beseitigen[1]. Wenn Kuhn[2] meint, daß der Prozeß vom Gläubiger auch nach Erklärung des Teilnahmeverzichts aufgenommen werden könne[3], da mit dem Teilnahmeverzicht die Beziehung der Forderung zur Konkursmasse aufhöre, so ist das unrichtig: durch den

[1] Vgl. *Jaeger-Lent*, KO § 12 Anm. 4; *Bernhardt*, Die Verfolgung von Konkursforderungen außerhalb des Konkursverfahrens, NJW 1961, 808 ff. und oben § 3 II 4.

[2] *Mentzel-Kuhn*, KO § 12 Anm. 5.

[3] Zweifelnd BGH 25,397.

Verzicht können der Forderung die Merkmale der Konkursforderung nicht genommen werden, weshalb sie unbestreitbar weiterhin der Vollstreckungssperre (§ 14 KO) und dem Einfluß eines Zwangsvergleichs (§ 193 KO) unterworfen bleibt.

2. Bei Gerichtsstillstand (§ 245), was in der Zeit nach dem 2. Weltkrieg praktisch wurde. Mit Beendigung des Stillstandes hört die Unterbrechung von selbst wieder auf .

3. Im Anwaltsprozeß (§ 78 I) bei Wegfall des Anwalts (z. B. durch Tod, Ende der Zulassung). Näheres: § 244.

4. Tod einer Partei, Verlust der Prozeßfähigkeit, Wegfall des gesetzlichen Vertreters wirken nur dann unterbrechend, wenn die Partei keinen Prozeßbevollmächtigten hat (§§ 239, 241, 246). Ausnahme: §§ 239, 241.

II. Die Aussetzung findet statt auf Antrag oder vom Amts wegen. Auf Antrag: vgl. z. B. §§ 246 (damit sich z. B. bei Tod der Partei der Prozeßbevollmächtigte mit dem Erben in Verbindung setzen, die Gegenpartei über die Erben unterrichten kann), 151—154; von Amts wegen: vgl. z. B. §§ 148, 149, 247. Vgl. auch § 620.

Jedes Gericht, auch der Bundesgerichtshof[4] hat das Verfahren zum Zwecke der konkreten Normenkontrolle in folgenden Fällen auszusetzen:

a) Wenn das Gericht ein nachkonstitutionelles, für die Entscheidung erhebliches Gesetz des Bundes oder eines Landes mit dem Grundgesetz für unvereinbar hält oder eine landesrechtliche Norm mit Bundesrecht oder Landesverfassungsrecht (Art. 100 I GG).

Danach kann jedes Gericht die Verfassungsmäßigkeit eines Gesetzes selbständig bejahen. Will es jedoch die Verfassungsmäßigkeit verneinen, dann muß es die Entscheidung des Bundesverfassungsgerichts herbeiführen. Im Interesse der Rechtseinheit und Rechtssicherheit hat dieses das negative Entscheidungsmonopol. Bei Kollision von Landesrecht mit Landesverfassungsrecht ist die Entscheidung des Landesverfassungsgerichts einzuholen.

Das Entscheidungsmonopol des Bundesverfassungsgerichts erstreckt sich nur auf nachkonstitutionelles Recht. Über vorkonstitutionelles Recht hat das Gericht selbst zu entscheiden[5]. Stichtag ist der 23. Mai 1949. An diesem Tage ist das Grundgesetz in Kraft getreten[6].

b) Wenn zweifelhaft ist, ob eine Regel des Völkerrechts Bestandteil des Bundesrechts ist und ob sie unmittelbar Rechte und Pflichten für den einzelnen erzeugt (Art. 100 II, 25 GG).

c) Wenn Meinungsverschiedenheiten über das Fortgelten von Recht als Bundesrecht (Art. 126 GG, §§ 13 Nr. 14, 86 II BVGG) bestehen.

Die Gerichte haben die Entscheidung des Bundesverfassungsgerichts unmittelbar einzuholen (§ 80 BVGG).

[4] BVerfG 6,230 ff.
[5] BVerfG 2,128; 3,356; 4,188; 6,64; 9,46; 10,131.
[6] BVerfG 4,339, 7,335.

Eine weitere Aussetzung ergibt sich aus Art. 147 EWGV, der mit Art. 150 des Euratom-Vertrags und Art. 41 des Montan-Vertrags übereinstimmt.

III. Das Ruhen wird namentlich dann angeordnet, wenn es beide Parteien wegen schwebender Vergleichsverhandlungen beantragen (§ 251) oder wenn beide im Termin ausbleiben oder nicht verhandeln (§ 251 a II). Das Ruhen endet mit der Aufnahme des Verfahrens (§ 250), die nach feststehender Gerichtsübung außer durch Zustellung eines Schriftsatzes auch in der mündlichen Verhandlung erfolgen kann[7]. Die Aufnahme darf aber vor Ablauf von 3 Monaten nur mit Zustimmung des Gerichts erfolgen (§ 251 II). Diese Dreimonatsfrist wirkt derart abschreckend, daß in der Praxis das Ruhen zur Seltenheit gehört.

IV. Wirkungen des Stillstandes:

1. *Der Lauf einer jeden Frist,* namentlich auch der Notfristen, *hört auf und beginnt nach Beendigung des Stillstandes von neuem* (§ 249 I). Ausnahme: Ruhen berührt Notfristen und andere wiedereinsetzbare Fristen (§ 233 I) nicht (§ 251 I 2).

2. *Parteihandlungen* (z. B. Zustellung eines Urteils [§ 317 I]) *sind dem Gegner gegenüber ohne Wirkung* (§ 249 II). Mangel nach § 295 heilbar.

3. *Richterliche Handlungen* (z. B. Beweisaufnahmen, Entscheidungen) *sind unzulässig.* Etwa erlassene Entscheidungen sind aber deswegen nicht unwirksam, sondern nur mit den gegebenen Rechtsbehelfen (Einspruch, Rechtsmittel, Nichtigkeitsklage nach § 579 Nr. 4) anfechtbar. Im Falle der Unterbrechung dürfen sogar noch Entscheidungen verkündet werden, falls die maßgebende mündliche Verhandlung vorher stattgefunden hatte (§ 249 III).

V. Durch die *Gerichtsferien* (15. Juli bis 15. September, §§ 199 ff.GVG) tritt Hemmung aller prozessualen Fristen ein mit Ausnahme der Notfristen und der Fristen in Feriensachen (§ 223). Feriensachen sind die vom Gesetz allgemein oder vom Gericht im einzelnen Fall für beschleunigungsbedürftig erklärten Prozesse. Während der Ferien werden nur in diesen Sachen Termine abgehalten und Entscheidungen erlassen (§ 200 GVG, vgl. auch § 202 GVG).

§ 41 Beendigung

Der Prozeß endet:

I. Durch Erlaß eines Endurteils. Ein solches muß ergehen, wenn der Rechtsstreit nach Ansicht des Gerichts zur Endentscheidung reif ist (§ 300). Urteilsgrundlage ist der gesamte Prozeßstoff, der zur Zeit des Schlusses der letzten mündlichen Verhandlung vorliegt, also das ganze Parteivorbringen und alle Beweisaufnahmen.

Das Endurteil ist entweder ein die Klage als unzulässig abweisendes Prozeßurteil (z. B. bei Fehlen einer Prozeßvoraussetzung) oder ein Sachurteil.

[7] RG 140,352.

Letzteres gibt beim Vorliegen des Klaggrundes der Klage statt, sonst weist es die Klage als unbegründet ab. Möglich ist auch, daß der Kläger nur zum Teil obsiegt (vgl. § 92). Näheres unten § 43.

II. Durch Prozeßvergleich[1]. Obwohl der Prozeßvergleich im Erkenntnisverfahren der ZPO nicht geregelt ist, begünstigt das Gesetz seinen Abschluß: das Gericht soll in jeder Lage des Verfahrens die gütliche Beilegung des Rechtsstreits versuchen (§§ 296 I, 349 I, 495 II).

Gelingt es, einen Streit durch gütlichen Ausgleich schnell und friedlich aus der Welt zu schaffen, so wirkt dies in der Regel günstiger als eine Entscheidung, die bei dem Unterlegenen oft genug eine Bitterkeit zurückläßt. Der an sich richtige Gütegedanke darf aber nicht dazu führen, daß die Richter den Parteien einen Vergleich aufdrängen, wie das bisweilen geschieht, da ein aufgenötigter Vergleich leicht das Gefühl der Rechtsverweigerung hinterläßt. Erfahrungsgemäß führen solche Vergleiche auch bald neue Konflikte herbei.

Der Prozeßvergleich hat eine doppelte Funktion: durch ihn werden die rechtlichen Beziehungen der Parteien neu geregelt *(materiellrechtliche Funktion);* außerdem beendet er im Gegensatz zu Verzicht (§ 306) und Anerkenntnis (§ 307) den Prozeß unmittelbar (ohne Urteil) und bildet einen Vollstreckungstitel gemäß § 794 Nr. 1 *(prozeßrechtliche Funktion).* Der Prozeßvergleich hat daher eine *Doppelnatur:* er ist *bürgerlichrechtliches Geschäft und gleichzeitig Prozeßhandlung.* Rechtskraft schafft er nicht. Er macht aber ein im Rechtsstreit ergangenes Urteil, das noch keine Rechtskraft erlangt hat, hinfällig[2].

Ob der Prozeßvergleich ein gegenseitiges Nachgeben verlangt (vgl. § 779 BGB), ist streitig. Ein solches wird aber stets vorliegen. Erkennt z. B. der Beklagte im Vergleich den Anspruch unter Übernahme sämtlicher Kosten an, so liegt das Nachgeben des Klägers im Verzicht auf rechtskraftfähige, ihn endgültig sichernde Entscheidung.

Der Vergleich wird vor dem Prozeßgericht oder einem anderen mit der Sache befaßten Gericht (z. B. beauftragten oder ersuchten Richter) abgeschlossen. Vergleichspartner sind die Prozeßparteien. Ihnen kann ein Dritter, z. B. als Vergleichsbürge, beitreten. Der Vergleich muß sich auf den Streitgegenstand beziehen. Es können aber auch andere Ansprüche einbezogen werden, was wünschenswert ist, wenn dadurch die gesamten Rechtsbeziehungen der Parteien bereinigt werden. Vor dem Kollegialgericht oder dem Einzelrichter unterliegt der Vergleichs-

[1] *Bernhardt,* Die Aufhebung des Prozeßvergleichs, JR 1967, 4; *Bonin,* Der Prozeßvergleich unter besonderer Berücksichtigung seiner personellen Erstreckung, 1957; *Esser,* Heinrich Lehmann und die Lehre vom Prozeßvergleich, Festschr. f. H. Lehmann II 1956, S. 713; *H. Lehmann,* Der Prozeßvergleich, 1911; *Lüke,* die Beseitigung des Prozeßvergleichs durch Parteivereinbarung, JuS 1965, 182.

[2] BGH JZ 1964,257.

abschluß als Prozeßhandlung dem *Anwaltszwang* (§ 78 I)[3], nicht aber vor dem beauftragten oder ersuchten Richter (§ 78 II). Die Prozeßvollmacht ermächtigt zum Vergleichsabschluß (§ 81).

Daß der Prozeßvergleich im Anwaltsprozeß dem Anwaltszwang unterliegt, hat guten Sinn: Einmal erfordert die Formulierung des Vergleichs eine rechtliche Unterstützung der Parteien durch Rechtskundige, so daß das Gericht hierfür nicht die alleinige Verantwortung trägt, zum anderen kann der Anwalt die Parteien von unüberlegten Schritten abhalten.

Zum Abschluß gehört auch die Protokollierung (§ 160 II Nr. 1)[4]. Da der Vergleich Vollstreckungstitel ist, ist seine Beurkundung unerläßliche Voraussetzung seiner Wirksamkeit. Die Protokollierung ersetzt eine etwa nach dem sachlichen Recht erforderliche Form.

Der Prozeßvergleich ist nur zulässig, wenn der Streitgegenstand der vertraglichen Verfügung durch die Parteien unterliegt. Deshalb ist der Eheprozeß selbst keine Grundlage für einen den Bestand der Ehe betreffenden Prozeßvergleich[5].

Die Rechtsnatur des Prozeßvergleichs ist streitig. Die materiell-rechtliche Theorie[6] sieht im Prozeßvergleich ausschließlich einen privatrechtlichen Vertrag im Sinne des § 779 BGB. Die prozessualen Wirkungen des Vergleichs, insbesondere die Beendigung des Rechtsstreits und der Rechtshängigkeit, seien Folgen, aber nicht Inhalt des Vergleichs. Richtig ist, daß materiellrechtliche Geschäfte prozessuale Wirkung haben können. So fußt der Gerichtsstand des § 29 ZPO auf der Vereinbarung eines Erfüllungsortes (§ 269 BGB). Die Prozeßbeendigung ist aber nicht nur Wirkung des Prozeßvergleichs, sondern wesentlicher Inhalt. Die Parteien wollen durch den Prozeßvergleich den Rechtsstreit beenden. Dabei ist es unerheblich, daß dieser Wille in der Regel nicht ausdrücklich erklärt wird. Als Beendigungsform des Prozesses ist der Prozeßvergleich Prozeßhandlung. Daran knüpft die prozessuale Theorie an, die im Prozeßvergleich eine rein prozessuale Erscheinung erblickt[7]. Diese Ansicht kann jedoch nicht erklären, wieso der Prozeßvergleich nicht allein das Verfahren beeinflußt, sondern in den meisten Fällen gleichzeitig materiell-rechtliche Wirkungen mit sich bringt. Zerlegt man aber den Prozeßvergleich in einen selbständigen prozessualen und in einen davon völlig unabhängigen materiellen Teil[8], dann wird ein einheitlicher rechtlicher Vorgang künstlich auseinandergerissen. Die Einheit des Prozeßvergleichs und damit der innere Zusammenhang zwischen der prozessualen und der materiell-rechtlichen Seite ergibt sich aus dem Parteiwillen: Die Parteien wollen den Prozeß nur deshalb beenden, weil durch den Vergleich zugleich der sachliche Streit aus der Welt geschafft werden soll. An einer Prozeßbeendigung bei Weiterbestehen des Streits haben sie kein Interesse. Aus dem

[3] A. A. *Blomeyer* § 65 V.
[4] BGH 16,390;35,312.
[5] BGH 15,193.
[6] *Rosenberg* § 128.
[7] Vgl. *Baumbach-Lauterbach*, Anh. § 307, Anm. 2 A.
[8] So *Baumgärtel*, Wesen und Begriff der Prozeßhandlung einer Partei im Zivilprozeß, 1957, S. 192 ff.

Zusammenhang der beiden Teile des Prozeßvergleichs ergibt sich seine Doppelnatur:

Als Prozeßhandlung folgt der Prozeßvergleich den Grundsätzen des Verfahrensrechts. Als privatrechtlicher Vertrag unterliegt er den Regeln des materiellen Rechts[9].

Die Doppelnatur des Prozeßvergleichs bringt es mit sich, daß sowohl verfahrensrechtliche wie materiell-rechtliche Mängel auf seine Wirksamkeit Einfluß haben können. Die Frage, welche Wirkung ein Verfahrensmangel auf die materiell-rechtliche, ein materiell-rechtlicher Mangel auf die prozessuale Seite hat, ist von der weiteren Frage zu trennen, ob die Unwirksamkeit des Prozeßvergleichs im alten Prozeß oder in einem neuen Verfahren geltend zu machen ist. Leider werden beide Fragen häufig miteinander verwoben, was zu Unklarheiten führen muß.

Geht man von der Doppelnatur des Prozeßvergleichs aus, dann muß seine Wirksamkeit gleichermaßen von der Rechtsbeständigkeit seiner formellen wie materiellen Grundlagen abhängen. Ist der Prozeßvergleich aus prozessualen Gründen unwirksam, weil etwa die Beseitigung des Rechtsstreits durch Vergleich von der Prozeßvollmacht ausgenommen worden war (§ 83), dann ist infolge der Einheit des Vertrags die materiell-rechtliche Seite ebenfalls ohne rechtliche Wirkung. Kommt ein sachlich-rechtlich wirksamer Vertrag zwischen den Parteien etwa nach § 138 oder § 779 BGB nicht zustande, so entfällt auch die den Prozeß beendigende Wirkung des gerichtlichen Vergleichs. Denn es muß, wie BGH 28, 172 ausführt, in aller Regel davon ausgegangen werden, daß nur eine sachlich-rechtlich wirksame Vereinbarung dem Vergleich die Wirkung einer den Rechtsstreit erledigenden Prozeßhandlung verleihen soll. Der BGH führt freilich seine Auffassung nicht konsequent durch:

Zwar soll bei materiell-rechtlichen Mängeln, welche sofortige oder durch Anfechtung hervorgerufene Nichtigkeit nach sich ziehen, auch die verfahrensbeendigende Wirkung des Prozeßvergleichs entfallen. Dagegen soll bei einem Rücktritt gemäß §§ 325, 326 BGB das Gegenteil gelten. „Ein auf §§ 325, 326 BGB gestützter Rücktritt von einem gerichtlichen Vergleich kann nichts daran ändern, daß der Rechtsstreit endgültig beendet ist"[10]. Wieder anders wird bei einem im Prozeßvergleich vorbehaltenen Rücktritt im Sinne eines freien Widerrufs entschieden. Dieser soll zugleich die prozeßbeendende Wirkung des Prozeßvergleichs aufheben. Die Aufhebung soll auch dann eintreten, wenn der Rücktritt für den Fall vorbehalten ist, daß eine Leistung aus dem Vergleich nicht fristgemäß erbracht wird[11].

Dafür, daß der im Prozeßvergleich vorgesehene Rücktritt anders behandelt wird als ein auf §§ 325, 326 BGB gestützter, besteht kein einleuchtender Grund. Ebensowenig überzeugt die begriffsjuristische Unterscheidung zwischen einem Vergleich, der durch Anfechtung vernichtet und einem solchen, der durch Rücktritt aufgehoben ist. Dies gilt insbesondere dann, wenn man

[9] BGH 16,390; 28,172; 41,311.

[10] So BGH 16,393.

[11] BGH 16,392.

mit BGH 16,392 dem Rücktritt die Folge beimißt, daß das Vertragsverhältnis mit rückwirkender Kraft erlischt, so daß sich die Parteien bei Rücktritt von einem Prozeßvergleich so gegenüberstehen, wie wenn der Vergleich niemals geschlossen, der Rechtsstreit daher anhängig geblieben wäre. Es besteht dann im Endeffekt die gleiche Lage wie bei der Anfechtung. Der vom BGH aufgezeigte Unterschied, daß durch die Anfechtung eine von Anfang an mangelhafte Erklärung beseitigt wird, während der Rücktritt eine zunächst mangelfreie Vereinbarung nachträglich wegen später eingetretener Umstände wirkungslos macht, besteht zwar, trifft aber nicht den Kern des Problems. Es kommt nicht darauf an, aus welchen Gründen die materiell-rechtliche Seite des Prozeßvergleichs aufgehoben wird, sondern allein auf die Tatsache, daß sie aufgehoben wird. Da bei dem Prozeßvergleich die materielle Einigung in eine prozessuale Form gekleidet ist, wird mit Unwirksamkeit der materiellen Seite auch der prozessuale Teil und damit der ganze Vergleich hinfällig. „Denn die prozessuale Form verliert ihren Sinn, wenn der materiell-rechtliche Inhalt fehlt“[12].

Erblickt man im Rücktritt lediglich eine Umgestaltung des Schuldverhältnisses ohne Rückwirkung[13], so ändert sich an der Rechtslage nichts. Denn auch dann werden durch den Rücktritt die vertraglichen Leistungspflichten aufgehoben. Ist schon geleistet worden, entsteht die Pflicht zur Rückabwicklung. Wird aber die materiell-rechtliche Seite des Prozeßvergleichs beseitigt, dann müssen gleichzeitig die verfahrensrechtlichen Wirkungen entfallen.

Ob die von einer Partei geltend gemachte Unwirksamkeit des Prozeßvergleichs in Fortsetzung des alten Prozesses oder in einem neuen Verfahren nachzuprüfen ist, ist streitig. Im letzteren Falle ist weiter bestritten, ob eine Feststellungsklage oder die durch den Prozeßvergleich seinerzeit erledigte Klage neu zu erheben ist.

Wird die Rechtswirksamkeit des Vergleichs aus prozessualen Gründen bezweifelt, so wird allgemein angenommen, daß die Nachprüfung in dem bisherigen Rechtsstreit, den der Vergleich beenden sollte, zu erfolgen hat[14]. Dies gilt auch bei dem Streit über die Rechtswirksamkeit eines Widerrufs, wenn der Widerruf im Prozeßvergleich vorbehalten ist[15]. Dagegen war das RG der Meinung, daß ein Streit um die Nichtigkeit des Vergleichs, etwa wegen Sittenwidrigkeit, oder ein Streit um die Wirksamkeit der Anfechtung wegen Irrtums oder arglistiger Täuschung in einem besonderen Prozeß ausgetragen werden müsse. Ausnahmen wurden nur dann zugelassen, wenn sich der Streit über die Gültigkeit des Vergleichs in einer Rechtsfrage erschöpfte oder wenn die Entscheidung hierüber von unstreitigen oder sonst keiner besonderen Beweiserhebung bedürftigen Tatsachen abhing[16]. Diese Rechtsprechung ist vielfach angegriffen worden, da es keinen Unterschied machen kann, ob die zu entscheidenden Fragen einfach oder schwierig, streitig oder unstreitig sind. Auch ist nicht einzusehen, wieso die Notwendigkeit einer Beweiserhebung für die Frage bedeutsam sein soll, ob der alte Streit in einem neuen

[12] So BAG 4,85.

[13] So BGH JR 1967, 23.

[14] RG 106,314; BGH 28,176.

[15] RG 162,199.

[16] RG 162,199.

oder im alten Prozeß zu entscheiden ist[17]. BGH 28,173 ist grundsätzlich der Meinung, daß der Streit über die materiell-rechtliche Wirksamkeit eines Prozeßvergleichs möglichst in dem Rechtsstreit auszutragen sei, den der Vergleich beenden sollte. Dabei stützt sich der BGH auf prozeßökonomische Erwägungen:

Die Fortsetzung des Verfahrens hat einmal den Vorzug, daß ein zweiter Prozeß um die Wirksamkeit des Vergleichs mit allen Kosten- und Verzögerungsfolgen vermieden wird und daß bereits erhobene Beweise alsbald benützt werden können. Außerdem führt ein solches Verfahren dazu, daß in der Mehrzahl der Fälle die Richter, die den Prozeßstoff kennen und an dem Vergleich mitgewirkt haben, auf Grund ihrer Sachkenntnisse besonders geeignet sind, über den Bestand des Vergleichs zu entscheiden. Wenn freilich weiter ausgeführt wird, daß es schon „dem natürlichen Rechtsempfinden" entspreche, die Frage der Nichtigkeit oder Anfechtbarkeit des Vergleichs in dem bisherigen Rechtsstreit zu entscheiden, so ist das eine fragwürdige, auf schwankendem Boden stehende Begründung.

Der BGH führt seine Ansicht jedoch nicht folgerichtig durch, wenn er bei einem auf §§ 325, 326 BGB gestützten Rücktritt einen neuen Prozeß für notwendig hält[18]. Ein solcher Rücktritt führt in gleicher Weise wie der im Vergleich vorgesehene Rücktritt zur Aufhebung des Vergleichs. Deshalb sprechen die vom BGH aufgeführten prozeßökonomischen Gründe dafür, daß der wiederaufgelebte Streit dort fortzusetzen ist, wo er sich bei Vergleichsabschluß befand[19]. Es ist nicht recht einzusehen, warum die Parteien bei einem auf das BGB gestützten Rücktritt das Recht haben sollen, den Streit nochmals von vorn zu beginnen und vielleicht abermals durch drei Instanzen zu treiben. Der Unterscheidung zwischen prozessualer und materieller Unwirksamkeit kann schon deshalb keine entscheidende Bedeutung beigemessen werden, weil beide oft untrennbar verbunden sind, wie dies z. B. bei dem Einwand nicht ordnungsgemäßer gesetzlicher Vertretung der Fall ist[20]. Auch der weitere Einwand, daß bei Fortsetzung des alten Streits den Parteien der Instanzenzug verkürzt wird, ist nicht durchschlagend. Die Parteien verlieren nichts, nachdem sie den Rechtsstreit bis zur höheren Instanz getrieben und dort einen Vergleich geschlossen haben. Dagegen würden sie einen ungerechtfertigten Vorteil erlangen, wenn der Streit nicht in dem Stadium fortgeführt würde, in dem er sich bei Vergleichsabschluß befand, sondern wieder von vorn begonnen werden dürfte. Der Hinweis aber, daß bei festgestellter Wirksamkeit des Vergleichs das Gericht einen Rechtsstreit fortgesetzt habe, der in Wahrheit bereits erledigt war, spricht nicht gegen die Zulässigkeit der Fortsetzung im alten Verfahren. Wie schon *Lehmann*[21] ausgeführt hat, kommt das Gericht auch in anderen Fällen in die gleiche Lage. So ist es unbestritten,

[17] Vgl. *Stein-Jonas-Schönke* § 794 II 3.

[18] BGH 16,388 u. JR 1967, 22.

[19] Wie hier BAG 3,43; 4,85; *Lüke*, JuS 1965, 482 ff.

[20] Vgl. *Esser*, Festschrift f. Heinrich Lehmann, 1956, II, S. 735; *Blomeyer* § 65 III 3.

[21] Prozeßvergleich, 1911, S. 232.

daß der Streit über die Zulässigkeit oder Wirksamkeit der Klagerücknahme (§ 271) im alten Verfahren und nicht in einem neuen Prozeß zu erledigen ist.

Eine andere Rechtslage besteht, wenn eine Vergleichspartei wegen Nichterfüllung des Vergleichs Schadensersatz verlangt. Da hier die Wirksamkeit des Prozeßvergleichs nicht in Frage gestellt, sondern vorausgesetzt wird, muß ein solcher Streit in einem neuen Prozeß ausgetragen werden. Dieser Prozeß kann nicht dadurch in Frage gestellt werden, daß der Kläger nachträglich zur Erklärung des Rücktritts übergeht. Keinesfalls führt dies dazu, daß nach Erklärung des Rücktritts die ursprünglich erhobene Schadensersatzklage unzulässig wird und der alte Rechtsstreit wiederaufgenommen werden muß[22]. Vielmehr ist auf einen solchen Fall der Grundgedanke des § 263 II Nr. 2 anwendbar, wonach die Zuständigkeit des Prozeßgerichts durch eine nach Eintritt der Rechtshängigkeit erfolgte Veränderung der sie begründenden Umstände nicht berührt wird. Wenn der neue Prozeß das richtige Mittel war, den Schadensersatzanspruch geltend zu machen, muß bei dessen Fortfall im gleichen Verfahren auch über den Rücktritt entschieden werden können.

Infolge der Vertragsfreiheit können die Parteien den sachlich-rechtlichen Inhalt des Prozeßvergleichs aufheben. Damit wird der Vergleich im ganzen beseitigt, so daß gleichzeitig die verfahrensbeendende Wirkung entfällt. Der alte Prozeß kann jetzt fortgesetzt werden[23]. Wieso dadurch, wie BGH 41, 313 ausführt, eine Rechtsunsicherheit herbeigeführt und dem Mißbrauch Tür und Tor geöffnet werden soll, ist nicht erfindlich. Den Parteien steht es sicher offen, nach Aufhebung des Vergleichs erneut zu prozessieren. Darin liegt der Unsicherheitsfaktor jedes Prozeßvergleichs. Es widerspricht aber aller Prozeßökonomie, wenn es den Parteien gestattet wäre, den wieder aufgenommenen Streit in einem neuen Prozeß von Anfang an zu wiederholen.

Die Fortsetzung des Verfahrens wird durch Antrag einer Partei auf Terminsanberaumung eingeleitet. Dabei hat die Partei die Nichtigkeit oder die Beseitigung des Vergleichs zu behaupten. Nach Ansetzung des Termins ist über die Wirksamkeit des Vergleichs mündlich zu verhandeln. Kommt das Gericht zu dem Ergebnis, daß der Vergleich wirksam ist, hat es durch Urteil auszusprechen, daß der Vergleich den Prozeß beendet hat. Hält das Gericht den Vergleich für unwirksam, so hat es darüber durch Zwischenurteil (§ 303) oder in den Gründen des Endurteils zu entscheiden und, falls eine Sachentscheidung zulässig ist, in der Sache zu erkennen.

Der außergerichtliche Vergleich beendet weder den Prozeß noch bildet er einen Vollstreckungstitel.

Die Parteien können sich aber im Prozeß auf den Vergleich beziehen und dem Vergleichsinhalt entsprechende Anträge stellen. Hat sich der Kläger im Vergleich verpflichtet, die Klage zurückzunehmen, so steht der Fortsetzung des Prozesses ein Prozeßhindernis, ähnlich dem des Schiedsvertrags (§ 274 II Nr. 3), entgegen. Die Klage müßte durch Prozeßurteil als unzulässig abgewiesen werden[24].

[22] BGH 16,393.
[23] Vgl. *Lüke*, JuS 1965, 485; a. A. BGH 41,310.
[24] BGH 38,258; 41,5.

Ein im Armenrechtsverfahren abgeschlossener Vergleich (§ 118a) wirkt in der Regel prozeßverhütend (Präventivvergleich), prozeßbeendend nur, wenn die Klage schon anhängig ist.

III. Durch Klagrücknahme (§ 271)

Die Zurücknahme der Klage bedeutet *Rücknahme des Rechtsschutzgesuches und Verzicht auf Entscheidung in dem betreffenden Verfahren.* Ein Verzicht auf klageweise Durchsetzung des Rechts überhaupt liegt in der Klagrücknahme nicht, noch viel weniger ein Verzicht auf das materielle Recht. Daher steht sie einer erneuten Klage nicht entgegen. Sind aber die Kosten des ersten Prozesses noch nicht erstattet, so hat der Beklagte die prozeßhindernde Einrede des § 274 II Nr. 6, die sogar das Recht gewährt, die Verhandlung zur Hauptsache zu verweigern (§ 271 IV).

Die Klagrücknahme ist in jeder Lage des Verfahrens zulässig, auch in der Revisionsinstanz[25]. Nach Eintritt der Rechtskraft ist sie ausgeschlossen, da sich mit der endgültigen Rechtsschutzgewährung das Rechtsschutzgesuch erledigt hat. *Hatte der Beklagte bereits zur Hauptsache verhandelt,* d. h. hatte er sich irgendwie, wenn auch nur hilfsweise, sachlich auf den erhobenen Anspruch eingelassen, *so ist seine Einwilligung zur Rücknahme erforderlich* (§ 271 I)[26].

Verhandlung über Prozeßvoraussetzungen oder bloße Stellung des Antrags auf Klagabweisung ist noch kein Verhandeln zur Hauptsache. Die Einlassung gibt dem Beklagten zur Vermeidung der Gefahr, der Klage später erneut ausgesetzt zu werden, ein Recht auf Entscheidung. Der Kläger kann der Entscheidung nicht mehr durch einseitiges Abstehen vom Prozeß ausweichen.

Rücknahme und Einwilligung sind dem Gericht gegenüber zu erklären.

Die Zurücknahme der Klage erfolgt entweder in der mündlichen Verhandlung oder durch Einreichung eines Schriftsatzes. Im Anwaltsprozeß unterliegt die Rücknahme dem Anwaltszwang. Maßgebend hierfür war die Besorgnis, daß sich aus einer übereilten oder unüberlegten Zurücknahme der Klage durch die Partei selbst leicht Mißhelligkeiten ergeben könnten.

Folge der Klagrücknahme: Die Rechtshängigkeit endet mit rückwirkender Kraft.

Die prozeß- und materiellrechtlichen Wirkungen der Klagerhebung gelten als nicht eingetreten. Ein bereits ergangenes, noch nicht rechtskräftiges Urteil wird wirkungslos, ohne daß es seiner Aufhebung bedarf. Die Prozeßkosten hat der Kläger zu tragen. Auf Antrag des Beklagten ist die Wirkungslosigkeit des Urteils und die Kostenpflicht des Klägers durch Beschluß auszusprechen. Der Ausspruch kann für den Beklagten von Bedeutung sein, wenn etwa der Kläger aus dem ergangenen Urteil die Zwangsvollstreckung betreibt, obwohl dieses durch die Klagrücknahme wirkungslos geworden ist (vgl. § 775 Nr. 1). Der Beschluß unterliegt der sofortigen Beschwerde (§ 271 III).

[25] BGH 14,211.

[26] RG JW 1936, 2094; RG 151,65.

Besteht über Zulässigkeit oder Wirksamkeit der Klagrücknahme Streit, so entscheidet das Gericht nach mündlicher Verhandlung im alten Verfahren, nicht etwa in einem neuen Prozeß. Hält es die Rücknahme für wirksam, so ergeht ein den gewöhnlichen Rechtsmitteln unterworfenes Endurteil, das die Klage für zurückgenommen erklärt und dem Kläger die Kosten auferlegt. Die Verneinung der Wirksamkeit der Rücknahme erfolgt durch Zwischenurteil (§ 303) oder in den Gründen des Endurteils, das auf die fortgesetzte Verhandlung ergeht.

Die Klagrücknahme ist unwiderruflich. Sie kann aber durch einverständliches Verhalten der Parteien rückgängig gemacht werden. Dann wird der alte Prozeß fortgesetzt. Das Verlangen, eine neue Klage zu erheben, was an sich trotz der Klagrücknahme zulässig wäre, verstieße gegen den Grundsatz der Prozeßökonomie[27].

Die Klagrücknahme im Sinne von § 271 setzt voraus, daß die Klagschrift zugestellt und damit die Rechtshängigkeit der Streitsache begründet worden ist (§§ 253, 263). Eine nur eingereichte, aber nicht zugestellte Klage kann nicht im Sinne von § 271 zurückgenommen werden. Man kann dann nur von einem Widerruf des in der Klagschrift enthaltenen Begehrens nach Rechtsschutz sprechen[28].

IV. Durch Erledigung der Hauptsache[29]. Von Erledigung in der Hauptsache spricht man, wenn die Entscheidung des Rechtsstreits durch ein nach Klagerhebung eingetretenes Ereignis gegenstandslos geworden ist.

Beispiele: Der Beklagte hat nach Klagerhebung gezahlt oder die Ware geliefert, ein Ehegatte ist während des Scheidungsprozesses verstorben (§ 628).

Hatte der Beklagte nach der Klageinreichung, aber vor der Klagezustellung gezahlt, dann liegt eine Erledigung in der Hauptsache im hier besprochenen Sinn nicht vor. Vielmehr war hier die Klage bereits bei ihrer Erhebung (§ 253) nicht mehr begründet. Der Kläger muß dann die Klage zurücknehmen und die Kosten tragen (§ 271). Unter Umständen hat der Kläger aber aus dem Gesichtspunkt des Schadensersatzes wegen Verzugs einen sachlich-rechtlichen Kostenerstattungsanspruch (§ 326 BGB). Diesen summenmäßig bestimmt anzugebenden Geldanspruch muß er zur Hauptsache machen. Im Wege der Klagänderung kann er ihn im gleichen Prozeß verfolgen.

[27] *Rosenberg* § 127 IV.

[28] OLG Düsseldorf NJW 1965,766.

[29] *Deubner* und *A. Blomeyer*, Grundprobleme der Erledigung der Hauptsache, JuS 62,205; *Göppingen*, Die Erledigung des Rechtsstreits in der Hauptsache, 1958; *Habscheid*, Die Rechtsnatur der Erledigung der Hauptsache, Festschrift für Lent, 1957, S. 153; *Habscheid*, Der gegenwärtige Stand der Lehre von der Erledigung des Rechtsstreits in der Hauptsache, JZ 63,579 und 624; *Pohle*, Zur rechtlichen Bedeutung der Erledigungserklärung nach deutschem Zivilprozeßrecht, Festschrift für Maridakis, 1963, Bd. 2, S. 427; *Schwab*, Die einseitige Erledigungserklärung, ZZP 72,127.

Wenn BGH 21,298 § 91 a aus prozeßökonomischen Gründen auch auf den Fall anwendet, daß sich die Erledigung zwar vor der Zustellung, aber nach Einreichung der Klage zugetragen hat, so kann dem nicht zugestimmt werden. Vor Rechtshängigkeit kann es keinen „bisherigen Sach- und Streitstand" geben, vor allem besteht vor Klagezustellung kein Prozeßrechtsverhältnis, das eine Kostenentscheidung zwischen den Parteien rechtfertigen könnte[30].

1. Erklären *beide Parteien* nach Eintritt der Rechtshängigkeit den Rechtsstreit in der Hauptsache für erledigt, so wird dadurch die Rechtshängigkeit der Hauptsache unmittelbar beendet, ohne daß es einer entsprechenden gerichtlichen Entscheidung bedarf. Der Ausspruch: „Der Rechtsstreit ist in der Hauptsache erledigt" ist nicht notwendig, dient aber der Klarstellung der prozessualen Lage. Das Gericht darf nur die Wirksamkeit, nicht aber die sachliche Berechtigung der Erledigungserklärungen prüfen. Die Parteien können daher den Rechtsstreit auch dann für erledigt erklären, wenn die Klage von vornherein unzulässig oder unbegründet war oder wenn sie sich schon vor Rechtshängigkeit erledigt hatte[31]. Bereits ergangene Entscheidungen werden durch die einverständliche Erklärung der Klagerledigung analog § 271 IV wirkungslos, es sei denn, daß sie bereits rechtskräftig geworden sind. Die Erklärungen der Parteien unterliegen dem Anwaltszwang und sind in der mündlichen Verhandlung dem Gericht gegenüber abzugeben, falls kein schriftliches Verfahren stattfindet. Da die Erklärungen unmittelbar die Rechtshängigkeit der Hauptsache beenden, sind es ihrer Rechtsnatur nach *Bewirkungshandlungen*. Sie sind als Prozeßhandlungen nicht anfechtbar und wegen ihrer unmittelbaren Gestaltungswirkung aus Gründen der Rechtssicherheit unwiderruflich. Eine Ausnahme muß dann gelten, wenn ein Restitutionsgrund vorliegt; hier muß aus prozeßökonomischen Gründen die Fortsetzung des Rechtsstreits zugelassen werden[32]. Die Erledigungserklärung schafft ebensowenig wie der Prozeßvergleich Rechtskraft. Da über die Hauptsache in keiner Weise entschieden ist, schließt die Klagerledigung es nicht aus, daß der Klaganspruch in einem neuen Prozeß geltend gemacht wird.

Nachdem der Prozeß in der Hauptsache erledigt ist, geht der Streit nur noch um die Kosten weiter. Hierüber hat das Gericht unter Berücksichtigung des bisherigen Sach- und Streitstandes nach billigem Ermessen durch Beschluß zu entscheiden (§ 91a). Das Gericht hat demnach den Rechtsstreit nicht bloß der Kosten wegen im vollen Umfang aufzurollen. Eine neue Beweisaufnahme dürfte zwar nicht unzulässig, aber in den meisten Fällen unangebracht sein.

[30] *Baumbach-Lauterbach* § 91 a, Anm. 2 A.
[31] *Blomeyer* § 64 II 1.
[32] OLG Düsseldorf NJW 1964,822.

Gegen die Entscheidung findet die sofortige Beschwerde statt (§ 91 a II). Der Beschluß ist jedoch unanfechtbar, wenn gegen eine Entscheidung in der Hauptsache kein Rechtsmittel zulässig wäre.

2. Erklärt der *Kläger einseitig* den Rechtsstreit in der Hauptsache für erledigt, während der Beklagte widerspricht und auf Klagabweisung beharrt, so liegt darin die Einwendung, daß der Kläger die Erledigungserklärung zu Unrecht abgegeben habe, da eine Erledigung nicht vorliege, die Klage vielmehr von vornherein unzulässig oder unbegründet gewesen sei. Hatte der Kläger tatsächlich eine unzulässige oder unbegründete Klage erhoben, so muß es im Interesse des Beklagten, der zu Unrecht in einen Prozeß hineingezogen wurde, vermieden werden, dem Kläger die Möglichkeit zu geben, die Klagabweisung durch Erledigungserklärung abzuwenden. Das Gericht hat hier über den Streit um die Erledigung und damit über das erledigende Ereignis im normalen Verfahren zu entscheiden.

a) Stellt das Gericht fest, daß die Klage zulässig und begründet war, aber durch ein späteres Ereignis sich erledigt hat, so hat es ein Erledigungsurteil zu erlassen. Es lautet: „Die Hauptsache ist erledigt." Das Urteil entscheidet nur über die Erledigung, es enthält keine Sachentscheidung, ist also ein Prozeßurteil[33]. Da eine materielle Entscheidung über die Hauptsache nicht gefällt wird, entsteht insoweit auch keine Rechtskraft. Wenn das Gericht bei Prüfung der Wirksamkeit der Erledigungserklärung die Zulässigkeit und Begründetheit der Klage geprüft hat, so handelt es sich insoweit um bloße an der Rechtskraft nicht teilnehmende Urteilselemente. Demnach steht das Urteil einer neuen Klage des Klägers nicht entgegen. Da der Beklagte trotz der Erledigungserklärung des Klägers auf Klagabweisung bestanden hat, muß er als unterliegender Teil gemäß § 91 die Kosten tragen. § 91 a kommt nicht in Betracht, da keine übereinstimmende Erklärung der Parteien über die Erledigung des Rechtsstreits vorliegt[34].

Das Erledigungsurteil unterliegt den ordentlichen Rechtsmitteln.

b) Kommt das Gericht zu dem Ergebnis, daß die Klage unzulässig oder unbegründet war, so ist die Erledigungserklärung des Klägers wirkungslos, da eine Erledigung überhaupt nicht eintreten konnte. Das Gericht hat die Klage nach Lage des Falles durch Prozeß- oder Sachurteil abzuweisen[35]. Dabei braucht der Beklagte ein besonderes Interesse an seinem Klagabweisungsantrag nicht darzutun. Bei Erhebung einer unberechtigten Klage hat der Beklagte das prozessuale Recht auf Klagabweisung. Dieses Recht kann ihm nicht dadurch genommen werden, daß der Kläger die Hauptsache für erledigt erklärt[36]. Die Kosten hat der Kläger nach § 91 zu tragen, § 91 a ist nicht anwendbar. Das Urteil ist mit den ordentlichen Rechtsmitteln anfechtbar.

[33] *Stein-Jonas-Pohle* § 91 a III 2 und 3.
[34] BGH 23,340. [35] BGH 37,137.
[36] RG JW 1938,249; unrichtig OLG München MDR 1957,298; OLG Düsseldorf MDR 1957,368.

3. Erklärt der *Beklagte* die Hauptsache für erledigt, etwa weil er nach Klagerhebung gezahlt habe, so kommt es darauf an, wie sich der Kläger auf diese Einwendung verhält. Stimmt er zu, so liegt eine einverständliche Erledigungserklärung vor. Widerspricht er, so ist über den Rechtsstreit nach Maßgabe seiner Anträge zu entscheiden[37]. Stellt sich heraus, daß die Schuld infolge Bewirkens der Leistung erloschen ist, so ist die Klage abzuweisen. Anderenfalls ist dem Antrag des Klägers zu entsprechen. Auf Grund einer einseitigen Erledigungserklärung des Beklagten ist für ein Erledigungsurteil kein Raum.

4. Eine Erledigungserklärung kann auch in der Rechtsmittelinstanz, einschließlich der Revisionsinstanz abgegeben werden[38]. Voraussetzung ist Zulässigkeit des Rechtsmittels.

6. ABSCHNITT: DIE RICHTERLICHEN ENTSCHEIDUNGEN

§ 42 Die Entscheidungen im allgemeinen

Es gibt drei Arten von Entscheidungen: *Urteile, Beschlüsse* und *Verfügungen.*

Urteile sind Entscheidungen des Gerichts, für die eine bestimmte Form vorgeschrieben ist (§ 313) und die grundsätzlich eine mündliche Verhandlung voraussetzen. Vgl. jedoch § 128 II. Über die Klage kann nur durch Urteil erkannt werden. Vgl. aber auch: §§ 519b II, 554a II.

Beschlüsse sind Gerichtsentscheidungen, die ohne mündliche Verhandlung oder auf Grund freigestellter mündlicher Verhandlung ergehen und die nicht der Form des § 313 unterliegen.

Manche Beschlüsse setzen freilich eine mündliche Verhandlung voraus, wie z. B. der Verweisungs- (§ 276) oder der Beweisbeschluß (§ 358). Form für letzteren: § 359.

Verfügungen sind Entscheidungen des Vorsitzenden, des beauftragten oder ersuchten Richters. Sie dienen in der Regel nur der Leitung des Verfahrens (z. B. §§ 216 II, 226 III, 229, 365).

Die einstweiligen Verfügungen (§§ 935 ff.) sind keine Verfügungen in diesem Sinne, sondern Urteile oder Beschlüsse.

An *seine Urteile ist das Gericht gebunden* (§ 318). Eine Aufhebung oder Abänderung ist nur möglich, wenn dagegen ein Rechtsbehelf eingelegt wird. Jedoch sind die *Berichtigung offenbarer Unrichtigkeiten, die Berichtigung des*

[37] BGH LM § 308 ZPO Nr. 6.

[38] BGH NJW 1965,537.

Tatbestandes und eine bestimmte Ergänzung des Urteils zulässig (§§ 319 bis 321). Ergeben die Entscheidungsgründe, daß das Gericht über einen Anspruch entschieden hat, ist jedoch diese Entscheidung in der Formel des Urteils nicht zum Ausdruck gekommen, so kann die Formel durch Beschluß nach § 319 berichtigt werden[1]. Da hier der Anspruch nicht übergangen ist, kommt ein Ergänzungsurteil gemäß § 321 nicht in Betracht. *Andere Entscheidungen als Urteile sind frei abänderlich.* Ausnahme: Unterliegt ein Beschluß der sofortigen Beschwerde, so ist das erlassende Gericht nicht zu einer Änderung seiner Entscheidung befugt (§ 577 III).

Urteile müssen öffentlich *verkündet* werden (§ 173 GVG). Vgl. §§ 309 bis 312, 136 IV, 160 II Nr. 6. *Mit der Verkündung ist das Urteil erlassen.* Von jetzt ab tritt die Bindung des § 318 ein, von jetzt ab können gegen das Urteil Rechtsbehelfe (§§ 338, 511, 545) eingelegt werden (§ 312 II). Die von den Parteien zu betreibende Zustellung (§§ 317 I, 496 I, 508, vgl. aber §§ 625, 640) des durch die Verkündung bereits wirksam gewordenen Urteils dient lediglich dazu, die Notfristen für Rechtsmittel und Einspruch in Lauf zu setzen (§§ 339, 516, 552) und die Zwangsvollstreckung zu ermöglichen (§ 750).

Bei einem Urteil, das nach § 128 II ohne mündliche Verhandlung ergeht, wird die Verkündung durch Zustellung der Urteilsformel ersetzt (§ 310 II). Diese im Amtsbetrieb vorzunehmende Zustellung hat an beide Parteien zu erfolgen. Erst mit der Zustellung an beide Parteien wird das Urteil existent. Die Zustellung der Urteilsformel ersetzt nur die Verkündung, nicht aber die im Parteibetrieb vorzunehmende Zustellung des Urteils (§ 317 I). Daher setzt die Zustellung der Urteilsformel die Rechtsmittelfristen nicht in Lauf.

Beschlüsse sind dann zu verkünden, wenn sie auf Grund einer mündlichen Verhandlung ergehen. Nicht verkündete Beschlüsse sind den Parteien von Amts wegen zuzustellen. In diesem Fall werden sie erst mit der Zustellung wirksam. Bei weniger wichtigen Beschlüssen genügt *formlose Mitteilung* (§ 329). Diese werden nicht erst mit dem Zugang bei dem Empfänger wirksam, sondern schon mit dem Abgang von der Geschäftsstelle[2]. Grund: allein letzterer läßt sich (durch Aktenvermerk) sicher feststellen.

Verfügungen, die nach mündlicher Verhandlung ergehen, können, aber müssen nicht verkündet werden. Nicht verkündete Verfügungen sind zuzustellen oder mitzuteilen (§ 329).

Der Unterschied zwischen Urteilen und Beschlüssen ist namentlich für die Anfechtbarkeit von Bedeutung; gegen Urteile gibt es die Rechtsmittel der Berufung und Revision, gegen Beschlüsse die Beschwerde.

§ 43 Die Urteile

Kisch, Beiträge zur Urteilslehre, 1903.

I. Arten der Urteile. Die Urteile kann man in verschiedener Weise einteilen:

[1] BGH NJW 1964,1858. [2] RG 156,390.

1. Nach ihrem Verhältnis zum Streitgegenstand in *Sachurteile* und *Prozeßurteile.*

Das Sachurteil entscheidet „in der Sache selbst", d. h. über den Klageanspruch, also über die vom Kläger aufgestellte Rechtsbehauptung. Das Prozeßurteil weist die Klage aus prozessualen Gründen, z. B. wegen Mangels einer Prozeßvoraussetzung, ab, ohne auf die Sache einzugehen.

2. Nach dem Klagbegehren in *Leistungs-, Feststellungs- und Gestaltungsurteile* (vgl. oben § 3 I 1).

3. Nach ihrem Zustandekommen in *Versäumnisurteile* (§§ 330 ff.) und *Nichtversäumnisurteile.*

Die Nichtversäumnisurteile bezeichnet man meist als *„kontradiktorische" Urteile.* Dies ist deshalb ungenau, weil eine streitige Verhandlung gerade nicht vorausgesetzt wird. So sind z. B. Urteile nach § 331 II 2. Halbs. (sog. unechte Versäumnisurteile), Verzichts- (§ 306) und Anerkenntnisurteile (§ 307) „kontradiktorische" Urteile. Der Unterschied zwischen Versäumnisurteilen und Nichtversäumnisurteilen ist erheblich: gegen erstere gibt es den Einspruch (§ 338), gegen letztere Berufung oder Revision (§§ 511, 513, 545, 566).

4. Nach ihrer Wirkung auf die Erledigung des Prozesses in *Endurteile und Zwischenurteile.*

a) *Endurteile sind solche, welche den Rechtsstreit für die betreffende Instanz unbeschadet der zulässigen Rechtsbehelfe endgültig erledigen.*

Das Endurteil kann ein Sach- oder *Prozeßurteil sein.* Auch das Versäumnisurteil (§§ 330 ff.) ist, von § 347 II abgesehen, Endurteil, da es zunächst die Instanz schließt, freilich unbeschadet des Einspruchs (vgl. §§ 338, 342).

Erledigt das Endurteil den Streitgegenstand ganz, so spricht man von einem *Vollurteil.*

Beispiel: die eingeklagten 1000 DM werden zu- oder aberkannt.

Erledigt es den Streitgegenstand nur teilweise, so ist es ein *Teilurteil* (§ 301).

Beispiele:

1. Kläger verlangt 1000 DM, Beklagter erkennt 500 DM sofort an, den Rest bestreitet er. Hier ergeht auf Antrag des Klägers Anerkenntnisteilurteil auf Zahlung von 500 DM.

2. Ist bei Klage und Widerklage nur die Widerklage endentscheidungsreif, so kann über die Widerklage ein Teilurteil ergehen.

Die Erlassung eines Teilurteils steht im allgemeinen im Ermessen des Gerichts (§ 301 II). Geboten ist es nur in den Fällen der §§ 254 (vgl. oben § 30 II 1 b β), 306, 307. Ist der Erlaß eines Vollurteils in kurzer Zeit zu erwarten, so ist ein Teilurteil unangebracht. *Voraussetzung des Teilurteils ist, daß die Teilentscheidung dem Schlußurteil nicht vorgreift*[1]. Teil- und

[1] BGH 20,311.

Schlußurteil müssen voneinander unabhängig sein. Werden z. B. Kapital und Zinsen eingeklagt, so dürfen die Zinsen nicht durch Teilurteil zuerkannt werden, wenn die Möglichkeit besteht, daß das Schlußurteil zur Abweisung der Klage wegen des Kapitals führt[2]. *Außerdem darf ein Teilurteil nur bei Teilbarkeit des Streitgegenstandes ergehen.* Betreffen Klage und Widerklage denselben Streitgegenstand, wie z. B. in Ehesachen, so ist ein Teilurteil unzulässig.

Hat der Kläger mehrere Klaggründe, der Beklagte mehrere Einwendungen geltend gemacht, so kann niemals über einen einzelnen Klaggrund oder eine einzelne Einwendung durch Teilurteil entschieden werden, da hierdurch nur ein Teil des Prozeßstoffs, nicht des Streitgegenstandes erledigt würde.

Das Teilurteil führt zu einer Beschleunigung des Prozesses, da es selbständig und vom Schlußurteil unabhängig rechtskräftig und vollstreckbar wird.

Durch das Teilurteil zerfällt der Prozeß in zwei Teile. Für Teil- und Schlußurteil sind die Berufungs- und Revisionssumme (§§ 511 a, 546) selbständig zu ermitteln. Daher kann durch Erlaß eines Teilurteils unter Umständen die Anfechtbarkeit einer Entscheidung vereitelt werden. Die Kostenentscheidung ist stets dem Schlußurteil vorzubehalten.

Endurteile besonderer Art, nämlich auflösend bedingte Urteile, sind die *Vorbehaltsurteile* der §§ 302, 599.

b) *Zwischenurteile sind Urteile, die zu einem einzelnen Streitpunkt ergehen, ohne dadurch über den geltend gemachten Anspruch ganz oder teilweise zu entscheiden.*

Die Bedeutung des Zwischenurteils liegt darin, daß es für die betreffende Instanz den einzelnen Streitpunkt erledigt, wodurch das weitere Verfahren vereinfacht wird. Das Zwischenurteil bindet das Gericht (§ 318). *Als vorweggenommener Teil des Endurteils ist es nicht selbständig*, sondern nur mit diesem zusammen *anfechtbar*. Ausnahmen: §§ 275 II, 304 II. Im Falle des § 270 ist es überhaupt der Anfechtung entzogen.

Der Erlaß eines Zwischenurteils steht im allgemeinen im Ermessen des Gerichts (§§ 303, 304).

α) Ein Zwischenurteil kann dann ergehen, wenn ein Zwischenstreit, d. h. ein Streit über eine Prozeßfrage, *zur Entscheidung reif ist* (§ 303). Beispiele: Das Zwischenurteil bejaht die Zulässigkeit des Einspruchs oder eines Rechtsmittels, es bejaht die Zulässigkeit der Klagänderung (§ 270), es entscheidet über den Widerruf eines Geständnisses (§ 290), es verwirft eine prozeßhindernde Einrede. Im letzteren Fall gelten *Besonderheiten:* Bei abgesonderter Verhandlung *muß* ein Zwischenurteil ergeben, falls die Einrede verworfen wird (§ 275). (Ist Einrede begründet, wird Klage durch Endurteil als unzulässig abgewiesen, § 300). Das die Einrede verwerfende Zwischenurteil ist stets selbständig anfechtbar, mag abgesonderte Verhandlung erfolgt sein oder nicht (§ 275 II)[3]. Grund: Das Gesetz bezweckt eine endgültige Klärung dieser prozessualen Vorfrage.

[2] RG 151,381.

[3] BGH NJW 1956,1920; a. A. *Rosenberg* § 55 III 2.

β) Ist ein Anspruch nach Grund (Bestehen) *und Betrag* (Höhe) *streitig, so kann das Gericht, falls es den Grund für gegeben ansieht,* durch *Zwischenurteil vorab entscheiden (§ 304). Urteilsformel:* Die Klage ist dem Grunde nach gerechtfertigt. Verneint das Gericht den Grund des Anspruchs, muß es dagegen die Klage durch Endurteil abweisen.

Dem *Grundurteil* folgt das mit einem Endurteil schließende *Nachverfahren über die Höhe.* Das Zwischenurteil kommt namentlich bei Schadensersatz- und Bereicherungsansprüchen vor. So wenn der vom überfahrenen Fußgänger verklagte Kraftfahrzeughalter sowohl seine Entschädigungspflicht als auch die Höhe des behaupteten Schadens bestreitet. *Zweck des Grundurteils:* Vereinfachung und Verbilligung des Verfahrens. Es sollen vor allem vor Feststellung des Anspruchsgrundes umfangreiche Beweiserhebungen über die Höhe vermieden werden, weil diese hinfällig sind, wenn die höhere Instanz den Grund verneint. Um eine endgültige Klärung über den Grund herbeizuführen, ist das Zwischenurteil *selbständig anfechtbar* (§ 304 II).

Unzweckmäßigerweise gilt dies nicht im Arbeitsgerichtsverfahren (§ 61 V ArbGG). Die im Arbeitsgerichtsprozeß erstrebte Beschleunigung schlägt in das Gegenteil um, wenn die höhere Instanz eine Verbindlichkeit des Beklagten überhaupt verneint.

Das Grundurteil erwächst auch in formelle Rechtskraft, dagegen nicht in materielle, da es über den Anspruch, der sich aus Grund und Betrag zusammensetzt, noch nicht endgültig entscheidet[4]. Das Nachverfahren findet in der Regel erst nach Rechtskraft des Grundurteils statt. Wird über den Betrag vorher verhandelt und entschieden (§ 304 II), so ist das Endurteil über die Höhe, wie im Falle von § 275 II, auflösend bedingt: mit rechtskräftiger Aufhebung des Grundurteils wird es von selbst hinfällig[5]. Was zum Grund und was zum Betrag gehört, ist manchmal zweifelhaft. *Jedenfalls hat das Grundurteil alle klagebegründenden Tatsachen und Einwendungen zu erledigen. Im allgemeinen reicht für den Erlaß des Grundurteils die Feststellung aus, daß nach dem gewöhnlichen Verlauf der Dinge die Entstehung eines Schadens aus dem schadenstiftenden Ereignis anzunehmen ist.* Herrscht Ungewißheit, ob überhaupt ein Schaden entstanden ist, so darf ein Grundurteil nicht ergehen, weil die Entstehung irgendeines Schadens Voraussetzung des Anspruchs ist[6]. Die Feststellung des eigenen Verschuldens des Geschädigten kann dem Verfahren über die Schadenshöhe vorbehalten werden, wenn das mitwirkende Verschulden zweifellos nur zu einer Minderung, nicht zur völligen Beseitigung des Schadensanspruchs führt[7]. Bei Aufrechnung des Beklagten mit einer Gegenforderung kann die Klagforderung dem Grunde nach nur für gerechtfertigt erklärt werden, wenn anzunehmen ist, daß sie die zur Aufrechnung gestellte Forderung übersteigt[8]. Da Einwendungen gegen den Grund des Anspruchs im Betragsverfahren nur dann berücksichtigt werden dürfen, wenn sie erst nach Erlaß des Grundurteils entstanden sind[9], kann in diesem Verfahrensabschnitt nicht mehr mit einer Forderung aufgerechnet werden,

[4] RG 151,8.
[5] RG 107,330.
[6] RG 151,9.
[7] RG JW 1936,2313.
[8] BGH NJW 1962,1618.
[9] RG 62,337; 124,131; 138,212.

die schon im Grundverfahren hätte geltend gemacht werden können[10]. Trotz des nach § 318 bindenden Grundurteils kann die Klage noch im Nachverfahren abgewiesen werden, und zwar als unzulässig, wenn sich z. B. erst jetzt das Fehlen einer Prozeßvoraussetzung herausstellt, oder als unbegründet, wenn z. B. ein Schaden nicht feststellbar ist[11].

γ) Zwischenurteile über sog. *unechte Zwischenstreitigkeiten* (zwischen einer Partei und einem Dritten): §§ 71, 135, 387, 402. Gegen diese Zwischenurteile findet *sofortige Beschwerde* (§ 577) statt.

II. Form der Urteile (§ 313)

1. *Das Urteil enthält:*

a) *Die Überschrift:* „Im Namen des Volkes!" (§ 311 I). Dadurch wird auf den Träger der Gerichtshoheit (Art. 20 II GG) verwiesen.

b) *Den Kopf* oder das Rubrum (früher mit roter Tinte geschrieben): Bezeichnung von Parteien einschließlich eines Nebenintervenienten (§ 66) und Gericht (§ 313 I Nr. 1 u. 2).

c) *Die Urteilsformel oder den Tenor* (§ 313 I Nr. 5). Sie stellt die eigentliche Entscheidung dar.

Zum Beispiel: „Der Beklagte wird verurteilt, an den Kläger 500 DM nebst 4 v. H. Zinsen seit 1. 12. 1966 zu zahlen. Der Beklagte hat die Kosten des Rechtsstreits zu tragen. Das Urteil ist vorläufig vollstreckbar."

d) *Den Tatbestand* (§ 313 I Nr. 3).

Er enthält eine *gedrängte Darstellung des Sach- und Streitstandes* zur Zeit der letzten mündlichen Verhandlung *unter Hervorhebung der gestellten Anträge.* Da der Tatbestand hinsichtlich des mündlichen Parteivorbringens Beweis liefert und dieser Beweis nur durch das Sitzungsprotokoll entkräftet werden kann (§ 314), sind sämtliche Erklärungen aufzunehmen, nicht nur die, welche dem Gericht erheblich erscheinen. Das höhere Gericht kann möglicherweise über die Bedeutsamkeit einer Erklärung anders urteilen. Rechtsausführungen gehören nicht in den Tatbestand. Dieser beginnt mit den unstreitigen Tatsachen, hierauf folgen die streitigen Parteibehauptungen. Ein Beweisantritt ist nicht anzugeben, falls der Beweis erhoben ist. Außerdem sind der Inhalt der Beweisbeschlüsse und die Beweisergebnisse (ohne Würdigung) wiederzugeben. Bezugnahme auf den Akteninhalt: § 313 II.

e) *Die Entscheidungsgründe* (§ 313 I Nr. 4)

Sie haben in klarer, für jeden verständlicher Sprache die rechtlichen und tatsächlichen Erwägungen anzugeben, welche für die Entscheidung maßgebend sind. Hierher gehört auch die Beweiswürdigung (§ 286 I 2). Fehlen der Entscheidungsgründe ist absoluter Revisionsgrund (§ 551 Nr. 7). Der Mangel heilt durch die Rechtskraft.

f) *Die Unterschrift der Richter,* welche die Entscheidung gefällt haben (§ 315; vgl. weiter § 309 ZPO, §§ 192 ff. GVG).

Das Urteil braucht dagegen nicht von den erkennenden, sondern kann auch von anderen Richtern verkündet werden.

[10] BGH NJW 1965,1763. [11] RG 89,119; 132,19.

g) *Den Verkündungsvermerk* (§ 315 III).

2. Anerkenntnis- und Versäumnisurteile in abgekürzter Form: § 313 III. Z. B. „Versäumnisurteil! Es wird antragsgemäß erkannt". Datum, Unterschrift.

Davon zu unterscheiden ist die aus Sparsamkeitsgründen und zur Entlastung der Geschäftsstellen erfolgende abgekürzte Ausfertigung vollständiger Urteile (§ 317 II 2). Die Zustellung einer Urteilsausfertigung, in der Tatbestand und Entscheidungsgründe weggelassen sind, steht grundsätzlich der Zustellung eines vollständigen Urteils gleich. Ausnahmen: §§ 320 II, 552.

7. ABSCHNITT: BESONDERHEITEN

§ 44 Das Versäumnisverfahren

Münzberg, Die Wirkungen des Einspruchs im Versäumnisverfahren, 1959; ders., Zum Begriff des Versäumnisurteils, JuS 1963,219; *Schima*, Die Versäumnis im Zivilprozeß, 1928; *Steuerwald*, Das Versäumnisverfahren, 1938.

I. Bleibt eine Partei in einem Verhandlungstermin aus, so darf dadurch die Durchführung des Prozesses nicht verhindert werden, zumal die Säumnis in der Regel darauf beruht, daß die nicht erschienene Partei ihre Sache für aussichtslos hält. Gegen den Säumigen findet dann das Versäumnisverfahren (§§ 330—347) statt.

II. Ein Versäumnisurteil hat folgende Voraussetzungen:

1. Es muß ein *Termin zur obligatorischen mündlichen Verhandlung* vor dem Prozeßgericht anstehen (§§ 332, 370). Da im Falle des § 370 die mündliche Verhandlung erst nach beendeter Beweisaufnahme stattfindet, ist erst dann ein Antrag auf Versäumnisurteil zulässig.

2. Eine Partei muß in diesem Termin *vollsäumig* sein.

Vollsäumnis liegt vor, wenn sie im Termin überhaupt nicht erscheint (§§ 330, 331) *oder zwar erscheint, aber überhaupt nicht verhandelt* (§ 333). § 333 erfordert völliges Nichtverhandeln. Die Partei darf zu dem Rechtsstreit weder in tatsächlicher noch in rechtlicher Hinsicht irgendwie Stellung nehmen. Das bloße Verlesen des Antrags, die Stellung eines Vertagungsantrags, die Ablehnung eines Richters ist kein Verhandeln. Verhandelt die Partei, aber unvollständig, erhebt sie z. B. nur die prozeßhindernde Einrede der Unzulässigkeit des Rechtswegs, ohne sich zur Sache zu erklären, so darf gegen sie, weil keine Vollsäumnis vorliegt, auch kein Versäumnisurteil ergehen (§ 334). Vielmehr läuft hier die Partei Gefahr, bei Verwerfung der Einrede sofort durch Nichtversäumnisurteil in der Sache selbst verurteilt zu werden, weil die Klagetatsachen als zugestanden anzusehen sind (§§ 138 III,

300 I). Dagegen liegt *Vollsäumnis vor, wenn die Partei im Anwaltsprozeß (§ 78) ohne Anwalt anwesend ist.* Hat die Partei bereits in einem früheren Termin streitig verhandelt, so wird sie dadurch bei Ausbleiben in einem späteren Termin vor den Säumnisfolgen nicht geschützt. Nach dem unzweckmäßigen § 332, der den Gedanken der Einheit der mündlichen Verhandlung überspannt, sollen im Versäumnisverfahren nur die Ergebnisse des Schlußtermins erheblich sein. Die bisherigen Prozeßergebnisse einschließlich der Ergebnisse etwaiger Beweisaufnahmen bleiben unberücksichtigt und werden erst infolge eines zulässigen Einspruchs wieder wirksam (§ 342; vgl. jedoch unten IV).

3. Eine *Sachentscheidung muß zulässig sein,* namentlich müssen die Prozeßvoraussetzungen vorliegen[1].

4. Die erschienene Partei muß den *Antrag auf Versäumnisurteil* stellen (§§ 330, 331).

Dieser Antrag ist durch Beschluß (Rechtsmittel dagegen: § 336 I) *zurückzuweisen* (§ 335):

a) *Wenn die erschienene Partei einen von Amts wegen zu fordernden Nachweis,* z. B. die Vollmacht im Parteiprozeß (§ 88 II), *nicht sofort, wohl aber später erbringen kann.* Ist der Nachweis dagegen nie zu erbringen, weil es sich z. B. um einen endgültigen Mangel der Partei- oder Prozeßfähigkeit handelt, dann ist die Klage durch Nichtversäumnisurteil als unzulässig abzuweisen (§ 300 I).

b) *Wenn der Säumige nicht ordnungsmäßig,* insbesondere nicht rechtzeitig, d. h. unter Einhaltung der Einlassungs- oder Ladungsfrist, *geladen war.*

c) *Wenn dem Säumigen eine Behauptung oder ein Sachantrag nicht rechtzeitig* (§§ 132, 226, 262, 272) *durch Schriftsatz mitgeteilt war.* War z.B. das Klagvorbringen unschlüssig, so darf gegen den Beklagten auch dann kein Versäumnisurteil ergehen, wenn der Kläger im Termin durch Aufstellung neuer Behauptungen die Klage schlüssig macht. Das Versäumnisurteil soll nicht auf Prozeßstoff gegründet werden, der dem Säumigen unbekannt ist.

d) *Schließlich hat das Gericht* nach pflichtmäßigem Ermessen *die Verhandlung* über den Antrag auf Erlassung des Versäumnisurteils *zu vertagen, wenn die Säumnis auf zu kurzer Bemessung der Einlassungs- oder Ladungsfrist* (§§ 226, 239 III, 262) *oder auf unabwendbaren Hindernissen beruht* (§ 337). Auch gegen den Vertagungsbeschluß gibt es sofortige Beschwerde, da er eine Zurückweisung des Antrags auf Erlassung des Versäumnisurteils enthält[2]. Bei Vertagung ist neue Ladung erforderlich (§§ 335 II, 337 Satz 2).

III. Säumnis des Klägers (§ 330). Erscheint der Kläger im Termin zur mündlichen Verhandlung nicht, so ist die *Klage auf Antrag des Beklagten durch Versäumnisurteil als unbegründet abzuweisen.* Der Richter darf weder die Wahrheit noch die Schlüssigkeit der Klagetatsachen prüfen. Der Anspruch wird durch das Versäumnisurteil end-

[1] BGH NJW 1961,2207; a. A. BGH 37,82; *Blomeyer* § 54 II 2 a.
[2] OLG München MDR1956,684.

gültig aberkannt. Die Klage wird nicht nur „als zur Zeit unbegründet" abgewiesen[3].

Durch Säumnis verwirkt der Kläger also sein Recht. *Eine Sachabweisung ist jedoch nur bei Vorliegen der Prozeßvoraussetzungen zulässig. Fehlt es an einer solchen,* z. B. an der Zulässigkeit des Rechtswegs, *dann ist die Klage durch ein gewöhnliches,* der Berufung unterliegendes *Prozeßurteil abzuweisen.* Diese Entscheidung ist kein Versäumnisurteil, da sie zwar gegen die säumige Partei ergeht, aber nicht auf Grund der Säumnis. Sie würde ebenso erlassen worden sein, wenn der Kläger verhandelt hätte. Deshalb wäre es wenig sinnvoll, dagegen den Einspruch zuzulassen. Die Frage ist streitig[4].

Ein Versäumnisurteil gegen den Kläger ist auch in Ehesachen, insbesondere Scheidungsprozessen, zulässig. Bei der Ehenichtigkeitsklage und in Familienstandssachen ist im Falle der Säumnis des Klägers die Klage für zurückgenommen zu erklären (§§ 635, 638, 640).

IV. Bei Säumnis des Beklagten gilt das tatsächliche Vorbringen des Klägers, soweit es rechtzeitig mitgeteilt ist (§ 335 I Nr. 3), *als zugestanden.*

Dies gilt jedoch nicht für Behauptungen, die der Richter als Prozeßlüge erkannt hat oder deren Unwahrhaftigkeit nach der Überzeugung des Richters durch eine vorangegangene Beweisaufnahme erwiesen ist. Der Richter kann nicht genötigt werden, seine Entscheidung auf einem als unwahr erkannten Sachverhalt aufzubauen[5]. Dadurch wird die im § 332 liegende zweckwidrige Überspannung des Gedankens der Einheit der mündlichen Verhandlung gemildert. Die Prozeßlüge darf im Versäumnisverfahren ebensowenig wie sonst Rechtsschutz genießen.

Rechtfertigt das als zugestanden geltende Vorbringen den Klagantrag, sind also die *Klagebehauptungen schlüssig,* so wird der Beklagte dem Antrag gemäß durch *Versäumnisurteil* verurteilt (§ 331 II Halbs. 1).

Da das Versäumnisurteil in der Regel Sachendurteil ist (Ausnahme: § 347 II), darf es *nur bei Vorliegen der Prozeßvoraussetzungen ergehen.* Liegt ein prozessualer Mangel vor (z. B. Unzulässigkeit des Rechtswegs), so muß die Klage durch Prozeßurteil als unzulässig abgewiesen werden (§ 300 I). Diese Entscheidung ist ein den gewöhnlichen Rechtsmitteln, insbesondere der Berufung, unterliegendes Nichtversäumnisurteil, da es nicht gegen die säumige, sondern gegen die verhandelnde Partei ergeht und da die Säumnis des Beklagten für den Inhalt der Entscheidung ohne jede Bedeutung ist. Das

[3] BGH 35,338; a. A. *Zeuner,* JZ 1962,497.

[4] A. A. RG 50,384; 140,77; 159,358; BGH 37,82; *Baumbach-Lauterbach* Anm. 3 A vor § 330, Anm. 2 a zu § 330; *Blomeyer* § 54 III 2 a. Wie hier *Rosenberg* § 106 IV 2.

[5] Näheres *Bernhardt,* DJZ 1936,1407; ders., Die Aufklärung des Sachverhalts, S. 33 f.; RG Str. 72,115; Nikisch § 76 IV 1 b; a. A. *Blomeyer* § 54 III 3; *Rosenberg* § 106 V 1 a.

Urteil ergeht nicht auf Grund, sondern gerade trotz der Säumnis des Beklagten.

Rechtfertigt das Klagvorbringen den Klagantrag nicht, ist es z. B. unschlüssig oder trägt der Kläger selbst eine rechtshindernde oder rechtsvernichtende Tatsache vor, *so ist die Klage,* falls keine Prozeßmängel vorliegen, *als unbegründet abzuweisen* (§ 331 II Halbs. 2). *Beispiel:* Klage auf Ehemaklerlohn (§ 656 BGB).

Da diese Entscheidung gegen den Kläger ergeht und da sie nicht auf der Säumnis des Beklagten, sondern z. B. der Unschlüssigkeit der Klage beruht, ist sie ein *Nichtversäumnisurteil.* Sie unterliegt den gewöhnlichen Rechtsmitteln, nicht dem Einspruch. Die Bezeichnung „unechtes Versäumnisurteil" ist irreführend.

Tatsachen, die ein Einrederecht im Sinne des BGB begründen, z. B. die Einrede der Verjährung (§ 222 BGB), werden bei Säumnis des Beklagten nicht berücksichtigt, da sie geltend gemacht werden müssen. Ergibt sich aber aus dem Vortrag des Klägers, daß der Beklagte das Einrederecht bereits außerhalb des Prozesses ausgeübt hat, dann ist dies auch im Versäumnisverfahren zu beachten[6].

In Ehesachen ist ein Versäumnisurteil gegen den Beklagten unzulässig (§ 618). Anderenfalls wäre eine Scheidung durch Übereinkunft der Ehegatten möglich! In Kindschafts- und Entmündigungssachen gilt Entsprechendes (§§ 640, 670, 679, 684, 686).

V. Der säumigen Partei steht gegen das Versäumnisurteil der *Rechtsbehelf des Einspruchs zu,* nicht Berufung oder Revision (§ 338). Der Einspruch ist kein Rechtsmittel im eigentlichen Sinne, da er nicht zu einer Nachprüfung des Urteils durch die höhere Instanz führt. Grund: Da das Versäumnisurteil ohne vollständige Prüfung des Sach- und Streitstandes ergeht, ist die Nachprüfung durch das höhere Gericht nicht geboten. Die Einspruchsfrist (Notfrist) beträgt 2 Wochen (§ 339), im Amtsgerichtsverfahren 1 Woche (§ 508 II), im Arbeitsgerichtsverfahren 3 Tage (§§ 59 II, 64 III ArbGG) seit Zustellung des Urteils (§ 221). Ohne Zustellung oder bei unwirksamer Zustellung beginnt die Frist nicht. Weder die 5-Monatsfrist der §§ 516, 552 noch die 5-Jahresfrist des § 586 ist anwendbar. Der Einspruch kann aber bei besonderer Lage des Falles verwirkt sein[7]. Seine Einlegung ist bereits vor Urteilszustellung (§ 312 II), nicht aber vor der Verkündung zulässig. Die Einlegung erfolgt durch Einreichung der Einspruchsschrift bei dem Prozeßgericht (§ 340). Protokollerklärung: § 496 II. Inhalt: § 340 II. Eine Begründung des Einspruchs ist nicht notwendig. Hierauf wird von Amts wegen neuer Termin vor dem Prozeßgericht anbe-

[6] *Stein-Jonas-Schönke* § 331 III 3.
[7] BGH 30,300 u. LM § 339 ZPO Nr. 2.

raumt (§ 340a). In diesem hat das Gericht zunächst zu prüfen, ob der *Einspruch* an sich *zulässig* und ob er in der gesetzlichen Form und Frist eingelegt ist. Fehlt es an einem dieser Erfordernisse, so ist der Einspruch durch gewöhnliches Urteil als unzulässig zu verwerfen (§ 341). *Ist der Einspruch zulässig, so wird der Rechtsstreit in die Lage zurückversetzt, in welcher er sich vor Eintritt der Säumnis befand* (§ 342).

Infolge dieser gesetzlichen Restitution werden alle früheren Prozeßhandlungen und Beweisaufnahmen, die bei Erlaß des Versäumnisurteils unberücksichtigt geblieben sind (vgl. oben II 2 am Ende), *wieder beachtlich.* Der Prozeß wird jetzt fortgesetzt, wie wenn das Versäumnisurteil nicht erlassen wäre. Immerhin bleibt das Versäumnisurteil zunächst noch weiter bestehen. Durch den Einspruch wird jedoch seine Rechtskraft gehemmt (§ 705 Satz 2), auch kann die Zwangsvollstreckung aus ihm (vgl. § 708 Nr. 3) einstweilen eingestellt werden (§ 719 I). Nicht notwendig ist, daß die säumig gewesene Partei die sachliche Unrichtigkeit des Versäumnisurteils dartut. Leider braucht sie auch ihre Säumnis nicht zu entschuldigen, was zur Folge hat, daß das Versäumnisverfahren häufig zur Prozeßverschleppung mißbraucht wird.

Ergibt die erneute Verhandlung der Parteien, daß das Versäumnisurteil inhaltlich richtig war, so ist dieses in dem neuen Urteil aufrechtzuerhalten, sonst wird es aufgehoben und anders entschieden (§ 343). Kosten: § 344.

Ist die säumige Partei im Einspruchstermin wieder säumig, so wird ihr Einspruch durch ein *zweites Versäumnisurteil* verworfen (§ 345). Dem Nichterscheinen steht das Nichtverhandeln „zur Hauptsache" gleich. Verhandlung „zur Hauptsache" steht hier im Gegensatz zur Verhandlung über den Einspruch. Demnach ist Verhandlung über eine Prozeßvoraussetzung (z. B. Zulässigkeit des Rechtswegs) im Sinne von § 345 schon Verhandlung „zur Hauptsache".

Gegen das zweite Versäumnisurteil gibt es keinen weiteren Einspruch, sondern *nur Berufung oder Revision.* Diese Rechtsmittel dürfen aber nur darauf gestützt werden, daß eine Säumnis in Wirklichkeit nicht vorgelegen habe (§§ 513 II, 566). Beispiele: Der Termin war überhaupt nicht oder zu früh aufgerufen, die im Gerichtssaal anwesende Partei hat infolge von Schwerhörigkeit den Aufruf der Sache überhört, Terminszeit oder Terminsort waren in der Bekanntmachung (§ 340 a) falsch angegeben, Partei war durch unabwendbaren Zufall am rechtzeitigen Erscheinen verhindert, weil der Zug infolge von Schneeverwehungen starke Verspätung bekommen hatte, was das Gericht bei Kenntnis der Sachlage zur Vertagung veranlaßt hätte (§ 337)[8], Versäumnisurteil war wegen Unterbrechung des Verfahrens (§§ 239 ff.) unzulässig. War dagegen die Partei aus Versehen in einen falschen Zug eingestiegen und hatte sie dadurch den Termin versäumt, so gibt es gegen das zweite Versäumnisurteil weder Einspruch noch Berufung, da kein unabwendbarer Zufall vorliegt.

[8] RArbG JW 1932,3527.

§ 45 Das Verfahren bei Entscheidung nach Lage der Akten

Eine Entscheidung nach Lage der Akten kann in zwei Fällen ergehen: Einmal wenn *beide Parteien säumig sind* (§ 251a). Hier steht der Erlaß der Entscheidung im Ermessen des Gerichts. Ferner wenn nur eine Partei säumig ist und die andere *statt eines Versäumnisurteils eine Entscheidung nach Lage der Akten beantragt* (§ 331a). Hier ist dem Antrag zu entsprechen, wenn der Sachverhalt für eine derartige Entscheidung hinreichend geklärt erscheint. Vgl. auch §§ 335, 336 II.

Die Aktenlageentscheidung ist entweder Beschluß (z. B. Beweisbeschluß) *oder Urteil.* Ein Urteil darf aber nur ergehen, wenn schon in einem früheren Termin eine mündliche Verhandlung stattgefunden hat. Außerdem darf es nicht sofort, sondern erst in einem besonderen, auf mindestens eine Woche hinaus anzusetzenden Termin verkündet werden. Der Termin ist der säumigen Partei, im Anwaltsprozeß ihrem Anwalt[1], durch eingeschriebenen Brief bekanntzugeben. Die Verkündung unterbleibt, wenn die säumige Partei ihre Säumnis entschuldigt. Die aus berechtigtem Grund ausgebliebene Partei soll keinen Schaden, besonders keinen Instanzverlust, erleiden. *Grundlage der Entscheidung ist nicht nur der Akteninhalt* (Schriftsätze, Protokolle), *sondern auch, was die Parteien in einer früheren mündlichen Verhandlung vorgetragen haben.* Das Urteil nach Lage der Akten *unterliegt den gewöhnlichen Rechtsmitteln* (Berufung, Revision). Der Unterschied zum Versäumnisurteil liegt namentlich darin, daß es die Instanz endgültig beendet.

Die Entscheidung nach Lage der Akten dient vor allem der Bekämpfung der Prozeßverschleppung. Bei Säumnis einer Partei gibt sie die Möglichkeit, statt des Versäumnisurteils, das infolge der unbeschränkten Einspruchsfreiheit nur provisorischen Charakter hat, eine endgültige Entscheidung zu erlangen. In der Praxis wird leider zu wenig davon Gebrauch gemacht.

§ 46 Das Verfahren ohne mündliche Verhandlung

Der Grundsatz der Mündlichkeit der Verhandlung ist nicht Selbstzweck, sondern nur ein Mittel, um dem Gericht den Prozeßstoff unmittelbar und erschöpfend zu unterbreiten. Er darf kein Hemmnis für eine schnelle Erledigung des Rechtsstreits bilden. Daher kann das Gericht, wenn beide Parteien damit einverstanden sind, in allen Instanzen von einer mündlichen Verhandlung überhaupt oder, falls eine solche bereits stattgefunden hat, von einer weiteren mündlichen Verhandlung absehen (§ 128 II). Eine Ausnahme gilt im arbeitsgerichtlichen Verfahren erster Instanz (§ 46 II 2 ArbGG), da dort auf die persönliche Anhörung der Parteien und die mündliche Sachaufklärung besonderer Wert gelegt wird. Ob das Gericht die mündliche Verhandlung für entbehrlich hält, ist reine Ermessensfrage. Ist der Rechtsstreit nach einer mündlichen Verhandlung zur Endentscheidung reif, so hat das

[1] RG 149,162.

Gericht ein Endurteil zu erlassen (§ 300). Die Anordnung des schriftlichen Verfahrens ist dann unzulässig[1]. Die Einverständniserklärung der Parteien ist, damit das Gericht eine sichere Grundlage für das Verfahren hat, unwiderruflich[2], es sei denn daß eine wesentliche Änderung der Prozeßlage, z. B. durch Stellung neuer Anträge, eintritt[3]. Prozeßstoff ist der Akteninhalt sowie das in einer etwaigen früheren mündlichen Verhandlung Vorgebrachte. Berücksichtigt werden können Schriftsätze, die innerhalb der vom Gericht bestimmten Frist eingehen. Ist keine Frist bestimmt, dann entspricht dem Schluß der mündlichen Verhandlung (§ 136 IV) die Beschlußfassung des Gerichts über den Inhalt der Entscheidung[4]. Die Ansicht, daß Schriftsätze bis zur Absendung des Urteils durch die Geschäftsstelle zu berücksichtigen seien[5], macht den Schluß von Zufälligkeiten abhängig und würde häufig die Umarbeitung eines bereits fertiggestellten Urteilsentwurfs bedingen. Kommt das Gericht während des Verfahrens zu der Überzeugung, daß der Prozeß, etwa wegen Unübersichtlichkeit des Streitstoffs, ohne mündliche Verhandlung nicht entschieden werden kann, so ist es jederzeit befugt, Termin zur mündlichen Verhandlung anzuberaumen. Die Verkündung der Entscheidungen, z. B. eines Beweisbeschlusses, wird durch schriftliche Mitteilung ersetzt. Bei Urteilen tritt an die Stelle der Verkündung die Zustellung der Urteilsformel (§ 310 II). Erst mit der Zustellung an die letzte Partei gelangt die Entscheidung zu rechtlichem Dasein[6], erst jetzt tritt die Bindung im Sinne von § 318 ein.

Diese die Verkündung ersetzende Zustellung ist von der Zustellung des Urteils, welche die Rechtsmittelfrist (§§ 516, 552) in Lauf setzt und die Zwangsvollstreckung gestattet (§ 750), zu unterscheiden.

Das schriftliche Verfahren soll seiner Zweckbestimmung nach ein vereinfachtes und abgekürztes Verfahren sein. Wo eine umfangreiche Sachaufklärung nötig wird, ist es ungeeignet. Hier führt die mündliche Verhandlung schneller und sicherer zum Ziel.

§ 47 Das Verfahren vor dem Einzelrichter

Zur *Vorbereitung der Entscheidung* ist grundsätzlich jede landgerichtliche oder oberlandesgerichtliche Sache zunächst vor dem Einzelrichter zu verhandeln (§§ 348, 523). Nach Bestimmung des Vorsitzenden kann jedoch hiervon abgesehen werden, wenn die sofortige Verhandlung vor dem Kollegium zweckmäßiger erscheint. Es hängt demnach von dem sachgemäßen Ermessen des Vorsitzenden ab, ob eine Verhandlung vor dem Einzelrichter stattfindet.

Einzelrichter ist entweder der Vorsitzende oder ein von ihm zu bestimmendes Mitglied. Bei der Kammer für Handelssachen kann es nur der Vor-

[1] BGH 17,118.
[2] BGH 28,278; a. A. BAG 12,56.
[3] BGH 11,28.
[4] *Baur,* JZ 1966,72.
[5] Rosenberg § 108 III b; BGH 11,31; 28,284 und NJW 1966,52.
[6] BGH 32,371.

sitzende, nicht ein Handelsrichter (Laie!) sein (§ 350). Im Revisionsverfahren gibt es den Einzelrichter nicht (§ 557 a).

Der Einzelrichter handelt nicht als beauftragter Richter (§ 375), sondern als Prozeßgericht[1]. Das Verfahren ist öffentlich und es herrscht Anwaltszwang.

Ist die Sache zur Verhandlung vor dem Kollegium reif, so gibt sie der Einzelrichter an die Kammer (Senat) ab. Bei Meinungsverschiedenheit zwischen Einzelrichter und Vorsitzendem über die Verhandlungsreife entscheidet das Kollegium (§ 349 II).

Der Einzelrichter hat zunächst die *gütliche Beilegung* des Rechtsstreits zu versuchen. Kommt ein Vergleich nicht zustande, so muß er durch *erschöpfende Erörterung des Sach- und Streitverhältnisses den Prozeß soweit fördern, daß er möglichst durch eine Verhandlung vor dem Kollegium erledigt werden kann.* Beweise soll er nur dann erheben, wenn das Kollegium das Beweisergebnis auch ohne unmittelbaren Eindruck sachgemäß zu würdigen vermag, was beim Zeugenbeweis fast nie möglich sein wird (§ 349 II).

Der Einzelrichter hat eine *beschränkte Entscheidungsgewalt* nach Maßgabe von § 349 I Nr. 1—5. Hiervon abgesehen kann er bei Einverständnis beider Parteien in erstinstanzlichen vermögensrechtlichen Streitigkeiten (also z. B. nicht in Ehesachen) auch in der Sache selbst erkennen (§§ 349 III, 523 a). *Seine Entscheidungen sind so anfechtbar, wie wenn sie das Kollegium erlassen hätte* (§ 350 II).

Die Einrichtung des Einzelrichters soll der Beschleunigung des Verfahrens dienen. Sie hat sich infolge ihrer Schwerfälligkeit in der Praxis nicht bewährt. Namentlich ist es wenig sinnvoll, daß der Einzelrichter die Verhandlung vor dem Kollegium völlig selbständig vorbereitet. Eine Fühlungnahme mit dem Kollegium oder dem Vorsitzenden ist nirgends vorgeschrieben. Geht später das Kollegium von einer anderen Rechtsauffassung aus, so war die ganze Arbeit des Einzelrichters vergeblich und wirkte eher prozeßverschleppend als beschleunigend.

Die Einrichtung ist bei einer verständigen Handhabung des § 272 b und der Möglichkeit der Beauftragung eines Mitglieds des Kollegiums überflüssig.

§ 48 Das amtsgerichtliche Verfahren

I. Das amtsgerichtliche Verfahren unterliegt grundsätzlich denselben Vorschriften wie das Verfahren vor dem Landgericht. Es gelten jedoch folgende *Besonderheiten:*

Es herrscht kein Anwaltszwang (§§ 78, 79). Im Falle der Vertretung ist die Vollmacht von Amts wegen zu prüfen (§ 88 II). *Da häufig auch rechtsunkundige Personen vor dem Amtsgericht ihren Prozeß selbst führen, mußte die Prozeßführung durch Auflockerung der Formalitäten und eine gewisse amtliche Fürsorge erleichtert werden.* Die Partei wird oft nicht imstande sein, die Klage formrichtig abzufassen.

[1] BGH 40,182.

Deshalb kann sie diese sowie sonstige Anträge und Erklärungen auch mündlich zu Protokoll der Geschäftsstelle anbringen (§ 496 II).

Auch die amtsgerichtliche Klage ist aber nicht schon mit der Einreichung der Klagschrift bei Gericht oder der Fertigstellung des Klageprotokolls erhoben, sondern erst mit der Zustellung von Klagschrift oder Klageprotokoll an den Beklagten (§ 498 III). Vgl. aber § 496 III, der § 261 b III entspricht.

Da mit Rücksicht auf schreibungewandte Parteien eine Vorbereitung der Verhandlung durch Schriftsätze nicht erforderlich ist (§ 129), muß das Protokoll vollständiger sein als im landgerichtlichen Verfahren (§ 510a). Die Anträge können auch mündlich gestellt werden (§ 507), bedürfen dann aber der Protokollierung. Nur die Einrede der Unzuständigkeit und des Schiedsvertrags sind gleichzeitig und vor der Verhandlung zur Hauptsache (vgl. § 274) geltend zu machen, andere prozeßhindernde Einreden können auch später und nacheinander erhoben werden (§ 504 I). Auf die sachliche Unzuständigkeit hat der Amtsrichter den Beklagten wegen der Folgen des § 39 vor der Sacheinlassung aufmerksam zu machen (§ 504 II). Vgl. auch § 510 gegenüber § 439 III. *Wird das Amtsgericht durch Erweiterung des Klagantrags oder Erhebung einer Widerklage oder Feststellungszwischenklage nachträglich sachlich unzuständig, so ist der Rechtsstreit auf Antrag der einen oder der anderen Partei* (Abweichung von § 276) *an das Landgericht zu verweisen* (§ 506). Zum Zwecke der Beschleunigung des Verfahrens sind die Einlassungsfristen (§ 499), Ladungsfristen (§ 217) und die Einspruchsfrist (§ 508 II) kürzer als im Landgerichtsprozeß. Auch § 510b bezweckt Zeitersparnis.

II. Dem amtsgerichtlichen Streitverfahren ging früher ein besonderes *Güteverfahren* voraus. Dieses hat sich nicht bewährt, es wirkte prozeßverschleppend. Daher hat es die Novelle 1950 beseitigt. Der Richter soll aber in jeder Lage des Verfahrens auf die gütliche Beilegung des Rechtsstreits hinwirken (§ 495 II). Auch hier ist von jedem irgendwie gearteten Druck zum Vergleich abzusehen, insbesondere wenn die Parteien nicht durch Anwälte vertreten sind.

III. Bei Streitigkeiten über vermögensrechtliche Ansprüche bestimmt das Amtsgericht sein Verfahren nach freiem Ermessen, wenn der Wert des Streitgegenstandes zur Zeit der Einreichung der Klage 50 DM nicht übersteigt (§ 510c) *Schiedsurteilsverfahren in Bagatellsachen.*

Im Arbeitsgerichtsprozeß gibt es kein Schiedsurteilsverfahren (§ 46 II ArbGG). Dieses erscheint in dem auf die Bedürfnisse des Arbeitslebens zugeschnittenen Verfahren entbehrlich[1].

Die Befreiung des Richters von den strengen Regeln des Prozeßverfahrens bezweckt, kleine Streitigkeiten des täglichen Lebens schleu-

[1] *Dietz-Nikisch*, ArbGG § 46 Anm. 5.

nig und zweckmäßig zu erledigen. Keinesfalls darf der Amtsrichter im Schiedsurteilsverfahren die Zivilprozeßordnung völlig ignorieren und sich über die elementaren Verfahrensgrundsätze hinwegsetzen. Das wäre mit einer geordneten Rechtspflege unvereinbar. Der Verhandlungsgrundsatz, die Dispositionsmaxime, der Grundsatz des rechtlichen Gehörs (Art. 103 I GG) und der Unmittelbarkeit sind bindende Leitgedanken des Zivilprozesses. Dasselbe gilt für die Normen der Zuständigkeit, der Partei- und Prozeßfähigkeit. An das sachliche Recht ist der Amtsrichter stets gebunden.

Dagegen kann, wenn es zweckmäßig erscheint, von einer mündlichen Verhandlung abgesehen werden. Auch ist es möglich, lediglich zugunsten einer Partei das schriftliche Verfahren anzuordnen und z. B. den auswärts wohnenden Beklagten vom Erscheinen im Termin zu befreien, weil etwa die Reisekosten zur Höhe des Streitgegenstandes in keinem Verhältnis stehen. Dann muß nur der Kläger im Verhandlungstermin erscheinen. Bleibt eine Partei ohne Erlaubnis im Termin aus, so liegt der Erlaß eines beantragten Versäumnisurteils im Ermessen des Gerichts.

Ein im Schiedsurteilsverfahren ergehendes Endurteil ist, falls es nicht ein auch hier dem Einspruch unterliegendes Versäumnisurteil ist, als *Schiedsurteil* zu bezeichnen (§ 510c II). Das Schiedsurteil steht einem im ordentlichen Verfahren ergangenen rechtskräftigen Urteil gleich, kann also durch Rechtsmittel nicht angefochten werden. Es ist nur im Wiederaufnahmeverfahren (§§ 578 ff.) zu beseitigen, falls dessen Voraussetzungen vorliegen. § 579 III dehnt die Statthaftigkeit der Nichtigkeitsklage auf die Versagung des rechtlichen Gehörs und das Fehlen von Gründen aus, falls die Parteien nicht auf schriftliche Begründung verzichtet haben. Der Verzicht ist in das Protokoll aufzunehmen (§ 510c III).

Wird gegen ein Schiedsurteil Berufung eingelegt, so hat das Berufungsgericht selbständig zu prüfen, ob die Berufung statthaft ist oder nicht. Die Ansicht des Amtsrichters, daß eine Bagatellsache vorliege, bindet das Berufungsgericht nicht.

8. ABSCHNITT: RECHTSMITTEL

§ 49 Allgemeines

I. Rechtsmittel sind Anfechtungsbehelfe einer Partei, welche die *Nachprüfung und Berichtigung* einer noch nicht rechskräftigen Entscheidung *durch ein höheres Gericht* bezwecken.

Die Rechtsmittel dienen nicht nur dem Interesse der einzelnen Partei, sondern gleichzeitig dem Wohle der Allgemeinheit. Die Möglichkeit, unrichtige Entscheidungen anzufechten, stärkt das Vertrauen des Volkes zur Rechtspflege. *Schließlich fördern sie dadurch, daß in wichtigen Fällen in letzter Instanz das Revisionsgericht Recht spricht, die Einheitlichkeit der Anwendung und Weiterentwicklung des Rechts.* Demgegenüber müssen die Interessen der Schleunigkeit und Billigkeit des Verfahrens zurücktreten.

Für den Begriff des Rechtsmittels ist wesentlich, daß darüber der übergeordnete Richter entscheidet *(Devolutiveffekt).* Deshalb sind Einspruch (§§ 338, 700) und Widerspruch (§§ 694, 924, 936) keine Rechtsmittel. Ferner ist kennzeichnend, daß das Rechtsmittel den Eintritt der Rechtskraft hemmt (§ 705 Satz 2; *Suspensiveffekt*).

Dagegen wird die Vollstreckbarkeit eines für vorläufig vollstreckbar erklärten Urteils durch Einlegung von Berufung oder Revision nicht gehemmt (§§ 708 ff.). Die Vollstreckung kann aber auf Antrag eingestellt werden (§§ 719, 707). Auch die Einlegung der Beschwerde hindert die Vollstreckung der angefochtenen Entscheidung (§ 794 I Nr. 3) im allgemeinen nicht (§ 572 I, vgl. aber § 572 II und III).

II. Rechtsmittel sind nur die *Berufung*, die *Revision* und die *Beschwerde.*

1. Die *Berufung* (§§ 511—544) findet gegen nichteinspruchsfähige Endurteile erster Instanz statt, also gegen Urteile der Amtsgerichte oder Landgerichte. Das Urteil wird auf Grund einer neuen Verhandlung *sowohl in tatsächlicher wie in rechtlicher Hinsicht* nachgeprüft. Dabei können auch neue Behauptungen und Beweismittel vorgebracht werden.

2. Die *Revision* (§§ 545—566 a) findet gegen nichteinspruchsfähige Endurteile der Oberlandesgerichte statt. Sprungrevision: § 566 a. Gegen die Berufungsurteile der Landgerichte gibt es kein Rechtsmittel, sie werden sofort mit der Verkündung rechtskräftig. Die Revision ermöglicht *nur eine rechtliche Nachprüfung* des angefochtenen Urteils. Das Vorbringen neuer Tatsachen ist ausgeschlossen.

3. Die *Beschwerde* (§§ 567—577) richtet sich namentlich gegen Beschlüsse. Vgl. jedoch §§ 71 II, 135 III, 387 III, 402 (sofortige Beschwerde gegen wider dritte Personen erlassene Zwischenurteile).

III. Bevor das Rechtsmittelgericht über die sachliche Berechtigung des Rechtsmittels entscheidet, muß seine Zulässigkeit feststehen. *Die Zulässigkeit ist stets von Amts wegen zu prüfen.* Fehlt sie, so ist das Rechtsmittel als *unzuläsig zu verwerfen* (§§ 519b, 554a, 574). Ist das Rechtsmittel zulässig, aber sachlich nicht berechtigt, wird es als *unbegründet zurückgewiesen* (vgl. § 563).

Bei Unzulässigkeit des Rechtsmittels darf über dieses niemals sachlich entschieden werden.

Voraussetzungen der Zulässigkeit:

1. Das Rechtsmittel muß *an sich statthaft* sein, d. h. eine Entscheidung dieser Art muß mit dem betreffenden Rechtsmittel überhaupt angreifbar sein.

So ist die Berufung gegen ein Schiedsurteil oder die Revision gegen ein Urteil des Amtsgerichts unstatthaft.

Zweifel entstehen dann, wenn das Gericht eine *inkorrekte Entscheidung* erlassen hat, z. B. statt eines Urteils einen Beschluß, statt eines Nichtversäumnisurteils ein Versäumnisurteil. Hier steht der benachteiligten Partei zunächst der Rechtsbehelf zu, welcher der vom Gericht gewählten (falschen) Entscheidungsart entspricht. Den Parteien sollen keine Nachteile daraus entstehen, daß sich das Gericht geirrt und sie durch eine falsche Form auf einen Weg für die Rechtsmitteleinlegung gewiesen hat, der von dem höheren Gericht nicht gebilligt wird. Die Partei hat daher im ersten Beispielsfalle die Beschwerde, im zweiten den Einspruch. Um die Partei vor Schaden zu bewahren, muß man ihr aber außerdem das Rechtsmittel gewähren, das sie gehabt haben würde, wenn das Gericht korrekt entschieden hätte *(Grundsatz der Meistbegünstigung).* Ist freilich die richtige Entscheidung unanfechtbar, so ist auch das Rechtsmittel gegen die falsche Entscheidung unzulässig.

Werden vorsorglich beide Rechtsbehelfe eingelegt, so kommt es zu einem doppelten Verfahren. Wird hierauf ein Rechtsmittel für zulässig erklärt, so ist das andere zurückzunehmen. Wegen unrichtiger Sachbehandlung sind Gerichtskosten nicht zu erheben (§ 7 GKG).

Die Rechtsprechung zu dieser Frage ist widerspruchsvoll[1].

Nicht oder nur mangelhaft verkündete Urteile haben lediglich die Bedeutung eines Urteilsentwurfs. Ist aber der Entwurf wie ein Urteil behandelt, insbesondere ausgefertigt oder gar zugestellt worden, dann gibt es dagegen wahlweise statt des Antrags auf Fortsetzung der Instanz das Rechtsmittel, welches gegen ein ordnungsmäßig verkündetes Urteil statthaft wäre[2].

2. Weitere Vorausetzung der Zulässigkeit ist, daß der Rechtsmittelkläger ein Rechtsschutzbedürfnis hat, weil er durch die angefochtene Entscheidung beschwert erscheint. Eine *Beschwer* liegt dann vor, wenn seinem Rechtsschutzbegehren ganz oder teilweise nicht entsprochen worden ist. Sie ergibt sich aus einem Vergleich zwischen der beantragten und der erlassenen Entscheidung[3].

Wird dem Antrag des Klägers im vollen Umfang stattgegeben, jedoch mit einer anderen Begründung, so liegt keine Beschwer vor. Da die Begründung nicht in Rechtskraft erwächst, besteht kein Unterschied zwischen der Rechtskraft der erlassenen und der beantragten Entscheidung[4].

Dagegen ist der Beklagte beschwert, wenn statt beantragter Sachabweisung Prozeßabweisung ausgesprochen ist (Rechtskraftwirkung geringer!)[5]

[1] Vgl. z. B. RG 30,399; 90,43; 110,138; JW 1938,1415; BGH LM § 511 ZPO Nr. 13 und 40,267.

[2] OGH Köln MDR 1948, 139; NJW 1947/48,421.

[3] RG 130,100.

[4] A. A. *Grunsky,* ZZP 76,165.

[5] BGH 28,349.

oder wenn die Klage nicht infolge des zunächst geltend gemachten Zahlungseinwandes, sondern der hilfsweise ausgesprochenen Aufrechnung abgewiesen wird. Ist statt beantragter Prozeßabweisung Sachabweisung erfolgt, liegt dagegen eine Beschwer des Beklagten nicht vor[6]. Auch eine nachteilige Kostenentscheidung genügt regelmäßig nicht (§ 99 I). Ist eine Partei völlig siegreich gewesen, so kann sie mangels einer Beschwer auch nicht zum Zwecke der Klagerweiterung oder Erhebung einer Widerklage Berufung einlegen.

In Vermögensstreitigkeiten hängt die Zulässigkeit des Rechtsmittels häufig davon ab, daß die Beschwer eine bestimmte Wertsumme *(Erwachsenheitssumme)* übersteigt (§§ 511a, 546, 567 II).

Da sich die Beschwer aus einer Abweichung der erlassenen Entscheidung von den gestellten Anträgen ergibt, ist sie stets eine formale. Dagegen unterscheidet BGH LM § 545 ZPO Nr. 6 zwischen der Beschwer des Klägers und der des Beklagten: Während sich für den Kläger die Beschwer aus einem Vergleich zwischen seinen in der Vorinstanz gestellten Anträgen und dem dann ergangenen Urteil ergebe *(formale Beschwer)*, sei für die Beschwer des Beklagten maßgebend, ob die ergangene Entscheidung ihrem Inhalt nach für ihn nachteilig sei, d. h. ob für ihn die Möglichkeit bestehe, im höheren Rechtszug eine abweichende Entscheidung zu seinen Gunsten zu erlangen *(materielle Beschwer)*. Auf die vom Beklagten in der Vorinstanz gestellten Anträge könne nicht abgestellt werden, da das Gericht nur über die Prozeßbitte des Klägers, nicht über die Anträge des Beklagten zu entscheiden habe. Dessen Abweisungsantrag sei nicht Sachantrag, sondern nur Prozeßantrag. Demnach könnte der seinem Anerkenntnis entsprechend verurteilte Beklagte Berufung einlegen, um Klagabweisung zu erreichen[7]. Dabei wird der Grundgedanke für das Erfordernis der Beschwer nicht beachtet: Jeder Partei soll nur dann die höhere Instanz offenstehen, wenn sie in der Vorinstanz das nicht erreicht hat, was sie erstrebte. Allein in diesem Fall ist Anlaß für eine Nachprüfung der Entscheidung gegeben. Es besteht daher kein Grund, von dem Prinzip der Gleichbehandlung beider Parteien abzugehen[8].

In Ehesachen gelten Besonderheiten (vgl. unten § 60 VII).

Ob eine Beschwer vorliegt, richtet sich nach dem Zeitpunkt der Einlegung des Rechtsmittels[9]. Zahlt z. B. der Beklagte, während der Prozeß in der Berufungsinstanz schwebt, so wird dadurch das Rechtsmittel nicht unzulässig. Der Kläger hat es vielmehr in der Hauptsache für erledigt zu erklären. Würde er seinen Antrag vollständig aufrechterhalten, dann müßte das Rechtsmittel als unbegündet zurückgewiesen werden, nicht als unzulässig.

Das Rechtsmittel wird freilich dann unzulässig, wenn der Rechtsmittelkläger, ohne durch eine Veränderung im Beschwerdegegenstand selbst dazu veranlaßt zu sein, aus freien Stücken seine Anträge soweit ermäßigt, daß sie die Rechtsmittelgrenze nicht mehr erreichen. Dies erklärt sich daraus, daß

[6] OLG Bremen DRZ 1949,308. [7] BGH LM § 263 ZPO Nr. 5.
[8] Vgl. *Baur*, Festschrift für Lent, 1957, S. 12 f.
[9] BGH 1,29.

der Rechtsmittelkläger in solchen Fällen keine günstigere Behandlung beanspruchen kann, als wenn er das Rechtsmittel von vornherein in unzulässigem Umfang eingelegt haben würde[10].

3. Das an sich statthafte Rechtsmittel muß in der gesetzlichen *Frist* (§§ 516, 552, 577) und *Form* (§§ 518, 553, 569) eingelegt sein. Berufung und Revision erfordern ferner eine ordnungsmäßige *Begründung* (§§ 519, 554).

Ist das Rechtsmittel aus irgendeinem Grunde als unzulässig verworfen worden, dann ist seine Wiederholung möglich, wenn die Rechtsmittelfrist noch nicht abgelaufen ist[11]. Auch mehrfache Einlegung desselben Rechtsmittels innerhalb der Rechtsmittelfrist ist zulässig. Dies kommt namentlich dann vor, wenn Zweifel über die Ordnungsmäßigkeit der ersten Rechtsmitteleinlegung bestehen. Freilich wird die zweite Rechtsmitteleinlegung erst wirksam, wenn die erste zurückgenommen oder verworfen ist. Auch kann in der Berufungsbegründung eine wirksame Wiederholung einer unwirksamen Berufungseinlegung gesehen werden[12].

IV. Im Zivilprozeß gilt das *Verbot der reformatio in peius* (§§ 536, 559).

Der Rechtsmittelkläger kann schlimmstenfalls mit seinem Rechtsmittel zurückgewiesen werden. Eine *Abänderung zugunsten des Gegners ist nur möglich, wenn dieser* entweder seinerseits *selbständig ein Rechtsmittel einlegt oder* wenn er *sich* dem Rechtsmittel des Rechtsmittelklägers *anschließt* (vgl. §§ 521, 556).

Das Verbot der reformatio in peius greift nicht ein, wenn der erste Richter die Klage durch Prozeßurteil als unzulässig abgewiesen hat und der Berufungsrichter die Klage für unbegründet hält[13] oder wenn der erste Richter die Klage als zur Zeit unbegründet abgewiesen hat und der Berufungsrichter die Klage endgültig als unbegründet abweist[14]. Denn in diesen Fällen hat der Beklagte durch das Urteil erster Instanz keine Rechtsstellung erlangt, die durch das Verbot der reformatio in peius geschützt werden könnte[15].

Eine Ausnahme von dem Verbot der reformatio in peius gilt bei unbehebbaren Verfahrensmängeln. Hat z. B. der Kläger in der ersten Instanz zum Teil obgesiegt und darauf allein Berufung eingelegt, so muß das Berufungsgericht die Klage völlig (als unzulässig) abweisen, wenn ein von Amts wegen zu berücksichtigender Mangel vorliegt, z. B. der Rechtsweg oder die deutsche Gerichtsbarkeit nicht gegeben ist[16]. § 536 steht nicht entgegen, da diese Vorschrift sich nicht auf Verfahrensfragen bezieht[17].

10 RG 168,355.

11 RG 158,53; BGH 45,380.

12 BGH NJW 1958,551; 1966,931.

13 *Bötticher,* ZZP 65,464; BGH 23,50; a.A. RG 70,184.

14 *Bötticher,* a. a. O. S. 467; a. A. RG 54,10.

15 *Rosenberg* § 138 I 2 b.

16 RG 40,271; *Rosenberg* § 138 I 2 b; a. A. *Blomeyer* § 99 II.

17 RG 58,255.

V. Ähnlich der Klagrücknahme (§ 271) kann auch das eingelegte Rechtsmittel *zurückgenommen* werden.

Form: §§ 515 II, 566. Hatte der Berufungs- oder Revisionsbeklagte bereits sachlich über das Rechtsmittel verhandelt (Gegensatz: bloße Verhandlung über die Zulässigkeit des Rechtsmittels), so ist zur Rücknahme seine *Einwilligung* erforderlich (§§ 515 I, 566). Bei bloßer Verhandlung des Rechtsmittelbeklagten über die Zulässigkeit des Rechtsmittels kann dieses auch ohne seine Einwilligung zurückgenommen werden. Grund: Beantragt der Rechtsmittelbeklagte die Verwerfung des Rechtsmittels als unzulässig, dann kann er nicht zugleich sachliche Entscheidung über die Rechtsmittelanträge verlangen und den Gegner am Rechtsmittel festhalten. Die Beschwerde kann bis zum Erlaß der Beschwerdeentscheidung einseitig zurückgenommen werden, da eine Einlassung des Gegners im Beschwerdeverfahren unwesentlich ist (vgl. § 573). Die Rücknahme verpflichtet zur Kostentragung. Sie hat den *Verlust des eingelegten Rechtsmittels* zur Folge, steht aber der *erneuten Einlegung* innerhalb der Rechtsmittelfrist nicht entgegen. Auf Antrag des Gegners sind die Wirkungen der Rücknahme (Verlust des Rechtsmittels, Kostenpflicht) durch unanfechtbaren Beschluß auszusprechen (§ 515 III).

Auf ein Rechtsmittel kann auch verzichtet werden. Der *Rechtsmittelverzicht* ist die Erklärung, von der prozessualen Befugnis, die Entscheidung anzufechten, keinen Gebrauch machen zu wollen.

Der Verzicht erfolgt *nach* Erlaß der Entscheidung durch einseitige an das Gericht oder den Gegner gerichtete Erklärung (§§ 514, 566)[18]. *Er begründet für den Gegner eine prozessuale Einrede, die das trotzdem eingelegte Rechtsmittel unzulässig macht*[19]. Durch den Verzicht wird aber weder der Gegner an einer Rechtsmitteleinlegung gehindert, noch steht er einer Anschließung des Verzichtenden entgegen (§§ 521, 556). Als prozessuale Erklärung unterliegt der Verzicht nicht der Anfechtung gemäß §§ 119 ff. BGB[20].

Vor Erlaß der Entscheidung kann ein Rechtsmittelverzicht nur vertraglich vereinbart werden[21]. Eine Vereinbarung über den künftigen beiderseitigen Rechtsmittelverzicht gegen ein Urteil begründet nur eine schuldrechtliche Verpflichtung der Parteien, demnächst den Rechtsmittelverzicht zu erklären oder die Einlegung eines Rechtsmittels zu unterlassen. Sie hat deshalb nicht zur Folge, daß das später ergehende Urteil bereits mit seiner Verkündung rechtskräftig wird. Wird entgegen der Vereinbarung von einer Partei ein Rechtsmittel eingelegt, so kann der Gegner die prozessuale Einrede erheben, daß der Rechtsmittelkläger mit der Verfolgung des Rechtsmittels vertragswidrig handele und das Rechtsmittel daher als unzulässig zu verwerfen sei[22]. Der vertragliche Verzicht ist als Vereinbarung des bürgerlichen Rechts wegen eines Willensmangels anfechtbar (§§ 119 ff. BGB)[23].

[18] RG 161,350. [19] RG 150,395.
[20] RG 161,359; OLG Stuttgart HEZ 1,182.
[21] RG 102,221; 104,135. [22] BGH 20,205; 28,52.
[23] Vgl. *Habscheid*, NJW 1965, 2369.

§ 50 Berufung

I. Die Berufung findet statt: gegen die erstinstanzlichen Endurteile (§ 511) und gegen die Zwischenurteile der §§ 275 II, 304 II. Besonderheit: § 513 (vgl. oben § 44 V am Ende). In *vermögensrechtlichen Streitigkeiten* ist die Berufung nur zulässig, wenn der *Wert des Beschwerdegegenstandes 200 DM übersteigt* (§ 511a).

Die Berufungssumme ist durch die rechtspolitische Erwägung gerechtfertigt, daß den Parteien dann kein weiterer Instanzenzug eröffnet werden kann, wenn dessen Kosten zu dem Wert des Beschwerdegegenstandes außer Verhältnis stehen.

Der Wert des Beschwerdegegenstandes bestimmt sich nicht nach dem Streitgegenstand, sondern nach dem Betrag, um den der Berufungskläger durch das angefochtene Urteil in seinem Recht angeblich verkürzt worden ist. Für die Zulässigkeit des Rechtsmittels ist der Zeitpunkt seiner Einlegung maßgebend. Spätere Verminderungen des Beschwerdegegenstandes bleiben außer Betracht, soweit sie nicht auf willkürlicher Beschränkung des Rechtsmittels durch den Rechtsmittelkläger beruhen[1].

In Arbeitsgerichtssachen ist die Berufung zulässig, wenn der vom Arbeitsgericht festgesetzte Wert des Streitgegenstandes (nicht des Beschwerdegegenstandes) den Betrag von 300 DM erreicht (§ 64 ArbGG).

Keiner Berufungssumme bedarf es in folgenden Fällen:

1. In nichtvermögensrechtlichen Streitigkeiten.

Das Fiskusprivileg, wonach bei Ansprüchen gemäß § 71 II u. III GVG die Berufung stets zulässig war, ist entfallen. *Grund:* Nach heutiger Auffassung verdienen Ansprüche öffentlich-rechtlicher Art nicht schon ihrer Rechtsnatur wegen eine Bevorzugung. Ebenso ist die Privilegierung der Berufung bei Unzulässigkeit des Rechtswegs weggefallen. *Grund:* Die Frage der Zulässigkeit des Rechtswegs vor den ordentlichen Gerichten hat nach dem Ausbau der Verwaltungs-, Sozial- und Finanzgerichtsbarkeit keine solche Bedeutung mehr, daß eine Bevorzugung gerechtfertigt wäre. Die Gerichte der verschiedene Rechtszweige sind als gleichwertig anzusehen[2].

2. Im Fall von § 16 MSchG.

3. Im Verfahren vor den Schiffahrtsgerichten (§ 9 G. über das gerichtliche Verfahren in Binnenschiffahrt und Rheinschiffahrtssachen v. 27. 9. 1952)[3].

4. In Arbeitsgerichtssachen, wenn das Arbeitsgericht die Berufung wegen der grundsätzlichen Bedeutung der Rechtssache zugelassen hat (§ 64 ArbGG).

Über die Berufung gegen Urteile des Amtsgerichts entscheidet das Landgericht (Zivilkammer oder Kammer für Handelssachen §§ 72, 100 GVG), über die Berufung gegen erstinstanzliche Urteile des Landgerichts das Oberlandesgericht (§ 119 Nr. 1 GVG), über die Berufung gegen Urteile des Arbeitsgerichts das Landesarbeitsgericht. Als Schiffahrtsobergerichte entschei-

[1] RG 168,355; BGH 1,29 (vgl. oben § 49 III 2).
[2] Vgl. *Bernhardt,* JR 1965, 46. [3] BGBl. I, 641.

den die Oberlandesgerichte über die Berufung gegen Urteile der Schiffahrtsgerichte.

II. Die Einlegung der Berufung erfolgt durch Einreichung der Berufungsschrift bei dem Berufungsgericht (§ 518 I). Vgl. auch § 519a. Die Berufungsschrift hat die Bezeichnung des angefochtenen Urteils und die Erklärung der Berufungseinlegung zu enthalten (§ 518 II).

Das Wort „Berufung" braucht nicht gebraucht zu werden, wenn der Wille, dieses Rechtsmittel einzulegen, klar ersichtlich ist. Stets ist anzugeben, für wen Berufung eingelegt wird und gegen wen sie sich richtet. Werden in einer Berufungsschrift von den bisherigen drei Gegnern nur zwei als Berufungsbeklagte aufgeführt, so ist davon auszugehen, daß sich die Berufung nur gegen diese richtet[4].

Da Prozeßhandlungen, die unmittelbare Rechtswirkungen erzeugen, der Rechtsklarheit wegen nicht an eine Bedingung geknüpft werden können, ist die bedingte Einlegung der Berufung unzulässig. Das gilt z. B. für eine Berufung, die für den Fall eingelegt wird, daß das gleichzeitig beantragte Armenrecht bewilligt wird[5]. Wird dagegen in einer Berufungsschrift die Bitte ausgesprochen, die Berufung erst nach Bewilligung des gleichzeitig beantragten Armenrechts in den Geschäftsgang zu nehmen, so ist dies nicht eine bedingte und damit unzulässige Berufung. Mit dieser Bitte wird nur zum Ausdruck gebracht, daß der Rechtsmittelkläger zunächst eine Entscheidung über die Bewilligung des Armenrechts begehrt und sich für den Fall der Verweigerung die Zurücknahme seiner Berufung vorbehält[6].

Als bestimmender Schriftsatz muß die Berufung von einem beim Berufungsgericht zugelassenen Anwalt eigenhändig unterschrieben sein, es sei denn, daß die Berufung mittels Telegramms eingelegt wird[7].

Die Einlegung hat binnen einer *Notfrist von einem Monat* zu erfolgen. Die Frist beginnt mit Zustellung des Urteils, wobei die Zustellung einer abgekürzten Urteilsausfertigung (in der Tatbestand und Entscheidungsgründe weggelassen sind) genügt (§ 317 II 3). Zu beachten ist, daß die Zustellung die Berufungsfrist auch gegen die Partei in Lauf setzt, welche die Zustellung hat bewirken lassen (§ 221 II). Einer wechselseitigen Zustellung bedarf es also nicht. Spätestens beginnt die Berufungsfrist mit dem Ablauf von 5 Monaten seit der Verkündung (§ 516). Wird ein Urteil, dessen Formel nach § 310 II zuzustellen ist, trotz eines der Zustellung anhaftenden Mangels existent[8], so beginnt vom Zeitpunkt der Zustellung ab die Fünfmonatsfrist des § 516 zu laufen[9].

Die Fünfmonatsfrist soll die mit allzulanger Hinausschiebung der Rechtskraft verbundene Rechtsunsicherheit vermeiden. Die Berufung kann schon

[4] RG 96,118; BGH NJW 1961, 2347.
[5] BGH 4,54.
[6] BGH LM § 518 ZPO Nr. 2.
[7] RG 151,84; 152,27; BGH LM § 518 I ZPO Nr. 3; BGH 37,156.
[8] BGH 15,144.
[9] BGH 42,94.

vor der Zustellung des Urteils sofort nach dessen Verkündung eingelegt werden (§ 312 II), dagegen nicht vor der Verkündung.

Die Berufung muß, falls dies nicht schon in der Berufungsschrift geschehen ist, binnen einer mit Einlegung der Berufung beginnenden Frist von einem Monat *begründet* werden (§§ 519, 519a).

Die Begründungsfrist kann auf Antrag von dem Vorsitzenden verlängert werden. Sie ist, obwohl keine Notfrist, *wiedereinsetzungsfähig* (§ 233).

Zum wesentlichen Inhalt der Begründung gehören zunächst die *Berufungsanträge* (§ 519 III Nr. 1). Es ist zu klären, inwieweit das Urteil angefochten wird und welche Änderungen des Urteils beantragt werden. Sodann sind die im einzelnen anzugebenden Gründe der Anfechtung sowie die neuen Tatsachen, Beweismittel und Beweiseinreden, welche die Partei zur Rechtfertigung ihrer Berufung anzuführen hat, bestimmt zu bezeichnen (§ 519 III Nr. 2). *Die Begründung ist auf das angefochtene Urteil unmittelbar abzustellen,* so daß die einzelnen Beschwerdepunkte klar hervortreten. Allgemeine Redewendungen, wie „die Rechtsauffassung ist unrichtig", genügen nicht. Es muß z. B. angegeben werden, welche Rechtsnorm falsch angewendet, welche Zeugenaussage unrichtig gewürdigt, welcher Beweisantrag unberücksichtigt geblieben ist. Bloße Verweisung auf die Rechtsausführungen der ersten Instanz oder auf ein Armenrechtsgesuch der Partei reicht nicht aus. Der Berufungsanwalt hat selbständig und unter eigener Verantwortung zu dem angefochtenen Urteil Stellung zu nehmen[10]. Um das Berufungsvorbringen in einzelnen Punkten zu ergänzen, kann freilich auf bestimmte Teile von Schriftsätzen des ersten Rechtszuges Bezug genommen werden.

III. Sind durch ein Urteil beide Parteien beschwert, so kann jede Partei selbständig Berufung einlegen. Jede Berufung hat die Wirkung, daß der Eintritt der Rechtskraft für das ganze Urteil, nicht nur für den angefochtenen Teil gehemmt wird. Deshalb wird die Sache im vollen Umfang in der Berufungsinstanz anhängig, selbst wenn die Berufungsanträge nur einen Teil des Urteils betreffen[11]. Durch noch nach Ablauf der Begründungsfrist zulässige Erweiterung der Berufungsanträge (§§ 264, 268, 529 IV) oder Anschließung kann auch der nichtangefochtene Rest der Nachprüfung des höheren Gerichts unterworfen werden. Daher liegt selbst dann, wenn beide Parteien Berufung einlegen, nur eine einheitliche Streitsache vor. Statt selbständig Berufung einzulegen, kann sich der Berufungsbeklagte *der Berufung anschließen,* um zu erreichen, daß die Berufung nicht nur zurückgewiesen oder verworfen wird, sondern daß das Urteil zu seinen Gunsten eine Abänderung erfährt.

Die Anschließung ist *kein Rechtsmittel,* sondern ein Rechtsbehelf eigener Art. Sie setzt eine Beschwer nicht voraus. Sie ist z. B. zu dem ausschließ-

[10] RG 145,176 u. 270; 146,255; 164,396; BGH 7,170; 35,106; 37,156.
[11] BGH 7,143.

lichen Zweck der Erweiterung des Klagantrags, der Geltendmachung neuer Ansprüche oder der Erhebung einer Widerklage gestattet[12]. Auch stehen Rechtsmittelverzicht und Ablauf der Berufungsfrist der Anschließung nicht entgegen. Form und Begründung: § 522 a. Hat sich der Berufungsbeklagte innerhalb der Berufungsfrist angeschlossen, dann spricht man von einer *selbständigen,* sonst von einer *unselbständigen Anschlußberufung.* Bedeutung der Unterscheidung: Wird die Hauptberufung zurückgenommen oder als unzulässig verworfen, dann verliert die unselbständige Anschlußberufung ohne weiteres ihre Wirkung, während die selbständige für sich allein weiter betrieben werden kann (§ 522). Dies ist freilich nur dann möglich, wenn die Voraussetzungen einer selbständigen Berufung vorliegen, insbesondere eine Beschwer des Anschließenden gegeben und die erforderliche Berufungssumme erreicht ist[13].

IV. Wird die Berufung nicht durch Beschluß als unzulässig verworfen (vgl. § 519b und unten V), so wird der Termin zur mündlichen Verhandlung von Amts wegen bestimmt und bekanntgemacht (§ 520). Auf das Verfahren finden grundsätzlich die Vorschriften des landgerichtlichen Verfahrens erster Instanz Anwendung (§ 523), auch die Normen über den Einzelrichter, der hier freilich selten am Platze sein wird, da regelmäßig bereits im ersten Rechtszug eine weitgehende tatsächliche Klärung erfolgt.

Der Rechtsstreit wird in den durch die Anträge bestimmten Grenzen sowohl nach der tatsächlichen wie rechtlichen Seite hin von neuem verhandelt (§§ 525, 536, 537).

Hat der erste Richter den Hauptanspruch zuerkannt, so ist der in erster Instanz erhobene Hilfsanspruch ohne weiteres auch in der Berufungsinstanz Gegenstand der Verhandlung[14]. Ist dagegen der Hauptanspruch abgewiesen und der Beklagte nach dem Hilfsanspruch verurteilt, so ist auf dessen Berufung der Hauptanspruch nicht Gegenstand der Berufungsverhandlung. Das Berufungsgericht kann über den Hauptanspruch nur dann entscheiden, wenn der Kläger Berufung oder Anschlußberufung einlegt[15].

Grundlage für die Berufungsverhandlung ist das auf seine Richtigkeit hin zu prüfende angefochtene Urteil, das von den Parteien vorzutragen ist (§ 526). Bezugnahme nach § 137 III zulässig. Da die mündliche Verhandlung als *Fortsetzung der mündlichen Verhandlung erster Instanz* gilt, dauert ein Rügeverlust an (§ 530). Verzichtbare prozeßhindernde Einreden dürfen nur nachgeholt werden, wenn die Partei glaubhaft macht, daß sie ohne ihr Verschulden außerstande gewesen ist, dieselben in erster Instanz vorzubringen (§ 528 Satz 1).

Besonderheiten: §§ 10, 512a, 528 Satz 2 (vgl. oben § 17).

[12] RG 156,242.
[13] RG 156,243.
[14] BGH NJW 1952, 184.
[15] BGH NJW 1964, 772; a.A. *Rosenberg* § 137 II.

Das in erster Instanz abgelegte Geständnis wirkt fort (§§ 532, 290). Parteivernehmung: § 533. *Auch die erstinstanzlichen Beweiserhebungen bleiben wirksam, das Gericht kann jedoch nach seinem Ermessen* (auch von Amts wegen) *die Beweisaufnahme wiederholen* (vgl. §§ 523, 398, 412, 144). Die Wiederholung ist notwendig, wenn das Berufungsgericht gegen die Beweiswürdigung der ersten Instanz Bedenken hat[16].

Da das Berufungsverfahren kein ausschließliches Nachprüfungsverfahren ist, können grundsätzlich neue Tatsachen und Beweismittel vorgebracht werden (§ 529 I: *Novenrecht*). Dadurch wird der einmal anhängige Prozeß der Bereinigung aller noch ausstehenden Streitpunkte nutzbar gemacht. Aus prozeßökonomischen Gründen sollen die Parteien jedoch bereits dem Gericht erster Instanz möglichst den ganzen Tatsachenstoff unterbreiten. *Neue Tatsachen und Beweise dürfen in der Berufungsinstanz nur vorgebracht werden, wenn dadurch die Erledigung des Rechtsstreits nicht verzögert wird, oder wenn die Partei nach der freien Überzeugung des Gerichts das Vorbringen in erster Instanz weder in Verschleppungsabsicht noch aus grober Nachlässigkeit unterlassen hat* (§ 529 I, II 1). Bereits in erster Instanz zurückgewiesenes Vorbringen (vgl. §§ 279, 279a, 283 II) kann vom Berufungsgericht erneut und damit endgültig zurückgewiesen werden, wenn es die Voraussetzungen der Zurückweisung für gegeben erachtet (§ 529 II 2).

Klagänderung (darunter fällt auch ein vom Kläger erhobener neuer Anspruch, soweit nicht § 268 Nr. 2 und 3 eingreift) und *Widerklage* sind zulässig, wenn der Gegner einwilligt oder sie das Gericht für sachdienlich hält (§ 523 verb. mit §§ 264, 529 IV). Ebenso ein *neuer Aufrechnungseinwand* (§ 529 V). Bei der Frage der Sachdienlichkeit der Klagänderung im zweiten Rechtszug ist der mit der Zulassung der Änderung verbundene Verlust einer Tatsacheninstanz zu berücksichtigen[17].

V. Das Berufungsverfahren schließt in der Regel mit einem Endurteil.

1. Das Berufungsgericht hat zuerst *von Amts wegen* zu prüfen, *ob die Berufung* an sich *statthaft* und ob sie in der gesetzlichen Form und und Frist eingelegt und begründet ist (§ 519b). *Fehlt* es an einer *Zulässigkeitsvoraussetzung* (z. B. einem Formerfordernis), dann wird die *Berufung als unzulässig verworfen.*

Die Verwerfung kann auch *ohne mündliche Verhandlung durch Beschluß* erfolgen. Gegen den Beschluß ist die *sofortige Beschwerde* zulässig, wenn im Falle der Verwerfung der Berufung durch Urteil die Revision möglich wäre (§ 519 b II). Verwirft daher ein Landgericht als Berufungsgericht die Berufung, so gibt es keine Beschwerde. Dagegen ist gegen Beschlüsse der Ober-

[16] BGH NJW 1964, 2414.
[17] OGH Köln OGHZ 1,59; OLG Kassel NJW 1947/48, 634.

landesgerichte die Beschwerde grundsätzlich stets zulässig (§§ 547 II, 567 III), außer in den Fällen des § 545 II.

Nach mündlicher Verhandlung wird die unzulässige Berufung *durch Urteil* verworfen.

2. Erweist sich die *Berufung* als *sachlich unbegründet*, weil das angefochtene Urteil richtig ist, dann wird sie *zurückgewiesen*. Dies geschieht auch dann, wenn das angefochtene Urteil nur im Ergebnis richtig ist, die von der ersten Instanz angeführten Gründe dagegen nicht gebilligt werden.

3. Ist die Berufung begründet, dann hebt das Berufungsgericht das angefochtene Urteil auf und erläßt in der Regel selbst die neue Entscheidung *(reformatorisches Urteil)*. Nur in Ausnahmefällen verweist es die Sache an das Gericht erster Instanz zur erneuten Verhandlung und Entscheidung zurück *(kassatorisches Urteil)*.

Gestattet ist die Zurückverweisung, wenn das Verfahren erster Instanz an einem wesentlichen Mangel leidet, so daß es keine ordnungsmäßige Grundlage für das Urteil bildet (§ 539). So bei Versagung des rechtlichen Gehörs[18] oder unvorschriftsmäßiger Besetzung des Gerichts.

Geboten ist die Zurückverweisung in den Fällen des § 538. Ihnen ist der Gedanke gemeinsam, daß das Berufungsgericht nicht sachlich entscheiden soll, wenn es der erste Richter nicht getan hat, weil die Parteien sonst eine Tatsacheninstanz verlieren würden.

Die Zurückverweisung setzt aber stets voraus, daß noch eine weitere Verhandlung nötig ist. Dies trifft z. B. nicht zu, wenn das Berufungsgericht die Klage wegen Mangels einer Prozeßvoraussetzung abweist. Außerdem kann das Berufungsgericht stets von einer Zurückverweisung absehen und selbst entscheiden, wenn es dies für sachdienlich hält (§ 540). Für die Sachdienlichkeit ist der Gesichtspunkt der Prozeßökonomie maßgebend. Das Berufungsgericht wird dann selbst entscheiden, wenn dadurch der Prozeß schneller zum Abschluß gebracht wird, ohne daß den Parteien der Verlust zweimaliger Tatsachenprüfung Nachteil bringt. Beispiel: Der Streit über die Höhe des Anspruchs (§ 304) ist durch eine einfache Beweisaufnahme endgültig zu klären.

Das Zurückverweisungsurteil ist ein Endurteil, das nach allgemeinen Grundsätzen revisibel ist. *Das untere Gericht ist an die Rechtsauffassung des Berufungsgerichts gebunden*, wie sich aus dem Grundgedanken des Instanzenzuges ergibt.

4. Im Falle der *Säumnis* gelten die Vorschriften erster Instanz entsprechend. Versäumt der Berufungskläger die Verhandlung, so wird seine Berufung auf Antrag durch Versäumnisurteil als unbegründet zurückgewiesen (§§ 542 I, 330).

Bei Säumnis des Berufungsbeklagten gilt Besonderes (§ 542 II): Die Behauptungen des Berufungsklägers gelten nur insoweit als zugestanden, als

[18] RG 81,324.

nicht die tatsächlichen Feststellungen des ersten Urteils entgegenstehen. Außerdem wird als besondere Versäumnisfolge angenommen, daß eine vom Berufungskläger zulässig beantragte Beweisaufnahme zu seinen Gunsten ausgefallen sei. Nach dem so gefundenen neuen Ergebnis richtet es sich, ob das angefochtene Urteil aufrechtzuerhalten oder aufzuheben ist.

Dabei ist zu beachten, daß jedes Versäumnisurteil die Zulässigkeit der Berufung voraussetzt[10]. Fehlt es daran, so ist die Berufung durch Nichtversäumnisurteil als unzulässig zu verwerfen.

VI. Berufungsverfahren in Arbeitsgerichtssachen: §§ 64 ff. ArbGG.

§ 51 Revision

Henke, Die Tatfrage, 1966; *Kuchinke*, Grenzen der Nachprüfbarkeit tatrichterlicher Würdigung und Feststellung in der Revisionsinstanz, 1964; *Schwinge*, Grundlagen des Revisionsrechts, 2. Aufl., 1960.

I. Der Revision unterliegen die nichteinspruchsfähigen Endurteile der Oberlandesgerichte (§ 545 I). Arrest- und Verfügungsurteile sind infolge ihrer provisorischen Bedeutung der Revision entzogen (§ 545 II). In den Fällen, in denen die Revision nach den §§ 546, 547 ohne Zulassung statthaft ist, kann mit Einwilligung des Gegners auch gegen erstinstanzliche Endurteile der Landgerichte Revision eingelegt werden (§ 566a; *Sprungrevision*).

Der Zweck dieser durch die Novelle von 1924 geschaffenen Einrichtung besteht darin, den Instanzenzug von Prozessen abzukürzen, die lediglich eine materielle Rechtsfrage betreffen, während sie in tatsächlicher Hinsicht klar liegen. Demzufolge kann die Sprungrevision nicht auf Verfahrensmängel gestützt werden (§ 566a III)[1]. Die Sprungrevision hat nur geringe praktische Bedeutung.

In *vermögensrechtlichen Streitigkeiten war früher die Revision nur zulässig, wenn der Wert des Beschwerdegegenstandes die Revisionssumme überstieg*. Dieses Prinzip der reinen Wertbemessung ist heute wegen seiner kapitalistischen Einseitigkeit nicht mehr tragbar. Die Parteien, die Prozesse um höhere Werte führen, dürfen nicht einseitig bevorzugt werden. Auch Prozesse mit geringerem Streitwert sind oft nicht minder bedeutsam, so daß sie die Eröffnung der Revisionsinstanz verdienen. Andererseits kann nicht jeder Prozeß zur Entscheidung durch das Revisionsgericht gebracht werden, da dieses sonst so überlastet würde, daß es seine Aufgabe, für die Rechtseinheit zu sorgen, nicht erfüllen könnte. Zwischen dem Interesse der einzelnen Partei, die oft genug nur ihren Prozeß sieht, und dem Interesse der Allgemeinheit an der Einheit und Entwicklung des Rechts hat die Novelle 1950 durch eine *Kombination des Prinzips der besonderen Zulassung und des Prinzips der Wertbemessung* einen Ausgleich herbeigeführt.

[10] BGH LM § 338 ZPO Nr. 2; a. A. RG 50,384; 140,77.
[1] RG 154,146.

Danach findet die Revision nur statt, wenn sie das Oberlandesgericht in dem Urteil zugelassen hat oder wenn in Vermögensstreitigkeiten der Wert des Beschwerdegegenstandes 15 000 DM übersteigt (§ 546 I).

Bei Prozessen um größere Vermögenswerte ist demnach wegen ihrer allgemeineren volkswirtschaftlichen Bedeutung die Revision *automatisch* zulässig. Für alle nichtvermögensrechtliche Streitigkeiten sowie für vermögensrechtliche Streitigkeiten, welche die Revisionssumme nicht erreichen, hängt die Zulässigkeit der Revision dagegen von einer *besonderen Zulassung* ab. Das Oberlandesgericht darf die Revision nur zulassen, wenn die Rechtssache *grundsätzliche Bedeutung* hat. Es hat die Revision stets dann zuzulassen, wenn es von einer Entscheidung des Bundesgerichtshofes abweicht (§ 546 II). Grundsätzliche Bedeutung hat die Rechtssache dann, wenn ihre Bedeutung über den zu entscheidenden Einzelfall hinausgeht und ihre Klärung im Interesse der Rechtseinheit und Rechtsfortbildung wünschenswert ist[2]. Die Zulassung bindet das Revisionsgericht. Eine unterbliebene Zulassung kann nicht durch ein Ergänzungsurteil (§ 321) nachgeholt werden[3]. Enthält das Urteil keinen Ausspruch über die Zulassung oder wird die Zulassung ausdrücklich abgelehnt, so gibt es dagegen kein Rechtsmittel[4]. Für die Frage der Zulassung ist das Berufungsgericht am besten geeignet, weil es den Rechtsstreit aus der vorangegangenen Verhandlung ohne weiteres übersehen und daher am ehesten ermessen kann, welche Bedeutung ihm zukommt.

Absolute Revisionsfähigkeit:

1. Ohne Zulassung und ohne Rücksicht auf den Wert des Beschwerdegegenstandes findet die Revision statt, insoweit es sich um die Unzulässigkeit der Berufung handelt (§ 547 II). Diese Sonderbehandlung ist dadurch gerechtfertigt, daß hier einer Partei die Möglichkeit der sachlichen Nachprüfung des ergangenen Urteils durch die Berufungsinstanz versagt worden ist, so daß sie sich mit der Entscheidung nur einer Instanz begnügen müßte. Die Privilegierung der Revision bei Versagung der zweiten Instanz stellt sich als Garantie des grundsätzlich eröffneten Instanzenzuges dar.

2. Während in Ehesachen in der Regel die Revision nur bei Zulassung statthaft ist, gilt eine Ausnahme, wenn die Ehe gemäß § 48 I EheG trotz Widerspruchs des beklagten Ehegatten (§ 48 II EheG) geschieden oder die Scheidungsklage aus § 48 I EheG wegen Widerspruchs der beklagten Partei abgewiesen wurde (§ 547 I). Auch dann ist das Urteil stets revisibel, wenn die Ehe gegen den Widerspruch des beklagten Ehegatten geschieden ist, weil das Berufungsgericht festgestellt hat, der klagende Ehegatte habe die unheilbare Zerrüttung der Ehe nicht ganz oder überwiegend verschuldet[5]. Dagegen liegt keine absolute Revisionsfähigkeit vor, wenn die Klage infolge Fehlens einer dreijährigen Trennung abgewiesen wurde.

II. Die Revision dient in erster Linie dem Allgemeininteresse: *Sie ermöglicht eine einheitliche Rechtsprechung und wahrt dadurch die*

[2] BGH LM § 546 ZPO Nr. 15. [3] BGH 44,395.
[4] BGH NJW 1965, 1965. [5] BGH 39,26.

Rechtseinheit (Rechtseinheitsfunktion)[6]. Erst in zweiter Linie dient sie dem Interesse der einzelnen Partei *(Kontrollfunktion).*

1. Die Revision gestattet deshalb nur die *Nachprüfung* des angefochtenen Urteils *nach der rechtlichen,* nicht auch nach der tatsächlichen *Seite.* Sie kann lediglich darauf gestützt werden, daß das Urteil des Untergerichts auf einer *Gesetzesverletzung* beruht (§ 549).

Der Beurteilung des Revisionsgerichts unterliegt nur das aus dem Tatbestand des angefochtenen Urteils oder den Sitzungsprotokollen ersichtliche Parteivorbringen (§ 561).

Das Anführen neuer Tatsachen ist ausgeschlossen, selbst wenn sie erst nach der letzten Berufungsverhandlung entstanden sein sollten. Ebenso sind neue Beweismittel unzulässig.

An die tatsächlichen Feststellungen des Berufungsgerichts ist das Revisionsgericht gebunden.

Eine Ausnahme besteht dann, wenn der Revisionsangriff gerade rügt, daß bei der Feststellung des Sachverhalts unrichtig verfahren, z. B. ein erhebliches Beweisangebot übergangen worden ist.

Zur Begründung der Rüge eines Verfahrensverstoßes (§§ 561 I 2, 554 III Nr 2b) sind vom Revisionsgericht auch neue Tatsachen zu berücksichtigen. Insoweit kann selbst eine Beweisaufnahme durch das Revisionsgericht stattfinden[7].

Nach der Rechtsprechung ist ferner das Vorbringen neuer Tatsachen in der Revisionsinstanz dann zulässig, wenn diese einen Wiederaufnahmegrund (§§ 578 ff.) enthalten[8]. Diese Ausnahme von dem Grundsatz des § 561 wird damit gerechtfertigt, daß es im Sinne einer vernünftigen Prozeßökonomie liege, Wiederaufnahmegründe noch in einem anhängigen Rechtsstreit zu erledigen, anstatt die Partei auf ein nach rechtskräftigem Abschluß des anhängigen Prozesses einzuleitendes Wiederaufnahmeverfahren zu verweisen.

Neue Ansprüche können nicht erhoben werden. Auch eine *Klagänderung* ist in der Revisionsinstanz *unzulässig.*

2. Die Revision ist nur dann begründet, wenn die verletzte Rechtsnorm ein *revisibler Rechtssatz* ist (§ 549). Revisibel sind die Rechtssätze, die einen weiten Herrschaftsbereich haben. Dazu gehört zunächst das Bundesrecht (vgl. dazu Art. 124 ff. GG). Andere Vorschriften, wie z. B. Gewohnheitsrecht und Polizeiverordnungen sind nur dann revisibel, wenn sie im Bezirk des Berufungsgerichts und darüber hinaus Geltung haben.

Erstreckt sich der Geltungsbereich nur auf das Gebiet eines Oberlandesgerichts, so kann dieses selbst für eine einheitliche Rechtsanwendung sorgen.

[6] Vgl. BVerfG 19,327. [7] RG 159,84 (vgl. unten IV).
[8] BGH 3,65; 5,240; einschränkend BGH 18,59.

Endlich sind alle Vorschriften revisibel, die dem Bergrecht, dem gemeinen Recht, dem französischen Recht oder dem Badischen Landrecht einschließlich seiner Zusätze angehören (§ 549).

Grund: Das Bergrecht sämtlicher Länder schließt sich eng an das frühere Preuß. Berggesetz an, so daß dieses praktisch im ganzen Bund Geltung hat. Das gemeine usw. Recht gilt aber fast stets in mehreren Oberlandesgerichtsbezirken, weshalb die Versagung der Revision die Rechtseinheit beeinträchtigen würde.

Revisibel sind auch die allgemeinen Geschäfts- und Lieferungsbedingungen, die heute in allen Zweigen der Wirtschaft vorkommen, sofern ihr Geltungsbereich über den Bezirk eines Oberlandesgerichts hinausreicht[9]. Diese Rechtsprechungen ist zu billigen, denn die allgemeinen Geschäftsbedingungen sind als solche keine rein vertraglichen Vereinbarungen, sondern normativ festgelegte Bedingungen für eine Vielzahl von Verträgen[10]. Auch Satzungsbestimmungen mit körperschaftlichem Inhalt sind nachprüfbar[11].

Da die Revision der deutschen Rechtseinheit dient, kann sie auf eine Verletzung ausländischen Rechts nicht gestützt werden, auch nicht auf Verletzung des französischen Rechts, soweit dasselbe als in Frankreich geltendes Gesetzesrecht zur Anwendung gebracht ist[12]. Die Normen des internationalen Privatrechts sind dagegen als Inlandsrecht revisibel.

Entgegen RG 45,98 und 421 hat das Revisionsgericht grundsätzlich auch jedes nach Erlaß des angefochtenen Urteils ergangene neue Gesetz zu berücksichtigen, sofern es nach seinem zeitlichen Geltungswillen das streitige Rechtsverhältnis erfaßt[13].

3. Das Gesetz ist verletzt, *wenn eine Rechtsnorm nicht oder nicht richtig angewendet worden ist* (§ 550).

Um eine *Frage der Rechtsanwendung* handelt es sich auch, wenn zu entscheiden ist, ob das Verhalten einer Partei einen Verstoß gegen die guten Sitten[14], ein Verschulden[15], eine schwere Eheverfehlung[16] darstellt. Ebenso ist die Auslegung einer Willenserklärung, insbesondere die Deutung ihres Sinnes (vgl. §§ 133, 157 BGB), eine Rechtsfrage[17]. Desgleichen die Auslegung eines Gesellschaftsvertrages[18]. Ferner prüft das Revisionsgericht regelmäßig die Beachtung der Denkgesetze[19] und der Erfahrungssätze (Regeln der allgemeinen Lebenserfahrung, der Wissenschaft und Technik, Handels- und Verkehrssitten) nach[20]. Denkgesetze und Erfahrungssätze sind zwar keine Rechts-

[9] RG 144,304; 153,63; 157,70 u. 311; BGH 8,56.

[10] Vgl. *Bernhardt,* Die allgemeinen Geschäftsbedingungen als Rechtsnormen, DR 1942, 1171 ff.

[11] BGH 27,300.

[12] RG 63,318.

[13] BGH 9,101; 19,294; 20,30; 26,239.

[14] RG 58,220.

[15] RG 125,393.

[16] RG 124,58.

[17] RG 64,233.

[18] RG 159,326; 164,140.

[19] RG 131,350; 148,254; 165,285.

[20] RG 99,71; 105,419; 157,87; OLG Köln MDR 1950, 156.

normen, bilden aber einen Maßstab für die Beurteilung und Wertung von Tatsachen. Das Revisionsgericht ist demnach an die Vertragsauslegung des unteren Gerichts gebunden, wenn sie mit dem Wortlaut des Vertrages sowie den Denkgesetzen vereinbar ist und nicht anerkannte Auslegungsgrundsätze verletzt oder wesentlichen Auslegungsstoff außer acht läßt[21].

4. Sachlich berechtigt ist die Revision nur, wenn die *Rechtsverletzung* für die angefochtene Entscheidung *ursächlich* war (§ 549 I). Ist die Entscheidung trotz der Gesetzesverletzung im Ergebnis aus anderen Gründen richtig, so ist die Revision unbegründet (§ 563).

Bei Verstößen gegen das materielle Recht ist leicht feststellbar, ob die richtige Rechtsanwendung zu einem anderen Ergebnis führt. Bei Prozeßverstößen ist dagegen der Nachweis, daß bei richtigem Verfahren das Urteil anders ausgefallen wäre, kaum zu führen. Deshalb muß es hier genügen, daß die Möglichkeit einer anderen Entscheidung besteht[22]. Dies trifft z. B. bei der Versagung des rechtlichen Gehörs zu.

Mit Rücksicht auf diese Schwierigkeit sieht das Gesetz die in § 551 aufgezählten Prozeßverstöße als so schwerwiegend an, daß es die Ursächlichkeit der Rechtsverletzung für die angefochtene Entscheidung unwiderlegbar vermutet *(absolute Revisionsgründe)*. Dem Mangel der Prozeßfähigkeit steht der Mangel der Parteifähigkeit gleich. Zu § 551 Nr. 4 vgl. auch § 549 II (vgl. oben § 17). Eine Entscheidung ist nicht mit Gründen versehen, wenn dem Tenor des Urteils überhaupt keine Gründe beigegeben sind. Der fehlenden Begründung gleichzusetzen ist der Fall, daß zwar Gründe vorhanden sind, diese aber ganz unverständlich und verworren sind, so daß sie nicht erkennen lassen, welche Überlegungen für die Entscheidung maßgebend waren. Das ist auch dann der Fall, wenn die Gründe sachlich inhaltslos sind und sich auf leere Redensarten oder einfach auf die Wiedergabe des Gesetzestextes beschränken[23].

Bei Vorliegen der in § 551 aufgezählten Prozeßverstöße ist eine Anwendung des § 563 nicht möglich.

III. Einlegung und Begründung der Revision: §§ 553 ff.

Aus den Revisionsanträgen muß hervorgehen, ob das Urteil im ganzen oder ob nur einzelne Teile davon angegriffen werden und welche Abänderung erstrebt wird (§ 454 III Nr. 1). Ferner ist die verletzte Rechtsnorm zu bezeichnen. Eine falsche Zitierung des Gesetzes ist unschädlich. Allgemeine Redensarten, wie z. B. das Gesetz sei verletzt, genügen nicht.

Wird die Revision auf Mängel des Verfahrens gestützt, so sind die Tatsachen anzugeben, aus denen sich der Mangel ergibt (§ 454 III Nr. 2 b). Es ist demnach das falsche Handeln des Gerichts anzuführen. Dabei müssen diese Tatsachen genau und bestimmt bezeichnet werden.

[21] RG 167,261.
[22] *Rosenberg* § 140 III 3b; BGH 27,169.
[23] BGH 39,337.

Wird z. B. Verletzung des richterlichen Fragerechts (§ 139) gerügt, so muß angegeben werden, wonach das Gericht hätte fragen sollen und was die Partei dann geantwortet hätte[24].

Nach dem Ablauf der Begründungsfrist ist die Geltendmachung neuer Revisionsgründe nicht mehr zulässig (§ 554 VI). Die Revisionsanträge können dagegen noch nachträglich, insbesondere in der mündlichen Verhandlung, erweitert werden, sofern nicht ein neuer selbständiger Anspruch erhoben wird[25]. Durch Erhöhung des Antrags auf mehr als 15 000 DM kann daher eine ursprünglich unzulässige Revision zulässig werden[26].

Innerhalb der Revisionsbegründungsfrist kann sich der Revisionsbeklagte *der Revision anschließen* (§ 556).

Anschlußberufung ist dagegen bis zum Ende des Berufungsverfahrens zulässig.

Revisionsfrist: § 552. Dabei ist zu beachten, daß diese, abweichend von § 516, erst mit Zustellung des vollständig abgefaßten Urteils beginnt. *Grund:* Nur bei Kenntnis der Entscheidungsgründe kann die mit der Revision geltend gemachte Unrichtigkeit des Urteils dargelegt werden.

Das Revisionsgericht hat die Zulässigkeit der Revision von Amts wegen zu prüfen. Fehlt es hieran, so ist die Revision *als unzulässig zu verwerfen.* Diese Entscheidung kann, falls die Klärung der Zulässigkeitsfrage durch eine mündliche Verhandlung nicht erforderlich erscheint, ohne eine solche durch Beschluß erfolgen (§ 554 a). Wird die Revision nicht durch Beschluß verworfen, so ist von Amts wegen Verhandlungstermin zu bestimmen und den Parteien bekanntzumachen (§ 555). Auf das Verfahren finden vorbehaltlich der §§ 558 bis 566 die Vorschriften des Landgerichtsprozesses erster Instanz Anwendung (§ 557). Da die Revisionsinstanz keine Tatsacheninstanz ist, gibt es den der Sachaufklärung dienenden Einzelrichter nicht (§ 557 a).

Die Nachprüfung der Rechtsfrage hat sich in den Grenzen der gestellten Anträge zu halten (§ 559). Deshalb kann das Revisionsgericht nicht zuungunsten des Revisionsklägers entscheiden, es sei denn, daß sich der Revisionsbeklagte der Revision angeschlossen hat. *Wird die Revision auf einen Verfahrensmangel gestützt,* dann *darf dieser nur beachtet werden, wenn er in der Revisionsbegründung gerügt worden ist* (§§ 559, 554, 556). *Nicht gerügte Verfahrensverstöße* sind *unbeachtlich,* eine Nachholung der Rüge ist nach Ablauf der Begründungsfrist unzulässig. *Eine Ausnahme davon machen die von Amts wegen zu beachtenden Verfahrensmängel,* wie das Fehlen einer Prozeßvoraussetzung (z. B. Unzulässigkeit des Rechtswegs). Diese sind auch ohne Rüge zu berücksichtigen, was unter Umständen zu einer reformatio in peius führt (vgl. oben § 49 IV). *Ebenso hat das Gericht Verstöße gegen das sachliche Recht von Amts wegen und ohne Bindung an die Revisionsrügen zu prüfen* (§ 559 Satz 2). Das Revisionsgericht hat also stets die materiellrecht-

[24] RG DR 1939, 1336.
[25] RG JW 1936, 1841.
[26] *Stein-Jonas-Schönke* § 554 V 2.

liche Grundlage des Urteils auf seine Richtigkeit zu untersuchen, selbst wenn die Revision keine diesbezügliche Rüge enthält.

IV. Die Entscheidung des Revisionsgerichts.

Steht die *Unzulässigkeit der Revision* fest, so wird diese durch Beschluß oder, falls eine mündliche Verhandlung stattgefunden hat, durch Urteil *verworfen* (§ 554 a). Ist die Revision zulässig, aber *sachlich unbegründet,* dann wird sie *zurückgewiesen.* Erweist sich dagegen die Revision als begründet, dann ist das angefochtene Urteil aufzuheben.

Da materiellrechtliche Mängel des angefochtenen Urteils von Amts wegen zu berücksichtigen sind, ist der Revision auch dann stattzugeben, wenn die Revisionsbegründung den entscheidenden Mangel nicht gerügt hat. Die Begründung der Revision ist insofern nicht ausschlaggebend.

Erfolgt die Aufhebung wegen eines Verfahrensmangels, so ist zugleich das Verfahren insoweit aufzuheben, als es durch den Mangel betroffen wird (§ 564). *Zur Feststellung der Tatsachen, die den Verfahrensmangel ergeben* (vgl. §§ 554 III Nr. 2b, 561 I 2), *kann auch eine Beweisaufnahme vor dem Revisionsgericht stattfinden.* Dabei unterliegen diese Tatsachen nicht dem Verhandlungsgrundsatz, da es mit der Stellung des Revisionsgerichts unvereinbar wäre, wenn es durch Einverständnis der Parteien über einen nicht vorgekommenen Verfahrensverstoß zur Aufhebung des Urteils gezwungen werden könnte. *Die Richtigkeit dieser Tatsachen ist also von Amts wegen nachzuprüfen.* Dabei kann sich das Revisionsgericht zur Feststellung nicht nur der förmlichen Beweisaufnahme, sondern auch anderer Mittel bedienen, wie z. B. der dienstlichen Rückfrage an das Berufungsgericht (Freibeweis)[27].

Im Falle der Aufhebung weist das Revisionsgericht die Sache in der Regel zur anderweiten Verhandlung und Entscheidung an das Berufungsgericht, unter Umständen an einen anderen Senat, *zurück* (§ 565 I).

Das Berufungsgericht ist dann an die für die Aufhebung maßgebende rechtliche Beurteilung des Revisionsgerichts *gebunden* (§ 565 II). Die Bindung gilt aber nur für den anhängigen Prozeß, nicht für andere Prozesse, mag auch die Rechtslage dieselbe sein.

Ausnahmsweise entscheidet das Revisionsgericht in der Sache selbst, wenn weitere tatsächliche Feststellungen nicht mehr notwendig sind und es sich lediglich um die rechtliche Beurteilung eines einwandfrei festgestellten Sachverhalts handelt (§ 565 III)[28]. In diesem Falle führte die Zurückverweisung in die Tatsacheninstanz zu einer zwecklosen Prozeßverzögerung. Daher hat z. B. das Revisionsgericht die Klage beim Fehlen einer Prozeßvoraussetzung abzuweisen. *Das Revisionsgericht ist also kein bloßer Kassationsgerichtshof.*

V. Für das *Versäumnisverfahren* gelten nach § 557 die erstinstanzlichen Vorschriften.

[27] RG 157,342.

[28] RG 156,64.

1. Auch im Falle der Säumnis einer Partei muß zunächst die Zulässigkeit der Revision geprüft werden. Fehlt es hieran, so ist die Revision durch Nichtversäumnisurteil zu verwerfen[29].

2. Bei Zulässigkeit der Revision gilt folgendes:

a) Ist der Revisionskläger säumig, wird die Revision auf Antrag durch einspruchsfähiges Versäumnisurteil als unbegründet zurückgewiesen (§ 330).

b) Ist der Revisionsbeklagte säumig, dann tritt auch nicht hinsichtlich des zulässigen neuen Vorbringens (§§ 561 I 2, 554 III Nr. 2 b) die Geständnisfiktion des § 331 ein, da dieses von Amts wegen zu prüfen ist (vgl. oben IV). Stellt sich die Revision als begründet heraus, so ergeht gegen den Revisionsbeklagten ein einspruchsfähiges Versäumnisurteil, das die angefochtene Entscheidung aufhebt und die Sache zurückverweist oder in der Sache selbst erkennt. Erweist sich dagegen die Revision als unbegründet, dann wird sie durch unanfechtbares Nichtversäumnisurteil zurückgewiesen (§ 331 II).

VI. Revisionsgericht ist in der Bundesrepublik der Bundesgerichtshof in Karlsruhe, der an die Stelle des Reichsgerichts in Leipzig getreten ist (§ 133 GVG).

Von der Möglichkeit des § 8 EG GVG, in Zivilsachen ein oberstes Landesgericht als Revisionsinstanz zu errichten, hat nur Bayern Gebrauch gemacht (Ges. v. 11. 5. 1948; vgl. oben § 9 I 1). Nach § 7 EG ZPO müssen daher in Bayern alle Revisionen ausnahmslos bei dem *Bayer. Obersten Landesgericht* eingelegt werden. Das Oberste Landesgericht entscheidet zunächst ohne mündliche Verhandlung über die Zuständigkeit. Erklärt es sich für zuständig, weil für die Entscheidung Landesrecht in Betracht kommt, so bestimmt es einen Termin zur mündlichen Verhandlung. Erklärt es sich dagegen für unzuständig, weil der Sache im wesentlichen Bundesrecht zugrunde liegt, so hat es die Prozeßakten dem Bundesgerichtshof zu übersenden. Die Entscheidung des Obersten Landesgerichts ist unanfechtbar und auch für den Bundesgerichtshof bindend.

Revision in Arbeitsgerichtssachen: §§ 72 ff. ArbGG.

§ 52 Beschwerde

Fenn, Die Anschlußbeschwerde im Zivilprozeß und im Verfahren der freiwilligen Gerichtsbarkeit, 1961.

I. Die Beschwerde ist das Rechtsmittel zur Anfechtung weniger wichtiger Entscheidungen, namentlich von *Beschlüssen* und *Verfügungen.*

Die Beschwerde ist statthaft:

1. In den vom Gesetz ausdrücklich zugelassenen Fällen (§ 567).

Beispiele: §§ 127, 252, 380, 390, 409.

2. Wenn eine Entscheidung, die ohne mündliche Verhandlung ergehen kann, ein das Verfahren betreffendes Gesuch zurückweist (§ 567).

[29] So jetzt auch OGH Köln MDR 1949,417.

Beispiele: Abweisung des Gesuchs auf Bewilligung der öffentlichen Zustellung oder auf Beweissicherung (§§ 204 I, 490 I).

3. Gegen die Kostenentscheidungen der §§ 91 a und 99 II.

4. Gegen Zwischenurteile, die Dritte betreffen (§§ 71, 135, 387, 402).

5. Gegen solche Entscheidungen, die nach Art, Inhalt, Zuständigkeit oder Verfahren jeder gesetzlichen Grundlage entbehren[1].

Beispiel: Der Richter setzt entgegen § 104 die Kosten fest.

Beschwerdegerichte sind gegenüber amtsgerichtlichen Entscheidungen die Landgerichte (Zivilkammern oder Kammern für Handelssachen), gegenüber landgerichtlichen Entscheidungen die Oberlandesgerichte (§§ 72, 94, 119 Nr. 2 GVG). *Gegen Entscheidungen der Oberlandesgerichte ist die Beschwerde unzulässig außer im Falle der Revisionsbeschwerde des § 519 b II* (§ 567 III ZPO, vgl. auch § 133 Nr. 2 GVG).

Die Beschwerde ist nur ausnahmsweise an eine Beschwerdesumme geknüpft (§ 567 II).

Ein allgemeiner Rechtssatz, daß der Beschwerderechtszug nicht länger als der Rechtszug in der Hauptsache sein dürfe, besteht nicht[2].

II. Das Gesetz unterscheidet die *einfache* und als Unterart die *sofortige Beschwerde.* Während die einfache Beschwerde keiner Frist unterliegt, besteht für die Einlegung der sofortigen Beschwerde eine *Notfrist* von zwei Wochen (§ 577).

Die Frist beginnt regelmäßig mit der Zustellung der beschwerenden Entscheidung, in den Fällen der Ablehnung eines Versäumnis- oder Ausschlußurteils mit der Verkündung des Ablehnungsbeschlusses (§§ 336, 952 IV). Besonderheit: § 577 II 3.

Die sofortige (= befristete) Beschwerde ist nur in den vom Gesetz ausdrücklich hervorgehobenen Fällen gegeben.

Hauptfälle: §§ 46, 71, 91 a, 99 II, 102, 104 III, 107, 109 IV, 135, 252, 406, 319, 336, 387, 656, 663, 678, 699, 793, 934, 952, 1022, 1045 ZPO, § 73 KO, § 121 VglO (hier Notfrist auf eine Woche verkürzt).

Die sofortige Beschwerde hat Suspensiveffekt, hemmt also den Eintritt der formellen Rechtskraft. Der einfachen Beschwerde fehlt mangels Befristung der Suspensiveffekt. Zu beachten ist aber, daß auch die Einlegung der einfachen Beschwerde nicht beliebig lange hinausgezögert werden kann, da nach einer gewissen Zeit Verwirkung möglich ist.

III. Die einfache Beschwerde wird bei dem Gericht eingelegt, das die angefochtene Entscheidung erlassen hat, in dringenden Fällen bei dem Beschwerdegericht (§ 569 I). Die sofortige Beschwerde kann sowohl bei dem Unter- wie dem Obergericht eingelegt werden (§ 577 II 2). Die Einlegung erfolgt durch Einreichung einer Beschwerdeschrift.

[1] BGH 34,251.

[2] *Baumbach-Lauterbach,* § 567 Anm. 5 mit Literatur.

Diese muß von einem bei dem Gericht der Einreichung zugelassenen Rechtsanwalt unterzeichnet sein. In bestimmten Fällen kann die Einlegung auch durch Erklärung zu Protokoll der Geschäftsstelle erfolgen, nämlich wenn die Beschwerde das Armenrecht betrifft oder von einem Zeugen oder Sachverständigen erhoben wird (§ 569 II). Soweit die Protokollerklärung zulässig ist, herrscht kein Anwaltszwang (§ 78 II).

Das Gesetz schreibt für die Beschwerde keinen bestimmten Inhalt vor. Aus der Beschwerdeschrift oder dem Protokoll muß sich aber ergeben, daß und gegen welche Entscheidung Beschwerde eingelegt wird. Dabei braucht das Wort „Beschwerde" nicht verwendet zu werden. Ein bestimmter Antrag und eine Begründung sind nicht notwendig. Beides ist aber ratsam, da das Gericht ohne mündliche Verhandlung entscheiden kann und insoweit auf die in der Beschwerdeschrift enthaltenen Tatsachen angewiesen ist.

Zurücknahme, Verzicht und Anschlußbeschwerde sind trotz Schweigen des Gesetzes zulässig[3].

Hält der Unterrichter die einfache Beschwerde für begründet, so hat er ihr *abzuhelfen.* Dadurch erledigt sich die Beschwerde. Anderenfalls ist sie dem Beschwerdegericht vorzulegen (§ 571). Bei der sofortigen Beschwerde ist der Unterrichter zu einer Änderung seiner Entscheidung nicht befugt (§ 577 III).

Regelmäßig wird die *Vollstreckung* der angefochtenen Entscheidung *durch Einlegung der Beschwerde nicht gehindert* (§ 572 I). Unter- und Beschwerdegericht können jedoch die Vollziehung aussetzen (§ 572 II, III).

IV. Das Beschwerdegericht kann *ohne mündliche Verhandlung* entscheiden (§ 573 I). Aus dem Grundsatz des rechtlichen Gehörs (Art. 103 I GG) folgt, daß dem Gegner die Möglichkeit gegeben werden muß, zu der Beschwerde Stellung zu nehmen. Daher sind ihm Beschwerdeschrift und Begründung mitzuteilen. Dies ist freilich dann nicht erforderlich, wenn die Beschwerde verworfen oder zurückgewiesen wird[4].

Neue Tatsachen und Beweise sind *zulässig.*

Das Beschwerdegericht hat *von Amts wegen* zu prüfen, ob die Beschwerde statthaft und form- und fristgerecht eingelegt ist. Mangelt es hieran, so ist die Beschwerde *als unzulässig zu verwerfen.* Bei Zulässigkeit der Beschwerde ist sie sachlich zu prüfen. Erweist sie sich als unbegründet, wird sie *zurückgewiesen.* Ist sie begründet, dann hebt das Beschwerdegericht die angefochtene Entscheidung auf und erläßt entweder selbst eine neue Sachentscheidung oder weist die Sache mit bindender Anordnung an den Unterrichter zurück (§ 575). *Die Beschwerdeentscheidung ergeht stets als Beschluß, auch wenn sich die Beschwerde gegen ein Zwischenurteil* (vgl. oben I 4) *richtet.*

Gegen die Entscheidung des Beschwerdegerichts ist eine *weitere Beschwerde* nur zulässig, wenn die Beschwerdeentscheidung einen *neuen selbständigen Beschwerdegrund* enthält (§ 568 II).

[3] KG NJW 1963, 1556; a. A. OLG Frankfurt NJW 1964, 2023.
[4] BVerfG 7,95.

Neu ist der Beschwerdegrund, wenn er in der angefochtenen Entscheidung noch nicht enthalten war, *selbständig*, wenn er für sich allein die Anfechtung rechtfertigt. Daher ist die weitere Beschwerde namentlich dann statthaft, wenn die Beschwerdeentscheidung die Beschwerde als unzulässig verworfen hat. Bestätigt dagegen das Beschwerdegericht die angefochtene Entscheidung *(duae conformes sententiae)*, so ist die weitere Beschwerde ausgeschlossen. Die Entscheidungen der Landgerichte über Prozeßkosten sind von vornherein der weiteren Beschwerde entzogen (§ 568 III).

V. Beschwerdeverfahren in Arbeitsgerichtssachen: § 78 ArbGG.

9. ABSCHNITT: RECHTSKRAFT

§ 53 Funktion und Arten der Rechtskraft

Blomeyer, Rechtskrafterstreckung infolge privatrechtlicher Abhängigkeit, ZZP 75,1; *Bötticher*, Kritische Beiträge zur Lehre von der materiellen Rechtskraft im Zivilprozeß, 1930; *Brox*, die objektiven Grenzen der materiellen Rechtskraft im Zivilprozeß, JuS 1962,121; *Hellwig*, Wesen und subjektive Begrenzung der Rechtskraft, 1901; *Pagenstecher*, Zur Lehre von der materiellen Rechtskraft, 1905; *Pohle*, Über die Rechtskraft im Zivil- und Strafprozeß, JBl. 1957,113; *Schwab*, Rechtskrafterstreckung auf Dritte und Drittwirkung der Rechtskraft, ZZP 77,124; *Stein*, Über die bindende Kraft der richterlichen Entscheidungen nach der neuen österreichischen Civilprozeßordnung, 1897; *Zeuner*, Die objektiven Grenzen der Rechtskraft im Rahmen rechtlicher Sinnzusammenhänge, 1959.

I. Funktion der Rechtskraft. Ziel jedes Prozesses ist es, *dem wirklichen Recht* zum Siege zu verhelfen. Damit dieses Ziel in möglichst allen Fällen erreicht wird, unterliegen die Entscheidungen der Gerichte grundsätzlich der Nachprüfung im Instanzenzuge. Darüber hinaus bezweckt der Prozeß die *Herstellung des Rechtsfriedens und der Rechtssicherheit*. Das Gemeinschaftsinteresse fordert, daß jeder Streit um ein Recht einmal ein Ende findet. Im Interesse des Rechtsfriedens kann der Staat nicht dulden, daß die Richtigkeit eines Richterspruchs, nachdem alle Rechtsmittel dagegen erschöpft sind, immer wieder angezweifelt wird. Diesem Befriedungszweck dient die Rechtskraft.

Für den einzelnen kann darin eine Härte liegen, daß auch dem falschen Urteil Rechtskraft und damit Endgültigkeit zukommt. *Das Allgemeininteresse an einer endgültigen Klärung und Befriedung ist aber so groß, daß demgegenüber der Schutz des einzelnen zurücktreten muß.*

Von der Rechtskraft spricht man in doppeltem Sinne: einmal im Hinblick auf die Anfechtbarkeit einer Entscheidung (§ 705), sodann in bezug auf die bindende Wirkung ihres Inhalts (§§ 322 ff.). *Demzufolge unterscheidet man die äußere (formelle) und die innere (materielle) Rechtskraft.*

II. Die äußere (formelle) Rechtskraft bedeutet, daß eine Entscheidung nicht mehr mit Rechtsmitteln oder dem Einspruch anfechtbar ist (§ 705).

Die Möglichkeit der außerordentlichen Rechtsbehelfe, wie der Wiederaufnahme des Verfahrens (§§ 578 ff.) oder der Vollstreckungsgegenklage (§ 767), *steht dem Eintritt der Rechtskraft nicht entgegen*[1].

Der äußeren Rechtskraft fähig sind: alle Endurteile (Voll- und Teilurteile), alle selbständig anfechtbaren Zwischen- und Vorbehaltsurteile (z. B. §§ 71, 275, 302, 304, 387, 599) und die einer bestimmten Anfechtungsfrist unterliegenden Beschlüsse (z. B. §§ 104, 793).

Die formelle Rechtskraft tritt ein: sofort mit der Verkündung, wenn gegen die Entscheidung weder ein Rechtsmittel noch der Einspruch zulässig ist (wie bei den Berufungsurteilen der Landgerichte und den Revisionsurteilen des BGH), sonst mit Ablauf der Rechtsmittel- oder Einspruchsfrist oder mit dem Verzicht der Parteien auf die ihnen zustehenden Rechtsbehelfe (§§ 514, 566, 346).

Rechtskraftzeugnis: § 706.

Zu beachten ist, daß sämtliche Berufungsurteile der Oberlandesgerichte nicht schon mit ihrer Verkündung formell rechtskräftig werden, sondern erst nach Ablauf der Revisionsfrist (§ 552) oder, wenn Revision eingelegt worden ist, mit der Verwerfung oder Zurückweisung des Rechtsmittels. Dies erklärt sich daraus, daß trotz Fehlens der Erwachsenheitssumme (§ 546) bei vermögensrechtlichen Streitigkeiten oder trotz Nichtzulassung unter Umständen Revision statthaft ist (vgl. § 547) und über die Zulässigkeit des Rechtsmittels allein das Revisionsgericht zu entscheiden hat.

Formell rechtskräftige Leistungsurteile bilden die *Grundlage zur Zwangsvollstreckung* (§ 704). Diese ist freilich auch schon vor Eintritt der Rechtskraft möglich, falls die Urteile für vorläufig vollstreckbar erklärt sind (§§ 704, 708 ff.).

III. Die innere (materielle) Rechtskraft

1. *Zweck*

Die formelle Rechtskraft bedeutet nur, daß die rechtskräftige Entscheidung in dem anhängigen Verfahren nicht mehr angefochten werden kann. Sie besagt nichts darüber, ob in einem späteren Prozeß zwischen den gleichen Parteien die Gerichte an den Inhalt der ersten Entscheidung gebunden sind. Diese Bindung ergibt sich aus der materiellen Rechtskraft. Wenn das rechtskräftige Urteil infolge seiner Rechtskraft, nicht infolge seiner Richtigkeit bindet, so ist das keine Begriffsnotwendigkeit, sondern eine Folge des Gebotes der Zweckmäßigkeit: Der

[1] BGH 3,86; bedenklich BGH 8,286.

beendete Prozeß soll den Rechtsfrieden wieder herstellen und Rechtssicherheit gewähren. Deshalb müssen widerstreitende Entscheidungen, die Rechtsunsicherheit hervorrufen würden, vermieden werden. Rechtsfrieden und Rechtssicherheit sind für die Rechtsstaatlichkeit von so zentraler Bedeutung, daß um ihretwillen die Möglichkeit einer im Einzelfall vielleicht unrichtigen Entscheidung in Kauf genommen werden muß[2].

Die materielle Rechtskraft besteht darin, daß die Gerichte, die in einem späteren Verfahren über dieselbe Sache unter den gleichen Parteien zu entscheiden haben, an den Inhalt der rechtskräftigen Entscheidung gebunden sind. Für die Parteien bedeutet die materielle Rechtskraft, daß die dem Gericht vorgelegte und entschiedene Rechtsfrage dem weiteren Streit entrückt ist.

Die *Bindung der Gerichte* durch die materielle Rechtskraft zeigt sich zunächst in dem Fall, daß derselbe Anspruch, über den rechtskräftig entschieden ist, ein weiteres Mal geltend gemacht wird, der abgewiesene Kläger z. B. dieselbe Klage von neuem erhebt. Derartige Prozesse sind wegen ihrer Aussichtslosigkeit selten. Meist wird die Rechtskraft in Prozessen praktisch, in denen das rechtskräftig festgestellte Rechtsverhältnis für den späteren Prozeß präjudizielle Bedeutung hat: Sein Bestehen oder Nichtbestehen ist eine Vorfrage für die Entscheidung des neuen Prozesses.

Hier ist dem späteren Richter die Nachprüfung der rechtskräftigen Entscheidung auf ihre tatsächliche und rechtliche Richtigkeit hin untersagt, er muß sie ohne weiteres seinem Urteil zugrunde legen. Ist z. B. zwischen einer Brauerei und einem Gastwirt das Bestehen eines Sukzessivlieferungsvertrags rechtskräftig festgestellt und verklagt nunmehr die Brauerei den Gastwirt auf Abnahme einer Lieferung, dann muß der Richter bei der Entscheidung des zweiten Prozesses von der Rechtsgültigkeit des Lieferungsvertrags ausgehen. Ist in einem anderen Fall die Wandelungsklage (§ 462 BGB) des A rechtskräftig abgewiesen, dann kann dieser, wenn er auf Zahlung verklagt wird, nicht Klagabweisung verlangen, weil ihm doch ein Wandelungsrecht zustehe. Der spätere Richter ist daran gebunden, daß der Wandelungsanspruch nicht besteht.

2. *Die Rechtskrafttheorien*

Die Bindung des Richters wird verschieden begründet.

a) *Die materielle Theorie*[3] geht davon aus, daß die Rechtskraft eine materiellrechtliche Gestaltung der Rechtsverhältnisse der Parteien mit

[2] So BVerfG 2,403; 3,237.

[3] *Kohler*, Prozeß als Rechtsverhältnis, 1888, S. 64, 112; *Pagenstecher*, Zur Lehre von der materiellen Rechtskraft, 1905; *Pohle*, Gedanken über das Wesen der Rechtskraft, 1957; ders., Über die Rechtskraft im Zivil- und Strafprozeß, JBl. 1957,113 ff.; RG 71,311; 75,27 u. 215; 78,395.

sich bringt. Das richtige Urteil bestätige die bisherige materielle Rechtslage und bilde für sie einen Bestärkungsgrund. Im Gegensatz hierzu verändere das unrichtige Urteil die materiellrechtlichen Beziehungen und bilde eine selbständige Causa für den Erwerb und Verlust von Rechten.

b) *Die prozessuale Theorie*[4] verneint den Einfluß des rechtskräftigen Urteils auf das materielle Recht und sieht das Wesen der Rechtskraft darin, daß jeder spätere Richter an den Inhalt des Urteils gebunden sei.

Der prozessualen Theorie ist zuzustimmen. Nach unserer geltenden Rechtsordnung soll der Richter die bestehende Rechtslage ermitteln. Er soll feststellen, was Rechtens ist, Rechtsgestaltung ist im allgemeinen nicht seine Aufgabe. Die materielle Theorie versagt außerdem bei Urteilen, welche die Klage als unzulässig abweisen, weil hier keinerlei materielle Rechtsgestaltung in Betracht kommen kann, obwohl auch diese Urteile materielle Rechtskraft äußern. Ferner ist die materielle Theorie bei Urteilen über absolute Rechte undurchführbar. Wird z. B. das Eigentum des Klägers rechtskräftig festgestellt, dann müßte bei einer echten Gestaltung der Rechtsverhältnisse das Eigentum allen gegenüber gelten. Dies ist aber gerade nicht der Fall, weil die Rechtskraft grundsätzlich nur unter den Parteien wirkt. Eigentum inter partes ist jedoch ein Unding.

Innerhalb der prozessualen Theorie stehen sich zwei Meinungen gegenüber:

Die eine geht davon aus, daß die Rechtskraft nicht die erneute, sondern nur die abweichende Entscheidung hindert (*Abweichungsverbot*)[5].

Einer auf das gleiche Ziel gerichteten Klage fehlt es aber in der Regel am Rechtsschutzbedürfnis, so daß sie als unzulässig abzuweisen ist. So wenn jemand, dessen Klage soeben rechtskräftig abgewiesen ist, denselben Anspruch abermals gerichtlich geltend macht. Besteht aber für eine nochmalige Entscheidung ein Rechtsschutzinteresse, etwa weil die Akten des ersten Prozesses durch Brand oder sonstige Unfälle verlorengegangen sind, was in den Kriegswirren in unzähligen Fällen vorgekommen ist, dann ist auch eine erneute Klage zulässig. Wenn dagegen eingewendet wird[6], ein Prozeß, dessen

[4] *Stein*, Über die bindende Kraft der richterlichen Entscheidung nach österreichischem Recht, 1897; *Hellwig*, Anspruch und Klagrecht, 1900, S. 210; ders., Wesen und subjektive Begrenzung der Rechtskraft, 1901, S. 13; ders., System § 229; *Rosenberg* § 148 II; *Schönke-Schröder-Niese* § 73 VI; *Lent-Jauernig* § 62 II; BGH 3,85.

[5] *Blomeyer* § 88 III 2; *Schönke-Schröder-Niese* § 73 V 1; *Stein-Jonas-Schönke* § 322 II 3.

[6] Vgl. *Nikisch* § 104 II 4 b.

Ergebnis von vornherein feststehe, weil der Richter des zweiten Prozesses an das Urteil des ersten Prozesses gebunden sei, sei sinnlos, so ist das nicht zutreffend. Der Zweck des zweiten Prozesses besteht darin, dem Kläger einen verlorengegangenen, auf andere Weise, insbesondere gemäß § 733 nicht mehr zu erlangenden Vollstreckungstitel wieder zu verschaffen. Deshalb kann z. B. A, der in Breslau gegen seinen Schuldner B ein rechtskräftiges Urteil erlangt hatte, diesen jetzt erneut verklagen, wenn die Prozeßakten und die Urteilsausfertigung vernichtet sind. Hierfür spricht ein unabweisbares praktisches Bedürfnis. Ebenso besteht ein Bedürfnis, daß der frühere Rechtsstreit nicht völlig neu verhandelt und entschieden wird, da in vielen Fällen die im ersten Prozeß vorhandenen Beweismittel ebenfalls verlorengegangen sein werden, so daß sie im zweiten Prozeß nicht mehr verfügbar sind[7].

Die andere Meinung erblickt in der Rechtskraft eine negative Prozeßvoraussetzung. Danach soll jede neue Verhandlung und Entscheidung über die rechtskräftig festgestellte Rechtsfolge ausgeschlossen sein (*Wiederholungsverbot*)[8]. Diese Ansicht beruht auf dem römischrechtlichen Konsumtionsgedanken „ne bis in idem", der dem heutigen Recht im allgemeinen fremd ist[9]. Bei Annahme einer negativen Prozeßvoraussetzung müßte auch bei verlorengegangenen Akten die Klage infolge entgegenstehender Rechtskraft als unzulässig abgewiesen werden. Diese Folgerung wird jedoch nicht gezogen, sondern bei bestehendem Rechtsschutzbedürfnis eine neue Klage und Entscheidung zugelassen[10]. Deshalb besteht zwischen beiden Meinungen kein wesentlicher Unterschied.

3. Da die *Rechtskraft* im Allgemeininteresse liegt, ist sie *von Amts wegen zu berücksichtigen*[11]. Parteiverzicht ist unbeachtlich. Die Rechtskraft steht freilich einem Verzicht auf das materielle Recht (§ 397 BGB) nicht entgegen.

4. *Die innere Rechtskraft setzt die äußere voraus.* Beide Arten decken sich jedoch nicht, da gewissen formell rechtskräftigen Entscheidungen keine innere Rechtskraft zukommt.

Der inneren Rechtskraft sind nur Entscheidungen fähig, die einen Rechtsstreit endgültig und vorbehaltlos erledigen. Dahin gehören: alle Endurteile (Sach- und Prozeßurteile), die Zwischenurteile gegen Dritte (z. B. § 387), dagegen nicht die unter den Parteien ergangenen Zwischen- und Vorbehaltsurteile (mangels endgültiger Erledigung des Rechtsstreits). Auch gewissen Beschlüssen kommt materielle Rechtskraft zu, wie dem im Erinnerungsverfahren (§ 766) ergangenen Beschluß über die Unpfändbarkeit einer Sache[12]. Ebenso dem Vollstreckungsbefehl (§ 700).

[7] OGH Köln NJW 1949,145; BGH NJW 1957,1111.

[8] So *Bötticher*, Kritische Beiträge zur Lehre von der materiellen Rechtskraft im Zivilprozeß, 1930; *Rosenberg* § 148 II 4; BGH 34,339; 35,340; 36,367.

[9] *Stein-Jonas-Schönke* § 322 II 2.

[10] *Rosenberg* § 148 II 4 b.

[11] BGH 20,200; 36,367.

[12] RG 167,332.

5. *Die Rechtskraft ist jedoch in gegenständlicher, persönlicher, zeitlicher und räumlicher Beziehung beschränkt.*

a) Die *Rechtskraft erstreckt sich* nicht auf den gesamten Inhalt der Entscheidung, sondern *nur auf den „Anspruch"*, über den das Gericht entschieden hat (§ 322 I).

Unter „Anspruch" ist auch hier die vom Kläger aus einem bestimmten Lebensvorgang hergeleitete Rechtsbehauptung zu verstehen (vgl. oben § 29 IV 1).

Worüber rechtskräftig entschieden ist, ergibt sich aus der Urteilsformel. Zur Feststellung der Tragweite der Urteilsformel können und müssen die Entscheidungsgründe herangezogen werden. Wird z. B. die Klage abgewiesen, dann ergibt sich nur aus den Gründen, ob eine Prozeßabweisung (z. B. wegen Unzulässigkeit des Rechtswegs) oder eine Sachabweisung vorliegt. Wird der Beklagte zur Zahlung von 1000 DM verurteilt, so ergeben erst die Gründe, ob es sich um einen Anspruch aus Kauf oder Darlehen handelt. Nach der hier vertretenen Ansicht über den Streitgegenstand bezieht sich die Rechtskraft auf das festgestellte materielle Rechtsverhältnis (vgl. oben § 29 IV). Wer dagegen den Streitgegenstand rein prozessual auffaßt, muß den prozessualen Anspruch als Gegenstand der Rechtskraft ansehen[13].

Ist nur ein Teil eines Anspruchs (z. B. eine Darlehensrate) eingeklagt, so erstreckt sich die Rechtskraft nicht auf den restlichen Teil[14].

Zweifelhaft ist, ob der Kläger zu erkennen geben muß, daß er nur eine Teilklage erhebt. *Lent*[15] formuliert das Problem folgendermaßen: Bedeutet die Verurteilung zu einer bestimmten Summe zugleich die Feststellung, daß der Kläger *nur* die zugesprochene Summe zu verlangen hat, oder die Feststellung, daß er *mindestens* diese Summe zu fordern hat? Vertritt man die zweite Auffassung, so ist eine Nachforderung ohne Behinderung durch die Rechtskraft möglich, nach der ersten Auffassung wird sie durch die Rechtskraft verwehrt. Keine Zweifel entstehen, wenn der Kläger ausdrücklich erklärt, von seiner Forderung nur einen Teilbetrag einzuklagen. Eine solche Teilklage gestattet eine zweite Klage mit einer weiteren Forderung. Dies gilt auch dann, wenn sich aus den Umständen ergibt, daß mit einer Klage nicht der gesamte Betrag geltend gemacht wird. Klagt der bei einem Unfall Verletzte nur die Arztkosten ein, so steht die Rechtskraft des Urteils später einer Rentenforderung wegen verminderter Erwerbsfähigkeit nicht entgegen. Klagt dagegen der Verkäufer, ohne irgend einen Vorbehalt zu machen, „den vereinbarten Kaufpreis" von 1000 DM ein, so kann er später aus dem gleichen Kauf nicht weitere 1000 DM als Kaufpreis verlangen[16]. Dies erklärt sich daraus, daß der Kläger im ersten Prozeß die Rechtsbehauptung aufstellte, nur 1000 DM als Kaufpreis fordern zu können. Die Gegenansicht wertet jede Klage als bloße Teilklage. Sie führt dahin, daß die Rechtskraft nur *gegen* den Beklagten wirkt: Hat der Kläger gesiegt, dann könnte er mit der nachträglichen

[13] Vgl. *Rosenberg* § 150.
[14] RG 142,270; 172,125.
[15] NJW 1955,1865.
[16] BGH 34,340; 36,369; a. A. *Rosenberg* § 150 I 3 a.

Behauptung, er habe nur einen Teilbetrag eingeklagt, die Forderung in einem neuen Prozeß beliebig erhöhen. Ist aber seine Klage abgewiesen, so könnte er unter Hinweis auf die angebliche Teilklage erneut klagen, ohne die Rechtskraft fürchten zu müssen. Diese einseitige Bindung des Beklagten widerspricht dem Wesen der Rechtskraft, die den Streit unter den Parteien endgültig beenden soll[17].

Zweifellos kann der Kläger, der die Höhe seines Schmerzensgeldanspruchs in das Ermessen des Gerichts gestellt hat, nicht in einer späteren Klage weiteres Schmerzensgeld fordern, da das erste Urteil entschieden hat, daß ihm der Anspruch nur in dieser Höhe zusteht[18].

Die Rechtskraft erstreckt sich nicht auf die den Anspruch bedingenden Rechtsverhältnisse, welche zwar bei der Entscheidung mit geprüft werden, aber nicht selbst den Gegenstand des Prozesses bilden.

Klagt A gegen B Darlehenszinsen ein, dann wird zwar das Bestehen des Darlehens geprüft, die Rechtskraft erstreckt sich aber allein auf die eingeklagten Zinsen, so daß B die Rechtsgültigkeit des Darlehens in einem späteren Prozeß erneut bestreiten kann. Wird nach § 985 BGB auf Herausgabe einer Sache geklagt, dann wird nur über die sich aus dem Eigentum herleitende Herausgabepflicht entschieden, das Urteil schafft aber keine Rechtskraft hinsichtlich des Eigentums selbst.

Zur Herbeiführung einer rechtskraftfähigen Entscheidung über die bedingenden Rechtsverhältnisse steht den Parteien die Zwischenfeststellungsklage (§ 280) *zur Verfügung* (vgl. oben § 28 II).

Ebensowenig erfaßt die Rechtskraft die der Klage zugrunde liegenden Tatsachen.

Wird die Wandelungsklage wegen Fehlerfreiheit der Kaufsache abgewiesen, so steht das der Minderungsklage nicht entgegen. In diesem Prozeß ist die Fehlerhaftigkeit erneut zu prüfen.

Endlich ergreift die Rechtskraft nicht die vom Beklagten geltend gemachten *Einwendungen oder Einreden,* falls er diese nicht durch Widerklage selbständig zur Entscheidung gestellt hat.

Macht der gemäß § 985 BGB Verklagte ein Zurückbehaltungsrecht wegen Verwendungen geltend, wird er aber trotzdem uneingeschränkt verurteilt, weil das Gericht einen Verwendungsersatz verneint, so steht dieses Urteil einer späteren Klage auf Ersatz der Verwendungen nicht entgegen.

Eine Ausnahme hiervon gilt für den Aufrechnungseinwand (§ 322 II): In Aufrechnungshöhe schafft die Entscheidung auch über die zur Aufrechnung gestellte Gegenforderung Rechtskraft. Dabei ist es gleichgültig, ob das Bestehen der Gegenforderung verneint ober bejaht wird[19]. Im letzteren Falle wird die Klage auf Grund der Aufrechnung abgewiesen, wodurch gleichzeitig festgestellt wird, daß die Gegenforderung durch die Aufrechnung verbraucht ist (§ 389 BGB), also nicht mehr besteht.

17 Vgl. dazu *Lent-Jauernig* § 63 II. 18 BGH 45,91; vgl. oben § 30 II 1 b *β*.
19 RG 161,171 gegen RG 80,166.

b) Jeder Urteilsausspruch verneint sein kontradiktorisches Gegenteil. Daraus ergibt sich der rechtskraftfähige Inhalt einer Sachentscheidung:

α) Bei der Leistungsklage stellt das ihr stattgebende Urteil das Bestehen des Rechts auf die Leistung fest. Das sachabweisende Urteil stellt das Nichtbestehen des Leistungsrechts fest. Hat der Beklagte die rechtskräftig festgestellte Schuld erfüllt, so steht seiner späteren Klage auf Rückgewähr der Leistung gemäß § 812 BGB die Rechtskraft entgegen.

β) Bei der positiven Feststellungsklage stellt das ihr stattgebende Urteil das Bestehen, das sachabweisende das Nichtbestehen des Rechtsverhältnisses fest.

Bei der negativen Feststellungsklage stellt das ihr stattgebende Urteil das Nichtbestehen, das sie als unbegründet abweisende Urteil das Bestehen des geleugneten Rechtsverhältnisses fest.

γ) Bei der Gestaltungsklage stellt das ihr stattgebende Urteil fest, daß das vom Kläger behauptete Gestaltungsrecht, z. B. auf Ehescheidung, besteht. Gleichzeitig verwirklicht das rechtskräftige Urteil dieses Gestaltungsrecht, indem es die Rechtsänderung vollzieht, z. B. die Ehe auflöst (vgl. § 41 EheG). Das sachabweisende Urteil stellt fest, daß das behauptete Recht auf Rechtsänderung nicht besteht.

c) Die Rechtskraft bindet den künftigen Richter nur, wenn *derselbe Streitgegenstand* („Anspruch") *unter denselben Parteien* zur Entscheidung gestellt wird.

α) Eine solche *Identität des Streitgegenstandes* liegt dann vor, wenn aus demselben Lebensvorgang dieselbe Rechtsfolge hergeleitet wird.

Wird A mit seiner Klage auf Feststellung des testamentarischen Erbrechts rechtskräftig abgewiesen, so ist das kein Hinderungsgrund, nunmehr Feststellung des gesetzlichen Erbrechts zu begehren. Hier steht die Rechtskraft nicht entgegen, da es sich um zwei verschiedene Streitgegenstände handelt, die verschiedenen Sachverhalten entspringen.

Ist dagegen A mit einem vertraglichen Schadensersatzanspruch rechtskräftig abgewiesen worden, dann kann er nicht unter Festhaltung am Sachverhalt in einer neuen Klage den Schadensersatz aus Delikt verlangen. Hier wird das gleiche Rechtsbegehren aus demselben Sachverhalt gestellt, nur der rechtliche Gesichtspunkt ist geändert. Das Gericht hätte schon im ersten Prozeß den aus einem bestimmten Lebensvorgang hergeleiteten Anspruch unter jedem denkbaren Gesichtspunkt, also auch unter dem des Deliktes, prüfen müssen. Dabei ist es gleichgültig, daß sich A nur auf Vertragsverletzung gestützt hatte. Da die Parteien zu Rechtsausführungen überhaupt nicht verpflichtet sind, sind ihre rechtlichen Gesichtspunkte für das Gericht unverbindlich. A kann deshalb gegen die Klagabweisung ebensowenig etwas unternehmen, wie wenn das Gericht sonst infolge Übersehens einer Rechtsnorm ein unrichtiges Urteil erlassen hätte. Infolge des auch heute noch vielfach geübten actionenrechtlichen Denkens wird vorliegender Fall oft anders entschieden.

β) *In der Regel wirkt die Rechtskraft nur unter den Parteien, nicht gegen Dritte* (§ 325 I).

Grund: Infolge des Verhandlungsgrundsatzes hängt der Inhalt der Entscheidung weithin von dem Verhalten der Parteien ab. Es ist nicht angängig, am Prozeß unbeteiligte Dritte, die auf dessen Ausgang keinen Einfluß haben, zu binden.

Beispiel: Urteil gegen Hauptschuldner wirkt nicht gegen Bürgen[20]. Wird freilich Klage des Gläubigers gegen Hauptschuldner rechtskräftig abgewiesen, so kann sich Bürge hierauf berufen. Diese Reflexwirkung ist keine Rechtskraftwirkung, sondern eine Folge des akzessorischen Charakters der Haftung des Bürgen gemäß § 767 BGB.

Ausnahmen:

aa) *Die rechtskräftigen Urteile wirken auch für und gegen die Personen,* die während des Prozesses oder später dadurch *Rechtsnachfolger einer Partei geworden sind,* daß sie die im Streit befangene Sache oder den geltend gemachten Anspruch erworben haben (§ 325 I, der mit § 265 im engsten Zusammenhang steht). Ob es sich um Gesamt- oder Sonderrechtsnachfolge handelt, ist gleichgültig.

Diese erweiterte Rechtskraftwirkung entfällt, soweit der Verkehrsschutz des bürgerlichen Rechts eingreift (§ 325 II): Ist der Erwerber sowohl hinsichtlich des Mangels im Recht des Vormannes wie der Rechtshängigkeit gutgläubig, so wird er durch die Rechtskraft nicht berührt[21]. Dies gilt nicht bei Urteilen über verbuchte Reallasten oder Grundpfandrechte für den Erwerber des belasteten Grundstücks, der nichts vom Prozesse weiß (§ 325 III). *Grund:* Mit der Realisierung der verbuchten Rechte muß der Erwerber jederzeit rechnen. Beispiele und Einzelheiten oben § 31 II 2.

bb) Wegen der *Wirkung eines zwischen Vorerben und Dritten ergangenen Urteils auf den Nacherben* vergleiche §§ 326, 728 I. Testamentsvollstrecker: §§ 327, 728 II.

cc) Auch sonst finden sich häufig *Rechtskrafterstreckungen,* namentlich *bei Gemeinschaften* (vgl. z. B. § 856 ZPO, § 147 KO, § 111 GenG).

dd) *Gestaltungsurteile* (z. B. Ehescheidungsurteile) *wirken stets für und gegen alle,* da die durch das Urteil bewirkte Rechtsänderung gegenüber jedermann eintritt. Es handelt sich hier um die spezifische *Gestaltungswirkung des Gestaltungsurteils,* nicht um eine Erstreckung der Rechtskraft auf Dritte.

Die Gestaltungswirkung der Gestaltungsurteile ist von ihrer materiellen Rechtskraft zu unterscheiden. Das Gestaltungsurteil verwirklicht das dem Kläger zustehende Recht, eine Rechtsänderung zu erwirken, und bringt es gleichzeitig zum Erlöschen. Da jede Rechtsgestaltung, gleichgültig ob sie durch einen Staatsakt oder ein privates Rechtsgeschäft (z. B. Kündigung, Anfechtung, Rücktritt) herbeigeführt wird, für und gegen alle eintritt, hat auch die Gestaltungswirkung der Gestaltungsurteile absoluten Charakter. Deshalb sind daran der Strafrichter, der Richter der freiwilligen Gerichtsbarkeit und der Verwaltungsrichter gebunden. So hat z. B. der Vormundschaftsrichter bei Bestimmung der elterlichen Gewalt (§ 1671 BGB) die durch das Scheidungsurteil herbeigeführte Auflösung der Ehe hinzunehmen.

[20] RG 122,148.

[21] RG 79,165; 88,268.

Neben der Gestaltungswirkung kommt dem Gestaltungsurteil auch materielle Rechtskraft zu. Dies ist für das die Klage abweisende Urteil unbestritten, muß aber für ein der Klage stattgebendes Urteil ebenfalls angenommen werden[22]. Durch das rechtskräftige Urteil wird festgestellt, daß das vom Kläger behauptete Recht auf Rechtsänderung bis zu seiner Befriedigung durch das Urteil bestanden hat. Diese Feststellung hat im Verhältnis zur Gestaltungswirkung geringere Bedeutung, ist aber nicht belanglos. Wird z. B. die Ehe unter Abweisung der Klage des Mannes auf die Widerklage der Frau geschieden, so ist das Urteil nur verständlich, wenn man bedenkt, daß darin auch eine Feststellung über das Bestehen des Scheidungsrechts getroffen worden ist. Wie sonst wirkt die Rechtskraft des Gestaltungsurteils nur unter den Parteien.

d) Das rechtskräftige Urteil stellt den Rechtszustand fest, der *zur Zeit der letzten Tatsachenverhandlung* besteht.

Deshalb ist alles, was sich bis dahin ereignet hat, zu berücksichtigen. Ergibt sich z. B., daß der Anspruch während des Prozesses erloschen ist, so darf er nicht mehr zuerkannt werden. *Sämtlicher Prozeßstoff, der bis zur letzten mündlichen Tatsachenverhandlung ohne Klagänderung vorgebracht werden konnte, wird durch die Rechtskraft präkludiert. Dagegen können nachträglich entstandene Tatsachen,* z. B. eine spätere Zahlung, *uneingeschränkt geltend gemacht werden.* Dem Beklagten dient hierzu namentlich die *Vollstreckungsgegenklage* (§ 767). Ist jemand zu künftig fällig werdenden Leistungen, insbesondere zu Unterhaltsbeiträgen, verurteilt worden, so sieht das Gesetz eine besondere *Abänderungsklage* vor, wenn in den Verhältnissen der Beteiligten eine wesentliche Änderung eintritt (§ 323)[23].

Sondervorschriften gelten für Ehe- (§ 616), Miet- (§§ 17, 44 MSchG) und Patentsachen (§ 54 PatG).

e) Grundsätzlich kommt nur den Urteilen deutscher Gerichte Rechtskraft zu.

Ausländische Urteile werden nur unter bestimmten Voraussetzungen anerkannt, namentlich muß die Gegenseitigkeit verbürgt sein. Näheres § 328 (vgl. oben § 6 V 1).

§ 54 Die Beseitigung der Rechtskraft

I. Im Interesse des Rechtsfriedens kann eine rechtskräftige Entscheidung grundsätzlich auch dann nicht beseitigt werden, wenn sich herausstellt, daß sie unrichtig ist. Durch die Rechtskraft werden sowohl Mängel des Verfahrens wie sonstige Fehler der Entscheidung geheilt. *In bestimmten Fällen, in denen das Bedürfnis nach Beseitigung einer un-*

[22] A. A. *Rosenberg* § 87 I 3; *Bötticher,* Kritische Beiträge, S. 24 ff.; *Lent,* Die sachliche Rechtskraft der Gestaltungsurteile, ZZP 61,279; wie hier *Nikisch* § 40 IV; *Dölle,* Sachliche Rechtskraft des Gestaltungsurteils, ZZP 62, 281; *Lent-Jauernig* § 65 II.

[23] Vgl. dazu BGH 34,110.

richtigen rechtskräftigen Entscheidung besonders dringend erscheint, läßt das Gesetz jedoch die Wiederaufnahme des Verfahrens zu (§§ 578 ff.). Die Wiederaufnahme geschieht nicht durch Einlegung eines Rechtsmittels, sondern *durch besonders geregelte Gestaltungsklagen: die Nichtigkeitsklage* und *die Restitutionsklage*. Da sich beide Klagen an die Instanz wenden, welche die anfechtbare Entscheidung erlassen hat, haben sie keinen Devolutiveffekt. Ebenso haben sie keinen Suspensiveffekt, weil die Rechtskraft der angefochtenen Entscheidung erst bei Erfolg der Wiederaufnahmeklage beseitigt wird. Voraussetzung der Wiederaufnahmeklage ist eine *Beschwer* des Klägers[1]. Nur dann besteht ein rechtliches Interesse an der Änderung der Entscheidung.

Die Wiederaufnahme ist nur gegen rechtskräftige Endurteile statthaft (§ 578). Gleichgültig ist, ob es sich um ein Sach-, Prozeß-, Versäumnisurteil oder einen ihm gleichstehenden Vollstreckungsbefehl (§§ 700, 584 II) handelt. Auch gegen ein Urteil in Ehesachen findet die Wiederaufnahme statt[2], nach BGH LM § 578 ZPO Nr. 1 und 2 selbst nach Wiederverheiratung eines Ehegatten (vgl. § 26 II a. E.). Nicht aber gegen formell rechtskräftige Zwischen- und Vorbehaltsurteile, da hierfür kein Bedürfnis besteht[3].

Obwohl das Gesetz nur von der Wiederaufnahme eines durch rechtskräftiges Urteil abgeschlossenen Verfahrens spricht, sind die §§ 578 ff. auch auf rechtskräftige Beschlüsse entsprechend anzuwenden. Das Wiederaufnahmeverfahren wird durch ein Gesuch eingeleitet, über das auf Grund fakultativer mündlicher Verhandlung entschieden werden kann.

II. Die Wiederaufnahme

1. Die *Nichtigkeitsklage* ist bei bestimmten besonders schweren Verfahrensverstößen gegeben, die in § 579 aufgeführt sind. Ähnlich wie bei den absoluten Revisionsgründen des § 551 wird die Ursächlichkeit des Verfahrensmangels für die Entscheidung unwiderlegbar vermutet.

Eine Partei ist dann nicht vorschriftsmäßig vertreten (§ 579 I Nr. 4), wenn sie, obwohl ihr die Prozeßfähigkeit fehlte, selbst im Prozeß auftrat oder wenn ihr Vertreter keine Vertretungsmacht besaß (falsus procurator). Entsprechendes muß gelten, wenn ihr die Parteifähigkeit fehlte.

Dabei ist zu beachten, daß die Zustellung des Urteils an die prozeßunfähige Partei die Rechtsmittelfrist zwar nicht in Lauf setzt, diese aber mit dem Ablauf von 5 Monaten nach der Verkündung automatisch zu laufen beginnt. Daher geht das Urteil nach Ablauf der Rechtsmittel- oder Einspruchsfrist trotz der mangelhaften Zustellung in Rechtskraft über (vgl. oben § 20 III 2 c).

Wird das Urteil an den falsus procurator zugestellt, so beginnt damit trotz des Mangels der Vollmacht die Rechtsmittelfrist. Grund: Wenn jemand als

[1] BGH 39,181.
[2] RG 171,40.
[3] *Rosenberg* § 154 III.

Prozeßbevollmächtigter aufgetreten ist, dann dürfen grundsätzlich Gericht und Gegner nur noch ihm gegenüber handeln (vgl. §§ 176, 208, 210a). Deshalb sind die Handlungen für und gegen die Partei selbst dann wirksam, wenn eine Prozeßvollmacht gar nicht bestand[4].

Bei unvorschriftsmäßiger Gerichtsbesetzung und bei Mitwirkung eines abgelehnten Richters ist die Nichtigkeitsklage subsidiär: sie ist unzulässig[5], nicht unbegründet[6], wenn der Nichtigkeitsgrund bei Anwendung der gehörigen prozessualen Sorgfalt durch ein Rechtsmittel oder Einspruch geltend gemacht werden konnte (§ 579 II).

2. Die *Restitutionsklage* ist gegeben, wenn der sachliche Inhalt der Entscheidung aus bestimmten, in § 580 aufgezählten Gründen unrichtig erscheint. Zwischen Urteil und Restitutionsgrund muß Kausalzusammenhang bestehen, so daß dem Urteil durch den Restitutionsgrund eine Stütze entzogen wird[7].

So namentlich, weil die Entscheidung auf einer strafbaren Handlung beruht (§ 580 Nr. 1—5), *oder weil die Urteilsgrundlage nachträglich weggefallen ist* (§ 580 Nr. 6). Wegen der Straftat muß in der Regel eine rechtskräftige Verurteilung erfolgt sein (§ 581). Dabei ist zu beachten, daß auch die falsche uneidliche Zeugenaussage (§ 153 StGB) einen Restitutionsgrund bildet (§ 580 Nr. 3). *Die Restitution ist ferner möglich, wenn die Partei ein früher* (etwa gegen den Erblasser) *ergangenes,* ihr bisher unbekanntes rechtskräftiges *Urteil auffindet,* das dem angefochtenen Urteil entgegensteht, *oder wenn ihr eine* zur Zeit des Vorprozesses zwar schon vorhandene, aber damals *unzugängliche Urkunde zugänglich wird,* die eine ihr günstigere Entscheidung herbeigeführt haben würde (§ 580 Nr. 7)[8]. Die Urkunde muß geeignet sein, das Ergebnis des Vorprozesses zu ändern, wenn auch nur in Verbindung mit anderen im früheren Verfahren bereits vorgebrachten Beweismitteln. Auf Urkunden, die nur in Verbindung mit im Vorprozeß nicht vorgebrachten Beweismitteln zu einer für den Restitutionskläger günstigeren Entscheidung führen können, kann die Restitutionsklage nicht gestützt werden[9].

Die Restitutionsklage ist nur zulässig, wenn die Urkunde vor Eintritt der Rechtskraft des Urteils im Vorprozeß errichtet ist. Eine Ausnahme gilt für Urkunden, die ihrer Natur nach nicht im zeitlichen Zusammenhang mit den durch sie bezeugten Tatsachen errichtet werden können und die deshalb, wenn sie errichtet werden, Tatsachen beweisen, die einer zurückliegenden Zeit angehören[10]. Deshalb ist der nach der Rechtskraft des Urteils im Vorprozeß errichtete Beischreibungsvermerk zu einer Geburtsurkunde, in dem die Legitimation eines Kindes durch nachfolgende Eheschließung der Eltern festgestellt wird, als eine für die Restitutionsklage geeignete Urkunde anzu-

[4] RG 38,408; 67,151.
[5] BGH LM § 515 ZPO Nr. 10; § 582 Nr. 1.
[6] So *Rosenberg* § 155 I 2.
[7] RG 130,387.
[8] RG 151,203; BGH 30,64.
[9] BGH 31,356; 38,335.
[10] RG HRR 1933, 1621.

sehen[11]. Dagegen ist ein nach der Rechtskraft errichtetes Abstammungsgutachten ungeeignet[12].

Im Gegensatz zum Strafprozeß (§ 359 Nr. 5 StPO) bilden andere neue Beweismittel als Urkunden (z. B. neue Zeugen, neue Augenscheinsobjekte) keinen Wiederaufnahmegrund[13].

Die Restitutionsklage ist stets subsidiär (§ 582)[14].

3. Die Wiederaufnahmeklagen müssen binnen einer *Notfrist* von einem Monat erhoben werden (§ 586 I). Beginn der Frist: § 586 II. Außerdem gilt für sie eine absolute Ausschlußfrist von 5 Jahren seit Eintritt der Rechtskraft.

Besonderes gilt bei der Nichtigkeitsklage wegen mangelnder Vertretung (§ 579 I Nr. 4). Hier beginnt die Monatsfrist nicht bereits mit der Kenntnis, sondern erst mit der Zustellung des Urteils an die Partei oder ihren rechten Vertreter und nicht vor der Rechtskraft. Die Fünfjahresfrist gibt es nicht.

Die Wiederaufnahmeklage ist gegen den zu richten, der im früheren Verfahren bereits Partei war[15].

Zuständigkeit: § 584. Klaginhalt: §§ 587 f. Verbindung: § 578 II.

Das Verfahren (§ 585) *zerfällt in drei Teile:*

Zunächst wird die *Zulässigkeit der Wiederaufnahme* geprüft, z. B. ob das angegriffene Urteil rechtskräftig ist. Fehlt sie, wird die Klage als unzulässig verworfen (§ 589). Bei Zulässigkeit der Klage ist weiter zu prüfen, *ob ein Wiederaufnahmegrund vorliegt.* Anderenfalls ist die Klage als unbegründet abzuweisen. *Bei Vorliegen eines Wiederaufnahmegrundes wird von neuem zur Hauptsache verhandelt,* soweit sie von dem Wiederaufnahmegrund betroffen ist. Führt diese zu dem gleichen Ergebnis, so ist das frühere Urteil zu bestätigen[16], sonst ist das alte Urteil aufzuheben und ein neues zu erlassen. Die Aufhebung ist ein rechtsgestaltender Akt mit rückwirkender Kraft.

Gegen das neue Urteil sind die gleichen Rechtsmittel zulässig wie gegen den aufgehobenen Richterspruch (§ 591).

III. Wiederaufnahmeverfahren in Arbeitsgerichtssachen: § 79 ArbGG.

IV. Die Wiederaufnahmegründe, insbesondere die Restitutionsgründe, sind zu eng begrenzt. Deshalb hat die Rechtsprechung in gewissen

[11] BGH 5,157; vgl. dagegen BGH 34,77.
[12] BGH 1,218; 5,163; a. A. *Gaul,* Grundlagen des Wiederaufnahmerechts, S. 143 ff.
[13] RG 151,206.
[14] BGH LM § 582 ZPO Nr. 1.
[15] RG 168,225.
[16] Korrekterweise müßte das alte Urteil aufgehoben und gleichzeitig ein gleichlautendes neues erlassen werden. So *Rosenberg* § 156 IV 3. Wie hier *Stein-Jonas-Schönke* § 590 IV 1; *Baumbach-Lauterbach* § 590 Anm. 3 A.

Fällen *die Beseitigung der Rechtskraft auf dem Wege über § 826 BGB* ermöglicht[17].

An die Judikatur des Preußischen Obertribunals anknüpfend, hat das Reichsgericht in ständiger Rechtsprechung die Anfechtung eines rechtskräftigen Urteils dann zugelassen, wenn dessen Unrichtigkeit von einer Partei durch eine sittenwidrige Handlung herbeigeführt worden ist. Das erste Urteil dieser Art war die Entscheidung vom 30. 11. 1895[18]. „Die Wirkung der Rechtskraft muß da zessieren, wo sie bewußt rechtswidrig zu dem Zwecke herbeigeführt ist, dem, was nicht Recht ist, den Stempel des Rechts zu geben"[19].

Später hat das Reichsgericht zwar daran festgehalten, daß Kenntnis der sachlichen Unrichtigkeit des benutzten Urteils allein noch kein sittenwidriges Verhalten begründet[20], es hat aber die Anwendbarkeit des § 826 BGB nicht mehr auf den Fall der Urteilserschleichung beschränkt. Der Anspruch auf Schadensersatz soll vielmehr auch dann Platz greifen, wenn neben der Kenntnis von der sachlichen Unrichtigkeit des Urteils besondere Umstände hinzutreten, welche die Ausnutzung des Urteils als sittenwidrig erscheinen lassen[21].

Der Bundesgerichtshof hat diese Rechtsprechung gebilligt[22]. Beispiele: Der Beklagte hatte sich lediglich deshalb durch Versäumnisurteil verurteilen lassen, weil ihm der Kläger versprochen hatte, das Urteil nicht gegen ihn zu verwenden[23]. Der in Not befindliche Beklagte stand auch noch während des Prozesses unter dem Druck des Wucherers und ließ, um rücksichtslose Maßnahmen zu vermeiden, gegen sich ein Versäumnisurteil ergehen[24]. Der Kläger erwirkte öffentliche Zustellung der Klage und dann Versäumnisurteil, obwohl ihm der Aufenthalt des Beklagten bekannt war[25]. Die in einem Scheidungsprozeß widerbeklagte Ehefrau benutzte eine ohne ihr Zutun zustande gekommene unrichtige Zeugenaussage, um ein unrichtiges, ihr günstiges Urteil zu erzielen und erhob dann auf Grund dieses Urteils Unterhaltsansprüche. Die Ehefrau hatte die Unwahrheit der die ehewidrigen Beziehungen in Abrede stellenden Zeugenaussage gekannt und durch Hinweis auf ein ihr anhaftendes Herzleiden unterstützt[26]. Eine Ehefrau hatte im Scheidungsprozeß ihrem Mann der Wahrheit zuwider beim Leben ihrer Kinder beteuert, sie sei niemals untreu gewesen und ihn dadurch veranlaßt, sich im Scheidungsprozeß nicht vertreten zu lassen[27].

[17] *Bernhardt,* Auswirkungen von Treu und Glauben im Prozeß und in der Zwangsvollstreckung, ZZP 66,77 ff.; *Gaul,* Die Grundlagen des Wiederaufnahmerechts und die Ausdehnung der Wiederaufnahmegründe, 1956; ders., Materielle Rechtskraft, Vollstreckungsabwehr und zivilrechtliche Ausgleichsansprüche, JuS 1962,1; *Thumm,* Die Klage aus § 826 BGB gegen rechtskräftige Urteile in der Rechtsprechung des Reichsgerichts, 1959.

[18] RG 36,249.

[19] RG 61,365.

[20] RG 163,189; 165,28.

[21] RG 155,55; 156,265; 168,12.

[22] BGH 13,72; 26,396; 40,132.

[23] RG 36,249.

[24] RG 39,142.

[25] RG 61,359; 78,390.

[26] RG 155,55.

[27] RG 156,265.

Der in Jahrzehnten entwickelten und gefestigten Rechtsprechung ist zuzustimmen. Wie die Entstehungsgeschichte des § 826 BGB zeigt, soll diese Vorschrift es insbesondere auch ermöglichen, die sittenwidrige Ausübung einer formalen Rechtsstellung zu verhindern[28]. Dabei kommt dieser Norm eine in der gesamten Rechtsordnung so grundlegende Bedeutung zu, daß man nicht annehmen kann, daß die besonderen, der Beseitigung rechtskräftiger Urteile dienenden prozessualen Vorschriften ihre Anwendung ausschließen. Die im öffentlichen Interesse wurzelnde Bindung an einen rechtskräftigen Urteilsspruch darf nicht egoistischen Interessen dienstbar gemacht werden. Wer seine formale Rechtsstellung mißbraucht, handelt unrecht. Deshalb muß bisweilen die im Dienste des Rechtsfriedens und der Ordnung stehenden Rechtskraft im Interesse der Gerechtigkeit zurückweichen.

Wenn dagegen eingewendet wird[29], daß die sachliche Unrichtigkeit des rechtskräftigen Urteils nicht geltend gemacht werden könne, weil das Gericht durch die Rechtskraft an das falsche Urteil gebunden sei, so wird die Form über die Sache gestellt. § 826 BGB will gerade auch dort einen Ausgleich ermöglichen, wo die schadenstiftende Handlung durch ein formelles Recht gedeckt ist. Insoweit dient die Vorschrift der Bekämpfung unzulässiger Rechtsausübung.

Der Einwand *Baumbachs*[30], daß dadurch die sachliche Rechtskraftwirkung praktisch beseitigt würde, was zu einer bodenlosen Rechtsunsicherheit führe, wird durch die Rechtstatsachen widerlegt: die über 70jährige, nunmehr zum Gewohnheitsrecht gewordene Rechtsprechung hat in keiner Weise die Rechtssicherheit beeinträchtigt. Die Aufrechterhaltung eines auf unsittliche Weise herbeigeführten Urteils bringt sicher eine schwerere Erschütterung der Rechtsordnung mit sich als die Aufhebung einer solchen Entscheidung.

Auch die Gegenmeinung erkennt an, daß die Aufrechterhaltung und Vollstreckung auf unerlaubte Weise zustande gekommener Urteile für das Rechtsgefühl schwer tragbar ist. Der Ruf nach dem Gesetzgeber[31], den bereits *Hellwig* 1912 erhoben hat[32], ist bisher ungehört verhallt. Der einzige Erfolg ist, daß der Entwurf 1931 eine entsprechende Vorschrift aufweist (§ 546 Nr. 6). Hätten sich die Richter, die nicht bloß Gesetze anzuwenden, sondern Recht zu sprechen haben, an die Unantastbarkeit der Rechtskraft gehalten, dann würden sie über ein halbes Jahrhundert lang schweigend zugesehen haben, wie das Recht von asozialen Elementen mit Hilfe formeller Rechtseinrichtungen hintergangen wird.

Auch *Rosenberg*, der bis zur 7. Auflage seines Lehrbuchs der schärfste Gegner der Rechtskraftbeseitigung mit materiellrechtlichen Mitteln war (§ 157), läßt sie in der 8. Auflage (§ 157 II) zu. Im Anschluß an *Lukes*[33] hält er gegen sittenwidrig erschlichene Urteile die Vollstreckungsabwehrklage

[28] Vgl. *Bernhardt*, ZZP 66,86; BGH 26,396.

[29] *Lent-Jauernig* § 64 II; *Blomeyer* § 107 II.

[30] *Baumbach-Lauterbach*, Einf. §§ 322—327 Anm. 6 c.

[31] *Blomeyer* § 107 II; *Lent-Jauernig* § 64 II; *Gaul*, Die Grundlagen des Wiederaufnahmerechts, S. 99.

[32] System § 229 VII Anm. 48.

[33] ZZP 72,99.

(§ 767) für zulässig, mit der die unzulässige Rechtsausübung geltend gemacht werden könne. Freilich ist diese Ansicht deshalb bedenklich, weil die Vollstreckungsabwehrklage hier auf Tatsachen gestützt wird, die *vor* der letzten Tatsachenverhandlung entstanden sind.

Bei Vorliegen der Voraussetzungen des § 826 BGB ist die beklagte Partei zu verurteilen, die Zwangsvollstreckung aus dem rechtskräftigen Urteil zu unterlassen und den vollstreckbaren Titel herauszugeben[34]. Hat bereits eine Vollstreckung stattgefunden, so besteht ein Anspruch auf Schadensersatz in Geld.

V. Die Verfassungsbeschwerde

Sie ist ein außerordentlicher Rechtsbehelf[35], mit der jedermann geltend machen kann, daß er in seinen Grundrechten verletzt, daß er seinem gesetzlichen Richter entzogen oder daß ihm das rechtliche Gehör verweigert worden sei (§ 90 BVGG). Die Verfassungsbeschwerde ist erst nach Erschöpfung des Rechtswegs zulässig. Der Rechtsweg ist erschöpft, wenn der Beschwerdeführer den ganzen Instanzenzug durchlaufen hat. Das Wiederaufnahmeverfahren fällt nicht darunter. Auf die Verfassungsbeschwerde hin kann eine gerichtliche Entscheidung freilich nur in engen Grenzen nachgeprüft werden. Es ist nur zu prüfen, ob das Gericht Grundrechte des Beschwerdeführers verletzt hat. Ein solcher Verstoß wäre nur dann gegeben, wenn das Gericht durch verfahrensrechtliche Maßnahmen verfassungsmäßige Rechte eines Beteiligten beeinträchtigt oder bei seiner Entscheidung willkürlich gehandelt oder bei der Auslegung der Gesetze gegen Grundrechtssätze verstoßen oder grundrechtswidrige Gesetze angewendet hätte und die Entscheidung darauf beruhen würde[36]. Wird der Verfassungsbeschwerde stattgegeben, so hebt das Bundesverfassungsgericht die Entscheidung auf und verweist die Sache zur erneuten Entscheidung an ein zuständiges Gericht zurück. Dieses braucht nicht das Gericht zu sein, von dem das Urteil stammt. Die Entscheidung des Bundesverfassungsgerichts bindet alle Gerichte und Behörden (§ 31 BVGG). Eine Sachentscheidung darf das Bundesverfassungsgericht nicht fällen.

Die Verfassungsbeschwerde bringt eine wichtige Einschränkung der Rechtskraft mit sich.

VI. Wie wir gesehen haben, kommt einer Gerichtsentscheidung auch dann Wirksamkeit zu, wenn sie formell nicht einwandfrei zustande gekommen oder sachlich unrichtig ist. Dies hängt damit zusammen, daß jede Gerichtsentscheidung einen staatlichen Hoheitsakt darstellt. Mit der Autorität der Staatsgewalt ist es nicht vereinbar, Staatsakten wegen Fehlens irgendeiner Voraussetzung die Wirksamkeit abzusprechen. Die mangelhafte Entscheidung ist wirksam, aber mit den zulässigen Rechtsbehelfen anfechtbar. Nur in seltenen Ausnahmefällen ist eine Entscheidung unbeachtlich. Dabei unterscheidet man *Nichtentscheidungen* und *wirkungslose Entscheidungen*[37].

[34] BGH 26,394.
[35] BVerfG 2,291.
[36] So BVerfG 11,349.
[37] *Jauernig*, Das fehlerhafte Zivilurteil, 1958.

1. *Nichtentscheidungen* erfüllen nicht einmal den äußeren Tatbestand einer Entscheidung, *sie sind nur Scheinentscheidungen.*

Beispiel: Eine völlig unzuständige Stelle (z. B. Standesbeamter, Polizist, Referendar) erläßt ein Ehescheidungsurteil. *Den Nichtentscheidungen kommt überhaupt keine Bedeutung* zu. Sie sind auch nicht rechtsmittelfähig[38], ihre Wirkungslosigkeit kann durch ein Feststellungsurteil klargestellt werden. Solange eine Entscheidung nicht verkündet (§§ 310, 329) oder bei schriftlichem Verfahren nicht zugestellt ist (§ 310 II), ist sie bloßer Entwurf und daher als Entscheidung nicht existent[39]. Bloße Fehler bei der Verkündung, z. B. in einem nicht zur Verkündung bestimmten Termin, machen das Urteil nicht zum Scheinurteil. Es ist rechtsmittelfähig[40].

2. *Wirkungslose Entscheidungen.* Gewisse Entscheidungen sind zwar nicht schlechthin unbeachtlich, *ihnen fehlen* aber *die speziellen Entscheidungswirkungen,* wie materielle Rechtskraft oder Gestaltungswirkung. So wenn gegen einen Gerichtsfreien (z. B. einen ausländischen Botschafter) oder für eine gar nicht existierende Person ein Urteil ergangen ist. Letzterer Fall ist in der Praxis in der Weise vorgekommen, daß für ein überhaupt nicht existierendes uneheliches Kind ein Alimentenurteil erwirkt wurde. Der Fall der nicht existenten Partei ist von dem der mangelnden Parteifähigkeit wohl zu unterscheiden (vgl. oben § 20 III 1 d)[41]. Wirkungslos sind endlich noch Entscheidungen, die eine gesetzlich unzulässige Rechtsfolge aussprechen oder die inhaltlich unbestimmbar sind.

Die *wirkungslosen Entscheidungen erwachsen* im Gegensatz zu den Nichtentscheidungen *in formelle Rechtskraft,* sie sind mit den auch sonst zulässigen Rechtsbehelfen angreifbar und binden als Urteile gemäß § 318 das Gericht. Freilich kann ihre Unwirksamkeit auch durch eine Feststellungsklage festgestellt werden.

10. ABSCHNITT: MEHRHEIT DER RECHTSSCHUTZZIELE

§ 55 Mehrheit der Streitgegenstände

I. Objektive Klagenhäufung (§ 260) liegt vor, wenn der Kläger gegen den Beklagten mehrere „Ansprüche" (oben § 29) geltend macht. Zwischen den Ansprüchen braucht kein Zusammenhang zu bestehen. Stets muß eine Mehrheit von Streitgegenständen vorliegen.

[38] RG 16,331; 90,296.
[39] RG 120,245; 123,336; 133,220; 148,153.
[40] BGH 14,39.
[41] A. A. OLG Stuttgart, JW 1936, 1145.

Die Klagenhäufung erspart Zeit und Kosten und verhindert einander widersprechende Entscheidungen.

1. *Die Klagenhäufung kann sein:*

a) eine *kumulative,* wenn die Ansprüche nebeneinander geltend gemacht werden;

Zum Beispiel A klagt gegen B auf Zahlung des Kaufpreises und auf Rückzahlung eines Darlehens.

b) eine *alternative;*

So wenn etwa der Kläger aus einem Wahlschuldverhältnis auf Lieferung eines Romans oder eines Gedichtbandes klagt (vgl. §§ 262, 264 BGB) oder wenn dem Beklagten eine Ersetzungsbefugnis zusteht, z. B. gemäß §§ 251 II, 528 I 2 BGB.

In allen anderen Fällen ist die alternative Klagenverbindung wegen fehlender Bestimmtheit des Antrags (§§ 253 II Nr. 2) unzulässig, z. B. wenn auf Wandelung oder Minderung geklagt wird[1].

c) eine *eventuelle,* wenn neben dem Hauptanspruch noch für den Fall, daß dieser unzulässig oder unbegründet ist, ein Hilfsanspruch geltend gemacht wird.

Zum Beispiel A klagt in erster Linie auf Zahlung des Kaufpreises, für den Fall der Unwirksamkeit des Kaufvertrages aber auf Rückgewähr der gelieferten Ware. *Die Zulässigkeit der eventuellen Klagenhäufung* ist streitig, aber *in der Praxis anerkannt*[2]. In § 615 geht auch das Gesetz von ihrer Zulässigkeit aus, indem es gestattet, daß in erster Linie auf Eheherstellung, eventuell auf Scheidung geklagt wird. Voraussetzung ist, daß der Hilfsanspruch rechtlich oder wirtschaftlich auf dasselbe oder ein gleichartiges Ziel wie der Hauptanspruch gerichtet ist[3].

Ist der Hauptanspruch begründet, dann *erledigt sich* damit der *Hilfsanspruch von selbst.* Die mit Klagerhebung eingetretene Rechtshängigkeit des Hilfsanspruchs erlischt mit rechtskräftiger Zuerkennung des Hauptanspruchs. Auf den Hilfsanspruch darf das Gericht erst zukommen, wenn es den Hauptanspruch für unzulässig oder unbegründet ansieht. Erkennt das Gericht den Hilfsanspruch zu, muß es den Hauptanspruch abweisen[4]. Vgl. oben § 30 II 1 b β.

Keine objektive Klagenhäufung liegt vor, wenn ein Anspruch aus verschiedenen Gesetzesnormen begründet wird. Beispiel: Der durch einen Unfall Verletzte stützt seinen Schadensersatzanspruch auf Vertragsverletzung, Delikt und Gefährdungshaftung (vgl. oben § 29 IV 1 a).

2. Die Klagenhäufung steht im Belieben des Klägers. *Voraussetzung* ist, daß für sämtliche Ansprüche das *Prozeßgericht zuständig und dieselbe Prozeßart zulässig* ist.

[1] *Rosenberg* § 93 III 2 b.
[2] RG 157,326.
[3] *Rosenberg* § 93 III 3 b.
[4] RG 152,296.

Hängt die sachliche Zuständigkeit vom Wert des Streitgegenstandes ab, so werden die mehreren Ansprüche zusammengerechnet (§ 5). Da für die verbundenen Ansprüche dieselbe Verfahrensart gewählt werden und zulässig sein muß, ist die Verbindung einer ordentlichen Klage mit einer Wechselklage unstatthaft.

3. Macht der Kläger schon in der Klagschrift mehrere Ansprüche geltend, dann besteht die Klagenhäufung von vornherein. Es ist aber auch durch Erhebung einer Zusatzklage nachträgliche Klagenhäufung möglich. Diese stellt sich als Klagänderung dar. Die Klagenhäufung bewirkt, daß über die Ansprüche gemeinsam verhandelt und entschieden wird.

Ebenso wie das *Gericht mehrere* bei ihm anhängige *Prozesse* zu einem Verfahren *verbinden* kann (§ 147), kann es *verbundene Klagen trennen*, namentlich wenn durch die Verbindung die Übersicht über den Prozeßstoff leidet (§ 145). Durch die Trennung wird die bisherige Zuständigkeit des Gerichts nicht berührt. Wird einer der verbundenen Ansprüche vor dem anderen endentscheidungsreif, dann kann Teilurteil ergehen (§ 301).

In Ehe- und Kindschaftssachen ist die Klagenhäufung beschränkt (§§ 615, 633, 640 II), in Entmündigungsprozessen ist sie ausgeschlossen (§§ 667, 679 IV, 684 IV, 686 IV).

II. Die *Zwischenfeststellungsklage* und die *Widerklage* sind bereits in anderem Zusammenhang besprochen (vgl. § 28 II u. § 30 III 2).

§ 56 Mehrheit der Rechtsschutzsuchenden (Streitgenossenschaft)

I. Streitgenossenschaft[1] (subjektive Klagenhäufung) liegt vor, wenn mehrere Personen als Kläger oder Beklagte vor Gericht stehen.

So wenn sämtliche Miterben auf Leistung an die Erbengemeinschaft klagen.

1. *Die Streitgenossenschaft ist in drei Fällen zulässig:*

a) wenn die Streitgenossen (Kläger oder Beklagte) in Ansehung des Streitgegenstandes in *Rechtsgemeinschaft* stehen (§ 59);

z. B. mehrere Miteigentümer klagen auf Herausgabe ihrer Sache; Gesamtschuldner oder Hauptschuldner und Bürge werden verklagt;

b) wenn die Streitgenossen *aus demselben tatsächlichen und rechtlichen Grunde* berechtigt oder verpflichtet sind (§ 59);

z. B. Mutter und Kind klagen gegen den unehelichen Vater (§§ 1708, 1715 BGB); mehrere werden aus einem gemeinschaftlichen Vertrag (§ 427 BGB) oder Delikt (§ 830 BGB) haftbar gemacht;

[1] *Blomeyer*, Einzelanspruch und gemeinschaftlicher Anspruch von Miterben und Miteigentümern, ArchcivPrax 159,385; *Holzhammer*, Parteienhäufung und einheitliche Streitpartei, 1966; *Lent*, Die notwendige und die besondere Streitgenossenschaft, IherJb. 90,27; *Schwab*, Die Voraussetzungen der notwendigen Streitgenossenschaft, Festschr. f. Lent, 1957, S. 271.

c) wenn die Rechte oder Pflichten der Streitgenossen *gleichartig* sind *und auf einem im wesentlichen gleichartigen tatsächlichen und rechtlichen Grunde* beruhen (§ 60);

z. B. mehrere Mieter, die mit dem Hauseigentümer gleichlautende Mietverträge geschlossen haben, klagen gegen diesen, weil er die Wohnungen nicht instandhält. Eine Versicherungsgesellschaft klagt aus gleichlautenden Versicherungsverträgen gegen mehrere Versicherte.

2. Zu einer subjektiven Klagenhäufung kommt es, wenn mehrere gemeinschaftlich eine Klage erheben oder wenn mehrere durch eine Klage gemeinsam belangt werden. Die gemeinschaftliche Klage liegt grundsätzlich im Belieben der Kläger.

Eine Streitgenossenschaft kann ferner dadurch entstehen, daß eine Partei während des Prozesses stirbt und an ihre Stelle mehrere Erben treten (§§ 239 ff.).

Schließlich kann das Gericht durch Verbindung mehrerer bei ihm anhängiger Prozesse verschiedener Parteien eine Streitgenossenschaft schaffen (§§ 147, 150).

Andererseits ist das Gericht auch zur Trennung einer Streitgenossenschaft befugt (zum Zwecke besserer Übersicht, § 145). Eine solche Trennung hat das Gericht durch Beschluß anzuordnen, wenn es an einer Voraussetzung der Streitgenossenschaft fehlt. Die einzelnen Ansprüche werden dann in getrennten Prozessen verhandelt.

3. Die *Wirkung der Streitgenossenschaft* besteht darin, daß über eine Mehrzahl von Ansprüchen in einem einheitlichen Verfahren verhandelt, Beweis erhoben und entschieden wird. Dadurch werden Zeit und Kosten erspart. Dagegen entsteht durch die Streitgenossenschaft kein einheitliches Prozeßrechtsverhältnis (vgl. oben § 1 VI), vielmehr liegen so viele Prozesse vor, als Ansprüche geltend gemacht werden. *Deshalb sind die Streitgenossen im Regelfall in der Prozeßführung voneinander unabhängig, jeder handelt nur für sich* (§ 61).

Gesteht ein Streitgenosse die Klagbehauptung zu, so hindert das nicht, daß ein anderer sie bestreitet. Die bestrittene Tatsache muß dann diesem gegenüber bewiesen werden. Erkennt einer den Anspruch an, der andere nicht, so darf nur dem ersten gegenüber Anerkenntnisurteil ergehen, gegen den zweiten geht der Prozeß weiter. Ist ein Streitgenosse säumig, dann ergeht allein gegen ihn Versäumnisurteil, gegenüber den anderen wird durch Nichtversäumnisurteil entschieden. Der Klage des einen kann stattgegeben, die Klage des anderen abgewiesen werden. Legt gegen das Urteil nur ein Streitgenosse ein Rechtsmittel ein, dann wird es gegenüber den anderen rechtskräftig. *Da jedoch die verbundenen Prozesse Gegenstand eines einheitlichen Verfahrens sind, ist die Verhandlung und namentlich die Beweisaufnahme hinsichtlich von Tatsachen, die für alle Prozesse erheblich sind, gemeinsam.* Parteivernehmung: § 449. *Zeuge* kann ein Streitgenosse nur dann sein, wenn das Beweisthema in seinem eigenen Prozeß keine Rolle spielt. Die Rechtsprechung läßt zu Unrecht den Streitgenossen nur dann als Zeugen zu, wenn dieser durch Trennung der Prozesse oder durch rechtskräftige Beendigung seines Prozesses aus der Streitgenossenschaft ausgeschieden ist[2].

II. Besonderheiten gelten für die Fälle der notwendigen Streitgenossenschaft. Charakteristisch für sie ist die Notwendigkeit der einheitlichen Entscheidung[3].

1. *Eine notwendige Streitgenossenschaft liegt vor:*

a) Wenn das streitige Rechtsverhältnis *aus prozessualen Gründen* allen Streitgenossen gegenüber *nur einheitlich festgestellt* werden kann (§ 62). Hierher gehören namentlich die Fälle der erweiterten Rechtskraft, in denen das gegen einen Streitgenossen ergangene Urteil gegen alle Streitgenossen wirkt. Erstreckt sich die Rechtskraft eines in einem früheren Prozeß ergangenen Urteils auf einen späteren Prozeß gegen einen anderen Beteiligten, so nötigt dies zu einer einheitlichen Entscheidung, wenn gleichzeitig mehrere Prozesse anhängig sind, oder wenn in einem Prozeß auf der klagenden oder beklagten Seite mehrere Personen beteiligt sind[4]. „Die Rechtskrafterstreckung bei einem *Nacheinander* der Prozesse führt zur notwendigen Streitgenossenschaft bei einem *Nebeneinander* der Prozesse“[5].

Eine notwendige Streitgenossenschaft liegt z. B. vor, wenn in den Fällen der §§ 326, 327 Vorerbe und Nacherbe, Testamentsvollstrecker und Erbe zusammen verklagt sind, wenn mehrere Pfändungspfandgläubiger den Drittschuldner verklagen (§ 856 IV), wenn ein Konkursgläubiger gegen mehrere Widersprechende auf Feststellung seiner Konkursforderung (§§ 146, 147 KO)[6] oder mehrere Aktionäre auf Feststellung der Nichtigkeit eines Beschlusses der Hauptversammlung (§ 241 AktG) klagen (§§ 249, 248 AktG).

Zu beachten ist, daß in diesen Fällen keine Notwendigkeit einer einheitlichen Klage besteht. So braucht z. B. der Kläger im Falle des § 326 den Vorerben und den Nacherben nicht zusammen zu verklagen. Tut er es aber, dann muß die Entscheidung einheitlich ausfallen, was eine notwendige Streitgenossenschaft zur Folge hat.

Eine notwendige Streitgenossenschaft entsteht ferner dann, wenn die beantragte *Entscheidung die Rechtsverhältnisse* aller Beteiligten oder Klageberechtigten *gestaltet.*

Dahin gehören z. B. die Klagen auf Aufhebung der fortgesetzten Gütergemeinschaft (§ 1496 BGB), auf Erbunwürdigkeitserklärung (§ 2342 BGB), auf Nichtigerklärung eines Hauptversammlungsbeschlusses (§§ 243, 248 AktG) und die sich gegen die Entmündigung richtende Anfechtungs- und Aufhebungsklage (§§ 664 II, 679 II).

[2] RG 91,37.
[3] *Rosenberg* § 95 I 3.
[4] BGH 30,199.
[5] So *Rosenberg* § 95 II 1 a.
[6] RG 96,254.

Dagegen liegt keine notwendige Streitgenossenschaft vor, wenn nur das präjudizielle Rechtsverhältnis für die Streitgenossen einheitlich ist oder wenn der Rechtsstreit mehrerer Streitgenossen zwar auf demselben tatsächlichen Vorgang beruht, ein einheitlicher Streitgegenstand aber nicht gegeben ist.

Keine notwendige Streitgenossenschaft besteht z. B. bei Klagen von Gesamtgläubigern (§ 429 III BGB), gegen Gesamtschuldner (§ 425 II BGB), gegen Hauptschuldner und Bürgen[7], gegen Aussteller und Akzeptanten eines Wechsels[8].

Werden eine OHG und ihre Gesellschafter auf Zahlung einer Gesellschaftsschuld verklagt, dann soll eine notwendige Streitgenossenschaft entstehen, wenn die Gesellschafter keine persönlichen Einwendungen erheben[9]. Diese Rechtsprechung unterliegt erheblichen Bedenken, da die Frage der notwendign Streitgenossenschaft von objektiven Merkmalen abhängt, nicht von dem subjektiven und noch dazu wandelbaren Verhalten der Beteiligten. Vgl. oben § 20 I 2.

b) Die zweite Art der notwendigen Streitgenossenschaft wird von § 62 dadurch unzulänglich beschrieben, daß „die Streitgenossenschaft aus einem sonstigen Grunde eine notwendige" sei. Es handelt sich dabei um die Fälle der Zwangsstreitgenossenschaft, in denen nach dem sachlichen Recht der mit der Klage verfolgte Anspruch nur von mehreren Personen oder gegen mehrere Personen gemeinsam ausgeübt werden kann und deshalb nur eine *gemeinschaftliche Prozeßführungsbefugnis* besteht. Würde hier eine Einzelklage erhoben, so müßte sie wegen fehlender Prozeßführungsbefugnis als unzulässig abgewiesen werden[10].

Hierher gehören z. B. die Klage der Gesellschafter gegen einen Mitgesellschafter auf Entziehung der Geschäftsführungs- oder Vertretungsbefugnis (§§ 117, 127 HGB) oder auf Ausschluß (§ 140 HGB), Prozesse von Gesellschaftern einer Gesellschaft des BGB über Aktiva oder Passiva des Gesellschaftsvermögens (§§ 718 f. BGB, § 736 ZPO), die Klage mehrerer Miterben bei ungeteilter Erbengemeinschaft (§§ 2038, 2040 BGB), die gegen beide Ehegatten zu richtende Nichtigkeitsklage der Staatsanwaltschaft (§ 632).

Kann dagegen ein an einer Gemeinschaft Beteiligter auf Leistung an alle klagen (§§ 432, 1011, 2039), so steht ihm allein die Prozeßführungsbefugnis zu. Da auch das im Einzelprozeß ergehende Urteil keine Wirkung auf die übrigen Beteiligten hat, liegt keine notwendige Streitgenossenschaft vor[11].

2. Wird bei der notwendigen Streitgenossenschaft ein Termin oder eine Frist von einem einzelnen Streitgenossen versäumt, so wird ***un-***

[7] RG 59,236.

[8] RG 48,215.

[9] RG 123,154; 136,268.

[10] BGH 36,191; *Rosenberg* § 95 I 1; *Nikisch* § 110 I 1; a. A. *Baumbach-Lauterbach* § 59 Anm. 1: als unbegründet.

[11] *Schwab,* Die Voraussetzungen der notwendigen Streitgenossenschaft, Festschr. f. Lent, S. 283 f.; *Lent-Jauernig* § 82 III; a. A. *Blomeyer* § 109 III 2 b; *Rosenberg* § 95 II 1 c.

widerlegbar vermutet, daß der säumige durch den nichtsäumigen Streitgenossen vertreten wird (§ 62).

Grund: Nur so kann eine einheitliche Entscheidung garantiert werden. Bleibt also ein Streitgenosse im Termin aus, so darf gegen ihn kein Versäumnisurteil ergehen, wenn ein anderer erschienen ist und verhandelt. Die Fristen laufen zwar für und gegen die Streitgenossen getrennt[12], legt aber auch nur ein Streitgenosse rechtzeitig ein Rechtsmittel ein, so wirkt dieses zugleich für die anderen. Deshalb schafft das auf ein Rechtsmittel der tätigen Streitgenossen ergehende Urteil für und gegen sämtliche Streitgenossen gleiches Recht[13]. Auch sonst ist die Tätigkeit des einen Streitgenossen für den anderen erheblich. So können Geständnis oder Anerkenntnis keine bindende Wirkung haben, solange ein anderer Streitgenosse noch bestreitet. Auch das ergibt sich aus der Notwendigkeit einheitlicher Entscheidung.

Während in den Fällen der notwendigen Streitgenossenschaft ein Streitgenosse zugleich für den anderen den Prozeß betreiben kann, hat die vom Prozeßgegner einem Streitgenossen gegenüber vorgenommene Prozeßhandlung keine Rechtswirkung gegenüber den anderen Streitgenossen[14]. Das nur gegen einzelne notwendige Streitgenossen eingelegte Rechtsmittel einer Partei ist daher unzulässig. Ein Rechtsmittel gegen die eine notwendige Streitgenossenschaft bildende Gegenpartei kann in zulässiger Weise nur eingelegt werden, wenn es frist- und formgerecht gegen alle Streitgenossen eingelegt wird[15].

§ 57 Beteiligung Dritter am Rechtsstreit

I. Hauptintervention (Einmischungsklage) liegt vor, wenn jemand (Hauptintervenient) gegen beide Parteien eines anhängigen Rechtsstreits mit der Begründung Klage erhebt, daß ihm am Streitgegenstand des Erstprozesses ein ausschließliches Recht zustehe (§ 64).

Beispiel: A klagt gegen B gemäß § 985 BGB auf Herausgabe einer Sache. Während des Prozesses tritt X auf und behauptet, er sei Eigentümer der Sache. *Zweck der Hauptintervention:* Vermeidung widersprechender Entscheidungen. In der Praxis kommt sie selten vor.

Voraussetzung der Einmischungsklage ist, daß der Hauptprozeß schon und noch anhängig ist. Der Hauptintervenient muß ein Recht geltend machen, das sich auch gegenüber dem Sieger des Erstprozesses durchsetzen kann (wie Eigentum an der streitbefangenen Sache, alleiniges Gläubigerrecht an der eingeklagten Forderung). Vgl. aber § 265 II 2.

Die Hauptintervention geschieht durch Erhebung einer selbständigen Klage gegen die Erstparteien (A und B), die gewöhnliche Streitgenossen werden, falls nicht die Voraussetzungen des § 62 vorliegen. In der Regel wird gegen

[12] A. A. *Holzhammer*, Parteienhäufung und einheitliche Streitpartei, S. 145.
[13] RG 157,33. [14] RG 40,351.
[15] BGH 23,73.

den Erstkläger (A) auf Feststellung, gegen den Erstbeklagten (B) auf Leistung geklagt. *Ausschließlich zuständig ist das Gericht erster Instanz des Hauptprozesses,* auch wenn dieser bereits in höherer Instanz schwebt. Haupt- und Einmischungsprozeß können, falls sie in gleicher Instanz anhängig sind, miteinander verbunden werden (§ 147) oder getrennt nebeneinander herlaufen. Aussetzung des Hauptprozesses: § 65. Eine gegenseitige Rechtskrafterstreckung findet nicht statt.

II. Nebenintervention (Streithilfe)

1. Bisweilen wirkt ein zwischen zwei Personen (A und B) ergehendes Urteil auf die Rechtsverhältnisse eines Dritten (X) ein, auch wenn dieser sich an dem Rechtsstreit nicht beteiligt. Dies ist namentlich der Fall, wenn sich die Rechtskraftwirkung auf X erstreckt oder wenn dieser einen Rückgriff seitens einer Partei befürchten muß oder endlich wenn das Prozeßergebnis in sonstiger Weise seine Rechtslage beeinträchtigt.

Beispiele: Rechtskrafterstreckung: X hat während des Prozesses von A die im Streit befangene Sache erworben (§§ 265, 325, 727). *Rückgriff:* Käufer A wird von dem angeblichen Eigentümer B auf Herausgabe der von X gekauften Sache verklagt. Hier muß Verkäufer X, falls A unterliegt, mit einer Schadensersatzforderung des A rechnen (§ 440 II BGB). *Beeinträchtigung der Rechtslage:* Gläubiger A und Schuldner B streiten über Schuld, für die sich X verbürgt hat.

In diesen Fällen hat X ein *„rechtliches Interesse"* daran, daß eine bestimmte Partei in dem anhängigen Rechtsstreit obsiegt. Deshalb darf er dieser Partei zum Zwecke ihrer Unterstützung beitreten (§ 66). Den Beitritt nennt das Gesetz *Nebenintervention* (Streithilfe). Die unterstützte Partei heißt Hauptpartei.

Der *Begriff des rechtlichen Interesses* im Sinne von § 66 ist weit zu fassen. Ein rein wirtschaftliches oder gar bloß tatsächliches Interesse genügt jedoch nicht. So nicht das Interesse des Aktionärs am Siege der AG; des Gläubigers am Siege des Schuldners in einem dritten Prozeß; des einen Parallelprozeß Führenden am Siege der entsprechenden Partei im anderen Prozeß[1].

Voraussetzung der Nebenintervention ist, daß zwischen anderen Personen bereits und noch ein Prozeß schwebt. Ist kein Verfahren anhängig, weil die Klage noch nicht erhoben oder über sie bereits rechtskräftig entschieden ist, so besteht keine Möglichkeit des Beitritts. Der Beitritt ist auch in Verbindung mit der Einlegung eines Rechtsmittels oder des Einspruchs zugunsten der Hauptpartei zulässig (§ 66 II). Ebenso kann der Nebenintervenient die Wiederaufnahmeklage (§§ 578 ff.) erheben, wobei es gleichgültig ist, ob er schon im Vorprozeß beigetreten war oder nicht[2].

[1] RG 111,238.

[2] *Schiedermair,* Zum Verhältnis von Wiederaufnahmeverfahren und Vorprozeß, Festschr. f. Dölle, 1963, I, S. 347 ff; a. A. RG 89, 424.

2. Der *Beitritt erfolgt durch Einreichung eines Schriftsatzes* bei dem Prozeßgericht. Inhalt: § 70.

Geschieht der Beitritt in Verbindung mit der Einlegung eines Rechtsbehelfs, so hat die Rechtsbehelfsschrift die Beitrittserklärung zu enthalten.

Das Gericht prüft zunächst von Amts wegen, ob der Streithelfer die *allgemeinen persönlichen Prozeßvoraussetzungen* (z. B. Partei- und Prozeßfähigkeit) erfüllt. Ist das nicht der Fall, wird er durch Zwischenurteil zurückgewiesen. Das Zwischenurteil ist nicht selbständig, sondern nur zusammen mit dem Endurteil anfechtbar[3]. *Dagegen wird das Vorliegen der sachlichen Voraussetzungen der Nebenintervention* (rechtliches Interesse) *und die Einhaltung der Form* (§ 70) *nicht von Amts wegen,* sondern nur auf Rüge einer Partei (auch der unterstützten!) hin *geprüft*[4]. Widerspricht niemand, so ist der Nebenintervenient zuzulassen. Im Falle des Widerspruchs findet zwischen dem Widersprechenden und dem Streithelfer ein *Zwischenstreit* statt, der durch Zwischenurteil entschieden wird. Dagegen ist die sofortige Beschwerde zulässig. Bis zur rechtskräftigen Zurückweisung ist der Streithelfer einstweilen zuzulassen (§ 71).

3. *Wirkung der Nebenintervention*

a) Regelmäßig ist der Nebenintervenient *bloßer Gehilfe* der Hauptpartei (*unselbständiger Streithelfer*). Als solcher kann er im eigenen Namen für die Hauptpartei grundsätzlich alle Prozeßhandlungen vornehmen, die dieser zustehen (§ 67).

So kann er Behauptungen aufstellen, bestreiten, Beweise anbieten, Rechtsmittel einlegen, zustellen, im Falle der Säumnis der Hauptpartei für diese verhandeln und so das Versäumnisurteil abwenden. Bei Untätigkeit der Hauptpartei kann der Streithelfer praktisch den Prozeß ganz allein durchführen. Der Nebenintervenient ist zeugnisfähig.

Die Prozeßführung durch den Streithelfer ist jedoch mehrfach beschränkt:

α) Er muß den Rechtsstreit in der Lage annehmen, in der er sich zur Zeit des Beitritts befindet (§ 67). Hatte z. B. die Hauptpartei damals eine Rüge nach § 39 oder § 295 bereits verloren, so ist auch der Streithelfer damit ausgeschlossen.

β) Da er nur Gehilfe der Hauptpartei ist, *dürfen seine Erklärungen und Handlungen nicht mit denen der Hauptpartei in Widerspruch stehen* (§ 67). So darf er nicht bestreiten, was die Hauptpartei zugestanden hat. Hat diese auf ein Rechtsmittel verzichtet, kann er es nicht mehr einlegen.

γ) Er darf *nur zur Unterstützung,* nicht zum Nachteil der Hauptpartei tätig werden (§ 66). Klagrücknahme, Verzicht (§ 306), Anerkenntnis (§ 307), Vergleich sind ihm deshalb versagt. Zur Abgabe rein bürgerlich-rechtlicher Erklärungen (z. B. Anfechtung, Aufrechnung) ist er überhaupt nicht befugt.

b) Das Urteil ergeht nur zwischen den Parteien. Der Nebenintervenient ist aber im Urteilsrubrum mit anzuführen, und zwar nach der

[3] OLG Kiel JW 1933, 2227. [4] BGH 38,111.

Partei, der er sich angeschlossen hat. Die Rechtskraft des Urteils ergreift grundsätzlich lediglich die Parteien (§ 325), nicht auch den Streithelfer. Trotzdem äußert es bestimmte Wirkungen auf das Verhältnis des Streithelfers zur unterstützten Partei (*Interventionswirkung*). Kommt es später zwischen der Hauptpartei und dem Nebenintervenienten zum Prozeß, so kann dieser die *Richtigkeit des* im Hauptprozeß ergangenen *Urteils nicht bestreiten*, vielmehr muß er die dort getroffenen tatsächlichen und rechtlichen Feststellungen gegen sich gelten lassen. Diesen Wirkungen kann er sich nur durch den Einwand entziehen, daß die Hauptpartei den Prozeß mangelhaft geführt habe. Der Einwand ist jedoch unzulässig, wenn der Streithelfer zur Zeit seines Beitritts die Möglichkeit hatte, dem Prozeß von sich aus eine andere Wendung zu geben (§ 68).

c) *Besonderes gilt, wenn das im* Hauptprozeß ergehende *Urteil* ausnahmsweise *auch gegenüber dem Streithelfer Rechtskraft äußert.*

Beispiel: Prozessiert Testamentsvollstrecker A mit B über Nachlaßgegenstand, so wirkt das Urteil für und gegen Erben X (§ 327). *Weitere Beispiele:* § 407 II BGB, § 248 AktG, § 326 ZPO.

Tritt hier X dem A als Streithelfer bei, so wird er dadurch zwar nicht Partei, aber er nimmt die Stellung eines Streitgenossen der Hauptpartei ein, und zwar regelmäßig die eines notwendigen Streitgenossen, da mit dem Tatbestand des § 69 im allgemeinen auch die Voraussetzungen des § 62 gegeben sind. X ist also *in seiner Prozeßtätigkeit gegenüber der Hauptpartei unabhängig* (§ 69). Man nennt ihn *selbständigen* oder streitgenössischen *Nebenintervenienten.*

Grund der selbständigen Stellung: Da das Urteil auch gegen ihn Rechtskraft wirkt, ist er an ihm ebenso interessiert wie die Hauptpartei. *Der selbständige Streithelfer kann Prozeßhandlungen vornehmen, ohne durch einen Widerspruch der Hauptpartei gebunden zu sein.* So kann er von dieser zugestandene Tatsachen bestreiten, trotz Rechtsmittelverzichts seitens der Hauptpartei Rechtsmittel einlegen usw. Da aber auch der selbständige Streithelfer Nebenintervenient bleibt und nicht Partei wird, darf er nur zum Zwecke der Unterstützung der Hauptpartei tätig werden. Deshalb sind auch ihm Klagrücknahme, Verzicht, Anerkenntnis und Vergleich verboten. Er wird aber als Partei vernommen (§§ 445 ff.), nicht als Zeuge[5].

Besonderheit: § 265 II 3. Kosten: § 101.

III. Streitverkündung

1. Ob jemand einer Partei als Streithelfer beitreten will, steht in seinem Belieben. Die aus freien Stücken erfolgte Nebenintervention kommt aber nicht häufig vor, meist wird sie durch eine Streitverkündung veranlaßt. *Streitverkündung ist die von einer Partei ausgehende*

[5] *Rosenberg* § 46 IV 2 b *β*.

förmliche Benachrichtigung eines Dritten vom Schweben eines Prozesses. Sie ist dann zulässig, wenn die Partei für den Fall ihres Unterliegens gegen den Dritten (Verkündungsempfänger) einen Rückgriff hat oder wenn sie umgekehrt von ihm einen Rückgriff befürchtet (§ 72).

So kann der von B gemäß § 985 BGB verklagte A seinem Verkäufer X den Streit verkünden (§§ 433, 440 II BGB). Ebenso kann der Kommissionär, der einen Prozeß auf Gefahr und für Rechnung des Kommittenten führt, diesem den Streit verkünden, da er unter Umständen für den schlechten Ausgang des Prozesses haftbar gemacht wird (§ 384 HGB).

Form der Streitverkündung: § 73. Pflicht zur Streitverkündung: § 841.

Die Streitverkündung setzt voraus, daß ein Rechtsstreit schon und noch anhängig ist.

Die *Folge der Streitverkündung* ist, daß gegen den Benachrichtigten, mag er intervenieren oder nicht, die *Interventionswirkungen* des Urteils (vgl. oben II 3 b) eintreten.

Für den Einwand der schlechten Prozeßführung ist aber nicht die Zeit des (vielleicht gar nicht geschehenen) Beitritts maßgebend, sondern diejenige, zu welcher der Beitritt infolge der Streitverkündung möglich war (§ 74).

Neben den prozessualen hat die Streitverkündung auch sachlich-rechtliche Wirkungen (vgl. z. B. §§ 209 II Nr. 4, 215, 478, 479, 485, 639 BGB, §§ 414, 423, 439 HGB).

2. *In zwei Fällen bezweckt die Streitverkündung keine Nebenintervention, sondern eine besonders geartete Hauptintervention* (a) *oder Prozeßübernahme* (b).

a) *Prätendentenstreit:* Gläubiger G verklagt Schuldner S. X bezeichnet sich infolge Zession als Inhaber der Forderung. Hier läuft S Gefahr, doppelt in Anspruch genommen zu werden. Deshalb kann er X den Streit verkünden. Tritt X in den Prozeß ein, so kann S den Forderungsbetrag unter Verzicht auf Rücknahme hinterlegen (§§ 372, 376, 378 BGB). Hierauf wird er auf seinen Antrag durch Zwischenurteil aus dem Rechtsstreit entlassen und dieser geht zwischen den streitenden Gläubigern (G und X) weiter. Dem Obsiegenden wird der hinterlegte Betrag zugesprochen. Vermag weder G noch X sein Recht zu beweisen, so sind beide Anträge abzuweisen. S kann dann von G und X verlangen, daß sie in die Rücknahme einwilligen. Die Hinterlegung erfolgte nämlich für den, dessen Gläubigerrecht festgestellt werden würde, aber ohne Anerkennung des Gläubigerrechts des G oder des X[6].

Lehnt X den Eintritt ab, so wird der Prozeß zwischen G und S fortgesetzt. Es treten dann X gegenüber die Wirkungen der Streitverkündung nach §§ 74, 68 ein: Infolge der Interventionswirkung wird er mit der Behauptung, der Prozeß zwischen G und S sei unrichtig entschieden, nicht gehört, so daß S bei einem Sieg des G vor einer Klage durch X geschützt ist. Näheres § 75.

b) *Urheberbenennung* (laudatio auctoris, §§ 76, 77): M hat von V Sache gemietet. In seiner Eigenschaft als Besitzer wird er von X, dem angeblichen

[6] A. A. *Stein-Jonas-Pohle* § 75 IV 1 u. 2.

Eigentümer, auf Herausgabe verklagt. Bei dieser Sachlage ist es vor allem Sache des V, dem X entgegenzutreten. Deshalb kann hier M dem V vor der Verhandlung zur Hauptsache den Streit verkünden und seine Ladung zur Erklärung beantragen. Bestreitet V, die Sache an M vermietet zu haben, oder erklärt er sich nicht, so kann M dem Klagantrag genügen, ohne V gegenüber schadensersatzpflichtig zu werden. Erkennt dagegen V die Behauptung des M als richtig an, so kann er mit Zustimmung des M an dessen Stelle den Prozeß in der Beklagtenrolle übernehmen. M ist auf seinen Antrag durch Beschluß von der Klage zu entbinden.

Entsprechendes gilt (§ 77), wenn der Mieter M wegen Beeinträchtigung eines fremden Rechts auf Unterlassung verklagt wird und behauptet, in Ausübung des Rechts seines Vermieters (z.B. eines diesem zustehenden Wegerechts) gehandelt zu haben. Hier kann M den V als Urheber benennen.

4. BUCH: BESONDERE PROZESSARTEN

§ 58 Urkunden- und Wechselprozeß

I. Zweck. Der Urkundenprozeß und insbesondere seine Unterart, der Wechselprozeß, bezwecken, dem Gläubiger verbriefter Summenansprüche rasch zu einem Vollstreckungstitel zu verhelfen (vgl. § 708 Nr. 4).

Dieser Zweck wird durch Beschränkung der Beweismittel (§§ 592 Satz 1, 595 II und III), Ausschluß der Widerklage (§ 595 I) und beim Wechselprozeß außerdem durch Fristenkürzung (§ 604 II, III) erreicht. Im Rechtsleben spielt allein der Wechselprozeß eine Rolle.

II. Der Urkundenprozeß

1. Der Urkundenprozeß ist nur für *Leistungsklagen* zulässig, die auf Zahlung einer bestimmten Geldsumme oder auf Leistung einer bestimmten Menge anderer vertretbarer Sachen oder Wertpapiere gerichtet sind. Dazu gehören auch nach ausdrücklicher Vorschrift die Hypotheken-, Grundschuld- und Rentenschuldklage (§ 592). *Weitere Voraussetzung ist, daß die klagebegründenden Tatsachen durch Urkunden bewiesen werden können* (§ 592).

Tatsachen, die keines Beweises bedürfen, weil sie zugestanden, unstreitig oder offenkundig sind, brauchen auch im Urkundenprozeß nicht urkundlich dargetan zu werden[1].

Fehlt es an einer dieser Voraussetzungen, so wird die Klage als *in der gewählten Prozeßart unstatthaft* abgewiesen (§ 597 II).

So wenn ein für den Urkundenprozeß ungeeigneter Anspruch geltend gemacht wird, wie der Anspruch auf Rückgabe einer vermieteten Sache, oder wenn der Kläger einen ihm obliegenden Beweis nicht mit den im Urkundenprozeß zulässigen Beweismitteln vollständig geführt hat (§ 597 II).

Eine solche Prozeßabweisung kann der Kläger dadurch vermeiden, daß er *vom Urkundenprozeß absteht und zum ordentlichen Prozeß übergeht.*

Dies ist bis zum Schlusse der mündlichen Verhandlung erster Instanz selbst bei Säumnis des Beklagten zulässig (§ 596). In zweiter Instanz wird die Abstandnahme in sinngemäßer Anwendung des § 264 (§ 523) bei Einverständnis des Gegners oder bei Sachdienlichkeit zugelassen[2]. In der Revisionsinstanz ist sie ausgeschlossen. *Beim Übergang zum ordentlichen Prozeß*, der nicht etwa eine Klagrücknahme darstellt, besteht die *Rechtshängigkeit fort.* Auch die bisherigen Prozeßhandlungen bleiben wirksam.

[1] RG 142,306. [2] BGH 29,337.

2. *Besonderheiten des Verfahrens.* Die Klage muß die Erklärung enthalten, daß im Urkundenprozeß oder im Wechselprozeß geklagt wird (§§ 593 I, 604 I). Außerdem sind die klagebegründenden Urkunden (z. B. Wechsel, Schuldschein, Bürgschaftsschein, Hypothekenbrief) beizufügen (§ 593 II). Widerklagen sind, da sie den Prozeß verzögern würden, unzulässig (§ 595 I). *Die wesentlichste Besonderheit besteht in der Beschränkung des Beweises:* Die *klagebegründenden Tatsachen* können *nur durch Urkunden* bewiesen werden, *andere Tatsachen,* also namentlich Einwendungen des Beklagten und Gegeneinwendungen des Klägers sowie die Echtheit der Urkunden, allein *durch Urkunden oder beantragte* (nicht auch durch von Amts wegen angeordnete) *Parteivernehmung* (§§ 592 Satz 1, 595 II).

Der Antritt des Urkundenbeweises kann nur durch Vorlegung der Urkunden erfolgen, nicht durch, den Rechtsstreit verlangsamende, Anträge nach §§ 421, 428. *Der Beweis durch Zeugen, Sachverständige, Augenschein,* insbesondere Schriftenvergleichung (§§ 441 ff.), *und Amtsvernehmung ist schlechthin ausgeschlossen,* auch wenn die Beweismittel sofort zur Stelle sind.

3. Das ergehende Urteil kann verschiedenen Inhalt haben: Fehlt es an einer Prozeßvoraussetzung (z. B. Zuständigkeit), so wird die Klage, wie auch sonst, als unzulässig abgewiesen. Macht der Kläger einen für den Urkundenprozeß ungeeigneten Anspruch geltend oder kann er den ihm obliegenden Beweis nicht mit den zulässigen Beweismitteln führen, so wird die Klage als in der gewählten Prozeßart unstatthaft abgewiesen (§ 597 II). Auch dieses Urteil ist Prozeßurteil. Infolgedessen kann der Kläger seinen Anspruch jederzeit im ordentlichen Prozeß geltend machen. Vielleicht gelingt es ihm hier, den Anspruch durch Zeugen zu beweisen. Erweist sich dagegen bereits im Urkundenprozeß mit Sicherheit, daß der vom Kläger geltend gemachte Anspruch nicht besteht, legt z. B. der Beklagte eine echte Quittung vor, so wird die Klage als unbegründet abgewiesen. Ist die Klage begründet, dann wird der Beklagte verurteilt, und zwar vorbehaltlos, wenn er dem Anspruch nicht widersprochen hat. Hat er sich dagegen dem Anspruch widersetzt, darf nur ein *Vorbehaltsurteil* ergehen (§ 599 I). So wenn er Zahlung eingewendet hat, diese aber nicht durch Urkunden oder Parteivernehmung, sondern nur durch Zeugen beweisen kann. Das Vorbehaltsurteil ist selbständig anfechtbar und vollstreckbar (§ 599 III). *Bei Erlaß eines Vorbehaltsurteils bleibt der Rechtsstreit im ordentlichen Verfahren anhängig* (§ 600 I). In diesem wird über die Einwendungen des Beklagten entschieden. Irgendeine Beschränkung der Beweismittel gibt es hier nicht mehr. Die im Vorverfahren vorgenommenen Prozeßhandlungen (z. B. Geständnis, Anerkenntnis) bleiben für das Nachverfahren wirksam, da Vor- und Nachverfahren einen einheitlichen Prozeß bilden. *Der Beklagte kann neue und namentlich solche Einwendungen geltend machen, die im Urkundenprozeß infolge der Beweisbeschränkung unbewiesen geblieben sind* (§ 598). Einreden, die das Vorbehaltsurteil als sachlich unbegründet verworfen hat, dürfen im Nachverfahren nicht wiederholt werden. Ergibt das Nachverfahren, daß die Klage unbegründet ist, weil z. B. der Beklagte die Zahlung durch Zeugen beweisen kann, so ist unter Aufhebung des

Vorbehaltsurteils die Klage abzuweisen und über die Kosten anderweit zu entscheiden. Hatte der Kläger aus dem Vorbehaltsurteil schon vollstreckt, dann ist er *schadensersatzpflichtig*. Diesen Schadensersatzanspruch kann der Beklagte im Nachverfahren durch einfachen Inzidentantrag geltend machen (§§ 600 II, 302 IV 2—4). Stellt sich dagegen das Vorbehaltsurteil als richtig heraus, so ist es aufrechtzuerhalten.

III. Besonderheiten des Wechselprozesses

Zum Zwecke der Beschleunigung ist die Einlassungsfrist verkürzt (§ 604 II, III). Nebenforderungen (vgl. z. B. Art. 48 I Nr. 2—4 WG) brauchen, da sie üblicherweise entstehen, nur glaubhaft gemacht, nicht bewiesen zu werden (§§ 605 II, 294). Soweit es zur Erhaltung des Wechselanspruchs der rechtzeitigen Protesterhebung nicht bedarf, nämlich gegen den Annehmer, bei eigenem Wechsel gegen den Aussteller und bei Protesterlaß (Art. 28, 53, 78, 46 WG), ist als Beweismittel bezüglich der Vorlegung des Wechsels abweichend von § 592 Antrag auf Parteivernehmung zulässig (§ 605 I). Ist dagegen zur Erhaltung des Wechselanspruchs Protest nötig, muß dieser urkundlich bewiesen werden (§ 592). Wechselklagen können auch beim Gericht des Zahlungsortes (Art. 1 Nr. 5 WG) erhoben werden. Mehrere Wechselschuldner (Aussteller, Annehmer, Indossant) können als Streitgenossen (§ 59) beim Gericht des Zahlungsortes sowie im allgemeinen Gerichtsstand eines der Beklagten belangt werden (§ 603).

Der *Scheckprozeß* unterliegt den gleichen Grundsätzen (§ 605 a).

§ 59 Das Mahnverfahren

I. Zweck. Das Mahnverfahren will dem Gläubiger von Summenansprüchen, die voraussichtlich nicht bestritten werden, *schleunig* und *billig* zu einem rechtskräftigen und vollstreckbaren Titel verhelfen.

Die *Beschleunigung* liegt darin, daß keine Sachverhandlung stattfindet und die Wahrheit der Behauptungen des Gläubigers nicht nachgeprüft wird. Die *Verbilligung* besteht im Ausschluß des Anwaltszwanges (§§ 689, 699, 78) und in der Herabsetzung der Gerichtsgebühren (§ 38 GKG).

Auf die einseitige Behauptung des Gläubigers hin erläßt das Amtsgericht (Rechtspfleger § 19 Nr. 1 RpflG) einen Zahlungsbefehl. Hiergegen kann der Schuldner Widerspruch erheben (§ 694). Dann ist das Mahnverfahren gescheitert und geht in den ordentlichen Prozeß über (§§ 696 ff.). Unternimmt der Schuldner gegen den Zahlungsbefehl nichts, so erläßt der Urkundsbeamte auf Grund eines weiteren Gesuchs des Gläubigers den Vollstreckungsbefehl, welcher einen Vollstreckungstitel bildet (§§ 699, 794 Nr. 4).

II. Zulässigkeit des Mahnverfahrens

1. Im Mahnverfahren können nur *Summenansprüche* verfolgt werden.

Darunter fallen die Ansprüche auf Geldzahlung oder, was praktisch selten ist, auf Leistung einer bestimmten Menge anderer vertretbarer Sachen oder Wertpapiere. Außerdem gehören hierzu die Haftungsansprüche aus Hypothek, Grundschuld, Rentenschuld und Schiffshypothek.

2. Die Ansprüche müssen fällig sein (§§ 691, 692) und dürfen nicht oder nicht mehr von einer Gegenleistung abhängen (§ 688 II).

Leitet der Gläubiger seinen Anspruch aus einem gegenseitigen Vertrag (z. B. Kauf) ab, so muß er im Mahngesuch behaupten, daß er vorgeleistet habe (z. B. durch Lieferung) oder daß der Schuldner vorleistungspflichtig sei. Die Behauptung des Annahmeverzugs genügt nicht, da sie die Einrede des nicht erfüllten Vertrags nicht beseitigt (vgl. § 322 BGB).

3. Es muß eine nichtöffentliche Zustellung des Zahlungsbefehls im Inland möglich sein (§ 688).

Da der Gläubiger am besten beurteilen kann, ob der Schuldner dem Anspruch widersprechen wird, ist es ihm zu überlassen, zwischen dem Mahnverfahren und dem ordentlichen Prozeß zu wählen. Einer Klage fehlt niemals das Rechtsschutzbedürfnis, weil das billigere Mahnverfahren statthaft ist. Auch braucht der Gläubiger nicht die Mehrkosten eines ordentlichen Prozesses zu tragen.

III. Verfahren. Für das Verfahren ist stets das *Amtsgericht* zuständig (*funktionelle Zuständigkeit*).

Das gilt auch bei landgerichtlichen Streitwerten, ja selbst bei ausschließlicher Zuständigkeit der Landgerichte. In Arbeitsgerichtssachen erläßt das Arbeitsgericht den Zahlungsbefehl.

Örtlich ist jedes Amtsgericht zuständig, bei dem der allgemeine Gerichtsstand des Schuldners oder ein besonderer Gerichtsstand besteht (§§ 13 ff.).

Für Haftungsansprüche aus Hypothek, Grundschuld und Rentenschuld ist ausschließlich das Amtsgericht der belegenen Sache zuständig (§ 24).

Das Mahnverfahren wird durch ein *Gesuch* des Gläubigers um Erlaß eines Zahlungsbefehls eingeleitet. Inhalt des Gesuchs: § 690.

Das Gesuch kann auch mündlich angebracht werden, ohne daß die Aufnahme eines Protokolls erforderlich ist (§ 702). Das Gesuch wird dann lediglich in das beim Gericht geführte Mahnregister eingetragen. Hält freilich die Geschäftsstelle das Gesuch für unstatthaft, so ist ein Protokoll aufzunehmen. Nachweis der Vollmacht ist nicht notwendig (§ 703).

Über das Gesuch entscheidet der Rechtspfleger (§ 19 Nr. 1 RpflG).

Vor Erlaß des Gesuchs ist zu prüfen, ob die allgemeinen Prozeßvoraussetzungen (z. B. Zulässigkeit des Rechtswegs) und die besonderen Zulässigkeitsvoraussetzungen des Mahnverfahrens gegeben sind, ferner ob der Inhalt des Gesuchs den Anspruch schlüssig begründet.

Dagegen wird nicht untersucht, ob die tatsächlichen Behauptungen des Gläubigers der Wahrheit entsprechen. Gehör des Schuldners oder eine mündliche Verhandlung über das Mahngesuch findet nicht statt.

Fehlt es an einem Zulässigkeitserfordernis oder ist das Gesuch unschlüssig, dann ist es zurückzuweisen. Gegen die Entscheidung des Rechtspflegers ist die Erinnerung zulässig (§ 10 I RpflG). Über sie entscheidet der Amtsrichter. Weist er gleichfalls das Gesuch zurück, so gibt es dagegen keinen Rechtsbehelf (§ 691 III).

Grund: Der Gläubiger hat jederzeit die Möglichkeit der Klage. Die Zurückweisung schafft keine Rechtskraft. Daher kann das Mahngesuch erneuert werden.

Vor der Zurückweisung sollte dem Gläubiger Gelegenheit zur Nachbesserung gegeben werden, falls eine solche möglich ist. Dies trifft namentlich bei Unschlüssigkeit des Gesuchs zu, die der Gläubiger durch Ergänzung seiner Angaben oft beseitigen kann (vgl. auch § 691 II).

Wird dem Gesuch stattgegeben, dann ist ein *Zahlungsbefehl* zu erlassen. Dieser ist lediglich ein *bedingter* Befehl, da die Behauptungen des Gläubigers nicht nachgeprüft worden sind. Dem Schuldner wird darin aufgegeben, den im Mahngesuch bezeichneten Anspruch des Gläubigers mit Kosten und Zinsen bei Vermeidung sofortiger Zwangsvollstreckung binnen einer Woche seit Zustellung zu befriedigen oder, wenn er Einwendungen gegen den Anspruch habe, bei dem Gericht Widerspruch zu erheben (§ 692).

Die Widerspruchsfrist beträgt eine Woche. Sie verkürzt sich entsprechend einer kürzeren Einlassungsfrist (§§ 692, 499, 604 II). Der Zahlungsbefehl wird dem Schuldner von Amts wegen zugestellt (§ 693). Die Zustellung des Zahlungsbefehls unterbricht die Verjährung (§ 209 II Nr. 1 BGB, vgl. auch § 693 II ZPO), begründet aber keine Rechtshängigkeit. Diese tritt erst ein mit dem Erlaß des Vollstreckungsbefehls oder nach dem Scheitern des Mahnverfahrens mit dem Übergang in das Streitverfahren. Freilich wird sie dann auf den Zeitpunkt der Zustellung des Zahlungsbefehls zurückbezogen (§§ 700 Satz 1, 696 II).

IV. Der Widerspruch. Gegen den Zahlungsbefehl steht dem Schuldner als einziger Rechtsbehelf der *Widerspruch* zu (§ 694). Der rechtzeitige Widerspruch nimmt dem Zahlungsbefehl seine Kraft, namentlich darf er nicht mehr für vollstreckbar erklärt werden (§ 699).

Widerspruch kann innerhalb der Widerspruchsfrist (§ 692) erhoben werden. Da die Widerspruchsfrist aber keine Ausschlußfrist ist, ist er auch noch nach ihrem Ablauf statthaft. Die Erhebung wird erst unzulässig, wenn der Vollstreckungsbefehl verfügt worden ist (§ 694 Abs. 1), d. h. wenn er hinausgegangen, etwa zur Post gegeben ist. Die bloße Unterzeichnung des Vollstreckungsbefehls hindert den Widerspruch nicht, da es sich hierbei nur um einen inneren, frei abänderlichen Vorgang des Gerichts handelt. Der Widerspruch kann schriftlich oder mündlich (§§ 702, 703) erhoben werden. Begründung ist nicht erforderlich. Das Gericht hat den Gläubiger vom rechtzeitig erhobenen Widerspruch in Kenntnis zu setzen (§ 694 II).

Ist rechtzeitig Widerspruch erhoben, so ist auf Antrag einer Partei vor dem Amtsgericht, das den Zahlungsbefehl erlassen hat, Termin zur mündlichen Verhandlung anzuberaumen, auch bei landgerichtlichem Streitwert. Dieses Streitverfahren ist dem Richter vorbehalten (§ 19 Nr. 1 RpflG). Mit der Terminsbestimmung tritt die Rechtshängigkeit ein, und zwar rückwirkend von der Zustellung des Zahlungsbefehls ab (§ 696 II). Auf Antrag einer Partei ist der Prozeß bei sachlicher Zuständigkeit des Landgerichts durch unanfechtbaren bindenden Beschluß an dieses zu verweisen (§§ 697, 276 II).

Der Antrag muß vor der Verhandlung zur Hauptsache gestellt werden. Er kann schon im Mahngesuch oder Widerspruch enthalten sein. Dann wird über den Antrag ohne mündliche Verhandlung entschieden (§ 697 Abs. 2). In diesem Falle ist der Rechtspfleger zur Verweisung befugt (§ 19 Nr. 1 RpflG).

V. Der Vollstreckungsbefehl. In der großen Mehrzahl der Fälle erfüllen die Schuldner auf den Zahlungsbefehl hin ihre Verbindlichkeit. Bleibt die Zahlung aus und erhebt der Schuldner auch keinen Widerspruch, dann kann der Gläubiger um die Erlassung eines *Vollstreckungsbefehls* nachsuchen. Dieser Antrag kann schon im Gesuch um Erlaß des Zahlungsbefehls gestellt werden.

Die Entscheidung über die Erlassung des Vollstreckungsbefehls fällt in den Zuständigkeitsbereich des Urkundsbeamten, der auch sonst über die Vollstreckungsreife entscheidet (vgl. §§ 724 ff.).

Der Vollstreckungsbefehl wird auf den Zahlungsbefehl gesetzt. Er erklärt diesen für vorläufig vollstreckbar. Das Gesuch um Erlaß des Vollstreckungsbefehls muß binnen einer Ausschlußfrist von 6 Monaten seit Ablauf der Widerspruchsfrist beantragt werden, sonst verliert der Zahlungsbefehl seine Kraft (§ 701).

Will der Urkundsbeamte dem Gesuch des Gläubigers nicht entsprechen, weil z. B. die Widerspruchsfrist noch nicht abgelaufen ist (§ 692), so hat er es dem Rechtsfleger zur Entscheidung vorzulegen (§ 19 Nr. 1 RpflG). Bei Ablehnung durch den Rechtspfleger ist befristete Erinnerung zulässig, über die der Amtsrichter entscheidet (§ 10 RpflG). Lehnt auch der Amtsrichter ab, so findet gegen seine Entscheidung sofortige Beschwerde statt (§ 699 II).

Da der Vollstreckungsbefehl auf einer Säumnis des Schuldners, nämlich dem Unterlassen rechtzeitigen Widerspruchs, beruht, steht er einem vorläufig vollstreckbaren *Versäumnisurteil* gleich.

Der Anspruch gilt rückwirkend als mit Zustellung des Zahlungsbefehls rechtshängig geworden (§ 700). Weil der Vollstreckungsbefehl einem Versäumnisurteil gleichsteht, wird er im Gegensatz zum Zahlungsbefehl nicht von Amts wegen, sondern gemäß §§ 317 I, 496 I im Parteibetrieb (§§ 166 ff.) zugestellt. Jedoch hat der Urkundsbeamte die Zustellung zu vermitteln (§ 699). Der Vollstreckungsbefehl ist gemäß § 794 I Nr. 4 ohne besondere Klausel vollstreckbar (§ 796).

Gegen den Vollstreckungsbefehl ist, wie gegen ein Versäumnisurteil, binnen einer Notfrist von einer Woche seit der Zustellung der *Einspruch* zulässig (§ 700).

Die Versäumung des Widerspruchs braucht nicht entschuldigt zu werden. Wird Einspruch nicht eingelegt, so erlangt der Vollstreckungsbefehl die volle, insbesondere auch die materielle Rechtskraft eines Leistungsurteils. Er kann nur im Wege der Wiederaufnahmeklage beseitigt werden (§ 584 Abs. 2).

Wird Einspruch eingelegt, so hat der Amtsrichter, auch im Falle eines landgerichtlichen Streitwertes, Termin zur mündlichen Verhandlung über den Einspruch und die Hauptsache von Amts wegen anzuberaumen und den Parteien bekanntzumachen (§ 340 a). Der Amtsrichter hat zunächst über die Zulässigkeit des Einspruchs zu entscheiden. Ist der Einspruch unzulässig, dann ist er durch berufungsfähiges Endurteil zu verwerfen. Bejaht der Amtsrichter die Zulässigkeit, so kann dies in einem besonderen Zwischenurteil (§ 303) oder in den Gründen des Endurteils geschehen.

Gehört der Anspruch zur Zuständigkeit der Landgerichte, dann hat der Amtsrichter, sofern eine Partei vor der Verhandlung zur Hauptsache darauf anträgt, sich durch Beschluß für unzuständig zu erklären und den Rechtsstreit an das Landgericht zu verweisen. Die Verweisung setzt jedoch voraus, daß der Amtsrichter den Einspruch für zulässig erachtet. An den Verweisungsbeschluß und an die Entscheidung über die Zulässigkeit des Einspruchs ist das Landgericht gebunden (§§ 276 II 1, 700, 697).

VI. Kosten des Zahlungs- und Vollstreckungsbefehls: §§ 692 699.

Im Falle der rechtzeitigen Erhebung des Widerspruchs sind die Kosten des Mahnverfahrens als ein Teil der Kosten des entstehenden Rechtsstreits anzusehen (§ 698).

VII. Urkunden- und Wechselzahlungsbefehl: § 703 a.

§ 60 Das Verfahren in Ehesachen

I. Ehesachen sind nur (§ 606): die *Scheidungsklage* (§§ 41 ff. EheG), die *Aufhebungsklage* (§§ 28 ff. EheG), die *Klage auf Herstellung des ehelichen Lebens* (§ 1353 BGB, z. B. auf Rückkehr in die häusliche Gemeinschaft, auf Führung des Familiennamens des Mannes), die *Nichtigkeitsklage* (§§ 16 ff. EheG) und die *Klage auf Feststellung des Bestehens oder Nichtbestehens einer Ehe unter den Parteien* (z. B. bei Ungewißheit über die Wirksamkeit eines ausländischen Scheidungsurteils).

Andere Rechtsstreitigkeiten, wie Unterhalts- oder Güterrechtsklagen, sind keine Ehesachen, mögen sie auch infolge der Ehe entstanden sein.

II. In Ehesachen ist die *deutsche Gerichtsbarkeit* gegeben, wenn beide Ehegatten oder einer von ihnen deutsche Staatsangehörige sind.

Besitzt keiner der Ehegatten die deutsche Staatsangehörigkeit, so besteht nach § 606 b die deutsche Gerichtsbarkeit nur,

1. wenn der gewöhnliche Aufenthaltsort des Mannes oder der Frau z. Zt. der Klagerhebung im Inland (Bundesrepublik und Westberlin)[1] gelegen ist und nach dem Heimatrecht des Mannes die deutsche Entscheidung anerkannt wird oder auch nur einer der Ehegatten staatenlos ist, oder

2. wenn die Frau z. Zt. der Eheschließung deutsche Staatsangehörige war und sie auf Aufhebung oder Nichtigerklärung der Ehe oder auf Feststellung des Bestehens oder Nichtbestehens der Ehe oder der Staatsanwalt auf Nichtigerklärung der Ehe klagt.

III. Als nicht vermögensrechtliche Streitigkeiten gehören die Ehesachen zur *sachlich ausschließlichen Zuständigkeit der Landgerichte.*

Örtlich ausschließlich zuständig ist regelmäßig das Gericht, in dessen Bezirk die Ehegatten ihren gemeinsamen gewöhnlichen Aufenthalt haben oder zuletzt gehabt haben.

Aufenthalt und Wohnsitz ist nicht dasselbe. Entscheidend ist, wo sich der Mittelpunkt des gemeinsamen ehelichen Lebens befindet. Gemeinsam ist der Aufenthalt nur, wenn die Eheleute zusammenleben. Näheres § 606 I. Hat zur Zeit der Klagerhebung im Bezirk dieses Gerichts kein Ehegatte seinen gewöhnlichen Aufenthalt oder fehlt es an einem gemeinsamen Aufenthalt im Inland, so ist das Gericht zuständig, in dessen Bezirk der gewöhnliche Aufenthaltsort des Beklagten liegt. Fehlt ein solcher im Inland, ist der gewöhnliche Aufenthaltsort des Klägers entscheidend (§ 606 II). Ist kein Gericht örtlich zuständig, so entscheidet das Landgericht Berlin (§ 606 III).

Wegen der höchstpersönlichen Natur der Ehesachen sind grundsätzlich *auch beschränkt geschäftsfähige Eheleute prozeßfähig* (§ 612 I). Der geschäftsunfähige Ehegatte wird durch seinen gesetzlichen Vertreter vertreten. Dieser kann aber nicht auf Eheherstellung klagen und bedarf zur Scheidungs- oder Aufhebungsklage der Genehmigung des Vormundschaftsgerichts (§ 612 II). Der Anwalt des klagenden Ehegatten muß eine von Amts wegen zu prüfende Sondervollmacht haben (§ 613). Der Scheidungs- und Herstellungsklage hat regelmäßig ein *Sühneversuch* vorauszugehen (§§ 608 ff.).

IV. Infolge der Bedeutung der Ehe für das staatliche und soziale Leben ist die Allgemeinheit an den Ehesachen in besonderem Maße interessiert. Deshalb ist der Verhandlungsgrundsatz weithin durch den *Untersuchungsgrundsatz* verdrängt. Die Staatsanwaltschaft ist zur Mitwirkung befugt (§ 607). In den Fällen der Nichtigkeitsklage steht ihr sogar die Klagebefugnis zu (§ 24 EheG).

Die Ehesachen werden in zwei Gruppen eingeteilt: Zur ersten gehören die Nichtigkeits- und Ehefeststellungsklage, zur zweiten die Scheidungs-, Aufhebungs- und Herstellungsklage.

[1] BGH 7, 218.

Bei der ersten Gruppe ist das Gemeinschaftsinteresse so stark, daß für das Verfahren der Untersuchungsgrundsatz uneingeschränkt gilt (§ 622 I). Dementsprechend kann der Staatsanwalt hier für und gegen die Ehe tätig werden (§§ 631, 634, 638).

Bei der zweiten Gruppe hat die Allgemeinheit dagegen nur daran ein Interesse, daß keine Ehe ohne Grund aufgelöst wird. Daher gilt hier der Untersuchungsgrundsatz nur für solche Tatsachen, die der Aufrechterhaltung der Ehe dienen *(eheerhaltende, ehefreundliche Tatsachen)*, dagegen nicht für solche, welche die Scheidung oder Aufhebung der Ehe oder das Getrenntleben rechtfertigen sollen *(eheauflösende, ehefeindliche Tatsachen)*. § 622 II.

Bei einer Scheidungsklage wegen Ehebruchs darf z. B. der Richter nur die von den Parteien für den Ehebruch angebotenen Beweise erheben. Andererseits ist er befugt, von Amts wegen zu untersuchen, ob der Ehebruch verziehen ist.

Der Staatsanwalt kann hier neue Tatsachen und Beweismittel nur zum Zwecke der Aufrechterhaltung der Ehe als sog. defensor matrimonii vorbringen (§ 607 III).

Im übrigen ist bei beiden Gruppen die Parteiverfügung über den Streitstoff auch sonst stark beschränkt, namentlich sind Anerkenntnisse und Geständnisse nicht bindend, sondern stets frei zu würdigen (§ 617). Klagenhäufung und Widerklage sind nur innerhalb der gleichen Gruppe zulässig, weil nur insoweit die Prozeßart dieselbe ist (§§ 615, 533, 260). *Eine Verbindung von Ehesachen mit anderen Klagen* (z. B. auf Unterhalt) ist *ausgeschlossen* (§ 615 II). Vgl. jedoch § 627 b. Parteivernehmung: § 619 (Sonderfall des § 448).

V. Ehestreitigkeiten sind vom sozialen Standpunkt unerwünscht, ihre Wiederholung ist möglichst zu vermeiden. Deshalb soll der Prozeß klare Verhältnisse schaffen. Um dies zu erreichen, kann der Kläger bis zum Schluß der letzten mündlichen Verhandlung nicht nur *neue Klagetatsachen*, sondern auch *neue Klagegründe* geltend machen, wobei es gleichgültig ist, ob damit eine Änderung des Klagantrags verbunden ist oder nicht. Die *Klagänderung* ist also unbeschränkt *zulässig* (§ 614). Der Kläger kann auch von der Scheidungsklage zur Aufhebungs- oder Herstellungsklage übergehen und umgekehrt. Selbst in der Berufungsinstanz sind Klagänderung, Erweiterung des Klagantrags sowie die Erhebung einer Widerklage ohne weiteres statthaft. Außerdem werden die Parteien dadurch zu einem vollständigen Vorbringen des Prozeßstoffes genötigt, daß das die Scheidungs- und Aufhebungsklage abweisende Urteil alle Scheidungs- und Aufhebungsgründe verbraucht, die durch Klagänderung, Klagenverbindung oder Widerklage hätten geltend gemacht werden können (§ 616). Eine Scheidungsklage auf § 48 EheG kann wiederholt werden, wenn sich in der Folgezeit neue Tatsachen ereignet haben, die das Gesamtbild der Ehe als ein anderes erscheinen lassen[2]. Die bloße Fortdauer des Getrenntlebens der Ehegatten über weitere 3 Jahre seit der Rechtskraft des Urteils im Vorprozeß ist keine neue Tatsache in diesem Sinne[3].

[2] BGH FamRZ 1966, 346.

[3] BGH NJW 1951, 707.

Über Klage und Widerklage oder über eine verbundene Scheidungs- und Aufhebungsklage muß einheitlich verhandelt und entschieden werden, da jede Klage selbständig den Bestand der Ehe zur Entscheidung stellt[4]. Wegen der *Einheitlichkeit der Entscheidung* sind *Teilurteile unzulässig*[5].

Mehrere Scheidungsgründe können *alternativ oder eventuell* geltend gemacht werden. Sind z. B. Ehebruch und ehewidriges Verhalten alternativ vorgebracht, dann muß Scheidungsurteil ergehen, sobald ein Grund erwiesen ist (§ 300). Stehen dagegen die Scheidungsgründe in einem Eventualverhältnis, dann darf auf den hilfsweise vorgebrachten Grund (z. B. Ehewidrigkeit) erst eingegangen werden, wenn der Hauptgrund (z. B. Ehebruch) nicht beweisbar ist. Hier muß also das Gericht ausnahmsweise das Klagevorbringen in der von den Parteien gewünschten Reihenfolge prüfen, da Prinzipal- und Eventualvorbringen nicht gleichwertig sind: eine Scheidung wegen Ehebruchs hat weitergehende Wirkung (vgl. § 6 EheG, § 172 StGB) als eine solche wegen ehewidrigen Verhaltens (vgl. oben § 30 II 1 b β). Verlangt der Kläger lediglich wegen Ehewidrigkeit Scheidung, dann ist diese nur auf § 43 EheG zu stützen, selbst wenn neben anderen Eheverfehlungen Ehebruch feststeht. Eine Scheidung aus § 42 EheG würde gegen § 308 (ne ultra petita) verstoßen[6]. Hat allerdings der Kläger zur Stützung seiner Klage ausschließlich Ehebruch vorgebracht, dann kann er nicht verlangen, daß die Ehe wegen Ehewidrigkeit geschieden wird. Die Partei kann dem Gericht nicht vorschreiben, eine vorgetragene Tatsache rechtlich falsch zu würdigen[7].

Stirbt ein Ehegatte vor Rechtskraft des Urteils, so ist der Rechtsstreit in der Hauptsache erledigt (§ 628). Vgl. aber § 636.

Aussetzung des Verfahrens: § 620. *Die Verhandlung in Ehesachen ist nicht öffentlich* (§ 170 GVG). *Grund:* In Ehesachen kommen häufig intime Vorkommnisse zur Sprache, die nicht für die breite Öffentlichkeit geeignet sind.

VI. Das auf eine Nichtigkeitsklage ergehende abweisende Urteil hat eine erweiterte Rechtskraft: es wirkt für und gegen alle, wenn es zu Lebzeiten beider Ehegatten oder, falls der StA die Nichtigkeitsklage erhoben hatte, des Längstlebenden von ihnen, rechtskräftig geworden ist (§ 636 a). Vgl. auch § 638. Das Urteil, das eine Ehe für nichtig erklärt, scheidet oder aufhebt, wirkt schon als Gestaltungsurteil für und gegen jedermann (§§ 23, 29, 41 EheG). Dagegen wirkt das die Scheidungs- oder Aufhebungsklage abweisende Urteil nur unter den Parteien; ebenso das auf eine Herstellungsklage hin ergehende Urteil. Wird die Ehe wegen Verschuldens geschieden oder aufgehoben, so ist dies im Urteil auszusprechen (§ 52 EheG), ferner ist mit Rücksicht auf § 6 EheG der Name des Ehebrechers festzustellen (§ 624).

Alle Urteile in Ehesachen sind entgegen § 317 I von Amts wegen zuzustellen (§ 625). Grund: Keine Partei soll die Möglichkeit haben, durch Hinausschieben der Zustellung den Bestand der Ehe in der Schwebe zu halten.

[4] Vgl. *Bötticher,* Zur Lehre vom Streitgegenstand im Eheprozeß, Festgabe für Rosenberg, S. 73 ff.

[5] RG 58,307; 135,18.

[6] OLG Kiel, SchlHA 1949,235.

[7] LG Stuttgart, DRZ 1949,261.

Ein *Versäumnisurteil* gegen den Beklagten ist unzulässig, da dies zu einer Eheauflösung infolge gegenseitiger Übereinkunft der Ehegatten führen könnte (§ 618 IV). Gegen den ausgebliebenen oder ohne RA erschienenen Beklagten wird einseitig verhandelt und entschieden. Gegen den Kläger ist dagegen ein Versäumnisurteil zulässig. Seine Scheidungs-, Aufhebungs- oder Herstellungsklage wird als unbegründet abgewiesen (§ 330), seine Nichtigkeits- oder Feststellungsklage gilt als zurückgenommen (§ 635).

VII. Auch in Ehesachen fehlt es für die Verfolgung eines Rechtsmittels am Rechtsschutzbedürfnis, wenn der Rechtsmittelkläger durch die Entscheidung, die er anfechten will, nicht beschwert ist. Legt er trotzdem ein Rechtsmittel ein, so ist dieses als unzulässig zu verwerfen.

Ausnahmen von diesem Grundsatz hat die Rechtsprechung im Interesse der Aufrechterhaltung der Ehe für den Fall zugelassen, daß die siegreiche Partei das Rechtsmittel einlegt, um die Ehe aufrechtzuerhalten[8].

*VIII. **Einstweilige Anordnungen*** über Getrenntleben, Unterhaltspflicht und Kinderfürsorge: §§ 627, 627 a, 627 b. Über die Regelung der Benutzung der Ehewohnung und des Hausrats vgl. § 19 VI DVO z. EheG. v. 21. 10. 1944.

§ 61 Das Verfahren in Kindschaftssachen

I. Kindschaftssachen sind (§§ 640, 641):

1. Die Feststellungsklage auf Bestehen oder Nichtbestehen eines Eltern- oder Kindesverhältnisses zwischen den Parteien.

Der Streit kann z. B. die eheliche oder uneheliche Abstammung, die Legitimation (§ 1719 BGB) oder Adoption (§ 1741 BGB) betreffen.

2. Die Feststellungsklage auf Bestehen oder Nichtbestehen der elterlichen Gewalt unter den Parteien.

Dabei handelt es sich z. B. um einen Streit über die Gültigkeit der Volljährigkeitserklärung (§ 3 BGB) oder die Verwirkung der elterlichen Gewalt (§ 1676 BGB).

3. Die Klage auf Feststellung der blutmäßigen Abstammung eines unehelichen Kindes von einem bestimmten Mann[1].

4. Die Klage auf Anfechtung der Ehelichkeit eines Kindes (§§ 1593 ff., 1721, 1735 a BGB).

Zu 1—3: Alle Feststellungsklagen verlangen ein rechtliches Interesse an alsbaldiger Feststellung (§ 256)[2].

II. Sämtliche Kindschaftssachen gehören als nicht vermögensrechtliche Streitigkeiten zur ausschließlichen sachlichen Zuständigkeit der Landgerichte. Örtliche Zuständigkeit: § 642.

Auf die Kindschaftssachen finden verschiedene für den Eheprozeß geltende Vorschriften entsprechende Anwendung (§§ 640 I, 641 I).

[8] BGH 24,370; 43,212.

[1] BGH 5,386.

[2] BGH NJW 1952,935.

Infolge des bestehenden Gemeinschaftsinteresses gilt der *Untersuchungsgrundsatz* (§§ 640 I, 622 I), bei Ehelichkeitsanfechtung freilich nur für die Tatsachen, welche für die Ehelichkeit des Kindes sprechen (§§ 641, 622). Auch sonst ist die Parteiverfügung über den Streitstoff beschränkt (§§ 640 I, 641 I, 617). Eine Mitwirkung des Staatsanwalts findet nicht mehr statt. Die Klagenverbindung ist beschränkt: §§ 640 II, 641 II. Die Rechtskraft der Urteile wirkt grundsätzlich für und gegen alle (§ 643).

III. Die Klage des unehelichen Kindes gegen seinen Vater auf Gewährung von Unterhalt (§ 1708 BGB) und die Klage auf Feststellung dieser *Zahlvaterschaft* unterliegen dem gewöhnlichen Verfahren.

Das im Statusverfahren nach § 640 ergehende Abstammungsurteil (vgl. oben I 3) wirkt als Gestaltungsurteil für und gegen alle, gleichgültig ob es die Abstammung feststellt oder nicht[3]. Es hat gegenüber dem die Zahlvaterschaft feststellenden Urteil den Vorrang (§ 644).

Ergeht im Statusverfahren ein negatives Feststellungsurteil[4], wird also der Zahlvater (§ 1708 BGB) als Erzeuger ausgeschlossen, so verliert vom Zeitpunkt der Rechtskraft des Feststellungsurteils an ein entgegenstehendes Unterhaltsurteil seine Wirkung (§ 644 I). Aus ihm kann nicht mehr vollstreckt werden. Dies gilt auch für rückständige Zahlungen. Dagegen sind die bisher geleisteten Unterhaltszahlungen nicht zurückzugewähren, soweit sie nicht nach Rechtskraft des Feststellungsurteils erfolgt sind.

War der gegen den Zahlvater erhobene Unterhaltsanspruch (§ 1708 BGB) rechtskräftig abgewiesen, wird der Beklagte aber im Statusverfahren als Erzeuger festgestellt, so kann das uneheliche Kind vom Zeitpunkt der Rechtshängigkeit der Abstammungsklage an Unterhaltsansprüche gegen ihn geltend machen (§ 644 II 1). War ein anderer Mann als Zahlvater verurteilt, so verliert dieses Urteil vom Zeitpunkt der Rechtskraft des Feststellungsurteils an seine Wirkung, so daß dieser nicht mehr unterhaltspflichtig ist.

§ 62 Das Verfahren in Entmündigungssachen

I. Die sachlichen Voraussetzungen und Wirkungen der Entmündigung bestimmen sich nach dem bürgerlichen Recht (§§ 6, 104 Nr. 3, 114 BGB). Ihrem Wesen nach gehört die Entmündigung als staatliche Fürsorgetätigkeit zur freiwilligen Gerichtsbarkeit. Der Gesetzgeber hat sie jedoch der streitigen als besondere Prozeßart zugewiesen, um dem einzelnen mit Rücksicht auf die Wichtigkeit der Entscheidung die vollen Garantien des Prozesses zu gewähren. *Das Gesetz unterscheidet die Entmündigung wegen Geisteskrankheit und Geistesschwäche einerseits* (§§ 645—679) *sowie wegen Verschwendung und Trunksucht andererseits* (§§ 680—687). Bei der ersten Gruppe werden die Interessen der Allgemeinheit stärker berührt als bei der zweiten. Demgemäß ist die Mitwirkungsbefugnis der Staatsanwaltschaft in der ersten Gruppe besonders ausgestaltet, namentlich steht ihr hier ein selbständiges Antrags-

[3] *Baumbach-Lauterbach* § 644 Anm. 1.

[4] Wegen der Beweislast vgl. BGH 17,252; 40,367. Vgl. oben § 34 III.

recht zu (§ 646 II). Bei der zweiten Gruppe findet eine Mitwirkung der Staatsanwaltschaft nicht statt (§ 680 IV; vgl. aber §§ 684 III, 686 III).

II. Das Entmündigungsverfahren setzt stets einen *Antrag* voraus. Antragsberechtigt sind der Ehegatte, Verwandte, der gesetzliche Vertreter sowie bei Geisteskrankheit und Geistesstörung der StA (§§ 646, 680). Vgl. auch § 69 V JWG. *Über den Antrag entscheidet das Amtsgericht,* bei dem der zu Entmündigende seinen allgemeinen Gerichtsstand hat, *in einem vom Untersuchungsgrundsatz beherrschten nicht öffentlichen Verfahren durch Beschluß* (§§ 645, 648, 650, 651, 653, 680). Der zu Entmündigende ist persönlich zu vernehmen (§ 654). Wegen Geisteskrankheit oder Geistesschwäche darf eine Entmündigung nur nach Anhörung eines Sachverständigen ausgesprochen werden (§§ 655, 656). Gegen den die Entmündigung ablehnenden Beschluß gibt es die sofortige Beschwerde (§§ 663, 680). Der die Entmündigung aussprechende Beschluß wird wirksam: bei der Entmündigung wegen Geisteskrankheit mit Zustellung an den gesetzlichen Vertreter oder mit Bestellung des Vormundes, sonst mit Zustellung an den Entmündigten selbst (§§ 661, 683). Gegen den Entmündigungsbeschluß gibt es kein Rechtsmittel, sondern nur die binnen Monatsfrist zu erhebende *Anfechtungsklage,* für die das übergeordnete Landgericht zuständig ist (§§ 664, 665, 684). Parteien: §§ 664 II, 666, 684 I und III. Für den Anfechtungsprozeß ist der Entmündigte prozeßfähig. Es gilt Untersuchungsgrundsatz (§§ 670, 684). Ist die Klage begründet, so wird der Entmündigungsbeschluß aufgehoben, anderenfalls wird die Klage abgewiesen. Die Aufhebung tritt erst mit Rechtskraft des Urteils in Wirksamkeit (§§ 672, 684). Gegen das Urteil gibt es die gewöhnlichen Rechtsmittel.

III. Die Entmündigung ist wieder aufzuheben, wenn ihr Grund weggefallen ist (§ 6 II BGB). Die *Wiederaufhebung* erfolgt auf Antrag durch Beschluß des Amtsgerichts (§§ 675—678, 685). Die Wiederaufhebung ist bei Geisteskrankheit und Geistesschwäche anfechtbar, sonst unanfechtbar (§§ 678 II, 685). Gegen die Ablehnung der Wiederaufhebung gibt es die *Aufhebungsklage* zum Landgericht. Auf das Verfahren finden die Vorschriften über die Anfechtungsklage entsprechende Anwendung (§§ 679, 686).

§ 63 Das Aufgebotsverfahren

I. Aufgebot ist die öffentliche gerichtliche Aufforderung zur Anmeldung von Rechten mit der Wirkung, daß die Unterlassung der Anmeldung einen Rechtsnachteil, meist den Verlust des Rechts, zur Folge hat (§ 946). Sachlich gehört das Aufgebotsverfahren zur freiwilligen Gerichtsbarkeit. Es ist der streitigen deshalb eingegliedert worden, weil man für die Anfechtung des Ausschlußurteils eine förmliche Klage zulassen wollte.

Das Aufgebotsverfahren zum Zwecke der Todeserklärung Verschollener, das früher auch in der ZPO geregelt war, wird jetzt richtigerweise als Angelegenheit der freiwilligen Gerichtsbarkeit behandelt (§ 13 VerschollenheitsG).

Das Aufgebotsverfahren findet nur in den vom Gesetz bestimmten Fällen statt. Diese sind:

Das Aufgebot zur Ausschließung des Grund- und Schiffseigentümers (§§ 977—981 a ZPO, § 927 BGB), zur Ausschließung von Realgläubigern (§§ 982—987 ZPO, §§ 1170 f., 1192, 1199, 887, 1104 BGB), zur Ausschließung von Nachlaß-, Gesamtguts- und Schiffsgläubigern (§§ 989 und 1002 ZPO, §§ 1970, 1973, 1498 BGB, 765 HGB, § 110 BinnenschG, vgl. auch § 987 a ZPO) und, was am häufigsten vorkommt, zur Kraftloserklärung von Urkunden (§§ 1003—1023 ZPO).

II. Zuständig ist stets das Amtsgericht (funktionelle Zuständigkeit, § 23 GVG). Die örtliche Zuständigkeit ist für die einzelnen Fälle besonders bestimmt (z. B. §§ 978, 983, 1005). Das Verfahren setzt einen *Antrag* voraus (§ 947 I). Bei Zulässigkeit des Antrags ist das Aufgebot zu erlassen und öffentlich bekanntzumachen (§§ 947 II, 948). Inhalt des Aufgebots: § 947 II. Aufgebotsfrist § 950. Erfolgt keine Anmeldung, so ergeht auf Antrag in öffentlicher Sitzung das *Ausschlußurteil* (§ 952). Gegen das Ausschlußurteil findet kein Rechtsmittel statt. Es kann aber bei dem Landgericht binnen einer Notfrist von einem Monat durch eine *Anfechtungsklage* angefochten werden (§§ 957 f.). Erfolgt eine Anmeldung, so ergeht das Ausschlußurteil unter Vorbehalt des angemeldeten Rechts oder das Verfahren wird bis zur endgültigen Entscheidung des Streites ausgesetzt (§ 953). Die endgültige Erledigung geschieht im Prozeßweg, nicht im Aufgebotsverfahren. Gegen den Beschluß, der den Antrag auf Erlaß des Ausschlußurteils zurückweist (z. B. weil schon das Aufgebot nicht hätte erlassen werden dürfen oder wenn der Antragsteller das angemeldete Recht anerkennt) sowie gegen Beschränkungen und Vorbehalte im Ausschlußurteil findet sofortige Beschwerde statt (§ 952 IV).

§ 64 Das schiedsrichterliche Verfahren

Baumbach-Schwab, Schiedsgerichtsbarkeit, 2. Aufl., 1960; *Kisch*, Beiträge zum Schiedsverfahren, 1933; *v. Staff-Schönke*, Das Schiedsgerichtsverfahren nach dem heutigen deutschen Recht, 2. Aufl., 1954.

I. Das Schiedsgericht, das an Stelle eines staatlichen Gerichts entscheidet, leitet in der Regel seine Befugnis aus einer Vereinbarung der Parteien *(Schiedsvertrag)* ab (§ 1025, vgl. auch § 1048). Über die Schiedsgerichtsbarkeit im allgemeinen vgl. § 1 V. Obwohl das schiedsrichterliche Verfahren kein Zivilprozeß ist, enthält die ZPO einige Vorschriften darüber (§§ 1025 ff.). Diese sollen Mißbräuchen entgegentreten, die Ordnungsmäßigkeit des Verfahrens durch Aufstellen von Mindesterfordernissen garantieren und das Eingreifen der staatlichen Gerichtsbarkeit regeln.

II. Der *Schiedsvertrag* ist *nur wirksam*, wenn er sich auf Privatrechtsverhältnisse erstreckt, über die sich die Parteien vergleichen können (§ 1025). Außerdem muß er sich auf ein bestimmtes Rechtsverhältnis und die daraus entspringenden Streitigkeiten beziehen (§ 1026). So ist ein Schiedsvertrag „für alle Streitigkeiten aus der Geschäftsverbindung überhaupt" ungültig. Grund: der staatliche Rechtsschutz soll nicht für völlig unbestimmte Angelegenheiten im voraus ausgeschlossen werden können. Ferner ist der Schiedsvertrag unwirksam, wenn eine Partei ihre wirtschaftliche oder soziale Überlegenheit dazu ausgenutzt hat, um den anderen Teil zum Abschluß des Schiedsvertrags oder zur Annahme von Bestimmungen zu nötigen, die ihr im Verfahren ein Übergewicht über ihn einräumen (§ 1025 II). Eine sittenwidrige Regelung im Sinne von § 138 BGB braucht nicht vorzuliegen. Abgesehen vom Verkehr unter Vollkaufleuten bedarf der Schiedsvertrag der *Schriftform*[1]. Andere Vereinbarungen als die ausdrückliche Unterwerfung unter das Schiedsverfahren darf die Vertragsurkunde nicht enthalten (§ 1027). Formularmäßige Schiedsklauseln in Lieferungsverträgen sind daher unwirksam. *Der Schiedsvertrag bewirkt den Ausschluß der staatlichen Gerichte.* Die Ausschließung ist jedoch nicht von Amts wegen zu berücksichtigen, sondern nur wenn der Beklagte die *prozeßhindernde Einrede* des § 274 II Nr. 3 erhebt. Ernennung der Schiedsrichter: §§ 1028 ff. Schiedsrichter kann jede geschäftsfähige natürliche Person sein. Behörden oder juristische Personen können nicht Schiedsrichter sein, wohl aber ihre Organe. Der Schiedsrichtervertrag zwischen den Parteien und dem Schiedsrichter ist bei Unentgeltlichkeit Auftrag (§ 662 BGB), bei Entgeltlichkeit Dienstvertrag mit Geschäftsbesorgung (§§ 611, 675 BGB). Bei seiner Spruchtätigkeit haftet der Schiedsrichter nicht für Fahrlässigkeit[2]. Das *Schiedsverfahren* wird von den Schiedsrichtern *nach freiem Ermessen bestimmt.* Sie haben aber vor Erlassung des Schiedsspruchs die Parteien zu hören[3] und das dem Streite zugrunde liegende Sachverhältnis zu ermitteln (§ 1034). Zur eidlichen Vernehmung sind sie nicht befugt (§§ 1035 f.). An das sachliche Recht sind die Schiedsrichter jedenfalls insoweit gebunden, als es sich um zwingende Rechtssätze (z. B. §§ 134, 138 BGB) handelt.

Im übrigen entscheidet die Parteivereinbarung. Der *Schiedsspruch* (§ 1038) ist von den Schiedsrichtern zu unterschreiben, zuzustellen und auf der Geschäftsstelle des zuständigen staatlichen Gerichts (§§ 1045, 1047) niederzulegen (§ 1039). *Er hat unter den Parteien die Wirkungen eines rechtskräftigen gerichtlichen Urteils* (§ 1040), *ist aber nie für sich allein vollstreckbar.* Die Zwangsvollstreckung aus ihm findet nur statt, wenn er vom staatlichen Gericht für vollstreckbar erklärt ist (§§ 1042 I, 794 I Nr. 4 a). Über den *Antrag auf Vollstreckbarerklärung* wird nach mündlicher Verhandlung durch Urteil, das den ordentlichen Rechtsmitteln unterliegt, entschieden oder ohne solche durch Beschluß (§ 1042 a). Gegen den Beschluß, der den Schiedsspruch für vollstreckbar erklärt, findet Widerspruch statt, über den durch Endurteil zu entscheiden ist. Der Beschluß, durch den der Antrag auf Vollstreckbarerklärung abgelehnt wird, unterliegt der sofortigen Beschwerde (§§ 1042 c, d).

Der *Schiedsspruch kann* aus den im § 1041 angeführten Gründen durch Entscheidung des staatlichen Gerichts *aufgehoben werden.* Die Aufhebungsgründe können entweder durch eine besondere Gestaltungsklage *(Aufhebungsklage,* § 1046) oder durch *Einwendungen gegen die Vollstreckbarerklärung* (§§ 1042 II, 1042 a II) geltend gemacht werden. Das Vorliegen der Aufhebungsgründe des § 1041 Nr. 1, 2 und 4 ist im Verfahren auf Vollstreckbarerklärung von Amts wegen zu prüfen. Nach rechtskräftiger Vollstreckbar-

[1] Vgl. BGH 38,162 ff.
[2] BGH 15,12.
[3] BGH 31,43.

erklärung des Schiedsspruchs ist die Aufhebung erschwert (§ 1043). Schiedsrichterlicher Vergleich: § 1044 a.

Ausländische Schiedssprüche: § 1044. Vgl. dazu das Übereinkommen über die Anerkennung und Vollstreckung ausländischer Schiedssprüche vom 10. 6. 1958 (BGBl. 1961 II, 121).

III. Vom Schiedsvertrag ist der *Schiedsgutachtervertrag* zu scheiden. Der Schiedsgutachter hat keine Entscheidung zu fällen, sondern nur eine für die Entscheidung erhebliche Tatsache festzustellen, z. B. die Höhe eines Schadens zu schätzen. Schiedsgutachterklauseln kommen namentlich in Versicherungsverträgen häufig vor.

5. BUCH: DAS KOSTENWESEN

§ 65 Prozeßkosten

I. Prozeßkosten sind die Kosten, die für die Parteien infolge des Rechtsstreits entstehen. Sie zerfallen in Gerichtskosten, die an das Gericht (Staatskasse), und in Parteikosten, die an den obsiegenden Gegner zu zahlen sind.

Die *Gerichtskosten* bestehen in Auslagen des Gerichts (§§ 91 ff. GKG) und in Gerichtsgebühren, die sich nach dem Werte des Streitgegenstandes richten (§§ 10 ff. GKG). Die *Hauptgebühren* sind: die Prozeßgebühr, die Beweisgebühr und die Urteilsgebühr (§ 25 GKG). Jede Gebühr wird in jeder Instanz grundsätzlich nur einmal erhoben, ohne daß es auf die Zahl der Termine, Beweisanordnungen und Entscheidungen ankommt. In der Berufungsinstanz erhöhen sich die Gebühren um die Hälfte, in der Revisionsinstanz auf das Doppelte (§ 34 GKG). Der Staat hält sich wegen der Gerichtskosten zunächst an die Partei, der durch gerichtliche Entscheidung die Kosten auferlegt sind, in zweiter Linie an diejenige, welche das Verfahren beantragt hat, z. B. für die erstinstanzlichen Gebühren an den Kläger (§§ 95, 99, 103 GKG). Vorauszahlung: § 111 GKG. Niederschlagung: § 7 GKG.

Die *Parteikosten* bestehen namentlich in Gebühren der Anwälte und Gerichtsvollzieher sowie in Reise- und Zeitversäumniskosten (§ 91). Die *Hauptgebühren der Anwälte* sind: die Prozeßgebühr, die Verhandlungsgebühr, die Beweisgebühr und für die Mitwirkung bei einem Vergleich die Vergleichsgebühr (§§ 31, 23 RAGebO).

II. Jede Entscheidung, die das Verfahren abschließt, muß von Amts wegen über die Kostenlast entscheiden, so das Schlußurteil, aber auch das Vorbehaltsurteil, dagegen nicht das Zwischenurteil (§ 308 II).

Grundsätzlich hat *die unterliegende Partei die gesamten Kosten* des Rechts*streits zu tragen* (§ 91). Haben die Parteien den Rechtsstreit in der Hauptsache für erledigt erklärt, so entscheidet das Gericht durch Beschluß über die Kosten unter Berücksichtigung des bisherigen Sach- und Streitstandes nach billigem Ermessen (§ 91 a). Eine Fortführung des Prozesses nur der Kosten wegen ist ausgeschlossen.

Wenn jede Partei teils obsiegt, teils unterliegt, so sind die Kosten verhältnismäßig zu teilen (z. B. ein Viertel und drei Viertel) oder gegeneinander aufzuheben. Im letzteren Fall trägt jeder Teil seine außergerichtlichen Kosten ganz und die Hälfte der Gerichtskosten (§ 92). Der siegreichen Partei sind die Prozeßkosten dann aufzuerlegen, wenn der Beklagte zum Prozeß keine Veranlassung gegeben hat und den Anspruch bei der ersten Sachverhandlung sofort anerkennt (§ 93, vgl. auch § 94). Besonderheit: § 93 a. Bei Prozeßverschleppung vgl. §§ 278 II, 283 II, 97 II. Die Kosten eines erfolglosen Rechtsmittels trägt der Rechtsmittelkläger (§ 97 I).

Die Kostenentscheidung kann nicht selbständig, sondern nur mit der Entscheidung über die Hauptsache angefochten werden (§ 99). Grund: Es soll verhindert werden, daß die höhere Instanz die Hauptsache nachprüfen muß, aber nur über die Kosten entscheiden darf. Ausnahmen bestehen für das Anerkenntnisurteil (§ 99 II) und die isolierte Kostenentscheidung (§ 91 a). Hier ist gegen den Kostenausspruch sofortige Beschwerde möglich, falls in der Hauptsache ein Rechtsmittel statthaft gewesen wäre und die Beschwerdesumme 50 DM übersteigt (§ 567 II). Vgl. auch § 271 III.

III. Die Kostenentscheidung bestimmt nur, wer die Kosten zu tragen hat, über den Betrag enthält sie nichts. Dieser wird auf ein *Kostenfestsetzungsgesuch* hin in einem besonderen Verfahren durch den Urkundsbeamten festgesetzt (§ 103 II). Gegen den Kostenfestsetzungsbeschluß ist binnen einer Notfrist von zwei Wochen seit Zustellung Erinnerung an das Gericht zulässig. Gegen die Gerichtsentscheidung findet sofortige Beschwerde statt, wenn der Wert des Beschwerdegegenstandes 50 DM übersteigt (§§ 104, 567 II).

§ 66 Armenrecht und Sicherheitsleistung

I. Damit das Recht einer Partei, die kein Geld zur Prozeßführung hat, nicht verkümmert, kann ihr auf ein Gesuch hin das Armenrecht bewilligt werden. *Voraussetzung ist, daß die Partei außerstande ist, die Prozeßkosten zu bestreiten sowie daß die beabsichtigte Rechtsverfolgung oder Rechtsverteidigung erfolgversprechend und nicht mutwillig erscheint.* Bei Ausländern muß die Gegenseitigkeit verbürgt sein (vgl. dazu Haag. Zivilprozeßabkommen vom 17. 7. 1905 Art. 20—23 und Haag. Übereinkommen über den Zivilprozeß vom 1. 3. 1954 [BGBl. 1958, II, 577]). Auch einer inländischen juristischen Person und einer Partei kraft Amtes kann das Armenrecht gewährt werden (§ 114). Teilweise Bewilligung: § 115 II. Das *Armenrechtsgesuch* ist schriftlich oder zu Protokoll des UB anzubringen (kein Anwaltszwang! § 78 II). In ihm ist das Streitverhältnis unter Angabe der Beweismittel darzulegen. Außerdem ist ein obrigkeitliches *Mittellosigkeitszeugnis beizufügen* (§ 118 a). Vor der Bewilligung des Armenrechts soll das Gericht möglichst den Gegner hören. Es kann auch sonstige Erhebungen anstellen (§ 118 a). *Vergleich:* §§ 118 a III, 794 I Nr. 1. Über das Gesuch kann ohne mündliche Verhandlung entschieden werden. Der das Armenrecht bewilligende Beschluß ist unanfechtbar, bei Ablehnung, die kurz begründet werden soll (§ 126), unterliegt er der Beschwerde (§ 127). Für jede Instanz erfolgt die Bewilligung besonders (§ 119). Gegen Beschlüsse des Berufungsgerichts, durch die das Armenrecht versagt wird, gibt es keine Beschwerde (§ 127).

Durch die Bewilligung des Armenrechts erlangt die betreffende Partei: einstweilige (!) Befreiung von den Gerichtskosten, Befreiung von der Sicherheitsleistung sowie Beiordnung eines Gerichtsvollziehers und im Anwaltsprozeß eines RA zur vorläufigen unentgeltlichen Tätigkeit (§ 115 ZPO, § 111 IV GKG; vgl auch § 116 ZPO). Dem beigeordneten Anwalt werden Gebühren und Auslagen aus der Staatskasse erstattet (§§ 121 ff. RAGebO). Ist dem Kläger oder Rechtsmittelkläger das Armenrecht bewilligt, so werden auch der Gegenpartei die Kosten einstweilen gestundet (§ 120). *Das Armenrecht schützt aber nicht davor, daß der siegreiche Gegner der armen Partei von dieser die festgesetzten Kosten* (§§ 103 ff.) *beitreibt* (§ 117). *Bei Besserung der Vermögensverhältnisse* müssen die gestundeten Kosten und Gebühren nachgezahlt werden. Die Nachzahlung wird durch beschwerdefähigen Beschluß angeordnet (§§ 125, 127). Das Armenrecht erlischt durch Tod und Entziehung (§§ 122, 121, 127).

II. Nichtdeutsche und Staatenlose ohne Inlandswohnsitz haben, wenn sie klagen, auf Verlangen des Beklagten *Sicherheit zu leisten* (§ 110 I). *Grund:* Schwierigkeit der Kostenbeitreibung im Ausland. *Ausnahmen*: §§ 110 II, 115 I Nr. 2. Das Haag. Zivilprozeßabkommen und das Haag. Übereinkommen haben die Sicherheitsleistung für die Angehörigen der Vertragsstaaten beseitigt und dafür die Vollstreckung der Kostenentscheidung gewährleistet. Das Verlangen nach Sicherheitsleistung wird vom Beklagten durch *prozeßhindernde Einrede* (§ 274 II Nr. 5) geltend gemacht. Art und Höhe der Sicherheit bestimmt das Gericht nach freiem Ermessen (§§ 108 I, 112). Wird die Sicherheit nicht innerhalb einer bestimmten Frist geleistet, so ist die Klage auf Antrag des Beklagten für zurückgenommen zu erklären (§ 113).

Hat das Gericht keine abweichende Bestimmung getroffen und haben die Parteien nichts anderes vereinbart, so erfolgt die Sicherheitsleistung durch Hinterlegung von Geld oder Wertpapieren (§ 108) nach den Vorschriften der Hinterlegungsordnung vom 10. 3. 1937. *Rückgabe:* § 109.

Sicherheitsleistungen kommen auch sonst vor, namentlich im Vollstreckungsverfahren (vgl. §§ 707, 710, 713, 719, 732).

1 O 54/67.

V. v. 4. 2. 1967

An Herrn
Landgerichtsrat Schlichter
als Einzelrichter.
Dr. Schwarz.

Verhandlungstermin
vor dem Einzelrichter:
1. März 1967, vorm. 9 Uhr
Zimmer 25.

München, 4. 2. 1967
Landgericht,
1. Zivilkammer.

Der Einzelrichter
Schlichter.

Eingegangen 3. 2. 1967.
Landgericht München

Prozeßgebühr bezahlt
am 3. 2. 1967.
Müller, Urkundsbeamter.

An
das Landgericht München.

Klage

des Autohändlers Max Klages in
München, Briennerstraße 3,
Klägers

vertr. durch den Rechtsanwalt
Dr. Konrad in München,

gegen

den Kaufmann Moritz Becker in
München, Kaufingerstraße 6,
Beklagten,

wegen Kaufpreisforderung.

Der Beklagte hat am 1. Oktober 1966 vom Kläger ein Auto, Marke Mercedes, zum Preis von 12 000 DM gekauft. Dabei hat er versprochen, diesen Betrag am 2. Januar 1967 bar zu entrichten.

Beweis: Kaufurkunde.

Da die Zahlung trotz Mahnung bis heute nicht erfolgt ist, bitte ich um Anberaumung eines Verhandlungstermins.

Ich werde beantragen:

> den Beklagten zur Zahlung von 12 000 DM nebst Zinsen zu 4 vom Hundert seit 2. Januar 1967 zu verurteilen.

München, den 2. Februar 1967.

Dr. Konrad, Rechtsanwalt.

1 O 54/67.

Eingegangen 14. 2. 1967.
Landgericht München.

An
das Landgericht München
1. Zivilkammer

Klagebeantwortung
in Sachen
des Kaufmanns Max Klages in München
Klägers,

vertreten durch den Rechtsanwalt
Dr. Konrad in München

gegen

den Kaufmann Moritz Becker
in München,
Beklagten,

vertreten durch den Rechtsanwalt
Bursche in München,

wegen Kaufpreisforderung.

Namens des Beklagten werde ich beantragen,

die Klage als zur Zeit unbegründet abzuweisen.

Es ist richtig, daß der Beklagte am 1. Oktober 1966 vom Kläger das Auto gekauft hat. Der Kaufpreis sollte am 2. Januar 1967 bezahlt werden. Der Kläger hat jedoch Anfang Dezember 1966 dem Beklagten auf dessen Ersuchen die Zahlung des Kaufpreises bis 1. Juli 1967 weiterhin gestundet.

Beweismittel: Der Kaufmann Friedrich Schulze
in München, Belgradstraße 5,
als Zeuge.
Parteivernehmung.

München, den 14. Februar 1967.

Bursche, Rechtsanwalt.

1 O 54/67.

München, den 1. März 1967.

Öffentliche Sitzung
der 1. Zivilkammer des
Landgerichts.

Gegenwärtig:

1. Landgerichtsrat Schlichter
als Einzelrichter,

2. Referendar Grün
als Urkundsbeamter der
Geschäftsstelle.

In Sachen
Klages
gegen
Becker

erscheinen bei Aufruf

1. für den Kläger Rechtsanwalt Dr. Konrad,
2. für den Beklagten Rechtsanwalt Bursche.

Der Anwalt des Klägers verliest den Antrag der Klageschrift,
der Anwalt des Beklagten nimmt auf den Antrag der Klagebeantwortung vom 14. 2. 1967 Bezug.
Die Parteien verhandeln zur Sache.
Ein gerichtlicher Vergleichsversuch scheitert.
Hierauf wird der

Beschluß

verkündet: Die Sache wird an die Kammer abgegeben.

Schlichter. Grün.

Verhandlungstermin vor der Kammer:
13. März 1967, vorm 10 Uhr (Saal 6).

München, den 2. März 1967.

Landgericht, 1. Zivilkammer.

Der Vorsitzende:
Dr. Schwarz.

1 O 54/67.

München, den 13. März 1967.

Öffentliche Sitzung
der 1. Zivilkammer des
Landgerichts

Gegenwärtig:

1. Landgerichtsdirektor
   Dr. Schwarz
   als Vorsitzender,
2. Landgerichtsrat Schlichter,
3. Landgerichtsrat Neu
   als beisitzende Richter,
4. Referendar Grün
   als Urkundsbeamter der
   Geschäftsstelle.

In Sachen
Klages
gegen
Becker

erscheinen bei Aufruf

1. für den Kläger Rechtsanwalt Dr. Konrad,
2. für den Beklagten Rechtsanwalt Bursche.

Die Parteien wiederholen ihre Anträge und verhandeln zur Sache.
Hierauf wird folgender

Beweisbeschluß

verkündet:

Auf Antrag des Beklagten soll über seine Einwendung, daß ihm der Kläger im Dezember 1966 den Kaufpreis für das Auto bis 1. Juli 1967 gestundet habe,
der Kaufmann Friedrich Schulze in München, Belgradstraße 5, als Zeuge vernommen werden.

Termin zur Beweisaufnahme und zur Fortsetzung der mündlichen Verhandlung wird auf den 20. März 1967, vorm. 9 Uhr, anberaumt.

Der Zeuge wird nur geladen, wenn der Beklagte bis zum 14. März 1967 5 DM Auslagenvorschuß bei der Landgerichtskasse einzahlt.

Dr. Schwarz. Grün.

Bezahlt am
14. 3. 1967.
Müller, Urkundsbeamter.

1 O 54/67. München, den 20. März 1967

Öffentliche Sitzung
der 1. Zivilkammer des
Landgerichts.

Gegenwärtig:
1. Landgerichtsdirektor
Dr. Schwarz
als Vorsitzender,
2. Landgerichtsrat Schlichter,
3. Landgerichtsrat Neu
als beisitzende Richter,
4. Referendar Grün
als Urkundsbeamter der
Geschäftsstelle.

In Sachen
Klages
gegen
Becker
erscheinen bei Aufruf
1. für den Kläger:
Rechtsanwalt Dr. Konrad,
2. für den Beklagten:
Rechtsanwalt Bursche,
3. als Zeuge:
Kaufmann Schulze.

Nachdem der Zeuge zur Wahrheit ermahnt und auf die Bedeutung des Eides hingewiesen worden ist, wird er vernommen und sagt aus, wie folgt:

„Ich heiße Friedrich Schulze, bin selbständiger Kaufmann, 40 Jahre alt, wohnhaft in München, mit keiner der Parteien verwandt oder verschwägert.

Ich kenne beide Parteien. Anfang Dezember 1966 war ich mit ihnen im Pschorrbräu. Wir unterhielten uns dort über die gegenwärtige Geldknappheit. Die Kaufpreisschuld von Herrn Becker ist dabei überhaupt nicht erwähnt worden. Von einer Stundung bis 1. Juli 1967 ist mir nichts bekannt."

Vorgelesen und genehmigt.

Hierauf wird der

B e s c h l u ß verkündet:

Der Zeuge Schulze soll zu seiner Aussage vereidigt werden.

Dies geschieht.

Die Parteien verhandeln über das Ergebnis der Beweisaufnahme.

Es wird folgender

B e w e i s b e s c h l u ß verkündet:

Auf Antrag des Beklagten soll über seine Einwendung, daß ihm vom Kläger die Kaufpreisforderung bis zum 1. Juli 1967 gestundet worden sei,

der Kläger am 28. März 1967, vorm. 9 Uhr,

vor dem Prozeßgericht vernommen werden.

Dr. Schwarz. Grün.

1 O 54/67.

München, den 28. März 1967.

Öffentliche Sitzung
der 1. Zivilkammer des
Landgerichts

Gegenwärtig:

1. Landgerichtsdirektor
   Dr. Schwarz
   als Vorsitzender,
2. Landgerichtsrat Schlichter,
3. Landgerichtsrat Neu
   als beisitzende Richter,
4. Referendar Grün
   als Urkundsbeamter der Geschäftsstelle.

In Sachen
Klages
gegen
Becker

erscheinen bei Aufruf

1. der Kläger persönlich mit Rechtsanwalt Dr. Konrad,
2. für den Beklagten: Rechtsanwalt Bursche.

Nachdem der Kläger zur Wahrheit ermahnt und darauf hingewiesen worden ist, daß er unter Umständen seine Aussage zu beeiden habe, sagt er aus, wie folgt:

„Ich heiße Max Klages, bin Autohändler, 63 Jahre alt, wohnhaft in München.

Der Beklagte hat mir beim Kauf des Autos versprochen, am 2. Januar 1967 den Kaufpreis pünktlich zu zahlen. Eine weitere Stundung des Kaufpreises hat der Beklagte weder gefordert, noch habe ich ihm eine solche gewährt."

Vorgelesen und genehmigt.

Die Parteien verhandeln über das Ergebnis der Beweisaufnahme und zur Sache.

Hierauf wird das anliegende Urteil verkündet.

Dr. Schwarz. Grün.

Verkündet
am 28. März 1967.
Referendar Grün
als Urkundsbeamter der
Geschäftsstelle.

Im Namen des Volkes!

In Sachen
des Autohändlers Max Klages in München, Briennerstr. 3,
Klägers
vertreten durch den Rechtsanwalt Dr. Konrad in München,
gegen
den Kaufmann Moritz Becker in München, Kaufingerstr. 6,
Beklagten
vertreten durch den Rechtsanwalt Bursche in München,
wegen Kaufpreisforderung,

erkennt die 1. Zivilkammer des Landgerichts München auf Grund der mündlichen Verhandlung vom 28. März 1967 durch den Landgerichtsdirektor Dr. Schwarz und die Landgerichtsräte Schlichter und Neu
für Recht:

1. Der Beklagte wird verurteilt, an den Kläger 12 000 DM nebst Zinsen zu 4 vom Hundert seit 2. Januar 1967 zu zahlen.
2. Der Beklagte hat die Kosten des Rechtsstreits zu tragen.
3. Das Urteil ist gegen eine Sicherheitsleistung in Höhe von 13 700 DM vorläufig vollstreckbar.

Tatbestand

Der Beklagte gibt zu, am 1. Oktober 1966 vom Kläger ein Auto, Marke Mercedes, gekauft und versprochen zu haben, den Kaufpreis in Höhe von 12 000 DM am 2. Januar 1967 zu zahlen. Er wendet jedoch ein, der Kläger habe ihm eine nochmalige Stundung bis zum 1. Juli 1967 bewilligt.

Der Kläger hat die weitere Stundung bestritten.

Der Kläger beantragt, den Beklagten zur Zahlung von 12 000 DM nebst Zinsen zu 4 vom Hundert seit 2. Januar 1967 zu verurteilen.

Der Beklagte beantragt, die Klage als zur Zeit unbegründet abzuweisen.

Das Gericht hat durch Vernehmung des Kaufmanns Schulze als Zeugen und des Klägers als Partei darüber Beweis erhoben, ob dem Beklagten der Kaufpreis weiter bis 1. Juli 1967 gestundet worden ist.

Der Zeuge hat eidlich bekundet, daß ihm von einer Stundung bis zum 1. Juli 1967 nichts bekannt sei.

Der Kläger hat bei seiner uneidlichen Parteivernehmung eine weitere Stundung verneint.

Entscheidungsgründe.

Die Klagetatsachen stehen durch gerichtliches Geständnis des Beklagten fest (§§ 288, 289 Abs. 1 ZPO). Für die Einrede der nachträglichen Stundung trägt beim Leugnen des Klägers der Beklagte die Beweislast. Er hat den Beweis jedoch nicht zu erbringen vermocht. Der Zeuge Schulze hat über eine Stundung nichts bekunden können, der Kläger hat sie bei seiner Vernehmung in Abrede gestellt. Da die Aussage des Klägers mit der des eidlich vernommenen Zeugen Schulze übereinstimmt, hat das Gericht von einer Vereidigung des Klägers abgesehen, weil es schon auf Grund der unbeeideten Aussage zu der Überzeugung gekommen ist, daß dem Beklagten keine weitere Stundung gewährt wurde (§ 452 ZPO).

Demnach ist der Klagantrag gerechtfertigt (§§ 433, 284 Abs. 2, 288 BGB).

Die Entscheidung über die Kosten beruht auf § 91 ZPO, die über die vorläufige Vollstreckbarkeit auf § 710 ZPO.

Dr. Schwarz. Schlichter. Neu.

SACHVERZEICHNIS

FSC
www.fsc.org
MIX
Papier | Fördert gute Waldnutzung
FSC® C083411

Kolibri 360 GmbH
Ferdinand-Jühlke-Straße 7
99095 Erfurt, Deutschland
produktsicherheit@kolibri360.de